Physica-Lehrbuch

Physica-Lehrbuch

Basler, Herbert
Aufgabensammlung
zur statistischen Methodenlehre
und Wahrscheinlichkeitsrechnung
4. Aufl. 1991, 190 S.

Basler, Herbert
Grundbegriffe der
Wahrscheinlichkeitsrechnung
und Statistischen Methodenlehre
11. Aufl. 1994, X, 292 S.

Bloech, Jürgen u. a.
Einführung in die Produktion
4. Aufl. 2001, XX, 440 S.

Bossert, Rainer · Manz, Ulrich L.
Externe Unternehmensrechnung
Grundlagen der Einzelrechnungs-
legung, Konzernrechnungslegung und
internationalen Rechnungslegung.
1997, XVIII, 407 S.

Dillmann, Roland
Statistik II
1990, XIII, 253 S.

Endres, Alfred
Ökonomische Grundlagen
des Haftungsrechts
1991, XIX, 216 S.

Farmer, Karl · Wendner, Ronald
Wachstum und Außenhandel
Eine Einführung in die
Gleichgewichtstheorie der
Wachstums- und
Außenhandelsdynamik
2. Aufl. 1999, XVIII, 423 S.

Ferschl, Franz
Deskriptive Statistik
3. Aufl. 1985, 308 S.

Fink, Andreas
Schneidereit, Gabriele · Voß, Stefan
Grundlagen
der Wirtschaftsinformatik
2001, XIV, 279 S.

Gaube, Thomas u. a.
Arbeitsbuch
Finanzwissenschaft
1996, X, 282 S.

Gemper, Bodo B.
Wirtschaftspolitik
1994, XVIII, 196 S.

Göcke, Matthias · Köhler, Thomas
Außenwirtschaft
Ein Lern- und Übungsbuch
2002, XIII, 359 S.

Graf, Gerhard
Grundlagen
der Volkswirtschaftslehre
2. Aufl. 2002, XIV, 335 S.

Graf, Gerhard
Grundlagen
der Finanzwirtschaft
1999, X, 319 S.

Hax, Herbert
Investitionstheorie
5. Aufl., korrigierter Nachdruck
1993, 208 S.

Heno, Rudolf
Jahresabschluss
nach Handelsrecht, Steuerrecht
und internationalen Standards
(IAS/IFRS)
3. Aufl. 2003, XX, 524 S.

Hofmann, Ulrich
Netzwerk-Ökonomie
2001, X, 242 S.

Huch, Burkhard u. a.
Rechnungswesen-orientiertes
Controlling
Ein Leitfaden für Studium
und Praxis
4. Aufl. 2004, XIX, 510 S.

Kistner, Klaus-Peter
Produktions- und Kostentheorie
2. Aufl. 1993, XII, 293 S.

Kistner, Klaus-Peter
Optimierungsmethoden
Einführung
in die Unternehmensforschung
für Wirtschaftswissenschaftler
3. Aufl. 2003, XII, 293 S.

Kistner, Klaus-Peter
Steven, Marion
Produktionsplanung
3. Aufl. 2001, XIII, 372 S.

Kistner, Klaus-Peter
Steven, Marion
Betriebswirtschaftslehre
im Grundstudium
Band 1: Produktion, Absatz,
Finanzierung
4. Aufl. 2002, XIV, 510 S.
Band 2: Buchführung,
Kostenrechnung, Bilanzen
1997, XVI, 451 S.

Kortmann, Walter
Mikroökonomik
Anwendungsbezogene Grundlagen
3. Aufl. 2002, XVIII, 674 S.

Kraft, Manfred · Landes, Thomas
Statistische Methoden
3. Aufl. 1996, X, 236 S.

Marti, Kurt · Gröger, Detlef
Einführung in die lineare und
nichtlineare Optimierung
2000, VII, 206 S.

Marti, Kurt · Gröger, Detlef
Grundkurs Mathematik
für Ingenieure, Natur- und
Wirtschaftswissenschaftler
2. Aufl. 2004, X, 267 S.

Michaelis, Peter
Ökonomische Instrumente
in der Umweltpolitik
Eine anwendungsorientierte
Einführung
1996, XII, 190 S.

Nissen, Hans-Peter
Einführung
in die makroökonomische Theorie
1999, XVI, 341 S.

Nissen, Hans-Peter
Das Europäische System
Volkswirtschaftlicher
Gesamtrechnungen
4. Aufl. 2002, XVIII, 360 S.

Risse, Joachim
Buchführung und Bilanz
für Einsteiger
2001, VIII, 288 S.

Schäfer, Henry
Unternehmensfinanzen
Grundzüge in Theorie
und Management
2. Aufl. 2002, XVIII, 522 S.

Schäfer, Henry
Unternehmensinvestitionen
Grundzüge in Theorie
und Management
1999, XVI, 434 S.

Sesselmeier, Werner
Blauermel, Gregor
Arbeitsmarkttheorien
2. Aufl. 1998, XIV, 308 S.

Steven, Marion
Hierarchische Produktionsplanung
2. Aufl. 1994, X, 262 S.

Steven, Marion
Kistner, Klaus-Peter
Übungsbuch
zur Betriebswirtschaftslehre
im Grundstudium
2000, XVIII, 423 S.

Swoboda, Peter
Betriebliche Finanzierung
3. Aufl. 1994, 305 S.

Weise, Peter u. a.
Neue Mikroökonomie
4. Aufl. 2002, X, 639 S.

Zweifel, Peter
Heller, Robert H.
Internationaler Handel
Theorie und Empirie
3. Aufl. 1997, XXII, 418 S.

Burkhard Huch
Wolfgang Behme
Thomas Ohlendorf

Rechnungswesen-
orientiertes
Controlling

Ein Leitfaden
für Studium und Praxis

Vierte,
vollständig überarbeitete und erweiterte Auflage
mit 185 Abbildungen

Physica-Verlag
Ein Unternehmen
des Springer-Verlags

Professor Dr. Burkhard Huch

Technische Universität Braunschweig
Institut für Wirtschaftswissenschaften
Abteilung Controlling und Unternehmensrechnung
Pockelsstraße 14
38106 Braunschweig

Dr. Wolfgang Behme

Continental AG
Vahrenwalder Straße 9
30165 Hannover

Dr. Thomas Ohlendorf

Versicherungsgruppe Hannover
Schiffgraben 4
30159 Hannover

ISBN 3-7908-0094-5   4. Auflage Physica-Verlag Heidelberg
ISBN 3-7908-1062-2   3. Auflage Physica-Verlag Heidelberg

Bibliografische Information Der Deutschen Bibliothek

Die Deutsche Bibliothek verzeichnet diese Publikation in der Deutschen Nationalbibliografie;
detaillierte bibliografische Daten sind im Internet über *http://dnb.ddb.de* abrufbar.

Physica-Verlag Heidelberg
ein Unternehmen der BertelsmannSpringer Science + Business Media GmbH

http://www.springer.de

© Physica-Verlag Heidelberg 1992, 1995, 1998, 2004
Printed in Germany

Umschlaggestaltung: Erich Kirchner, Heidelberg
SPIN 10941195   88/3130 – 5 4 3 2 1 0 – Gedruckt auf säurefreiem Papier

Vorwort zur 4. Auflage

Das nunmehr in der 4. vollständig überarbeiteten und erweiterten Auflage vorliegende Buch „Rechnungswesen-orientiertes Controlling" soll unverändert einen kompakten Überblick über Controlling als Konzept der Unternehmensführung durch Planung und Kontrolle mit besonderer Betonung der relevanten Bereiche des Rechnungswesens mit Kostenrechnung und Investitionsrechnung sowie der Controlling-spezifischen DV-Unterstützung vermitteln.

Trotz der - auch zwischenzeitlich noch gestiegenen - Vielzahl von Publikationen über Controlling mit seinen Randgebieten glauben wir, mit einem an den Anforderungen sowohl der wissenschaftlich fundierten Lehre als auch der Unternehmenspraxis ausgerichteten Leitfaden zu Controlling unverändert eine Marktlücke zu schließen.

In sechs Teilen werden zuerst relevante Teilgebiete der entscheidungsorientierten Kostenrechnung und Investitionsrechnung als wichtige Instrumente vorgestellt. Nach Diskussion des Controllingkonzepts mit seinen spezifischen Komponenten werden sehr ausführlich die Ausprägungen des operativen und anschließend des strategischen Controlling mit ihren jeweils spezifischen Strukturen, Prozessen und Systemen dargestellt. Anschließend werden entsprechend der wachsenden Bedeutung einer rechnergestützten Informationsverarbeitung aktuelle DV-Konzepte und -Systeme mit besonderer Relevanz für das Controlling aufgezeigt.

Gegenüber früheren Auflagen wurden aktuelle Controlling-Neuentwicklungen wie Prozesskostenrechnung, Target Costing, Qualitäts-Controlling oder DV-Konzepte wie Data Warehouse, OLAP, Data Mining und Text Mining aufgenommen, überarbeitet und erweitert. Aber auch klassische Bereiche wie Konzeption des Controlling und dessen künftige Entwicklungen sowie die Finanzplanung und -kontrolle oder das Beteiligungs-Controlling werden nunmehr gegenüber der 3. Auflage wesentlich ausführlicher und unter Berücksichtigung der aktuellen Diskussion abgehandelt. Zudem wurden unternehmenswertorientierte Ziel- und Steuergrößen sowie die Balanced Scorecard zusätzlich aufgenommen. Unverändert bleibt der Anspruch auf eine konzeptionell-methodisch klare Abhandlung praxisrelevanter Aspekte des Controlling.

Auch diese Auflage erhebt keinen Anspruch auf eine betriebswirtschaftlich vollständige und umfassende Abhandlung dieses breiten Themenkomplexes. Doch sollen vor allem Studierende ingenieur- und informatikwissenschaftlich ausgerichteter Studiengänge, aber auch Praktiker eine an konkreten Aufgabenstellungen ausgerichtete Darstellung des Stoffgebietes erhalten, die es ermöglicht, nach ausgewählten Schwerpunkten vorzugehen. In den jeweiligen Aufgabenstellungen sind komprimierte Einführungen in den spezifischen Themenkomplex vorangestellt. Aufgabenstellungen und Beispiele sind dabei so gewählt, dass trotz der Kürze der Darstellung ein breiter Überblick gewährt wird. Nicht eine isolierte und tiefe Darstellung einzelner Aspekte, sondern die in sich abgestimmte Behandlung ausgewählter Bereiche und deren Einordnung in das Konzept des Controlling stehen im Vorder-

grund. Dabei konnte auf eine Vielzahl einschlägiger Veröffentlichungen zurückgegriffen werden. Die im Anschluss der jeweiligen Teile aufgeführten Literaturhinweise sollen weitergehende Studien ermöglichen. Selbstverständlich wurden gegenüber der 3. Auflage auch jetzt wieder die Literaturhinweise aktualisiert und umfang-
reich erweitert.

Insgesamt hoffen wir, mit dieser Veröffentlichung einer Vielzahl von Interessenten
aus unterschiedlichen Arbeitsbereichen eine gute Grundlage zu bieten, um sich in
Ergänzung zu Lehrveranstaltungen oder im Selbststudium in das Gebiet des Controlling einzuarbeiten.

Unser Dank gilt allen Lesern, die uns auf Schwächen und Fehler früherer Auflagen
hingewiesen haben. Insbesondere die Anregungen von Studenten, wissenschaftlichen Mitarbeitern und Kollegen an der Technischen Universität Braunschweig, vor
allem aber auch eigene Erfahrungen in unterschiedlichen Branchen und Bereichen
der Unternehmenspraxis waren uns eine wesentliche Hilfe. Frau Renate Bennhardt,
Institut für Wirtschaftswissenschaften der Technischen Universität Braunschweig,
hat die schwierige Aufgabe der Erstellung der Druckvorlage sehr engagiert übernommen und sehr erfolgreich abgeschlossen. Hierfür danken wir ihr besonders
herzlich.

Nicht zuletzt gilt unser Dank dem Physica-Verlag, besonders Frau Gabriele Keidel,
für die stets konstruktive und harmonische Zusammenarbeit.

August 2003

Burkhard Huch
Wolfgang Behme
Thomas Ohlendorf

Inhaltsverzeichnis

Teil 1

Kostenrechnungssysteme

Einführung

0.1 Kostenrechnung als Steuerungsinstrument

Das betriebswirtschaftliche Rechnungswesen besteht aus dem externen Rechnungswesen mit der Finanzbuchhaltung (einschließlich Bilanz sowie Gewinn- und Verlustrechnung) und aus dem internen Rechnungswesen mit der Kostenrechnung. Während die Aufgabe des externen Rechnungswesens schlechthin in der Bereitstellung von Informationen für externe Informationsempfänger auf der Grundlage der Abbildung des Unternehmensprozesses mit mengen- und vorwiegend wertmäßigen Bestands- und Bewegungsgrössen besteht, konzentriert sich das interne Rechnungswesen auf die Aufbereitung von Informationen über den Leistungsprozess des Unternehmens mit bewertetem Güterverbrauch und bewerteter Güterausbringung und liefert internen Informationsempfängern wichtige Entscheidungsgrundlagen zur Steuerung betrieblicher Prozesse. Durch die Einbeziehung der Leistung als bewertete Güterausbringung in das Ergebnis des Leistungserstellungsprozesses müsste grundsätzlich von der Kosten- und Leistungsrechnung gesprochen werden; dennoch soll an der üblichen Kurzform Kostenrechnung festgehalten werden.

Insgesamt lassen sich im Rahmen der Kostenrechnung mit betriebs-, abteilungs-, produkt- und produktionsfaktorbezogenen Rechnungen zum Teil gleichartige, zum Teil verschiedenartige Zwecke verfolgen:

---

1. Zwecke der betrieblichen Kosten- und Leistungsrechnung
   - Beurteilung der Erreichung des Gewinn- bzw. Rentabilitätsziels im Haupttätigkeitsbereich des Wirtschaftsbetriebs sowie Steuerung des Betriebs im Hinblick auf eine bessere Zielsetzung;
   - Ausgangspunkt für eine produktbezogene Kostenrechnung;

2. Zwecke der abteilungsbezogenen Kosten- und Leistungsrechnung
   - Beurteilung der Erreichung des Gewinn- bzw. Rentabilitätsziels in den einzelnen Abteilungen des Haupttätigkeitsbereichs des Wirtschaftsbetriebs sowie Steuerung der Abteilungen im Hinblick auf eine bessere Zielerreichung;
   - sofern keine abteilungsbezogene Leistungsrechnung, sondern nur eine abteilungsbezogene Kostenrechnung durchführbar ist: Beurteilung der Erreichung des Unterziels „möglichst niedrige Kosten" sowie Steuerung der Abteilungen im Hinblick auf eine bessere Erreichung dieses Ziels;
   - unter Umständen Zwischenstufe auf dem Weg zu einer produktbezogenen Kostenrechnung;

Abb. 1: Zwecke der Kostenrechnung (Teil 1) (Weber 1991, S.10)

3. Zwecke der produktbezogenen Kosten- und Leistungsrechnung
- Beurteilung der Erreichung des Gewinn- bzw. des Rentabilitätsziels bei den einzelnen Produkten sowie Steuerung von Produktion und Absatz im Hinblick auf eine bessere Zielerreichung;
- Unterlage für die Wahl der Höhe der Verkaufspreise (sofern diese nicht gegeben sind) sowie für die Wahl der Höhe der Produktions- und Absatzmengen bei den Produkten;
- Unterlage für die Entscheidung über Produktion oder Nicht-Produktion bei gegebenen Preisen;
- Unterlage für die Wahl zwischen mehreren Produkten;
- Unterlage für die Wahl der Losgröße bei der Produktion mehrerer Produkte;
- Bewertung der fertigen und unfertigen Erzeugnisse sowie der selbsterstellten Sachanlagen mit ihren Herstellungskosten in der Handels- und Steuerbilanz;

4. Zwecke der produktionsfaktorbezogenen Kostenrechnung
- Beurteilung der Erreichung des Unterziels „möglichst niedrige Einkaufs- und Beschaffungskosten" sowie Steuerung der Beschaffung im Hinblick auf eine bessere Erreichung dieses Ziels;
- Unterlage für die Wahl zwischen mehreren Lieferanten eines Produktionsfaktors;
- Unterlage für die Wahl der Bestellmenge bei einem Produktionsfaktor;
- Unterlage für die Entscheidung über Fremdbezug oder Eigenherstellung eines Produktionsfaktors;
- Unterlage für die Wahl zwischen mehreren gegeneinander substituierbaren Produktionsfaktoren;
- Bemessung der Anschaffungskosten der fremdbezogenen Roh-, Hilfs- und Betriebsstoffe, Sachanlagen sowie immateriellen Anlagen für die Handels- und Steuerbilanz.

Abb. 2: Zwecke der Kostenrechnung (Teil 2) (Weber 1991, S.10)

0.2 Klassifikation von Kosten

Kosten lassen sich unter Heranziehung verschiedener Gliederungsmerkmale grundsätzlich unterschiedlich klassifizieren nach Abbildung 3. Für unterschiedliche Aufgaben- bzw. Fragestellungen sind aus dem System der Kostenrechnung die jeweils relevanten Kosten bei den einzelnen Klassifizierungsmöglichkeiten heranzuziehen. Relevante Kosten sind diejenigen Kosten, die von den Handlungsparametern eines Entscheidungsproblems abhängig sind - also von der Entscheidung beeinflusst werden (Kilger 1992, S.160ff; Schweitzer/Küpper 1998, S.443). Bei den relevanten Kosten kann es sich je nach Entscheidungsproblem um bestimmte Kostenarten, primäre oder sekundäre Kosten, Einzel- oder Gemeinkosten, variable oder fixe Kosten, Funktions- und auch Stellenkosten handeln.

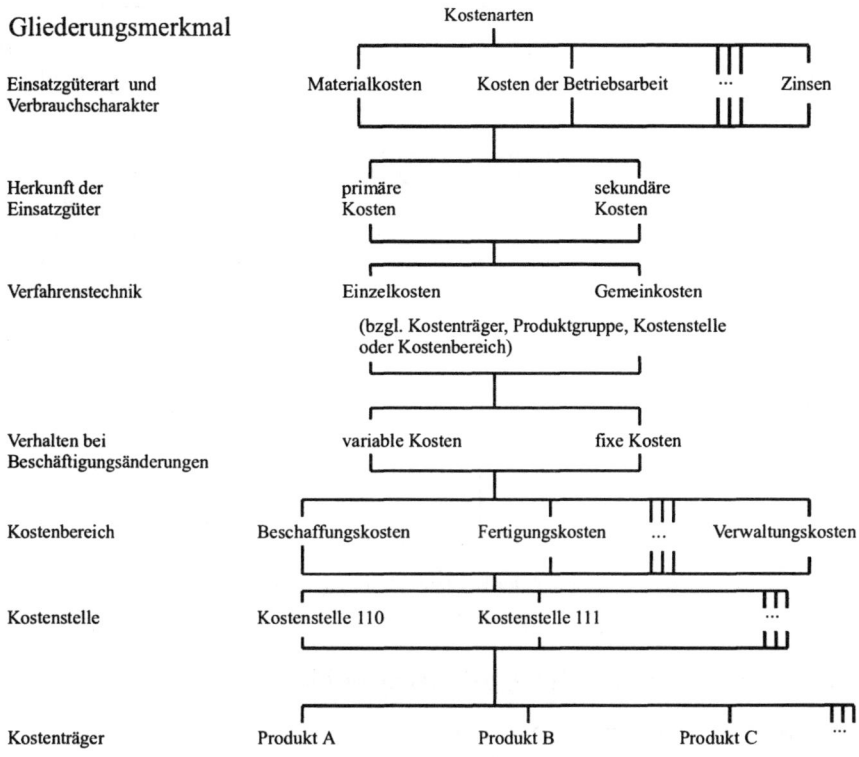

Abb. 3: Klassifikationsmöglichkeiten von Kosten
(in Anlehnung an: Schweitzer/Küpper 1998, S.97)

0.3 Phasen der Kostenrechnung

Grundsätzlich kommt der Kostenrechnung die Aufgabe der Erfassung und Verrechnung durch Zuordnung bzw. Verteilung von Kosten zu. Unter Zugrundelegung des wertmäßigen Kostenbegriffs sind dies der bewertete Güter- und Leistungsverzehr bei Leistungserstellung und -verwertung sowie bei Aufrechterhaltung der Betriebsbereitschaft (Kilger 1992, S.23).

Kostenerfassung und -verrechnung erfolgen gemäß Abbildung 4 in den drei Phasen der Kostenartenrechnung, Kostenstellenrechnung und Kostenträgerrechnung als Kostenträgerstückrechnung (Kalkulation) und Kostenträgerzeitrechnung. Die Kostenträgerzeitrechnung in Verknüpfung mit der Leistungsrechnung wird zur Betriebsergebnisrechnung, mit der für eine Abrechnungsperiode das Ergebnis der betrieblichen Leistungsprozesse als Saldo von Leistungen und Kosten ermittelt wird. Die Betriebsergebnisrechnung lässt sich nach dem Gesamtkostenverfahren oder dem Umsatzkostenverfahren strukturieren.

Rechnungs-gegenstand	Abrechnungsstufen		
	Abrechnungsstufe I	Abrechnungsstufe II	Abrechnungsstufe III
Perioden-rechnung	Kostenartenrechnung *Welche* Kosten sind angefallen?	Kostenstellen-rechnung *Wo* sind die Kosten angefallen?	Kostenträger-zeitrechnung Für *welche* Produktarten sind die Kosten einer Abrechnungsperiode angefallen?
Stück-rechnung	-	-	Kostenträger-stückrechnung (=Kalkulation) In *welcher* Höhe sind für eine Produkteinheit Kosten angefallen?

Abb. 4: Aufbau und Teilgebiete der Kostenrechnung (Hummel/Männel 2000a, S.20)

0.4 Grundprinzipien der Kostenrechnung

Erfassung und Verrechnung von Kosten in der Kostenarten-, Kostenstellen- und Kostenträgerrechnung haben unter Beachtung der Grundprinzipien der Kostenrechnung zu erfolgen. Diese sind das Verursachungs- oder Kausalitätsprinzip, das Zurechnungsprinzip, das Durchschnittsprinzip sowie das Tragfähigkeitsprinzip (Kilger 1992, S.75ff; Huch 1986, S.43ff; Weber 1991, S.145ff).

Nach dem Verursachungs- oder Kausalitätsprinzip dürfen Kosten nur so erfasst und verrechnet werden, wie diese von den jeweiligen Bezugsgrößen auch unmittelbar verursacht werden. Hiernach dürfen in der Kostenträgerrechnung den Erzeugnissen nur solche Kosten zugeordnet werden, die von einer Erzeugnismengeneinheit direkt verursacht worden sind; dieses sind die variablen Kosten.

Nach dem Zurechnungsprinzip sollen Kosten den Bezugsgrößen nur zugeordnet werden, soweit diese sich als Einzelkosten diesen Bezugsgrößen direkt zuordnen lassen. Entscheidend hierbei ist die Zuordnung des Mengengerüsts. Bezugsgrößen sind in der Kostenartenrechnung die Abrechnungsperiode, in der Kostenstellenrechnung die Kostenstelle und in der Kostenträgerrechnung die Erzeugnismengeneinheit. Variable Kosten sind nach diesem Kriterium der Kostenzurechnung in Bezug auf die Erzeugnismengeneinheit teilweise Erzeugniseinzel- oder auch variable Erzeugnisgemeinkosten. Fixkosten sind generell Erzeugnisgemeinkosten.

Sofern sämtliche Kosten über alle Phasen der Kostenrechnung verrechnet werden müssen, sind also auch Gemeinkosten, die für eine größere Grundgesamtheit von Bezugsgrößen in dieser jeweiligen Phase der Kostenrechnung anfallen, nach dem

Durchschnitts- oder Tragfähigkeitsprinzip anteilig zu verteilen. Mit der Prozesskostenrechnung ist ein Ansatz entwickelt worden, auch (Erzeugnis-) Gemeinkosten möglichst verursachungsgerecht zu verrechnen. In der Kostenartenrechnung sind Kosten einer Gesamtperiode auf die Abrechnungsperiode als Teilperiode anteilig zu verrechnen; innerhalb der Kostenstellenrechnung sind Stellengemeinkosten anteilig über die Kostenstellen zu verrechnen; in der Kostenträgerrechnung sind schließlich Erzeugnisgemeinkosten mit Hilfe verschiedener Verteilungsschlüssel den Erzeugnissen zuzuordnen.

0.5 Systeme der Kostenrechnung

Unter Systemen der Kostenrechnung versteht man deren spezifische Ausgestaltungsformen, wobei die möglichen Formen sich gemäß Abbildung 5 im Hinblick auf zwei unterschiedliche Kriterien unterscheiden: Zeitbezug der Kostengröße und Art bzw. Ausmaß der Kostenverrechnung.

Ausmaß der Kosten-verrechnung	Zeitbezug der Kostengröße		
	Vergangenheitsorientierung		Zunkunfts-orientierung
	Istkosten	Normalkosten	Plankosten
Verrechnung der vollen Kosten auf die Kalkulations-objekte, insbesondere Kostenträger	Vollkosten-rechnung auf Istkosten-basis	Vollkosten-rechnung auf Normalkosten-basis	Vollkosten-rechnung auf Plankosten-basis
Verrechnung nur bestimmter Kategorien von Kosten auf die Kalkulationsobjekte, insbesondere Kostenträger	Teilkostenrechnung auf Istkosten-basis	Teilkostenrechnung auf Normalkosten-basis	Teilkostenrechnung auf Plankosten-basis

Abb. 5: Kostenrechnungssysteme (Hummel/Männel 2000a, S.44)

Nach dem Zeitbezug wird zwischen der vergangenheitsorientierten Ist- bzw. Normal- und der zukunftsorientierten Plankostenrechnung unterschieden. Während bei der Istkostenrechnung die tatsächlich angefallenen Kosten erfasst und verrechnet werden, rechnet die Normalkostenrechnung mit vergangenheitsorientierten Durchschnittsgrößen, um so störende Einmaligkeiten und Zufälligkeiten der Istkostenrechnung herauszufiltern (Kilger 2002, S.39ff). Mit der Plankostenrechnung werden für kommende Perioden die zukünftigen Kosten in ihrem Mengengerüst (Produktionsfaktormengen) und ihrem Wertgerüst (Produktionsfaktorpreise) in Abhängigkeit ihrer Bestimmungsfaktoren in deren zukünftigen Ausprägungen geplant (Hummel/Männel 2000a, S.42).

Die Plankosten - als Plankosten pro Kostenart, Kostenstelle oder Kostenträger - sind Grundlage unterschiedlichster Entscheidungen und bilden die Messlatte für spätere Kostenkontrollen, wenn diesen Plankosten die entsprechenden nach gleichen Grundsätzen am Ende der Abrechnungsperiode ermittelten Istkosten gegenübergestellt werden. Kostenplanungen, Kostenkontrollen und Abweichungsanalysen in Bezug auf unterschiedliche Einflussgrößen sind wesentliche Steuerungsinstrumente einer entscheidungsorientierten Kostenrechnung.

Nach Art bzw. Ausmaß oder Differenzierungsgrad wird zwischen der Voll- und Teilkostenrechnung unterschieden. Während bei der Vollkostenrechnung sämtliche Kosten - sowohl Einzel- als auch Gemeinkosten, sowohl variable als auch fixe Kosten - in den einzelnen Phasen der Kostenrechnung und damit letztendlich auch in der Kostenträgerrechnung und Kalkulation mit Hilfe entweder der klassischen Formen der Divisions-, Zuschlags- bzw. Bezugsgrößenkalkulation oder auch der neu entwickelten Form der Prozesskostenrechnung verrechnet werden, werden mit der Teilkostenrechnung jeweils nur bestimmte Teile dem Bezugsobjekt und damit letztlich dem Kostenträger als Kalkulationsobjekt zugerechnet (Hummel/Männel 2000a, S.43).

Voll- und Teilkostenrechnung unterscheiden sich gemäß Abbildung 6 im verfolgten Zweck der Kostenrechnung und damit in der Kostenverteilung innerhalb der Kostenträgerrechnung.

	Vollkostenrechnung	Teilkostenrechnung
Kosten-arten-rechnung	Die Kosten werden Kostengüterart für Kostengüterart erfasst sowie im Rahmen der Zuschlagskostenrechnung nach Einzel- und Gemeinkosten gegliedert.	
Kosten-stellen-rechnung	Die Gemeinkosten werden auf jeden Fall Kostenstelle für Kostenstelle erfasst, u.U. auch die Einzelkosten.	
Kosten-träger-rechnung	Alle Kosten werden auf Kostenträger verrechnet.	Nur ein Teil wird auf die Kostenträger verrechnet, entweder nur die Einzelkosten oder nur die variablen Kosten.
Kosten-rech-nungs-zweck	Alle Kosten sollen durch den Preis gedeckt werden.	Im Einzelfall wird eine Kostenunterdeckung für vertretbar gehalten.

Abb. 6: Voll- und Teilkostenrechnung (Weber 1991, S.140)

Innerhalb der Teilkostenrechnung werden Systeme unterschieden, bei denen entweder nur variable, aber keine fixen Kosten auf die Kostenträger (direct costing), oder Einzelkosten, aber keine Gemeinkosten auf die Kostenträger (Einzelkostenrechnung) verrechnet werden. Grundsätzlich wird die Teilkostenrechnung auch als Deckungsbeitragsrechnung bezeichnet, da in retrograder Rechnung von den Erträgen

erst die direkt zugerechneten Teilkosten (variable Kosten, Einzelkosten) abgerechnet werden und anschließend von den so ermittelten Deckungsbeiträgen die nicht
den Erzeugnissen zugerechneten Restkosten (fixe Kosten, Gemeinkosten) zur Ermittlung des Betriebsergebnisses in Abzug gebracht werden.

Wie die Kostenrechnung schlechthin als Voll- oder Teilkostenrechnung organisiert
werden kann, so kann diese als Ist- oder Plankostenrechnung durchgeführt werden.
Im letzteren Falle wird von der Vollplankostenrechnung bzw. von der Grenzplankostenrechnung (als Plan-Teilkostenrechnung nach dem Konzept des direct costing)
gesprochen.

0.6 Struktur der Aufgaben

Von besonderer Relevanz für das Controlling ist allein die entscheidungsorientierte
Kostenrechnung; hierzu gehören die verschiedenen Formen der Teilkostenrechnung, aber auch die Prozesskostenrechnung als neue Variante der Vollkostenrechnung - jeweils meist im Zusammenhang mit der Plankostenrechnung. Daher wird im
Folgenden ausschließlich eingegangen auf:

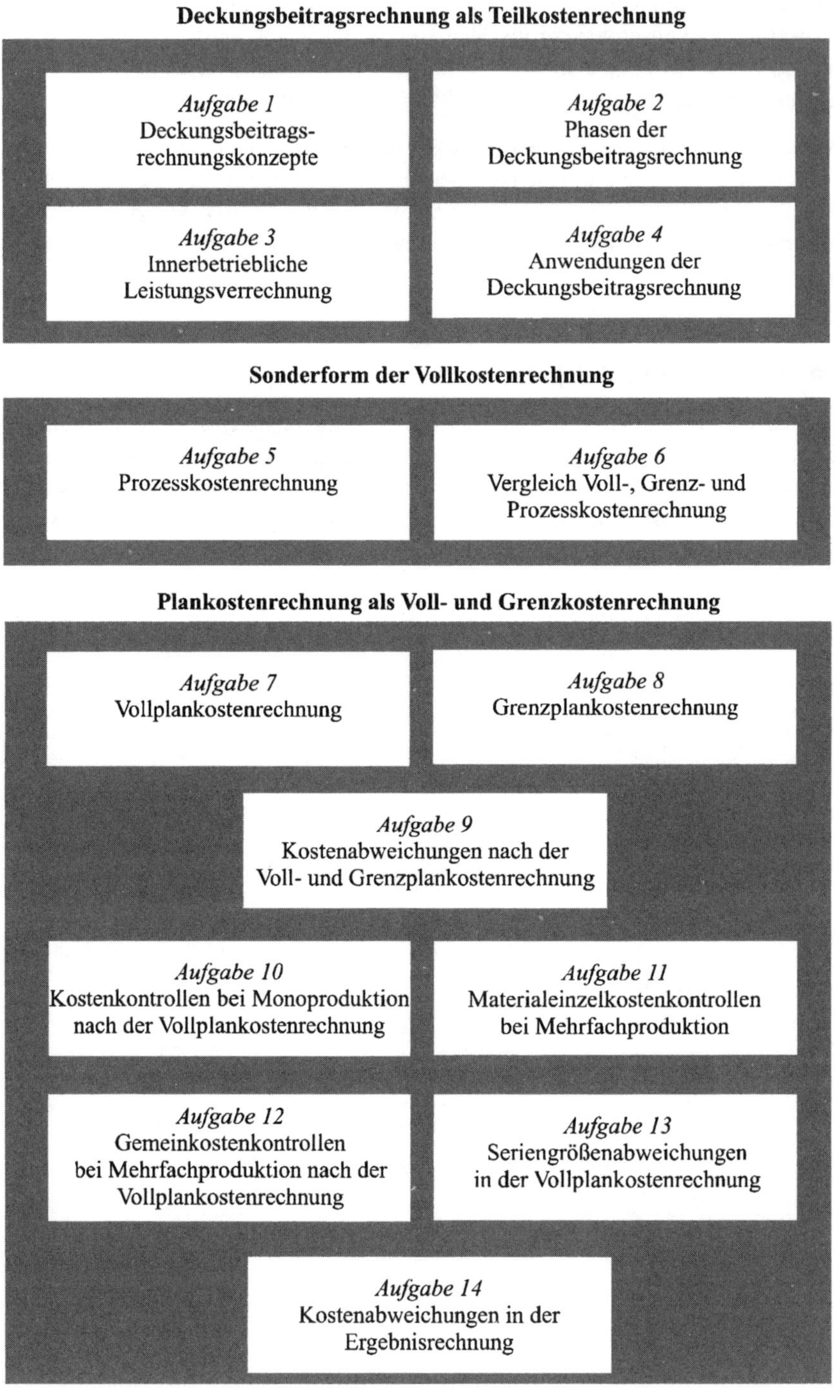

Deckungsbeitragsrechnung als Teilkostenrechnung

Aufgabe 1 Deckungsbeitrags- rechnungskonzepte	*Aufgabe 2* Phasen der Deckungsbeitragsrechnung
Aufgabe 3 Innerbetriebliche Leistungsverrechnung	*Aufgabe 4* Anwendungen der Deckungsbeitragsrechnung

Sonderform der Vollkostenrechnung

Aufgabe 5 Prozesskostenrechnung	*Aufgabe 6* Vergleich Voll-, Grenz- und Prozesskostenrechnung

Plankostenrechnung als Voll- und Grenzkostenrechnung

Aufgabe 7 Vollplankostenrechnung	*Aufgabe 8* Grenzplankostenrechnung

Aufgabe 9
Kostenabweichungen nach der
Voll- und Grenzplankostenrechnung

Aufgabe 10 Kostenkontrollen bei Monoproduktion nach der Vollplankostenrechnung	*Aufgabe 11* Materialeinzelkostenkontrollen bei Mehrfachproduktion
Aufgabe 12 Gemeinkostenkontrollen bei Mehrfachproduktion nach der Vollplankostenrechnung	*Aufgabe 13* Seriengrößenabweichungen in der Vollplankostenrechnung

Aufgabe 14
Kostenabweichungen in der
Ergebnisrechnung

Abb. 7: Aufgabenstruktur von Kostenrechnungssysteme

Aufgabe 1:
Deckungsbeitragsrechnungskonzepte

1.1 Aufgabenstellung

Beschreiben Sie die unterschiedlichen Konzepte einer Teilkostenrechnung als Deckungsbeitragsrechnung!

1.2 Einleitung

Die Bedeutung der Teilkostenrechnung ergibt sich aus den Unzulänglichkeiten der Vollkostenrechnung. Für kurzfristige Entscheidungen können Informationen auf Basis von Vollkosten zu unerwünschten Ergebnissen führen, da neben den entscheidungsrelevanten variablen Kosten auch die kurzfristig nicht veränderlichen Fixkosten in die Entscheidung einbezogen werden. Dieses gilt nicht nur für Entscheidungsprobleme im Absatzbereich, also zum Beispiel für Entscheidungen über Preisuntergrenzen oder der Annahme eines Zusatzauftrags, sondern für alle Unternehmensbereiche wie z.B. Optimierung bei Fertigungsengpässen oder bei freien Kapazitäten. Auch die Frage nach Eigenherstellung oder Fremdbezug (make-or-buy) kann mit Hilfe der Teilkostenrechnung besser gelöst werden.

Auf das Problem der Preisfindung sei kurz näher eingegangen. Die Entscheidungsfindung im Rahmen der Vollkostenrechnung für die Preisfindung eines Produkts beruht auf der Umlage der fixen Kosten. Dadurch kann man sich regelrecht aus dem Markt herauskalkulieren: Bei Hochkonjunktur mit großer Nachfrage müsste der Preis wegen der Abnahme der anteiligen Fixkosten gesenkt werden. In einer Rezessionsphase bei geringerer Absatzmenge müsste dagegen der Preis angehoben werden, um den Anstieg der anteiligen Fixkosten gegenüber den variablen Kosten aufzufangen. Das aus betriebswirtschaftlicher Sicht richtige Verhalten ist genau umgekehrt.

1.3 Konzepte der Teilkostenrechnung

In der Teilkostenrechnung wird versucht, das strenge Verursachungsprinzip (causa efficiens) auf die Zurechnung der Kosten anzuwenden. Die Aufteilung der anfallenden Gesamtkosten innerhalb eines Unternehmens nach ihrem Verhalten bei Beschäftigungsänderungen in fixe und variable Kosten bildet die Grundlage der Teilkostenrechnung auf der Basis von variablen Kosten (vgl. Abbildung 8). Nur die variablen Kosten werden direkt auf die Kostenträger verrechnet, während die fixen Kosten en bloc zugeordnet werden.

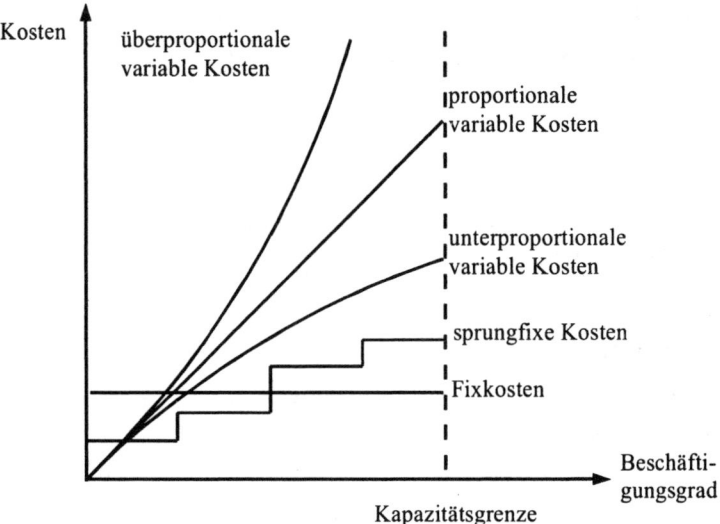

Abb. 8: Kostenverläufe bei Beschäftigungsvariationen

Eine alternative Methode unterscheidet nicht nach variablen und fixen Kosten, sondern gemäß Abbildung 9 nach Einzel- und Gemeinkosten (Riebel 1994, S.616ff).

	Aufteilung nach Verursachung	
Aufteilung nach Zurechenbarkeit	variable Kosten	fixe Kosten
Einzelkosten	z.B. Einzelmaterial	-
Gemeinkosten	z.B. Energiekosten	z.B. Verwaltung, Werbung

Abb. 9: Aufteilung der Kosten

Auf diese Form einer (stufenweisen) Einzelkostenrechnung (Riebel 1994, S.35ff) wird hier nicht eingegangen.

Ein wesentlicher Begriff in der Teilkostenrechnung ist der Deckungsbeitrag. Mit dem Stückdeckungsbeitrag d wird die Differenz zwischen dem am Markt erzielten Preis p und den variablen Stückkosten k_v bezeichnet. Der Gesamtdeckungsbeitrag DB ergibt sich aus der Multiplikation der Absatzmenge x_a mit dem Stückdeckungsbeitrag d. Das Betriebsergebnis ergibt sich aus der Differenz zwischen DB und Fixkosten k_f. Jedes Produkt mit einem positiven Deckungsbeitrag d trägt - zumindest zum Teil - zur Deckung der Fixkosten bei. Insofern trägt ein Produkt, das nicht die in der Vollkostenrechnung errechneten Selbstkosten erwirtschaftet, zum Betriebserfolg bei, solange der Deckungsbeitrag positiv ist.

Bei einem Unternehmen mit absatzsynchroner Einproduktfertigung fällt die Kostenrechnung besonders einfach aus, da die Kostenstellenrechnung (insbesondere der Betriebsabrechnungsbogen BAB) entfällt. Ansonsten - bei Mehrproduktfertigung

oder nicht absatzsynchroner Fertigung - ist die Zwischenstufe der Kostenstellenrechnung notwendig. Ihre Aufgabe ist die Verteilung der Erzeugnisgemeinkosten
auf die Hauptkostenstellen und die Berechnung der für die Ermittlung der Stückselbstkosten notwendigen Verrechnungssätze für die Hauptkostenstellen.

Die Teilkostenrechnung lässt sich in das direct costing und die mehrstufige Deckungsbeitragsrechnung unterteilen. In der erstgenannten Form wird der Fixkostenblock nicht weiter unterteilt und pauschal vom DB abgezogen. Die mehrstufige Deckungsbeitragsrechnung unterscheidet sich vom direct costing durch die differenziertere Behandlung der Fixkosten. Sie werden stufenweise, je nach der Möglichkeit
sie einzelnen Erzeugnisarten, -gruppen oder -bereichen zuzuordnen, den Deckungsbeiträgen der einzelnen Stufen gegenübergestellt. Folgende Unterteilung hat sich in
Theorie und Praxis durchgesetzt:

• Erzeugnisfixkosten
• Erzeugnisgruppenfixkosten
• Bereichsfixkosten
• Unternehmensfixkosten

Meist findet man diese Rechnung in tabellarischer Weise; das Vorgehen lässt sich
mit Abbildung 10 beschreiben.

Bruttoerlöse - Erlösschmälerungen	
= Nettoerlös je Erzeugnisart - Variable Kosten je Erzeugnisart	
= Deckungsbeitrag I - Erzeugnisfixkosten	
= Deckungsbeitrag II a ➤ - Erzeugnisgruppenfixkosten	Zusammenfassung nach Erzeugnisgruppen
= Deckungsbeitrag II b ➤ - Bereichsfixkosten	Zusammenfassung nach Bereichen
= Deckungsbeitrag III ➤ - Unternehmensfixkosten	Zusammenfassung sämtlicher Deckungsbeiträge
= Betriebsergebnis	

Abb. 10: Struktur der mehrstufigen Deckungsbeitragsrechnung
(Schweitzer/Küpper 1998, S.436)

Um sich von der Vollkostenrechnung abzuheben, sollten die einzelnen Fixkosten-
kategorien nicht schlüsselmäßig aufgeteilt werden, sondern den betrieblichen Produkten oder Gruppen nur insofern zugerechnet werden, als diese von bestimmten
betrieblichen Teilbereichen ausschließlich in Anspruch genommen werden. Die
Zielsetzung der mehrstufigen Deckungsbeitragsrechnung ist es, bei der Erfolgsana-
lyse zu erkennen, bis zu welcher Stufe die Deckungsbeiträge der Erzeugnisse zur
Fixkostendeckung ausreichen.

Aufgabe 2:
Phasen der Deckungsbeitragsrechnung

2.1 Aufgabenstellung

Beschreiben Sie die Phasen einer mehrstufigen Deckungsbeitragsrechnung in der Kostenarten-, Kostenstellen- und Kostenträgerrechnung nach dem Prinzip der Grenzkostenrechnung!

Gehen Sie dabei u.a. auf folgende Stichworte ein:

*   Methoden der Kostenauflösung
*   innerbetriebliche Leistungsverrechnung
*   Fixkostenzuordnung
*   mehrstufige Deckungsbeiträge
*   Gesamt- oder Umsatzkostenverfahren

2.2 Einleitung

Die Teilkostenrechnung ist eine Kostenrechnung auf Basis von Grenzkosten (daneben gibt es die Teilkostenrechnung auf Einzelkostenbasis (Riebel 1994, S.35ff)). Dabei wird eine lineare Kostenfunktion zugrunde gelegt, da kompliziertere Funktionen den Berechnungsaufwand immens erhöhen würden. Erfahrungen aus der Praxis haben gezeigt, dass diese Annahme keine bedeutende Einschränkung ist. Bei linearem Kostenverlauf entsprechen die Grenzkosten den variablen Stückkosten.

Der Grundaufbau der Teilkostenrechnung gleicht dem der Vollkostenrechnung mit Untergliederung in Kostenarten-, Kostenstellen- und Kostenträgerrechnung. Einen Unterschied gibt es nur hinsichtlich des Umfangs der Verrechnung, nicht aber hinsichtlich der Erfassung der Kosten (vgl. Abbildung 11).

Auch hier erhält man die Daten aus der Finanzbuchhaltung nach Durchführung einer Abgrenzungsrechnung, in der der neutrale Aufwand herausgefiltert und Zusatzkosten aufgenommen werden.

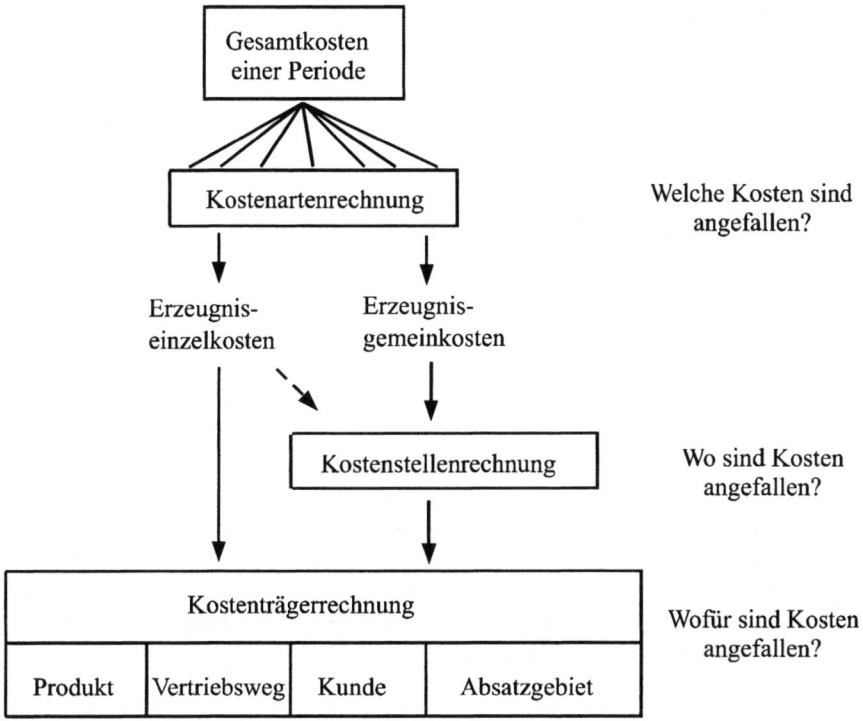

Abb. 11: Kostenarten-, Kostenstellen- und Kostenträgerrechnung

2.3 Kostenartenrechnung

Auch in der Teilkostenrechnung werden in der Kostenartenrechnung sämtliche Kosten erfasst und nach Kostenarten gegliedert, z.B. nach folgendem Schema (Huch 1986, S.48f):

- Werkstoffkosten
- Arbeitskosten
- Betriebsmittelkosten (Abschreibungen)
- Kapitalkosten (Zinsen)
- Kosten für Fremdleistungen
- Abgaben an die öffentliche Hand (Steuern etc.)
- Wagniskosten

Daneben erfolgt eine weitere Differenzierung der Kosten in Erzeugniseinzel- und Erzeugnisgemeinkosten. Die Erzeugniseinzelkosten gehen direkt in die Kostenträgerrechnung ein; die Erzeugnisgemeinkosten müssen in der Kostenstellenrechnung weiter aufgeteilt und verrechnet werden (vgl. Abbildung 11).

2.4 Kostenstellenrechnung

Aufgabe der Kostenstellenrechnung ist es, die Erzeugnisgemeinkosten einzelnen Kostenstellen möglichst verursachungsgerecht zuzuordnen. Die Bildung von Kostenstellen lässt sich nach den verschiedensten Kriterien vornehmen. Die Kostenstellen können nach verrechnungs- oder abrechnungstechnischen Gesichtspunkten gegliedert werden, besonders wenn die Kostenstellenrechnung als Vorstufe der Kostenträgerrechnung gebraucht wird. Soll sie Einblicke in die Wirkungsweise der einzelnen Betriebseinheiten gewähren, folgt sie der Gliederung des Unternehmens nach Verantwortungsbereichen in selbständige Abteilungen.

Grundsätzlich wird zwischen Hilfs- und Hauptkostenstellen unterschieden. Die Hilfskostenstellen lassen sich weiter in allgemeine Hilfskostenstellen, die ihre Leistungen als innerbetriebliche Leistungen an alle übigen Kostenstellen abgeben (z.b. zentrale Wasserversorgung), und in spezielle Hilfskostenstellen, die ihre Leistungen nur an ganz bestimmte Hauptkostenstellen weitergeben (z.b. Fertigungshilfskostenstellen), unterteilen. Letzten Endes erbringen alle Hilfskostenstellen ihre Leistungen für die Hauptkostenstellen. Hauptkostenstellen geben ihre Leistungen in der Regel an den Absatzmarkt ab. In den Fertigungshauptkostenstellen werden Tätigkeiten zusammengefasst, die der unmittelbaren Bearbeitung der Enderzeugnisse dienen. Weitere Hauptkostenstellen können z.b. für Material-, Forschungs-, Verwaltungs- und Vertriebsstellen eingerichtet werden.

Innerhalb der Kostenstellenrechnung werden die Erzeugnisgemeinkosten den Kostenstellen nach Möglichkeit als Kostenstelleneinzelkosten direkt zugeordnet oder als Kostenstellengemeinkosten nach bestimmten Kostenverteilungsschlüsseln auf die Stellen umgelegt. Das Wertgerüst[1] ist durch den Verrechnungspreis gegeben. Bei den Gemeinkosten lässt sich das Mengengerüst nicht direkt einer Kostenstelle zuordnen, was bei den Einzelkosten (z.b. eine Maschine, fünf Arbeitsstunden) möglich ist. Stelleneinzelkosten sind die Erzeugnisgemeinkosten, die einer Kostenstelle direkt zugeordnet werden können, da der entsprechende Werteverzehr unmittelbar in der spezifischen Kostenstelle anfällt. Stellengemeinkosten hingegen sind diejenigen Erzeugnisgemeinkosten, die für mehrere Kostenstellen gleichzeitig anfallen und nur mittels Schlüsselgrößen über die Kostenstellen verteilt werden können.

Die so den einzelnen Kostenstellen zugeordneten Kosten werden in ihre variablen und fixen Anteile zerlegt. Dazu bedient man sich der Methoden der buchtechnischen, mathematischen oder planmäßigen Kostenauflösung, die im Folgenden skizziert werden (Huch 1986, S.34ff):

*   buchtechnische Kostenauflösung:
    Dieses Verfahren beruht auf der Untersuchung aller verbuchten Kostenbelege, um die Kosten in fixe und variable Bestandteile zu zerlegen. Jeder Kostenbetrag wird daraufhin analysiert, ob seine Entstehung ganz oder teilweise gerechtfertigt

---

1)   Kosten sind das Produkt von Mengen- und Wertgerüst des leistungsbezogenen Produktionsfaktorverbrauchs.

ist, wenn die Beschäftigung gegen Null tendiert, aber die Betriebsbereitschaft dieser Stelle unverändert aufrecht erhalten wird.

Der Vorteil liegt in der einfachen Handhabung, allerdings führt es ohne die Verwendung von statistischen Methoden (z.B. Methode der kleinsten Quadrate) zu sehr subjektiv geprägten Lösungen.

• mathematische Kostenauflösung:
Man wählt zwei Beschäftigungsstufen (x_1, x_2) und die dabei entstandenen Kosten K_1, K_2. Für die variablen Stückkosten k_v und die gesamten Fixkosten K_f gilt:

$$k_v = \frac{K_2 - K_1}{x_2 - x_1} \qquad K_f = K_1 - k_v x_1$$

• planmäßige Kostenauflösung:
Bei diesem Verfahren legt man a priori für die einzelnen Kostenstellen fest, ob die Kostenarten als fix oder variabel zu gelten haben.

Im Rahmen der innerbetrieblichen Leistungsverrechnung der Deckungsbeitragsrechnung werden - im Gegensatz zur Vollkostenrechnung - nur die variablen Kosten der jeweiligen Hilfskostenstellen auf die Hauptkostenstellen umgelegt. Die Fixkosten der Hilfs- und Hauptkostenstellen gehen direkt in die Kostenträgerzeitrechnung ein.

Die Verrechnungsverfahren gliedern sich in simultane und sukzessive. Die sukzessiven Verfahren (Anbauverfahren, Treppenverfahren und Sprungverfahren) berücksichtigen nur einseitige Leistungsbeziehungen, wobei die Kostenstellen in einer bestimmten Reihenfolge nacheinander abgerechnet werden. Bei den simultanen Verfahren werden mit Hilfe von Gleichungssystemen auch die wechselseitigen Leistungsverflechtungen erfasst. Geeignetes Instrument zur Kostenstellenrechnung ist - wie in der Vollkostenrechnung - der Betriebsabrechnungsbogen (BAB). Der Aufbau des BAB (vgl. Abbildung 12) ist wie folgt (Huch 1986, S.80):

Erzeugnisgemein-kostenarten	Hilfskosten-stellen		Materialkos-tenstellen		Fertigungs-hauptkosten-stellen		Verwaltungs-und Vertriebs-kostenstellen	
	1 2 3 ...		1 2 3 ...		1 2 3 ...		1 2 3 ...	
	var	fix	var	fix	var	fix	var	fix
Primärkosten								
Stelleneinzelkosten								
Stellengemeinkosten								
Sekundärkosten								
Entlastung (-)								
Belastung (+)								
Summe der zu überneh-menden Stellenkosten								

Abb. 12: Aufbau eines Betriebsabrechnungsbogens

2.5 Kostenträgerrechnung

Die Kostenträgerrechnung tritt als Kostenträgerstück- und Kostenträgerzeitrechnung (Erfolgsrechnung) auf. Die Aufgabe der Kostenträgerstückrechnung besteht in der Ermittlung der Kosten, die die Erstellung einer Leistungsmengeneinheit verursacht hat. Anders als in der Vollkostenrechnung werden dabei nur die variablen Kosten berücksichtigt.

Zur Bestimmung der variablen Stückkosten sind grundsätzlich alle Verfahren der Kostenträgerstückrechnung verwendbar. Der formale Aufbau der verschiedenen Kalkulationsverfahren (z.B. Divisions-, Zuschlagskalkulation (Huch 1986, S.109ff)) ändert sich durch die Rechnung mit variablen Kosten nicht. Es ergeben sich gegenüber der Vollkostenrechnung inhaltliche Unterschiede, weil in der Teilkostenrechnung keine Fixkostenproportionalisierung vorgenommen wird.

Die Kostenträgerzeitrechnung ist eine betriebliche Erfolgsrechnung; sie kann mit dem Umsatzkosten- oder Gesamtkostenverfahren durchgeführt werden.

Beim Umsatzkostenverfahren auf Grenzkostenbasis werden den Verkaufserlösen die proportionalen Selbstkosten der verkauften Produktmengen gegenübergestellt. Die fixen Kosten werden aus der Kostenstellenrechnung direkt in das Betriebsergebnis übernommen. Dieses kann im einfachen Fall nach folgender Formel geschehen (Huch 1986, S.149):

$$G_B = \sum_{i=1}^{\bar{i}} x_{ai}(p_i - k_{vi}) - K_f$$

Eine Alternative ist die Durchführung der aussagekräftigeren mehrstufigen Deckungsbeitragsrechnung. Hierbei wird zunächst der Deckungsbeitrag di aus der Differenz zwischen dem Verkaufspreis p_i und den variablen Stückkosten k_{vi} gebildet. Der Gesamtdeckungsbeitrag DB ergibt sich aus dem Produkt von Absatzmenge x_{ai} mit dem Deckungsbetrag d_i.

Anschließend werden die in der Kostenstellenrechnung angefallenen Fixkosten k_f stufenweise vom DB abgezogen (Produktart, Produktgruppe, Bereich, Unternehmen).

Der Vorteil des Umsatzkostenverfahrens besteht darin, dass bei der Erfolgskontrolle die funktionalen Beziehungen zwischen Erlösen, Kosten und Absatzmengen transparent werden.

Das zweite, bereits erwähnte Verfahren ist das Gesamtkostenverfahren. Hierfür gilt die folgende Gleichung (Huch 1986, S.150):

$$G_B = \sum_{i=1}^{\bar{i}} x_{ai}p_i + \sum_{i=1}^{\bar{i}} (x_{pi} - x_{ai})k_{vHi} - \sum_{j=1}^{\bar{j}} K_j$$

Der erste Summand gibt die nach Produkten ($i = 1, \ldots, \bar{i}$) gegliederten Verkaufserlöse an, der zweite Summand enthält die zu variablen Herstellkosten k_{vH} bewerteten Bestandsveränderungen der Halb- und Fertigfabrikatsbestände. Die Bewertung zu variablen Herstellkosten setzt die Erstellung einer Kalkulation voraus. Der dritte Summand stellt die abzuziehenden Gesamtkosten entsprechend der Kostenartenrechnung dar.

Die Vorteile des Gesamtkostenverfahrens resultieren aus der Einfachheit des rechnerischen Aufbaus. Das Gesamtkostenverfahren lässt sich leicht in das Kontensystem der Finanzbuchhaltung einfügen. Die Nachteile liegen u.a. darin, dass zwar die Umsätze und Bestandsveränderungen, nicht aber die Kosten nach Produktarten gegliedert werden. Es stehen sich also zwei Größen gegenüber, die sich nicht miteinander vergleichen lassen.

Aufgabe 3:
Innerbetriebliche Leistungsverrechnung

3.1 Aufgabenstellung

Beschreiben Sie die Methoden der innerbetrieblichen Leistungsverrechnung in den Systemen der Voll- und Teilkostenrechnung!

3.2 Einleitung

Die innerbetriebliche Leistungsverrechnung in der Teil- und Vollkostenrechnung ist Teil der Kostenstellenrechnung. Deren Aufgabe ist es u.a., die aus der Kostenartenrechnung kommenden Erzeugnisgemeinkosten in Primärstelleneinzel- und Primärstellengemeinkosten aufzuteilen und den Hilfs- und Hauptkostenstellen zuzuordnen. Zwischen den Kostenstellen des Unternehmens gibt es weitreichende Leistungsverflechtungen, denen durch die Verteilung der Kosten zwischen den Kostenstellen in der innerbetrieblichen Leistungsverrechnung Rechnung getragen wird. Bei den Verfahren zur Verrechnung innerbetrieblicher Leistungen sind sukzessive und simultane Verfahren zu unterscheiden.

Die sukzessiven Verfahren zeichnen sich dadurch aus, dass nur einseitige Leistungsbeziehungen berücksichtigt werden, wobei die Kostenstellen in einer bestimmten Reihenfolge nacheinander (sukzessiv) abgerechnet werden. Bei der simultanen Leistungsverrechnung werden dagegen sämtliche Leistungsverflechtungen, einschließlich der wechselseitigen, erfasst.

Diese Verfahren unterscheiden sich in der Teil- und Vollkostenrechnung nur geringfügig. Im Gegensatz zur Vollkostenrechnung werden in der Teilkostenrechnung die Kosten der Kostenstellen in fixe und variable Bestandteile unterteilt. Nur die variablen Teile werden weiterverrechnet, die fixen Kosten gehen dagegen direkt in die Kostenträgerzeitrechnung zur Ermittlung des Betriebsergebnisses ein. Im Folgenden werden als Vertreter für die jeweiligen Verfahren das Treppenverfahren und die simultane Leistungsverrechnung vorgestellt.

3.3 Sukzessive Leistungsverrechnung

Das Treppenverfahren ist ein Beispiel für eine sukzessive Leistungsverrechnung; es lassen sich also nur einseitige Leistungsbeziehungen zu nachfolgenden Stellen erfassen. Leistungen an vorgeschaltete Stellen und der Eigenverbrauch bleiben unberücksichtigt. Allgemein ergibt sich der Verrechnungspreis der Stelle h (in der Vollkostenrechnung) mit den Kostenstellen $r = (1,...,h,...,\bar{r})$ nach (Huch 1986, S.91):

$$q_h = \frac{PSK_h + \sum\limits_{r=1}^{h-1} m_{rh} q_r}{x_h + \sum\limits_{r=h+1}^{\overline{r}} m_{hr}}$$

Dabei stellt PSK_h die Primärstellenkosten der Kostenstelle h dar. Die nachfolgende Summe erfasst die von den vorgeschalteten Kostenstellen r an h abgegebenen Leistungseinheiten. Die Summe im Nenner kennzeichnet die von h an die nachfolgenden Kostenstellen r abgegebenen Leistungseinheiten. Mit x_h werden die Endleistungsmengeneinheiten der Stelle h bezeichnet. Diese Größe ist für Hilfskostenstellen i.d.R. Null, da sie ihre gesamte Leistung innerbetrieblich weitergeben. Bei den Hauptkostenstellen stellt x_h die ausschlaggebende Größe dar. In der Teilkostenrechnung gilt folgender Verrechnungspreis:

$$q_{vh} = \frac{PSK_{vh} + \sum\limits_{r=1}^{h-1} m_{vrh} q_{vr}}{x_h + \sum\limits_{r=h+1}^{\overline{r}} m_{hr}}$$

Im Zähler gibt der erste Ausdruck die variablen Primärstellenkosten, der zweite Ausdruck die variablen Sekundärstellenkosten an. Letztere beruhen auf dem variablen Verzehr von Leistungen der Stelle r (r = 1, 2, ..., h-1) in der Stelle h. Die Bewertung erfolgt mit q_{vr}. Der Nenner gibt wieder die Leistungslieferung an nachgeschaltete Stellen und die erzeugten Endleistungsmengeneinheiten an.

3.4 Simultane Leistungsverrechnung

Wechselseitige Leistungsbeziehungen zwischen den Kostenstellen erfordern eine simultane Leistungsverrechnung. Eine rechnerisch exakte Verrechnung lässt sich aufgrund der Rückkopplungen nur mit Hilfe von Gleichungssystemen vornehmen. Die Annahme, dass nur lineare Abhängigkeiten dargestellt werden, hat sich in der Praxis als nicht bedeutsam erwiesen.

Für die Berechnung des Verrechnungspreises q_h in der Vollkostenrechnung gilt:

$$q_h = \frac{PSK_h + \sum\limits_{r=1}^{\overline{r}} m_{rh} q_r}{x_h + \sum\limits_{r=1}^{\overline{r}} m_{hr}}$$

Zur Bestimmung der q_h löst man die Formel nach PSK_h auf und bildet eine Gleichung für jedes h. Das resultierende Gleichungssystem hat folgendes Aussehen:

$$
\begin{bmatrix} -M_1^* & \cdots & m_{\bar{r}1} \\ \cdots & \cdots & \cdots \\ m_{1\bar{r}} & \cdots & -M_{\bar{r}}^* \end{bmatrix} \cdot \begin{bmatrix} q_1 \\ \cdots \\ q_{\bar{r}} \end{bmatrix} = \begin{bmatrix} -PSK_1 \\ \cdots \\ -PSK_{\bar{r}} \end{bmatrix}
$$

Die einzelnen M_i^* geben die gesamten homogenen Leistungsmengeneinheiten der Stelle i abzüglich der zum Eigenverbrauch erstellten Leistungen an.

Analog ergibt sich die Formel für die Teilkostenrechnung. Kostenbestimmend sind auch hier wiederum nur die variablen Primärkosten und die variablen Sekundärkosten der Kostenstelle. Es gilt:

$$
q_{vh} = \frac{PSK_{vh} + \sum_{r=1}^{\bar{r}} m_{vrh} q_{vr}}{x_h + \sum_{r=1}^{\bar{r}} m_{hr}}
$$

Aufgabe 4:
Anwendungen der Deckungsbeitragsrechnung

4.1 Aufgabenstellung

Beschreiben und diskutieren Sie folgende Anwendungen der Deckungsbeitragsrechnung im Rahmen der

- Break-Even-Analyse
- Preispolitik
  - Preisuntergrenzen
  - Preisobergrenzen
- Programmplanung
  - mit freien Kapazitäten
  - bei Engpässen

4.2 Einleitung

Der Gliederung in kurz- und langfristige Entscheidungsprobleme entspricht eine Einteilung der Gesamtkosten in variable und fixe Kosten. Als kurzfristig werden Entscheidungsprobleme bezeichnet, bei denen die Kapazität nicht verändert wird. Der Verbrauch jener Güter, der fixe Kosten begründet, wird von diesen Entscheidungen nicht beeinflusst. Dagegen kann bei mittel- und langfristigen Entscheidungsproblemen auch die Ausstattung der Unternehmen mit Maschinen, Arbeitskräften und sonstigen Potentialgütern verändert werden, wodurch die fixen Kosten erhöht oder abgebaut werden. Aus den Teilkostenrechnungen auf der Basis von variablen Kosten lassen sich in erster Linie Kosteninformationen für kurzfristige Entscheidungen gewinnen.

Im Folgenden wird auf die wichtigsten Anwendungen der Steuerungs- und Kontrollrechnung im Rahmen der Teilkostenrechnung eingegangen.

4.3 Break-Even-Analyse

Zweck der Break-Even-Analyse ist die Bestimmung der Absatzmenge oder des Erlöses, mit der bzw. dem die Gesamtkosten gerade gedeckt sind und ein Ergebnis von Null realisiert wird. Man nennt diesen Punkt Gewinnschwelle, kritische Menge oder Break-Even- (BE-) Punkt. Bei Einproduktfertigung lässt sich die Gewinnschwelle durch eine Gegenüberstellung der Gesamtkosten und Erlöse bestimmen.

Die Gewinnschwelle liegt bei der Absatzmenge x_0, bei welcher die Erlöse gerade mit den Gesamtkosten übereinstimmen. Es gilt:

$$E(x_0) = K(x_0)$$

$$p \times x_0 = K_f + k_v x_0$$

$$x_0 = \frac{K_f}{p - k_v} = \frac{K_f}{d}$$

Die Bestimmung des BE-Punktes bei Mehrproduktfertigung erweist sich als schwierig, weil für jede Produktart eine eigene Variable vorzusehen ist. Der BE-Punkt stellt sich bei Mehrproduktfertigung wie folgt dar:

$$K_f = \sum_{i=1}^{\bar{i}} (p_i - k_{vi}) x_i$$

Bei einer Mehrproduktfertigung auf gleichen Kapazitäten ist die kritische Menge des Produkts i* abhängig von der eigenen Kalkulation sowie der Kalkulation und den Mengen der übrigen Produkte der Art i:

$$x_{0i*} = \frac{K_f - \sum_{i=1}^{\bar{i}} (p_i - k_{vi}) x_i}{p_{i*} - k_{vi*}}, \quad \text{mit } i \neq i*$$

4.4 Preispolitik

Lange Zeit wurde die Preisfindung als die wichtigste Aufgabe der Kalkulation angesehen.[2] Die traditionelle Betriebswirtschaftslehre kennt hierzu die Produktions- und Preisabsatzfunktionen. Bekannt ist der Cournotsche Punkt der Absatztheorie für Angebotsmonopole, in dem der Grenzerlös den Grenzkosten entspricht. Ist die Preisabsatzfunktion bekannt, lässt sich die Preisfindung auch mit Hilfe von Iso-Deckungsbeitragskurven durchführen.

Die zugeordneten Solldeckungsbeiträge der einzelnen Erzeugnisse lassen sich unter Einbeziehung der geplanten variablen Selbstkosten jeweils mit unterschiedlichen Preis-Mengen-Kombinationen realisieren. Dieser Sachverhalt kommt mit der folgenden Gleichung zum Ausdruck (Kilger 2002, S.615):

$$D_i^S = (p_i - k_{vi}) x_i$$

Der Solldeckungsbeitrag einer Erzeugnisart i wird mit D_i^S bezeichnet, k_{vi} sind die variablen Stückselbstkosten, x_i die Produktmenge und p_i der entsprechende Verkaufspreis. Die Gleichung gibt an, welche Preismengenkombinationen bei den ge-

---

2)   Dieser Preisfindungsansatz geht von der Annahme aus, dass die Preise durch die Kos-
      ten festgesetzt werden. Im Allgemeinen wird der Preis jedoch vom Markt bestimmt.

planten variablen Kosten zu dem vorgegebenen Solldeckungsbeitrag führen. Sie wird auch Iso-Deckungsbeitragskurve genannt. Dieser Zusammenhang lässt sich gemäß Abbildung 13 folgendermaßen darstellen (Kilger 2002, S.615ff):

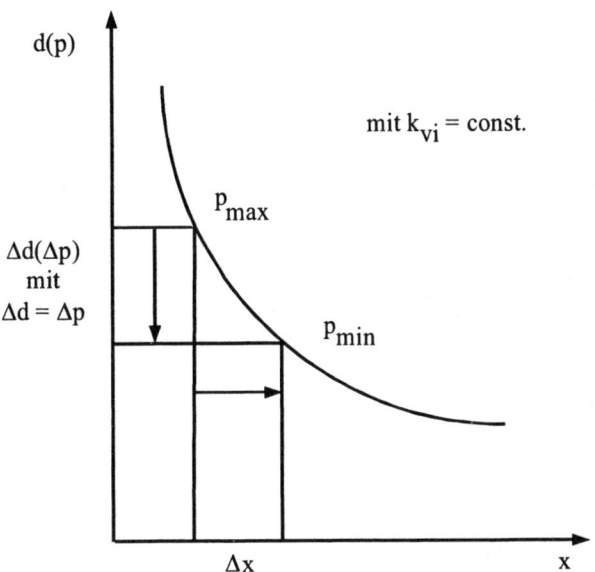

Abb. 13: Iso-Deckungsbeitragskurve in Abhängigkeit von Preis und Absatzmenge

In der Regel ist es aufgrund der hohen Komplexität heutiger Märkte nicht möglich, eine exakte Preisabsatzfunktion anzugeben. Daher ist die Kostenrechnung als Instrument zur Preisfindung auf die Angabe von Preisuntergrenzen im Absatz- und auf Preisobergrenzen im Beschaffungsbereich begrenzt.

4.4.1 Preisuntergrenzen

Preisuntergrenzen PUG geben Grenzwerte der Verkaufspreise von Produkten an (Coenenberg 1999, S.327ff; Hoitsch/Lingnau 2002, S.93). Als (kurzfristige) Preisuntergrenze versteht man den Verkaufspreis, bei dessen Unterschreitung eine Produktart aus erfolgswirtschaftlichen Gründen eliminiert wird bzw. auf die Annahme eines Zusatzauftrages verzichtet werden muss. Bei der Preisuntergrenze ist der Grenzgewinn der betreffenden Aktivität gleich Null.

Es ist wichtig, alle durch die Aktivität verursachten (relevanten) Kosten zu berücksichtigen. Allgemein gilt:

$$PUG_i = f[\Delta K_i(\Delta x_i); DB_j(\Delta x_i)]$$

Die erste Komponente gibt die relevanten Kosten für Zusatzauftrag i an, die zweite den relevanten Deckungsbeitrag bei anderen Produkten j.

Die im Folgenden kurz aufgeführten Fälle zur Bestimmung von Preisuntergrenzen lassen sich gemäß den unterschiedlichen Ausgangssituationen bestimmen (Kilger 2002, S.595ff; Coenenberg 1999, S.328ff):

- Preisuntergrenzen für einen Zusatzauftrag bei freien Kapazitäten ohne substitutionale Beziehungen:
  In diesem Fall wird die Preisuntergrenze durch die variablen Selbstkosten bestimmt. Sind keinerlei Produktionsänderungen notwendig, gilt:

$$PUG_i = k_{v_i}$$

- Preisuntergrenzen bei Produktionsanpassungen:
  Wenn für die Annahme eines Zusatzauftrags Änderungen bei der Produktion notwendig sind, werden die hierfür anfallenden Kosten vollständig anteilig auf die zusätzlichen Erzeugnisse verteilt. Dabei kann grundsätzlich unterschieden werden in
  - quantitative Anpassung:

$$PUG_i = k_{v_i} + \frac{\Delta K_f}{\Delta x_i}$$

  - intensitätsmäßige Anpassung:

$$PUG_i = k_{v_{i_{neu}}} + \frac{(k_{v_{i_{neu}}} - k_{v_{i_{alt}}})x_{i_{alt}}}{x_{i_{neu}} - x_{i_{alt}}}$$

  mit $k_{v_{i_{neu}}}$ als variable Stückkosten nach intensitätsmäßiger Anpassung

- Preisuntergrenzen bei Engpässen:
  Bei Engpässen lässt sich die Herstellung zusätzlich absetzbarer Erzeugnisse häufig nur dadurch realisieren, dass man andere Erzeugnisse ganz oder teilweise aus dem Fertigungsprogramm verdrängt. In solchen Situationen muss man bestimmen, welche Deckungsbeiträge unter diesen Umständen infolge der Verdrängung anderer Erzeugnisse entgehen würden, und muss dann diese entgehenden Erfolge als Opportunitätskosten in die Kalkulation der Preisuntergrenze einbeziehen (vgl. Programmplanung bei Fertigungsengpässen). Daher ergibt sich die Preisuntergrenze als Summe der variablen Selbstkosten und den verdrängten Erfolgen je Einheit. Um die verdrängten Erfolge zu berechnen, die sich bei der Produktion einer Mengeneinheit des neuen Produkts i ergeben, wird der Deckungsbeitrag ω_{kj} pro Kapazitätseinheit (z.B. Maschinenstundensatz) bei Fertigung des Produkts j innerhalb der Kapazitätsstufe k mit der Anzahl der benötigten Kapazitätseinheiten t_{ki} für eine Mengeneinheit des Produkts i auf der Kapazitätsstufe k multipliziert. Der Deckungsbeitrag je Mengeneinheit des Produkts j wird mit d_j bezeichnet. Somit ergibt sich:

$$PUG_i = k_{vi} + t_{ki}\omega_{kj} = k_{vi} + \frac{t_{ki}}{t_{kj}}d_j \quad \text{mit } \omega_{kj} = \frac{d_j}{t_{kj}}$$

- Preisuntergrenzen bei Erlösschmälerungen bei anderen Produkten:
Tritt bei Produktart j eine Preisminderung ein, so muss diese durch den Zusatzauftrag gedeckt und wie folgt mit berücksichtigt werden:

$$PUG_i = k_{vi} + \frac{\sum x_j \Delta p_j}{\Delta x_i}$$

- Preisuntergrenze bei Absatzrückgängen bei anderen Produkten:
Wegfallende Deckungsbeiträge infolge eines Mengenrückgangs müssen kalkulatorisch durch den Zusatzauftrag gedeckt werden. Es gilt:

$$PUG_i = k_{vi} + \frac{\sum \Delta x_j (p_j - k_{vj})}{\Delta x_i}$$

4.4.2 Preisobergrenzen

Analog zu Preisuntergrenzen geben Preisobergrenzen POG Grenzwerte von Beschaffungspreisen von Vorprodukten (Rohstoff, Halbfabrikat) an, bei dessen Überschreitung die Fertigung des aus diesem Vorprodukt zu fertigenden Endprodukts aus erfolgswirtschaftlichen Gründen eingestellt werden muss (Coenenberg 1999, S. 356ff; Hoitsch/Lingnau 2002, S.98f).

Die Beantwortung der Frage, ab welchem Beschaffungspreis q_r eines bestimmten Vorprodukts r die Fertigung des aus diesem Vorprodukt mit v Mengeneinheiten pro Produktmengeneinheit zu fertigenden Endprodukts i eingestellt werden sollte, hängt von den jeweiligen betrieblichen Situationen ab (Coenenberg 1999, S.356ff).

- Preisobergrenzen bei freien Fertigungskapazitäten:

$$POG_r = \frac{p_i - (k_{vi} - q_r \times v_{ri})}{v_{ri}}$$

bis: $d_i(q_r) \geq 0$!

- Preisobergrenzen bei freien Fertigungskapazitäten mit vorübergehender Stilllegung der Fertigung:

$$POG_r = \frac{1}{v_{ri}}\left[p_i - (k_{vi} - q_r \times v_{ri}) - \frac{\Delta K_f}{x} + \frac{K_w + k_w \times z}{x \times z} \right]$$

mit: K_w = fixe Wiederanlaufkosten, $k_w \times z$= zeitabhängige Wiederanlaufkosten, abhängig von Stillstandzeit z (Einarbeitung)

- Preisobergrenzen bei Fertigungsengpässen:
  Die Preisobergrenze verringert sich hier um den Deckungsbeitrag, den die Belegung der frei gemachten Engpasskapazität k durch ein anderes Produkt j erbringen könnte.

$$POG_r = \frac{p_i - (k_{vi} - q_r \times v_{ri})}{v_{ri}} - \frac{p_j - k_{vj}}{t_{kj}} \times \frac{t_{ki}}{v_{ri}}$$

$$= \frac{p_i - (k_{vi} - q_r \times v_{ri}) - \omega_{kj} \times t_{ki}}{v_{ri}}$$

mit: t_{kj} = Fertigungszeitkoeffizient von Produkt j bei Anlage k

$$\omega_{kj} = \frac{p_j - k_{vj}}{t_{kj}}$$

Beispiel:

Verkaufspreis Endprodukt i	p_i	=	300 €/ME
	k_{vi}	=	200 €/ME
Kapazitäts-, Fertigungszeit bei Anlage k			
- für Produkt i	t_{ki}	=	0,5 ZE/ME
- für Produkt j	t_{kj}	=	4 ZE/ME
Einkaufspreis Rohstoff r	q_r	=	50 €/ME
Rohstoffverbrauch r pro Produkt-ME i	v_{ri}	=	2 €/ME
Stückdeckungsbeitrag des alternativen Produkts j	d_j	=	400 €/Stück

dann ist:

$$POG_r = \frac{p_i - (k_{vi} - q_r \times v_{ri}) - \omega_{kj} \times t_{ki}}{v_{ri}}$$

$$= \frac{300 - (200 - 50 \times 2) - \frac{400}{4} \times 0,5}{2}$$

$$= 75 \text{ €/Rohstoff-ME}$$

4.5 Programmplanung

Die kurzfristige Programmplanung ermittelt, welche in dem auf lange Sicht festgelegten Produktions- und Absatzprogramm enthaltenen Produkte besonders forciert werden sollen, welche Produkte nicht mehr angeboten werden sollen und welche Zusatzaufträge für das Unternehmen rentabel sind. Für solche Entscheidungen, die vor dem Hintergrund einer gegebenen Betriebsbereitschaft getroffen werden, sind die Bereitschaftskosten irrelevant. Wie man im konkreten Einzelfall zu entscheiden hat, hängt von der jeweiligen Beschäftigungssituation des Unternehmens ab. In unterbeschäftigten Betrieben, d.h. bei freien Kapazitäten, wird man prinzipiell alle

Produktarten und Aufträge mit einem positiven Deckungsbeitrag aufnehmen. Bei der Optimierung des Programmplans bei Engpässen unterscheidet man zwischen Alternativen mit einem Fertigungsengpass und mit mehreren Fertigungsengpässen. Im letzteren Fall wird das Problem mit Hilfe der Linearen Programmierung (Simplex-Methode) zu lösen versucht, worauf nicht weiter eingegangen werden soll.

Bei einem Engpass wird mit Opportunitätskosten gerechnet. Unter Opportunitätskosten sind die Grenzerfolge der anderweitigen (alternativen) Verwendung der Leistungseinheiten zu verstehen, die von einem zusätzlichen Produkt verhindert oder verdrängt werden. Die Rechnung mit Opportunitätskosten beruht auf dem Gedanken, dass bei Vollbeschäftigung die Erzeugung eines Produkts die Erzeugung eines anderen Produkts und dessen Deckungsbeitrag verdrängt. Wenn man z.B. mit der Fertigung des Produkts A knappe Kapazitäten ausfüllt, verhindert man damit gleichzeitig die Fertigung des Produktes B, womit der bei Verkauf von Produkt B mögliche Deckungsbeitrag entfällt. Diese Verhinderung des Deckungsbeitrags hat das Produkt A durch seine Fertigung verursacht; man muss es also nach dem Verursachungsprinzip mit dem entgangenen Deckungsbeitrag des Produktes B belasten - und zwar zusätzlich zu seinen eigenen Grenzkosten (hier proportionale Kosten). Die Opportunitätskostenrechnung belastet also jedes Produkt mit seinen Grenzkosten und mit dem entgangenen Deckungsbeitrag der verdrängten alternativen Produkte (Huch 1986, S.176f).

Die Programmplanung bei einem Fertigungsengpass erfolgt in mehreren Stufen (Huch 1986, S.176ff):

(a) Ermittlung der absetzbaren Produktarten und -mengen
(b) Ermittlung der Deckungsbeiträge pro Produktmengeneinheit
(c) Ermittlung des Engpasses
(d) Ermittlung der engpassbezogenen Deckungsbeiträge
(e) Ermittlung des optimalen Programms
(f) Ermittlung der Opportunitätskosten als Grenzerfolg bei Produktsubstitution
(g) Ermittlung des Standardgrenzpreises/Produkterfolgs

Diese Stufen der Programmplanung werden nachfolgend am Beispiel von drei Produktarten erläutert:

(a) Ermittlung der absetzbaren Produktarten und -mengen:

	Produkt A	Produkt B	Produkt C
Absatzmenge x_i (ME/ZE)	500	300	250
Preis p_i (€/ME)	12	14	16

(b) Ermittlung der Deckungsbeiträge pro Produktmengeneinheit:

	Produkt A	Produkt B	Produkt C
Variable Kosten k_{vi} (€/ME)	7	8	9
Stückdeckungsbeitrag d_i (€/ME)	5	6	7
Produktdeckungsbeitrag D_i (€/ME)	2 500	1 800	1 750

(c) Ermittlung des Engpasses:

Die Gesamtkapazität T_k des Engpassaggregates k beträgt 250h

	Produkt A	Produkt B	Produkt C
Maschinenlaufzeit t_{ki} (h/ME)	0,24	0,30	0,40
Maschinenlaufzeit pro Produkt T_{kj} (h)	120	90	100

Der Kapazitätsbedarf der Produktion aller Produkte beläuft sich auf 310 h. Die vorhandene Kapazität liegt jedoch bei 250 h, woraus sich eine Unterkapazität von 60 h ergibt.

(d) Ermittlung der engpassbezogenen Deckungsbeiträge ω_{ki} :

Produkt i durchläuft das Engpassaggregat k mit einer Beanspruchung der Kapazität t_{ki} (pro Mengeneinheit) bzw. T_{ki} (pro Produktart):

$$\omega_{ki} = \frac{d_i}{t_{ki}} \quad \text{oder} \quad \omega_{ki} = \frac{DB_i}{T_{ki}}$$

Der engpassbezogene Deckungsbeitrag ist der Wert der Nutzungseinheit des Produktes i. Der größte Wert ω_{ki} kennzeichnet die Produktart, die pro Engpasseinheit den grössten Deckungsbeitrag erwirtschaftet.

$$\omega_{kA} = \frac{2500}{120} = 20,83 \ €/h$$

$$\omega_{kB} = \frac{1800}{90} = 20,00 \ €/h$$

$$\omega_{kC} = \frac{1750}{100} = 17,50 \ €/h$$

(e) Ermittlung des optimalen Produktionsprogramms:

Mit Hilfe der ermittelten engpassbezogenen Deckungsbeiträge lässt sich folgende Rangfolge aufstellen:

Produkt A   >   Produkt B   >   Produkt C

$\omega_{kA} = 20,83$ $\omega_{kB} = 20,00$ $\omega_{kC} = 17,50$

Das optimale Produktionsprogramm ergibt sich aus der bestmöglichen Verwendung der Kapazität. Diese wird durch die Produkte entsprechend der Rangfolge aufgefüllt:

vorhandene Kapazität			= 250 h
Beanspruchung durch	Produkt A	$500 \times 0,24 =$	120 h
	Produkt B	$300 \times 0,3 \ \ =$	90 h
	Produkt C	$100 \times 0,4 \ \ =$	40 h

Die restlichen Absatzmöglichkeiten von weiteren 150 Mengeneinheiten des Produktes C werden nicht gedeckt.

(f) Ermittlung der Opportunitätskosten als Grenzerfolg der Produktsubstitution:

Wenn Produkt i durch das Produkt j ersetzt wird, dann muss das Produkt j mindestens den aufgrund der Verdrängung verlorenen Deckungsbeitrag des Produktes i ausgleichen.

$$\varepsilon_{kj} = t_{kj} \times \omega_{ki}$$

Der Grenzerfolg ε_{kj} der Produktsubstitution ergibt sich aus dem vom Produkt j zu tragenden Deckungsbeitragsentgang bei Ersatz der besten Alternative Produkt i.

Produkt A ersetzt Produkt B: $0,24 \times 20,00 = 4,80$ €/ME

Produkt B ersetzt Produkt A: $0,30 \times 20,83 = 6,25$ €/ME

Produkt C ersetzt Produkt A: $0,40 \times 20,83 = 8,33$ €/ME

(g) Ermittlung des Standardgrenzpreises/Produkterfolgs:

Der Standardgrenzpreis k^+ ist der dem verdrängenden Produkt verursachungsgerecht zugeordnete Kostenwert, der sich aus den variablen Kosten (Grenzkosten) des verdrängenden Produktes und dem Grenzerfolg (Opportunitätskosten) des verdrängten Produktes ergibt.

$$k^+_{vjk} = k_{vjk} + \varepsilon_{kj}$$

Der Standardgrenzpreis stellt die Preisuntergrenze zur erfolgsneutralen Substitution eines Produktes i durch ein Produkt j dar.

Produkt A: $k^+_{vkA} = 7,00 + 4,80 = 11,80$ €/ME

Produkt B: $k^+_{vkB} = 8,00 + 6,25 = 14,25$ €/ME

Produkt C: $k^+_{vkC} = 9,00 + 8,33 = 17,33$ €/ME

Daraus lässt sich ein neuer erweiterter Erfolgsbegriff ableiten.

$$e_j = p_j - k^+_{vkj}$$

Der Grenzerfolg e_j kennzeichnet den relativen Erfolg des Produktes j im Vergleich zur besten anderweitigen Verwendung der Kapazität.

$$e_A = 12,00 - 11,80 = +0,20 \text{ €/ME}$$

$$e_B = 14,00 - 14,25 = -0,25 \text{ €/ME}$$

$$e_C = 16,00 - 17,33 = -1,33 \text{ €/ME}$$

Aufgabe 5:
Prozesskostenrechnung

5.1 Aufgabenstellung

Erläutern Sie Konzept, Inhalt und Aufbau der Prozesskostenrechnung und geben Sie eine Würdigung dieses Verfahrens in Abgrenzung zu den Formen der klassischen Vollkostenrechnung!

5.2 Einleitung

Die Prozesskostenrechnung stellt eine Variante der Vollkostenrechnung dar, mit der versucht werden soll, möglichst sämtliche Kosten - zumindest einen größeren Anteil als in den klassischen Formen der Vollkostenrechnung - in der Kostenträgerrechnung verursachungsgerecht auf die Produkte zu verteilen. Dabei sollen die Mängel der klassischen Formen der Divisions- und Zuschlagskalkulationen vermieden werden, indem für die Zurechnung von sogenannten Fixkosten bzw. von Erzeugnisgemeinkosten neuartige Bezugsgrößen herangezogen werden.

Zwar wurde die Notwendigkeit einer verursachungsgerechten Vollkostenkalkulation in Literatur und Praxis immer wieder betont, doch resultierte letztlich der Zwang zu neuen Überlegungen aus folgenden Erkenntnissen heraus (Coenenberg/Fischer 1991, S.22ff; Coenenberg 1999, S.220ff):

- In den indirekten Unternehmensbereichen wie Verwaltung, Forschung und Entwicklung, Logistik, Marketing und Vertrieb ist ein überproportionaler Kostenanstieg in den letzten Jahren zu verzeichnen gewesen, wodurch der Anteil der Erzeugnisgemeinkosten an der gesamten betrieblichen Wertschöpfung stetig angestiegen ist.
- Aus strategischen Überlegungen heraus müssen alle Kosten - also auch die Erzeugnisgemeinkosten - kalkulatorisch - und hierbei möglichst verursachungsgerecht - auf die Produkte verteilt und über die erzielten Preise gedeckt werden; langfristige Preisuntergrenzen lassen sich nur unter Einbeziehung aller Kosten bilden.

Die Ursprünge der Prozesskostenrechnung sind in der in den USA entwickelten Aktivitätskostenrechnung (Cooper 1992, S.360ff) zu finden. Sie hat aber in den letzten Jahren auch in Deutschland wichtige Weiterentwicklungen erfahren.

5.3 Konzept der Prozesskostenrechnung

Wenn mit der Prozesskostenrechnung auch grundsätzlich alle Kostenkategorien auf betriebliche Leistungen (Produkte) als Kostenträger verrechnet werden können, so ist dieses Konzept in erster Linie für die Verrechnung von Produktgemeinkosten auf die Kostenträger entwickelt worden, die sich nicht als Produkteinzelkosten den Produkten direkt zuordnen lassen und die nunmehr auf der Basis von Prozessen und deren Kalkulation sowie der Inanspruchnahme dieser Prozesse durch die Produkte auf letztere möglichst verursachungsgerecht verrechnet werden sollen. Die Prozesskostenrechnung stellt eine Variation der Bezugsgrößenkalkulation dar, bei der Produktgemeinkosten verschiedenen Prozessen zugeordnet werden. Anschließend werden die Prozesskosten mit Hilfe eines Prozesskostensatzes entsprechend der Inanspruchnahme der verschiedenen Prozesse durch die einzelnen Produkte auf diese verrechnet.

Die Prozesskostenrechnung ist damit eine Form der Vollkostenrechnung, welche die Schwächen klassischer Bezugsgrößen innerhalb der Kalkulationsverfahren durch Einführung anderer Bezugsgrößen vermeiden will. Dabei lässt sich die Prozesskostenrechnung als Ist- und als Plankostenrechnung durchführen, bei der für das Mengen- und Wertgerüst der Kosten jeweils Ist- und Plangrößen anzusetzen sind. In der Gegenüberstellung von Plan- und Istkosten lassen sich dann auch hier im Rahmen des Controlling Kostenabweichungen erkennen und nach den verschiedenen Gesichtspunkten in Teilabweichungen aufspalten und analysieren.

5.4 Prozesse und Prozesshierarchien

Prozesse oder „activities" sind entweder repetitive oder innovative Abläufe mit unterschiedlich großem Entscheidungsspielraum. Dabei ist die Anwendung der Prozesskostenrechnung auf repetitive und gut strukturierte Abläufe ohne wesentliche Entscheidungsspielräume in den Gemeinkostenbereichen eingeschränkt (Coenenberg/Fischer 1991, S.25; Coenenberg 1999, S.225). Sie eignet sich nicht für innovative dispositive Abläufe (beispielsweise Rechtsabteilung, Forschung und Entwicklung neuartiger Produkte), da diese zu unterschiedlich ausfallen und operational nur unzulänglich analysierbar sind (Götze/Meyerhoff 1993, S.68).

Für die Prozesskostenrechnung ist es charakteristisch, dass die Prozesse letzten Endes abteilungsübergreifend analysiert und kostenrechnerisch behandelt werden (Götze/Meyerhoff 1993, S.68). Dazu werden Prozesshierarchien gemäß Abbildung 14 gebildet, die aus abteilungsübergreifenden Hauptprozessen sowie abteilungsspezifischen Teilprozessen bestehen, welche wiederum aus Tätigkeiten zusammengesetzt sind. Hauptprozesse bestehen aus verschiedenen Teilprozessen, wobei diese allerdings gleichzeitig in mehrere unterschiedliche Hauptprozesse eingehen können; den verschiedenen Teilprozessen werden abteilungsintern spezifische Tätigkeiten zugeordnet.

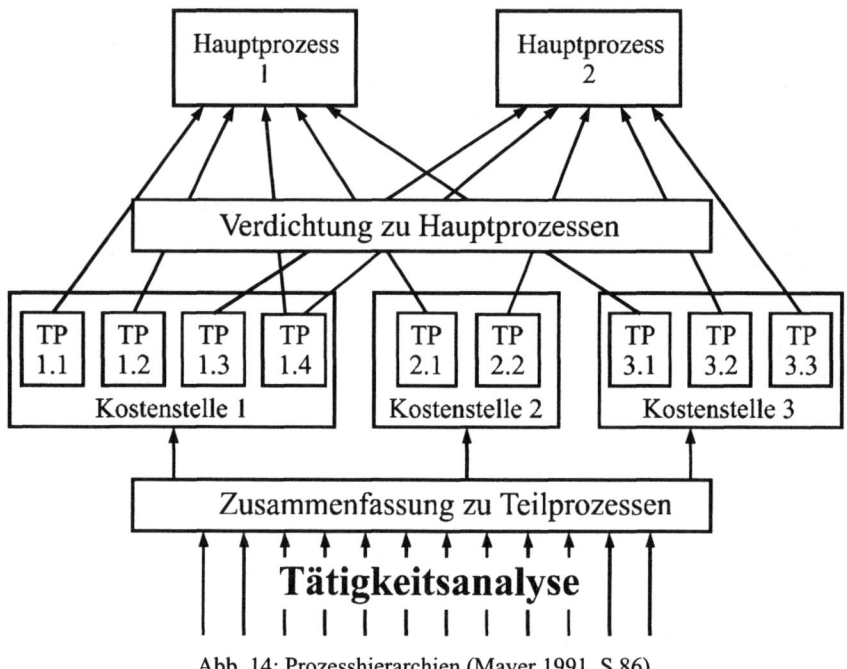

Abb. 14: Prozesshierarchien (Mayer 1991, S.86)

5.5 Kapazitäts- und Kostenzuordnung auf Kostenstellenebene

Innerhalb der Kostenstellen müssen die Kosten und somit zuvor die Kapazitäten im
Rahmen einer Tätigkeitsanalyse erfasst und den einzelnen Tätigkeiten zugeordnet
werden. Dazu muss allerdings für jeden Teilprozess ein Kostenbestimmungsfaktor
als Bezugsgröße gefunden werden. Dabei wird grundsätzlich unterstellt, dass zwischen der Bezugsgrößenmenge und der Ressourceninanspruchnahme und somit
dem Kostenanfall eine proportionale Beziehung besteht (Haberstock 1999, S.46ff).

Prozesse lassen sich grundsätzlich in leistungsmengeninduzierte (lmi) und leistungsmengenneutrale (lmn) Prozesse unterscheiden (Horváth/Mayer 1989, S.216ff;
Olshagen 1995, S.43): Solche Prozesse, die sich von dem zu erbringenden Leis-
tungsvolumen - d.h. von dem Ausmaß der Bezugsgröße - mengen- oder variantenvariabel verhalten, werden als leistungsmengeninduzierte Prozesse bezeichnet. So
hängt das Ausmaß der Wareneingangskontrolle vom beschafften Mengenvolumen
des Einkaufs ab; der Prozess verhält sich mengenvariabel - also leistungsmengeninduziert. Das Ausmaß des Bestellwesens hängt von der Anzahl der Materialvarianten
ab; der Prozess verhält sich dann variantenvariabel - also auch leistungsmengeninduziert. Bezugsgrößen sind hier entweder die Beschaffungsmenge oder die Varian-
tenzahl. Das Ausmaß der Abteilungsleitung ist hingegen mengen- und variantenun-
abhängig und ist somit leistungsmengenneutral. Die Kostenzuordnung innerhalb einer Kostenstelle auf Teilprozesse zeigt Abbildung 15.

Kostenstelle Fertigungsplanung								
Teilprozesse		Maßgrößen		Kosten-zurech-nung	Prozesskosten			Prozesskosten-satz	
Nr.	Bezeich-nung	Art (Anzahl der ..)	Menge	Basis (in Mannjah-ren)	lmi	lmn	gesamt	lmi	gesamt
1	Arbeits-pläne ändern	Produktver-änderungen	200	4	400 000	40 000	440 000	2 000	2 200
2	Fertigung betreuen	Varianten	100	6	600 000	60 000	660 000	6 000	6 600
3	Abteilung leiten			1		100 000			
				11			1 100 000		

Abb. 15: Teilprozesse und ihre Kosten (Mayer 1991, S.88)

Die leistungsmengeninduzierten und die leistungsmengenneutralen Kosten werden den Teilprozessen - gekennzeichnet durch Bezugsgrößen, im Ausmaß quantifiziert durch das Mengenausmaß dieser Bezugsgrößen - auf der Grundlage in Anspruch genommener Kapazitäten direkt oder hinsichtlich letztgenannter bei wertbezogener proportionaler Verteilung zugeordnet; im Rahmen einer Divisionskalkulation ergibt sich ein Prozesskostensatz, auf den hinsichtlich Funktion und Bildung noch später eingegangen wird (Götze/Meyerhoff 1993, S.73).

5.6 Kapazitäts- und Kostenzuordnung auf Hauptprozessebene

Die leistungsmengeninduzierten Teilprozesse werden innerhalb der Prozesshierarchien zu Hauptprozessen so aggregiert, dass sich auch die diesen Teilprozessen zugeordneten Kosten dem jeweiligen Hauptprozess eindeutig zuordnen lassen (Götze/ Meyerhoff 1993, S.73f). So setzt sich beispielsweise gemäß Abbildung 16 der Hauptprozess „Material beschaffen" aus vier Teilprozessen von vier unterschiedlichen Kostenstellen zusammen.

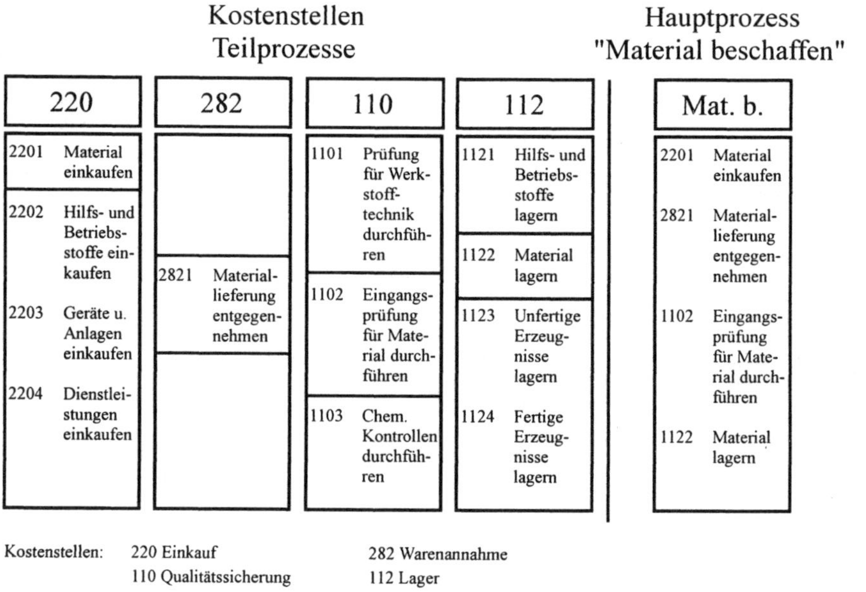

Kostenstellen
Teilprozesse

Hauptprozess
"Material beschaffen"

220	282	110	112	Mat. b.
2201 Material einkaufen		1101 Prüfung für Werkstofftechnik durchführen	1121 Hilfs- und Betriebsstoffe lagern	2201 Material einkaufen
2202 Hilfs- und Betriebsstoffe einkaufen			1122 Material lagern	2821 Materiallieferung entgegennehmen
	2821 Materiallieferung entgegennehmen	1102 Eingangsprüfung für Material durchführen	1123 Unfertige Erzeugnisse lagern	1102 Eingangsprüfung für Material durchführen
2203 Geräte u. Anlagen einkaufen				
2204 Dienstleistungen einkaufen		1103 Chem. Kontrollen durchführen	1124 Fertige Erzeugnisse lagern	1122 Material lagern

Kostenstellen: 220 Einkauf   282 Warenannahme
                110 Qualitätssicherung   112 Lager

Abb. 16: Bildung eines Hauptprozesses
(Coenenberg/Fischer 1991, S.27; Coenenberg 1999, S.228)

Im einfachen Fall lassen sich mit Abbildung 17 aus vier Teilprozessen zwei Hauptprozesse ableiten. Die Kapazitäts- und Kostenzuordnung auf Hauptprozesse erfolgen wie auf Kostenstellenebene über Bezugsgrößen, die hier als Kostentreiber bezeichnet werden. Für jeden Hauptprozess wird ein Kostentreiber bestimmt, wobei hier dann die gleichen Anforderungen wie für Bezugsgrößen bei Teilprozessen auf Kostenstellenebene gelten. Kostentreiber, Kostenantriebskräfte oder cost driver werden deswegen als Begriffe für die Bezugsgrößen der Hauptprozesse verwendet, um hervorzuheben, dass die Anzahl oder das Ausmaß der für die Leistungserstellung notwendigen Prozesse die Höhe der Gemeinkosten bestimmt - und nicht etwa die Höhe der in der Kalkulation oftmals verwendeten Zuschlagsbasen wie beispielsweise die Einzelkosten (Coenenberg 1999, S.228).

Da die Kalkulation der Produkte auf den Hauptprozessen und deren Kosten aufbauen soll, ist es für die Kalkulation von Vorteil, wenn eine eindeutig quantifizierte Beziehung zwischen den Kostentreibern der Hauptprozesse und den später zu kalkulierenden Produkten besteht (Götze/Meyerhoff 1993, S.75).

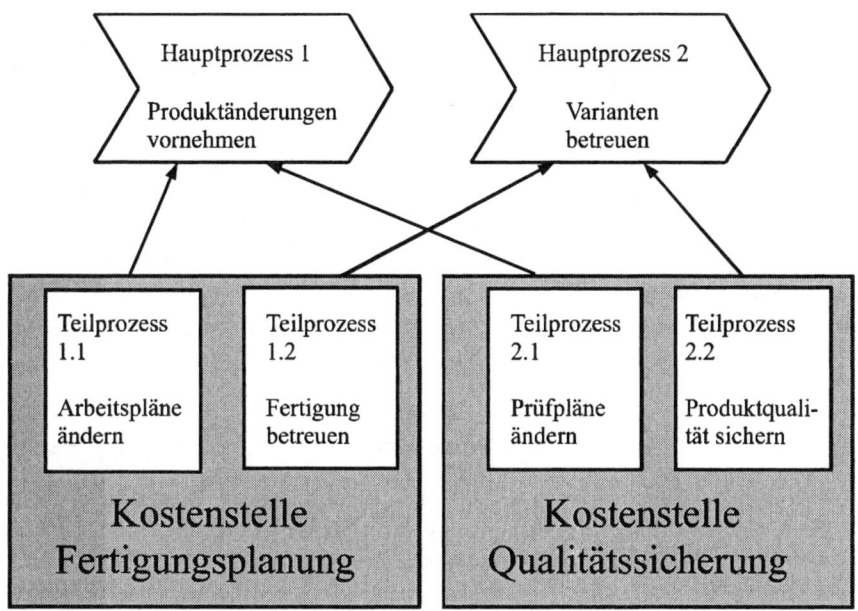

Abb. 17: Hauptprozessverdichtungen (Mayer 1991, S.93)

Die Kostenzuordnung auf Hauptprozessebene wird mit Abbildung 18 dargestellt; dabei ergibt die Summe der in den Hauptprozess eingehenden Teilprozesse die Kosten des Hauptprozesses; die Summe der Kosten aller Teilprozesse entspricht der Summe der Kosten aller Hauptprozesse (Götze/Meyerhoff 1993, S.77).

Hauptprozesse	Cost Driver	Prozess-menge	Prozess-kosten	Prozess-kostensatz	Anteil
1. Produktveränderun-gen vornehmen	Anzahl Produk-tänderungen	200	690 000	3 450	33%
2. Varianten betreuen	Anzahl Varianten	100	1 410 000	14 100	67%

Abb. 18: Kostenzuordnung auf Hauptprozessebene (Mayer 1991, S.93)

Sollten Teilprozesse Eingang in mehrere verschiedene Hauptprozesse finden, so werden die Kosten der Teilprozesse entsprechend der Inanspruchnahme der Teilprozessleistungsmenge bewertet mit dem Prozesskostensatz unter Einbeziehung der leistungsmengeninduzierten und -neutralen Kosten auf die Hauptprozesse verteilt.

5.7 Prozesskostensätze

Dem Prozesskostensatz kommt in der Prozesskostenrechnung eine zweifache zentrale Bedeutung zu - zum einen als Kalkulationssatz bei der verursachungsgerechten

Kostenzuordnung auf innerbetriebliche (Prozess-) Leistungen und Produkte und zum anderen als Kennzahl zur kostenmäßigen Beurteilung betrieblicher Prozesse im Rahmen des Controlling (Coenenberg/Fischer 1991, S.29; Coenenberg 1999, S.232).

Der Prozesskostensatz PKS ergibt sich im Rahmen einer klassischen Bezugsgrößenkalkulation aus Division der Prozesskosten PK durch die Prozessmenge. Dabei wird zwischen einem leistungsmengeninduzierten Prozesskostensatz lmi-PKS und einem Gesamt-Prozesskostensatz Gesamt-PKS unterschieden, wobei bei letzterem die leistungsmengenneutralen Prozesskosten PK_{lmn} im Sinne einer Zuschlagskalkulation auf Basis der leistungsmengeninduzierten Prozesskosten PK_{lmi} einbezogen werden (Horváth/Mayer 1989, S.217; Götze/Meyerhoff 1993, S.72f).

$$\text{Gesamt} - \text{PKS} = \frac{PK_{lmi} + \text{anteilige } PK_{lmn}}{\text{Prozessmenge}}$$

Der Prozesskostensatz wird aus kalkulatorischen Gründen auf Kostenstellenebene für die Kalkulation der Teilprozessleistungen zur Weiterverrechnung auf die Hauptprozesse unter Einbeziehung der leistungsmengenneutralen Prozesskosten und auf kostenstellenübergreifender Hauptprozessebene für die Kalkulation der Produkte gebildet, wobei auf der Ebene der Hauptprozesse gemäß Abbildung 18 dann keine leistungsmengenneutralen Prozesskosten mehr einbezogen werden müssen. Neben den Kalkulationszwecken dient der Prozesskostensatz auch der Produktivitätsbeurteilung betrieblicher Prozesse, wenn der reziproke Wert des Prozesskostensatzes als Produktivitätsmaß interpretiert werden kann. Damit finden Prozesskostensätze Verwendung im Funktionscontrolling mit Hinweisen auf Rationalisierungspotentiale usw. (Coenenberg/Fischer 1991, S.29; Coenenberg 1999, S.231).

5.8 Produktkalkulation

Die Produktkalkulation nach der Prozesskostenrechnung ist eine Form der Bezugsgrößenkalkulation, bei der die Produktgemeinkosten den Produkten über den Hauptprozesskostensatz gemäß der Inanspruchnahme der entsprechenden Hauptprozessmengen belastet werden. Diese Verwendung von Prozesskostensätzen und die Kostenverteilung in der Kostenträgerstückrechnung über die Inanspruchnahme von Prozessmengen führt zu einer verursachungsgerechteren Vollkostenkalkulation, als dieses mit den bisherigen klassischen Formen der Divisions- und Zuschlagskalkulation möglich gewesen ist. Dabei muss allerdings klar erkannt werden, dass die Verteilung der leistungsmengenneutralen Kosten auf Kostenstellenebene gleich den traditionellen Kostenumlagen unbefriedigend bleiben muss.

Entscheidend für die verursachungsgerechte Kalkulation der Produkte in der Prozesskostenrechnung ist insbesondere die verursachungsgerechte Zuordnung von Prozessmengen auf die Produkteinheiten, wobei dieser direkte Produktzusammenhang wohl nur bei Fertigungsprozessen gegeben sein mag, wenn entsprechende Arbeitspläne vorliegen (Horváth/Mayer 1989, S.218; Franz 1990, S.125). Als Folge einer verursachungsgerechteren Kostenträgerstückrechnung ist eine aussagefähigere Ergebnisrechnung nach dem Umsatzkostenverfahren möglich, wenn zum Zwecke der betrieblichen Steuerung verursachungsgerechtere Produktvollkostenergebnisse gewonnen werden können (Coenenberg 1999, S.231).

5.9 Kritische Würdigung

Die Prozesskostenrechnung ist grundsätzlich eine Form der Vollkostenrechnung. Sie dient im Wesentlichen zwei Zielen:

- Ermittlung langfristiger Prozess- bzw. Funktionskosten im Rahmen eines Funktionscontrolling beispielsweise für make-or-buy-Überlegungen und
- Ermittlung langfristiger zu Vollkosten kalkulierter Produktselbstkosten.

Der große Vorteil der Prozesskostenrechnung liegt in dem höheren Verursachungsgrad der Verrechnung von Produktgemeinkosten, wobei hier grundsätzlich gemäß Abbildung 19 Produkte niedrigerer Komplexität und geringerer Wertschöpfung aufgrund deren geringerer Inanspruchnahme der Prozessleistungen mit weniger Gemeinkosten - oder auch umgekehrt - belastet werden als bei den klassischen Formen der Vollkostenrechnung wie der Zuschlagskalkulation.

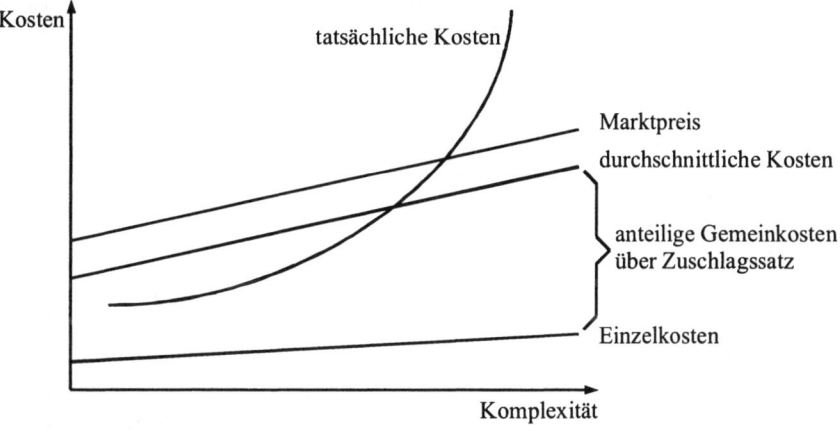

Abb. 19: Komplexitätseffekt in der Prozesskostenrechnung (Coenenberg 1999, S.237)

Neben diesem Komplexitätseffekt wird auf die Allokations- und Degressionseffekte der Prozesskostenrechnung als deren Vorteile insbesondere bei strategischen Überlegungen verwiesen (Coenenberg 1999, S.235; Götze/Meyerhoff 1993, S.81ff). Der Allokationseffekt entsteht dadurch, dass die Gemeinkosten den Produkten unabhängig von traditionellen wertorientierten Zuschlagsbasen gemäß der tatsächlichen Inanspruchnahme der betrieblichen Ressourcen über die Prozessmengen zugeordnet werden (Coenenberg 1999, S.235). Der Degressionseffekt beruht auf dem Phänomen sinkender anteiliger Fixkosten pro Produkteinheit bei steigender Produktmen-

ge (oder umgekehrt), welcher bei der traditionellen als Zuschlagskalkulation konzipierten Vollkostenrechnung nicht zum Ausdruck kommt und daher zur Abkehr von
der Vollkostenrechnung geführt hat, nunmehr aber bei der Prozesskostenrechnung
auftritt, wenn von der Produktmenge unabhängige fixe Prozesskosten auf kleinere
oder größere Produktmengen verteilt werden (Coenenberg 1999, S.236ff).

Die Prozesskostenrechnung ist nicht nur ein theoretisches Konzept; verschiedene
Unternehmen gehen inzwischen zumindest partiell nach der Prozesskostenrechnung
vor, auch liegen Lösungen für DV-gestützte Umsetzungen vor (Fröhling 1991,
S.117ff).

Die Prozesskostenrechnung kann sowohl als Istkostenrechnung als auch als Plankostenrechnung konzipiert werden. Damit lassen sich bei Gegenüberstellung von
Plan- und Istwerten Kostenabweichungen im Rahmen des operativen Controlling
erkennen, wobei diese Kostenabweichungen auf unterschiedlichen Ebenen - und dabei insbesondere auf Prozessebenen - zu analysieren sind. Neben den Kostenstellen-
verantwortlichen treten zusätzlich sogenannte Prozessverantwortliche mit kostenstellenübergreifender Zuständigkeit auf (Coenenberg 1999, S.240).

Doch stellt die Prozesskostenrechnung kein Allheilmittel dar, mit dem alle kostenrechnerisch relevanten Fragestellungen zu beantworten sind. Außerdem wird teilweise die Verursachungsgerechtigkeit der Kostenverrechnung in Frage gestellt,
wenn leistungsmengenneutrale Kosten über den Prozesskostensatz weiterverrechnet werden (Götze/Meyerhoff 1993, S.86ff).

Aufgabe 6:
Vergleich Voll-, Grenz- und Prozesskostenrechnung

6.1 Aufgabenstellung

Vergleichen Sie anhand des folgenden Beispiels die traditionelle Voll-, die Grenz- und die Prozesskostenrechnung miteinander! Ein Industriebetrieb mit Fertigung von drei Produktarten ist durch folgende Daten gekennzeichnet:

	Produktart		
	A	B	C
Produktionsmenge (Anz./Periode)	5 000	3 000	1 000
Materialeinzelkosten (€/Stück)	50	80	100
Einkaufslose (Anz./Periode)	25	35	100
Produktionslose (Anz./Periode)	10	20	50
Maschinenbelegung (Std./Stück)	0,6	0,2	0,4

Gemeinkosten (€/Periode)	fix	variabel	gesamt
Material	1 505 000	268 000	1 773 000
Fertigung	3 500 000	148 000	3 648 000
Verwaltung	500 000	350 000	850 000
Vertrieb	400 000	300 000	700 000

Eine Untersuchung ergibt, dass im Materialbereich der Arbeitseinsatz für die verschiedenen Produktarten sehr unterschiedlich ist. Da in diesem Bereich der fixe Gemeinkostenblock sehr hoch ist, entscheidet sich die Geschäftsführung zusätzlich für eine Prozesskostenrechnung. Die betroffenen Kostenstellen sind Lager, Bestellwesen und Materialumschlag. Die Kostenstelle Materialumschlag wird man in dieser Form in der Praxis nicht antreffen, sie dient hier zur Vervollständigung des Beispiels für die Zusammenfassung der Teilprozesse zu Hauptprozessen.

Kostenstelle 112 Lager				
Kostenart	Mannjahr	Kosten		
		fix	variabel	gesamt
Personal	11	600 000		600 000
Kalk. Abschreibungen		20 000		20 000
Miete Hochregallager		100 000		100 000
Telefon			3 000	3 000
Summe		720 000	3 000	723 000

Kostenstelle 220 Bestellwesen				
Kostenart	Mannjahr	Kosten		
		fix	variabel	gesamt
Personal	5	400 000		400 000
Kalk. Abschreibungen		20 000		20 000
Büromaterial			50 000	50 000
Telefon			30 000	30 000
Summe		420 000	80 000	500 000

Kostenstelle 280 Materialumschlag				
Kostenart	Mannjahr	Kosten		
		fix	variabel	gesamt
Personal	6	350 000		350 000
Kalk. Abschreibungen		15 000		15 000
Prüfhilfsmittel			180 000	180 000
Telefon			5 000	5 000
Summe		365 000	185 000	550 000

Eine Tätigkeitsanalyse hat folgende Prozesse identifiziert:

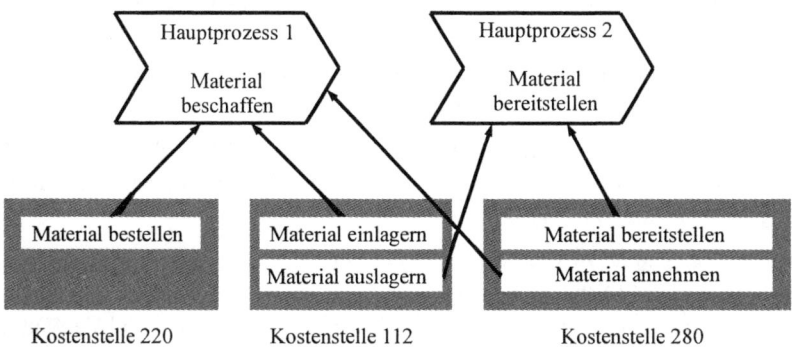

Ferner erbringt die Analyse die Personalzuordnung zu den Tätigkeiten der Kostenstellen, wobei sich die Leitung der Abteilung jeweils leistungsmengenneutral (lmn) verhält; alle anderen Tätigkeiten sind leistungsmengeninduziert (lmi):

Teilprozess	Kostenstelle 112	Kostenstelle 220	Kostenstelle 280
Material einlagern (lmi)	4 MJ	-	-
Material auslagern (lmi)	6 MJ	-	-
Material bestellen (lmi)	-	4 MJ	
Material bereitstellen (lmi)	-	-	3 MJ
Material annehmen (lmi)	-	-	2 MJ
Abteilung leiten (lmn)	80 000 €	100 000 €	90 000 €

Berechnen Sie die Selbstkosten nach

• der Vollkostenrechnung,
• der Grenzkostenrechnung und
• der Prozesskostenrechnung auf der Grundlage von Prozesskostensätzen!

Stellen Sie die unterschiedlich berechneten Selbstkosten der Produktarten gegenüber und vergleichen Sie die Ergebnisse!

6.2 Vollkostenrechnung

Die Vollkostenrechnung wird nach dem allgemein bekannten tabellarischen Schema durchgeführt. Zunächst wird der Materialgemeinkostenzuschlag ermittelt. Hierzu werden die gesamten Materialgemeinkosten (1 773 000 €) zu den gesamten Materialeinzelkosten (590 000 €) in Beziehung gesetzt. Das Verhältnis der beiden Größen - und damit der Zuschlagssatz - beträgt 300,51%. Somit ergeben sich z.B. für Produktart A einen Materialgemeinkostenzuschlag von 50 € x 3,0051 = 150,25 € und Stück-Materialkosten in Höhe von 200,25 €. Zur Berechnung der Fertigungskosten wird die Maschinenbelegungszeit mit dem Maschinenstundensatz multipliziert. Der Maschinenstundensatz berechnet sich dabei aus der Division von gesamten Fertigungsgemeinkosten (3 648 000 €) und gesamter Maschinenbelegungszeit (4 000 Std.) 3 648 000 € / 4 000 Std. = 912 €/Std.

Es entstehen Fertigungskosten in Höhe von 0,60 Std. x 912 €/Std. = 547,20 € pro Stück für Produkt A. Die Produktherstellkosten als Summe von Material- und Fertigungskosten betragen 747,45 €.

Verwaltungs- und Vertriebskosten werden jeweils proportional auf die gesamten Herstellkosten (6 011 000 €) bezogen und somit entsprechende Zuschlagssätze gebildet. Die Umlagekosten entsprechen der Summe von Vertriebs- und Verwaltungsgemeinkostenzuschlag. Die Selbstkosten erhält man abschließend durch Addition von Herstell- und Umlagekosten - jeweils pro Stück und Produktart. Zur Kontrolle werden die Gesamtkosten als Summe der gesamten Selbstkosten jeder Produktart angegeben.

(alle Kostenangaben in €/Stück)	Produktart		
	A	B	C
Materialeinzelkosten (MEK)	50,00	80,00	100,00
Materialgemeinkostenzuschlag (Zuschlagsatz: 300,51% MEK)	150,25	240,41	300,51
Materialkosten	200,25	320,41	400,51
Maschinenbelegung (Std./Stück)	0,60	0,20	0,40
Maschinenstundensatz (€/Std.)	912,00	912,00	912,00
Fertigungskosten	547,20	182,40	364,80
Herstellkosten (HK)	747,45	502,81	765,31
Verwaltungszuschlag (14,14% HK)	105,70	71,10	108,22
Vertriebszuschlag (11,65% HK)	87,04	58,55	89,12
Umlagekosten	192,74	129,65	197,34
Selbstkosten	940,19	632,46	962,65
Gesamtkosten	7 561 000 €/Periode		

6.3 Grenzkostenrechnung

Das Tableau der Grenzkostenrechnung ist simultan zu dem der Vollkostenrechnung aufgebaut. Der Unterschied besteht darin, dass nur die variablen Kosten aus dem Gemeinkostenblock in die Rechnung einfließen. Beispielsweise ergibt sich der Zuschlagssatz für Material aus der Beziehung der variablen Materialgemeinkosten (268 000 €) zu den gesamten Materialeinzelkosten (590 000 €) mit 45,42%.

(alle Kostenangaben in €/Stück)	Produktart		
	A	B	C
Materialeinzelkosten (MEK)	50,00	80,00	100,00
Materialgemeinkostenzuschlag (Zuschlagsatz: 45,42% MEK)	22,71	36,34	45,42
variable Materialkosten	72,71	116,34	145,42
Maschinenbelegung (Std./Stück)	0,60	0,20	0,40
Maschinenstundensatz (€/Std.)	37,00	37,00	37,00
variable Fertigungskosten	22,20	7,40	14,80

(alle Kostenangaben in €/Stück)	Produktart		
	A	B	C
variable Herstellkosten (vHK)	94,91	123,74	160,22
Verwaltungszuschlag (34,79% vHK)	33,02	43,05	55,74
Vertriebszuschlag (29,82% vHK)	28,30	36,90	47,78
variable Umlagekosten	61,32	79,95	103,52
variable Selbstkosten	156,23	203,69	263,74
variable Gesamtkosten		1 656 000 €/Periode	

6.4 Prozesskostenrechnung

Zunächst werden die Prozesskostensätze der Teilprozesse in den betreffenden Kostenstellen gebildet. Die Gesamtkosten jeder Kostenstelle, abzüglich der lmn-Kosten (Abteilung leiten), werden geschlüsselt nach Mannjahren auf die lmi-Prozesse verteilt. Die lmn-Kosten werden dann anteilig auf die lmi-Kosten verrechnet. Bezieht man die gesamten Kosten dann auf die Maßgrößen, so erhält man die Prozesskostensätze.

Kostenstelle 220 Bestellwesen							
Teilprozesse		Maßgrößen		Kostenzu-rechnung	Prozesskosten			Prozess-kostensatz
Nr.	Bezeichnung	Art (Anzahl der ..)	Menge	Basis (in Mannjahren)	lmi	lmn	gesamt	gesamt
1	Material bestellen	Einkaufs-lose	160	4	400 000	100 000	500 000	3 125
3	Abteilung leiten			1		100 000		
				5			500 000	

Kostenstelle 112 Lager							
Teilprozesse		Maßgrößen		Kostenzu-rechnung	Prozesskosten			Prozess-kostensatz
Nr.	Bezeichnung	Art (Anzahl der ..)	Menge	Basis (in Mannjahren)	lmi	lmn	gesamt	gesamt
1	Material einlagern	Einkaufs-lose	160	4	257 200	32 000	289 200	1 807,50
2	Material auslagern	Produktions-lose	80	6	385 800	48 000	433 800	5 422,50
3	Abteilung leiten			1		80 000		
				11			723 000	

Kostenstelle 280 Materialumschlag							
Teilprozesse		Maßgrößen		Kostenzu-rechnung	Prozesskosten			Prozess-kostensatz
Nr.	Bezeichnung	Art (Anzahl der ..)	Menge	Basis (in Mannjahren)	lmi	lmn	gesamt	gesamt
1	Material annehmen	Einkaufs-lose	160	2	184 000	36 000	220 000	1 375
2	Material bereitstellen	Produktions-lose	80	3	276 000	54 000	330 000	4 125
3	Abteilung leiten			1		90 000		
				6			550 000	

Die Aufspaltung der Prozesskosten in den Kostenstellen zu lmi- und lmn-Kosten ist in diesem Beispiel für die Rechnung nicht notwendig, da die Gesamtkosten jeder Kostenstelle direkt über die Mannjahre zu Gesamtprozesskosten geschlüsselt werden können. Notwendig ist die Aufteilung immer dann, wenn nicht alle Kosten einer Kostenstelle umgelegt werden. Denkt man sich z.B. eine Kostenstelle Vertrieb, die eine Kostenposition „Forderungen auf Lieferungen" enthält, so lässt sich diese Position sicherlich keiner Aktivität direkt zuordnen. Die Forderungen würden weiterhin durch Zuschlagssätze verteilt. Möglich ist allerdings auch die Einführung einer künstlichen Tätigkeit, wie „Forderungen verwalten". Ebenso werden auch die Prozesskostensätze der Teilprozesse für die Durchführung der Rechnung nicht benötigt. Sie dienen in der Praxis hauptsächlich den Kostenstellenleitern zur Kostenkontrolle und zum Kostenvergleich.

Es folgt die Zusammenfassung der Teilprozesse zu Hauptprozessen.

Hauptprozesse	Cost Driver	Prozess-menge	Prozess-kosten	Prozess-kostensatz	Anteil
Material beschaffen	Anzahl Einkaufslose	160	1 009 200	6 307,50	56,92%
Material bereitstellen	Anzahl Produktionslose	80	763 800	9 547,50	43,08%

Das Schema der Prozesskostenrechnung folgt dem der Vollkostenrechnung. Die Position „Materialgemeinkostenzuschlag" fehlt hier allerdings. Statt dessen werden die beiden Hauptprozesse „Material beschaffen" und „Material bereitstellen" eingeführt und zu Prozessmaterialkosten aufsummiert. Bei den Prozesskosten handelt es sich nicht um Zuschlagssätze, sondern um stückbezogene Kosten.

	Produktart		
(alle Kostenangaben in €/Stück)	A	B	C
Material beschaffen	31,53	73,59	630,75
Material bereitstellen	19,10	63,65	477,38
Prozessmaterialkosten	50,63	137,24	1 108,13
Materialeinzelkosten	50,00	80,00	100,00
Materialkosten	100,63	217,24	1 208,13
Maschinenbelegung (Std./Stück)	0,60	0,20	0,40
Maschinenstundensatz	912,00	912,00	912,00
Fertigungskosten	547,20	182,40	364,80
Herstellkosten (HK)	647,83	399,64	1 572,93
Verwaltungszuschlag (14,14% HK)	91,61	56,51	222,42
Vertriebszuschlag (11,65% HK)	75,44	46,54	183,17
Umlagekosten	167,05	103,05	405,59
Selbstkosten	814,88	502,69	1 978,52
Gesamtkosten	7 561 000 €/Periode		

6.5 Ergebnisvergleich

Der Ergebnisvergleich der obigen Rechnungen macht die Unterschiede der verschiedenartigen Vorgehensweisen in Zahlen deutlich. Die Grenzkostenrechnung zeigt die Herstellkosten in einer differenzierteren Sichtweise als die Vollkostenrechnung, da die Problematik der Fixkostenzurechnung keine Rolle spielt. Der Vergleich von Prozess- zu Vollkosten ergibt, dass die Verrechnung von Fixkosten innerhalb der Vollkostenrechnung durch Zuschläge Produktart C stark begünstigt. Die

Tätigkeitsanalyse im Gemeinkostenblock verdeutlicht dieses. Während Produktart A und B bei der Prozesskostenrechnung jeweils um ca. 125 € bzw. 130 € je Stück entlastet werden, legt Produktart C um ca. 1 000 € je Stück zu.

Selbstkosten	Produktart		
(alle Kostenangaben in €/Stück)	A	B	C
Vollkostenrechnung	940,19	632,46	962,65
Grenzkostenrechnung	156,23	203,69	263,74
Prozesskostenrechnung	814,88	502,69	1 978,52

Aufgabe 7:
Vollplankostenrechnung

7.1 Aufgabenstellung

Beschreiben Sie die Methoden der Kostenplanung, -kontrolle und -analyse im System der Vollplankostenrechnung!

Gehen Sie dabei u.a. auf folgende Stichworte ein:

- Kostenbestimmungsfaktoren und Bezugsgrößen
- (Erzeugnis-) Einzelkosten und Gemeinkosten
- statistische und synthetische Methoden der Kostenplanung
- Kostenkontrolle
- Methoden der Abweichungsanalyse

7.2 Einleitung

Plankostenrechnungen bestimmen die geplanten Kosten einer zukünftigen Abrechnungsperiode. Nach Ablauf der Abrechnungsperiode stellt man die geplanten Kosten den tatsächlich entstandenen Kosten gegenüber und ermittelt die Abweichungen zwischen Plan- und Istkosten. Durch die Abweichungsanalyse werden Erkenntnisse für die Steuerung des Unternehmens gewonnen. Systeme der Plankostenrechnung bestehen demnach in der Regel aus den drei Stufen:

(1) Vorrechnung (Plankosten)
(2) Nachrechnung (Istkosten)
(3) Abweichungsermittlung und -analyse

In der Plankostenrechnung auf Vollkostenbasis werden die gesamten Gemeinkosten auf die Kostenstellen verteilt und kalkulatorisch verrechnet.

7.3 Kostenbestimmungsfaktoren und Bezugsgrößen

Eine wirksame Kostenkontrolle lässt sich nur erreichen, wenn bekannt ist, welche Kostenbestimmungsfaktoren die Kosten einer Planungs- oder Abrechnungsperiode verursachen und welche funktionalen Zusammenhänge dabei wirksam werden. Alle Kostenarten lassen sich als Produkt von Faktorverbrauchsmengen und Faktorpreisen auffassen. Als Kostenbestimmungsfaktoren berücksichtigt man insbesondere das Produktionsprogramm, die Art und Qualität der Einsatzgüter, die Beschäftigung, die technischen Eigenschaften und die Kapazität der eingesetzten Maschinen, die Fähigkeiten und das Leistungsvermögen der Arbeitskräfte sowie die Faktorpreise. Grundsätzlich werden fünf Kostenbestimmungsfaktoren unterschieden (Haberstock 1999, S.47):

- Faktorqualitäten
- Beschäftigung
- Faktorpreise
- Betriebsgröße
- Fertigungsprogramm

Das theorieorientierte Modell der Kostenbestimmungsfaktoren ist zur exakten Bestimmung der Kosten nicht ausreichend. Daher bedient man sich der Bezugsgrößen, die zwei Funktionen besitzen: Erstens stellen sie einen Maßstab der Kostenverursachung, wie z.b. produzierte Stückzahlen, gefahrene Maschinenstunden oder geleistete Arbeitsverrichtungen, dar, zu dem die verursachten Kosten einer Kostenstelle ganz oder teilweise in einer proportionalen Abhängigkeit stehen. Zweitens dienen sie als Kalkulationsgrundlage.

Man unterscheidet zwischen homogener und heterogener Kostenverursachung. Homogene Kostenverursachung (Haberstock 1999, S.59ff) liegt vor, wenn sich sämtliche variable Kosten einer Kostenstelle proportional zu einer Bezugsgröße verhalten. In Einprodukt-Kostenstellen kann man die Anzahl der bearbeiteten Produkte, ausgedrückt in Stück, Meter, Kilogramm etc., als Bezugsgröße verwenden. Werden in einer Kostenstelle artähnliche Leistungen erstellt, die sich mit Hilfe von Äquivalenzziffern auf eine Einheitsleistung umrechnen lassen, zu der alle variablen Kosten in proportionaler Beziehung stehen, so liegt ebenfalls homogene Kostenverursachung vor. Auch bei unterschiedlicher Leistung kann eine homogene Kostenverursachung vorliegen, wenn man die verschiedenen Leistungen auf eine Bezugsgröße zurückführen kann, zu der sich alle variablen Kosten proportional verhalten.

Heterogene Kostenverursachung (Haberstock 1999, S.66) liegt vor, wenn die variablen Kosten einer Kostenstelle nur mit Hilfe mehrerer Bezugsgrößen verursachungsgerecht das Kostenverhalten wiedergeben, d.h. nicht alle variablen Kosten einer Kostenstelle verhalten sich proportional zu lediglich einer festen Bezugsgröße. Es wird versucht, durch Aufspaltung der Kostenstelle jeweils wieder eine homogene Kostenverursachung zu erreichen. Gelingt dieses nicht, sind mehrere Bezugsgrößen notwendig.

7.4 Planung der Einzel- und Gemeinkosten

Den Ausgangspunkt der Planung bildet das gesamte Produktionsprogramm einer Planungsperiode. Obwohl sich Einzelkosten definitionsgemäß den einzelnen betrieblichen Leistungen direkt zuordnen lassen, werden sie bei der Planung im Hinblick auf eine wirkungsvollere Kostenkontrolle über die Kostenstellen verrechnet. Die Einzelkostenplanung erfolgt deshalb kostenstellenweise, wenn auch unter Umgehung des Betriebsabrechnungsbogens. Als Einzelkosten sind Materialeinzelkosten, Lohneinzelkosten, Sondereinzelkosten der Fertigung und des Vertriebs zu planen. Bei der Einzelkostenplanung ist das Mengen- (z.B. Stücklisten, Arbeitspläne) und Wertgerüst (z.B. Kostensätze, Beschaffungspreise) zu planen.

Die Einteilung des Betriebs in Kostenstellen, die Auswahl der Bezugsgrößen und die Festlegung der Planbeschäftigung sind wichtige Vorarbeiten für die Planung der Gemeinkosten. Die Zusammenstellung und Zusammenfassung der geplanten Gemeinkosten nach Art und Höhe und pro Bezugsgröße wird als Gemeinkostenplan bezeichnet. Gemeinkostenpläne müssen liefern:

- die relevanten Plangemeinkosten für die Planrechnungen
- die Sollgemeinkosten für die Gemeinkostenkontrolle
- die Plankalkulationssätze für die Plankalkulation

7.5 Methoden der Gemeinkostenplanung

Bei der Gemeinkostenplanung unterscheidet man zwei Gruppen von Methoden, die statistischen und die synthetischen (vgl. Abbildung 20). Grundlage aller statistischen Methoden ist die Bereinigung der Istkosten früherer Perioden von den Einflüssen störender Kostenbestimmungsfaktoren (z.B. Preisschwankungen).

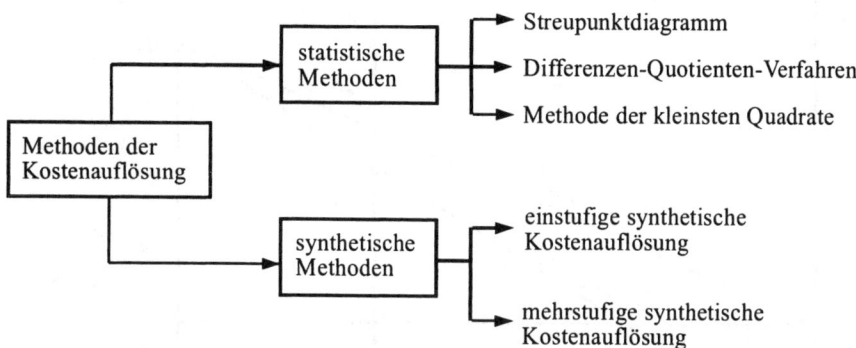

Abb. 20: Kostenauflösungsmethoden

Das Vorgehen innerhalb der statistischen Methoden ist unterschiedlich (Haberstock 1999, S.227ff):

- Bei der Planung mit Hilfe von Streupunktdiagrammen trägt man die bereinigten Ausgangswerte in ein Koordinatensystem ein und legt die Sollkostenkurve durch eine eingezeichnete Ausgleichskurve fest.
- Eine vereinfachte Methode ist die Planung mit Hilfe des Hoch-Tiefpunkt-Verfahrens. Hierzu ist es notwendig, sich aus den Istkosten und den Istbezugsgrößen jeweils zwei Wertepaare herauszugreifen. Der Verlauf der Sollkostenkurve lässt sich mit Hilfe des Differenzen-Quotienten-Verfahrens ermitteln.
- Ein weiteres Verfahren versucht mit Hilfe von Trendberechnungen nach der Methode der kleinsten Quadrate jene Zufälligkeiten auszuschalten, die beim Streupunktdiagramm auftreten können.

Statistische Methoden sind nicht für die Gemeinkostenplanung geeignet, weil man aus Vergangenheitswerten keine Planwerte mit Vorgabecharakter ableiten kann; sie dienen höchstens als Ergänzung. Die synthetischen Methoden ermitteln die Plankosten aufgrund von Studien, betriebswirtschaftlichen Optimierungsrechnungen, Probeläufen etc. Man unterscheidet die einstufige und die mehrstufige Methode. Das Vorgehen der einstufigen Methode lässt sich mit Abbildung 21 wie folgt mit den Schritten (1) bis (5) skizzieren (Haberstock 1999, S.232f):

(1) Einteilung des Betriebs in Kostenstellen mit Auswahl geeigneter Bezugsgrößen sowie Festlegung der Planbezugsgrößenwerte
(2) Ermittlung der einzelnen Kostenarten für die Planbezugsgrößen und Zusammenfassung der gesamten Plankosten
(3) Spaltung der Gesamtkosten in fixe und variable Bestandteile (Kostenauflösung)
(4) Ableitung des linearen Sollkostenverlaufs
(5) Bestimmung der Kurve der verrechneten Plankosten

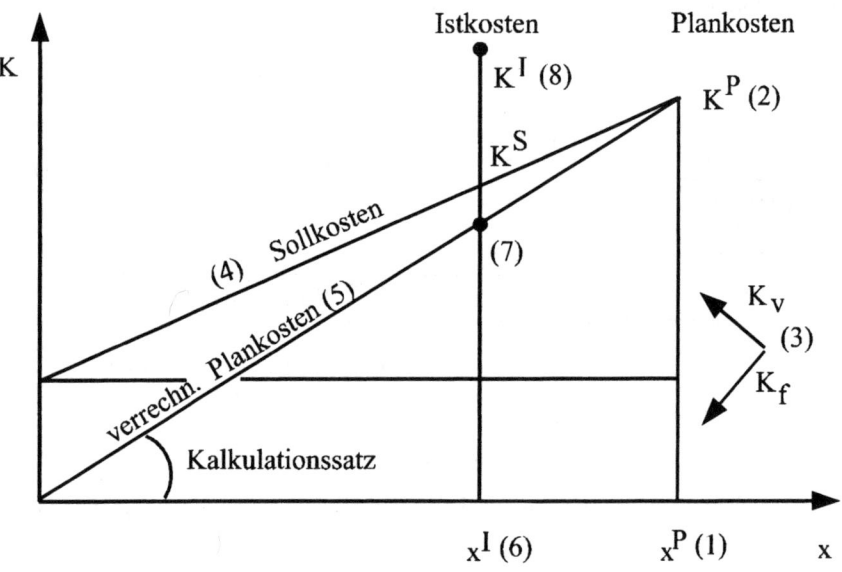

Abb. 21: Einstufig synthetische Gemeinkostenplanung

Bei der mehrstufigen Gemeinkostenplanung werden die Plankosten nicht nur für einen Planbezugsgrößenwert ermittelt, sondern unabhängig von diesem auch für andere. Das Ergebnis ist ein sogenannter Stufenplan, der für verschiedene Beschäftigungsgrade die Sollkosten angibt. Eventuell benötigte Zwischenwerte können durch lineare Interpolation ermittelt werden.

7.6 Kostenkontrolle

Oberstes Ziel der Kostenkontrolle ist die Beseitigung von Unwirtschaftlichkeiten. Dieses Ziel erreicht man in der Plankostenrechnung durch einen Vergleich der tatsächlich entstandenen Kosten mit solchen Kosten, die bei wirtschaftlichem Verhalten zu erwarten sind. Die Differenz zwischen Plan- und Istkosten beruht auf der Abweichung der Ist-Kostenbezugsgrößen von den Plan-Kostenbezugsgrößen. In Abbildung 21 sind die entsprechenden Schritte (6) bis (8) skizziert:

(6) Ermittlung der Istbeschäftigung
(7) Berechnung der kalkulierten Plankosten bei Istbeschäftigung
(8) Darstellung tatsächlich entstandener Kosten und anschließender Vergleich mit den verrechneten Plankosten

Vor einer genaueren Analyse dieser Abweichungen ist zu untersuchen, ob sie auf unwirtschaftlichem Verhalten oder exogenen Einflüssen beruhen. Daher geht man von den Plankosten zu den Sollkosten über. Die Differenz zwischen Plan- und Sollkosten ergibt sich aus der Abweichung der Beschäftigung und beruht auf exogenen Einflüssen.

7.7 Abweichungsanalyse

Eine aussagefähige Abweichungsanalyse erfordert die Rückführung der Abweichungen zwischen Plan und Ist auf einzelne Kosteneinflussgrößen. Man unterscheidet u.a. zwischen Verbrauchs-, Verfahrens-, Programm-, Intensitäts- bzw. Leistungs- und Beschäftigungsabweichungen. Im Rahmen der Analyse sollte gleichzeitig erläutert werden, wie man für künftige Planungsperioden die Einhaltung der Planwerte und damit einen optimalen Vollzug des betrieblichen Produktionsprozesses sicherstellen kann.

Aufgabe 8:
Grenzplankostenrechnung

8.1 Aufgabenstellung

Beschreiben Sie Methoden der Kostenplanung und -kontrolle im System der Grenzplankostenrechnung!

Gehen Sie dabei auf folgende Punkte näher ein:

* Notwendigkeit einer Grenzplankostenrechnung (im Vergleich zur Vollplankostenrechnung)
* Aufbau der Grenzplankostenrechnung
* Beurteilung der Grenzplankostenrechnung

8.2 Einleitung

Die Kostenrechnungssysteme lassen sich in die drei Formen Ist-, Normal- und Plankostenrechnung unterteilen. Jede dieser Formen kann als Voll- oder Teilkostenrechnung durchgeführt werden. Aus der Kombination der Plankostenrechnung und der Teilkostenrechnung ergibt sich die Proportionalkostenrechnung, für die sich in Deutschland der Begriff Grenzplankostenrechnung durchgesetzt hat (Plaut 1953, S.347ff). Da nur variable Kostenbestandteile kalkuliert werden, wäre es sinnvoller gewesen, das System als variable Plankostenrechnung (bzw. Proportionalplankostenrechnung) zu bezeichnen. Nur unter der Voraussetzung eines linearen Gesamtkostenverlaufs stimmen die variablen Stückkosten und die Grenzkosten überein.

Die Grenzplankostenrechnung wurde zunächst in den USA als geschlossenes System entwickelt und angewandt, es wird dort als direct costing bezeichnet (Kilger 2002, S.67ff). In Deutschland wurde die Grenzplankostenrechnung in den fünfziger Jahren durch H. G. Plaut (Plaut 1953, S.347ff und S.402ff) in ein geschlossenes Kostenrechnungssystem überführt. Sie setzt sich in der deutschen Unternehmenspraxis jedoch erst in jüngerer Zeit immer mehr durch. Entscheidend in der Grenzplankostenrechnung ist die konsequente Trennung in variable und fixe Kostenbestandteile.

Unter Plankosten versteht man Kosten, bei denen Preis und Menge der Produktionsfaktoren für eine (geplante) Ausbringung (Output) geplant sind. Somit haben Plankosten einen Vorgabecharakter (Richtwerte), an denen sich eine effektive Kostenkontrolle und Kostenanalyse orientieren können.

8.3 Unzulänglichkeiten der Vollplankostenrechnung

Das System der Plankostenrechnung hat drei wesentliche Aufgaben zu erfüllen (Haberstock 1999, S.12ff):

- Kontrolle der Wirtschaftlichkeit (Kontrollaufgabe)
- Bereitstellung von Zahlenmaterial für dispositive Zwecke (Dispositionsaufgabe)
- Kalkulation der betrieblichen Leistungen (Dokumentationsaufgabe)

Nur wenn alle drei Aufgaben hinreichend erfüllt sind, ist die Plankostenrechnung als betriebliches Leitungsinstrument sinnvoll einzusetzen. Die Vollkostenrechnung kann die oben genannten Aufgaben nicht zufriedenstellend erfüllen, da sie das Fixkostenproblem (Haberstock 1999, S.27f; Kilger 2002, S.56ff) nicht löst und somit keine Dispositions- und Dokumentationsaufgabe übernehmen kann. Daraus ergibt sich die Gefahr von Fehlentscheidungen bei Verwendung der Vollplankostenrechnung. Dies gilt insbesondere bei Dispositionen, die die Fixkosten nicht betreffen, d.h. bei folgenden kurzfristigen Planungsaufgaben (Haberstock 1999, S.30):

- Ermittlung von Preisuntergrenzen für Zusatzaufträge
- Festlegung des gewinnmaximalen Produktionsprogramms
- Entscheidung über Eigenerstellung oder Fremdbezug
- Auswahl der optimalen Maschinenbelegung
- Bestimmung optimaler Bedienungsströme
- Steuerung intensitätsmäßiger Anpassungsprozesse
- Ermittlung kostenminimaler Transportpläne
- Bestimmung optimaler Mischungsverhältnisse

Für diese kurzfristigen Planungen dürfen nur die relevanten (also proportionalen bzw. variablen) Kosten berücksichtigt und auf die Kostenträger verteilt werden.

8.4 Aufbau der Grenzplankostenrechnung

Die Grenzplankostenrechnung ist eine flexible Plankostenrechnung auf Teilkostenbasis. Der Aufbau der Grenzplankostenrechnung und der Vollplankostenrechnung ist weitestgehend gleich. Der Unterschied zur Vollplankostenrechnung besteht darin, dass in der Grenzplankostenrechnung eine Trennung von variablen und fixen Kosten vorgenommen wird, und anschließend nur noch die variablen Kosten an die Kostenträgerrechnung weitergegeben werden. Der Fixkostenblock wird direkt auf das Betriebsergebnis verrechnet. Dadurch fallen im System der Grenzplankostenrechnung die (variablen) Sollkosten und die verrechneten Plankosten zusammen. Der Fehler der Vollkostenrechnung (rechnerische Proportionalisierung der Fixkosten) soll so vermieden werden (Kilger 2002, S.62ff).

Die verrechneten (kalkulierten) Plankosten stimmen in der Grenzplankostenrechnung immer mit den (proportionalen) Sollkosten überein, d.h. die Kalkulationssätze im System der Grenzplankostenrechnung sind von der Beschäftigung unabhängig (vgl. Abbildung 22).

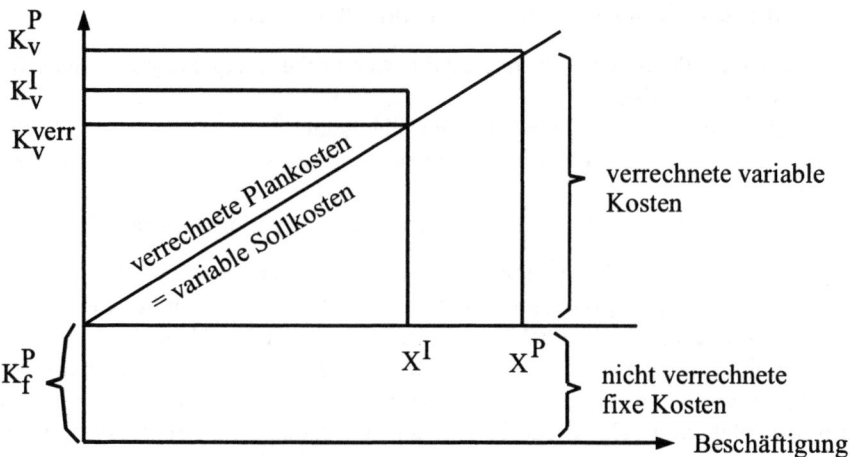

Abb. 22: Plankosten und Sollkosten in der Grenzplankostenrechnung

Abbildung 23 gibt eine Übersicht der Aufspaltung der Kostenströme in der Grenzplankostenrechnung. Die Istkosten werden in variable und fixe Kosten aufgeteilt,
und bei den variablen Istkosten werden die kalkulierten (verrechneten) Plankosten
und die Abweichungen unterschieden (Abbildung 23 geht von positiven Abweichungen aus; Preis- und Fixkostenabweichungen werden nicht einbezogen).

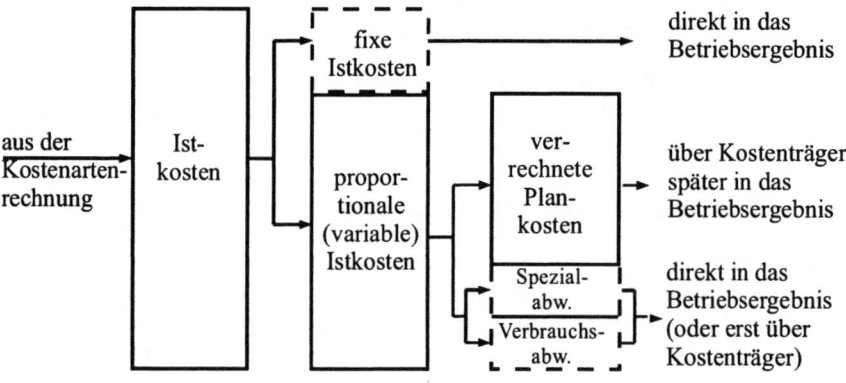

Abb. 23: Kostenströme in der Grenzplankostenrechnung (Haberstock 1999, S.390f)

8.5 Eignung der Grenzplankostenrechnung

Die Grenzplankostenrechnung verbindet die Vorteile einer Plankostenrechnung
(Kostenplanung, Kostenkontrolle) mit den Vorteilen einer Teilkostenrechnung (ge-
nauere Kalkulationsgrundlagen, differenziertere Informationen). Der Schritt zur
Grenzplankostenrechnung geht einher mit der Entscheidung zur Teilkostenrech-

nung nach dem Konzept der Grenzkostenrechnung (direct costing), bei dem dem Erzeugnis als Kostenträger nur die variablen Kosten zugerechnet werden. Hierbei wird dann auf die traditionelle Vollkalkulation als Istkalkulation und auch als Plankalkulation bewusst verzichtet.

Eine weit verbreitete Kritik an der Grenzplankostenrechnung ist, dass sie zu Preissenkungen führt, so dass langfristig keine Vollkostendeckung gesichert ist. Diese Kritik basiert auf der Vorstellung, dass die Preise von den Kosten bestimmt werden. In der Regel sind die Preise jedoch vom Markt vorgegeben. Die Kostenrechnung kann dann nur zu einer Preisbeurteilung führen. Bei der Vollplankostenrechnung besteht die Gefahr, dass man Aufträge mit positivem Deckungsbeitrag ablehnt, obwohl der Bruttogewinn dadurch noch steigen würde.

Ein Problem bei der Realisierung der Grenzplankostenrechnung ist die Einteilung der Kosten in fixe und variable Bestandteile. Wegen der Vielschichtigkeit dieses Problems kann es leicht zu falschen Datengrundlagen für die Grenzplankostenrechnung kommen, die dann zu Fehlentscheidungen führen können.

Ein weiteres Problem stellt die Steuerbilanz dar, bei der eine Bestandsbewertung mit Vollkosten durchzuführen ist. Ebenso ist es notwendig, die Preisermittlung für öffentliche Aufträge mit (Voll-) Selbstkosten zu berechnen. Aus diesen Gründen ist es sinnvoll, neben der Grenz- auch eine Vollplankostenrechnung durchzuführen.

Aufgabe 9:
Kostenabweichungen nach der Voll- und Grenzplankostenrechnung

9.1 Aufgabenstellung

Beschreiben und diskutieren Sie - unter Heranziehung graphischer und mathematischer Erklärungen - die verschiedenen Möglichkeiten der Ermittlung und Analyse von Kostenabweichungen in der Voll- und Grenzplankostenrechnung. Unterscheiden Sie dabei zwischen Erzeugniseinzel- und -gemeinkosten!

Gehen Sie dabei u.a. auf folgende Abweichungen ein:

- Preisabweichung
- Beschäftigungsabweichung
- Stücklistenabweichung
- Leistungsabweichung
- Verbrauchsabweichung
- Seriengrößenabweichung
- Verfahrensabweichung

9.2 Einleitung

Werden - hergeleitet aus den im voraus geplanten Faktormengen und -preisen - im Rahmen der Kostenrechnung Plankosten abgeleitet, spricht man von einer Plankostenrechnung. Zweck der Plankostenrechnung ist eine wirksame Kontrolle der Kostenwirtschaftlichkeit in Form eines Regelkreises. Den Plankosten werden dabei die Istkosten gegenübergestellt und die daraus resultierenden Abweichungen analysiert. Abweichungen vom Plan sind u.a. eine Folge von Störgrößen, die von außen auf den Regelkreis einwirken. Die wichtigsten Störgrößen sind Preisänderungen, Beschäftigungsänderungen, Verbrauchsänderungen u.a.

Bei der Plankostenrechnung kann in die zwei Hauptformen starre und flexible Plankostenrechnung unterschieden werden (Haberstock 1999, S.17ff; Kilger 2002, S.43ff). Mit Hilfe der starren Plankostenrechnung ermittelt man die nach Kostenarten unterteilten Plankosten nur für den Beschäftigungsgrad, der sich bei Planbeschäftigung (Planleistung und Planausbringung) ergibt. Eine periodische Umrechnung der Plankosten auf die Istbeschäftigung wird hierbei nicht vorgenommen. Der Vorteil dieser Methode liegt in ihrer einfachen und schnellen Handhabung. Demgegenüber ist die Aussagefähigkeit sehr eingeschränkt, da eine Kostenkontrolle bei veränderter Beschäftigungslage mit Hilfe von Sollkosten nicht möglich ist.

Die flexible Plankostenrechnung berechnet zu den Plankosten für den Planbeschäftigungsgrad auch die Sollkosten für alle zusätzlich relevanten Beschäftigungsgrade.

Eine flexible Anpassung der Kostenvorgaben an die Istbeschäftigungen einer Periode wird somit möglich. Dabei unterscheidet die flexible Plankostenrechnung zwischen fixen und variablen Kosten. Im folgenden wird nur die flexible Plankostenrechnung behandelt, wenn auch aus Gründen der Vereinfachung nur von Plankostenrechnung gesprochen wird.

Vor der Durchführung einer Plankostenrechnung müssen die möglichen Ausprägungen der Klassifizierungsmerkmale entsprechend der Aufgabenstellung festgelegt werden. Hierbei kann innerhalb der Plankostenrechnung in

- Voll- oder Teilkostenrechnung,
- Kontrolle der Einzel- oder Gemeinkosten sowie
- Kostenstelle mit Mono- oder Mehrfachproduktion

unterschieden werden. Im Weiteren wird auf eine Plankostenrechnung als Vollkostenrechnung eingegangen. Es wird von einem Unternehmen mit Mehrfachproduktion ausgegangen, da sich der Fall einer Monoproduktion hieraus als Vereinfachung ableiten lässt.

9.3 Kostenabweichungen im System der Vollplankostenrechnung

Kostenabweichungen lassen sich hierarchisch ableiten. Eine mögliche Einteilung zeigt die folgende Abbildung 24. Je feiner die Abweichungsanalysen durchgeführt werden, umso genauer werden die Ursachen herausgearbeitet.

9.3.1 Abweichungsanalyse bei Einzelkosten

Obwohl Einzelkosten direkt dem Erzeugnis zugerechnet werden können, werden sie bei der Planung im Hinblick auf eine wirkungsvollere Kontrolle über die Kostenstellen verrechnet. Die Planeinzelkosten einer Kostenstelle h betragen:

$$K_{Eh}^{P} = \sum_{i=1}^{\bar{i}} \sum_{j=1}^{\bar{j}} v_{jih}^{P}(1 + a_{jih}^{P})q_{j}^{P} x_{ih}^{P}$$

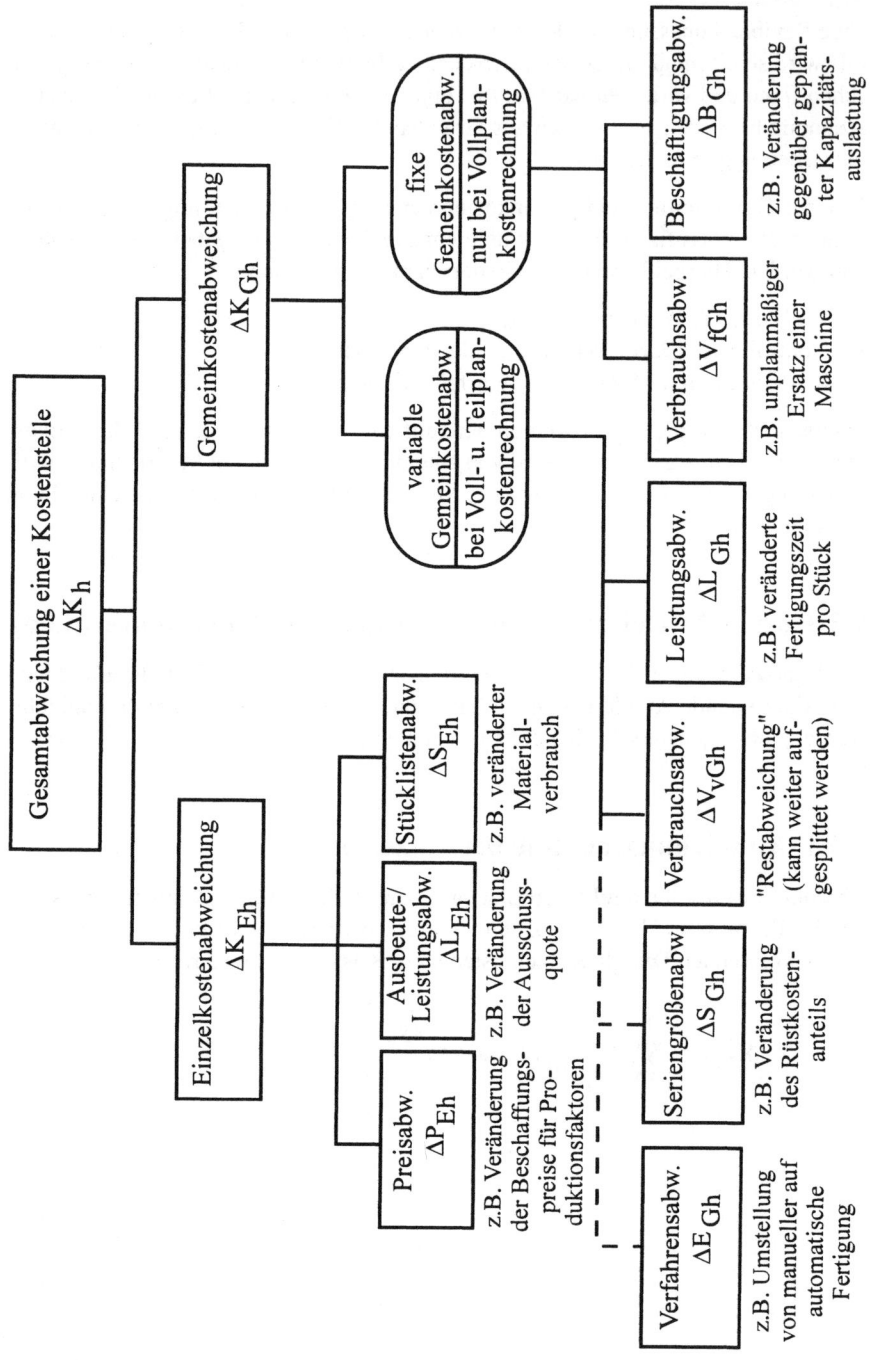

Abb. 24: Abweichungsarten einer Kostenstelle

Diese werden ermittelt auf der Basis des Plan-Nettofaktorverbrauchs v_{jih}^{P} des Faktors j für die Produktmengeneinheit i in der Kostenstelle h, erhöht um einen entsprechenden Planaufschlag a_{jih}^{P} für Ausschuss etc., bewertet zu Planfaktorpreisen q_{j}^{P} und letztlich multipliziert mit der Planproduktmenge x_{ih}^{P}. Aus den Plankosten werden die Sollkosten als unmittelbare Kostenvorgabe für die Kostenstelle bei alternativen Beschäftigungsgraden vorgegeben. Diese Vorgaben sind von der tatsächlichen Produktionsmenge wie folgt abhängig:

$$K_{Eh}^{S} = \sum_{i=1}^{\bar{i}} \sum_{j=1}^{\bar{j}} v_{jih}^{P}(1 + a_{jih}^{P})q_{j}^{P} x_{ih}^{I}$$

Die Istkosten der Kostenstelle h ergeben sich analog bei jeweils Ist-Einflussgrößen:

$$K_{Eh}^{I} = \sum_{i=1}^{\bar{i}} \sum_{j=1}^{\bar{j}} v_{jih}^{I}(1 + a_{jih}^{I})q_{j}^{I} x_{ih}^{I}$$

Die Abweichungen zwischen Soll- und Istkosten werden als Kostenabweichungen mit ΔK_{Eh} bezeichnet; insgesamt setzt sich ΔK_{Eh} aus den drei Komponenten Preis-, Leistungs- und Stücklistenabweichung zusammen.

Der erste Index (vgl. Abbildung 25) kennzeichnet die Beschäftigung, der zweite die Stückliste, der dritte die Ausbeute bzw. Leistung und der vierte den Preis des Produktionsfaktors jeweils als Plan- oder Istwert. Die Stücklistenabweichung ΔS_{Eh} ist darauf zurückzuführen, dass statt des geplanten Material- bzw. Lohnstundenverbrauchs v_{jih}^{P} aufgrund veränderter Stücklisten (Arbeitspläne) mit dem Istwert v_{jih}^{I} gearbeitet wird.[3] Für ΔS_{Eh} gilt:

$$\Delta S_{Eh} = \sum_{i=1}^{\bar{i}} \sum_{j=1}^{\bar{j}} (v_{jih}^{I} - v_{jih}^{P})(1 + a_{jih}^{P})q_{j}^{P} x_{ih}^{I}$$

Die Leistungsabweichung ΔL_{Eh} ist darauf zurückzuführen, dass statt des geplanten Produktionsfaktorausschusses a_{jih}^{P} mit einem anderen Aufschlag für den tatsächlichen Ausschuss a_{jih}^{I} gearbeitet wird. So gilt für die Leistungsabweichung ΔL_{Eh}:

---

3)   Der Istverbrauch v_{jih}^{I} lässt sich aus dem Gesamtverbrauch r_{jih}^{I} wie folgt berechnen:

$$r_{jih}^{I} = v_{jih}^{I}(1 + a_{jih}^{I})x_{ih}^{I}$$

$$\Delta L_{Eh} = \sum_{i=1}^{\overline{i}} \sum_{j=1}^{\overline{j}} v_{jih}^{I} (a_{jih}^{I} - a_{jih}^{P}) q_{j}^{P} x_{ih}^{I}$$

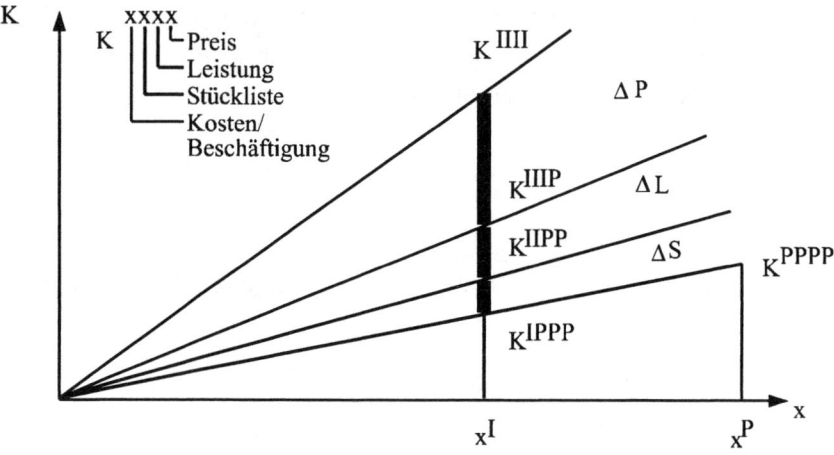

Abb. 25: Abweichungen bei den Einzelkosten

Die Preisabweichung ΔP_{Eh} ist darauf zurückzuführen, dass die tatsächlichen Beschaffungspreise q_{j}^{I} des jeweiligen Produktionsfaktors von den geplanten Preisen q_{j}^{P} abweichen. So gilt für die Preisabweichung ΔP_{Eh}:

$$\Delta P_{Eh} = \sum_{i=1}^{\overline{i}} \sum_{j=1}^{\overline{j}} v_{jih}^{I} (1 + a_{jih}^{I})(q_{j}^{I} - q_{j}^{P}) x_{ih}^{I}$$

Im Allgemeinen gibt es zwei Methoden für die Berechnung der Preisabweichung. Zum einen nach der Verbrauchsmethode beim Faktorverbrauch oder nach der Zugangsmethode beim Faktorzugang (Haberstock 1999, S.273ff); bei der hier angewandten Methode handelt es sich um die Verbrauchsmethode.

Die gesamte Kostenabweichung ΔK_{Eh} ergibt sich wie folgt:

$$\Delta K_{Eh} = K_{Eh}^{III} - K_{Eh}^{IPPP} = \Delta S_{Eh} + \Delta L_{Eh} + \Delta P_{Eh}$$

9.3.2 Abweichungsanalyse bei Gemeinkosten

Die Planung der Gemeinkosten erfolgt analog der Einzelkostenplanung differenziert nach Kostenstellen und Kostenarten. Stärker noch als bei der Einzelkostenplanung hat hier die Kostenstelleneinteilung so zu erfolgen, dass klar voneinander abgegrenzte Verantwortungsbereiche entstehen und sich für alle Kostenstellen geeignete Maßgrößen der Kostenverursachung festlegen lassen. Im Fall einer Monoproduktion bietet sich die Produktmenge als Bezugsgröße an. Bei Mehrfachproduktion ist dies nicht mehr möglich. In diesem Fall ist es nötig, andere Maßgrößen für die Beschäftigung bzw. für die Verursachung von Gemeinkosten innerhalb einer Kostenstelle zu finden. Nach Möglichkeit wird man versuchen, eine einzige Bezugsgröße für die gesamte Kostenstelle zu finden. Häufig wird die Fertigungszeit als Bezugsgröße gewählt. Dies ist allerdings nur möglich, wenn die Gemeinkosten pro Fertigungsstunde für alle Kostenträger gleich sind (Haberstock 1999, S.46ff).

Wählt man die Fertigungszeit als Bezugsgröße, so erhält man die Planbezugsgröße T_h^{PP} bei Planleistung nach:

$$T_h^{PP} = \sum_{i=1}^{\overline{i}} x_{ih}^P t_{hi}^P$$

Dabei bezeichnet x_{ih}^P die geplante Produktmenge für das Produkt i der Kostenstelle h und t_{hi}^P die geplante Fertigungszeit für eine Produkteinheit der Art i der Kostenstelle h. Aus diesen Angaben kann der geplante variable Faktorpreis q_{vh}^P des derivativen Produktionsfaktors Fertigungszeit für die Kostenstelle h berechnet werden:

$$q_{vh}^P = \frac{K_{vGh}^P}{T_h^{PP}}$$

Die gesamte Abweichung von Gemeinkosten ΔK_{Gh} lässt sich in die drei Komponenten Verbrauchsabweichung ΔV_{Gh}, Leistungsabweichung ΔL_{Gh} und Beschäftigungsabweichung ΔB_{Gh} aufgliedern (Huch 1986, S.194):

$$\Delta K_{Gh} = K_{Gh}^{III} - K_{Gh}^{PIP}$$
$$= \underbrace{\left(K_{Gh}^{III} - K_{Gh}^{SII} \right)}_{\Delta V_{Gh}} + \underbrace{\left(K_{Gh}^{SII} - K_{Gh}^{SIP} \right)}_{\Delta L_{Gh}} + \underbrace{\left(K_{Gh}^{SIP} - K_{Gh}^{PIP} \right)}_{\Delta B_{Gh}}$$

Insgesamt ergibt sich entsprechend Abbildung 26 folgendes Kostensystem (Huch 1986, S.197):

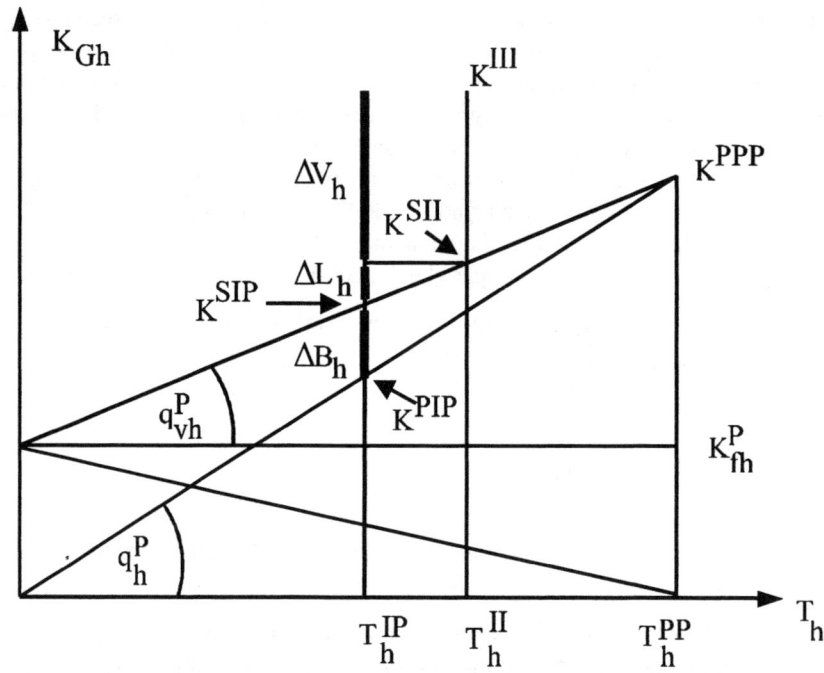

Abb. 26: Gemeinkosten-Abweichungen

K_{Gh}^{PPP} = Plankosten bei Planbeschäftigung und Planleistung

K_{Gh}^{III} = Istkosten bei Istbeschäftigung und Istleistung

K_{Gh}^{PIP} = Plankosten bei Istbeschäftigung und Planleistung

K_{Gh}^{SIP} = Sollkosten bei Istbeschäftigung und Planleistung

K_{Gh}^{SII} = Sollkosten bei Istbeschäftigung und Istleistung

9.3.2.1 Fixkostenabweichungen

Die Beschäftigungsabweichung entsteht durch eine andere Auslastung der Kostenstelle als geplant. Wird als Planbeschäftigung die Kapazitätsgrenze angenommen,
entspricht die Beschäftigungsabweichung gerade den Leerkosten. Sie lässt sich folgendermaßen bestimmen:

$$\Delta B_{Gh} = (K_{fGh}^{P} + q_{vh}^{P} T_h^{IP}) - q_h^{P} T_h^{IP} = K_{fGh}^{P}\left(1 - \frac{T_h^{IP}}{T_h^{PP}}\right)$$

Die Verbrauchsabweichung ΔV_{Gh} unterteilt sich in die fixe und variable Verbrauchsabweichung. Die fixe Verbrauchsabweichung ΔV_{fGh} ergibt sich aus der

Differenz der tatsächlichen Fixkosten und den geplanten Fixkosten:

$$\Delta V_{fGh} = K_{fh}^{I} - K_{fh}^{P}$$

Entspricht die Planbeschäftigung nicht der Kapazitätsgrenze, so ist die Beschäftigungsabweichung in der Kostenkontrolle entsprechend Abbildung 27 zu bestimmen. Diese ergibt sich aus der Differenz zwischen Leerkosten und Leerkostenfehlbetrag.

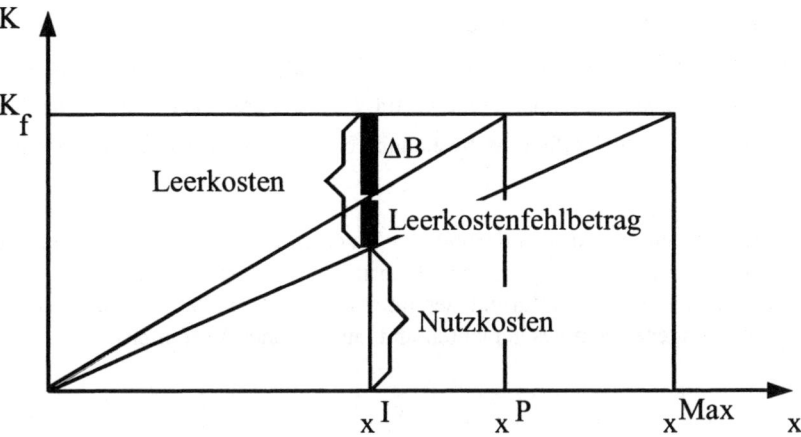

Abb. 27: Leer- und Nutzkosten bei Ist-, Plan- und Maximalkapazität

9.3.2.2 Variable Kostenabweichungen

Die variable Verbrauchsabweichung ergibt sich aus der Differenz der variablen Istkosten bei Istbeschäftigung und Istleistung und den variablen Sollkosten bei Istbeschäftigung und Istleistung.

$$\Delta V_{vGh} = K_{vGh}^{III} - K_{vGh}^{SII} = K_{vGh}^{III} - T_{h}^{II} q_{vh}^{p}$$

Die Leistungsabweichung drückt die Kostenveränderung aus, die durch eine andere Realisierung der Bezugsgröße als Folge einer Intensitätsabweichung auftritt. Im Falle von Fertigungszeiten bedeutet dies, dass die realisierte Fertigungszeit einer Produktmengeneinheit von der geplanten Fertigungszeit abweicht. Also ergibt sich die Leistungsabweichung nach:

$$\Delta L_{Gh} = (K_{fGh}^{P} + q_{vh}^{P} T_{h}^{II}) - (K_{fGh}^{P} + q_{vh}^{P} T_{h}^{IP})$$

$$= \sum_{i=1}^{\bar{i}} q_{vh}^{P} x_{i}^{I} (t_{hi}^{I} - t_{hi}^{P})$$

$$\Delta L_{Gh} = \left(\sum_{i=1}^{\bar{i}} x_i^I t_{hi}^I - \sum_{i=1}^{\bar{i}} x_i^I t_{hi}^P \right) q_{vh}^P$$

$$= (T_h^{II} - T_h^{IP}) q_{vh}^P$$

Bei einer differenzierteren Betrachtung der Gemeinkostenabweichungen lassen sich zusätzlich die Verfahrens- und Seriengrößenabweichung berechnen. Die Verfahrensabweichung ΔE_{Gh} ist auch bekannt als Maschinenbelegungsabweichung (Haberstock 1999, S.345). Sie tritt auf, wenn man statt der geplanten optimalen Maschinenbelegung eine andere realisiert und Aufträge auf anderen als den geplanten Maschinen bearbeitet. Die Verfahrensabweichung besteht aus zwei Teilen (Haberstock 1999, S.345f):

- Kostenabweichung ΔE_K aufgrund der unterschiedlichen Plangemeinkosten-Verrechnungssätze des geplanten und tatsächlichen Verfahrens und
- Zeitabweichung ΔE_T aufgrund der unterschiedlichen Planfertigungszeit pro Produktmengeneinheit des geplanten und tatsächlichen Verfahrens.

Es gilt[4]:

$$\Delta E_G = \underbrace{\sum x_i^I t_{iI}^P (q_{vI}^P - q_{vP}^P)}_{\Delta E_K} + \underbrace{\sum x_i^I q_{vP}^P (t_{iI}^P - t_{iP}^P)}_{\Delta E_T}$$

In Unternehmen mit Serienproduktion machen es die auflagefixen Rüstzeiten erforderlich, Planseriengrößen festzulegen. Spätestens beim Aufbau der Plankalkulationen müssen für jede Erzeugnisart die Planseriengrößen der Planperiode vorliegen. Seriengrößenabweichungen und Abweichungen infolge außerplanmäßiger Seriengrößen (Haberstock 1999, S.314ff) sind auf Differenzen zwischen den tatsächlichen und den geplanten Seriengrößen (Auftragszusammensetzung) oder einer Abweichung des optimalen Verhältnisses von Ausführungs- zu Rüstzeit zurückzuführen.

Bei Serienproduktion mit Rüstkosten wird in der jeweiligen Kostenstelle zumeist mit zwei Bezugsgrößen gearbeitet (Ausführungs- und Rüstzeiten); es handelt sich um den Fall heterogener Kostenverursachung. Die Kosten sind abhängig von beiden Bezugsgrößen:

$$K = f(T_A, T_R)$$

Die Rüstkosten als Funktion der Rüstzeiten T_R werden mit Hilfe von Rüstzeitrelationen in Abhängigkeit der Ausführungszeit T_A transformiert (Haberstock 1999,

---

4)   Der tiefergestellte Index (I bzw.P) beruht auf dem im Ist/Plan eingesetzten Verfahren. Der Index h der Kostenstelle wird aus Gründen der Darstellbarkeit weggelassen.

S.316). In der Plankostenrechnung und Plankalkulation wird eine Planrüstzeitrelation PRR vorgegeben.

$$PRR = \frac{T_R^P}{T_A^{PP}}$$

mit: T_R^P = Plan-Rüststunden; T_A^{PP} = Plan-Ausführungsstunden bei Planleistung

Die Istrüstzeitrelation IRR lautet:

$$IRR = \frac{T_R^I}{T_A^{IP}}$$

mit: T_R^I = Ist-Rüststunden; T_A^{IP} = Soll-Ausführungsstunden bei Planleistung

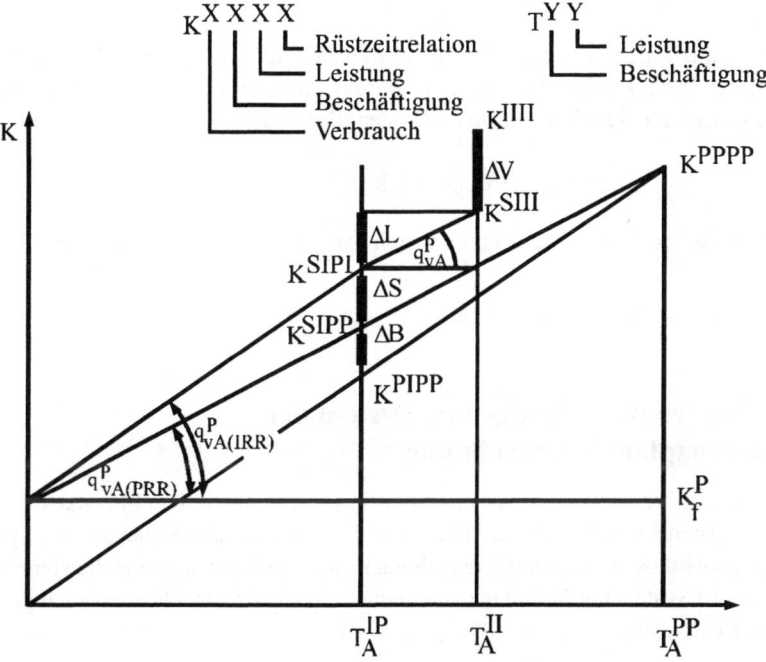

Abb. 28: Seriengrößenabweichung bei den Gemeinkosten

Für die Seriengrößen- bzw. Rüstzeitrelationsabweichung gilt gemäß Abbildung 28 (Haberstock 1999, S.316f):

$$q_{vA}^P = \frac{K_{vA}^{PPP}}{T_A^{PP}} \qquad\qquad q_{vR}^P = \frac{K_{vR}^P}{T_R^P}$$

$$\Delta S_{Gh} = K_{Gh}^{SIPI} - K_{Gh}^{SIPP}$$

$$K_{Gh}^{SIPI} = (q_{vA}^{P} T_{A}^{IP} + q_{vR}^{P} T_{R}^{I}) + K_{f}^{P}$$

$$= \left(q_{vA}^{P} + q_{vR}^{P} \frac{T_{R}^{I}}{T_{A}^{IP}}\right) T_{A}^{IP} + K_{f}^{P} = (q_{vA}^{P} + q_{vR}^{P} \times IRR) T_{A}^{IP} + K_{f}^{P}$$

$$K_{Gh}^{SIPP} = \left(q_{vA}^{P} T_{A}^{IP} + q_{vR}^{P} \frac{T_{R}^{P}}{T_{A}^{PP}} T_{A}^{IP}\right) + K_{f}^{P}$$

$$= (q_{vA}^{P} + q_{vR}^{P} \times PRR) T_{A}^{IP} + K_{f}^{P}$$

$$\Delta S_{Gh} = q_{vR}^{P} (IRR - PRR) T_{A}^{IP}$$

In der Plankalkulation werden die Rüstkosten entsprechend der Plan-Rüstzeitrelation auf die Produkte in Abhängigkeit von der Ausführungszeit verrechnet. Dabei handelt es sich lediglich um variable Kosten. Daher gilt:

$$q_{vA(PRR)}^{P} = q_{vA}^{P} + q_{vR}^{P} \times PRR$$

Mit Hilfe der Ist-Rüstzeitrelation lässt sich dann auch $q_{vA(IRR)}^{P}$ bestimmen:

$$q_{vA(IRR)}^{P} = q_{vA}^{P} + q_{vR}^{P} \times IRR$$

9.4 Kostenabweichungen im System der Grenzplankostenrechnung

Die Gesamtkostenabweichungen einer Kostenstelle lassen sich in Einzelkosten- und Gemeinkostenabweichungen aufteilen. Die Einzelkostenabweichungen im System der Grenzplankostenrechnung unterscheiden sich nicht von den Einzelkostenabweichungen im System der Vollplankostenrechnung, da alle Einzelkosten auch proportionale Kosten sind.

Bei den Gemeinkosten unterscheidet man hingegen zwischen fixen und variablen Gemeinkosten. Die fixen Gemeinkosten werden nur en bloc in das Betriebsergebnis gebucht. Somit entfällt in der Grenzplankostenrechnung die Beschäftigungsabweichung ΔB_{Gh}. Übrig bleiben die variable Verbrauchsabweichung ΔV_{Gh} und die Leistungsabweichung ΔL_{Gh} für die Gemeinkosten einer Kostenstelle h (Huch 1986, S.199f). Abbildung 29 veranschaulicht diese Kostenkontrolle:

mit: $q_v^I = k_{vGh}^P(x_h^I); \quad q_v^P = k_{vGh}^P(x_h^P)$

x_h = Beschäftigung der Kostenstelle h

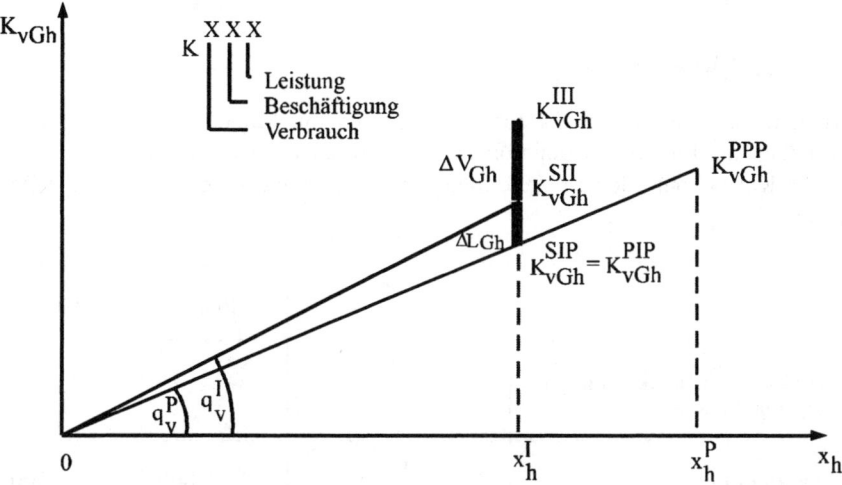

Abb. 29: Kontrolle der Gemeinkosten bei Monoproduktion in der Grenzplankostenrechnung

Aufgabe 10:
Kostenkontrollen bei Monoproduktion nach der Vollplankostenrechnung

10.1 Aufgabenstellung

Erläutern und diskutieren Sie für einen Betrieb mit Monoproduktion - auf der Grundlage der Produktionsfunktion Typ B (Verbrauchsfunktion) - die Möglichkeiten der Kostenkontrolle und Verteilung der Abweichungen anhand folgenden Beispiels:

		Plan	Ist
variable Planstückkosten bei Plan-/Ist-Leistung	$k_v^P(d^{P/I})$	14	15
Ausbringung	$x^{P/I}$	1 000	900
gesamte variable Kosten	$K_v^{P/I}$		14 500
fixe Kosten	$K_f^{P/I}$	10 000	10 500

Berechnen Sie nach dem System der Vollplankostenrechnung:

- Beschäftigungsabweichung ΔB
- Leistungsabweichung ΔL
- Verbrauchsabweichung ΔV

Erläutern Sie die Ergebnisse graphisch!

10.2 Einleitung

In einem Unternehmen mit Monoproduktion ist die Planung und Kontrolle der Gemeinkosten am einfachsten, weil man als Bezugsgröße die Leistung der Kostenstelle messen und mit einer homogenen Produktart quantifizieren kann. Handelt es sich bei einer Fertigungsstelle um eine Maschinenstelle, werden die Plangemeinkosten mit Hilfe einer Verbrauchsfunktion ermittelt.

10.3 Kostenabweichungen

Der Einsatz der Verbrauchsfunktion und die Möglichkeiten der Kostenkontrolle und -analyse sollen im Folgenden anhand des Beispiels erläutert werden. Die Verbrauchsfunktion stellt den Faktorverbrauch v_{jh} des Faktors j für eine Ausbringungseinheit der Kostenstelle in Abhängigkeit von der Leistung d der Stelle h dar. Aus ihr wird die Kurve der variablen Stückkosten k_{vGh} ermittelt, indem die jeweils mit den Faktorpreisen q_j bewerteten Faktormengen $v_{jh}(d_h)$ aggregiert werden. Es gilt (Huch 1986, S.193f):

$$k_{vGh}(d_h) = \sum_{j=1}^{\bar{j}} v_{jh}(d_h)q_j$$

Graphisch lässt sich der Verlauf mit Abbildung 30 wie folgt darstellen:

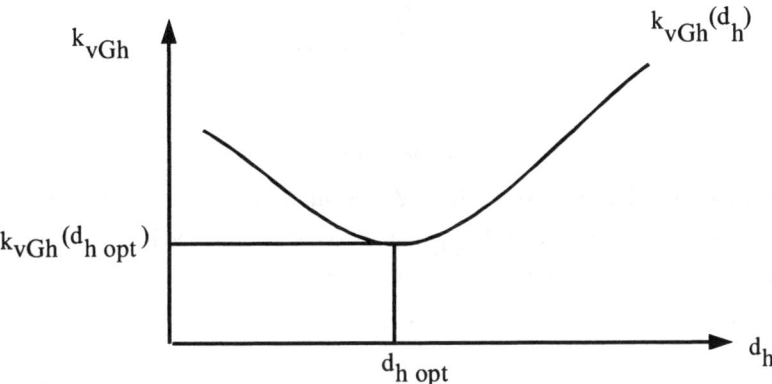

Abb. 30: Gemeinkosten in Abhängigkeit von der Leistungsschaltung

Für das Beispiel sind nur die variablen Stückkosten bei Plan- und Istleistung d_h^P und d_h^I bekannt. Der weitere Verlauf der Verbrauchsfunktion ist nicht gegeben, da er für die weiteren Berechnungen nicht benötigt wird. Für die Kostenkontrolle ist es notwendig, die tatsächlichen Istkosten K_{Gh}^{III} mit den bei Istbeschäftigung kalkulatorisch verrechneten Kosten K_{Gh}^{PIP} zu vergleichen. Für das betrachtete Beispiel gilt:

$$K_{Gh}^{III} = 25000$$

$$K_{Gh}^{PIP} = k^P x^I = 24 \times 900 = 21600$$

Die Abweichungsanalyse lässt sich ebenfalls graphisch mit Abbildung 31 entwickeln (Huch 1986, S.197):

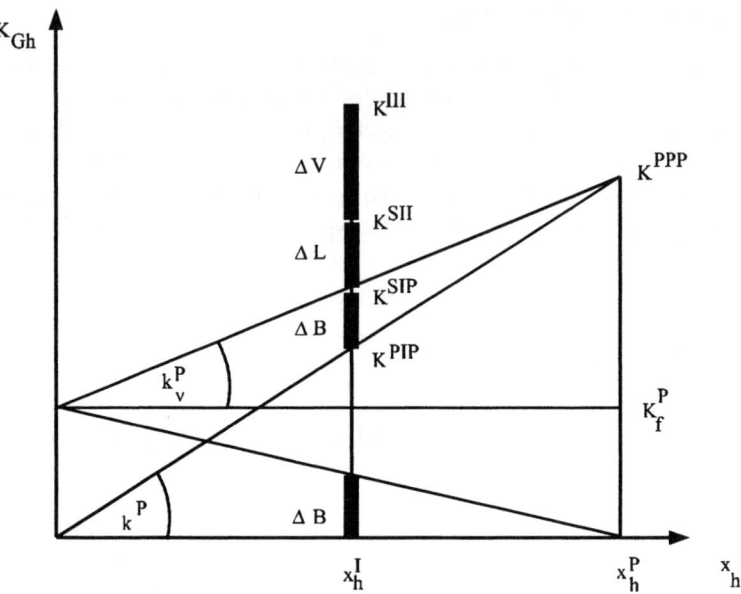

Abb. 31: Gemeinkosten-Abweichungen

Die Gesamtabweichung lässt sich in die Komponenten Verbrauchsabweichung ΔV_{Gh}, Leistungsabweichung ΔL_{Gh} und Beschäftigungsabweichung ΔB_{Gh} aufgliedern. Es gilt ohne Berücksichtigung von Preisabweichungen (Huch 1986, S.194):

$$\Delta K_{Gh} = K_{Gh}^{III} - K_{Gh}^{PIP}$$

$$= \underbrace{(K_{Gh}^{III} - K_{Gh}^{SII})}_{\Delta V_{Gh}} + \underbrace{(K_{Gh}^{SII} - K_{Gh}^{SIP})}_{\Delta L_{Gh}} + \underbrace{(K_{Gh}^{SIP} - K_{Gh}^{PIP})}_{\Delta B_{Gh}}$$

Für das Beispiel ergibt sich eine Kostenabweichung ΔK_{Gh} von 3 400. Die Beschäftigungsabweichung $\Delta B_{Gh} = K_{Gh}^{SIP} - K_{Gh}^{PIP}$ entspricht den Leerkosten bei der Istbeschäftigung (wenn zuvor an der Kapazitätsgrenze geplant wurde). Daher gilt:

$$\Delta B_{Gh} = K_{fh}^{P}\left(1 - \frac{x_h^I}{x_h^P}\right)$$

Auf das vorliegende Beispiel bezogen bedeutet dies:

$$\Delta B_{Gh} = 10000\left(1 - \frac{900}{1000}\right) = 1000$$

Kostenrechnerisch drückt die Beschäftigungsabweichung die Kostenunterdeckung der fixen Kosten aus.

Wird aufgrund betrieblicher Entscheidungen die Leistungsschaltung geändert, hat dies Auswirkungen auf die variablen Stückkosten k_{vGh}. Die Differenz wird als Leistungsabweichung bezeichnet. Während K_{Gh}^{SIP} die Sollkosten bei der Istbeschäftigung und bei der geplanten Leistung angibt, sind mit K_{Gh}^{SII} aufgrund der tatsächlichen Leistung die Sollkosten bei Istbeschäftigung und Istleistung angegeben. Für die (Intensitäts-) Leistungsabweichung ΔL_{Gh} gilt:

$$\begin{aligned}
\Delta L_{Gh} &= K_{Gh}^{SII} - K_{Gh}^{SIP} \\
&= x_h^I(k_{vGh}^P(d_h^I) - k_{vGh}^P(d_h^P)) \\
&= 900(15 - 14) = 900
\end{aligned}$$

Die Leistungsschaltung hat auf die Höhe der fixen Kosten keinen direkten Einfluss. Ein mittelbarer Einfluss kann darin liegen, dass durch eine Verringerung der Leistung bei konstanter Fertigungszeit die Ausbringung sinkt und damit eine Beschäftigungsabweichung auftritt.

Die Verbrauchsabweichung lässt sich für die variablen und fixen Kosten getrennt durchführen. Für die variablen Kosten gilt:

$$\begin{aligned}
\Delta V_{Gh} &= K_v^I - x_h^I k_{vGh}^P(d_h^I) \\
&= 14500 - 900 \times 15 = 1000
\end{aligned}$$

Für die fixen Kosten gilt:

$$\Delta V_f = K_f^I - K_f^P = 10500 - 10000 = 500$$

Damit ergibt sich eine Verbrauchsabweichung ΔV_{Gh} von insgesamt 1 500. Als Summe der Abweichungen ergibt sich ΔK_{Gh} durch:

$$\begin{array}{rcl}
\Delta B_{Gh} &=& 1000 \\
+\ \Delta L_{Gh} &=& 900 \\
+\ \Delta V_{Gh} &=& 1500 \\
\hline
=\ \Delta K_{Gh} &=& 3400
\end{array}$$

Aufgabe 11:
Materialeinzelkostenkontrollen bei Mehrfachproduktion

11.1 Aufgabenstellung

Erläutern und diskutieren Sie im Rahmen der Materialeinzelkosten die Möglichkeiten der Kostenkontrolle und Verteilung der Abweichungen anhand folgenden Beispiels:

	x^P	v^P	a^P	q^P	x^I	v^I	q^I	R^I
Menge	100				90			
Faktor 1		10	0,1	2,5		5	3,0	675
Faktor 2		15	0,1	1,0		20	1,5	2 160
Faktor 3		20	0,2	3,0		18	2,5	1 944

Benutzen Sie folgende Abkürzungen:

$K_{Eh}^{P/S/I}$ Plan/Soll/Ist-Einzelkosten der Stelle h

$v_{jh}^{P/I}$ Plan/Ist-Netto-Faktorverbrauch des Faktors j pro Prduktmengeneinheit in Stelle h

$a_{jh}^{P/I}$ Plan/Ist-Aufschlag für Ausschuss für Faktor j in Stelle h

$q_{j}^{P/I}$ Plan/Ist-Preis des Faktors j

$x_{h}^{P/I}$ Plan/Ist-Ausbringung der Stelle h

R_{jh}^{I} Ist-Gesamtverbrauch des Faktors j in Stelle h

11.2 Ermittlung und Analyse der Materialeinzelkostenabweichungen

Obwohl es sich bei Materialeinzelkosten um direkt dem Erzeugnis zurechenbare Einzelkosten handelt, werden sie bei der Planung im Hinblick auf eine wirkungsvollere Kontrolle über die Kostenstellen verrechnet. Die Planeinzelkosten K_{Eh}^{P} betragen:

$$K_{Eh}^P = \sum_{i=1}^{\overline{i}} \sum_{j=1}^{\overline{j}} v_{jih}^P (1 + a_{jih}^P) q_j^P x_{ih}^P$$

Aus den Plankosten K_{Eh}^P werden die Sollkosten K_{Eh}^S als unmittelbare Kostenvorgabe für die Kostenstelle bei alternativen Beschäftigungsgraden vorgegeben. Für das Beispiel ergibt sich für die Plan- und Sollkosten:

$$\begin{aligned} K_{Eh}^P &= \sum_{j=1}^{3} v_{jh}^P (1 + a_{jh}^P) q_j^P x_h^P \\ &= 100[10(1+0,1)2,5 + 15(1+0,1)1 + 20(1+0,2)3] \\ &= 100[27,5 + 16,5 + 72] \\ &= 100 \times 116 \\ &= 11600 \end{aligned}$$

$$\begin{aligned} K_{Eh}^S &= \sum_{j=1}^{3} v_{jh}^P (1 + a_{jh}^P) q_j^P x_h^I \\ &= 90[10(1+0,1)2,5 + 15(1+0,1)1 + 20(1+0,2)3] \\ &= 90[27,5 + 16,5 + 72] \\ &= 90 \times 116 \\ &= 10440 \end{aligned}$$

Die Wirkungsweise der Kostenstelle und die Richtigkeit der Kalkulationsansätze wird durch die Gegenüberstellung von Soll- und Istkosten überprüft. Als tatsächliche Einzelkosten ergeben sich:

$$\begin{aligned} K_{Eh}^I &= \sum_{j=1}^{3} v_{jh}^I (1 + a_{jh}^I) q_j^I x_h^I \\ &= 90[5(1+0,5)3 + 20(1+0,2)1,5 + 18(1+0,2)5] \\ &= 90[22,5 + 36 + 54] \\ &= 10125 \end{aligned}$$

Dabei ergeben sich die Istaufschlagsfaktoren a_{jh}^I wie folgt, wobei mit R_{jh}^I der tatsächliche Faktorverbrauch der Art j in der Kostenstelle h berechnet wird.

$$\frac{R_{jh}^I}{x_h^I} = v_{jh}^I (1 + a_{jh}^I)$$

$$\text{mit} \quad a_{jh}^I = \frac{R_{jh}^I}{x_h^I v_{jh}^I} - 1$$

$$a_{1h}^I = 0,5 = \frac{675}{90 \times 5} - 1$$

$$a_{2h}^I = 0,2 = \frac{2160}{90 \times 20} - 1$$

$$a_{3h}^I = 0,2 = \frac{1944}{90 \times 18} - 1$$

Die Abweichungen zwischen Soll- und Istkosten werden als Kostenabweichungen mit ΔK_{Eh} bezeichnet; sie setzen sich aus drei Komponenten zusammen: die Preisabweichung, die Stücklistenabweichung und die Leistungsabweichung. Im Beispiel erhält man für ΔK_{Eh} den Wert -315.

Die Stücklistenabweichung $\Delta S_{Eh} = K_{Eh}^{IIPP} - K_{Eh}^{IPPP}$ ist darauf zurückzuführen, dass statt des geplanten Materialverbrauchs v_{jh}^P aufgrund veränderter Stücklisten- bzw. Arbeitsanweisungen mit dem Wert v_{jh}^I gearbeitet wird. Es gilt:

$$\begin{aligned}
\Delta S_{Eh} &= \sum_{j=1}^{3} (v_{jh}^I - v_{jh}^P)(1 + a_{jh}^P)q_j^P x_h^I \\
&= 90[(5-10)(1+0,1)2,5 + (20-15)(1+0,1)1 + (18-20)(1+0,2)3] \\
&= 90[-13,75 + 5,5 - 7,2] \\
&= 90(-15,45) = -1390,5
\end{aligned}$$

Die Leistungsabweichung $\Delta L_{Eh} = K_{Eh}^{IIIP} - K_{Eh}^{IIPP}$ ist darauf zurückzuführen, dass statt dem geplanten Produktionsfaktorausschuss a_{jh}^P mit einem anderen Ausschuss a_{jh}^I gearbeitet wird. In der Arbeitsanweisung wird mit v_{jh} nur der unmittelbare Nettofaktorverbrauch fixiert; Abfälle und Verschnitte beim Material und Verweilzeiten bei der Arbeit werden mit a_{jh} auf v_{jh} prozentual zugeschlagen.

Für die Leistungsabweichung (Ausbeuteabweichung) ergibt sich die folgende Gleichung:

$$\begin{aligned}
\Delta L_{Eh} &= \sum_{j=1}^{3} v_{jh}^I (a_{jh}^I - a_{jh}^P)q_j^P x_h^I \\
&= 90[5(0,5-0,1)2,5 + 20(0,2-0,1)1 + 18(0,2-0,2)3] \\
&= 90[5 + 2 + 0] \\
&= 90 \times 7 = 630
\end{aligned}$$

Die Preisabweichung $\Delta P_{Eh} = K_{Eh}^{IIII} - K_{Eh}^{IIIP}$ ist darauf zurückzuführen, dass die tatsächlichen Beschaffungspreise q_j^I des jeweiligen Produktionsfaktors von den geplanten Preisen q_j^P für die gesamte Faktormenge R_{jh}^I abweichen. So gilt für die Preisabweichung:

$$\Delta P_{Eh} = \sum_{j=1}^{3} v_{jh}^I (1 + a_{jh}^I)(q_j^I - q_j^P)x_h^I \quad \left(= \sum_{j=1}^{3} R_{jh}^I (q_j^I - q_j^P) \right)$$

$$= 90[5(1+0,5)(3-2,5) + 20(1+0,2)(1,5-1)$$

$$+ 18(1+0,2)(2,5-3)]$$

$$= 90[3,75 + 12 - 10,8]$$

$$= 90 \times 4,95$$

$$= 445,5$$

Die ursprünglichen Plankosten sind im Grunde bei der Kontrollrechnung uninteressant. Sie stellen nur eine Ausgangsgröße dar, um im Zuge einer flexiblen Plankostenrechnung eine Sollkostenkurve abzuleiten, mit der die kalkulierten Plankosten bei unterschiedlichen Beschäftigungsstufen der Kostenstelle als Vorgabe gegeben werden.

Aufgabe 12:
Gemeinkostenkontrollen bei Mehrfachproduktion nach der Vollplankostenrechnung

12.1 Aufgabenstellung

Erläutern und diskutieren Sie nach dem System der Vollplankostenrechnung im Rahmen der Fertigungsgemeinkosten die Möglichkeiten der Kostenkontrolle, Kostenanalyse und Verteilung der Abweichungen anhand folgenden Beispiels:

Produktart	Produktmenge x		Planfertigungszeit t
	Plan	Ist	pro Stück in Stunden
1	100	60	2,0
2	50	40	0,5
3	100	90	1,0

variable Plan-Maschinenstundenkosten q_v^P = 15

fixe Plan-Kosten K_f^P = 6 500

Ist-Fertigungszeit bei Ist-Beschäftigung und Ist-Leistung T^{II} = 261

Gesamt-Ist-Kosten K^{III} = 13 050

davon: fixe Ist-Kosten K_f^I = 8 352

Bestimmen Sie rechnerisch nach der Vollplankostenrechnung:

- die gesamte Kostenabweichung ΔK
- die Abweichung bei den Fixkosten
  - die Beschäftigungsabweichung ΔB
  - die fixe Verbrauchsabweichung ΔV_f
- die Abweichung bei den variablen Kosten
  - die Leistungsabweichung ΔL
  - die variable Verbrauchsabweichung ΔV_v

12.2 Einleitung

Als Plankostenrechnungen werden alle Verfahren der Kostenrechnung bezeichnet, bei denen für bestimmte Planungsperioden im Voraus die Verbrauchsmengen und die Preise aller Kostengüter geplant und hieraus Plankosten abgeleitet werden. Ziel der Kostenkontrolle ist die Beseitigung von Unwirtschaftlichkeiten. Zu diesem Zweck vergleicht man in der Plankostenrechnung die tatsächlich entstandenen Kosten mit solchen Kosten, die bei wirtschaftlichem Verhalten zu erwarten sind. Die Differenz zwischen Plan- und Istkosten beruht auf der Abweichung der Ist-Kostenbestimmungsfaktoren von den Plan-Kostenbestimmungsfaktoren.

Die Grundlage der Soll-Ist-Abweichung ist eine nach Kostenstellen und Kostenarten differenzierte Istkostenerfassung. Die angefallenen Istkosten sind das Ergebnis wirksam gewordener Kostenbestimmungsfaktoren. Die Plankosten sind die Kosten, bei denen Preis- und Mengengerüst der Produktionsfaktoren für eine geplante Ausbringung ebenfalls geplant sind. Die Plankosten bilden somit die Richtwerte, an denen sich eine Kostenkontrolle orientieren kann.

Vor einer genaueren Analyse dieser Abweichungen ist zu untersuchen, ob sie auf unwirtschaftlichem Verhalten oder exogenen Einflüssen, die nicht der Produktion anzulasten sind (z.B. Absatzmenge), beruhen. Daher geht man von den Plankosten zu den Sollkosten über. Die Differenz zwischen Plan- und Sollkosten ergibt sich aus der Anpassung der Beschäftigung an Istwerte. Aus der Gegenüberstellung von Ist-, Plan- und Sollkosten lassen sich mit Methoden der Abweichungsanalyse die Ursachen herausfiltern.

12.3 Bezugsgrößen und Kostenplanung

Die Wahl der Produktionsmenge als Bezugsgröße der Beschäftigung ist nur bei Monoproduktion möglich. Bei der Fertigung mehrerer heterogener Produktarten lassen sich diese heterogenen Produkte nicht zu einer in sich homogenen Produktmenge zusammenfassen. Daher ist es notwendig, sich eine andere Bezugsgröße als Maßstab der Kostenverursachung zu suchen. Aus Gründen der Rechenökonomie sollte für alle Gemeinkostenarten innerhalb einer Kostenstelle der gleiche Maßstab gewählt werden. In der Praxis verwendet man für Kostenstellen, die mehr oder weniger heterogene Produktionsbeiträge leisten, die Fertigungszeiten als homogene Bezugsgröße. Die gesamte Fertigungszeit ergibt sich aus der Summe der Produktfertigungszeiten auf Basis der Fertigungszeit t_i pro Produktmengeneinheit i multipliziert mit der Produktmenge x_i - jeweils im Plan oder im Ist. Damit ergeben sich für die Bezugsgröße folgende Werte:

$$T^{PP} = \sum_{i=1}^{3} x_i^P t_i^P = 200 + 25 + 100 = 325$$

$$T^{IP} = \sum_{i=1}^{3} x_i^I t_i^P = 120 + 20 + 90 = 230$$

Aus diesen Angaben lassen sich die noch fehlenden Daten für $q_f^{P/I}$ berechnen. Mit q wird der Faktorpreis des Produktionsfaktors Fertigungszeit bezeichnet; mit q als

Gesamtkostensatz, mit q_v nur variable und mit q_f nur fixe Kosten umfassend. In Bezug auf die Ermittlung der Beschäftigungsabweichung gilt folgende Berechnung:

$$q_f^P = \frac{K_f^P}{T^{PP}} = \frac{6500}{325} = 20$$

$$q_f^I = \frac{K_f^P}{T^{IP}} = \frac{6500}{230} = 28{,}26$$

$$q^P = q_f^P + q_v^P = 20 + 15 = 35$$

12.4 Struktur der Abweichungsanalyse

Die gesamte Kostenabweichung ΔK setzt sich aus den Komponenten Leistungs-, Beschäftigungs- und Verbrauchsabweichung zusammen. Es gilt:

$$\Delta K = K^{III} - K^{PIP}$$

$$= \underbrace{(K^{III} - K^{SII})}_{\Delta V} + \underbrace{(K^{SII} - K^{SIP})}_{\Delta L} + \underbrace{(K^{SIP} - K^{PIP})}_{\Delta B}$$

$$K^{III} = 13050$$

$$K^{PIP} = T^{IP} q^P = 230 \times 35 = 8050$$

$$K^{SIP} = K_f^P + q_v^P T^{IP} = 6500 + 15 \times 230 = 9950$$

$$K^{SII} = K_f^P + q_v^P T^{II} = 6500 + 15 \times 261 = 10415$$

Für die Gesamtabweichung gilt somit:

$$\Delta K = K^{III} - K^{PIP} = 13050 - 8050 = 5000$$

12.5 Abweichungsanalyse der fixen Gemeinkosten

Die Beschäftigungsabweichung drückt die kalkulatorische Unterdeckung der fixen Kosten aus, sie entspricht also den Leerkosten:[5]

---

5)   Dieses gilt für den Fall, dass die geplante Beschäftigung der Kapazitätsgrenze entspricht (vgl. Teil 1, Abschnitt 9.3.2.1).

$$\Delta B = K^{SIP} - K^{PIP}$$

$$\Delta B = 9950 - 8050 = 1900$$

$$= K_f^P \left(1 - \frac{T^{IP}}{T^{PP}} \right) \qquad \text{(als Alternativrechnung)}$$

$$= 6500 \left(1 - \frac{230}{325} \right) = 1900$$

Man kann die Beschäftigungsabweichung auch so berechnen:

$$\Delta B = (q_f^I - q_f^P) T^{IP} = (28,26 - 20) 230 = 1900$$

Die Verbrauchsabweichung der fixen Kosten ergibt sich folgendermaßen:

$$\Delta V_f = (K_f^I - K_f^P) = (8352 - 6500) = 1852$$

12.6 Abweichungsanalyse der variablen Gemeinkosten

Die Leistungsabweichung drückt die Kostenveränderung aus, die durch veränderte Arbeitszeiten deswegen anfallen, weil die tatsächlichen Arbeitszeiten pro Erzeugniseinheit von den geplanten Stückzeiten abweichen. Bei diesen Leistungsabweichungen handelt es sich um echte Mehr- oder Minderkosten bei den variablen Gemeinkosten, während die Beschäftigungsabweichung lediglich die kalkulatorische Unter- bzw. Überdeckung der fixen Kosten anzeigt:

$$\Delta L = K^{SII} - K^{SIP} = \sum_{i=1}^{3} q_v^P x_i^I (t_i^I - t_i^P) = 10415 - 9950 = 465$$

Die Verbrauchsabweichung ist eine Restabweichung. In ihr werden alle nicht den anderen Abweichungen zurechenbaren Kostendifferenzen zusammengefasst. In diesem Beispiel wird die Verbrauchsabweichung in eine Verbrauchsabweichung für die variablen und fixen Kosten unterteilt.

Für die Verbrauchsabweichung bei den variablen Kosten gilt:

$$\Delta V_v = K_v^{III} - T^{II} q_v^P = 4698 - 261 \times 15 = 783$$

Graphisch lässt sich die gesamte Abweichungsanalyse gemäß Abbildung 32 wie folgt darstellen:

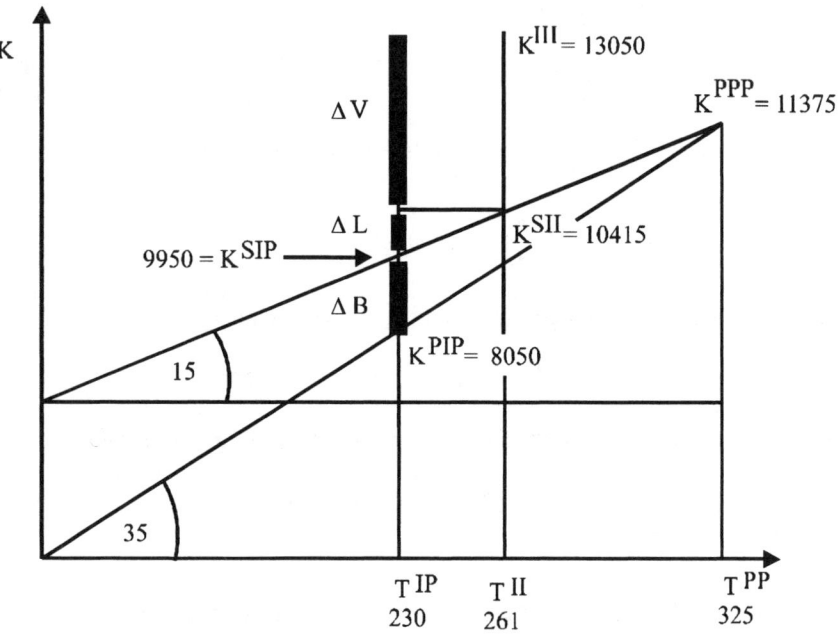

Abb. 32: Abweichungsanalyse von Gemeinkosten

Aufgabe 13:
Seriengrößenabweichungen in der Vollplankostenrechnung

13.1 Aufgabenstellung

Erläutern und diskutieren Sie nach dem System der Vollplankostenrechnung im Rahmen der Fertigungsgemeinkosten die Möglichkeiten der Kostenkontrolle, Kostenanalyse und Verteilung der Abweichungen anhand folgenden Beispiels gemäß Tabelle auf der folgenden Seite!

13.2 Seriengrößenabweichungen im Gesamtkonzept

Die Wahl der Produktmenge als Bezugsgröße der Beschäftigung ist nur bei Monoproduktion möglich. Bei der Fertigung mehrerer heterogener Produktarten lassen sich diese heterogenen Produkte nicht zu einer in sich homogenen Produktmenge zusammenfassen. Daher ist es notwendig, sich eine andere Bezugsgröße zu suchen. In diesem Beispiel ist eine einzige Bezugsgröße als Maßstab der Kostenverursachung nicht ausreichend. Es ist auch nicht möglich, mit Hilfe von Äquivalenzziffern die Kostenbestimmungsfaktoren zu einer einzigen Bezugsgröße zu proportionalisieren. Deshalb ist es notwendig, zwei Bezugsgrößen zu verwenden: die Ausführungszeit T_A und die Rüstzeit T_R - jeweils als Plan-, Soll- oder Istwert (Haberstock 1999, S.314ff). Für die Ermittlung von T_R^S ist es nötig, die sogenannte Rüstzeitrelation aufzustellen. Damit ergeben sich für die Bezugsgrößen folgende fehlende Werte:

$$T_A^{IP} = x^I t_A^P = 2250 \times 0,75 = 1687,5$$

$$T_R^S = \frac{T_R^P}{T_A^{PP}} T_A^{IP} = \frac{187,5}{1875} \times 1687,5 = 168,75$$

Beispiel für Abweichungsanalyse von Gemeinkosten auf der Basis von Fertigungszeiten

$t_A^P = 0,75$

$x^P = 2\,500$

$x^I = 2\,250$

	(Basis)	Fixkosten Arbeitszeit		variable Kosten Bezugsgröße: Ausführungszeit $T_A^{PP} = 1\,875$ $T_A^{IP} = 1\,687,5$ $T_A^{II} = 2\,000$				Bezugsgröße: Rüstzeit $T_R^P = 187,5$ $T_R^S = 168,75$ $T_R^I = 220$			
		Plan	Ist	T_A^{PP} Plan	T_A^{IP} Soll	T_A^{II} Soll	T_A^{II} Ist	T_R^P Plan	T_R^S Soll	T_R^I Soll	T_R^I Ist
Kosten auf Zeitbasis	Kosten	18 750	19 500	37 500			39 000	1 875			2 900
Verrechnungspreis	q										
(1) Beschäftigungsabweichung	ΔB										
(2) Seriengrößenabweichung	ΔS										
(3) Leistungsabweichung	ΔL										
(4) Verbrauchsabweichung	ΔV										

Für die Verrechnungspreise gilt:

$$q_{vA}^{P} = \frac{K_{vA}^{PPP}}{T_{A}^{PP}} = \frac{37500}{1875} = 20$$

$$q_{vR}^{P} = \frac{K_{vR}^{P}}{T_{R}^{P}} = \frac{1875}{187,5} = 10$$

Damit lassen sich die Werte für K_{A}^{S} und K_{R}^{S} bestimmen:

$$K_{A}^{S} = T_{A}^{II}q_{vA}^{P} = 2000 \times 20 = 40000$$

$$K_{R}^{S} = T_{R}^{I}q_{vR}^{P} = 220 \times 10 = 2200$$

Jetzt lassen sich die Abweichungen berechnen. Die gesamte Kostenabweichung ΔK setzt sich aus den Komponenten Leistungs-, Seriengrößen-, Beschäftigungs- und Verbrauchsabweichung zusammen.

Die Beschäftigungsabweichung ΔB drückt die kalkulatorische Unterdeckung der fixen Kosten aus, sie entspricht also den Leerkosten:[6]

$$\Delta B = K_{f}^{P}\left(1 - \frac{T_{A}^{IP}}{T_{A}^{PP}}\right) = 18750\left(1 - \frac{1687,5}{1875}\right) = 1875$$

Die Leistungsabweichung ΔL drückt die Kostenveränderung aus, die durch veränderte Arbeitszeiten anfällt. Es handelt sich um echte Mehr- oder Minderkosten innerhalb der variablen Gemeinkosten. Demgegenüber werden bei der Beschäftigungsabweichung die kalkulatorischen Unter- bzw. Überdeckungen der Fixkosten angezeigt.

$$\Delta L = (T_{A}^{II} - T_{A}^{IP})q_{vA}^{P} = (2000 - 1687,5)20 = 6250$$

Die Verbrauchsabweichung ΔV ist eine Restabweichung. In ihr werden alle nicht den anderen Abweichungen zurechenbaren Kostendifferenzen zusammengefasst. In diesem Beispiel wird die Verbrauchsabweichung in eine Abweichung der variablen (hier noch weiter unterteilt in Abweichungen der Rüst- und Ausführungszeiten) und fixen Kosten unterteilt.

$$\Delta V_{f} = K_{f}^{I} - K_{f}^{P} = 19500 - 18750 = 750$$

---

6) Dieses gilt für den Fall, dass die geplante Beschäftigung der Kapazitätsgrenze entspricht (vgl. Teil I, Abschnitt 9.3.2.1).

$$\Delta V_{vA} = K_A^{III} - K_A^{SII} = 39000 - 40000 = -1000$$

$$\Delta V_{vR} = K_R^{II} - K_R^{SI} = 2900 - 2200 = 700$$

Die Seriengrößenabweichung ΔS ist zurückzuführen auf Differenzen zwischen Ist- und Sollrüstzeiten bewertet mit dem Planrüstkostensatz q_{vR}^P :

$$\Delta S = q_{vR}^P \left(T_R^I - \frac{T_R^P}{T_A^{PP}} T_A^{IP} \right) = 10 \left(220 - \frac{187,5}{1875} 1687,5 \right) = 512,5$$

In Abbildung 33 wird die Seriengrößenabweichung graphisch verdeutlicht. Zunächst wird die Planausführungszeit bei Planleistung T_A^{PP} abgetragen. Mit Hilfe der Planrüstzeitrelation PRR lässt sich der Winkel α ermitteln, welcher die Gerade G_1 bestimmt, woraus sich die Planrüstzeit T_R^P ablesen lässt. Die geplanten variablen Rüstkosten K_R^P werden dann in die Kostenkurve eingetragen. Mit Hilfe der Istausführungszeit bei Planleistung T_A^{IP} lässt sich nun die Sollrüstzeit T_R^S mit den zugehörigen variablen Sollrüstkosten K_R^{S1} bestimmen. Für die Istrüstzeitrelation IRR - repräsentiert durch den Winkel β und der Geraden G_2 - wird die Istrüstzeit T_R^I ermittelt und anschließend die variablen Sollrüstkosten bei Istrüstzeit K_R^{S2} auf der Sollkostenkurve abgetragen. Die Seriengrößenabweichung ΔS entspricht dann der Differenz zwischen variablen Sollrüstkosten bei Istrüstzeit und variablen Sollrüstkosten bei Sollrüstzeit.

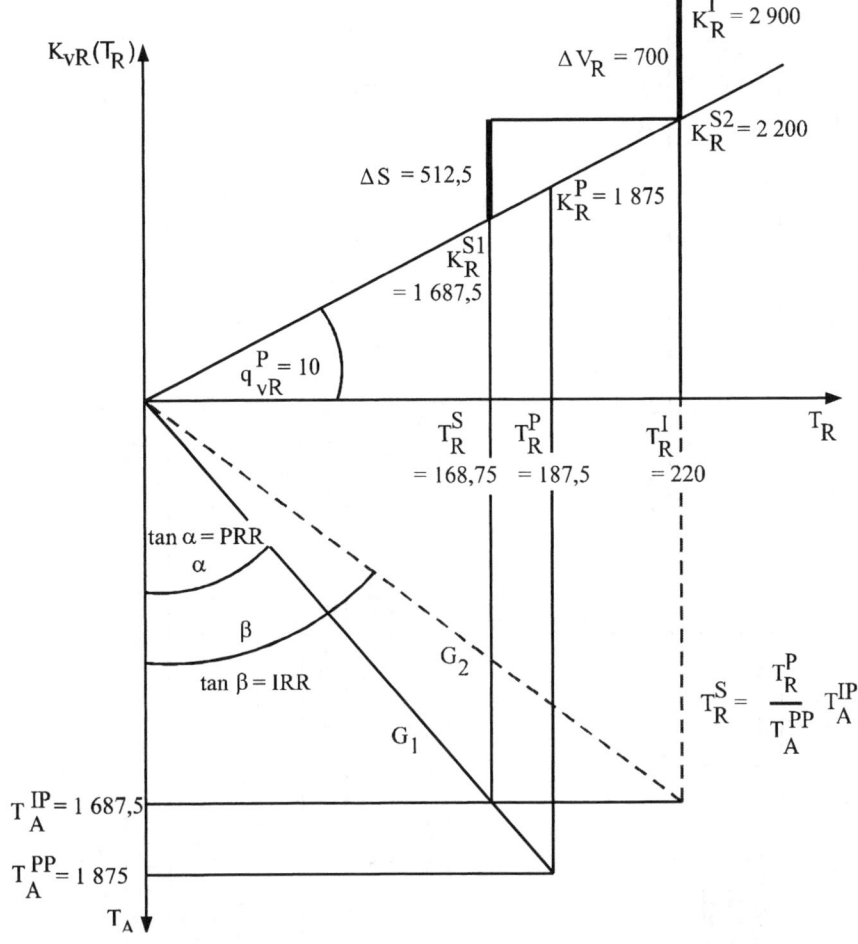

Abb. 33: Seriengrößenabweichung

Der Überblick auf der folgenden Seite fasst die wesentlichen Daten mit den Ergebnissen zusammen:

Beispiel für Abweichungsanalyse von Gemeinkosten auf der Basis von Fertigungszeiten

$t_A^P = 0,75$
$x^P = 2\,500$
$x^I = 2\,250$

variable Kosten:
Bezugsgröße: Ausführungszeit
$T_A^{PP} = 1\,875$
$T_A^{IP} = 1\,687,5$
$T_A^{II} = 2\,000$

Bezugsgröße: Rüstzeit
$T_R^P = 187,5$
$T_R^S = 168,75$
$T_R^I = 220$

(Basis)	Fixkosten – Arbeitszeit Plan	Ist	Ausf. T_A^{PP} Plan	T_A^{IP} Soll	T_A^{II} Soll	T_A^{II} Ist	Rüst. T_R^P Plan	T_R^S Soll	T_R^I Soll	T_R^I Ist
Kosten auf Zeitbasis	18 750	19 500	37 500	33 750	40 000	39 000	1 875	1 687,5	2 200	2 900
Verrechnungspreis q			20				10			
(1) Beschäftigungsabweichung ΔB	1 875									
(2) Seriengrößenabweichung ΔS								512,5		
(3) Leistungsabweichung ΔL				6 250						
(4) Verbrauchsabweichung ΔV	750			-1 000				700		

Aufgabe 14:
Kostenabweichungen in der Ergebnisrechnung

14.1 Aufgabenstellung

Beschreiben und diskutieren Sie die unterschiedlichen Methoden der Verrechnung von Kostenabweichungen im Rahmen der Betriebsergebnisrechnung nach Umsatz- und Gesamtkostenverfahren!

14.2 Einleitung

Als Erfolgsrechnung ist es die Aufgabe der Kostenträgerzeitrechnung, Kriterien zu ermitteln, anhand derer betriebliche Entscheidungen der Vergangenheit beurteilt werden können. Die kurzfristige Erfolgsrechnung hat die Aufgabe, den betrieblichen Erfolg für kürzere Zeiträume im Sinne einer unterjährigen Erfolgsrechnung mit größtmöglicher - aber auch hinreichender - Genauigkeit zu ermitteln (Huch 1986, S.201ff). Die auf der Basis von Ist-Kostenrechnungen durchgeführten kurzfristigen Erfolgsrechnungen vermögen einen Überblick über das betriebliche Kosten- und/oder Leistungsgefüge zu geben. Als besonders brauchbar hat sich die Vorgehensweise nach dem Umsatzkostenverfahren innerhalb des Systems des „direct costing" erwiesen.

14.3 Umsatz- und Gesamtkostenverfahren bei Vollplankostenrechnung

Bezieht man die Kostenplanung und Kostenkontrolle in das Gesamt- oder Umsatzkostenverfahren ein, ergeben sich folgende Darstellungen (Huch 1986, S.202ff):

Gesamtkostenverfahren (Vollkosten):

$$G_B = \sum_{i=1}^{\overline{i}} x_{ai}p_i + \left(\sum_{i=1}^{\overline{i}} (x_{pi} - x_{ai})k_{Hi}^P \right) - K^{PIP} - \Delta K$$

Umsatzkostenverfahren (Vollkosten):

$$G_B = \sum_{i=1}^{\overline{i}} x_{ai}(p_i - k_{Si}^P) - \Delta K$$

Mit x_{ai} bzw. x_{pi} werden die Absatzmenge bzw. die Produktionsmenge der Produktart i bezeichnet; p_i kennzeichnet deren Verkaufspreis. Mit k_{Hi}^P werden die geplanten Herstellkosten pro Produkteinheit bezeichnet, K^{PIP} stellt die verrechneten

Plankosten bei Istbeschäftigung und Planleistung dar; k_{Si}^{P} kennzeichnet die geplanten Selbstkosten pro Produkteinheit. Mit ΔK werden die gesamten Kostenabweichungen ausgedrückt. Diese setzen sich zusammen aus der Preisabweichung im Einkauf, der Beschäftigungs-, der Leistungs-, der Stücklisten- und der Verbrauchsabweichung - jeweils für Einzel- und Gemeinkosten. Diese Abweichungen korrigieren die angesetzten Plankosten zu den tatsächlichen Istwerten.

Dabei stellt sich die Frage, wie die Kostenabweichungen in der kurzfristigen Erfolgsrechnung ausgewiesen werden sollen. Entsprechend der Unterscheidung von Kostenarten-, Kostenstellen- und Kostenträgerrechnung bietet sich grundsätzlich an, die Kostenabweichungen entweder kostenarten-, kostenstellen- oder kostenträgerbezogen auszuweisen. Bei diesen Möglichkeiten des Ausweises von Kostenabweichungen in der kurzfristigen Erfolgsrechnung werden die Rechnungen von Gesamtkosten- und Umsatzkostenverfahren wie folgt modifiziert:

Gesamtkostenverfahren (Vollkosten):

$$G_B = \sum_{i=1}^{\bar{i}} x_{ai}p_i + \sum_{i=1}^{\bar{i}} (x_{pi} - x_{ai})(k_{Hi}^{P} + \Delta k_{Hi}) - \sum_{h=1}^{\bar{h}} (K_h^{PIP} + \Delta K_h) - \sum_{j=1}^{\bar{j}} \Delta K_j$$

Umsatzkostenverfahren (Vollkosten):

$$G_B = \sum_{i=1}^{\bar{i}} x_{ai}(p_i - k_{Si}^{P} - \Delta k_{Si}) - \sum_{h=1}^{\bar{h}} \Delta K_h - \sum_{j=1}^{\bar{j}} \Delta K_j$$

Mit Δk_{Hi} und Δk_{Si} werden die kostenträgerbezogenen, mit ΔK_h die kostenstellenbezogenen und mit ΔK_j die kostenartenbezogenen Kostenabweichungen bezeichnet. Die Indizes i kennzeichnen die Erzeugnisart, h die Kostenstelle und j die Kostenart.

Sämtliche Preis-, Leistungsabweichungen etc. sind auf den Kostenträger zu verteilen, wenn diese Abweichungen von langfristiger Art und somit von Relevanz für zukünftige Kalkulationen sind. Anderenfalls bleibt der Bezug auf Kostenstellen und Kostenarten übrig. Preisabweichungen bei Produktionsfaktoren sind grundsätzlich kostenartenorientiert auszuweisen, während Verbrauchs- und Leistungsabweichungen kostenstellenorientiert auszuweisen sind, weil nur dadurch Aussagen über die wirtschaftliche Wirkungsweise der Abteilungen möglich werden.

14.4 Umsatz- und Gesamtkostenverfahren bei Grenzplankostenrechnung

Die Erläuterungen für die kurzfristige Erfolgsrechnung bei Vollkostenrechnung gelten auch für die kurzfristige Erfolgsrechnung nach dem „direct costing". Unter Einbeziehung von Kostenplanung und -kontrolle werden diese Verfahren analog der Methodik bei Vollkostenrechnung wie folgt geändert (Huch 1986, S.205f):

Gesamtkostenverfahren (direct costing):

$$G_B = U + \sum_{i=1}^{\bar{i}} (x_{pi} - x_{ai})(k_{vHi}^P + \Delta k_{vHi}) - \sum_{h=1}^{\bar{h}} (K_{vh}^{PIP} + \Delta K_{vh})$$

$$- \sum_{h=1}^{\bar{h}} (K_{fh}^P + \Delta K_{fh}) - \sum_{j=1}^{\bar{j}} \Delta K_j$$

Umsatzkostenverfahren (direct costing):

$$G_B = \sum_{i=1}^{\bar{i}} x_{ai}(p_i - k_{vSi}^P - \Delta k_{vSi}) - \sum_{h=1}^{\bar{h}} \Delta K_{vh}$$

$$- \sum_{h=1}^{\bar{h}} (K_{fh}^P + \Delta K_{fh}) - \sum_{j=1}^{\bar{j}} \Delta K_j$$

Die Kostenplanung und Kostenkontrolle teilt sich im System des „direct costing" grundsätzlich in Planung und Kontrolle von variablen Kosten einerseits und von fixen Kosten andererseits auf; erstere sind Inhalt der Kalkulation. Daher können auch nur Kostenabweichungen bei den variablen Kosten mit Δk_{vHi} (variable Stückherstellkosten) bzw. mit Δk_{vSi} (variable Stückselbstkosten) pro Erzeugniseinheit kostenträgerorientiert ausgewiesen werden. Die Analyse und der Ausweis von kostenstellen- und kostenartenorientierten Abweichungen bleiben grundsätzlich unverändert. Die Kosten der Kostenstelle werden aufgeteilt in fixe und variable Kosten. Entsprechend aufgeteilt wird auch der Ausweis der Kostenabweichungen mit ΔK_{vh} für die variablen Kosten und mit ΔK_{fh} für die fixen Kosten jeweils für die Kostenstelle h. Die Beschäftigungsabweichung entfällt, da die fixen Kosten nicht Bestandteil der Kalkulation sind und so auch keine kalkulatorischen Über- und Unterdeckungen von fixen Kosten entstehen können.

Literaturhinweise

Grundlagen

Coenenberg, A. G. (1999): Kostenrechnung und Kostenanalyse, 4. Auflage. Moderne Industrie, Landsberg am Lech

Däumler, K.-L.; Grabe, J. (1998): Kostenrechnung III: Plankostenrechnung, 6. Auflage. Neue Wirtschafts-Briefe, Herne Berlin

Däumler, K.-L.; Grabe, J. (2000): Kostenrechnung I: Grundlagen, 8. Auflage. Neue Wirtschafts-Briefe, Herne Berlin

Däumler, K.-L.; Grabe, J. (2002): Kostenrechnung II: Deckungsbeitragsrechnung, 7. Auflage. Neue Wirtschafts-Briefe, Herne Berlin

Ewert, R.; Wagenhofer, A. (2003): Interne Unternehmensrechnung, 5. Auflage. Springer, Berlin Heidelberg New York u.a.

Freidank, C.-Ch. (2001): Kostenrechnung. 7. Auflage. Oldenbourg, München Wien

Götzinger, M.; Michael, H. (1993): Kosten- und Leistungsrechnung, 6. Auflage. Recht und Wirtschaft, Heidelberg

Haberstock, L. (1982): Grundzüge der Kosten- und Erfolgsrechnung, 3. Auflage. Vahlen, München

Haberstock, L. (1999): Kostenrechnung, Bd. II: (Grenz-) Plankosten, 8. Auflage. Edition S+W Steuer- und Wirtschaftsverlag, Hamburg

Haberstock, L. (2002): Kostenrechnung, Bd. I: Einführung, 11. Auflage. Schmidt, Berlin

Heinen, E. (1992): Kosten und Kostenrechnung, Gabler, Wiesbaden

Hoitsch, H.-J.; Lingnau, V. (2002): Kosten- und Erlösrechnung, 4. Auflage. Springer, Berlin Heidelberg New York

Huch, B. (1986): Einführung in die Kostenrechnung, 8. Auflage. Physica, Heidelberg Wien

Hummel, S.; Männel, W. (2000a): Kostenrechnung, Bd. I: Grundlagen, Aufbau und Anwendung, 4. Auflage. Gabler, Wiesbaden

Hummel, S.; Männel, W. (2000b): Kostenrechnung, Bd. II: Moderne Verfahren und Systeme, 3. Auflage. Gabler, Wiesbaden

Kilger, W. (1992): Einführung in die Kostenrechnung, 3. Auflage. Gabler, Wiesbaden

Kilger, W. (2002): Flexible Plankostenrechnung und Deckungsbeitragsrechnung, 11. Auflage. Gabler, Wiesbaden

Kloock, J.; Sieben, G.; Schildbach, Th. (1999): Kosten- und Leistungsrechnung, 8. Auflage. Werner, Düsseldorf

Männel, W. (Hrsg.) (1992): Handbuch Kostenrechnung. Gabler, Wiesbaden

Mellerowicz, K. (1977): Neuzeitliche Kalkulationsverfahren, 6. Auflage. Haufe, Freiburg i. Br.

Olfert, K. (2001): Kostenrechnung, 12. Auflage. Kiehl, Ludwigshafen

Plaut, H. G. (1953): Die Grenz-Plankostenrechnung. In: Zeitschrift für Betriebswirtschaft 347-363 und 402-413

Schweitzer, M.; Küpper, H.-U. (1998): Systeme der Kosten- und Erlösrechnung, 7. Auflage. Vahlen, München

Vormbaum, H.; Rautenberg, G. (1985): Kostenrechnung III: Plankostenrechnung, Gehlen, Baden-Baden

Weber, H. K. (1991): Betriebswirtschaftliches Rechnungswesen, Bd. 2: Kosten- und Leistungsrechnung, 3. Auflage. Vahlen, München

Wilkens, K. (1997): Kosten- und Leistungsrechnung, 8. Auflage. Oldenbourg, München Wien

Spezialgebiete

Böhm, H.H.; Wille, F. (1977): Deckungsbeitragsrechnung, Grenzpreisrechnung und Optimierung, 6. Auflage. Moderne Industrie, Landsberg am Lech

Coenenberg, A.G.; Fischer, Th.M. (1991): Prozesskostenrechnung - Strategische Neuorientierung in der Kostenrechnung. In: Die Betriebswirtschaft 1, 21-38

Cooper, R. (1992): Activity-Based Costing. In: Männel, W. (Hrsg.): Handbuch Kostenrechnung. Gabler, Wiesbaden, 360-383

Franz, K.-P. (1990): Die Prozesskostenrechnung - Darstellung und Vergleich mit der Plankosten- und Deckungsbeitragsrechnung. In: Ahlert, D./Göppl, K.-H./ Franz, H. (Hrsg.): Finanz- und Rechnungswesen als Führungsinstrument. Gabler, Wiesbaden, 109-136

Franz, K.-P. (1992): Moderne Methoden der Kostenbeeinflussung. In: Männel, W. (Hrsg.): Handbuch Kostenrechnung. Gabler, Wiesbaden, 1492-1505

Fröhling, O. (1991): DV-gestützte Prozesskostenrechnung. In: Controller Magazin 3, 117-127

Götze, U.; Meyerhoff, J. Chr. (1993): Die Prozesskostenrechnung - Stand und Entwicklungstendenzen. In: Zeitschrift für Planung 4, 65-96

Horváth, P.; Mayer, R. (1989): Prozesskostenrechnung - Der neue Weg zu mehr Kostentransparenz und wirkungsvolleren Unternehmensstrategien. In: Controlling 4, 214-219

Horváth und Partner (Hrsg.) (1998): Prozesskostenmanagement - Methodik und Anwendungsfelder, 2. Auflage. Vahlen, München

Kilger, W.; Scheer, A.-W. (Hrsg.) (1980): Plankosten- und Deckungsbeitragsrechnung in der Praxis. Physica, Würzburg Wien

Layer, M. (1967): Möglichkeiten und Grenzen der Anwendbarkeit der Deckungsbeitragsrechnung im Rechnungswesen der Unternehmung, E. Schmidt, Berlin

Mayer, R. (1991): Prozesskostenrechnung und Prozessmanagement. In: IFUA Horváth und Partner (Hrsg.): Prozesskostenmanagement - Methodik, Implementierung, Erfahrungen. Vahlen, München, 75-99

Moews, D. (2002): Kosten- und Leistungsrechnung, 7. Auflage. Oldenbourg, München Wien

Olshagen, Chr. (1995): Prozesskostenrechnung, Gabler, Wiesbaden

Riebel, P. (1994): Einzelkosten- und Deckungsbeitragsrechnung, 7. Auflage. Gabler, Wiesbaden

Symbolverzeichnis

Symbol	Bedeutung
a	(a) Aufschlag für Ausschuss bei der Produktion
	(b) Index für Absatzmenge
d	(a) Deckungsbeitrag pro Mengeneinheit
	(b) Leistungsschaltung
e	Grenzerfolg
f	Index für fix
h	Index für Kostenstelle
i	Index für Produktart
j	(a) Index für Kostenart
	(b) Index für Faktor
k	(a) Stückkosten
	(b) Index für Anlage/Engpasskapazität
k^+	Standardgrenzpreis
k_H	Stückherstellkosten
k_S	Stückselbstkosten
k_w	zeitabhängige Wiederanlaufkosten
lmi	leistungsmengeninduziert
lmn	leistungsmengenneutral
m	Menge
p	(a) Stückpreis (Verkauf)
	(b) Index für Produktionsmenge
q	(a) Verrechnungspreis pro Mengeneinheit
	(b) Faktorpreis pro Mengeneinheit
r	Faktormenge pro Periode
t	(Fertigungs-)Zeit pro Produktmengeneinheit
t_A	Ausführungszeit pro Mengeneinheit
v	(a) Netto-Faktormenge pro Mengeneinheit
	(b) Index für variabel
ω	produktionsfaktor-, ressourcen-, engpassbezogener Deckungsbeitrag
x	Ausbringungsmenge/Stückzahl
x_0	Gewinnschwelle
z	Stillstandszeit
ε	Grenzerfolg (Opportunitätskosten)
BAB	Betriebsabrechnungsbogen
D	Deckungsbeitrag pro Produktart

DB   Gesamtdeckungsbeitrag

E   Index für Einzelkosten

G   (a) Gewinn
          (b) Index für Gemeinkosten

G_B Betriebsergebnis

HK   Herstellkosten

I   Index für Ist-Größen

IRR   Istrüstzeitrelation

K   (Gesamt-)Kosten

K_f gesamte Fixkosten

K_v gesamte variable Kosten

K_w fixe Wiederanlaufkosten

ME   Mengeneinheit(en)

MEK   Materialeinzelkosten

MJ   Mannjahre

P   Index für Plan-Größen

PK   Prozesskosten

PKS   Prozesskostensatz

POG   Preisobergrenze

PRR   Planrüstzeitrelation

PSK   Primärstellenkosten

PUG   Preisuntergrenze

R   gesamte (Produktions-) Faktormenge

S   Index für Soll-Größen

T   Gesamt-(Fertigungs-)Zeit

T_A Ausführungszeit

T_R Rüstzeit

TP   Teilprozess

U   Umsatz

ZE   Zeiteinheit

ΔB Beschäftigungsabweichung

ΔE Verfahrensabweichung

ΔK Kostenabweichung

ΔL Leistungsabweichung

ΔS Seriengrößenabweichung bzw. Stücklistenabweichung

ΔV Verbrauchsabweichung

Teil 2

Investitionsrechnungen

Einführung

0.1 Investitionen als Entscheidungsproblem

Investitionen sind als Investitionsobjekte oder als Investitionshandlungen anzusehen. Unter einer Investition versteht man meist die Anlage von finanziellen Mitteln in Anlagegüter als Investitionsobjekte (Däumler 2000, S.16) mit unterschiedlich konkreten Zwecken wie Kapazitätserweiterung, Rationalisierung, Ersatz von Anlagen etc.; neben diesen Realinvestitionen sind auch Finanzinvestitionen möglich.

Bei Betonung dieser Investitionsobjekte lassen sich Investitionen hinsichtlich mehrerer Einteilungskriterien gemäß Abbildung 34 unterscheiden:

Einteilungskriterium	Bezeichnung
Nutzleistung	- Finanzinvestition - Realinvestition
Zwecksetzung	- Anfangs- (Errichtungs-) Investition - Ersatz- (Erhaltungs-) Investition - Rationalisierungsinvestition - Erweiterungs- (Ergänzungs-) Investition
Lebensdauer	- kurzfristige Investition - langfristige Investition
Chronologie	- Gründungsinvestition - laufende Investition

Abb. 34: Einteilungskriterien von Investitionen
(Däumler 2000, S.17; Kruschwitz 2000, S.15)

Bei Betrachtung der Investition als Investitionshandlung wird bei zahlungsorientierter Sichtweise die Investition interpretiert als betriebliche Tätigkeit mit Bindung finanzieller Mittel in materiellen und immateriellen Objekten mit der Absicht, diese Objekte in Verfolgung individueller Ziele zu nutzen. Dabei wird ein mehrperiodiger Zahlungsstrom ausgelöst, der in der Regel mit einer Auszahlung beginnt und künftige Einzahlungen bzw. Einzahlungen und Auszahlungen erwarten lässt (Küpper 1994, S.889). Bei sehr weiter Auslegung dieses Investitionsbegriffs lässt sich jedes Projekt mit einer mehrperiodigen Zahlungskette als Investition interpretieren, auch wenn hierbei Investitionen in bilanzierbare Gegenstände des Anlagevermögens nicht im Vordergrund stehen; hierzu würden dann Forschungs- und Entwicklungsprojekte, komplexe Werbestrategien usw. zählen.

Mit Investitionsentscheidungen wird die Durchführung oder Nicht-Durchführung von Investitionshandlungen beschlossen; dabei lässt sich die jeweilige Entscheidungssituation nach unterschiedlichen Kriterien gemäß Abbildung 35 charakterisieren:

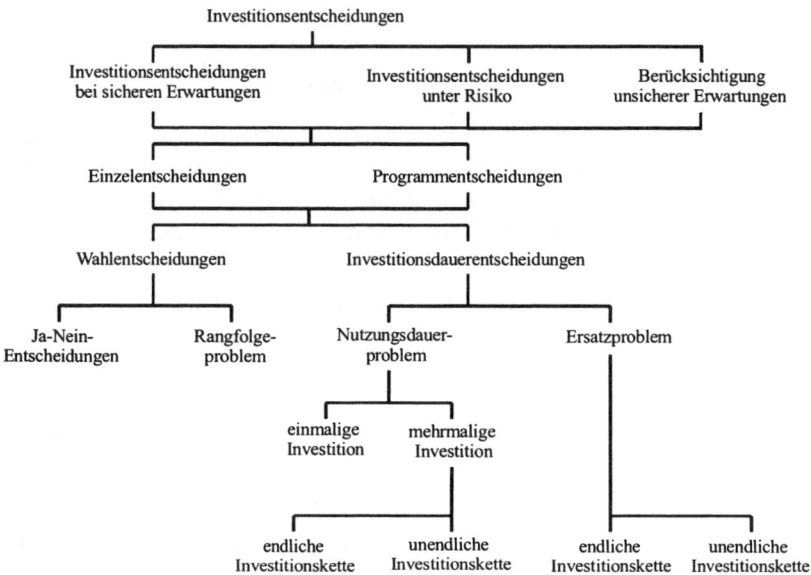

Abb. 35: Konstellation unterschiedlicher Investitionsentscheidungen (Küpper 1994, S.891)

Diese hier skizzierten Konstellationen lassen sich weitgehend miteinander kombinieren. Das Nutzungsdauerproblem für alternative Investitionsprogramme bei unendlichen Investitionsketten und insgesamt unsicheren Erwartungen dürfte ein realitätsnahes Investitionsentscheidungsproblem sein (Küpper 1994, S.892), das mit Hilfe der Investitionsrechnung zu lösen ist.

0.2 Investitionsrechnungen als Entscheidungsmodelle

Investitionsrechnungen sind symbolische Entscheidungsmodelle, mit denen man quantitative Konsequenzen von Investitionshandlungen in Bezug auf monetäre Ziele bewerten kann (Kruschwitz 2000, S.19ff). Bei einem Entscheidungsmodell handelt es sich um eine partiell isomorphe Abbildung einer Entscheidungssituation, wobei der Betrieb nur als monetär abbildbares System gesehen wird, so dass soziale, politische, rechtliche oder andere Implikationen der Investitionshandlungen außer acht gelassen werden, wenn sich diese nicht monetär niederschlagen. Diese Imponderabilien lassen sich außerhalb der eigentlichen Investitionsrechnung teilweise mit Nutzwertanalysen berücksichtigen (Kruschwitz 2000, S.21ff). Investitionsrechnungen bedienen sich der Mathematik als Symbolsprache, wobei es mit mathematischen Algorithmen möglich ist, logisch vollkommen einwandfreie Datentransformationen vorzunehmen, um Ergebnisse der Investitionsrechnungen als Entscheidungsgrundlage für die Investitionshandlungen zu erhalten. Dabei kann das Ergebnis der Investitionsrechnung nur so richtig (oder falsch) sein, wie richtig (oder falsch) die Ausgangsinformationen über die erwarteten Konsequenzen der Investitionshandlung sind, die in das Entscheidungsmodell eingegeben werden, so dass der

Prognose der Konsequenzen der Investitionshandlungen besondere Bedeutung bei-
gemessen werden muss (Kruschwitz 2000, S.16ff).

0.3 Verfahren der Investitionsrechnung

Für die Gewinnung von Entscheidungskriterien für die hier skizzierten Investitionshandlungen sind unterschiedliche Verfahren für Investitionsrechnungen entwickelt
worden, die in der Unternehmenspraxis generell verbreitet sind. Für Wahlentscheidungen bestehen mit den statischen und den dynamischen Verfahren zwei Gruppen,
die gemäß Abbildung 36 für unterschiedliche Entscheidungskriterien jeweils verschiedene Varianten aufweisen:

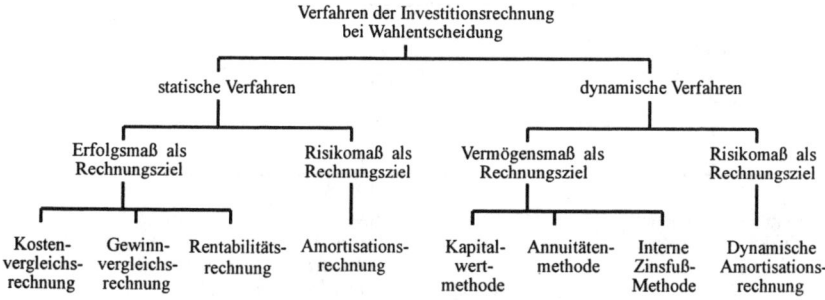

Abb. 36: Investitionsrechnungen bei sicheren Investitionswahlentscheidungen
(in Anlehnung an Küpper 1994, S.892)

Statische Verfahren orientieren sich an den Inhalten der Kosten- und Leistungsrechnung ohne Berücksichtigung des zeitlich unterschiedlichen Anfalls der Konsequenzen der Investitionshandlungen. Dynamische Verfahren orientieren sich an den Inhalten des Zahlungsstroms mit expliziter Berücksichtigung des spezifischen zeitlichen Anfalls der Aus- und Einzahlungen. In der Unternehmenspraxis zu bewälti-
gende Investitionsprobleme sind gekennzeichnet durch unsichere Erwartungen über
die Konsequenzen der möglichen Investitionshandlungen. Mit praxisorientierten
oder auch theoretisch abgeleiteten Verfahren sind gemäß Abbildung 37 Möglichkeiten gegeben, die Struktur der Unsicherheit darzustellen und zu analysieren und darüber hinaus eine optimale Entscheidung herbeizuführen (Däumler 1988, S.142ff).

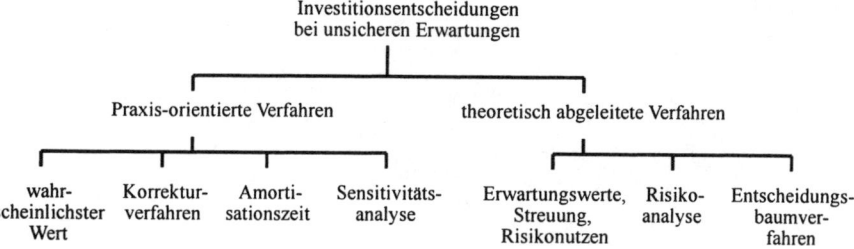

Abb. 37: Investitionsrechnungen bei unsicheren Erwartungen

Optimale Alternativen bei Investitionsprogrammentscheidungen unter Einbezie-
hung von Finanz- und/oder Produktionshandlungen sind gemäß Abbildung 38 ei-
nerseits bei sicheren Erwartungen auf Basis klassischer Verfahren bei sukzessiver
Vorgehensweise möglich oder unter Heranziehung von Verfahren des Operations
Research und andererseits bei unsicheren Erwartungen (unter Risiko) nach dem
Portfolio-Konzept:

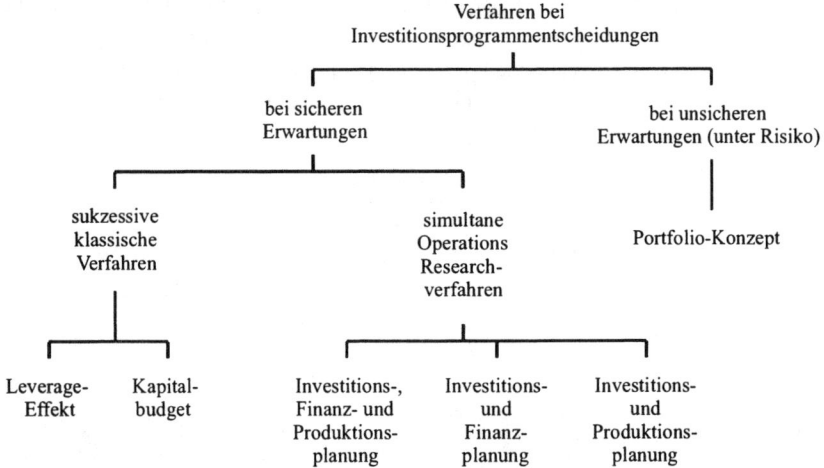

Abb. 38: Investitionsrechnungen bei Programmentscheidungen
(ähnlich Küpper 1994, S.893)

Entsprechend der Vielschichtigkeit des jeweiligen Entscheidungsproblems sind die
hier aufgezeigten Verfahren der Investitionsrechnung unterschiedlich miteinander
zu kombinieren.

0.4 Struktur der Aufgaben

Analog der Struktur möglicher Investitionsentscheidungen werden die kurz skizzierten Verfahren der Investitionsrechnung in folgender Gliederung abgehandelt:

Überblick

Aufgabe 1
Investitionsrechnungs-
verfahren und -entschei-
dungen im Überblick

Investitionswahlentscheidungen bei sicheren Erwartungen

Aufgabe 2 Statische Investitions- rechnungsverfahren	*Aufgabe 3* Dynamische Investitions- rechnungsverfahren

Aufgabe 4 Statische und dynamische Investitionsrechnungs- verfahren: Beispiel	*Aufgabe 5* Ergänzungs- und Differenzinvestitionen	*Aufgabe 6* Nutzwertanalyse

Investitionsdauerentscheidungen bei sicheren Erwartungen

Aufgabe 7 Ökonomische Nutzungs- dauer und optimaler Ersatzzeitpunkt im Überblick	*Aufgabe 8* Ökonomische Nutzungs- dauer und optimaler Ersatzzeitpunkt: Beispiel

Investitionswahlentscheidungen bei unsicheren Erwartungen

Aufgabe 9 Investitionsrechnungen bei unsicheren Erwartungen	*Aufgabe 10* Erwartungswert, Streuung und Risikonutzen als Ent- scheidungskriterien bei Investitionsentscheidungen bei unsicheren Erwartungen	*Aufgabe 11* Entscheidungs- baumverfahren: Beispiel

Investitionsprogrammentscheidungen bei sicheren Erwartungen

Aufgabe 12 Leverage-Effekt und Kapitalbudget	*Aufgabe 13* Simultane Investitions- und Finanzplanung

Abb. 39: Aufgabenstruktur von Investitionsrechnungen

Aufgabe 1:
Investitionsrechnungsverfahren und -entscheidungen im Überblick

1.1 Aufgabenstellung

Geben Sie einen Überblick über Investitionsrechnungsverfahren und den Investitionsentscheidungsprozess. Gehen Sie besonders auf die Investitionseinzelentscheidungen bei Wahlentscheidungen ein und systematisieren Sie nach:

- sicheren und unsicheren Erwartungen
- statischen und dynamischen Verfahren

1.2 Einleitung

Die betriebliche Investitionstheorie hat vornehmlich Verfahren zur optimalen Auswahl von einzelnen Investitionsobjekten und ganzen Investitionsprogrammen zum Inhalt. Handelnder ist der Investor. Dabei werden hier nur „betriebswirtschaftlich Handelnde" im engeren Sinne behandelt und keine Investoren, die nicht direkt unternehmerisch tätig sind, wie z.B. der Staat. Die Investitionsrechnung bietet dem Entscheidungsträger (Investor) eine wichtige Entscheidungshilfe, um eine der Zielsetzung entsprechende optimale Investitionsentscheidung treffen zu können. Zu den relevanten Einflussgrößen für die Investitionsentscheidung zählen (Busse v. Colbe/ Laßmann 1990, S.10):

- das Zielsystem des Investors
- das Entscheidungsfeld (Alternativen, Nebenbedingungen) des Investors
- die Risikoneigung des Investors
- die Rechtsform des Investors (da dieses Auswirkungen auf Haftung und Besteuerung hat)

1.3 Investition und Finanzierung

Für die Begriffe Investition und Finanzierung sind in der Literatur unterschiedliche Definitionen vorgeschlagen worden: Investition kann einmal als Handlung eines Investors verstanden werden, zum anderen als Ergebnis des Investierens. Wird die Investition als eine Handlung aufgefasst, handelt es sich um eine betriebliche Tätigkeit, bei der finanzielle Mittel in materiellen bzw. immateriellen Objekten gebunden werden, um diese in Verfolgung von Unternehmenszielen betriebswirtschaftlich zu nutzen. Die Investition verursacht zu unterschiedlichen Zeitpunkten Ein- und Auszahlungen, wobei die Zahlungsreihe in der Regel mit einer Auszahlung beginnt (vgl. Abbildung 40).

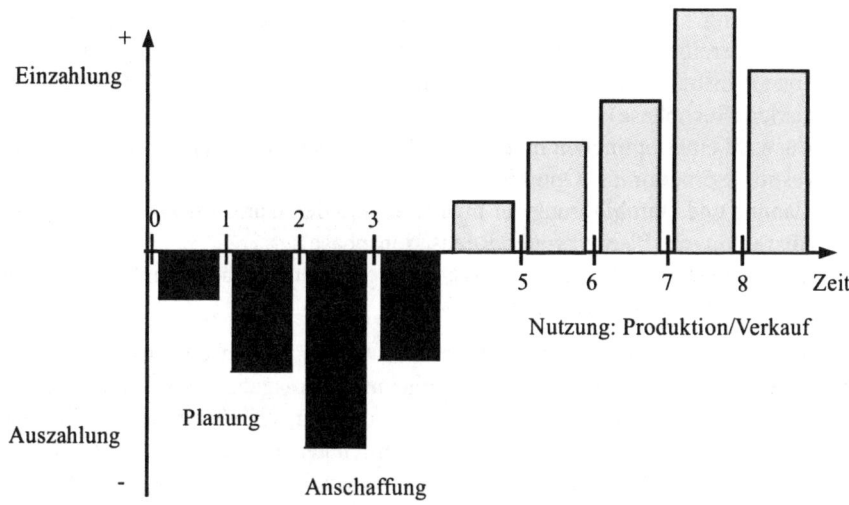

Abb. 40: Typische Netto-Zahlungsreihe einer Investition

Wird eine Investition als Objekt verstanden, so unterscheidet man nach der Art des Vermögensgegenstands und nach der Einordnung in die Kapazitätswirkung des Objekts folgende Investitionsarten entsprechend Abbildung 41:

Gliederungsmerkmal	Investitionsart
Vermögensgegenstand	• Finanzinvestition • Real-/Sachinvestition • Immaterielle Investition
Kapazitätswirkung	• Ersatzinvestition • Rationalisierungsinvestition • Erweiterungsinvestition

Abb. 41: Investitionsarten (in Anlehnung an Kruschwitz 2000, S.15)

Demgegenüber ist der Begriff der Finanzierung aus zahlungsorientierter Sicht eine Handlung, die zu unterschiedlichen Zeitpunkten Ein- und Auszahlungen verursacht, wobei dieser Vorgang i.d.R. mit einer Einzahlung beginnt (Kruschwitz 2000, S.3f).

1.4 Investitionsentscheidungsprozess

Der Entscheidungsprozess einer Investition lässt sich in mehrere Phasen unterteilen (Busse v. Colbe/Laßmann 1990, S.15ff; Kruschwitz 2000, S.6ff):

• Investitionsvorschläge werden aus verschiedenen Bereichen des Unternehmens aufgrund langfristiger Ziele des Betriebs gesammelt (Anregungsphase);

- Ermittlung sinnvoller Investitionsalternativen aufgrund von prognostizierten Zahlungsreihen für die Investitionsobjekte unter Berücksichtigung der Restriktionen, insbesondere finanzieller Art, aber auch Faktoren des Beschaffungsmarkts (Suchphase);
- Auswahl eines optimalen Investitionsobjekts oder eines zusammengesetzten Investitionsprogramms (Optimierungsphase);
- Planung und Durchführung der Investition mit den damit verbundenen Ein- und Auszahlungen (Planungs- und Realisationsphase);
- Investitionskontrolle durch Soll-Ist-Vergleich der geplanten und tatsächlichen Ein- und Auszahlungen (Kontrollphase).

Jeder Investition geht eine Anregungsphase voraus; sie ist eine wesentliche betriebswirtschaftliche Aufgabe eines Unternehmens. Ausgehend von Unternehmenszielen wird zunächst die Ausgangslage analysiert. Anschließend beginnt die sogenannte Suchphase, bei der aus mehreren Unternehmensbereichen die Investitionsalternativen aufgestellt und näher spezifiziert werden. Diese Vorschläge werden dann zunächst auf Restriktionen (z.B. Liquidität, Beschaffungsmarkt) hin untersucht (erster „Filter"). Mit Hilfe der Unternehmensziele werden die Kriterien abgeleitet, mit denen diese alternativen Handlungsmöglichkeiten bewertet werden, die die Grundlage der Investitionsentscheidung sind. Erst dann wird die eigentliche Auswahl getroffen (sogenannte Optimierungsphase, zweiter „Filter"). Wenn über die zu tätigende Investition bzw. das Investitionsprogramm entschieden ist, muss die Durchführung geplant werden, bevor die Realisierung der Investition erfolgt. Anschließend findet eine fortlaufende Kontrolle der Investition statt (Soll-Ist-Vergleich von geplanten und tatsächlichen Ein- und Auszahlungen). Der Entscheidungsprozess der Investition lässt sich mit Abbildung 42 darstellen. Die Ziffern geben die Reihenfolge der Schritte an.

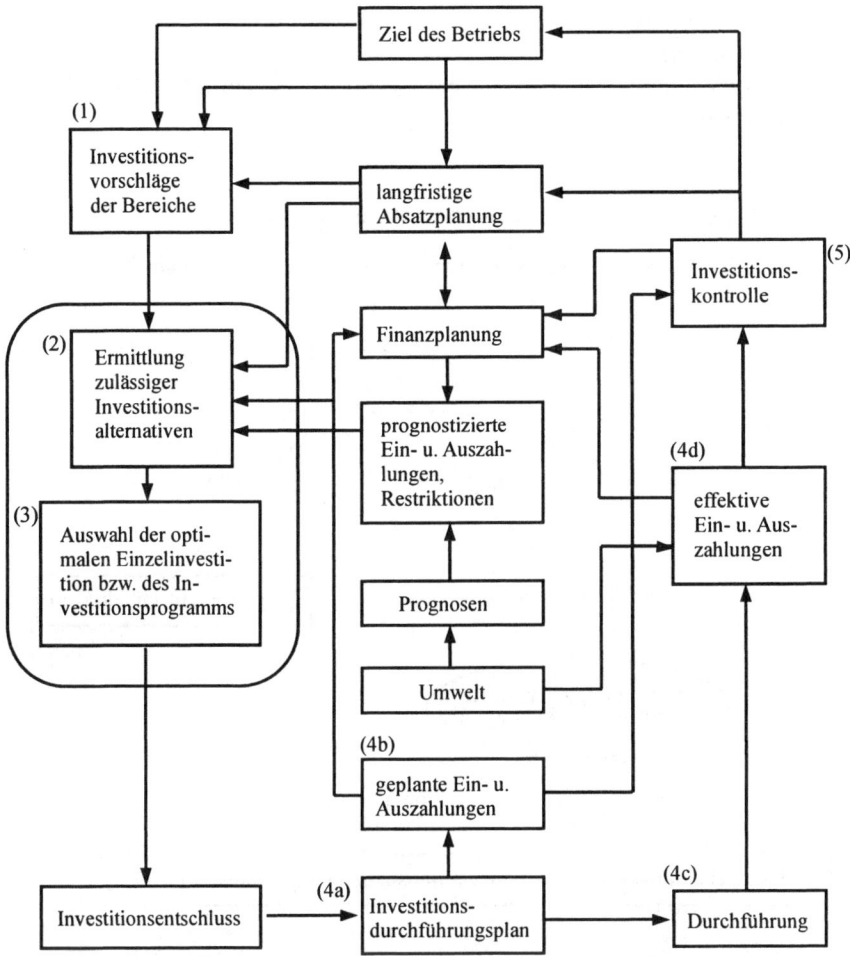

Abb. 42: Entscheidungsprozess bei Investitionen (Busse v. Colbe/Laßmann 1990, S.16)

1.5 Investitionsrechnung

Werden für die Investitionsentscheidung nur monetäre Ziele in Rechnung gestellt,
so findet die Investitionsrechnung Anwendung. Grundsätzlich wird dabei von einer
Maximierung des monetären Nutzens ausgegangen. Es wird im Folgenden vorausgesetzt, dass Informationen, die für die Durchführung der Investitionsrechnung benötigt werden, vollständig beschafft werden können. Die Investitionsrechnung soll
Entscheidungshilfen für die Auswahl zwischen verschiedenen Investitionsalternativen geben.

Um die Vergleichbarkeit von mehreren Investitionsalternativen zu gewährleisten,
sind folgende Bedingungen erforderlich (Busse v. Colbe/Laßmann 1990, S.19):

- gleiches Zielsystem
- gleiche Umweltbedingungen
- gleicher Planungszeitraum und gleiche Nutzungsdauer der Investitionen
- gleicher Kapitaleinsatz

1.6 Struktur der Investitionsentscheidungen

Man unterscheidet drei Klassen von Investitionsentscheidungen gemäß Abbildung 43:

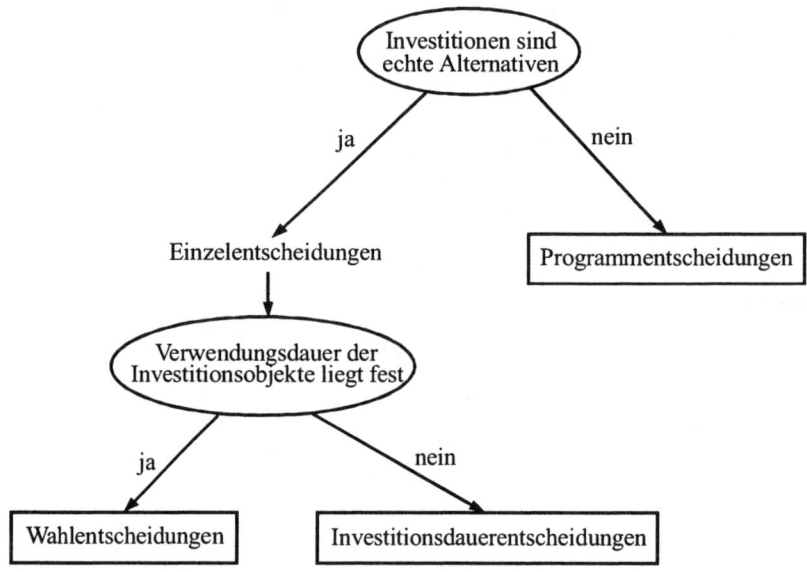

Abb. 43: Klassifikation der Investitionsentscheidungen (Kruschwitz 2000, S.5f)

Eine Investitionswahlentscheidung ist die Auswahl eines einzigen optimalen Investitionsobjekts aus einer genau definierten Menge isolierter, sich gegenseitig ausschließender Alternativen. Es werden Investitionswahlentscheidungen bei sicheren und unsicheren Erwartungen unterschieden (vgl. Abbildung 44).

Eine Investitionsprogrammentscheidung hingegen ist die Bestimmung von Umfang und Zusammensetzung des optimalen Investitionsprogramms, welches aus mehreren, sich nicht gegenseitig ausschließenden Investitionsobjekten besteht. Die Investitionsprogrammentscheidung bedient sich u.a. der Methoden des Operations Research. Investitionsdauerentscheidungen gehen davon aus, dass es ökonomisch sinnvoll sein kann, die Nutzungsdauer einer Investition nicht voll auszuschöpfen. Hierzu gehören auch Entscheidungen über den Ersatzzeitpunkt einer Investition nach deren Realisierung.

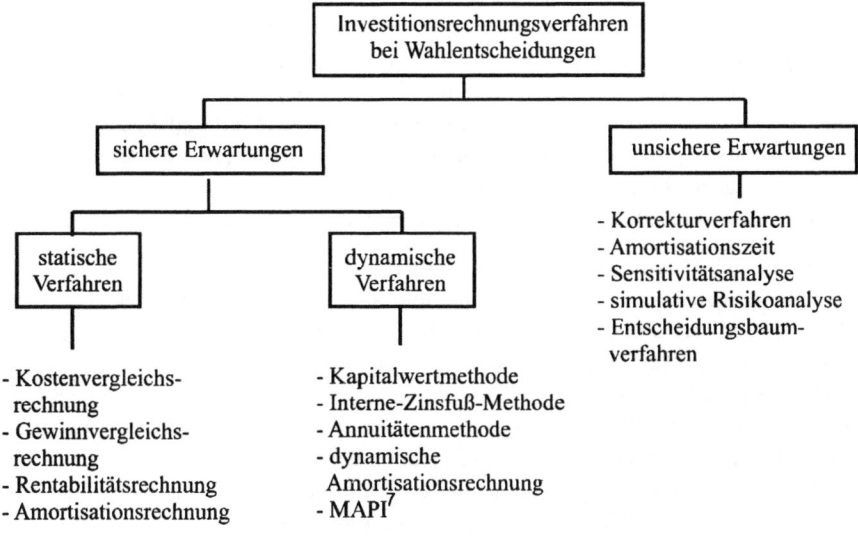

Abb. 44: Investitionsrechnungen bei Wahlentscheidungen

1.7 Sichere und unsichere Erwartungen

Unter der Voraussetzung, dass für jede durch eine Investition verbundene Zahlung genau ein Prognosewert ermittelt wird, der in die Investitionsrechnung eingeht, spricht man von Investitionen mit sicheren Erwartungen - unter der Voraussetzung, dass dieser prognostizierte Wert mit Sicherheit realisiert wird.

Ist eine Investitionsentscheidung dadurch charakterisiert, dass bei mindestens einer Entscheidungsalternative mehrere Ergebnisse für möglich gehalten werden, so handelt es sich um eine unsichere Investitionsentscheidung. Dabei lassen sich verschiedene Formen der Unsicherheit unterscheiden - je nachdem ob Wahrscheinlichkeitsaussagen getroffen werden können (Unsicherheit i.e.S./Risiko) oder ob eine vollkommene Ungewissheit über zukünftige Entwicklungen vorliegt.

1.8 Statische und dynamische Investitionsrechnungsverfahren

Die Investitionsrechnungen zur Beurteilung einzelner Investitionsprojekte lassen sich in zwei Hauptgruppen unterteilen. Dieses sind die statischen und die dynamischen Verfahren. Der wesentliche Unterschied zwischen beiden Verfahren besteht

---

7) Die MAPI-Methode ist ein komplexes Verfahren der Investitionsrechnung, das von George Terborgh am Machinery and Allied Products Institute in Washington entwickelt wurde. Nähere Darstellungen der Methode finden sich z.B. in Blohm/Lüder 1995, S.101ff.

darin, dass die statischen Verfahren Kosten und Erträge als Grundlage für ihre Berechnungen verwenden, während die dynamischen Verfahren mit Aus- bzw. Einzahlungen rechnen. Zeitliche Unterschiede im Anfall der Zahlungen einer Investition werden dabei wertmäßig berücksichtigt. Mit anderen Worten: Bei den dynamischen Verfahren werden alle mit einem Investitionsprojekt verbundenen Zahlungen auf einen bestimmten Zeitpunkt aufgezinst (wenn sie vor diesem Zeitpunkt anfallen) bzw. abgezinst (wenn sie nach diesem Zeitpunkt anfallen). Das bedeutet, Einzahlungen und Auszahlungen werden um so höher bewertet, je früher sie entstehen.

Dieses Vorgehen wird durch folgende Überlegung gerechtfertigt: Je früher man Einzahlungen aus einer Investition erhält und je länger man Auszahlungen hinausschieben kann, desto höher ist der Zinsertrag, der sich durch Reinvestition von Einzahlungsüberschüssen erzielen lässt, bzw. desto geringer ist der Zinsaufwand, der sich als Folge der Abdeckung von Auszahlungsüberschüssen ergibt. Unter dem Gesichtspunkt der theoretischen Exaktheit sind die dynamischen Verfahren den statischen zweifellos vorzuziehen, sie setzen jedoch ein gewisses mathematisches Verständnis voraus und benötigen einen höheren Ermittlungs- und Rechenaufwand. Die statischen Verfahren liefern in der Regel Näherungen für die Ergebnisse der dynamischen Verfahren, die zumindest bei kleineren Investitionsprojekten noch vertretbar erscheinen.

1.9 Schwachstellen der Investitionsrechnung

Wenn Investitionsalternativen miteinander verglichen werden, so wird davon ausgegangen, dass die Daten, die eine Investition beschreiben, vollständig zur Verfügung stehen. Dieses ist wegen einer anzunehmenden Unsicherheit in der Zukunft nur selten möglich. Bei großen Investitionsobjekten (z.B. der Neubau von Fabrikhallen) kommt noch hinzu, dass die Spezifikation sehr schwierig ist. Um die Zahlungsreihe dieser Investitionen festzulegen, wäre es notwendig, bereits eine detaillierte Realisationsplanung durchzuführen, obwohl diese noch nicht zur Realisation freigegeben ist. Dieses verdeutlicht die Schwierigkeiten des Entscheidungsprozesses bei komplexen Investitionsobjekten, die zudem größere und längerfristige Bedeutung besitzen als kleinere überschaubare Investitionen.

Allen Investitionsrechnungsverfahren ist gemein, dass sie Zahlungen innerhalb einer Periode (z.B. eines Jahres) gleichsetzen. Dieses geschieht aus Vereinfachungsgründen, kann jedoch zu Fehleinschätzungen von Investitionen führen. Um diese Ungenauigkeit zu minimieren, müssten die Perioden einzelnen Tagen entsprechen.

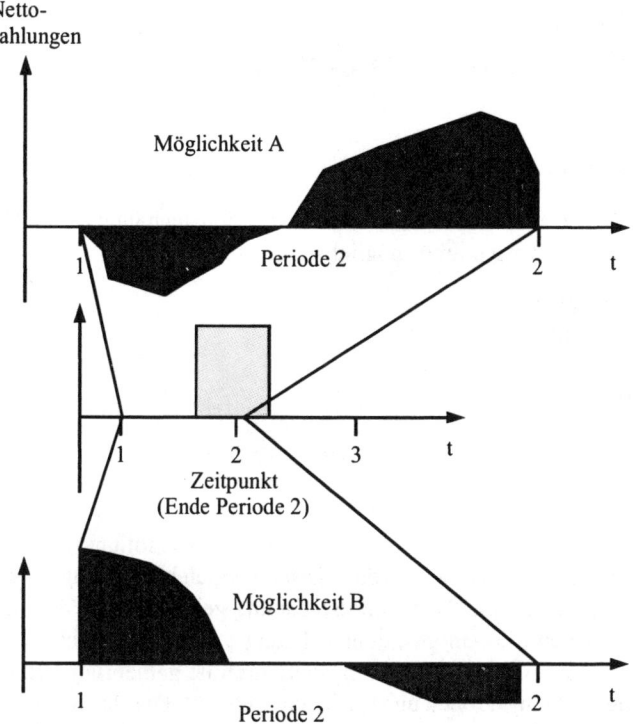

Abb. 45: Verfälschung der realen Zahlungsströme durch die Periodenwahl

In Abbildung 45 sind beispielhaft zwei mögliche unterperiodige Nettozahlungsströme A und B innerhalb der zweiten Periode dargestellt. Die Summe der auf den Zeitpunkt t=2 kumulierten Nettozahlungen soll dabei nominell gleich hoch sein. Die unterschiedlichen Zahlungsströme A und B werden aus Vereinfachungsgründen innerhalb der Investitionsrechnung somit als gleichwertig betrachtet. Dennoch ist Möglichkeit B aus betrieblicher Sicht vorzuziehen, da die unterperiodigen Einzahlungsüberschüsse zeitlich vor den unterperiodigen Auszahlungsüberschüssen liegen (Zinsvorteil gegenüber Möglichkeit A).

Es gibt auch Investitionen, bei denen eine klassische Investitionsrechnung nicht sinnvoll erscheint. Hierzu gehören z.B. Forschungseinrichtungen, Investitionen für kulturelle Einrichtungen, Weltraumprogramme, soziale Einrichtungen usw. Ob diese Art von Investitionen durchgeführt werden sollen oder nicht, ist oftmals eine rein politische Entscheidung. Gerade weil rationale/finanzmathematische Investitionsdaten für deren Beurteilung fehlen, kommt es häufig zu stark emotionalisierten Auseinandersetzungen.

Aufgabe 2:
Statische Investitionsrechnungsverfahren

2.1 Aufgabenstellung

Erläutern Sie im Rahmen der statischen Investitionsrechnungsverfahren die Methode, Aussage und Anwendungsmöglichkeiten von

- Kostenvergleichsrechnung,
- Gewinnvergleichsrechnung,
- Rentabilitätsrechnung und
- Amortisationsrechnung!

2.2 Einleitung

Im Wesentlichen gibt es zwei Arten der statischen Investitionsrechnung. Die einperiodigen Verfahren, zu denen die Kostenvergleichsrechnung, die Gewinnvergleichsrechnung und die Rentabilitätsrechnung gehören sowie die mehrperiodigen Verfahren, denen die Amortisationsrechnung angehört (Kruschwitz 2000, S.29). Allen statischen Investitionsrechnungsverfahren ist gemeinsam, dass die zeitliche Struktur der Zahlungsgrößen unberücksichtigt bleibt. Die statischen Verfahren sind generell an Erfolgsgrößen und nicht an Zahlungsgrößen orientiert. Wegen ihrer einfachen und schnellen Durchführung spielen sie besonders bei Investitionen von geringer Höhe und bei kleinen Betrieben eine hervorzuhebende Rolle. Zudem sind sie wegen ihrer zeitlichen Unabhängigkeit weniger von schwankenden Zinsentwicklungen oder der Inflationsrate beeinflussbar. Im Gegensatz zu den statischen Investitionsrechnungsverfahren stehen die (finanzmathematischen) dynamischen Verfahren, bei denen die zeitliche Struktur der Zahlungsgrößen der Investitionsalternativen berücksichtigt wird.

2.3 Kostenvergleichsrechnung

Mit Hilfe der Kostenvergleichsrechnung wird ein Vergleich der in einer Periode bei einer gegebenen Kapazität anfallenden Kosten zweier oder mehrerer Investitionsobjekte durchgeführt. Es kann sich dabei sowohl um einen Vergleich zwischen alter und neuer Anlage (Ersatzvergleich) als auch um einen Vergleich mehrerer neuer Anlagen (Alternativenvergleich) handeln (Däumler 1988, S.224ff).

Die Kostenvergleichsrechnung setzt voraus, dass sich die Ertragsstruktur bzgl. einer Investition nicht ändert, d.h. die Erträge der zu vergleichenden Investitionsobjekte sind gleich hoch. Um dieses zu gewährleisten, sollte die Produktqualität unabhängig von der Investitionsalternative sein.

Kriterium für die Vorteilhaftigkeit einer Investition ist die Kostendifferenz zwischen alter und neuer bzw. zwischen mehreren zur Wahl stehenden neuen Anlagen. Entsprechen sich die Kapazitäten der zu vergleichenden Investitionsobjekte nicht, so muss an die Stelle des Periodenkostenvergleichs ein Stückkostenvergleich treten. Aufgrund unterschiedlicher Kostenfunktionen der verschiedenen Investitionsobjekte kann es einen Punkt geben, bei dem die Stückkosten gleich groß sind. Man bezeichnet die Ausbringungsmenge, von der an es vorteilhafter wird, eine andere Anlage zu verwenden, als kritische Menge. Die durchschnittlichen Kosten K je Zeitabschnitt einer Investition betragen:

durchschnittliche Abschreibungen pro Periode

$$K = K^l + \overbrace{\frac{1}{n}(A_0 - L)} + \underbrace{\left(\frac{A_0 - L}{2} + L\right)i}$$

durchschnittliche Zinsen pro Periode

mit: K^l = laufende Kosten je Periode, L = Liquidationserlös,
A_0 = Anschaffungsauszahlung, i = Kalkulationszinsfuß,
n = Nutzungsdauer

Eine allgemeine Anwendung der Kostenvergleichsrechnung als alleiniges Entscheidungskriterium kommt nicht in Betracht. Die Nutzungsdauer einer Investition wird nicht berücksichtigt, obwohl bei höheren Nutzungsdauern ein größeres Risiko zu tragen ist. Fehlt eine Gegenüberstellung von Kosten und Ertrag, so muss vorausgesetzt werden, dass alle Investitionsalternativen betriebswirtschaftlich überhaupt sinnvoll sind. Es werden nur Durchschnittskosten berücksichtigt, aber die wirklichen Auszahlungen außer acht gelassen. Dieses führt zu der gleichen Beurteilung der in der folgenden Skizze aufgezeigten Investitionen A und B, da die Durchschnittskosten gleich sind, obwohl die Kostenstruktur unterschiedlich verläuft und Investition B betriebswirtschaftlich zu bevorzugen ist (Kosten späterer Perioden haben wegen ihrer zeitlichen Präferenz geringere Bedeutung; vgl. Abbildung 46).

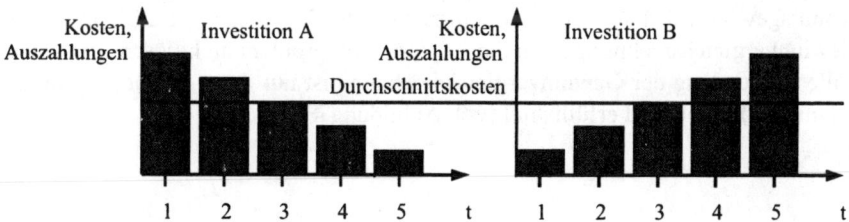

Abb. 46: Vergleich zweier Auszahlungsreihen bei gleichen Durchschnittskosten

Die Mängel der Kostenvergleichsrechnung liegen darin, dass sie eine sehr kurzfristige Betrachtungsweise anwendet, aus der sich keine sicheren Rückschlüsse über die zukünftige Kosten- und Ertragsentwicklung ziehen lassen.

Aus den oben genannten Gründen ergibt sich, dass die Kostenvergleichsrechnung im Wesentlichen für die Bewertung von gleichartigen Ersatz- und Rationalisierungsinvestitionen vorgesehen ist, bei denen die Erträge unverändert sind (eine Kostenersparnis ist dann gleichzusetzen mit einer Gewinnzunahme) und die Kosten je Investitionsobjekt sich möglichst auf die Nutzungsdauer gleichmäßig verteilen.

2.4 Gewinnvergleichsrechnung

Die Kostenvergleichsrechnung muss völlig versagen, wenn eine kostengünstigere Investitionsalternative zu einer erhöhten Ausbringung führt, aber damit gerechnet werden muss, dass ein Absatz der größeren Menge nur zu einem niedrigeren Preis möglich ist, so dass der Gesamtgewinn trotz des kostengünstigeren Verfahrens nicht notwendigerweise höher ist. Diesen Mangel der Kostenvergleichsrechnung versucht die Gewinnvergleichsrechnung zu beheben, indem sie die Erträge mit in die Rechnung einbezieht. Das Entscheidungskriterium (Kriterium der relativen Vorteilhaftigkeit) lautet bei der Gewinnvergleichsrechnung: Die Investition A ist der Investition B vorzuziehen, wenn die durchschnittlichen Gewinne je Periode höher sind. Der durchschnittliche Gewinn wird definiert als die Differenz zwischen durchschnittlichen Erträgen und durchschnittlichen Kosten (Däumler 2000, S.178ff).

Die Kritik an der Gewinnvergleichsrechnung ist ähnlich der bei der Kostenvergleichsrechnung. Hinzu kommt das Problem der Zurechenbarkeit von Erträgen zu einem Investitionsobjekt besonders dann, wenn die Investitionsalternativen nur zu einem Teil am Produktionsprozess von Endprodukten beteiligt sind. Dieses ist oft bei Rationalisierungs- und Ersatzinvestitionen der Fall. Wenn die Nutzungsdauer der Investitionsalternativen nicht in etwa gleich lang ist, so sagt der durchschnittliche Gewinn wenig über den absoluten Gesamtgewinn aus, da eine Investition mit längerer Nutzungsdauer noch Gewinne abwirft, während eine Investition mit zwar höherem Durchschnittsgewinn, aber bei einer kürzeren Nutzungsdauer dann schon keine Gewinne mehr abwirft.

Die Investitionsalternative A hat einen Durchschnittsgewinn von 5 und einen Gesamtgewinn von 20. Die Investitionsalternative B hat hingegen nur einen Durchschnittsgewinn von 4 aber einen Gesamtgewinn von 24 vorzuweisen. Eine statische Gewinnvergleichsrechnung kann dieses Vergleichsproblem nicht lösen. Eine sinnvolle Anwendung der Gewinnvergleichsrechnung ist nur dann gegeben, wenn die Prämissen hinreichend erfüllt sind (vgl. Abbildung 47).

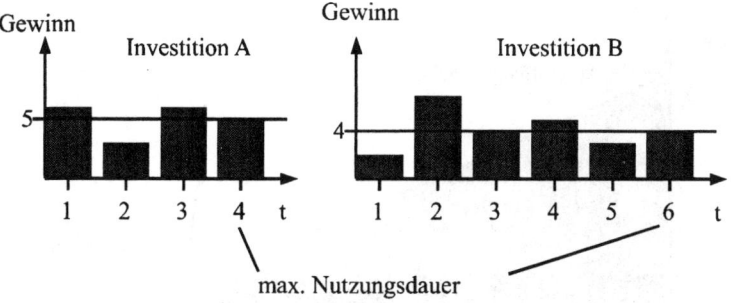

Abb. 47: Gewinnvergleich zweier Investitionsalternativen mit
unterschiedlicher Nutzungsdauer

2.5 Rentabilitätsrechnung

Die Rentabilitätsrechnung vergleicht in ihrer einfachsten Form den erwarteten Jahresgewinn alternativer Investitionsprojekte bezogen auf das investierte Kapital, d.h. deren Rentabilität (Däumler 2000, S.206ff):

$$\text{Rentabilität} = \frac{\text{Gewinn vor Zinsen}}{\text{Kapitaleinsatz}} \times 100 \ (\text{in } \%)$$

Bei der Beurteilung der Rentabilität ist darauf zu achten, dass eine vom Unternehmen festgesetzte Mindestrentabilität (etwa Kalkulationszinsfuß + Risikozuschlag) nicht unterschritten wird. So wird auch eine Eigenkapitalrentabilitätsmaximierung gewährleistet, da das Fremdkapital sonst mehr „kostet", als es erwirtschaftet. Der einzusetzende Gewinn ist nur in Höhe des zusätzlichen Gewinns bei Investitionsdurchführung einzubeziehen. Die Rentabilität kann auch als zeitliche Durchschnittsverzinsung des durchschnittlich gebundenen Kapitals (vgl. Abbildung 48) betrachtet werden (Blohm/Lüder 1995, S.166ff). Geht man von einer kontinuierlichen Amortisation des gebundenen Kapitals aus, so ergibt sich die Rentabilität wie folgt:

$$\text{Rentabilität} = \frac{\text{durchschnittlicher Gewinn vor Zinsen}}{\underbrace{\frac{1}{2}(\text{Anschaffungsauszahlung} + \text{Restwert})}_{\text{durchschnittlich gebundenes Kapital}}} \times 100 \ (\text{in } \%)$$

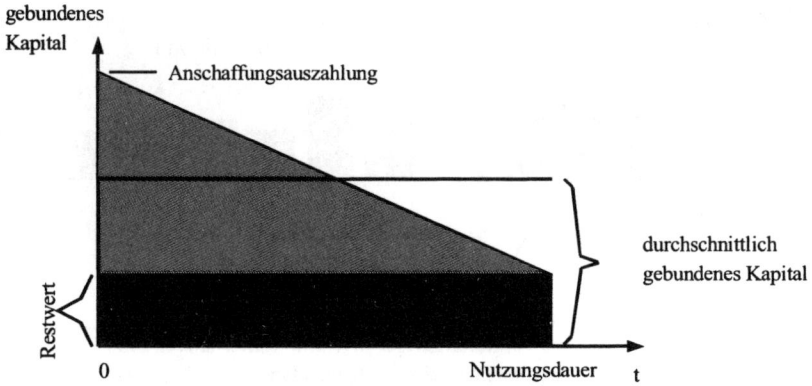

Abb. 48: Berechnung des durchschnittlich gebundenen Kapitals
bei kontinuierlicher Amortisation

Die Rentabilitätsrechnung lässt zeitliche Unterschiede beim Anfallen der Gewinne unberücksichtigt. Für lange Nutzungsdauern ist dieses Investitionsrechnungsverfahren somit nur zu verwenden, wenn die einzelnen Investitionsalternativen jeweils einen kontinuierlichen Gewinn abwerfen. Mit der Rentabilität als relative Kennzahl kann man auch Investitionsalternativen vergleichen, die jeweils einen unterschiedlichen Kapitaleinsatz aufweisen. Aus dem Bereich der statischen Investitionsrechnungsverfahren ist die Rentabilitätsrechnung das gängigste Verfahren innerhalb der betrieblichen Praxis.

2.6 Amortisationsrechnung

Die statische Amortisationsrechnung (Blohm/Lüder 1995, S.172ff), auch als Kapitalwiedergewinnungsrechnung bekannt, legt als Investitionsentscheidungskriterium die Anzahl der Perioden zugrunde, in der sich die Investition von selbst trägt. Es wird also der Zeitpunkt errechnet, bei dem die Anschaffungsauszahlungen für eine Investitionsalternative durch sich anschließende Einzahlungsüberschüsse derselben ausgeglichen sind. Das eigentliche „Gewinneinfahren" beginnt somit erst nach dieser Amortisationszeit. Der benötigte Zeitraum, in dem es möglich ist, die Anschaffungsauszahlungen einer Anlage durch Einzahlungsüberschüsse wiederzugewinnen, wird auch als Pay-off-Periode bezeichnet. Die Amortisationsrechnung geht davon aus, dass die Vorteilhaftigkeit einer Investition mit kürzerer Amortisationszeit zunimmt. Im Gegensatz zu den anderen statischen Verfahren geht die statische Amortisationsrechnung nicht von Erträgen bzw. Kosten, sondern von Ein- und Auszahlungen innerhalb von Perioden aus.

Die zwei wesentlichen Verfahren zur Beurteilung der Amortisationszeit sind die Kumulationsmethode und die Durchschnittsmethode (Kruschwitz 2000, S.35ff). Die traditionelle Amortisationsrechnung geht von der Kumulationsmethode aus.

Dabei werden Auszahlungen A_t und Einzahlungen E_t der Periode t sukzessiv (beginnend bei Periode 0 mit Anschaffungsauszahlung) addiert, bis die kumulativen Auszahlungen von den kumulativen Einzahlungen gedeckt werden. Für die gesuchte Periode T_{AZ} (Amortisationszeitpunkt) gilt:

$$\sum_{t=0}^{T_{AZ}} A_t \leq \sum_{t=0}^{T_{AZ}} E_t \qquad \text{und } T_{AZ} \text{ minimal!}$$

Es wird dabei das minimale T_{AZ} gesucht, also der Zeitpunkt, zu dem die Summe der Einzahlungen erstmals die Summe der Auszahlungen übersteigt.

Bei der Durchschnittsmethode dividiert man die Anschaffungsauszahlung durch die durchschnittlichen Einzahlungsüberschüsse:

$$\text{Pay-off-Periode} = \frac{\text{Anschaffungsauszahlungen}}{\sum_t \text{laufender Einzahlungsüberschuss pro Jahr t}}$$

Das Ergebnis ist dann die Anzahl der Perioden, die im Durchschnitt benötigt werden, um die Anschaffungsauszahlung abzudecken. Dieses stimmt in der Regel nicht mit dem Ergebnis der Kumulationsmethode überein. Ist die effektive Amortisationsdauer länger als die vom Investor aufgrund seiner Risikoeinschätzung als zulässig angesehene Amortisationsdauer, so wird die Investitionsalternative als unvorteilhaft betrachtet. Als alleiniges Kriterium der Vorteilhaftigkeit einer Investition ist die Amortisationsrechnung nicht sinnvoll. Es handelt sich um eine relative Kennziffer, die sowohl die Höhe des absoluten Gewinns als auch den Umfang des eingesetzten Kapitals außer acht lässt.

Bei Investitionsobjekten, die gemäß Abbildung 49 nach der Pay-off-Periode noch Nettoauszahlungsüberschüsse aufweisen, ist diese Methode gänzlich ungeeignet (z.B. die Entsorgung ausgedienter Kraftwerke). Im obigen Beispiel liegt der Amortisationszeitpunkt nach der Kumulationsmethode bei t = 5 und bei der Durchschnittsmethode bei t = 6, obwohl danach noch Auszahlungsüberschüsse auftreten. Somit ist die Amortisationszeit als Risikokennzahl hierfür nicht hinreichend.

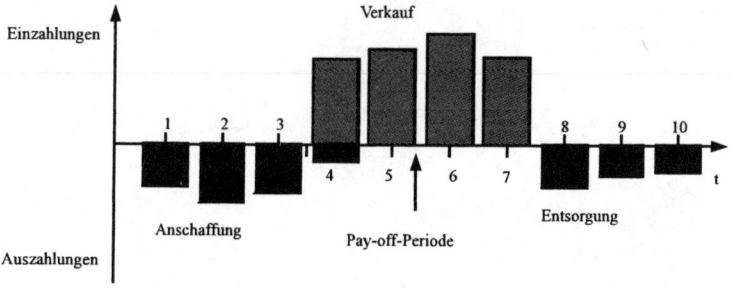

Abb. 49: Investition mit Auszahlungsüberschüssen nach dem Amortisationszeitpunkt

2.7 Beurteilung der statischen Verfahren

Bei den statischen Investitionsrechnungsverfahren handelt es sich nicht um Verfahren zur Ermittlung optimaler Investitionen, die von einem Unternehmen durchgeführt werden sollen. Vielmehr handelt es sich bei den Ergebnissen um Eckdaten von Investitionen, die unter stark einschränkenden Prämissen zustande gekommen sind. Die Aufgabe des Investors ist es, nun die gewonnenen Eckdaten in Kenntnis der Kritik an den Methoden als Grundlage für seine Entscheidung zu benutzen und mit seinem betriebswirtschaftlichen Erfahrungsschatz zu verbinden. Dazu ist es sinnvoll, mehrere statische Verfahren anzuwenden und miteinander zu vergleichen. Dabei wird der Investor auch die Finanzierung einer Investition stärker berücksichtigen, ohne dieses finanzmathematisch im Einzelnen durchzurechnen.

Die Vorteile der statischen Verfahren liegen in den für die Durchführung kaum benötigten mathematischen Vorkenntnissen des Anwenders und der schnellen einfachen Umsetzung, die schnelle Entscheidungen ermöglicht und sich somit für kleinere Investitionen noch eignet. Die wichtigsten Aspekte der statischen Investitionsrechnungsverfahren lassen sich abschließend in tabellarischer Form wie folgt kurz darstellen (in Anlehnung an Weber 2002, S.327):

Verfahren Kriterien	Kostenvergleichs- rechnung	Gewinnvergleichs- rechnung	Rentabilitäts- rechnung	Amortisations- rechnung
verbale Definition	Vergleich der Kosten von zwei oder mehreren Investitionsalternativen, um die kostengünstigste Anlage zu ermitteln. Kriterium der Vorteilhaftigkeit ist die Kostendifferenz zu anderen Alternativen. Einbeziehung aller durch das Investitionsobjekt verursachten Betriebs- und Kapitalkosten.	Erweiterung der Kostenvergleichsrechnung um die durch die Investition erzielten Erträge. Beurteilungsmaß ist der Gewinnzuwachs. Die Alternative mit dem im Durchschnitt höheren Jahresgewinn ist die günstigste.	Verbesserte Form der Gewinnvergleichsrechnung durch Miteinbeziehung des eingesetzten Kapitals. Ermittlung der durchschnittlichen jährlichen Verzinsung eines Investitionsprojekts. Die Alternative mit der größten Rentabilität ist vorzuziehen.	Ermittlung des Zeitraums, in dem das Kapital über die Erlöse wieder in das Unternehmen zurückfließt (Amortisationsdauer). Eine Investition ist günstig, wenn die effektive Wiedergewinnungszeit kleiner ist als die als maximal zulässig angesehene.
Grundausrichtung	Kostenminimierung	Gewinnmaximierung	Rentabilitätsmaximierung	Risikominimierung
Entscheidungskriterium	durchschnittliche periodenbezogene Kosten	durchschnittliche periodenbezogene Gewinne	durchschnittliche periodenbezogene Rentabilität	Rücklaufzeit des eingesetzten Kapitals
wichtige Prämissen	gleiche Erlöse, gleiche Laufzeit, gleicher Kapitaleinsatz	gleicher Kapitaleinsatz, gleiche Laufzeit	gleiche Laufzeit	gleiche Laufzeit
Anwendung	kleinere Ersatz- und Rationalisierungsinvestitionen	hauptsächlich bei Erweiterungsinvestitionen	Rationalisierungs- und Erweiterungsinvestitionen	Großinvestitionen
Mängel	Statische Betrachtungsweise und damit keine Berücksichtigung der Entwicklungen im Zeitablauf			
	Keine Berücksichtigung von Veränderungen der Kosteneinflussgrößen. Keine Berücksichtigung der Erträge. Keine Aussage über Verzinsung des eingesetzten Kapitals.	Keine Aussage über Verzinsung des eingesetzten Kapitals. Problem der Schätzung nicht realisierter Gewinne. Zurechnung der Erlöse auf einzelne Anlagen ungenau oder gar nicht möglich.	Unterschiede im Anfall von Ein- und Auszahlungen bleiben unberücksichtigt. Wie beim Gewinnvergleich werden realisierte Gewinne mit unrealisierten verglichen. Problematik der Erlöszurechnung auf einzelne Anlagen.	Nur der Zeitraum bis zur Wiedergewinnung des Kapitaleinsatzes wird berücksichtigt. Die Restlebensdauer und die Gewinnentwicklung nach dieser Zeit bleiben außer acht. Das Risiko einer Investition hängt nicht nur von der Zeit, sondern auch von der Art ab. Soll-Amortisationszeit beruht auf subjektiver Schätzung.

Aufgabe 3:
Dynamische Investitionsrechnungsverfahren

3.1 Aufgabenstellung

Erläutern Sie im Rahmen der dynamischen Investitionsrechnungsverfahren die Methode, Aussage und Anwendungsmöglichkeiten von

- Kapitalwertmethode,
- Interne-Zinsfuß-Methode,
- Annuitätenmethode und
- dynamischer Amortisationsrechnung!

3.2 Einleitung

Die Investitionsrechnungen zur Beurteilung der absoluten und relativen Vorteilhaftigkeit einzelner Investitionsalternativen lassen sich grundsätzlich in zwei Hauptgruppen unterteilen: die statischen und die dynamischen Verfahren. Zunächst dominierten die statischen Methoden in der Anwendung. Erst durch einen zunehmenden wirtschaftlichen Wettbewerb wuchs der Zwang zur optimalen Kapitaleinsatzgestaltung. Dieser Anforderung werden die dynamischen Investitionsrechnungsverfahren eher gerecht. Der höhere Rechenaufwand dieser Verfahren lässt sich durch den Einsatz moderner Rechner weitestgehend kompensieren. Während die statischen Investitionsrechnungen mit periodisierten Erfolgsgrößen (Kosten und Leistungen bzw. Aufwendungen und Erträgen) rechnen, hat die dynamische Investitionsrechnung die zu erwartenden zahlungswirksamen Erfolgsgrößen (Ein- und Auszahlungen) der Investitionsprojekte zur Grundlage. Der wesentliche Unterschied zwischen beiden Arten besteht darin, dass die dynamischen Verfahren zeitliche Unterschiede im Anfallen der Zahlungen einer Investition wertmäßig berücksichtigen. Die dynamischen Verfahren lassen sich gemäß Abbildung 50 (Blohm/Lüder 1995, S.54f) in zwei Klassen aufteilen:

Bei Vermögenswertmethoden wird der Vermögenszuwachs bei gegebenen Zinssätzen für die Planperioden berechnet. Zum einen werden alle vermögenswirksamen Zahlungen auf den Beginn einer Planung abgezinst (Vermögensbarwertmethode), zum anderen auf das Ende der Nutzungsdauer einer Investition aufgezinst (Vermögensendwertmethode).

Zinssatzmethoden sind Verfahren zur Berechnung des Zinssatzes, der sich ergibt, wenn sich ein Vermögenszuwachs von Null einstellt.

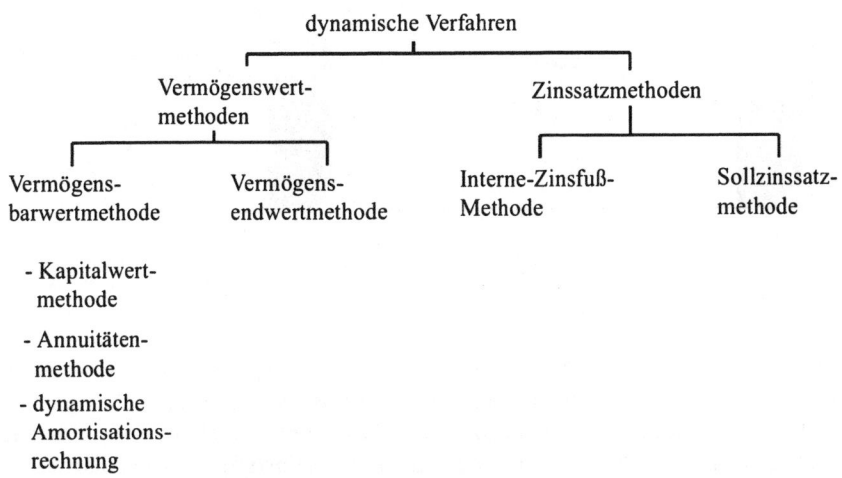

Abb. 50: Dynamische Investitionsrechnungsverfahren

Alle Verfahren basieren auf der Voraussetzung, dass sich die zu beurteilende Investition durch einen Auszahlungs- und Einzahlungsstrom kennzeichnen lässt. Dabei spielt nicht nur die absolute Höhe von Aus- und Einzahlungen, sondern auch ihr jeweiliger Zeitpunkt eine entscheidende Rolle.

3.3 Kapitalwertmethode

Das Entscheidungskriterium der Kapitalwertmethode ist der berechnete Kapitalwert einer Investition. Ist der Kapitalwert positiv, so ist ein Investitionsprojekt absolut vorteilhaft. Für die relative Vorteilhaftigkeit können die Investitionsalternativen entsprechend der Höhe des Kapitalwerts geordnet werden. Die Vorteilhaftigkeit kann so gewertet werden, dass neben der Verzinsung des eingesetzten Kapitals zum Kalkulationszinssatz auch noch ein Vermögenszuwachs erzielt wird (Däumler 2000, S.44ff).

Die Kapitalwertmethode geht davon aus, dass die Ein- und Auszahlungen, die durch ein bestimmtes Investitionsobjekt hervorgerufen werden, im Zeitablauf nach Größe, zeitlichem Anfall und Dauer unterschiedlich sein können. Die während der Investitionsdauer anfallenden Beträge können nur vergleichbar gemacht werden, wenn das Zeitmoment in der Rechnung berücksichtigt wird, denn es ist offensichtlich, dass eine Einzahlung um so weniger wert ist, je weiter sie in der Zukunft liegt, und entsprechend eine Auszahlung um so belastender ist, je näher der Zahlungszeitpunkt liegt. Die Vergleichbarkeit wird dadurch hergestellt, dass alle zukünftigen Einzahlungen und Auszahlungen auf den Zeitpunkt unmittelbar vor Beginn der Investition (Betrachtungszeitpunkt) abgezinst werden (vgl. Abbildung 51). Der Zinssatz stellt somit ein Maß für die Zeitpräferenz dar. Eine auf den Anfangszeitpunkt abgezinste Zahlung bezeichnet man als Barwert.

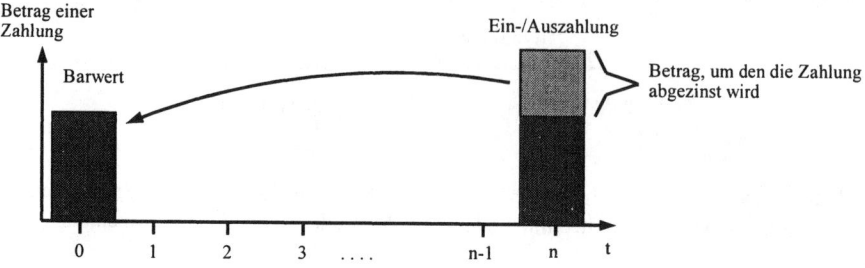

Abb. 51: Barwertberechnung

Der Kapitalwert einer Investition ergibt sich als Differenz zwischen der Summe der Barwerte aller Einzahlungen und der Summe der Barwerte aller Auszahlungen, die mit dieser Investition zusammenhängen. Die Abzinsung erfolgt mit einem Zinssatz, der als gewünschte Mindestverzinsung (Kalkulationszinsfuß) den Kapitalkosten des Investors entsprechen soll. Ein positiver Kapitalwert zeigt, dass eine über dem Kalkulationszinsfuß[8] liegende Verzinsung des eingesetzten Kapitals erreicht wird, während ein negativer Kapitalwert ein Zeichen dafür ist, dass nur eine unter dem Kalkulationszinsfuß liegende Verzinsung erreichbar ist, also die Kapitalkosten des Investors nicht gedeckt werden können. Der Kapitalwert C_0 berechnet sich auf Basis periodenspezifischer Einzahlungen E_t und Auszahlungen A_t sowie des Kalkulationszinsfußes i:

$$C_0 = \sum_{t=0}^{n} \frac{(E_t - A_t)}{(1+i)^t}$$

Ordnet man die relative Vorteilhaftigkeit von Investitionsalternativen nach der Höhe des Kapitalwerts, so wird angenommen, dass der Kapitalwert der jeweiligen Ergänzungsinvestitionen gleich Null ist. Dieses ist erforderlich, da der Kapitaleinsatz der jeweiligen Investitionsalternativen unterschiedlich hoch ist.

Die Voraussetzung für die Anwendung der Kapitalwertmethode ist ein vollkommener Kapitalmarkt, auf dem der Sollzinssatz gleich dem Habenzinssatz ist und bei dem die Höhe des Zinssatzes nicht von der Höhe des Kapitals abhängt. Die Wahl des Kalkulationszinsfußes hat dabei Einfluss auf den Vergleich zwischen Investitionsalternativen gemäß Abbildung 52:

---

8)   Der Kalkulationszinsfuß ergibt sich im Regelfall aus dem gängigen Marktzinssatz, der um einen vom Investor zu bestimmenden Risikozuschlag erhöht wird.

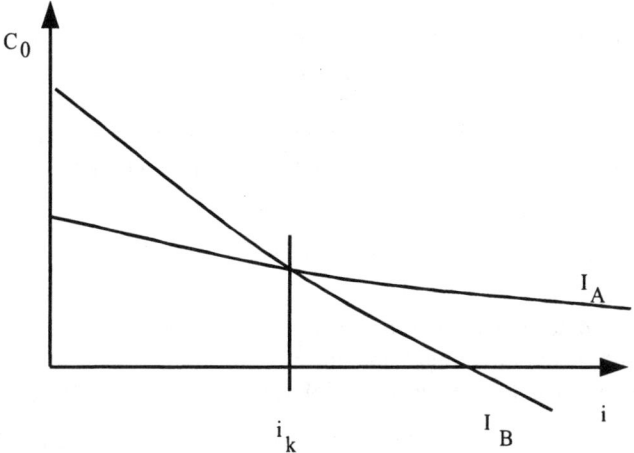

Abb. 52: Kapitalwert zweier Investitionsalternativen bei unterschiedlichem
Kalkulationszinsfuß (Busse v. Colbe/Laßmann 1990, S.53)

Die unterschiedlichen Kurvenverläufe ergeben sich durch eine verschiedenartige Zahlungsstruktur der Investitionen I_A und I_B. Steigt der Zinssatz, so wird der Zeitbezug stärker berücksichtigt. Daraus ergibt sich, dass die Einzahlungsüberschüsse der Investition I_A überwiegend zu Beginn der Planungsperiode anfallen. Für Investition I_B liegen die Einzahlungsüberschüsse wegen des stärkeren Gefälles der Kurve hauptsächlich am Ende der Planungsperiode. Bei dem kritischen Kapitalzinsfuß i_k haben die Investitionen I_A und I_B die gleiche Vorteilhaftigkeit. Bei $i < i_k$ ist die Investition I_B vorzuziehen, für $i > i_k$ wählt man die Investitionsalternative I_A.

Bei der Auswahl von Investitionsobjekten nach der Kapitalwertmethode wird unterstellt, dass sich der Investor nur an der einfachen Zielsetzung der Kapitalwertmaximierung orientiert; Nebenbedingungen wie z.B. Sicherung der Liquidität, Beschränkungen der Beschaffungs- und Absatzmärkte werden nicht explizit berücksichtigt. Unterstellt wird ferner die sichere Voraussicht der künftigen Zahlungen sowohl in ihrer Höhe als auch in ihrer zeitlichen Verteilung. Da die Kapitalwertmethode ein gutes Kriterium für die Gewinnmaximierung darstellt, findet sie in der betrieblichen Praxis weite Verbreitung.

3.4 Interne-Zinsfuß-Methode

Das Entscheidungskriterium der Internen-Zinsfuß-Methode ist die Höhe der berechneten Effektivverzinung r (Däumler 2000, S.81ff). Eine Investition ist absolut vorteilhaft, wenn die berechnete Effektivverzinung mindestens so hoch ist wie die subjektiv festgelegte Mindestzinsforderung i (einfacher Zinsvergleich). Die Mindestzinsforderung entspricht oft der Rendite von sicheren Finanzinvestitionen unter Berücksichtigung eines Risikozuschlags, der bei sicheren Finanzinvestitionen nicht erforderlich ist.

Bei der Internen-Zinsfuß-Methode geht man nicht von der vorgegebenen Mindestverzinsung (Kalkulationszinsfuß) aus, mit deren Hilfe man den Kapitalwert ermittelt, sondern man ermittelt den internen Zinsfuß als den Diskontierungszinsfuß, der
zu einem Kapitalwert von Null führt, d.h. bei dem die Barwerte der Einzahlungs-
und Auszahlungsreihe gleich groß sind. Man ermittelt den internen Zinsfuß r, indem
man die Kapitalwertfunktion gleich Null setzt und nach r auflöst:

$$\sum_{t=0}^{n} \frac{(E_t - A_t)}{(1+r)^t} = 0 = C_0$$

Die Lösung ist eine Gleichung n-ten Grades. Da die Berechnung von r recht kom-
pliziert ist, wird in der Praxis ein Näherungsverfahren für die Bestimmung eines positiven internen Zinsfußes angewandt (Blohm/Lüder 1995, S.91ff):

- Schätzung des Kalkulationszinsfußes i_1 und Bestimmung des zugehörigen Kapitalwerts C_{01}
- Wahl eines weiteren Kalkulationszinsfußes i_2 mit:
  $i_2 > i_1$ für $C_{01} > 0$ oder $i_2 < i_1$ für $C_{01} < 0$
  Bestimmung des Kapitalwerts C_{02}
- Berechnung eines Näherungswerts r* als internen Zinssatz durch lineare Interpolation bzw. Extrapolation:

$$r^* = i_1 - C_{01} \frac{i_2 - i_1}{C_{02} - C_{01}}$$

Durch weitere Schachtelung lässt sich der Zinssatz beliebig genau bestimmen. Abbildung 53 skizziert das Verfahren graphisch:

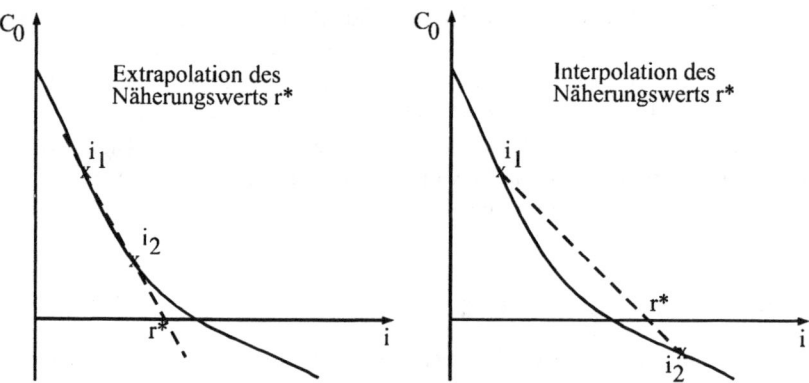

Abb. 53: Näherungsverfahren für die Berechnung des internen Zinsfußes

Auf diese Weise erhält man die Effektivverzinsung eines Investitionsobjekts i.d.R.
vor Abzug von Zinszahlungen. Man kann aber die Vorteilhaftigkeit einer einzelnen
Investition nur ermitteln, wenn man die gewünschte Mindestverzinsung, d.h. den
Kapitalzinsfuß zusätzlich kennt. Eine Investition ist als vorteilhaft anzusehen, wenn

der interne Zinsfuß nicht kleiner als der Kapitalzinsfuß ist. Die Interne-Zinsfuß-Methode liefert also allein kein Kriterium für die Vorteilhaftigkeit einer Investition, da stets ein Kalkulationszinsfuß als Vergleichsmaßstab gegeben sein muss, um das Anspruchsniveau zu definieren. Die Interne-Zinsfuß-Methode ermittelt eine relative Kennziffer. Wenn Investitionsalternativen mit ihrer Hilfe verglichen werden, erscheinen kleine hochrentable Investitionen sinnvoller als große, weniger rentable Investitionen. Bei der Internen-Zinsfuß-Methode wird wie bei der Kapitalwertmethode vorausgesetzt, dass die Zahlungen bis zum Planungshorizont sowohl der Höhe als auch der zeitlichen Verteilung nach prognostiziert werden können. In der Praxis ist die einfache Methode des internen Zinsfußes weiter verbreitet als die Kapitalwertmethode. Ein Grund ist offenbar darin zu sehen, dass ein Prozentsatz als Vorteilskriterium einprägsamer ist als die absolute Größe des Kapitalwerts.

3.5 Annuitätenmethode

Die Annuität einer Investition ist definiert als die Transformation des Kapitalwerts C_0 in eine Reihe von gleichen Zahlungen zu den jeweiligen Zahlungszeitpunkten des Planungszeitraums (Blohm/Lüder 1995, S.75f). Das Entscheidungskriterium der Annuitätenmethode beruht auf dem Vergleich zwischen den durchschnittlichen jährlichen Auszahlungen der Investition mit den durchschnittlichen jährlichen Einzahlungen, d.h. man rechnet mit Hilfe der Zinseszinsrechnung die Zahlungsreihen der Investition in zwei äquivalente Reihen um, bestimmt also die Höhe der durchschnittlichen Auszahlungen und Einzahlungen für die Dauer der Investition. Die absolute Vorteilhaftigkeit einer Investition leitet sich aus der Kapitalwertmethode ab. Sie ist gegeben, wenn zu einem festgelegten Kalkulationszinsfuß die Differenz zwischen durchschnittlichen jährlichen Ein- und Auszahlungen positiv ist. Die Vorteilhaftigkeit einer Investition aufgrund des Annuitätenkriteriums lässt sich so interpretieren, dass neben der Verzinsung des gebundenen Kapitals zum Kalkulationszinsfuß i ein konstanter Überschuss in jeder Periode in Höhe der Annuität erwirtschaftet wird (Blohm/Lüder 1995, S.76).

Die Ordnung der Investitionsalternativen nach der relativen Vorteilhaftigkeit stimmt nicht zwingend mit dem Ergebnis aus der Kapitalwertanalyse überein, da die Nutzungsdauer der einzelnen Investitionsalternativen unterschiedlich lang sein kann. Sind die jährlichen Ein- und Auszahlungen gleichbleibend, so können sie unmittelbar in die Investitionsrechnung übernommen werden. Schwanken dagegen die Jahreswerte, so muss zunächst der Gegenwartswert berechnet werden. Danach ist die Summe der Gegenwartswerte aufzuzinsen. In gleicher Weise werden die Anschaffungsauszahlungen und der Restwert berücksichtigt.

Man erhält die Annuität a einer Investition, d.h. die durchschnittlichen jährlichen Einzahlungsüberschüsse, wenn man gemäß Abbildung 54 den Kapitalwert mit dem sogenannten Kapitalwiedergewinnungsfaktor KWF multipliziert (Däumler 2000, S.120ff):

$$a = C_0 \frac{i}{1 - (1 + i)^{-n}}$$

$$= C_0 \frac{i(1 + i)^n}{(1 + i)^n - 1}$$

$$= C_0 \times KWF$$

Ähnlich wie die Kapitalwertmethode beruht auch die Annuitätenmethode auf den Voraussetzungen des vollkommenen Kapitalmarkts (Sollzinssatz = Habenzinssatz) und der Kenntnis des Kalkulationszinsfußes. Infolgedessen gilt die gleiche Kritik wie bei der Kapitalwertmethode. Die Annuitätenmethode führt zur gleichen Beurteilung von Investitionsalternativen wie die Kapitalwertmethode, wenn die Nutzungsdauer der Alternativen gleich lang ist.

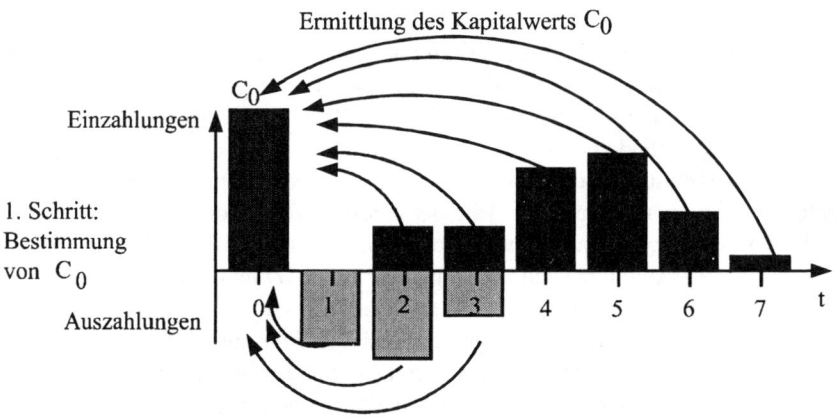

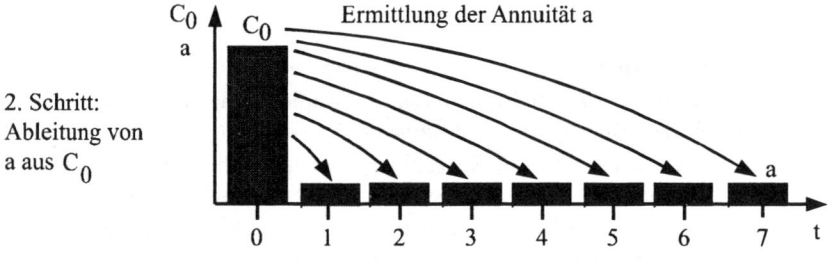

Abb. 54: Annuitätenmethode

3.6 Dynamische Amortisationsrechnung

Die dynamische Amortisationsdauer ist der Zeitraum im Planungsabschnitt, in dem das für ein Investitionsprojekt eingesetzte Kapital einschließlich dessen Verzinsung in Höhe des Kalkulationszinsfußes aus Zahlungsüberschüssen wieder „eingespielt" wird (Blohm/Lüder 1995, S.77ff). Der Amortisationszeitpunkt T_{AZ}, d.h. das Ende der Amortisationszeit, ist erreicht, wenn der Kapitalwert (ohne Berücksichtigung nachfolgender Zahlungen) zum ersten Mal Null wird. Geht man davon aus, dass die Investition nach dem Amortisationszeitpunkt nur noch Zahlungsüberschüsse in den Rest-Perioden aufweist, so liegt das „Verdienen" in der Zeit zwischen dem Amortisationszeitpunkt und dem Ende des Planungszeitraums. Das Kriterium der Vorteilhaftigkeit einer Investition setzt sich aus zwei Bedingungen zusammen:

•   Der Amortisationszeitpunkt der Investition liegt noch im Planungszeitraum.
•   Die Amortisationszeit ist kürzer als die subjektiv vom Investor festgelegte maximale Amortisationszeit.

Zur Bestimmung des Amortisationszeitpunkts T_{AZ} (und damit auch der dynamischen Amortisationszeit) werden mit Hilfe folgender Gleichungen (mit $q = 1 + i$)

$$\sum_{t=0}^{[T_{AZ}]} (E_t - A_t)q^{-t} = C_0([T_{AZ}]) < 0$$

$$\sum_{t=0}^{[T_{AZ}]+1} (E_t - A_t)q^{-t} = C_0([T_{AZ}]+1) \geq 0$$

wobei T_{AZ} minimal ist!

zunächst der größte ganzzahlige Wert kleiner T_{AZ} ($[T_{AZ}]$)[9] und der kleinste ganzzahlige Wert gleich oder größer T_{AZ} ($[T_{AZ}] + 1$) bestimmt (Blohm/Lüder 1995, S.78).

Falls $\sum_{t=0}^{[T_{AZ}]+1} (E_t - A_t)q^{-t} = 0$ ist, folgt daraus unmittelbar $T_{AZ} = [T_{AZ}] + 1$.

Falls hingegen $\sum_{t=0}^{[T_{AZ}]+1} (E_t - A_t)q^{-t} > 0$ ist, liegt T_{AZ} zwischen $[T_{AZ}]$ und $[T_{AZ}]+1$.

In diesem Fall kann ein Näherungswert ($T_{\hat{A}Z}$) durch lineare Interpolation unter Verwendung der folgenden Gleichung gewonnen werden:

---

9)   Durch die eckige Klammer wird die Gauß-Funktion ausgedrückt (z.B. gilt [3,75] = 3).

$$T_{\hat{A}Z} = [T_{AZ}] - \frac{C_0([T_{AZ}])}{C_0([T_{AZ}]+1) - C_0([T_{AZ}])}$$

Das Kriterium der Amortisationszeit ist im Gegensatz zu den bisher behandelten Kriterien kein Erfolgs- sondern ein Risikokriterium. Deshalb erscheint es sinnvoll, die Amortisationsrechnung nur als zusätzliches Kriterium (sogenannte Nebenbedingung) durchzuführen. Nebenbedingungen wirken wie ein Filter auf alle Investitionsvorschläge.

Langfristige Investitionen, wie die Errichtung von Gebäuden und der Erwerb von Beteiligungen, erscheinen nach der Entscheidungsregel der minimalen Amortisationsdauer in der Regel schlechter als kurzfristige Investitionen. Um dieser Konsequenz zu begegnen, kann man Klassen von Investitionen bilden, für jede Klasse eine unterschiedliche Höchstamortisationsdauer festlegen und die Entscheidungsregel nur innerhalb jeder Klasse anwenden. Als alleinige Entscheidungsregel ist die Amortisationsdauer ungeeignet. Sinnvoll ist sie jedoch als zusätzliches Kriterium, das als Nebenbedingung in das Investitionskalkül eingehen kann, indem z.B. die Maximierung der Einzahlungsüberschüsse nur unter der Nebenbedingung verfolgt wird, dass die Höchstamortisationsdauer nicht überschritten wird.

3.7 Beurteilung der dynamischen Verfahren

Die wichtigsten Aspekte der dynamischen Investitionsrechnungsverfahren lassen sich in tabellarischer Form wie folgt darstellen (in Anlehnung an Weber 2002, S.327):

Verfahren Kriterium	Kapitalwertmethode	Interne-Zinsfuß-Methode	Annuitätenmethode	Dynamische Amortisationsrechnung
verbale Definition	Erfassung sämtlicher mit der Investition verbundener Zahlungsströme (Ein-, Auszahlungen). Der zeitliche Anfall der Rückflüsse wird berücksichtigt. Die Abzinsung der Ein- und Auszahlungen erfolgt mit dem kalkulatorischen Zinsfuß.	Festlegung des kalkulatorischen Zinsfußes vor der Investitionsbeurteilung nicht mehr nötig. Der interne Zinsfuß der Investitionen wird errechnet.	Abgewandelte Form der Kapitalwertmethode. Rechnung mit durchschnittlichen Ein- und Auszahlungen.	Berücksichtigung der Verzinsung des gebundenen Kapitals. Durch Verlängerung der Amortisationszeit größere Sicherheit als bei statischer Amortisationsrechnung.
Grundausrichtung	Vermögensmaximierung	Rentabilitätsmaximierung	Vermögensmaximierung	Risikominimierung
Entscheidungskriterium	Gesamtzahlungsüberschuss über Investitionsdauer	Investitionsrendite	Perioden-Zahlungsüberschüsse über Investitionsdauer	Rücklaufzeit des eingesetzten Kapitals
Mängel	Genaue Kenntnis über Zahlungsströme			
	Verzinsung des freigesetzten Kapitals zum kalkulatorischen Zinsfuß	Verzinsung des freigesetzten Kapitals zum internen Zinsfuß	Verzinsung des freigesetzten Kapitals zum kalkulatorischen Zinsfuß	

Aufgabe 4:
Statische und dynamische Investitionsrechnungsverfahren: Beispiel

4.1 Aufgabenstellung

Ein Unternehmen plant die Einführung eines neuen Produkts auf dem Markt. Zur Realisierung dieses Vorhabens stehen drei Investitionsalternativen zur Auswahl. Die einzelnen Alternativen sollen nur mit Hilfe von Investitionsrechnungsverfahren beurteilt werden, da lediglich monetäre Aspekte als relevant angesehen werden. Weiterhin werden sichere Erwartungen bzgl. der zukünftigen Entwicklungen angenommen. Es gelten folgende Daten:

Ausgangsdaten	A	B	C
Anschaffungskosten in €	50 000	80 000	130 000
Nutzungsdauer in Jahren	4	5	6
Liquidationserlös in €	10 000	20 000	22 000
Kapazität in Stück pro Jahr	8 000	10 000	14 000
Gehälter (fix) in € pro Jahr	35 000	35 000	37 000
sonstige fixe Kosten in € pro Jahr	4 500	5 050	5 900
Löhne (var.) in € pro Jahr[10]	27 000	30 000	30 000
Material in € pro Jahr	62 000	68 000	90 000
sonstige variable Kosten in € pro Jahr	3 500	5 750	7 750
Verkaufspreis pro Stück in €	20		
gepl. Produktionsmenge in Stück pro Jahr	8 000		

Das Unternehmen geht bei der Bewertung der einzelnen Alternativen von einem Kalkulationszinsfuß von 10% aus. Der zeitliche Anfall und die Höhe der Zahlungen sollen aus Vereinfachungsgründen identisch mit der Kosten- und Leistungsstruktur sein. Diese Prämisse ist in der Realität nicht erfüllt, da die Zahlungen für die Materialbeschaffung zumeist früher und die Zahlungen aus Umsatzerlösen eher später anfallen, als sie kostenrechnerisch erfasst werden.

- Statische Investitionsrechnungsverfahren:
  Verwenden Sie die Ausgangsdaten der vorangehenden Tabelle, um für die einzelnen Alternativen jeweils eine Kostenvergleichsrechnung, eine Gewinnver-

---

10) Die variablen Kosten beziehen sich jeweils auf die Jahreskapazität der einzelnen Alternativen.

gleichsrechnung und eine Rentabilitätsrechnung durchzuführen! Interpretieren Sie die Ergebnisse nach absoluter und relativer Vorteilhaftigkeit! Ergänzen Sie ihre Rechnungen um eine statische Amortisationsrechnung nach der Kumulationsmethode!

- Dynamische Investitionsrechnungsverfahren:
Rechnen Sie mit den Zahlungsreihen der Investitionsalternativen die Kapitalwertmethode, die Annuitätenmethode und die Interne-Zinsfuß-Methode durch! Bestimmen Sie zusätzlich die dynamische Amortisationsdauer der einzelnen Alternativen und ordnen Sie die Ergebnisse nach relativer und absoluter Vorteilhaftigkeit!

Zahlungsüberschüsse							
t	0	1	2	3	4	5	6
A	-50 000	28 000	28 000	28 000	38 000	--	--
B	-80 000	36 950	36 950	36 950	36 950	56 950	--
C	-130 000	44 100	44 100	44 100	44 100	44 100	66 100

- Gegenüberstellung:
Stellen Sie anschließend die Ergebnisse der beiden oberen Aufgabenteile tabellarisch gegenüber!

4.2 Statische Investitionsrechnungsverfahren

(1) Kostenvergleichsrechnung:
Die Kostenvergleichsrechnung stellt die in einer Periode durchschnittlich anfallenden Kosten zweier oder mehrerer Investitionsalternativen gegenüber. Da sie die Ertragsstruktur der einzelnen Alternativen nicht berücksichtigt, wird angenommen, dass alle Alternativen absolut vorteilhaft sind und gleich hohe Erträge besitzen. Die relative Vorteilhaftigkeit resultiert aus der Kostendifferenz der einzelnen Alternativen. Die durchschnittlichen Kosten K je Zeitabschnitt betragen:

$$K = K^1 + \overbrace{\frac{1}{n}(A_0 - L)}^{\text{durchschnittliche Abschreibungen pro Periode}} + \underbrace{\left(\frac{A_0 - L}{2} + L\right)i}_{\text{durchschnittliche Zinsen pro Periode}}$$

Die laufenden Kosten K^1 setzen sich aus einem fixen und einem variablen Bestandteil zusammen, mit folgender Berechnungsvorschrift:

$$K_f^1 = \text{Gehälter} + \text{sonst. fixe Kosten}$$

$$K_v^1 = \frac{\text{geplante Produktionsmenge}}{\text{Kapazität der Anlage}} \text{(Löhne + Material + sonst. var. Kosten)}$$

Mit Hilfe dieser Formeln lassen sich die durchschnittlichen Kosten der einzelnen Alternativen bestimmen (Angaben in €):

A: $K_f^1 = 35000 + 4500 = 39500$

$$K_v^1 = \frac{8000}{8000}(27000 + 62000 + 3500) = 92500$$

$$K^1 = K_f^1 + K_v^1 = 39500 + 92500 = 132000$$

$$K = 132000 + \frac{1}{4}(50000 - 10000) + \left(\frac{50000 + 10000}{2}\right)0,1$$

$$= 132000 + 10000 + 3000 = 145000$$

B: $K_f^1 = 35000 + 5050 = 40050$

$$K_v^1 = \frac{8000}{10000}(30000 + 68000 + 5750) = 83000$$

$$K^1 = K_f^1 + K_v^1 = 40050 + 83000 = 123050$$

$$K = 123050 + \frac{1}{5}(80000 - 20000) + \left(\frac{80000 + 20000}{2}\right)0,1$$

$$= 123050 + 12000 + 5000 = 140050$$

C: $K_f^1 = 37000 + 5900 = 42900$

$$K_v^1 = \frac{8000}{14000}(30000 + 90000 + 7750) = 73000$$

$$K^1 = K_f^1 + K_v^1 = 42900 + 73000 = 115900$$

$$K = 115900 + \frac{1}{6}(130000 - 22000) + \left(\frac{130000 + 22000}{2}\right)0,1$$

$$= 115900 + 18000 + 7600 = 141500$$

Die Investitionsalternative B ist mit 140 050 € die kostengünstigste. Deshalb wird das Unternehmen diese Alternative durchführen, falls nur die Ergebnisse einer Kostenvergleichsrechnung in die Entscheidung eingehen.

(2) Gewinnvergleichsrechnung:
Die Kostenvergleichsrechnung vernachlässigt die Ertragsseite einer Investitionsalternative. Dieses Defizit versucht die Gewinnvergleichsrechnung zu beheben, indem sie Erträge in die Rechnung einbezieht. Die absolute und relative Vorteilhaftigkeit der Investitionsalternativen leiten sich dann aus dem durchschnittlichen Gewinn G ab, der als Differenz der durchschnittlichen Erträge und der durchschnittlichen Kosten definiert ist:

allgemein: G = geplante Produktionsmenge $\times$ Verkaufspreis - Kosten

A: G $=$ 8000 $\times$ 20 $-$ 145000 $=$ 15000

B: G $=$ 8000 $\times$ 20 $-$ 140050 $=$ 19950

C: G $=$ 8000 $\times$ 20 $-$ 141500 $=$ 18500

Alle Investitionsalternativen sind absolut vorteilhaft, da ihr durchschnittlicher Gewinn nicht negativ ist. Da die Erträge der Investitionsalternativen gleich hoch sind, ist die Alternative B, wie schon bei der Kostenvergleichsrechnung, die vorteilhafteste. Bei unterschiedlichen Ertragsstrukturen sind die Ergebnisse der Kostenvergleichsrechnung und der Gewinnvergleichsrechnung in der Regel nicht äquivalent.

(3) Rentabilitätsrechnung:
Die Rentabilitätsrechnung setzt den Jahresgewinn in Beziehung zum eingesetzten Kapital. Eine Investitionsalternative ist absolut vorteilhaft, wenn sie eine vom Unternehmen festgesetzte Mindestrentabilität erreicht. Die Rentabilität r_{Inv} einer Investitionsalternative lässt sich definieren als:

$$r_{Inv} = \frac{\text{durchschnittlicher Gewinn vor Zinsen}}{\underbrace{\frac{1}{2}(\text{Anschaffungsauszahlung} + \text{Liquidationserlös})}_{\text{durchschnittlich gebundenes Kapital}}} \times 100 \text{ (in \%)}$$

In der Gewinnvergleichsrechnung sind die durchschnittlichen Zinsen pro Periode bereits in die Berechnung eingeflossen. Den durchschnittlichen Gewinn vor Zinsen erhält man, wenn man die durchschnittlichen Zinsen aus dem durchschnittlichen Gewinn nach Zinsen „herausrechnet". Die benötigten durchschnittlichen Zinsen können aus der Kostenvergleichsrechnung entnommen werden. Die Mindestrentabilität soll dem Kalkulationzinssatz entsprechen und wird mit 10% angesetzt. Es ergeben sich folgende Rentabilitäten:

A: $r_{Inv} = \dfrac{15000 + 3000}{\frac{1}{2}(50000 + 10000)} 100 = 60\%$

B: $r_{Inv} = \dfrac{19950 + 5000}{\frac{1}{2}(80000 + 20000)} 100 = 49{,}9\%$

C: $r_{Inv} = \dfrac{18500 + 7600}{\frac{1}{2}(130000 + 22000)} 100 = 34{,}3\%$

Alle Alternativen sind mit einer 10% übersteigenden Rendite absolut vorteilhaft. Die höchste Rentabilität besitzt die Alternative A, welches insbesondere auf die vergleichbar niedrigen Anschaffungskosten zurückzuführen ist.

(4) Amortisationsrechnung:
Im Gegensatz zu den bisher verwendeten Verfahren orientiert sich die (statische) Amortisationsrechnung an den Zahlungsreihen der Investitionsalternativen. Sie ermittelt den Zeitpunkt, bei dem die Auszahlungen einer Investitionsalternative von den Einzahlungen derselben ausgeglichen werden. Für den Amortisationszeitpunkt T_{AZ} gilt nach der Kumulationsmethode:

$$\sum_{t=0}^{T_{AZ}} A_t \leq \sum_{t=0}^{T_{AZ}} E_t \quad \text{und } T_{AZ} \text{ minimal!}$$

Es ergibt sich folgende Tabelle:

	A	B	C
$-A_0$	-50 000	-80 000	-130 000
$+ (E_1 - A_1)$ =	28 000 -22 000	36 950 -43 050	44 100 -85 900
$+ (E_2 - A_2)$ =	28 000 6 000	36 950 -6 100	44 100 -41 800
$+ (E_3 - A_3)$ =	-- 	36 950 30 850	44 100 2 300

Die Amortisationsrechnung liefert lediglich ein Maß zur Beurteilung des Risikos einer Investition, ist aber kein alleiniges Entscheidungskriterium zur Bestimmung der Vorteilhaftigkeit derselben. Daher kann sie nur ergänzend zu anderen Verfahren durchgeführt werden.

4.3 Dynamische Investitionsrechnungsverfahren

(1) Kapitalwertmethode:
Die mit einer Investitionsalternative verbundenen Ein- und Auszahlungen können im Zeitablauf bzgl. der Höhe, dem zeitlichen Anfall und der Dauer differieren. Die Kapitalwertmethode berücksichtigt diese Tatsache, indem sie alle zukünftigen Ein- und Auszahlungen auf den Zeitpunkt unmittelbar vor Beginn der Investition abzinst. Der so definierte Kapitalwert C_0 errechnet sich folgendermaßen:

$$C_0 = \sum_{t=0}^{n} \frac{(E_t - A_t)}{(1 + i)^t}$$

In den einzelnen Zahlungsreihen des Beispiels sind jeweils die Zahlungsüberschüsse der Periode 1 bis zur Periode (Nutzungsdauer - 1) identisch. Der Kapitalwert kann deshalb mit Hilfe des Rentenbarwertfaktors RBF berechnet werden als:

$$C_0 = -A_0 + RBF_{n-1}^{i}(E_1 - A_1) + (E_n - A_n)q^{-n} \quad \text{mit} \quad RBF_n^{i} = \frac{q^n - 1}{q^n(q-1)}$$

Es ergeben sich folgende Kapitalwerte:

A: $C_0 = -50000 + 28000\dfrac{(1,1)^3 - 1}{(1,1)^3(1,1-1)} + 38000(1,1)^{-4}$

$\qquad = -50000 + 28000 \times 2,4869 + 38000 \times 0,6830$

$\qquad = 45587,20$

B: $C_0 = -80000 + 36950\dfrac{(1,1)^4 - 1}{(1,1)^4(1,1-1)} + 56950(1,1)^{-5}$

$\qquad = -80000 + 36950 \times 3,1699 + 56950 \times 0,6209$

$\qquad = 72488,06$

C: $C_0 = -130000 + 44100\dfrac{(1,1)^5 - 1}{(1,1)^5(1,1-1)} + 66100(1,1)^{-6}$

$\qquad = -130000 + 44100 \times 3,7908 + 66100 \times 0,56453$

$\qquad = 74487,70$

Alle Investitionsalternativen haben einen positiven Kapitalwert und sind somit absolut vorteilhaft. Die Alternative C ist mit 74 487,73 € die günstigste, die Alternative A mit 45 587,2 € die ungünstigste.

(2) Annuitätenmethode:
Die Annuitätenmethode ist eine Erweiterung der Kapitalwertmethode. Sie teilt den Kapitalwert einer Investition in eine Reihe von gleichhohen Zahlungen zu den jeweiligen Zahlungszeitpunkten des Planungszeitraums auf. Das Entscheidungskriterium der Annuitätenmethode ist folglich ein Vergleich der mit Hilfe der Zinseszinsrechnung ermittelten durchschnittlichen Ein- und Auszahlungen. Die Annuität a einer Investition lässt sich mit Hilfe des Kapitalwiedergewinnungsfaktors KWF definieren als:

$$a = C_0 \times KWF_n^{i} \quad \text{mit} \quad KWF_n^{i} = \frac{q^n(q-1)}{q^n - 1}$$

Das bedeutet für die einzelnen Alternativen:

A: $a = 45587,2\dfrac{(1,1)^4(1,1-1)}{(1,1)^4 - 1} = 45587,2 \times 0,3155 = 14382,76$

B: $a = 72488{,}06\dfrac{(1{,}1)^5(1{,}1-1)}{(1{,}1)^5-1} = 72488{,}06 \times 0{,}2638 = 19122{,}53$

C: $a = 74487{,}71\dfrac{(1{,}1)^6(1{,}1-1)}{(1{,}1)^6-1} = 74487{,}71 \times 0{,}2296 = 17102{,}37$

Da sich die Annuität aus dem Kapitalwert ableitet, entspricht das Ergebnis der Annuitätenmethode bzgl. der absoluten Vorteilhaftigkeit dem Ergebnis der Kapitalwertmethode; alle Investitionsalternativen sind absolut vorteilhaft. Bei der Beurteilung der relativen Vorteilhaftigkeit entsprechen sich die beiden Verfahren nur dann zwingend, wenn alle Alternativen die gleiche Nutzungsdauer besitzen. So ist im Gegensatz zur Kapitalwertmethode die Alternative B die günstigste.

(3) Interne-Zinsfuß-Methode:
Mit Hilfe der Internen-Zinsfuß-Methode wird die Effektivverzinsung einer Investition ermittelt, d.h. der Kalkulationszinsfuß, der zu einem Kapitalwert von Null führt. Eine Investition ist absolut vorteilhaft, wenn die erwartete Rendite r eine subjektiv festgelegte Mindestverzinsung i nicht unterschreitet. Zur Ermittlung der Rendite r setzt man die Kapitalwertfunktion gleich Null und löst nach r auf:

$$\sum_{t=0}^{n} \frac{(E_t - A_t)}{(1+r)^t} = 0 = C_0$$

Da die Lösung eine Gleichung n-ten Grades ist, verwendet man ein Näherungsverfahren, das den internen Zinsfuß extrapoliert bzw. interpoliert.

Die Berechnung des internen Zinsfußes erfolgt dann in drei Schritten:

(a) Schätzung des internen Zinsfußes i_1 und Ermittlung des zugehörigen Kapitalwerts C_{01}. $i_1 = 0{,}4$ (geschätzt)

A: $C_{01} = -50000 + 28000 \ \dfrac{(1{,}4)^3 - 1}{(1{,}4)^3(1{,}4-1)} + 38000(1{,}4)^{-4} = 4381{,}5$

B: $C_{01} = -80000 + 36950 \ \dfrac{(1{,}4)^4 - 1}{(1{,}4)^4(1{,}4-1)} + 56950(1{,}4)^{-5} = -1082$

C: $C_{01} = -130000 + 44100 \ \dfrac{(1{,}4)^5 - 1}{(1{,}4)^5(1{,}4-1)} + 66100(1{,}4)^{-6} = -31470{,}51$

(b) Wahl eines zweiten Kalkulationszinsfußes i_2 mit:
$i_2 > i_1$ für $C_{01} > 0$ bzw. $i_1 > i_2$ für $C_{01} < 0$; Berechnung des Kapitalwerts C_{02}.
$i_2 = 0{,}45$ für A, $i_2 = 0{,}3$ für B und C

A: $C_{02} = -50000 + 28000 \dfrac{(1,45)^3 - 1}{(1,45)^3(1,45 - 1)} + 38000(1,45)^{-4} = 408,59$

B: $C_{02} = -80000 + 36950 \dfrac{(1,3)^4 - 1}{(1,3)^4(1,3 - 1)} + 56950(1,3)^{-5} = 15380,88$

C: $C_{02} = -130000 + 44100 \dfrac{(1,3)^5 - 1}{(1,3)^5(1,3 - 1)} + 66100(1,3)^{-6} = -8897,03$

(c) Berechnung eines Näherungswertes r* für die einzelnen Alternativen:

allgemein: $r^* = i_1 - C_{01} \dfrac{i_2 - i_1}{C_{02} - C_{01}}$

A: $r^* = 0,4 - 4381,5 \dfrac{0,45 - 0,4}{408,59 - 4381,5} = 0,4551$

B: $r^* = 0,4 + 1082 \dfrac{0,3 - 0,4}{15380,88 + 1082} = 0,3934$

C: $r^* = 0,4 + 31470,51 \dfrac{0,3 - 0,4}{-8897,03 + 31470,51} = 0,2606$

Setzt man die Mindestverzinsung beispielsweise mit 10% an, so erfüllen alle Alternativen die an sie gestellte Mindestanforderung. Die Alternative A besitzt mit einem genäherten internen Zinsfuß von 45,51% die höchste Effektivverzinsung aller zur Auswahl stehenden Investitionen.

(4) Dynamische Amortisationsrechnung:
Der einzige Unterschied der dynamischen Amortisationsrechnung zur statischen besteht darin, dass die dynamische den zeitlichen Anfall der einzelnen Beträge durch die Abzinsung zukünftiger Zahlungen explizit berücksichtigt. Gesucht ist also der früheste Zeitpunkt T_{AZ} für den gilt:

$$C_0 = \sum_{t = 0}^{T_{AZ}} \frac{(E_t - A_t)}{(1 + i)^t} \geq 0$$

Man erhält folgende Tabelle:

	A	B	C
$-A_0$	-50 000,00	-80 000,00	-130 000,00
$+ (E_1 - A_1)\,(1{,}1)^{-1}$ =	25 454,54 -24 545,46	33 590,91 -46 409,09	40 090,91 -89 909,09
$+ (E_2 - A_2)\,(1{,}1)^{-2}$ =	23 140,47 -1 404,99	30 537,19 -15 871,90	36 446,28 -53 462,81
$+ (E_3 - A_3)\,(1{,}1)^{-3}$ =	21 036,81 19 631,82	27 761,08 11 889,82	33 132,98 -20 329,83
$+ (E_4 - A_4)\,(1{,}1)^{-4}$ =	--	--	30 120,89 9 791,06

Da alle Amortisationszeitpunkte innerhalb des Planungshorizonts der einzelnen Alternativen liegen, hängt die Entscheidung, welches Risiko für eine Investition tragbar ist, von der subjektiven Meinung des Investors ab. Die dynamische Amortisationsrechnung kann aber, ebenso wie die statische, kein alleiniges Entscheidungskriterium für die relative Vorteilhaftigkeit einer Investitionsalternative liefern. Da sie aber den zeitlichen Anfall der Zahlungen berücksichtigt, kann eine Investition als absolut vorteilhaft angesehen werden, wenn sie sich innerhalb ihres Planungshorizonts amortisiert.

4.4 Gegenüberstellung

Die Ergebnisse der einzelnen Verfahren sind in der folgenden Tabelle zusammengefasst. Dabei ist jeweils die bzgl. eines Verfahrens günstigste Methode gekennzeichnet. Für die Amortisationsrechnungen ist dies nicht möglich, da Ergebnisse für sich genommen kein hinreichendes Entscheidungskriterium für die Bestimmung der relativen Vorteilhaftigkeit einer Investition bereitstellen. Die statischen Investitionsrechnungsverfahren vernachlässigen den zeitlichen Anfall der Zahlungen wertmäßig und liefern deshalb keine genauen Ergebnisse. Sie sollten daher lediglich bei der Beurteilung kleiner, überschaubarer Investitionen Anwendung finden.

	Methode	Alternative		
		A	B	C
statische Verfahren	Kostenvergleichs-rechnung	145 000,00 €	**140 050,00 €**	141 500,00 €
	Gewinnvergleichs-rechnung	15 000,00 €	**19 950,00 €**	18 500,00 €
	Rentabilitäts-rechnung	**60%**	49,9%	34,3%
	(statische) Amortisa-tionsrechnung	**Periode 2**	Periode 3	Periode 3
dynamische Verfahren	Kapitalwert-methode	45 587,20 €	72 488,06 €	**74 487,70 €**
	Annuitäten-methode	14 382,76 €	**19 122,53 €**	17 102,37 €
	Interne-Zinsfuß-Methode	**ca. 45%**	ca. 39%	ca. 26%
	Dynamische Amorti-sationsrechnung	**Periode 3**	**Periode 3**	Periode 4

Beurteilt das Unternehmen die einzelnen Alternativen nur mit Hilfe der statischen Verfahren, so ist die Alternative B die günstigste, falls der Gewinn (als absolute Kennziffer) maximiert werden soll. Diese Entscheidung leitet sich aus der Kosten-vergleichsrechnung und der Gewinnvergleichsrechnung ab. Soll hingegen die Ver-zinsung des eingesetzten Kapitals (als relative Kennziffer) maximiert werden, so ist die Alternative A nach der Rentabilitätsvergleichsrechnung die optimale.

Das Beispiel zeigt, dass die Vorteilhaftigkeit einer Investitionsalternative sehr stark vom verwendeten Verfahren abhängt. Je nachdem, ob die relative Vorteilhaftigkeit mit Hilfe der Kapitalwertmethode, der Annuitätenmethode oder der Internen-Zins-fuß-Methode ermittelt wird, ist jeweils eine andere Alternative am günstigsten. Die-se Tatsache zeigt, dass insbesondere bei der Beurteilung komplexerer Investitions-projekte mehrere (dynamische) Investitionsrechnungsverfahren berücksichtigt wer-den sollten. Außerdem dürfen auch die Imponderabilien der Investitionsrechnungs-verfahren nicht vernachlässigt werden. Sie können z.B. bei unsicheren Erwatungen mit Hilfe der simulativen Risikoanalyse oder im Hinblick auf nicht-monetäre Ziel-größen mit Hilfe der Nutzwertanalyse in die Entscheidung einfließen.

Aufgabe 5:
Ergänzungs- und Differenzinvestitionen

5.1 Aufgabenstellung

Erläutern Sie anhand des folgenden Beispiels den Begriff und Zweck von Ergänzungs- und Differenzinvestitionen. Ein Investor steht vor der Entscheidung zwischen folgenden zwei Investitionsprojekten A und B mit unterschiedlichen Zahlungsgrößen in den Perioden t; der Kalkulationszinsfuß beträgt 10% ($i = 0{,}1$):

t	0	1	2	3	4
A	-10 000	5 000	5 000	3 000	-
B	-12 000	3 000	4 000	4 000	6 000

Gehen Sie bei Ihren Erläuterungen insbesondere auf die folgenden Fragen ein:

- Handelt es sich um Normalinvestitionen?
- Wie hoch sind die Kapitalwerte C_{0A} und C_{0B}?
- Wie lautet die Präferenzreihenfolge bei bestehender Möglichkeit von Ergänzungsinvestitionen zu i?
- Wie hoch ist der Kapitalwert der Differenzinvestition?
- Welcher Kontext besteht zur relativen Vorteilhaftigkeit?
- Es besteht die Möglichkeit einer Ergänzungsinvestition S zu A:

t	0	1	2	3
S	-2 000	700	900	1 200

Für welche Investitionsmaßnahmen entscheiden Sie sich?

- Ermitteln Sie den Kapitalwert von A und B bei identischer Wiederholung beider Investitionen! Wie lautet nun die Präferenzreihenfolge?
- Bestimmen Sie C_{0A} für $i_1 = 0{,}08$; $i_2 = 0{,}09$; $i_3 = 0{,}1$!
- Zeigen Sie geometrisch, wie die Höhe von i die Wahlentscheidung zwischen A und B beeinflusst!

5.2 Einleitung

Bei den dynamischen Investitionsrechnungsverfahren werden die Zahlungsreihen (Ein- und Auszahlungen) und deren zeitliche Struktur bewertet und dadurch eine Präferenzreihenfolge der Alternativen festgelegt. Damit diese Investitionsalternativen miteinander vergleichbar sind, müssen aber verschiedene Bedingungen erfüllt sein. Hierzu gehören unter anderem die Bedingungen

- gleicher Planungszeitraum / gleiche Nutzungsdauer der Investitionen und
- gleicher Kapitaleinsatz.

Um eine bessere Vergleichbarkeit auch von Investitionsalternativen zu gewährleisten, die diese Bedingungen nicht erfüllen, bedient man sich der Ergänzungs- und
Differenzinvestitionen. Die Problematik tritt besonders dann auf, wenn von den vor-
teilhaften Investitionsalternativen (Kapitalwert > Null) nicht alle realisiert werden
können. Dieses ist z.b. wegen der Restriktionen auf der Finanzierungsseite gegeben. Hat der Investor nur ein bestimmtes Kapital, so möchte er dieses nicht nur teilweise, sondern möglichst vollständig gewinnbringend anlegen.

5.3 Vergleichbarkeit von Investitionsalternativen

Die Differenzinvestition (Blohm/Lüder 1995, S.56) ist eine fiktive Investition, deren Zahlungsreihe sich aus der Differenz der Zahlungsreihen zweier alternativer Investitionen ergibt. Damit die Differenzinvestition die Eigenschaft einer Investition
erhält, sollte die Saldierung so erfolgen, dass sie mit einer Auszahlung beginnt.

Dagegen ist die Ergänzungsinvestition eine reale Investition, die zusätzlich zu einer
Investitionsalternative durchgeführt wird, um diese mit einer zweiten Investitionsalternative vergleichbar zu machen. Die Investitionsauszahlungsreihe der Ergänzungsinvestition entspricht der Struktur der Auszahlungsüberschüsse der Differenzinvestition (Blohm/Lüder 1995, S.56).

Bei den Investitionsalternativen A und B handelt es sich jeweils um Normalinvestitionen, da alle drei Merkmale einer Normalinvestition erfüllt sind (Busse v. Colbe/
Laßmann 1990, S.110f):

- Die Zahlungsreihe der Investitionen beginnt mit Nettoauszahlungen in den ers-
  ten Perioden.
- Nach den Perioden mit Auszahlungsüberschüssen folgen nur noch Perioden mit
  Nettoeinzahlungen.
- Die Investitionsalternativen A und B haben einen positiven Kapitalwert (s.u.).

Es sei: C_{0A} = Kapitalwert der Alternative A zum Zeitpunkt t=0
            C_{0B} = Kapitalwert der Alternative B zum Zeitpunkt t=0

Der Kapitalwert einer Investition errechnet sich folgendermaßen:

$$C_0 = \sum_{t=0}^{n} \frac{(E_t - A_t)}{(1+i)^t}$$

Somit ergibt sich für die Investitionsalternativen:

$$C_{0A} = -10000 + 5000(1,1)^{-1} + 5000(1,1)^{-2} + 3000(1,1)^{-3}$$
$$= -10000 + 5000 \times 0,9091 + 5000 \times 0,8264 + 3000 \times 0,7513$$
$$= 931,4$$

$$C_{0B} = -12000 + 3000(1{,}1)^{-1} + 4000(1{,}1)^{-2} + 4000(1{,}1)^{-3} + 6000(1{,}1)^{-4}$$

$$= -12000 + 3000 \times 0{,}9091 + 4000 \times 0{,}8264$$

$$+ 4000 \times 0{,}7513 + 6000 \times 0{,}683 = 1136{,}1$$

Obwohl der Kapitalwert von Investitionsalternative B höher ist als der von A, ist die Präferenzreihenfolge wegen mangelnder Vergleichbarkeit der beiden Alternativen damit noch nicht festgelegt.

Die Vergleichbarkeit der Alternativen wird nun durch eine Ergänzungsinvestition in Höhe von 2 000 und einer Verzinsung zu i = 10% verbessert. Somit kann die kleinere Investitionsalternative A und die Ergänzungsinvestition durchgeführt werden. Der Kalkulationszinsfuß ist also gleich der Verzinsung der Ergänzungsinvestition. Dieses bedeutet, dass der Kapitalwert der Ergänzungsinvestition gleich Null ist und somit keine Verbesserung für die Alternative A eintritt. Nach der obigen Rechnung gilt somit für die Präferenzreihenfolge: „Erst Alternative B, dann Alternative A."

Die Differenzinvestition zu den Investitionsalternativen A und B ergibt sich aus dem Saldo der Zahlungsströme, wobei darauf zu achten ist, die Investitionsalternative mit dem niedrigeren Kapitaleinsatz (Alternative A) von der Investitionsalternative mit dem höheren Kapitaleinsatz (Alternative B) abzuziehen.

t	0	1	2	3	4
Zahlungen für - Alternative A - Alternative B	-10 000 -12 000	5 000 3 000	5 000 4 000	3 000 4 000	-- 6 000
Differenzinvestition (B-A)	-2 000	-2 000	-1 000	1 000	6 000
Abzinsungsfaktor (mit i=0,1)	1	0,9091	0,8264	0,7513	0,6830
Barwerte der Differenzinvestition	-2 000	-1 818,2	-826,4	751,3	4 098

Die Summe der Barwerte entspricht dem Kapitalwert der Differenzinvestition.

$$C_{0 \text{ Diff}} = -2000 - 2000(1{,}1)^{-1} - 1000(1{,}1)^{-2} + 1000(1{,}1)^{-3} + 6000(1{,}1)^{-4}$$

$$= 204{,}7$$

Da hier die Kapitalwerte der beiden Alternativen bereits vorliegen, kann der Kapitalwert der Differenzinvestition auch ohne Berechnung des Saldos der Zahlungsströme ermittelt werden. Dazu wird der Betrag der Differenz zwischen den beiden Kapitalwerten gebildet.

$$C_{0 \text{ Diff}} = \text{Max}(C_{0A}, C_{0B}) - \text{Min}(C_{0A}, C_{0B})$$

$$C_{0 \text{ Diff}} = C_{0B} - C_{0A} = 204{,}7$$

Als Entscheidungshilfe für die relative Vorteilhaftigkeit einer Investitionsalternative vergleicht man die Kapitalwerte der Ergänzungs- und Differenzinvestition. Ist der Kapitalwert der Ergänzungsinvestition größer als der der Differenzinvestition, so liegt die relative Vorteilhaftigkeit bei dem finanziell kleineren Investitionsprojekt (und umgekehrt). Für den hier behandelten Fall ist also die Investitionsalternative B zu bevorzugen.

Im Gegensatz zu der obigen Differenzinvestition gibt es für die Ergänzungsinvestition eine konkrete Zahlungsreihe.

Ergänzungsinvestition			
t	Kapitalfluss	Abzinsungsfaktor	Barwert
0	-2 000	1,0000	-2 000,00
1	700	0,9091	636,37
2	900	0,8264	743,76
3	1 200	0,7513	901,56
		Kapitalwert	281,69

Um die relative Vorteilhaftigkeit zu ermitteln, sind alle bisherigen Möglichkeiten miteinander zu vergleichen. Das heißt in diesem Fall entweder die Investitionsalternative B oder Investitionsalternative A einschließlich ihrer Ergänzungsinvestition. Die zugehörigen Kapitalwerte sind somit gegenüberzustellen:

$$C_{0B} < C_{0A} + C_{0Erg(A)}$$
$$1136,10 < 931,40 + 281,69$$
$$1136,10 < 1213,09$$

Unter den bisherigen Bedingungen hat Investitionsalternative A mit der zugehörigen Ergänzungsinvestition einen um 76,99 höheren Kapitalwert als der von Alternative B.

5.4 Investition bei einmaliger Wiederholung

Es soll davon ausgegangen werden, dass die Investition so durchgeführt wird, dass keine Produktionsunterbrechung eintritt. Man kann im Allgemeinen nicht davon ausgehen, dass die günstigere Investitionsalternative bei einmaliger Investition auch die günstigere bei einmalig wiederholter ist. Dieses hängt auch von der unterschiedlichen Investitionsdauer ab. Eine neue Berechnung der Kapitalwerte ist deshalb notwendig. Als Ergebnis gilt: Auch bei einer Wiederholung der Investitionsalternativen bleibt der Kapitalwert von B größer als ihr „Konkurrent" A.

t	Abzinsungs-faktor	Zahlungen A	Barwert A	Zahlungen B	Barwert B
0	1,0000	-10 000	-10 000,0	-12 000	-12 000,0
1	0,9091	5 000	4 545,5	3 000	2 727,3
2	0,8264	5 000	4 132,0	4 000	3 305,6
3	0,7513	-10 000 + 3 000	-5 259,1	4 000	3 005,2
4	0,6830	5 000	3 415,0	-12 000 + 6 000	-4 098,0
5	0,6209	5 000	3 104,5	3 000	1 862,7
6	0,5645	3 000	1 693,5	4 000	2 258,0
7	0,5132			4 000	2 052,8
8	0,4665			6 000	2 799,0
		Kapitalwert A = 1 631,4		Kapitalwert B = 1 912,6	

5.5 Kapitalwert in Abhängigkeit vom Kalkulationszinsfuß

Für die Beurteilung der relativen und absoluten Vorteilhaftigkeit von Investitions-alternativen ist die Wahl des Kalkulationszinsfußes von entscheidender Bedeutung. Die Präferenzreihenfolge der einzelnen Alternativen kann somit variieren. Dieser Zusammenhang zwischen Zinshöhe und Kapitalwert lässt sich visualisieren, um somit kritische Kalkulationszinsfüße aufzeigen zu können.

Gemäß der nachstehenden Tabelle werden für veränderte Kalkulationszinsfüße die Kapitalwerte der Investitionsalternative A bestimmt, um so die (i.d.R. umgekehrt proportionale) Abhängigkeit des Kapitalwerts vom gewählten Kalkulationszinsfuß darstellen zu können.

t	0	1	2	3	Σ Barwerte
Zahlungen	-10 000	5 000	5 000	3 000	
(1) Abzinsungsfaktor (mit i=8%)	1,0	0,9259	0,8573	0,7938	
Barwert dazu	-10 000	4 629,5	4 286,5	2 381,4	1 297,4
(2) Abzinsungsfaktor (mit i=9%)	1,0	0,9174	0,8417	0,7722	
Barwert dazu	-10 000	4 587	4 208,5	2 316,6	1 112,1
(3) Abzinsungsfaktor (mit i=10%)	1,0	0,9091	0,8264	0,7513	
Barwert dazu	-10 000	4 545,5	4 132	2 253,9	931,4

Die geometrische Abhängigkeit der Kapitalwerte für die Investitionsalternativen A und B von unterschiedlichen Zinssätzen visualisiert Abbildung 55:

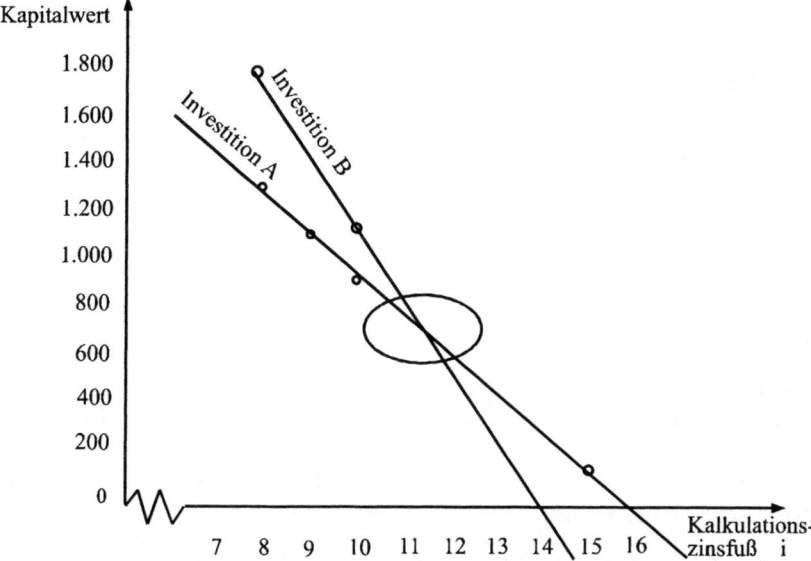

Abb. 55: Kapitalwert in Abhängigkeit von der Wahl des Kalkulationszinsfußes

In dieser Skizze soll nur der tendenziell sichtbare geometrische Zusammenhang dargestellt werden. Es sind aus Vereinfachungsgründen nur Geraden dargestellt, im Allgemeinen handelt es sich um stetig fallende Funktionen, die nicht linear sein müssen. Wie aus der Abbildung 55 ersichtlich, hat der Kalkulationszinsfuß i auf die Investitionsalternative B einen stärkeren Einfluss, was mit dem relativ späten Kapitalrückfluss zusammenhängt. Im Bereich zwischen 11% - 12% wechselt die Präferenzreihenfolge von B nach A.

Aufgabe 6:
Nutzwertanalyse

6.1 Aufgabenstellung

Beschreiben und diskutieren Sie die Nutzwertanalyse hinsichtlich

* Anwendungsmöglichkeit und -notwendigkeit,
* Zielkriterien, Bewertungsmaßstäben und Nutzenmessung sowie Grenzen der Aussagen und ihrer Anwendbarkeit!

6.2 Einleitung

Die Handlungen von Unternehmen sind darauf abgestellt, selbstgesteckte Ziele zu erreichen. Diese bestehen nicht nur aus monetären Zielinhalten wie Gewinn und Rentabilität, sondern auch aus nicht-monetären und oft schwer quantifizierbaren Zielinhalten wie Marktanteil, Marktgeltung oder Betriebssicherheit. Die Bewertung erfolgt in drei Stufen (Kruschwitz 2000, S.19):

(1) Die quantifizierbaren Konsequenzen in Bezug auf monetäre Ziele finden Eingang in die klassische Investitionsrechnung als erste Stufe.
(2) Die quantifizierbaren und nicht-quantifizierbaren Konsequenzen von Handlungsmöglichkeiten in Bezug auf nicht-monetäre Ziele werden in einer zweiten Stufe beurteilt.
(3) Die Ergebnisse der ersten und zweiten Stufe werden miteinander verknüpft. Eine systematische Methode ist hierbei die Nutzwertanalyse, die den Scoring-Modellen zuzuordnen ist.

6.3 Anwendung der Nutzwertanalyse

Mit Hilfe der Nutzwertanalyse, einer im technischen Bereich konzipierten Planungsmethode zur systematischen Vorbereitung von Entscheidungen, wird versucht, alternative umfassende Investitionsmöglichkeiten auf ihre Beiträge zu dem mehrdimensionalen Zielsystem eines Investors hin zu untersuchen und eine Ordnung der Alternativen entsprechend ihrem Nutzen zu ermöglichen. Die Ordnung erfolgt durch Angabe der Nutzwerte der Alternativen. Der Nutzwert ist ein zahlenmässiger Ausdruck für den subjektiven Wert einer Investition hinsichtlich des Erreichens vorgegebener Ziele.

Nutzwertanalysen werden zur Lösung von Entscheidungsproblemen herangezogen, bei denen die relevanten Zielwirkungen der Entscheidungsalternativen nicht monetär erfassbar sind. Da Investitionsprojekte auch nicht-monetäre Konsequenzen aufweisen, sollte die Nutzwertanalyse immer als eine die traditionelle Investitionsrechnung ergänzende, nicht aber sie ersetzende Analyse verstanden werden.

6.4 Verfahrensschritte der Nutzwertanalyse

Bei der Nutzwertanalyse wird zunächst eine subjektive Einschätzung der relativen Bedeutung der jeweiligen Zielkriterien vorgenommen. Anschließend erfolgt eine Bewertung der Zielerreichung jeder Handlungsalternative für jedes einzelne Zielkriterium (Bestimmung des Teilnutzens). Die so ermittelten Teilnutzen werden entsprechend der relativen Bedeutung gewichtet und zu dem Gesamtnutzen der Handlungsalternative aggregiert (Blohm/Lüder 1995, S.175). Das Verfahren der Nutzwertanalyse lässt sich in fünf Schritte aufteilen (Blohm/Lüder 1995, S.177):

(1) Zielkriterienbestimmung
(2) Zielkriteriengewichtung
(3) Teilnutzenbestimmung
(4) Nutzwertermittlung
(5) Beurteilung der absoluten und relativen Vorteilhaftigkeit

Auf die einzelnen Schritte wird im Folgenden näher eingegangen (Blohm/Lüder 1995, S.177ff):

(1) Zielkriterienbestimmung:
Die Zielkriterien sind die einzelnen Elemente des Zielsystems eines Unternehmens. Ohne die Aufstellung eines derartigen Katalogs fehlt dem Handelnden eine Bewertungsgrundlage. Jedes Zielkriterium sollte zudem eine Messskala besitzen, anhand derer die Erreichung des Kriteriums bestimmt werden kann. D.h. für jedes Zielkriterium sollte eine nominale (gut/schlecht; ja/nein), ordinale (Rangordnung) oder kardinale (Intervallskalierung) Messskala angegeben werden. Die kardinale Messung mit Vergabe von Punkten für vorher festgelegte Intervalle bietet sich meist an, um die jeweilige Zielerreichung mit Punkten zu bewerten. Es ist bei der Aufstellung von Zielkriterien darauf zu achten, dass es keine substitutiven oder Über-Unter-Ordnungsverhältnisse gibt. Die Abbildung 56 zeigt ein Beispiel für eine nach Klassen geordnete Zielkriterienauswahl (Emmert 1974, S.87ff).

(2) Zielkriteriengewichtung:
Die Betonung der einzelnen Zielkriterien unterliegt subjektiven Einschätzungen des Investors und kann daher sehr unterschiedlich ausfallen. Um diesem Zustand zu genügen, muss der Entscheidungsträger die Zielkriterien gewichten, womit der relative Nutzen der Teilziele festgelegt wird. Zur Bestimmung der Kriteriengewichte werden sogenannte Skalierungsverfahren (direkte oder indirekte Intervallskalierung, Verhältnisskalierung etc.) angewendet.

Kriterienklasse	Kriterien
Absatzmarkt-Kriterien	- Marktanteil - Sättigungsgrad des Markts - Produktpalette - Marktstrategie - Werbereagibilität
Arbeits- und Beschaffungsmarkt-Kriterien	- Beschaffbarkeit von Arbeitskräften - Beschaffbarkeit von Rohmaterialien - Gegengeschäfte - Kundendienst - Lieferzeit
arbeitsphysiologische Kriterien	- Unfallsicherheit - Staub-, Lärm- u. andere Belästigungen - geistige Anforderungen - körperliche Anforderungen - Bedienbarkeit
Infrastruktur-Kriterien	- innerbetriebliche Transportmöglichkeiten - außerbetriebliche Transportmöglichkeiten - Energieversorgung - Vor- und Nachkapazität - Betriebslandschaft - Abfallbeseitigung
technische Kriterien	- universelle Verwendbarkeit - Kapazitätsreserven - Automatisierungsgrad - Schulungsanforderungen - Reife der Konstruktion - Störungen im Betriebsablauf bei Installation
Umwelt-Kriterien	- Übereinstimmung mit behördlichen Planungen - Umweltbelästigungen durch Emissionen u.ä. - Imageverbesserung am Absatzmarkt - Imageverbesserung am Arbeitsmarkt - Einstellung der Umwelt zur Investition - Erfüllung sozialpolitischer Erfordernisse

Abb. 56: Zielkriterienauswahl mit Klassenordnung

(3) Teilnutzenbestimmung:
Der Teilnutzen entspricht dem Nutzen einer Handlungsalternative für ein Zielkriterium. Damit eine hohe Transparenz der Nutzwertanalyse gewährleistet ist, sollte die Teilnutzenbestimmung in zwei Stufen erfolgen:
(a) Messung der Zielerreichung:
Die Zielbeiträge einer Handlungsalternative werden anhand der mitgelieferten Messskala für dieses Zielkriterium nach oft subjektiven Einschätzungen bestimmt. Der Zielbeitrag hängt von dem Ausmaß der Erfüllung eines Zielkriteriums durch die betrachtete Alternative ab.
(b) Transformation der Zielerreichung in den Teilnutzen

Abbildung 57 verdeutlicht den Vorgang der Teilnutzenbestimmung anhand eines Beispiels:

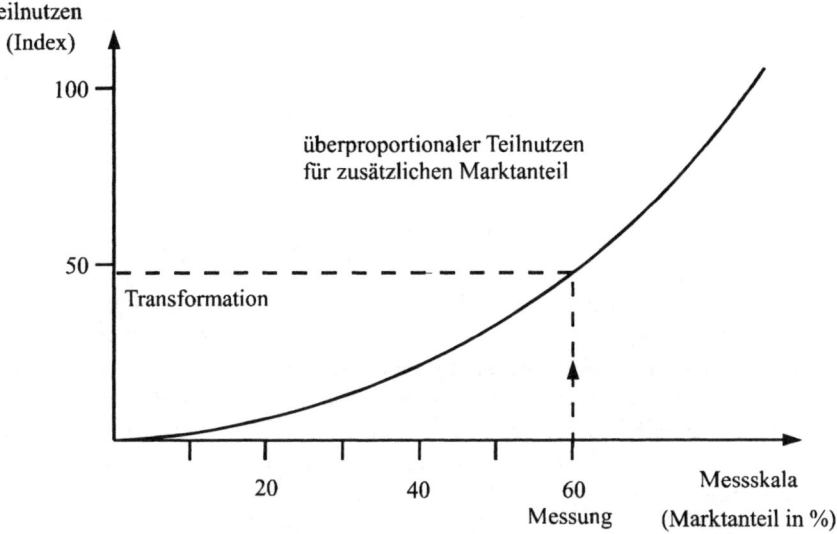

Abb. 57: Transformation der Zielkriteriummessung in den Teilnutzen

(4) Nutzwertermittlung:

Die Nutzwertermittlung erfolgt durch die Zusammenfassung von $\bar{j}$ (= Anzahl der Zielkriterien) eindimensionalen Präferenzordnungen. Der vorher bestimmte Teilnutzen n_{ij} der Handlungsalternative i in Bezug auf das Zielkriterium j wird gewichtet mit g_j und über alle $\bar{j}$ Zielkriterien summiert. Der absolute Nutzen N_i für die Handlungsalternative i kann somit wie folgt berechnet werden:

$$N_i = \sum_{j=1}^{\bar{j}} n_{ij}\, g_j \qquad \text{mit} \quad \sum_{j=1}^{\bar{j}} g_j = 1$$

(5) Beurteilung der absoluten und relativen Vorteilhaftigkeit:

Die Nutzwertanalyse ist keine in sich geschlossene Entscheidungsrechnung, sondern stellt nur einen Rahmen für die systematisch nachvollziehbare Redaktion von Entscheidungsinformationen dar. Die Feststellung der absoluten Vorteilhaftigkeit einer Investition i bzgl. der in die Nutzwertanalyse einbezogenen Zielkriterien erfolgt durch Vergleich des ermittelten Nutzwerts N_i mit dem Anspruchsniveau $\bar{N}$ des Entscheidungsträgers. Geht man davon aus, dass die rein monetären Auswirkungen der Investition mit Hilfe der Kapitalwertmethode analysiert werden, so ergeben sich für die absolute Vorteilhaftigkeit einer Investition vier mögliche Fälle:

- Hat die Investition den Kapitalwert $C_{0i} \geq 0$ und $N_i \geq \bar{N}$, so ist die Investition absolut vorteilhaft.

- Gilt für die Investition $C_{0i} \leq 0$ und $N_i < \overline{N}$, so ist sie absolut unvorteilhaft.
- Gilt für die Investition $C_{0i} < 0$ und $N_i > \overline{N}$, so ist die Investition nur dann absolut vorteilhaft, wenn nach subjektiver Einschätzung des Investors der erzielbare Nutzwert mindestens ein Äquivalent für die Zahlungsunterdeckung darstellt.
- Gilt für die Investition $C_{0i} > 0$ und $N_i < \overline{N}$, so ist die Investition nur dann absolut vorteilhaft für den Investor, wenn der erzielbare Kapitalwert C_{0i} mindestens einen Ausgleich für die Untererfüllung des Nutzenanspruchs in Bezug auf nicht-monetäre Ziele darstellt.

Unabhängig von einer ergänzenden Einbeziehung investitionsrechnerischer Kalküle können diese auch selbst als ein Kriterium in die Nutzwertanalyse einfließen.

Die Durchführung von Nutzwertanalysen ist relativ aufwendig. Sie sollte sich daher auf komplexe Großprojekte mit einer Vielzahl entscheidungsrelevanter, aber in einer reinen Wirtschaftlichkeitsrechnung nicht erfassbarer Konsequenzen beschränken. Bei weniger komplexen oder bei unbedeutsamen nicht-monetären Konsequenzen ist eine verbale Beschreibung ausreichend. Es ist dabei sinnvoll, eine Vorauswahl der Investitionsalternativen zu treffen. Hierfür können Nebenbedingungen definiert werden.

Aufgabe 7:
Ökonomische Nutzungsdauer und optimaler Ersatzzeitpunkt im Überblick

7.1 Aufgabenstellung

Erläutern Sie Möglichkeiten der Bestimmung von

- ökonomischer Nutzungsdauer (ex-ante-Bestimmung) bei einmaliger sowie wiederholter Investition und
- optimalem Ersatzzeitpunkt (ex-post-Bestimmung)

auf der Grundlage von Entscheidungskriterien gemäß der Methoden der dynamischen Investitionsrechnungsverfahren!

7.2 Einleitung

Für die bisher dargestellten Verfahren der Investitionsrechnung standen die Zeitpunkte der ersten und der letzten Zahlung und damit die Nutzungsdauer fest. In der Regel ist die betriebliche Nutzungsdauer jedoch kein Datum, sondern ein Entscheidungsproblem (Däumler 1988, S.181ff). Die wirtschaftlich optimale Nutzungsdauer ist kürzer als die technisch höchst mögliche. Dem Investor stellt sich somit vor der Anschaffung die Frage nach der ökonomischen Nutzungsdauer. Da diese auf ungewissen Informationen über die Zukunftsentwicklung beruht, können sich zwischen den tatsächlichen und den geplanten Zahlungsströmen Abweichungen ergeben. Dann stellt sich erneut die Frage, ob ein Investitionsobjekt früher oder später als geplant beendet oder ersetzt werden soll. Da man die Frage nach der ökonomischen Nutzungsdauer vor Durchführung der Investition zu stellen hat, wird sie auch als ex-ante-Entscheidung bezeichnet, während die Frage des optimalen Ersatzzeitpunkts als ex-post-Entscheidung charakterisiert wird.

7.3 Ökonomische Nutzungsdauer bei einmaliger Investition

Eine einmalige Investition ist dadurch gekennzeichnet, dass sich nach Beendigung ihrer Nutzungsdauer keine weitere Sachinvestition anschließt, deren Beginn von dem Nutzungsdauerende der betrachteten Anlage abhängt (Busse v. Colbe/Laßmann 1990, S.132ff). Bei einer einmaligen Investition ist gemäß Abbildung 58 die ökonomische Nutzungsdauer n_{opt} in der Periode erreicht, in der der Kapitalwert der Investition in Abhängigkeit von der Nutzungsdauer maximal ist.

$$C_0 = -A_0 + \left[\sum_{t=1}^{n} (E_t - A_t) \frac{1}{q^t} \right] + L_n \frac{1}{q^n} = \text{Max!}$$

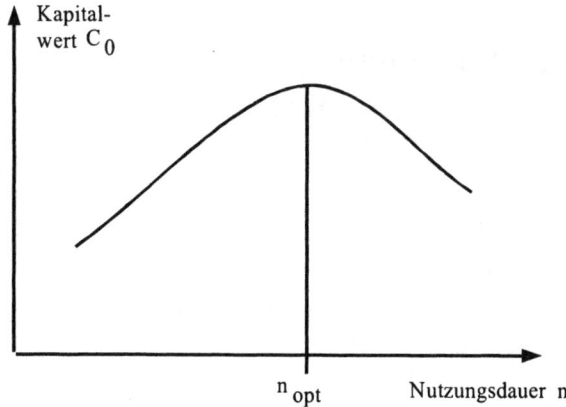

Abb. 58: Kapitalwert in Abhängigkeit von der Nutzungsdauer

Die ökonomische Nutzungsdauer kann nicht nur durch Maximierung des Kapitalwerts, sondern auch durch eine Grenzbetrachtung (periodenweise) in Bezug auf die Nutzungsdauer bestimmt werden (Däumler 1988, S.193f). Unter der Voraussetzung von monoton sinkenden Grenzzahlungsüberschüssen (Einzahlungen abzüglich Auszahlungen, Restwert- und Zinsverlust der jeweiligen Periode) lohnt sich bei einer einmaligen Investition der Weiterbetrieb einer Anlage um eine Periode, so lange die zeitlichen Einzahlungen E_t vermindert um Restwertverlust und Zinsverlust größer als die Auszahlungen A_t sind:

$$E_t - (\underbrace{L_{t-1} - L_t}_{\text{Restwertverlust}}) - \underbrace{L_{t-1} \times i}_{\text{Zinsverlust}} \geq A_t$$

7.4 Ökonomische Nutzungsdauer bei wiederholter Investition (Investitionsketten)

Bei einer Investitionskette schließen sich bei einem Investitionsobjekt Folgeinvestitionen lückenlos an; dabei fällt jeweils das Ende der Nutzungsdauer eines Investitionsobjekts mit dem Beginn der Folgeinvestition zusammen (Däumler 1988, S.193ff). Zumeist wird dabei die finanzielle Identität der einzelnen Investitionsobjekte vorausgesetzt. Darunter versteht man, dass jeweils bei allen Gliedern der Investitionskette die Kapitalwerte für die Nutzungsdauer bei einmaliger Investition und die Zahlungsreihen identisch sind. Grundsätzlich wird unterschieden zwischen einer einmaligen Wiederholung und einer unendlichen Investitionskette:

(1) Einmalige Wiederholung:
    Bei einmaliger Investitionswiederholung umfasst die Investitionskette zwei Glieder. Das Entscheidungskriterium ist der Kapitalwert C_{0K} der Investitionskette, der für beide Investitionen A und B gemeinsam maximiert wird (Busse v. Colbe/Laßmann 1990, S.137ff):

$$C_{0K} = C_{0A} + C_{n_A B} \times q^{-n_A}$$

C_{0_A} : Kapitalwert für Objekt A im Zeitpunkt 0

$C_{n_A B}$: Kapitalwert für das identische Objekt B im Zeitpunkt n_A nach Abschluss der Investition A

Während im Falle der einmaligen Investition die ökonomische Nutzungsdauer dann erreicht ist, wenn der Grenzzahlungsüberschuss negativ wird und somit die Anlage des Resterlöses zum Zinsfuß i lohnender wird, hat bei einmaliger Wiederholung der Investor die Gelegenheit, einen Kapitalwertzuwachs durch rechtzeitige Nutzung der Ersatzanlage zu erzielen. Die ökonomische Nutzungsdauer n_{opt} ist erreicht, wenn der Grenzzahlungsüberschuss der ersten Anlage A gleich der Verzinsung des Kapitalwerts der Ersatzanlage B ist. Bei jährlichen Ersatzzeitpunkten gilt folgende Formel:

$$(E_t^A - A_t^A) - (L_{t-1}^A - L_t^A) - L_{t-1}^A \times i \geq C_{n_A B} \times i$$

(2) Die unendliche Investitionskette:
Erweitert man die Betrachtung zu einem unendlich viele Ersatzvorgänge umfassenden Modell, so zeigt sich, dass das Ende der wirtschaftlichen Nutzungsdauer einer Anlage erreicht ist, wenn Periodenüberschuss zuzüglich Restverkaufserlös gerade noch ausreichen, um den aufgezinsten Restverkaufserlösverlust der Vorperiode und die Zinsen auf den Kapitalwert aller Nachfolger der Anlage zu decken. Erstreckt sich nun die Lebensdauer des Unternehmens bis ins Unendliche, so belasten die Zinsen auf die Kapitalwerte der Nachfolger jede Anlage der Investitionskette gleich hoch.
Der Kapitalwert bei der jeweils ökonomischen Nutzungsdauer n_{opt} stellt sich als Summe einer unendlichen geometrischen Reihe wie folgt dar (Busse v. Colbe/Laßmann 1990, S.141f):

$$C_{0\infty} = C_0 + C_0 \times q^{-n} + C_0 \times q^{-2n} + \ldots$$

Diese Reihe lässt sich wie folgt vereinfachen:

$$C_{0\infty} = \frac{C_0}{i} \times \frac{i(1+i)^n}{(1+i)^n - 1}$$

Die ökonomische Nutzungsdauer ist am Ende der Periode erreicht, in der der zeitliche Grenzzahlungsüberschuss letztmalig größer oder gleich der Annuität ist; die optimale Nutzungsdauer n_{opt} ist das maximale n, für welches gilt:

$$\underbrace{(E_n - A_n) - (L_{n-1} - L_n) - i \times L_{n-1}}_{\text{zeitlicher Grenzzahlungsüberschuss}} \geq \underbrace{C_{0n} \times \underbrace{\frac{i(1+i)^n}{(1+i)^n - 1}}_{\text{KWF}}}_{\text{Annuität}}$$

Hieraus folgt, dass bei einheitlichem Kalkulationszinsfuß die ökonomische Nutzungsdauer jeder Anlage innerhalb einer identischen Investitionskette bei Kapitalwertmaximierung durch die Periode beschrieben wird, in der die Annuität eines Investitionsobjekts ihr Maximum erreicht. Zwischen den Zielsetzungen Maximierung der Annuität eines Investitionsobjekts und Maximierung des Kapitalwerts einer unendlichen identischen Investitionskette besteht also kein Unterschied. Unter der Annahme einer kontinuierlich variierbaren Nutzungsdauer lässt sich der Zusammenhang graphisch mit Abbildung 59 darstellen:

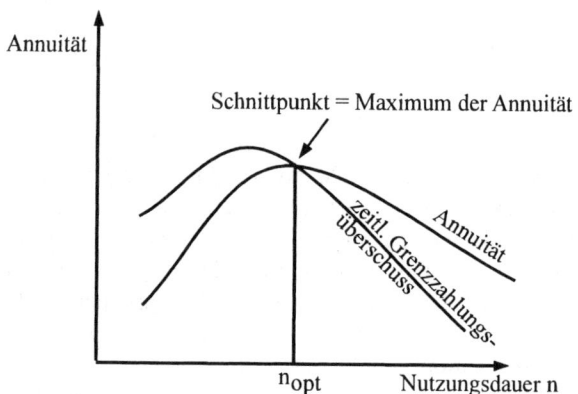

Abb. 59: Zeitlicher Grenzzahlungsüberschuss und Annuität in Abhängigkeit von der Nutzungsdauer (Busse v. Colbe/Laßmann 1990, S.142)

7.5 Optimaler Ersatzzeitpunkt

Die ökonomische Nutzungsdauer wird für eine geplante Investition oder Investitionsfolge im Zusammenhang mit der Vorteilhaftigkeitsbestimmung berechnet. Grundlage der Berechnung ist der Informationsstand vor Beginn des Anlagenerwerbs. Nach Inbetriebnahme können jedoch neue Informationen über die Beschaffungs- und Absatzmarktlage dazu führen, dass es für das Unternehmen vorteilhaft ist, die Nutzung der Investitionsobjekte (Anlagen) zu einem anderen als dem ex ante berechneten Zeitpunkt zu beenden. Damit stellt sich die Frage nach dem optimalen Ersatzzeitpunkt für das im Betrieb befindliche Investitionsobjekt durch eine neue Anlage (Busse v. Colbe/Laßmann 1990, S.143ff).

Bei der neuen Anlage handelt es sich hierbei um eine reine Ersatzinvestition, d.h. es werden vorhandene Betriebsmittel (alte Anlage) durch funktionsidentische Objekte (neue Anlage) substituiert. Die Eigenständigkeit des Ersatzzeitpunkt-Problems resultiert aus der Erfahrung, dass sich die Erwartungen des Investors hinsichtlich der zukünftigen Datenentwicklung im Zeitablauf oder der Planungshorizont ändern; ansonsten fielen der optimale Ersatzzeitpunkt und das Ende der optimalen Nutzungsdauer zusammen.

Das Ersatzzeitpunktproblem beinhaltet den Vergleich zweier Handlungsalternativen:

Alternative 1: Sofortiger Ersatz des alten Investitionsobjekts durch ein neues Investitionsobjekt.

Alternative 2: Das bestehende Investitionsobjekt wird weiter betrieben. Nach einer Periode (meist 1 Jahr) werden die Ausgangsdaten für die bestehende Investition neu analysiert und das Ersatzzeitpunktproblem neu entschieden.

Als Entscheidungskriterium für das Ersatzzeitpunktproblem wird die Annuität während des Planungszeitraums gewählt.

Damit die nachfolgenden Spezialfälle und die Betrachtung des allgemeingültigen Falls Gültigkeit besitzen, sind zunächst einige grundlegende Prämissen bezüglich des verwendeten Modells zu erwähnen:

- Es gelten alle Prämissen, die bereits für die dynamischen Investitionsrechnungsverfahren gelten, speziell die der Annuitätenmethode.
- Da als Entscheidungskriterium die Annuität Anwendung findet, ist die ökonomische Nutzungsdauer der neuen Anlage unter Verwendung der Annuitätenmethode zu berechnen. Diese ist von der Laufzeit der alten Anlage unabhängig und kann daher als vorgegebener Input in die Berechnung des optimalen Ersatzzeitpunkts übernommen werden.
- Der Planungszeitraum für die Alternative 1 (Sofortersatz) wird mit der ökonomischen Nutzungsdauer der neuen Anlage gleichgesetzt, bei Alternative 2 (Weiterbetrieb) beträgt er hingegen nur ein Jahr/eine Periode.
- Die Ausgangsdaten für die neue Anlage bleiben für die Zukunft unverändert. Die Ausgangsdaten der alten Anlage können sich ändern und werden nach Ablauf eines Jahres/einer Periode jeweils aktualisiert.
- Die alte Anlage kann ggf. sofort abgebrochen und die neue Anlage ohne Verzug in Betrieb genommen werden (nahtloser Übergang).
- Liquidationserlöse werden neben den Ein- und Auszahlungen der Investitionsobjekte gesondert betrachtet.
- Zahlungen, die real im Laufe einer Periode getätigt werden, werden in der Investitionsrechnung so behandelt, als wenn sie erst zum Ende der Periode anfallen. Zahlungen, die in der Periode zwischen t und t+1 anfallen, werden mit dem Zeitpunkt t+1 verrechnet.
- Die barwertigen Rückflüsse der alten Anlage, vermindert um den zinsbereinigten Restwertverlust, sind zu späteren Zeitpunkten (ab t+2) jeweils geringer als zum Zeitpunkt t+1 (sinkende Überschüsse der Altanlage).

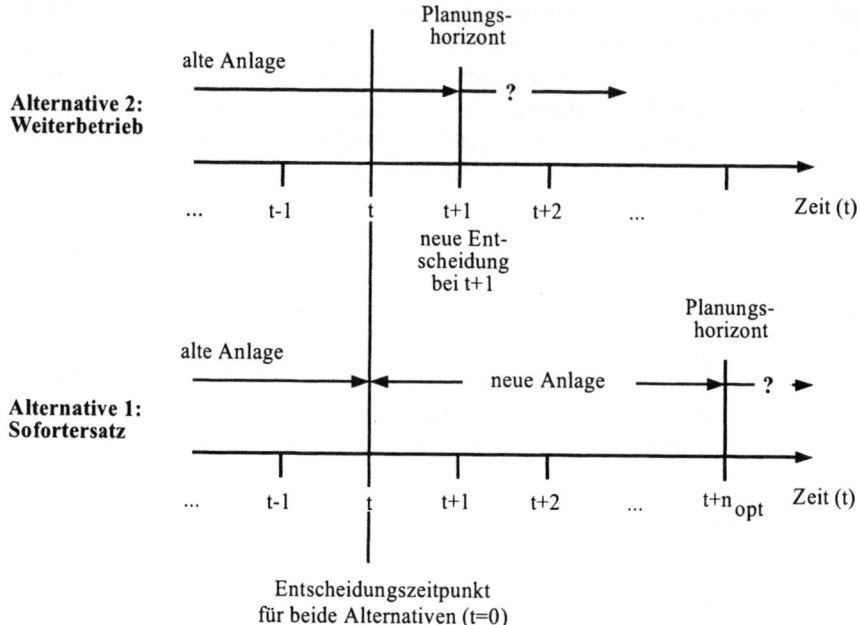

Abb. 60: Zeitstruktur der beiden Alternativen

Für die Bestimmung des optimalen Ersatzzeitpunkts ist die Wahl des Planungszeitraums eine entscheidungsrelevante Einflussgröße (vgl. Abbildung 60). Während bei Alternative 1 (Sofortersatz) der entscheidungsrelevante Planungszeitraum mit der ökonomischen Nutzungsdauer der Ersatzanlage identisch ist, wird der Planungszeitraum der Alternative 2 (Weiterbetrieb) auf ein Jahr/eine Periode beschränkt; der Ersatzzeitpunkt bleibt unentschieden. Die Entscheidung wird zur Zeit t getroffen und ohne Verzögerung umgesetzt.

Im Folgenden werden sechs Fälle unterschieden und jeweils die Bedingung für den Sofortersatz gemäß Alternative 1 angegeben.

(1) Restwert der Altanlage = 0, Restwert der Neuanlage = 0, die Einzahlungen der neuen Anlage sind gegenüber der alten Anlage unverändert, die laufenden Auszahlungen der neuen Anlage sind konstant. Die Bedingung für den Sofortersatz lautet:

$$A_{t+1}^{alt} \geq A_{t+1}^{neu} + A_{0t}^{neu} \times KWF_{n_{opt}}$$

Der Sofortersatz der alten Anlage lohnt sich, wenn die laufenden Auszahlungen der alten Anlage A_{t+1}^{alt} größer oder gleich den laufenden Auszahlungen der neuen Anlage A_{t+1}^{neu} zuzüglich der Annuität der Anschaffungsauszahlung $A_{0t}^{neu} \times KWF$ sind. Der hierfür verwendete Kapitalwiedergewinnungsfaktor KWF beruht auf der ökonomischen Nutzungsdauer n_{opt} der neuen Anlage, die mit Hilfe der Annuitätenmethode ermittelt wird.

(2) Restwert der Altanlage ≥ 0, Restwert der Neuanlage $= 0$, Einzahlungen der neuen Anlage sind gegenüber der alten Anlage unverändert, die laufenden Auszahlungen der neuen Anlage sind konstant. Die Bedingung für Sofortersatz lautet:

$$A_{t+1}^{alt} + \underbrace{(q \times L_t^{alt} - L_{t+1}^{alt})}_{\text{zinsbereinigte Restwertverluste}} \geq A_{t+1}^{neu} + (A_{0t}^{neu} - L_t^{alt}) \times KWF_{n_{opt}}$$

Sofortersatz der Altanlage lohnt sich, wenn die laufenden Auszahlungen der alten Anlage einschließlich des zinsbereinigten Restwertverlusts größer oder gleich den laufenden Auszahlungen der neuen Anlage zuzüglich der Annuität der Nettoneuanschaffungsauszahlung $(A_{0t}^{neu} - L_t^{alt}) \times KWF$ ist.

(3) Restwert der Altanlage $= 0$, Restwert der Neuanlage $= 0$, Einzahlungen der neuen Anlage sind gegenüber der alten Anlage unverändert. Die Bedingung für Sofortersatz lautet:

$$A_{t+1}^{alt} \geq \underbrace{\left(A_{0t}^{neu} + \sum_{t^* = t+1}^{t+n_{opt}} A_{t^*}^{neu} \times q^{-(t^* - t)} \right) \times KWF_{n_{opt}}}_{\text{Annuität der Auszahlungen der Ersatzinvestition}}$$

Der Sofortersatz lohnt sich, wenn die laufenden Auszahlungen der alten Anlage größer oder gleich den durchschnittlichen Auszahlungen (Annuität) der neuen Anlage sind.

(4) Restwert der Altanlage ≥ 0, Restwert der Neuanlage ≥ 0, die laufenden Auszahlungen der neuen Anlage sind konstant, die Einzahlungen der neuen Anlage sind gegenüber der alten Anlage unverändert. Die Bedingung für den Sofortersatz lautet:

$$A_{t+1}^{alt} + (q \times L_t^{alt} - L_{t+1}^{alt}) \geq$$
$$A_{t+1}^{neu} + \left[A_{0t}^{neu} - L_t^{alt} - L_{t+n_{opt}}^{neu} \times q^{-n_{opt}} \right] \times KWF_{n_{opt}}$$

Der Sofortersatz der alten Anlage ist dann sinnvoll, wenn die laufenden Auszahlungen und der zinsbereinigte Restwertverlust der Altanlage größer oder gleich sind als die laufenden Auszahlungen der neuen Anlage zuzüglich der auf Annuitäten verteilten Nettoneuanschaffungsauszahlung einschließlich des Barwerts des Liquidationserlöses der Neuanlage bei optimaler Nutzungsdauer.

(5) Restwert der Altanlage ≥ 0, Restwert der Neuanlage ≥ 0, Ein- und Auszahlungen sind variabel. Die Bedingung für den Sofortersatz lautet:

$$(E_{t+1}^{alt} - A_{t+1}^{alt}) - (q \times L_t^{alt} - L_{t+1}^{alt}) \leq$$

$$\left(-(A_{0t}^{neu} - L_t^{alt}) + L_{t+n_{opt}}^{neu} \times q^{-n_{opt}} + \right.$$

$$\left. \sum_{t^* = t+1}^{t+n_{opt}} (E_{t^*}^{neu} - A_{t^*}^{neu}) \times q^{-(t^* - t)} \right) \times KWF_{n_{opt}}$$

Die Anlage ist zu ersetzen, sobald die Differenz aus Zahlungsüberschüssen und zinsbereinigtem Restwertverlust der alten Anlage die Annuität aus dem laufenden Überschuss der neuen Anlage und dem Restwert nach ökonomischer Nutzungsdauer n_{opt} abzüglich der Investitionsauszahlung der neuen Maschine zuzüglich des Restwerts (zum Zeitpunkt t) der alten Maschine unterschreitet.

(6) Dynamische Optimierung: In den bisher betrachteten Modellen wurden die Ein- und Auszahlungen der alten Anlage, die über die aktuelle Folgeperiode hinausgehen, nicht berücksichtigt. Dieses erscheint dann sinnvoll, wenn die barwertigen Rückflüsse der alten Anlage während der Restnutzungsdauer nicht ansteigen. Wird diese Einschränkung aufgehoben, so kann das Problem des optimalen Ersatzzeitpunkts in ein Entscheidungsproblem der ökonomischen Nutzungsdauer überführt werden. Es gibt dann keine zwei Alternativen mehr, zwischen denen zu entscheiden ist. Der Planungszeitraum wird als variabel angesehen. Er setzt sich aus der neu zu berechnenden optimalen Restnutzungsdauer (bezogen auf die Annuitätenmethode) der alten Anlage und der optimalen Nutzungsdauer der neuen Anlage zusammen. Dabei wird dann die „durchschnittliche Annuität" a_ϕ (bezogen auf den Planungszeitraum) als Entscheidungskriterium herangezogen, die sich aus der Annuität der alten und neuen Anlage gemäß Abbildung 61 zusammensetzt. Gesucht ist n_{alt}, bei der die folgende Gleichung maximiert wird.

$$a_\phi = \left(C_t^{alt} + q^{-n_{alt}} \times C_{t+n_{alt}}^{neu} \right) KWF_{(n_{alt} + n_{opt, neu})} \rightarrow \text{Max!}$$

mit: C_t^{alt} = max. Restkapitalwert (nach Annuitätenmethode berechnet) der alten Anlage zum Entscheidungszeitpunkt t

$C_{t+n_{alt}}^{neu}$ = Kapitalwert (nach Annuitätenmethode berechnet) der neuen Anlage zum Ersatzzeitpunkt bei $t + n_{alt}$

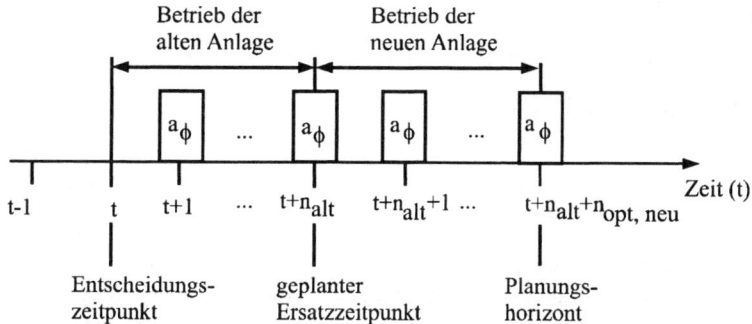

Abb. 61: Ersatzzeitpunkt und Annuität bei dynamischer Optimierung

Es sei angemerkt, dass auch für diesen Fall eine erneute Rechnung nach einem Jahr nötig sein kann, falls die alte Anlage weiterbetrieben wird, da sich die Ausgangsdaten der Investitionsrechnung in der Zukunft verändern können.

Aufgabe 8:
Ökonomische Nutzungsdauer und optimaler Ersatzzeitpunkt: Beispiel

8.1 Aufgabenstellung

(1) Ökonomische Nutzungsdauer:
Die Investitionsabteilung eines Unternehmens hat die Aufgabe bekommen, das Angebot einer Maschinenfirma zu überprüfen. Für den Fall einer vorzeitigen Beendigung der Nutzung und Veräußerung der Anlage entstehen Erlöse, die ebenso wie die jährlichen Cash Flow-Beträge dieser Anlage wie folgt prognostiziert werden (die nachfolgenden Beträge sind jeweils in T€ angegeben):

Jahr	jährlicher Cash Flow	Restverkaufserlös
1	4 000	7 500
2	3 500	5 500
3	3 000	3 800
4	2 000	2 200
5	1 000	1 000

Der Kaufpreis der Anlage beträgt 10 000. Der Kalkulationszinsfuß wird mit 10% angesetzt. Berechnen Sie die ökonomische Nutzungsdauer der Investition, wenn sie

(a) nur einmal durchgeführt werden kann,
(b) zweimal durchgeführt werden kann,
(c) unendlich oft durchgeführt werden kann.

(2) Optimaler Ersatzzeitpunkt:
Ein metallverarbeitendes Unternehmen überprüft kontinuierlich den Bestand seiner Maschinen hinsichtlich deren Wirtschaftlichkeit. Im Rahmen dieser Investitions- und Desinvestitionsplanung soll auch das Angebot einer neuen Stahlfräse beurteilt werden. Derzeit befindet sich ein älteres, technisch veraltetes Modell in Betrieb. Für die neue Fräse N, deren Nutzungsdauer vom Hersteller mit 4 Jahren angegeben wird, werden die folgenden Zahlungsüberschüsse prognostiziert:

Jahr	1	2	3	4
Zahlungsüberschüsse	600	500	400	200

Der Kaufpreis der neuen Fräse N einschließlich Montage beträgt 1 200. Für den Verkauf der Maschine nach einer Nutzung von n Jahren garantiert der Hersteller die folgenden Erlöse:

Nutzungsdauer	1	2	3	4
Liquidationserlös	600	400	200	50

Die in Betrieb befindliche alte Anlage A, deren technische Restnutzungsdauer noch 4 Jahre beträgt, führt entsprechend den aus der Abteilung Verkauf gemeldeten Daten bei der Weiternutzung zu den folgenden Zahlungsüberschüssen in den kommenden Perioden:

Jahr	1	2	3	4
Zahlungsüberschüsse	350	240	120	100

Für den Restwert der alten Anlage werden, je nachdem ob der Verkauf sofort (t = 0) oder am Ende einer der künftigen Perioden erfolgt, die folgenden Preise geschätzt:

Jahr	0	1	2	3	4
Restwert	400	200	100	50	0

Der Kalkulationszinsfuß beträgt 10% (i = 0,1).

(a) Bestimmen Sie die ökonomische Nutzungsdauer der neuen Anlage, d.h. ob die neue Anlage bei unendlicher Investitionswiederholung von ihrer Installation an jeweils nach 1, 2, 3 oder 4 Jahren durch ein identisches Folgemodell ersetzt werden soll!

(b) Ermitteln Sie nun den optimalen Ersatzzeitpunkt t* der alten Anlage! Gehen Sie dabei davon aus, dass t = 1 der frühestmögliche Ersatzzeitpunkt (sofortiger Ersatz) ist und ein Ersatz spätestens in t = 4 erfolgt!

8.2 Ökonomische Nutzungsdauer

Die Berechnungen werden mit Hilfe der Kapitalwertmethode durchgeführt, wobei nachfolgend die Fälle (a) - (c) unterschieden werden.

(1a) Einmalige Durchführung:
Gemäß nachfolgender Tabelle beträgt die optimale Nutzungsdauer 4 Perioden. Der maximale Kapitalwert beträgt dabei 1 651,3.

Nutzungs-dauer in Perioden	1	2	3	4	5	Abzin-sungsfaktor (10%)
Investitions-anschaffung	-10 000	-10 000	-10 000	-10 000	-10 000	1
1. Jahr	4 000 +7 500	4 000	4 000	4 000	4 000	0,9091
2. Jahr		3 500 +5 500	3 500	3 500	3 500	0,8264
3. Jahr			3 000 +3 800	3 000	3 000	0,7513
4. Jahr				2 000 +2 200	2 000	0,6830
5. Jahr					1 000 +1 000	0,6209
Σ Barwerte	454,55	1 074,00	1 637,64	1 651,03	1 390,50	

(1b) Einmalige Wiederholung:
Wie schon oben erwähnt, ist der Kapitalwert C_{0K} für die zwei identischen seriellen Investitionen:

$$C_{0K} = C_{0A} + C_{n_A B} \times q^{-n_A}$$

Dieser ist nun zu maximieren, wobei $C_{n_A B}$ dem zuvor bei einmaliger Durchführung errechneten Optimum entspricht.

Nutzungs-dauer der 1. Maschine	Kapitalwert der 1. Investition	Kapitalwert bei optimaler Nutzungsdauer	Abzinsungs-faktor	Gesamt-kapitalwert
1	454,55	1 651,30	0,9091	1 955,75
2	1 074,00	1 651,30	0,8264	2 438,63
3	1 637,64	1 651,30	0,7513	2 878,26
4	1 651,30	1 651,30	0,6830	2 779,14

Das Ergebnis ist nun wie folgt abzulesen: Die Nutzungsdauer für die zweite Investition entspricht immer der optimalen Nutzungsdauer bei einmaliger Investition. In der obigen Tabelle wird hingegen nur die Nutzungsdauer für die erste Investition errechnet. Die optimale Nutzungsdauer beträgt also für die erste Investition 3 Perioden und für die zweite Investition 4 Perioden mit einem Gesamtkapitalwert von 2 878,26. Dieser errechnet sich wie folgt: 2 878,26 = 1 637,64 + 1 651,30 × 0,7513.

(1c) Unendliche Wiederholung:

Die Formel zur Kapitalwertberechnung bei unendlicher Wiederholung lautet:

$$C_{0\infty} = \frac{C_0}{i} \times \frac{i(1+i)^n}{(1+i)^n - 1} = C_0 \frac{KWF}{i}$$

Die Kapitalwerte bei einmaliger Investition C_0 liegen bereits vor. Daraus ergibt sich die Tabelle:

jeweilige Nutzungsdauer	Kapitalwert	$\frac{KWF}{i}$	Gesamt-kapitalwert
1	454,55	11,000	5 000,05
2	1 074,00	5,762	6 188,39
3	1 637,64	4,021	6 584,95
4	1 651,30	3,155	5 209,85
5	1 390,50	2,638	3 668,14

Die Tabelle zeigt, dass die ökonomische Nutzungsdauer der einzelnen Maschinen 3 Perioden beträgt.

8.3 Optimaler Ersatzzeitpunkt

Die Berechnungen werden nachfolgend (a) für die ökonomische Nutzungsdauer und (b) für den optimalen Ersatzzeitpunkt vorgenommen.

(2a) Ökonomische Nutzungsdauer:

Zunächst sollen die Kapitalwerte berechnet werden, die bei unterschiedlicher Nutzungsdauer der Anlage anfallen:

Nutzungs-dauer	Zahlung t=0	Zahlung t=1	Zahlung t=2	Zahlung t=3	Zahlung t=4	Σ Barwerte
1	-1 200	1 200				-109,08
2	-1 200	600	900			89,22
3	-1 200	600	500	600		209,44
4	-1 200	600	500	400	250	229,93
Abzinsungs-faktor	1	0,9091	0,8264	0,7513	0,6830	

Hiermit soll nun die ökonomische Nutzungsdauer bei unendlicher Investitionswiederholung berechnet werden. Gesucht wird dabei nach der Nutzungsdauer, bei der das Gesamtkapitalwertmaximum eintritt.

Für die Berechnung des Gesamtkapitalwerts mit unendlicher Investitionskette ergibt sich somit die folgende Tabelle:

jeweilige Nutzungsdauer	Kapitalwert	$\dfrac{\text{KWF}}{\text{i}}$	Gesamt-kapitalwert
1	-109,08	11,000	-1 199,88
2	89,22	5,762	514,09
3	209,44	4,021	842,16
4	229,93	3,155	725,43

Aus der Tabelle ergibt sich eine ökonomische optimale Nutzungsdauer bei unendlicher identischer Investitionsfolge von drei Perioden.

(2b) Optimaler Ersatzzeitpunkt:
Die Bedingung für den Sofortersatz bei nicht konstanten Einzahlungen und Restwert der alten Anlage lautet:

$$(E^{alt}_{t+1} - A^{alt}_{t+1}) - (q \times L^{alt}_t - L^{alt}_{t+1}) \leq$$

$$\left(-(A^{neu}_{0t} - L^{alt}_t) + L^{neu}_{t+n_{opt}} \times q^{-n_{opt}} + \right.$$

$$\left. \sum_{t^* = t+1}^{t+n_{opt}} (E^{neu}_{t^*} - A^{neu}_{t^*}) \times q^{(-t^* - t)} \right) \times KWF_{n_{opt}}$$

$$= \underbrace{\left(-A^{neu}_{0t} + L^{neu}_{t+n_{opt}} \times q^{-n_{opt}} + \sum_{t^* = t+1}^{t+n_{opt}} (E^{neu}_{t^*} - A^{neu}_{t^*}) \times q^{(-t^* - t)} \right) \times KWF_{n_{opt}}}_{\text{einmalige Berechnung}}$$

$$+ L^{alt}_t \times KWF_{n_{opt}}$$

Durch Umformung der „rechten Formelseite" kann die Berechnung der Annuität der neuen Anlage für unterschiedliche Nutzungsdauern der alten Anlage vereinfacht werden. Mit $n = n_{opt} = 3$ und $q = 1{,}1$ gilt:

$$KWF = \frac{q^n(q-1)}{q^n - 1} = 0{,}4021$$

Die Frage lautet nun: Wann ist der Zahlungsüberschuss plus Restwertverlust der alten Anlage geringer als die Annuität der neuen Anlage? Ist dieses der Fall, dann sollte die alte Anlage sofort ersetzt werden. Die folgende Tabelle stellt die Ergebnisse der Ungleichung für unterschiedliche Ersatzzeitpunkte t gegenüber:

t	„linke Formelseite"	„rechte Formelseite"
1	110	245,06
2	120	164,64
3	60	124,43
4	45	104,32

Aus den Eintragungen der Tabelle ergibt sich ein sofortiger Ersatz (t = 0), da die Annuität der neuen Anlage bereits zum Ende der ersten Periode größer als der Zahlungsüberschuss und Restwert-/Zinsverlust der alten Anlage ist.

Aufgabe 9:
Investitionsrechnungen bei unsicheren Erwartungen

9.1 Aufgabenstellung

Systematisieren, beschreiben und diskutieren Sie die Berücksichtigung der verschiedenen Formen von Unsicherheit in praxisorientierten und theoretisch abgeleiteten Verfahren der Investitionsrechnung! Gehen Sie dabei auf die folgenden Verfahren näher ein:

- Korrekturverfahren
- Amortisationsrechnung
- Sensitivitätsanalyse
- simulative Risikoanalyse
- Entscheidungsbaumverfahren

9.2 Einleitung

Grundsätzlich gibt es zwei Problemkomponenten bei Investitionsentscheidungen. Dieses ist zum einen die Inflexibilität von einmal getroffenen Entscheidungen, d.h. dass diese Entscheidungen bzw. ihre Auswirkungen nicht kurzfristig rückgängig gemacht oder abgeändert werden können. Zum anderen gibt es das Problem der Unsicherheit über die zukünftige Entwicklung entscheidungsrelevanter Größen, auf die im Folgenden näher eingegangen werden soll.

Ordnet man die unternehmerischen Erwartungen nach abnehmendem Sicherheitsgrad, so kann man eine Dreiteilung der Ungewissheitsgrade bzw. Erwartungswahrscheinlichkeiten vornehmen (Däumler 1988, S.142f):

- sichere Erwartungen (Sicherheit)
- unsichere Erwartungen (Unsicherheit i.e.s.: Risikoerwartungen)
- keine Erwartungen (vollkommene Ungewissheit im engeren Sinne)

Sicherheit ist gegeben, wenn kein Zweifel am Eintreten eines bestimmten Ereignisses besteht, d.h. einer Investitionsalternative kann ein Ergebniswert zugerechnet werden, und nur dieser Wert wird für realistisch gehalten. Dieses ist bei Realinvestitionen nur selten der Fall; im Bereich der Finanzinvestitionen gibt es hingegen viele Beispiele für sichere Investitionen.

Unsichere Erwartungen im engeren Sinne oder Risikoerwartungen sind dadurch gekennzeichnet, dass die Auswirkungen einer Investition nicht mit Sicherheit im Voraus prognostiziert werden können, aber Wahrscheinlichkeitsaussagen über die Auswirkungen einer Investition getroffen werden können. Nimmt ein Investor den wahrscheinlichsten Wert der Auswirkungen an, so steht dem Risiko (negative Abweichung des tatsächlichen Werts vom wahrscheinlichsten) auch eine Chance (positive Abweichung des tatsächlichen Werts vom wahrscheinlichsten) gegenüber. Diese Wahrscheinlichkeitsverteilung kann objektiv oder subjektiv sein. Die objektiven Wahrscheinlichkeiten sind dadurch gekennzeichnet, dass sie aus empirischen Häufigkeitsverteilungen abgeleitet werden. Die subjektiven Wahrscheinlichkeiten beziehen sich auf Glaubwürdigkeiten bzw. subjektive Erfahrungen des Investors.

Für den Fall, dass vollständige Ungewissheit vorliegt, besitzt der Investor weder objektive noch subjektive Anhaltspunkte für Wahrscheinlichkeitsaussagen. Der Investor hat also keine Entscheidungsgrundlage. Eine Lösung von Entscheidungsproblemen ist in diesem Fall unmöglich, da es bei vollständiger Unkenntnis der künftigen Entwicklung keine Auswahl unter bewertbaren Investitionsalternativen mehr gibt.

9.3 Wahrscheinlichkeitsaussagen

Bei sicheren Erwartungen wird ein sicheres Datum für die Inputgröße der Investitionsrechnung gewählt. Da erwartete und tatsächliche Entwicklungen meistens divergieren, entsteht die Gefahr von Fehlinvestitionen. Dieses Risiko kann mit den im Folgenden beschriebenen Verfahren vermindert werden. Man unterscheidet zwei Arten von Verfahren: die praxisorientierten und die theoretisch abgeleiteten Verfahren.

Da Investitionsentscheidungen zukunftsbezogen sind, ist es naheliegend zu fordern, dass dabei auch die Unsicherheit über die Zukunft berücksichtigt wird. Der Investor kann daher in der Zukunft nicht nur eine einzige Datenkonstellation für möglich erachten, sondern kann im Fall unsicherer Erwartungen im engeren Sinne von mehrwertigen Erwartungen ausgehen.

Für die Ermittlung der Wahrscheinlichkeitsaussagen bei unsicheren Erwartungen im engeren Sinne gibt es grundsätzlich zwei Möglichkeiten (Blohm/Lüder 1995, S.247f):

(1) Ermittlung der Wahrscheinlichkeiten mit Hilfe einer empirischen Häufigkeitsverteilung: Wenn in der Vergangenheit eine Reihe ähnlicher Entscheidungen getroffen worden sind, so lassen sich hieraus die relativen Häufigkeiten berechnen. Dieses ist in der Praxis nur selten gegeben.
(2) Ermittlung der Wahrscheinlichkeiten auf der Basis intuitiver Vorstellungen: Hierbei spielen die subjektiven Erfahrungen eines Investors eine wesentliche Rolle. Diese „Glaubwürdigkeitskennziffern" werden in der Praxis häufig benutzt, da empirische Häufigkeitsverteilungen meist nicht vorliegen. Letztlich gehören auch alle Investitionsentscheidungen bei Sicherheit in diese Kategorie, wobei davon ausgegangen wird, dass lediglich eines von möglichen Ergebnissen glaubwürdig ist und somit die „Glaubwürdigkeitsziffer" 1 erhält.

9.4 Korrekturverfahren

Bei dem Korrekturverfahren (Kruschwitz 2000, S.278ff; Blohm/Lüder 1995, S.248ff) handelt es sich um einen in der Praxis weit verbreiteten Ansatz zur Berücksichtigung der Unsicherheit. Das gemeinsame Merkmal aller Korrekturverfahren ist die Änderung einzelner ursprünglicher Schätzwerte. Mit Hilfe von Zu- und Abschlägen werden die wahrscheinlichsten Werte von Inputdaten auf mit Sicherheit zu erwartende Größen reduziert. Die Korrekturen können an jeder der für die Wirtschaftlichkeitsrechnung wesentlichen Inputgrößen einzeln oder kombiniert vorgenommen werden. Geändert werden in erster Linie folgende Daten (Blohm/Lüder 1995, S.248ff; Däumler 1988, S.147f):

- Kalkulationszinsfuß:
  Der Kalkulationszinsfuß wird um so höher angesetzt, je höher die Unsicherheit eingeschätzt wird, d.h. dass in der Regel der Kapitalwert eines Investitionsobjekts um so niedriger ist, je unsicherer die Erwartungen sind. Es wird nur die denkbar schlechteste Zukunftssituation als relevant unterstellt. Dieses wird durch einen Risikozuschlag für die Unsicherheit gerechtfertigt.
- Rückflüsse:
  Die Rückflüsse werden um so niedriger angesetzt, je höher die Unsicherheit eingeschätzt wird. Dieses ist dadurch begründet, dass die Absatzmengen und der Verkaufspreis (also der Ertrag) im Gegensatz zu den Kosten einen Unsicherheitsfaktor darstellen.
- Lebensdauer:
  Die Lebensdauer wird um so kürzer angesetzt, je höher die Unsicherheit eingeschätzt wird.

Sodann wird im nächsten Schritt eine einzige Investitionsrechnung mit diesen „quasi sicheren" Inputgrößen durchgeführt.

Das Korrekturverfahren ist aus verschiedenen Gründen kritisch zu beurteilen (Blohm/Lüder 1995, S.250; Däumler 1988, S.149f):

- Nehmen mehrere Personen bei verschiedenen Größen einer Investitionsrechnung Korrekturen vor, so tritt ein Kumulationseffekt auf, dessen Auswirkungen zum „Totrechnen" des Projekts führen können.
- Das Verfahren führt stets zu einer pessimistischen Sicht der zukünftigen Datenentwicklung und damit zu einer extrem risikoscheuen Investitionspolitik. Informationen über positive Zukunftsentwicklungen und deren vermutete Eintrittswahrscheinlichkeit bleiben völlig unberücksichtigt.
- In das Korrekturverfahren gehen keine Wahrscheinlichkeitsbetrachtungen ein.

Abschließend lassen sich die Mängel des Korrekturverfahrens wie folgt beschreiben: Unsicherheit lässt sich nicht dadurch bewältigen, dass man alle Zahlen um x% erhöht oder senkt und daran glaubt, danach sichere Zahlen zu haben; der bessere Weg besteht darin, die Unsicherheit transparent zu machen.

9.5 Amortisationsrechnung

Die statische Amortisationszeit ist wie die dynamische Amortisationszeit in erster Linie ein Risikokriterium, das als Ergänzung zu einem Erfolgskriterium zur Investitionsbeurteilung herangezogen wird (Däumler 1988 S.156). Man geht davon aus, dass die Prognoseunsicherheit mit wachsendem Abstand von der Gegenwart steigt, und dass dieses wiederum eine Erhöhung des Risikos der Kapitalwiedergewinnung zur Folge hat. Es ist darauf zu achten, dass man nicht die absolute, sondern die relative[11] Amortisationszeit als Kriterium verwendet, da sonst längerfristige Investitionen grundsätzlich als kritischer bzgl. ihres Risikos betrachtet werden.

9.6 Sensitivitätsanalysen

Sensitivitätsanalysen ergänzen die Investitionsrechnung. Mit ihrer Hilfe soll die Empfindlichkeit der Zielgröße (z.B. Kapitalwert) gegenüber einer Variation einzelner Inputgrößen (z.B. Preise, Absatzmengen) gemessen werden (Busse v. Colbe/ Laßmann 1990, S.169ff; Blohm/Lüder 1995, S.250f; Kruschwitz 2000, S.281ff). Dabei unterscheidet man drei Verfahren (Däumler 1988, S.156ff):

(1) Dreifach-Rechnung:
Parallel zur wahrscheinlichsten Datenkonstellation wird für die günstigste sowie die ungünstigste Datenkonstellation jeweils der Wert der gewählten Zielgröße ermittelt. Die Differenz der Zielfunktion für die beiden extremen Situationen gibt in etwa das Ausmaß der dem Investitionsobjekt eigenen Unsicherheit wieder. Ist der Kapitalwert für die pessimistische (optimistische) Situation positiv (negativ), so kann die Investition in jedem Fall als (un-)vorteilhaft angesehen werden.

(2) Zielgrößenänderungsrechnung:
Das Verfahren zur Ermittlung der Outputänderung bei vorgegebener Inputänderung besteht darin, festzustellen, wie sich bei bestimmten Änderungen der als unsicher erachteten Inputgrößen der Kapitalwert ändert. Die Variation der Inputgrößen erfolgt üblicherweise um einen gegriffenen, nicht immer sinnvoll begründbaren Prozentsatz vom Ausgangswert. Das Verfahren läuft in folgenden Schritten ab (Blohm/Lüder 1995, S.252; Däumler 1988, S.160f):
(a) Wähle die als unsicher erachteten Größen aus.
(b) Formuliere die Kapitalwertfunktion unter Berücksichtigung der Abhängigkeiten zwischen den Inputgrößen.
(c) Lege die Höhe der Abweichungen der Inputgrößen vom Ausgangswert fest.
(d) Bestimme die Änderungen des Kapitalwerts, die sich ceteris paribus durch die Änderung der einzelnen Inputgrößen und Inputgrößenkonstellationen ergeben.

(3) Kritische-Werte-Rechnung:
Ein anhand des Kapitalwerts beurteiltes Investitionsobjekt ist vorteilhaft, wenn

---

11) relative Amortisationszeit = absolute Amortisationszeit/geplante Nutzungsdauer

der Kapitalwert nicht negativ ist. Das Verfahren der kritischen Werte besteht darin, zu prüfen, inwieweit die Werte der als unsicher erachteten Inputgrößen von den in der Kapitalwertrechnung ursprünglich angesetzten Werten abweichen können, ohne dass die Vorteilhaftigkeitsentscheidung revidiert werden muss (Busse v. Colbe/Laßmann 1990, S.161ff). Mit anderen Worten: es werden diejenigen Werte der Inputgrößen gesucht, die einen Kapitalwert C_0=0 ergeben. Das Verfahren läuft wie folgt ab (Däumler 1988, S.166):

(a) Wähle die als unsicher erachteten Größen aus.

(b) Formuliere die Kapitalwertfunktion unter Berücksichtigung der Abhängigkeiten zwischen den Inputgrößen.

(c) Löse die Kapitalwertgleichung für C_0=0 nach der ausgewählten Inputgröße bzw. Inputgrößenkonstellation auf.

Sensitivitätsanalysen sind nicht dazu geeignet, Entscheidungsprobleme unter Unsicherheit zu lösen. Sie führen dem Investor Tragweite und Auswirkungen unsicherer Zukunftsvorstellungen deutlich vor Augen. Sie beinhalten jedoch keine Regel, wie sich der Investor bei Unsicherheit konkret entscheiden soll.

9.7 Simulative Risikoanalyse

Das Ziel der simulativen Risikoanalyse besteht darin, eine Wahrscheinlichkeitsverteilung für die Zielgröße einer Investitionsrechnung (z.B. Endvermögen, Entnahmeniveau, Kapitalwert etc.) aus sicheren und unsicheren Informationen für die relevanten Eingabegrößen und damit auch für die Zielgröße der Investitionsrechnung abzuleiten (Blohm/Lüder 1995, S.256ff). Die Wahrscheinlichkeitsverteilung der Zielgröße - als Output der Risikoanalyse - kann mit Hilfe von Erwartungswert und Streuung näher spezifiziert werden. Unter Berücksichtigung des subjektiv zu wählenden Risikonutzens werden Erwartungswert und Streuung als Entscheidungskriterien gewählt (Aufgabe 10 dieses Kapitels). Das Verfahren besteht aus folgenden sechs Schritten (Busse v. Colbe/Laßmann 1990, S.179):

(1) Auswahl der als unsicher angesehenen Inputgrößen (z.B. Absatzmenge, Verkaufspreise etc.).

(2) Schätzung der Wahrscheinlichkeiten für unterschiedliche Ausprägungswerte der unsicheren Inputgrößen. Dabei ist zwischen diskret und stetig verteilten Variablen (Inputgrößen) zu unterscheiden. Methodisch verlangt die Risikoanalyse hierbei vom Entscheidungsträger die Angabe von Glaubwürdigkeitsgewichten g_i für die i-te Klasse der Inputgrößenausprägung:
   - Bei diskreten Ausprägungen von Inputgrößen eines Projekts, die mit g_i eine Gewichtung (z.B. der Lebensdauer in ganzen Jahren) bekommen, lassen sich dann die jeweiligen Wahrscheinlichkeiten w_i nach der Formel $w_i = g_i / \sum g_j$ direkt ermitteln (mit j=1,..,i,..,$\bar{j}$).
   - Bei stetig verteilten Inputgrößen (z.B. Verkaufspreise) lassen sich die Wahrscheinlichkeiten der nicht angegebenen Werte durch lineare Interpolation gewinnen.

(3) Generierung der Eingabedaten. In dieser Phase der Risikoanalyse wird aus sicheren und unsicheren Inputgrößen mit Hilfe der Monte-Carlo-Simulation[12] ein Satz von Eingabedaten erzeugt.

(4) Berechnung der Zielgrößen auf der Basis der jeweiligen Eingabedaten.

(5) Wiederholung der Schritte 3 und 4, bis sich die Wahrscheinlichkeitsverteilung für die Zielgröße stabilisiert hat.

(6) Ermittlung der relativen Häufigkeiten für die Zielgröße. Diese relativen Häufigkeiten entsprechen näherungsweise der Wahrscheinlichkeitsverteilung der Zielgröße.

Das Verfahren erlaubt die Berücksichtigung einer Vielzahl von alternativen Zukunftslagen, ohne dass es notwendig wäre, alle relevanten Zukunftsentwicklungen im Rahmen entsprechend aufwendiger Ergebnismatrizen explizit zu entwickeln. Aufgrund der überwiegend positiven Eigenschaften des Verfahrens der simulativen Risikoanalyse setzt sich die Methode insbesondere bei der Beurteilung von Großprojekten auch in der Praxis immer mehr durch.

9.8 Entscheidungsbaumverfahren

Zu jedem Entscheidungszeitpunkt wird nur die günstigste Investition betrachtet. Beim Entscheidungsbaumverfahren werden Folgeentscheidungen, die auf einer Handlungsalternative basieren, mit in das Entscheidungskriterium einbezogen (Blohm/Lüder 1995, S.280ff). Dabei gibt es jeweils mehrere mögliche Entscheidungsfolgen, die mit einer bestimmten (subjektiv festgelegten) Wahrscheinlichkeit eintreffen. Zunächst sind alternative Investitionsprojekte gegeben. Werden diese Investitionsprojekte durchgeführt, kann es zu investitionsabhängigen Folgeentscheidungen kommen, die wiederum Folgeinvestitionen auslösen. Ebenso sind nicht-investive Folgeentscheidungen denkbar (z.B. Preisgestaltung, Absatzmengen, Lieferbedingungen). Diese existenziellen Abhängigkeiten mit ihren jeweiligen Eintrittswahrscheinlichkeiten können in einem Entscheidungsbaum gemäß Abbildung 62 dargestellt werden.

Die Wurzel des Entscheidungsbaums ist immer ein Entscheidungsknoten E. Die von ihm ausgehenden gerichteten Kanten e stellen die alternativen Entscheidungen dar. Diese führen zu den Zufallsvariablen Z, die für den Eintritt eines Zufallsereignisses (vom Investor nicht zu beeinflussende Ereignisse) stehen. Die möglichen Entwicklungen z, die sich aus den Zufallsereignisknoten ergeben, werden mit der jeweiligen Eintrittswahrscheinlichkeit versehen. Diese Entwicklungen z haben bestimmte Konsequenzen R, die für den Entscheidungsträger relevant sind. Wenn Entscheidungen auf der Basis dieser Konsequenzen getroffen werden, so handelt es sich gleichzeitig um einen Entscheidungsknoten E/R. Die Verschachtelung kann beliebig fortgeführt werden. Sie endet immer mit einem Ergebnisknoten R, auf dem kei-

---

12) Simulierung von Zufallszahlen, deren Häufigkeitsverteilung der Dichtefunktion der zugehörigen Inputgröße entspricht, vgl. Liebl 1995, S.55ff.

ne neuen Folgeentscheidungen basieren. Das Verfahren mit Hilfe des Entscheidungsbaums lässt sich in drei Schritte unterteilen (Blohm/Lüder 1995, S.281):

- Zunächst wird die Struktur des Entscheidungsbaums bestimmt (Festlegung von Entscheidungsalternativen, Zufallsereignissen und alternativen Konsequenzen aufgrund der eingetretenen Entwicklungen).
- Ermittlung der Investitionszahlungen für die jeweiligen Investitionsobjekte und Ermittlung der Rückflüsse (Zahlungsüberschüsse) für die möglichen Umweltzustände; subjektive Einschätzung der Wahrscheinlichkeit für alle unterschiedlichen Zufallsereignisknoten.
- Bestimmung der optimalen Handlungsalternative zu Beginn des Planungszeitraums im Entscheidungsknoten E. Das Entscheidungskriterium ist meist der Erwartungswert des Kapitalwerts. Dieses ist besonders dann sinnvoll, wenn die Handlungsalternativen und die daraus resultierenden Folgeentscheidungen sich nicht auf einen Zeitpunkt beziehen (Tiefe des Baums entspricht dem Zeithorizont).

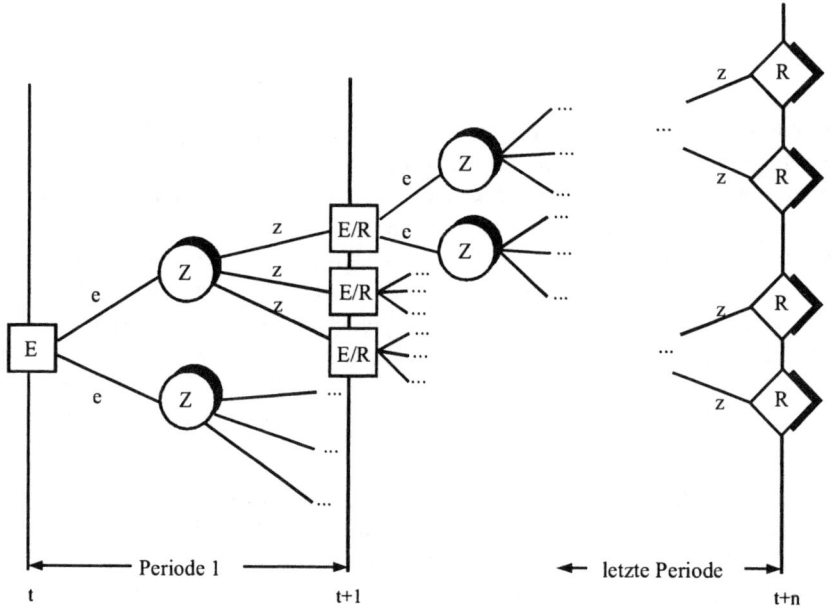

Abb. 62: Aufbau eines Entscheidungsbaums (Blohm/Lüder 1995, S.280)

Die Bestimmung der optimalen Handlungsalternative erfolgt mit Hilfe des Rollback-Verfahrens. Für alle Handlungsalternativen in der tiefsten Ebene des Baums wird der Erwartungswert ermittelt. Durch einen einfachen Vergleich wird für alle Entscheidungsknoten der maximale Erwartungswert des Kapitalwerts bestimmt. Nur diese Alternative wird für die nächsten Schritte des Rollback-Verfahrens weiter berücksichtigt. Danach ist für jeden Entscheidungsknoten in der zweittiefsten Ebene der Erwartungswert des Kapitalwerts unter Berücksichtigung der jeweils günstigsten Alternative auf der tiefsten Ebene zu berechnen. Dieses Vorgehen wird solange fortgeführt, bis für den Ursprungsknoten der maximale Kapitalwert, der zu erwarten ist, feststeht.

Das Rollback-Verfahren für die Entscheidungsbaumanalyse geht davon aus, dass sich der Entscheidungsträger risikoneutral verhält, d.h. der Entscheidungsträger wählt immer die Investitionsalternative mit dem maximalen Erwartungswert des Kapitalwerts ohne Berücksichtigung der Varianz. Bei der Anwendung des Entscheidungsbaumverfahrens spielen hauptsächlich Großinvestitionen eine Rolle, bei denen wichtige Inputgrößen für die Investitionsrechnung externen Einflüssen (z.B. Wetter, Währungskurs, Wirtschaftspolitik) unterliegen. Für solche Großinvestitionen, die sich über einen längeren Zeitraum erstrecken und in Folgeperioden je nach Folgeereignissen und daraus resultierenden Entwicklungen alternative Folgeentscheidungen zulassen, erscheint es sinnvoll, das Entscheidungsbaumverfahren mehrfach anzuwenden (Däumler 1988, S.175f):

• als Entscheidungshilfe für die Auswahl der zur Wahl stehenden Investitionsalternativen und
• zur fortlaufenden Kontrolle der so ausgewählten Investition. Der ursprüngliche Entscheidungsbaum wird mit Hilfe aktueller Informationen neu aufgebaut (die Unsicherheit der Inputgrößen nimmt mit der Zeit ab). Dieses kann dazu führen, dass irrelevant gewordene Äste abgeschnitten und neue Äste zugefügt werden. Ebenso können die Eintrittswahrscheinlichkeiten für schon bestehende Ereignisse neu bestimmt werden. Dieses kann dann zu einem anderen Handeln ermutigen als beim Erstdurchlauf des Entscheidungsbaums geplant.

Aufgabe 10:
Erwartungswert, Streuung und Risikonutzen als Entscheidungskriterien bei Investitionsentscheidungen bei unsicheren Erwartungen

10.1 Aufgabenstellung

Die Ergebnisverteilung einer Investitionsalternative I_i wird durch die Merkmale Erwartungswert μ und Varianz σ^2 charakterisiert. Diese Parameter können sich auf unterschiedliche Zielgrößen beziehen (Annuität, Endvermögen, Kapitalwert usw.). Die Zielgröße sei hier der Kapitalwert.

* Skizzieren Sie die Indifferenzkurvenverläufe im $(\mu - \sigma)$-Diagramm für die drei unterschiedlichen Verhaltensweisen eines Investors:
  - Der Investor hat ein risikoscheues Verhalten.
  - Das Verhalten des Investors ist risikoneutral.
  - Der Investor verhält sich risikofreudig.
* Wie lässt sich der Erwartungswert $\mu(C_{0i})$ und die Streuung $\sigma(C_{0i})$ des Kapitalwerts C_{0i} einer Investitionsalternative I_i bestimmen?
* Es sind zwei Investitionsalternativen I_A und I_B gegeben. Die jeweiligen Parameter Erwartungswert und Streuung sind bekannt. Sie sind mit Abbildung 63 in einem $(\mu - \sigma)$-Diagramm dargestellt. Wählen Sie anhand des Diagramms eine Investitionsalternative aus, und begründen Sie Ihre Entscheidung!

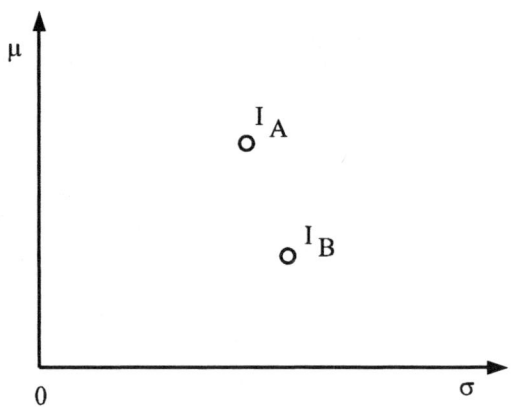

Abb. 63: $(\mu - \sigma)$-Diagramm von Investitionsalternativen

* Stellen Sie sich vor, Sie gehören zum Vorstand eines Unternehmens. Die Controlling-Abteilung hat für Sie vier Investitionsalternativen „durchgespielt", und dabei den jeweiligen Erwartungswert und die Streuung der von Ihnen vorgegebenen Zielgröße berechnet, die Ihnen im Folgenden $(\mu - \sigma)$-Diagramm gemäß

Abbildung 64 vorliegen. Wegen knapper Kapitaldecke des Unternehmens soll auf „unnötiges" Risiko verzichtet werden. Wählen Sie nun eine der Investitionsalternativen aus und begründen Sie Ihre Entscheidung!

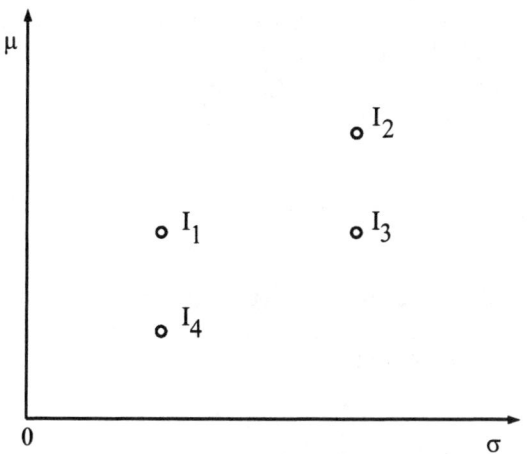

Abb. 64: $(\mu - \sigma)$ -Diagramm von Investitionsalternativen

10.2 Einleitung

Da in der Aufgabenstellung von Erwartungswert und Streuung gesprochen wird, kann es sich nur um eine Investitionsrechnung bei unsicheren Erwartungen im engeren Sinne handeln. Input- und Output- (Ziel-) Größen der Investitionsrechnung sind nicht mit Sicherheit bekannt; doch existieren hierfür die Wahrscheinlichkeitsaussagen, die nur in seltenen Fällen mathematisch fundiert sind. Vielmehr ist die Wahrscheinlichkeitsverteilung eine subjektive Vorstellung, bei der nur Glaubwürdigkeiten verschiedener Versionen einbezogen werden. Aufgrund dieser Wahrscheinlichkeitsaussagen lassen sich verschiedene Analysen vornehmen. Hierzu gehört die Ermittlung von Erwartungswert und Streuung der Investitionsentscheidungskriterien, d.h. der Zielgrößen der Investitionsrechnung. Weitergehende Betrachtungen sind möglich.

10.3 Erwartungswert und Streuung als klassische Entscheidungskriterien

Bei den klassischen Entscheidungskriterien werden Kennzahlen berechnet, welche die Wahrscheinlichkeitsverteilungen des Kapitalwerts beschreiben. Diese Kennzahlen dienen als Präferenzwerte für den Entscheidungsträger, d.h. für Investitionsalternativen werden Werte bestimmt, welche die Bevorzugung (Präferenz) des Entscheidungsträgers gegenüber einer Alternative darstellen (Kruschwitz 2000, S.260). Eine dieser Kennzahlen ist der Erwartungswert $\mu(C_{0ij})$ des Kapitalwerts C_{0ij} von

Investitionsalternativen i bei der Zukunftssituation j. Für jede Investitionsalternative werden mögliche Zukunftssituationen j durchgespielt. Dabei werden die zugehörigen Zielgrößen, in diesem Fall der Kapitalwert C_{0ij}, für jede Investition i und jede Zukunftssituation j berechnet. Die Zukunftssituationen bekommen eine Glaubwürdigkeit zugewiesen, welche den Wahrscheinlichkeiten p_j entspricht. Multipliziert man die Wahrscheinlichkeiten mit den jeweiligen Kapitalwerten und addiert diese, so erhält man den Erwartungswert $\mu(C_{0i})$ des Kapitalwerts für eine Investitionsalternative i (Busse v. Colbe/Laßmann 1990, S.165):

$$\mu(C_{0i}) = \sum_{j=1}^{\bar{j}} C_{0ij} \times p_j \text{ mit } \sum_{j=1}^{\bar{j}} p_j = 1$$

Entsprechend ergibt sich die Streuung $\sigma(C_{0i})$ (Quadratwurzel aus der Varianz) für den Kapitalwert einer Investitionsalternative i bei unsicheren Erwartungen (Busse v. Colbe/Laßmann 1990, S.168):

$$\sigma(C_{0i}) = \sqrt{\sum_{j=1}^{\bar{j}} (\mu(C_{0i}) - C_{0ij})^2 \times p_j}$$

Erwartungswert und Streuung der Zielgröße einer Investitionsrechnung stellen für den Investor wichtige Entscheidungskriterien bei Investitionsentscheidungen unter unsicheren Erwartungen im engeren Sinne (Risikoerwartungen) dar.

10.4 Risikonutzen

Bei gleichen Investitionsalternativen können verschiedene Investoren zu unterschiedlichen Investitionsentscheidungen gelangen. Diese hängen von vielen Faktoren ab. Nicht zuletzt spielt dabei die relative Größe einer Investition im Vergleich zum Unternehmen eine Rolle, ebenso die Finanzkraft und der Eigenkapitalanteil. Diese unterschiedlichen Einstellungen spiegeln sich in den Steigungen der Indifferenzkurve wider. Die Punkte, die in einem $(\mu - \sigma)$-Diagramm auf einer Indifferenzkurve liegen, haben für einen Investor alle den gleichen Präferenzwert Φ (Risikonutzen). Der Verlauf der Indifferenzkurve wird durch die Präferenzfunktion $\Phi = f(\mu, \sigma)$ festgelegt und hängt nur von den beiden Parametern Erwartungswert μ und Streuung σ ab. Man unterscheidet zwischen linearem und progressivem Verlauf der Präferenzfunktion (Busse v.Colbe/Laßmann 1990, S.170).

linearer Verlauf: $\Phi(\mu, \sigma) = \mu + \alpha\sigma$

progressiver Verlauf: $\Phi(\mu, \sigma) = \mu + \alpha\sigma^2$

Der Faktor α spiegelt dabei das Verhalten des Investors wider. Es gilt:

$\alpha < 0 \Rightarrow$ risikoscheues Verhalten

$\alpha > 0 \Rightarrow$ risikofreudiges Verhalten

$\alpha = 0 \Rightarrow$ risikoneutrales Verhalten

Daraus ergeben sich in Abbildung 65 unterschiedliche Indifferenzkurvenverläufe:

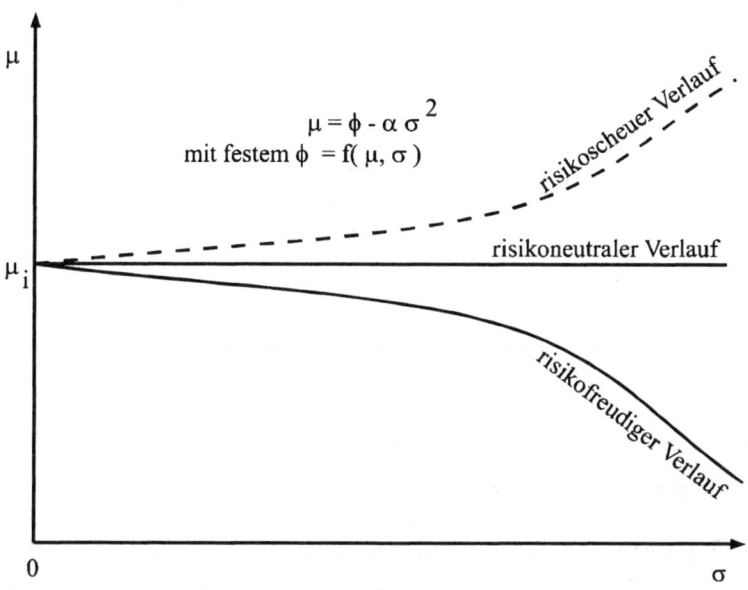

Abb. 65: Indifferenzkurvenverläufe bei unterschiedlichem Verhalten des Investors

Investitionsalternativen, die im $(\mu - \sigma)$-Diagramm auf der gleichen Kurve liegen, haben gleiche Priorität. Liegt ein Wert oberhalb der Indifferenzkurve (bei fester Präferenzfunktion), so ist dieser zu bevorzugen und umgekehrt. Durch Parallelverschiebung zur σ-Achse kann die subjektiv günstigste Investitionsalternative graphisch gefunden werden. Die Indifferenzkurve wird dabei solange nach oben geschoben, bis in der Fläche über ihr nur noch eine, nämlich die gesuchte, Investitionsalternative liegt.

Wenn der Investor sich risikoneutral oder risikoscheu verhält, wählt er die Investitionsalternative A. Diese Investitionsalternative hat einen erheblich höheren Erwartungswert der Zielgröße als die Alternative B. Das Risiko für die Investitionsalternative A ist zudem noch etwas geringer. Sollte sich ein Investor dennoch für Alternative B entscheiden, so müsste er ganz besonders risikofreudig (und damit optimistisch) eingestellt sein. Die nachfolgende Abbildung 66 zeigt das starke Gefälle der Präferenzfunktion bei linearem Verlauf an, bei der die beiden Investitionsalternativen auf einer Indifferenzkurve liegen.

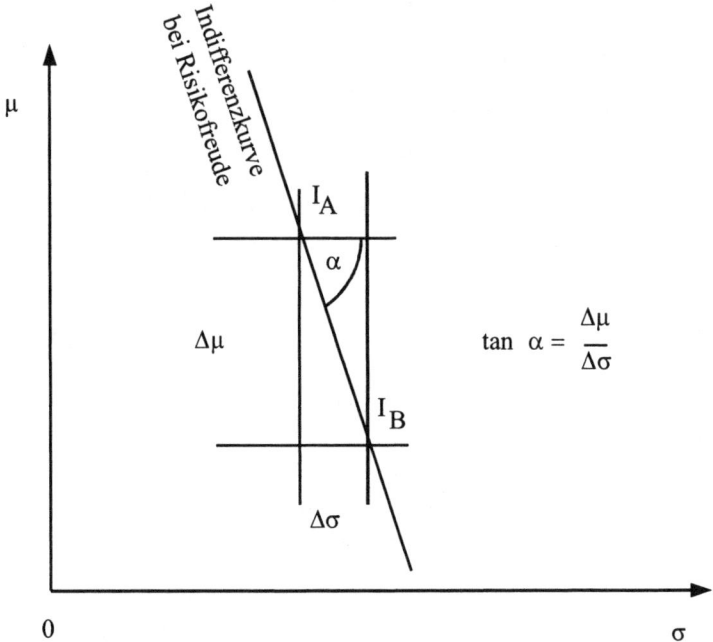

Abb. 66: Lineare Präferenzfunktion bei Gleichwertigkeit der Investitionsalternativen

In der Aufgabenstellung wird das Verhalten des Investors zur Zeit als vorsichtig und damit risikoscheu beschrieben. Dieses bedeutet, dass bei gleichem Erwartungswert bevorzugt Investitionsalternativen mit geringerer Streuung gewählt werden. Da die Investitionsalternativen I_1 und I_3 einen identischen Erwartungswert bei unterschiedlicher Streuung besitzen, scheidet I_3 als Investition aus. Bei gleicher Streuung ist immer die Investitionsalternative mit dem größeren Erwartungswert zu bevorzugen. In diesem Verhältnis stehen die Investitionsalternativen I_1 und I_4. Somit fällt die Investitionsalternative I_4 ebenfalls aus der engeren Investitionswahl heraus. Die Entscheidung kann nur noch zwischen den Investitionsalternativen I_1 und I_2 gesucht werden. Es wird eine progressive Präferenzfunktion gewählt. Damit bekommt die Streuung des Kapitalwerts als eigentliches Risikomaß eine größere Bedeutung als bei einer linearen Präferenzfunktion.

Der Faktor α in der nachfolgenden Abbildung 67 legt die Präferenzfunktion für einen progressiven Kurvenverlauf so fest, dass die Investitionsalternativen I_1 und I_2 auf der gleichen Indifferenzkurve liegen und somit als gleichwertig betrachtet werden. Eine gewünschte progressive Präferenzfunktion Φ^* mit dem Faktor α^* wird mit dem berechneten Faktor α verglichen. Ist der gewünschte Faktor α^* betragsmäßig größer als Faktor α, so ist die Investitionsalternative I_1 der Investitionsalternative I_2 vorzuziehen. Entsprechendes gilt für den umgekehrten Fall.

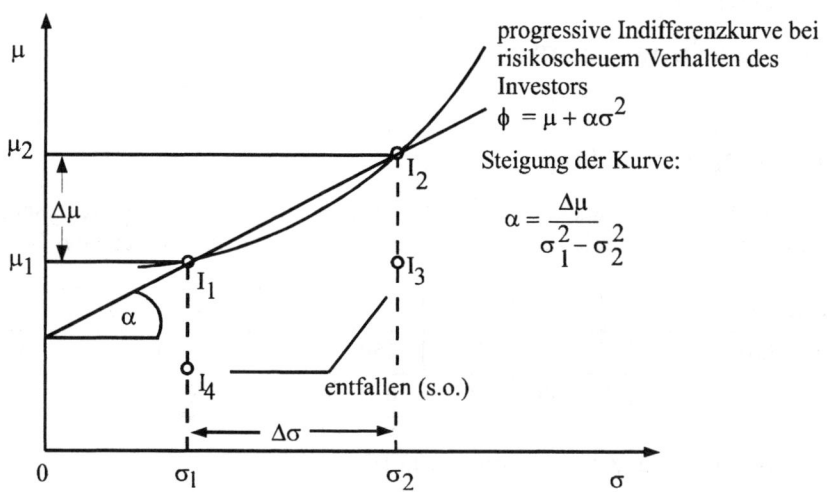

Abb. 67: Progressive Präferenzfunktion bei Gleichwertigkeit der Investitionsalternativen

Aufgabe 11:
Entscheidungsbaumverfahren: Beispiel

11.1 Aufgabenstellung

Ein Unternehmen hat sich vor 5 Jahren für die Investition einer Anlage A entschieden. Die Anlage ist durch die folgenden Daten gekennzeichnet (Angaben in T€):

t_A, relativ[13]	1	2	3	4	5	6	7
Rückflüsse	300	280	250	230	220	200	180
Liquidationserlös	900	800	690	590	500	340	180

Die Anschaffungsauszahlung betrug 1 100 T€.

Für das Unternehmen stellt sich nun (5 Jahre nach Beschaffung der Anlage A) die Frage nach dem Ersatz der Anlage. In gewöhnlich gut unterrichteten Branchenkreisen bestehen Informationen darüber, dass ein Maschinenhersteller innerhalb der nächsten Jahre eine funktionsgleiche und technisch verbesserte Anlage B auf den Markt bringen könnte.

Maschine B werden neben einer Anschaffungsauszahlung von 1 200 T€ die folgenden Daten zugerechnet (Angaben in T€):

t_B, relativ	1	2	3	4	5	6	7
Rückflüsse	400	360	350	320	300	250	140
Liquidationserlös	900	790	710	600	500	220	80

B ist frühestens in t=1 verfügbar; die Wahrscheinlichkeit der Verfügbarkeit wird mit 60% eingeschätzt. Bei Nicht-Verfügbarkeit in t=1 kann noch mit 30% Wahrscheinlichkeit die Verfügbarkeit in t=2 erwartet werden. Nach t=2 ist nicht mehr mit dem Angebot von B zu rechnen. Weiterhin wird nicht erwartet, dass über die in B realisierten Verbesserungen hinaus in den nächsten Jahren technische Fortschritte erzielt werden können. Die Daten für die Anlage A bleiben bei einer Neuanschaffung unverändert.

Welche Handlungsalternative hat der Investor und in welche Alternative sollte er aufgrund der Informationen im Entscheidungszeitpunkt (t=0) investieren?

Dabei ist zu berücksichtigen, dass aufgrund von Marktentwicklungen das mit den Anlagen hergestellte Produkt nur noch 5 Jahre verkauft werden kann. Der Betrachtungszeitraum endet daher in t=5, die dann vorhandene Anlage wird in t=5 verkauft.

---

13) Die Zeitpunkte beziehen sich relativ auf den realen oder fiktiven Anschaffungszeitpunkt der Maschine. Für die alte Maschine A gilt t_A, relativ = 5 entspricht t = 0.

Aus Vereinfachungsgründen ist davon auszugehen, dass die Anlage maximal einmal ersetzt werden kann.

Dieses Problem soll mit Hilfe des Entscheidungsbaumverfahrens gelöst werden. Der Entscheidungsbaum soll zunächst graphisch dargestellt und vereinfacht werden. Für dem gesamten Planungszeitraum ist ein Kalkulationszinsfuß von 10% gegeben.

11.2 Lösungsweg

Aus den Informationen der Aufgabenstellung lässt sich der in Abbildung 68 dargestellte Entscheidungsbaum erstellen. Hierbei ist zu berücksichtigen, dass die Anlage maximal einmal zu ersetzen ist. Diese Ersetzung kann entweder durch die identische Anlage A oder durch die neue Anlage B erfolgen.

Der aufgestellte Entscheidungsbaum ist sehr komplex. Um die Anzahl der Schritte im anschließenden Rollback-Verfahren zur Berechnung der optimalen Entscheidungsmöglichkeit zu verringern, kann der Entscheidungsbaum vereinfacht werden. Dabei können folgende Annahmen zur Vereinfachung führen:

(1) Steht der Investor vor der Entscheidung, die Anlage A oder die Anlage B einzusetzen, so ist der Einsatz von B vorzuziehen, da der Kapitalwert der Anlage B bei Laufzeiten von 3 bzw. 4 Jahren höher ist als der von A.[14]
(2) Existieren beide Anlagen, so ist der Sofortersatz sinnvoll. Für den Sofortersatz kommt nur die Anlage B in Betracht (vgl. 1). Dabei muss ein Problem des optimalen Ersatzzeitpunkts gelöst werden.[15]
(3) Äste des Entscheidungsbaums können verkürzt werden, wenn in folgenden Perioden keine Entscheidungsalternativen oder Entwicklungsalternativen mehr auftreten können.

---

14) Die Kapitalwerte der Anlage B betragen bei einer Nutzungsdauer von 3 Jahren 257,55 und bei einer Nutzungsdauer von 4 Jahren 352,49, die Kapitalwerte der Anlage A hingegen nur 110,37 (3 Jahre) und 152,03 (4 Jahre).
15) Für Entscheidungen hinsichtlich optimaler Nutzungsdauer und Erwatzzeitpunkt vgl. Aufgaben 7 und 8. Ein Problem des Sofortersatzes stellt sich nur zum Zeitpunkt t=1 (t_A=6). Zum Zeitpunkt t=2 (t_A=7) muss die alte Anlage sowieso ersetzt werden, da die maximale Nutzungsdauer erreicht ist.

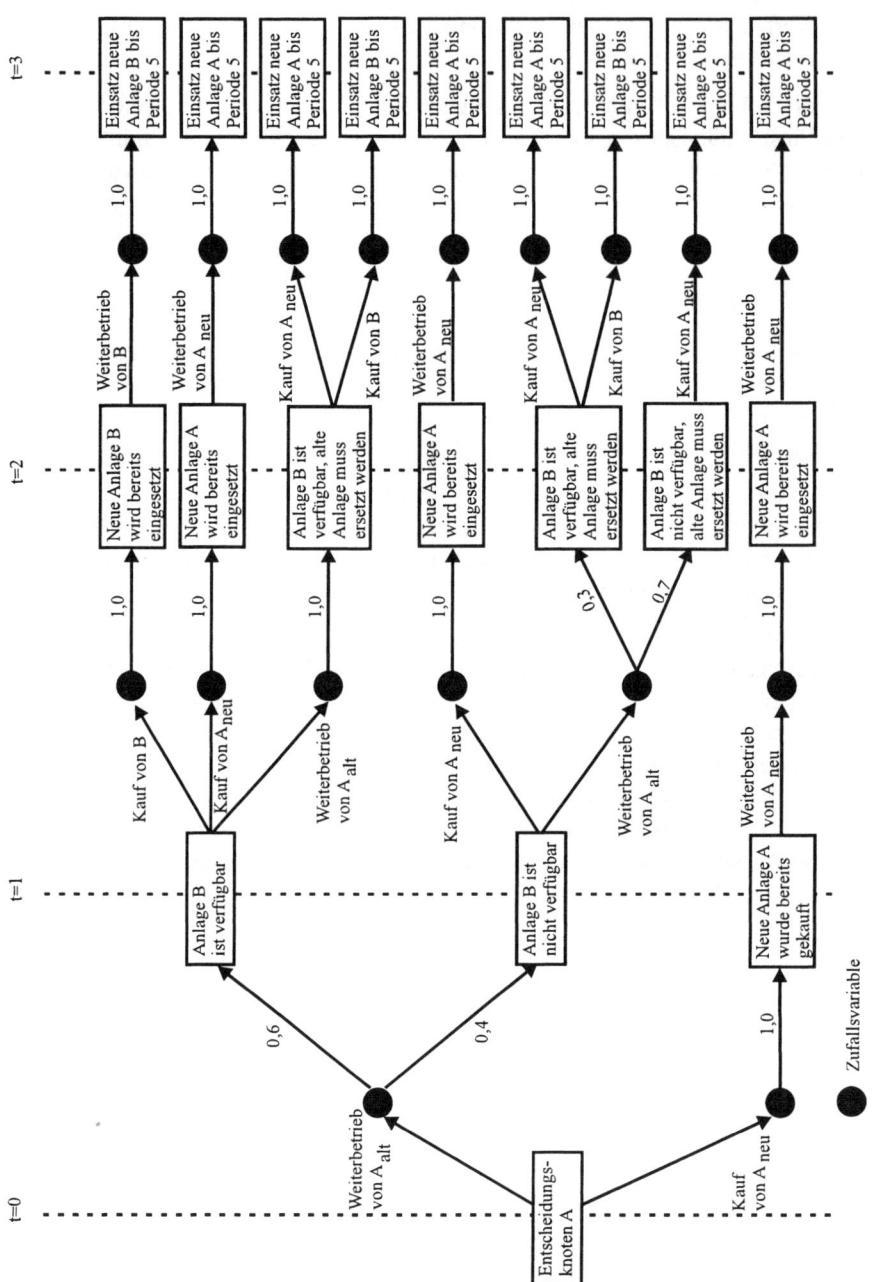

Abb. 68: Kompletter Entscheidungsbaum

So ergibt sich ein vereinfachter Entscheidungsbaum, anhand dessen die optimale Entscheidung zum Zeitpunkt t=0 ermittelt werden soll.

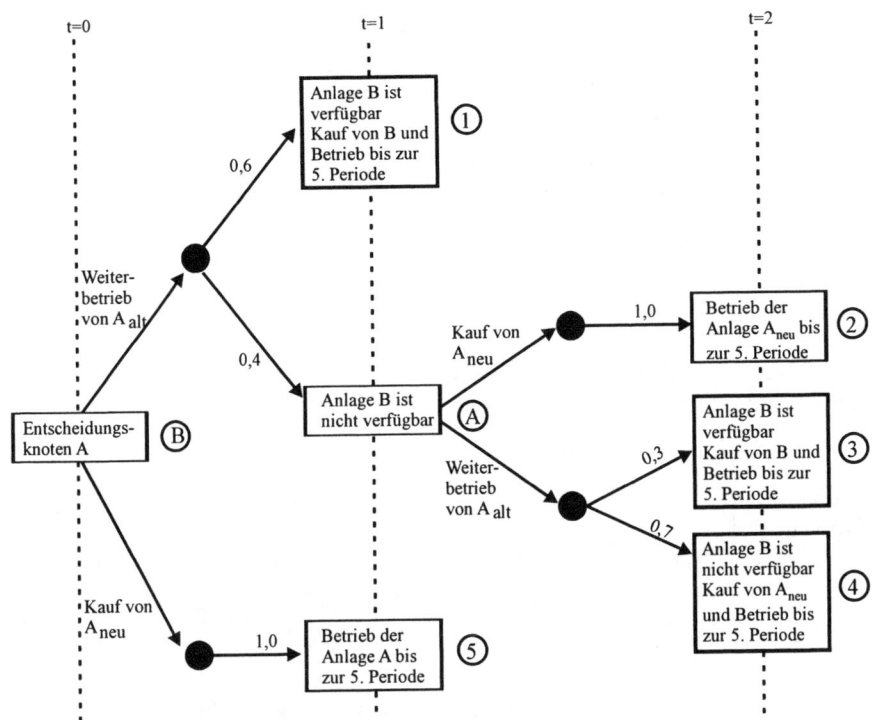

Abb. 69: Vereinfachter Entscheidungsbaum

Durch die Verkürzung beinhaltet der Entscheidungsbaum nur noch 5 Ergebnisknoten und der Betrachtungszeitraum (Tiefe des Baums) beträgt nur noch 2 Perioden (von t=0 bis t=2).

Die Lösung des Problems wird mit Hilfe des Rollback-Verfahrens ermittelt. Hierbei wird sich der Investor für die Investitionsalternative entscheiden, die den Erwartungswert des Kapitalwerts für die einzelnen Handlungsalternativen maximiert. Dabei werden die einzelnen Entscheidungsknoten von den Blättern her bis zum Ursprungsknoten analysiert.

Im ersten Schritt wird die lokale Entscheidung am Knoten A bestimmt. Für die einzelnen Ergebnisknoten lassen sich die Zahlungsreihen aufstellen. Dabei dürfen die Zahlungen in Periode 0 nicht berücksichtigt werden, da es sich um eine Entscheidung zum Zeitpunkt t=1 handelt.

	Zahlungen				
Ergebnis-knoten	t=1	t=2	t=3	t=4	t=5
2	200+340-1100 = -560	300	280	250	820
3	200	180+180-1200 = -840	400	360	1060
4	200	180+180-1100 = -740	300	280	940

Für die einzelnen Zahlungen wird nun der Barwert und für die Alternativen jeweils der Kapitalwert zum Zeitpunkt t=1 bestimmt.

	Barwerte					
Ergebnis-knoten	t=1	t=2	t=3	t=4	t=5	C_1
2	-560,00	272,73	231,40	187,83	560,07	692,03
3	200,00	-763,64	330,58	270,47	723,99	761,41
4	200,00	-672,73	247,93	210,37	642,03	627,61

Für die einzelnen Zufallsvariablen werden nun die Erwartungswerte bestimmt.

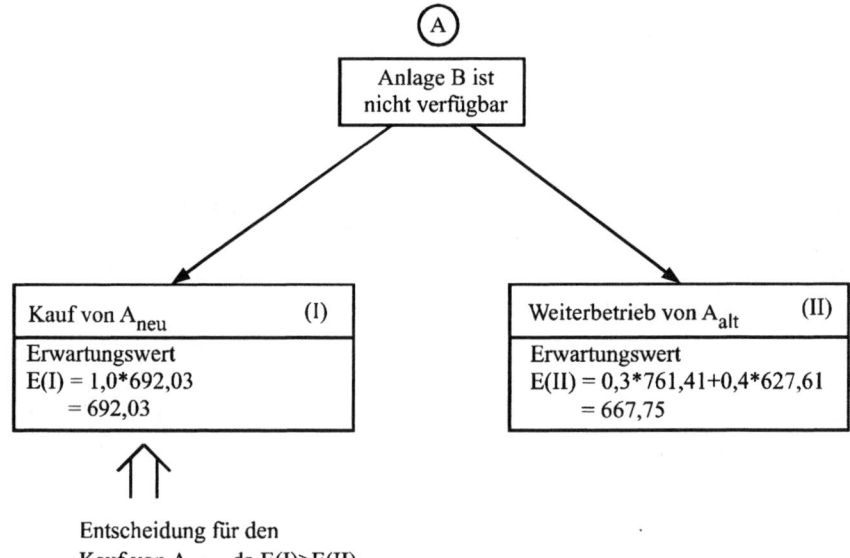

Der Investor entscheidet sich für die Alternative mit dem größeren Kapitalwert, also für den Kauf der Anlage A. Als Kapitalwert für die weiteren Stufen des Rollback-Verfahrens wird somit das Maximum der Erwartungswerte benutzt. Dies liegt an der Tatsache, dass hier eine mögliche Folgeentscheidung in einer späteren Periode getroffen wird.

Nun kann man den Entscheidungsknoten B betrachten:

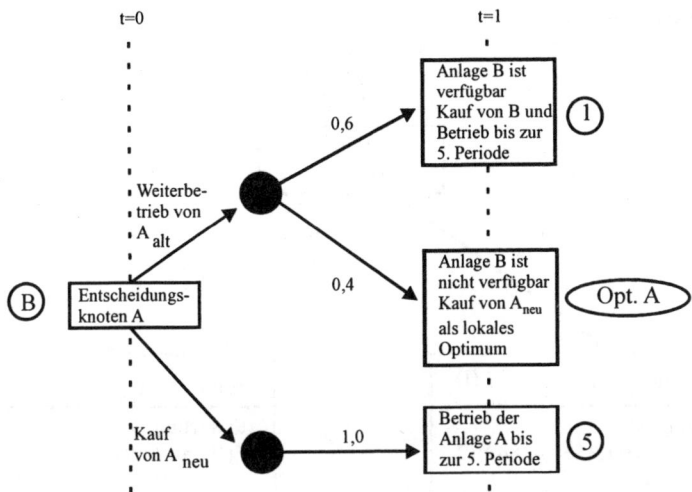

Hierzu werden die Kapitalwerte zum Entscheidungszeitpunkt t=0 bestimmt. Für die Alternativen 1 und 5 ergeben sich folgende Zahlungsreihen:

Ergebnis-knoten	Zahlungen					
	t=0	t=1	t=2	t=3	t=4	t=5
1	220	200+340-1200 = -660	400	360	350	920
5	220+500-1100 = -380	300	280	250	230	720

Man bestimmt die Barwerte der Zahlungen und die Kapitalwerte der Alternativen.

Ergebnis-knoten	Barwerte						
	t=0	t=1	t=2	t=3	t=4	t=5	C_0
1	220	-600	330,58	270,47	239,05	571,25	1031,35
5	-380	272,73	231,40	187,83	157,09	447,06	916,12

Für die optimale Lösung am Entscheidungsknoten A müssen die Zahlungen innerhalb der Periode 0 berücksichtigt werden. Als Kapitalwert ergibt sich:

$$C \, (\text{Opt} \quad A) = 220 + \frac{692,03}{(1+0,1)^1} = 849,12$$

Nun können für die beiden Zufallsvariablen im Entscheidungsknoten B die Erwartungswerte bestimmt werden.

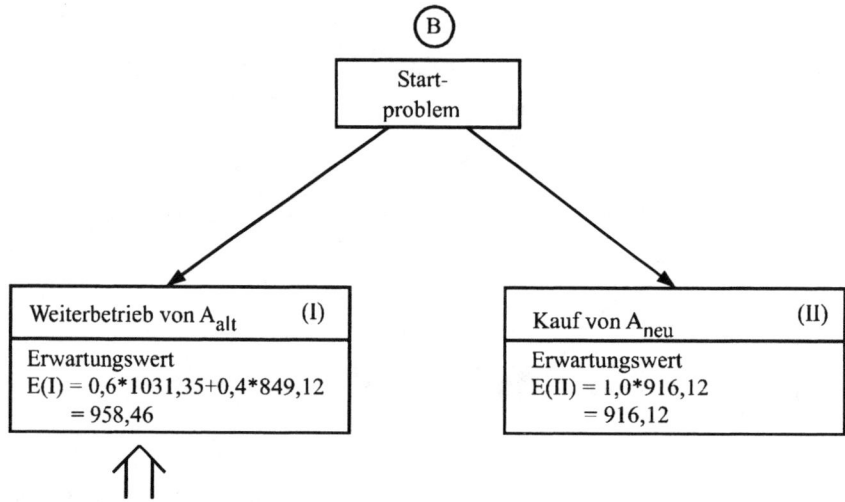

Entscheidung für den
Weiterbetrieb von A_{alt}, da E(I)>E(II)

Der Investor ist nun in der Lage, das Entscheidungsproblem zu lösen. Er entscheidet
sich zum Zeitpunkt t=0 für den Weiterbetrieb der alten Anlage, da der Erwartungswert des Kapitalwerts höher ist als der Wert für den identischen Sofortersatz. In den
folgenden Perioden müssen die Zahlungsreihen der einzelnen Möglichkeiten im
Entscheidungsbaum überprüft werden. Dabei werden nicht mehr sämtliche Äste des
Baums berücksicht, da einige aufgrund der gefallenen Entscheidung keine Alternativen mehr bilden.

Aufgabe 12:
Leverage-Effekt und Kapitalbudget

12.1 Aufgabenstellung

Beschreiben und diskutieren Sie zur Bestimmung des optimalen Finanzvolumens bei gegebenen Investitionsmöglichkeiten die klassischen Verfahren gemäß

- Leverage-Effekt und
- Kapitalbudget

möglichst unter Heranziehung eines selbst gewählten Beispiels!

12.2 Einleitung

Bei der Planung des Finanzvolumens stellt sich die Frage nach der Höhe der Fremdfinanzierung. Bei Vernachlässigung von Unsicherheit lässt sich der Anteil des Fremdkapitals unter dem Gesichtspunkt der Optimierung der Eigenkapitalrentabilität bestimmen. Solange die Kosten für die Fremdkapitalbeschaffung (Fremdkapitalzins) unter dem mit diesem Kapital erwirtschafteten Ertrag (Investitionsrendite) liegen, lohnt sich die Aufnahme von Fremdkapital. Diesen Effekt nennt man den Leverage-Effekt.

Die bisher genannten Verfahren beurteilen isoliert die Vorteilhaftigkeit einzelner Investitionsobjekte, betrachten aber nicht die Interdependenzen zu anderen betrieblichen Bereichen, insbesondere zum Finanzierungs-, Produktions- und Absatzbereich. Diesen Mangel sucht die Theorie des Kapitalbudgets zu überwinden, die anstrebt, mit Hilfe der Methoden der Unternehmensforschung sämtliche Investitions- und Finanzierungsmöglichkeiten gleichzeitig zu berücksichtigen und somit simultan ein Optimum mehrerer Aktionsvariablen unter Nebenbedingungen zu ermitteln.

12.3 Leverage-Effekt

Der Leverage-Effekt beschreibt die Hebelwirkung wachsender Verschuldung auf die Eigenkapitalrentabilität. Solange die Kosten für das Fremdkapital unter dem damit erwirtschafteten Ertrag liegen, steigt mit dem Verschuldungsgrad auch die Eigenkapitalrentabilität. Für den vereinfachten Leverage-Effekt sind einige Voraussetzungen zu beachten (Däumler 1997, S.68):

- Das eingesetzte Eigenkapital EK wird als konstant angesehen.
- Die Höhe des Fremdkapitals FK ist beliebig variierbar.
- Die Rendite des Gesamtkapitals GK (vor Fremdkapitalzinsen) r_{GK} ist konstant.
- Der Sollzinssatz für zusätzliches Fremdkapital i_{FK} ist konstant.

- Für einen positiven Leverage-Effekt muss die Investitionsrendite höher sein als der Sollzinssatz für Fremdkapital.

Für diesen Zusammenhang lässt sich der Gewinn G wie folgt auffächern:

$$G = r_{GK} \times EK + (r_{GK} - i_{FK})FK \,,$$

und bei $r_{EK} = \dfrac{G}{EK}$ folgt (Däumler 1997, S.69f):

$$r_{EK} = r_{GK} + (r_{GK} - i_{FK})\dfrac{FK}{EK}$$

Für den Fall, dass die Investitionsrendite tatsächlich höher als der Sollzinssatz ist, stellt die Abbildung 70 die Abhängigkeit zwischen der Eigenkapitalrendite r_{EK} und dem Verschuldungsgrad FK/EK dar:

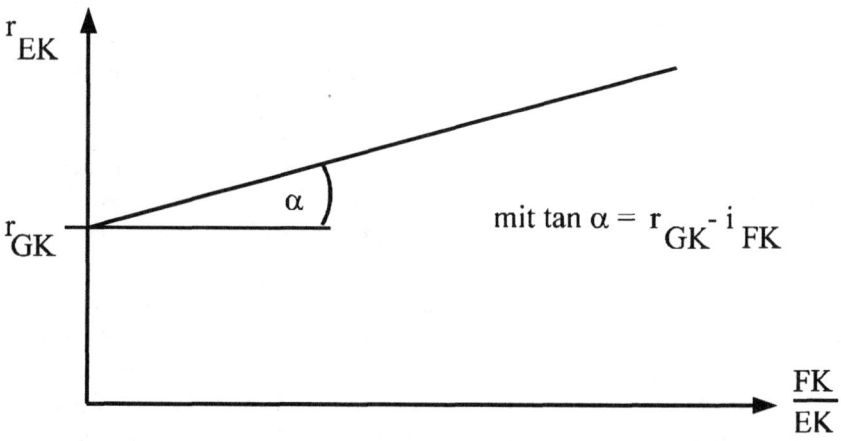

Abb. 70: Abhängigkeit der Eigenkapitalrentabilität vom Verschuldungsgrad

Folgendes Beispiel erläutert diesen Zusammenhang: Ein Unternehmen erzielt bei 1 Mio € Eigenkapital einen jährlichen Gewinn von 100 000 €. Die Rendite des Eigenkapitals dieses unverschuldeten Unternehmens beträgt also 10%. Dem Unternehmen bieten sich weitere Investitionen mit 10% Investitionsrendite an; das Fremdkapital kostet 8%. Investiert das Unternehmen zusätzlich 1 Mio €, erzielt es 100 000 € + (100 000 € - 80 000 €) = 120 000 € Gewinn. Die Rendite des Eigenkapitals ist auf 12% gestiegen. Bei konstanten Zinssätzen lässt sich die Eigenkapitalrentabilität durch zusätzliche Investitionen erhöhen; die Grenzrendite des Eigenkapitals, d.h. die Zunahme der Eigenkapitalrentabilität durch Investition bei Aufnahme von Fremdkapital um eine marginale Größe, hängt ab von der Zinsdifferenz und dem Verschuldungsgrad. Sinkt die Investitionsrendite mit wachsendem Investitionsvolumen, dann schwächt sich die Hebelwirkung nach und nach ab; das Optimum an Fremdfinanzierung ist erreicht, wenn die Grenzinvestitionsrendite dem marginalen Fremdkapitalsollzins gleicht.

Diese Rechnung vernachlässigt allerdings, dass die Fremdkapitalzinsen mit wachsender Verschuldung des Unternehmens steigen werden. Investitionen in hochverschuldeten Unternehmen werden als riskanter angesehen als solche mit einem geringeren Verschuldungsgrad[16].

In der Praxis müssen differenziertere Prämissen für den Leverage-Effekt gelten. Der Sollzinssatz ist eine Variable in Abhängigkeit von der Höhe des Verschuldungsgrads und die Gesamtkapitalrentabilität von der Höhe der Investitionen. Wenn der Sollzinssatz mit steigendem Verschuldungsgrad wegen zunehmendem Risiko steigt, so ist davon auszugehen, dass die Eigenkapitalrentabilität gemäß Abbildung 71 zunächst mit abnehmenden Zuwachsraten wächst, dann ein Maximum erreicht und schließlich überproportional abnimmt (Däumler 1997, S.73).

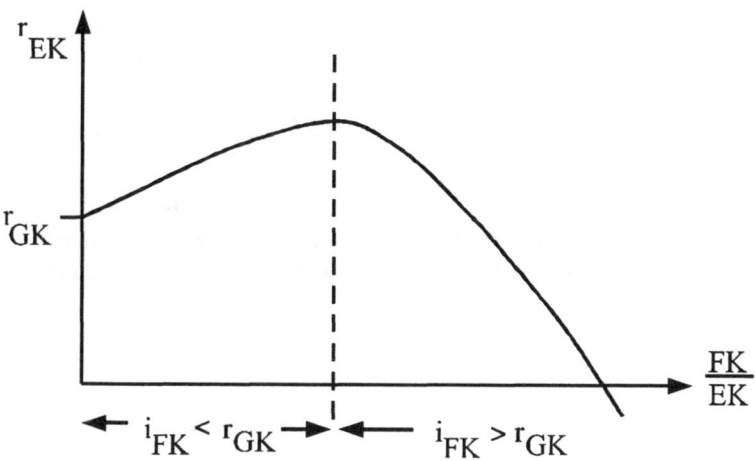

Abb. 71: Abhängigkeit der Eigenkapitalrentabilität vom Verschuldungsgrad
bei variablen Renditen

Der Leverage-Effekt hat auch eine Kehrseite: Genauso wie die positive Differenz zwischen Investitionsrendite und Fremdkapitalzinsen das Eigenkapital mehrt, mindert eine negative Differenz (die Fremdkapitalzinsen sind höher als die mit dem Kapital erwirtschaftete Investitionsrendite) das Eigenkapital. Ein Unternehmen mit einem sehr kleinen Eigenkapitalanteil von 10% dürfte in einer Rezessionsphase besonders bei längerfristig gebundenem Fremkapital erhebliche Probleme bekommen.

---

16) Es sollte auch nicht übersehen werden, dass eine hohe Verschuldung die Entscheidungsmöglichkeiten negativ beeinflusst, da die meisten Kapitalgeber an den innerbetrieblichen Entscheidungsprozessen mehr oder weniger mitwirken wollen.

12.4 Kapitalbudget

Die Kapitalbudget-Methode (Däumler 1997 S.62ff; Busse v. Colbe/Laßmann 1990, S.203ff) versucht die Schwachstellen des Leverage-Effekts zu beseitigen. Die unrealistischen Annahmen werden durch realistischere Annahmen ersetzt.

- Investitionen mit unterschiedlicher Rendite: Investitionen, die ein Betrieb in der Planungsperiode durchführen kann, haben alle eine eigene, unterschiedliche Investitionsrendite r_{Inv}. Die Investitionen I können nach der Höhe der Investitionsrendite geordnet werden. Der Investor wird versuchen, zunächst die Investitionen mit der höchsten Rendite zu realisieren, dann die mit der zweithöchsten usw.
- Aufnahme von Fremdkapital zu unterschiedlichen Konditionen: Die Fremdmittel F, die einem Unternehmen angeboten werden, besitzen unterschiedliche Konditionen (z.B. Zinssatz, Tilgungsrate, Dauer, Gebühren). Im Folgenden sollen diese Konditionen nur durch einen effektiven Zinssatz i_{FK} dargestellt werden. Der Investor wird dann zunächst Kredite mit den besten Konditionen, d.h. dem niedrigsten effektiven Zinssatz, einsetzen. Entsprechend den Investitionsprojekten kann man also auch für die angebotenen Finanzmittel eine Rangfolge festlegen.

Die so gewonnenen Rangfolgen von Investitionsprojekten (I_1, I_2,...) und Finanzmitteln (F_1, F_2,...) können mit Abbildung 72 in einem Diagramm gegenübergestellt werden, wobei der jeweilige Kapitalumfang mit berücksichtigt wird (Däumler 1997, S.74ff).

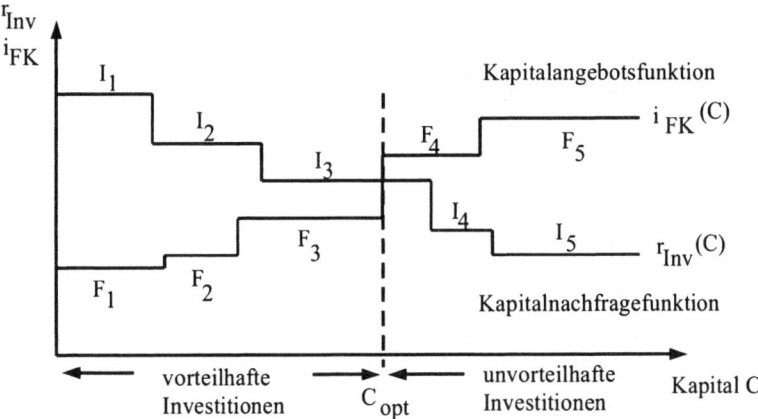

Abb. 72: Graphische Ermittlung des Kapitalbudgets

Aus der Abbildung 72 ist zu ersehen, dass zusätzliches Fremdkapital für weitere Investitionen nur bis zur Höhe C_{opt} sinnvoll ist, da danach die Zinssätze die Investitionsrenditen übersteigen. Der so ermittelte optimale Kapitaleinsatz wird als Kapitalbudget bezeichnet. Bei einem Fremdkapitaleinsatz in Höhe des Kapitalbudgets lässt sich die Rentabilität des Eigenkapitals maximieren. Für die obige Abbildung 72 bedeutet dieses, dass die Fremdmittelmöglichkeiten F_1, F_2 und F_3 realisiert werden. Die Investitionen I_1 und I_2 werden vollständig, Investition I_3 nur zum Teil realisiert. Damit das Problem der simultanen Investitions- und Finanzplanung gelöst werden kann, müssen die folgenden Prämissen gegeben sein:

• Die jeweiligen Investitions- und Finanzierungslaufzeiten sind identisch.
• Sowohl die Investitionsprojekte als auch die Kredite sind beliebig teilbar.
• Alle Investitionsprojekte sind Normalinvestitionen (Anfangsauszahlung zu Investitionsbeginn, danach nur noch Zahlungsüberschüsse).

Das folgende Beispiel soll die Kapitalbudget-Methode verdeutlichen. Einem Investor liegen für die Planungsperiode die folgenden (teilbaren) Investitions- und Finanzierungsmöglichkeiten vor. Aus Vereinfachungsgründen gibt es hierbei für jede Investition einen Kredit in gleicher Höhe.

Investition I	Kapitalbedarf (T€)	r_{Inv} (%)	Kredit F	Kapitalangebot (T€)	i_{FK} (%)
A	150	20	A	150	18
B	100	15	B	100	13
C	200	11	C	200	10
D	50	9	D	50	8

Eine naive Sichtweise führt zu dem Eindruck, dass es vorteilhaft ist, jede Investition mit dem entsprechenden Kredit gleicher Höhe zu tätigen. Die günstigen Kredite werden zur Finanzierung von Investitionen geringerer Rendite eingesetzt. Teure Kredite werden hingegen von renditeträchtigen Investitionen verkraftet. Diese Vorgehensweise führt zu einem Nettoüberschuss von 7 500 €:

Investition I	Kredit F	Betrag (T€)	r_{Inv}-i_{FK} (%)	jährlicher Überschuss (€)
A	A	150	2	3 000
B	B	100	2	2 000
C	C	200	1	2 000
D	D	50	1	500
Nettoüberschuss: 7 500				

Der Ansatz der Kapitalbudget-Methode geht hingegen davon aus, dass die Investition mit der höchsten Rendite zunächst mit dem günstigsten Kredit finanziert wird. Die Eckdaten der simultanen Investitions- und Finanzplanung werden nun wie oben besprochen in ein Diagramm gemäß Abbildung 73 eingetragen:

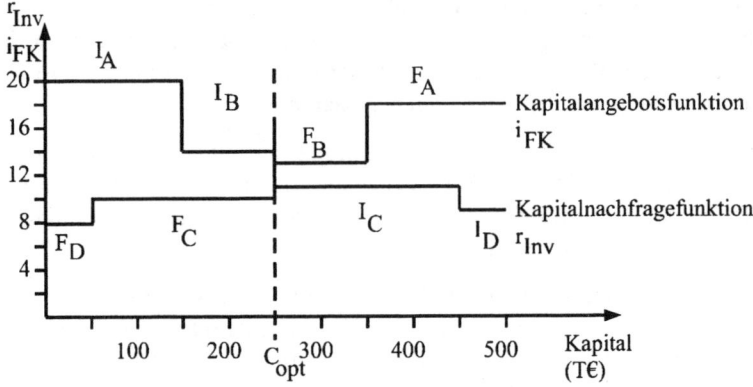

Abb. 73: Beispieldiagramm für das Kapitalbudget

realisierte Investitionen	Kapitalbedarf (T€)	Investitionsrendite (€)
I_A	150	30 000
I_B	100	15 000
in Anspruch genommene Kredite	Fremdkapital (T€)	Fremdkapitalzins (€)
F_C	200	20 000
F_D	50	4 000
	Nettoüberschuss: 21 000	

Wie zu sehen ist, führt die Kapitalbudget-Methode mit einem Nettoüberschuss von 21 000 € zu einem erheblich besseren Ergebnis als das zuvor erwähnte (naive) Vorgehen mit einem Nettoüberschuss von 7 500 €.

12.5 Kapitalbudgetermittlung bei unteilbaren Investitionen

Bisher wurde von der wenig realistischen Annahme ausgegangen, dass die Investitionen beliebig teilbar sind. Dieses ist für Realinvestitionen (im Gegensatz zu Finanzinvestitionen) im Allgemeinen nicht der Fall. Bei den Finanzierungsmöglichkeiten ist die Teilbarkeit weitestgehend gegeben, da es sich nur um finanzielle Transaktionen handelt. Im Folgenden wird daher von unteilbaren Investitionsprojekten und teilbaren Finanzierungsmöglichkeiten ausgegangen. Die Vorgehensweise ist zunächst ähnlich wie oben beschrieben. Für das Einführungsbeispiel ergibt sich folgendes Diagramm gemäß Abbildung 74:

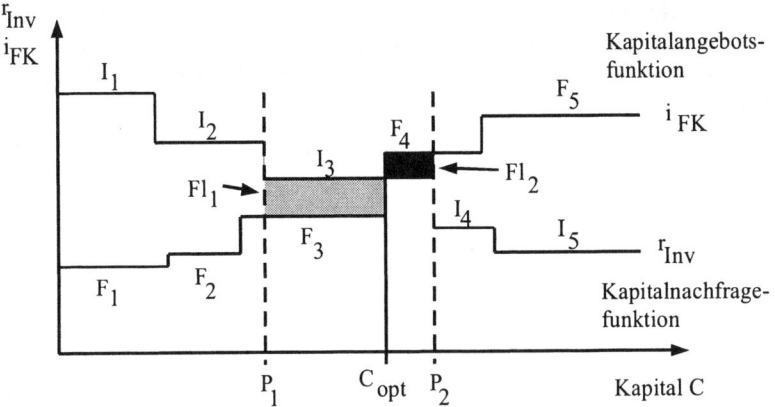

Abb. 74: Kapitalbudget bei unteilbaren Investitionen (Däumler 1997, S.83)

Zunächst wird wieder das optimale Budget für teilbare Investitionen errechnet. Dieses Budget ist aber wegen der angenommenen Unteilbarkeit der Investitionsprojekte nicht realisierbar. Der Investor steht nun vor zwei Möglichkeiten:

- Investitionen I_1, I_2 und I_3 vollständig durchzuführen und durch die Kredite F_1, F_2 und F_3 vollständig und F_4 teilweise zu finanzieren (Kapitaleinsatz P_2);
- Investition I_3 wird nicht mehr mit entsprechender Finanzierung getätigt (Kapitaleinsatz P_1).

Die Fläche Fl_1 kann dabei als zusätzlicher Gewinn gedeutet werden, während die Fläche Fl_2 einen Verlust jeweils gegenüber dem Optimum C_{opt} darstellt. Da die Investition I_3 unteilbar ist, sind beide Flächen miteinander zu vergleichen. Wenn der zusätzliche Gewinn bei Durchführung der Investition I_3 größer ist als der Verlust, der durch die Teilinanspruchnahme von Kredit F_4 entsteht, so ist Investition I_3 vorteilhaft für den Investor. Im anderen Fall wird auf die Investition verzichtet. Für das obige Beispiel gilt:

$$Fl_1 = (r_{Inv_3} - i_{FK_3})(C_{opt} - P_1) > (i_{FK_4} - r_{Inv_3})(P_2 - C_{opt}) = Fl_2$$

Geht man von der graphischen Darstellung aus, so ergibt die obige Ungleichung eine Vorteilhaftigkeit von Investition I_3, da die Fläche Fl_1 größer ist als die Fläche Fl_2.

Die Kapitalbudget-Methode kann ohne großen Rechenaufwand (meist graphisch) durchgeführt werden. Sie setzt jedoch die Existenz von Rentabilitätsrechnungen für die einzelnen Investitionen voraus. Die Budget-Methode ist eine Ergänzung zu den klassischen Investitionsrechnungen, bei welcher der Kapitalmarkt unvollkommen ist (kein einheitlicher Zinssatz).

Ein Kritikpunkt ist jedoch die angenommene Unabhängigkeit der Finanzierungsmöglichkeiten von den Investitionsprojekten. Vielmehr ist anzunehmen, dass Fremdkapitalgeber den Einsatz der Fremdmittel kennen möchten, um Risiko und Sicherheiten abschätzen zu können. Der Sollzinssatz wird dann nicht unerheblich von dem angestrebten Investitionsprojekt abhängen. Außerdem bleibt der zeitliche Zusammenhang zwischen Finanzmitteln und Investitionsprojekten unberücksichtigt. Um diese Mängel auszugleichen, müssen im Rahmen der simultanen Investitions- und Finanzplanung die Verfahren des Operations Research benutzt werden.

Aufgabe 13:
Simultane Investitions- und Finanzplanung

13.1 Aufgabenstellung

Erläutern Sie das Konzept der simultanen Investitions- und Finanzplanung. Gehen Sie dabei auf Prämissen ein! Stellen Sie anschließend das Ausgangstableau für die folgenden Angaben auf. Es ist Ihnen ein Investitionsprogramm mit sieben Investitionsmöglichkeiten und zwei Finanzierungen gegeben, die über vier Perioden verteilt sind. Maximieren Sie den Vermögenswert nach der letzten Periode. Die folgende Tabelle gibt die Zahlungsreihen der Investitions- und Finanzobjekte an (Angaben in €):

t	I 1	I 2	I 3	I 4	I 5	I 6	I 7	F 1	F 2
1	-100	0	-100	0	-100	0	0	100	0
2	70	-80	0	-100	104	-100	0	0	100
3	50	60	0	0	0	104	-100	0	-109
4	50	40	126	113	0	0	104	-140	0

Dabei sind I1 und I2 Realinvestitionen; I3 und I4 sind Finanzinvestitionen; I5, I6 und I7 sind einperiodige Finanzinvestitionen für überschüssige Mittel. Die Finanzierungsmöglichkeiten stellen sich in F1 und F2 dar. Es können nur je 10 Realinvestitionen durchgeführt werden. Die Finanzobjekte F1 und F2 sind auf je 2000 € beschränkt. Formulieren Sie nun das entsprechende LP-Modell zur Ermittlung des optimalen Investitions- und Finanzierungsprogramms!

13.2 Verfahren des Operations Research

Es gibt eine Vielzahl von Konzepten, die innerhalb des Operations Research versuchen, die Schwächen der sukzessiven Investitionsplanung zu überwinden. Dieses ist z.B. der Fall, wenn der Investor über so gute Investitionsmöglichkeiten verfügt, dass das als fix vorgegebene Finanzvolumen nicht ausreicht. So dringt mehr und mehr die simultane Investitions- und Finanzplanung in den Vordergrund. Bei dieser Planungstechnik versucht man, die (möglichen) Mängel des sukzessiven Planens dadurch zu vermeiden, dass man die einzelnen Teilpläne des Investors (Finanzplan, Investitionsplan, Produktions- und Absatzplan usw.) möglichst harmonisch aufeinander abstimmt und die gegenseitigen Abhängigkeiten (Interdependenzen) zwischen den Teilplänen angemessen berücksichtigt.

Nur wenn ein vollkommener Kapitalmarkt gegeben ist, führen die dynamischen Verfahren der Investitionsrechnung auch zu der Bestimmung des optimalen Investitionsprogramms. Fällt diese Prämisse weg, so stellt sich das Problem der Bestimmung eines optimalen Investitionsprogramms unter besonderer Berücksichtigung der Interdependenzen zwischen der Investitions- und Finanzplanung. Die entwickelten Entscheidungsmodelle unterscheiden sich hinsichtlich der Zielvariablen sowie des sachlichen und zeitlichen Umfanges des Entscheidungsfelds (Blohm/Lüder 1995, S.287ff):

- Zielvariablen:
  - Der Kapitalwert soll während des Planungszeitraums maximiert werden.
  - Der Wert des Vermögens soll am Ende des Planungszeitraums maximiert sein.
  - Die gleichmäßige jährliche Entnahme (Ausschüttung) soll maximiert werden.
- Sachlicher Umfang des Entscheidungsfelds:
  - Modelle zur Bestimmung des optimalen Investitionsprogramms bei gegebenem Produktionsprogramm für die einzelnen Investitionsprojekte und gegebenen finanziellen Mitteln;
  - Modelle zur simultanen Bestimmung von optimalem Investitionsprogramm und optimalem Finanzierungsprogramm bei gegebenem Produktionsprogramm für die einzelnen Investitionsprojekte;
  - Modelle zur simultanen Bestimmung von optimalem Investitions- und Produktionsprogramm bei gegebenen finanziellen Mitteln;
  - Modelle zur simultanen Bestimmung von optimalem Investitions-, Produktions- und Finanzierungsprogramm.
- Zeitlicher Umfang des Entscheidungsfelds:
  Für den zeitlichen Umfang unterscheidet man zwischen der Wirkperiode und dem Planungszeitraum. Die Wirkperiode eines Investitionsprogramms und gegebenenfalls simultan zu planender Programme ist der Zeitraum, für den die in das Entscheidungsmodell einbezogenen Investitionsalternativen monetäre Auswirkungen (Ein- und Auszahlungen) aufweisen. Der Planungszeitraum ist kürzer oder gleich dem Zeitraum der Wirkperiode, wobei beide den gleichen Anfangszeitpunkt besitzen. Für den Fall, dass der Planungszeitraum kürzer ist als die Wirkperiode, werden die monetären Auswirkungen der Investitionsalternativen auf das Ende des Planungszeitraums transformiert. Der Planungszeitraum kann in mehrere gleich lange Teilperioden unterteilt werden.
  Je nachdem, in welchen Teilperioden Entscheidungsalternativen berücksichtigt werden, lassen sich unterscheiden:
  - Einperiodenmodelle, bei denen nur Alternativen der ersten Planperiode einbezogen werden.
  - Mehrperiodenmodelle, bei denen auch Alternativen außerhalb der ersten Teilperiode einbezogen werden.

13.3 Simultane Investitions- und Finanzplanung als Mehrperiodenmodell

Das Planungsproblem lautet bei der simultanen Investitions- und Finanzplanung: Suche aus einer gegebenen Menge von (sich gegenseitig nicht ausschließenden) Investitionsvorhaben und einer Menge von Finanzierungsmöglichkeiten das Programm, welches das Ziel des Investors (Vermögensmaximierung, Einkommensmaximierung) am Besten erfüllt. Dabei liegen die Produktionspläne für jedes mögliche Investitionsprogramm im Vorhinein fest, da sie bereits vorab (sukzessiv) aufgestellt worden sind. Im Weiteren wird nur auf den Fall der Vermögensmaximierung am Ende des Planungshorizonts eingegangen (Blohm/Lüder 1995, S.304ff).

Das nachstehend dargestellte Optimierungsmodell (Kruschwitz 2000, S.212ff) entspricht in seinen wesentlichen Eigenschaften den Konzeptionen von Hax und Weingartner (Hax 1993, S.85ff; Weingartner 1963, S.139ff). Es beruht auf folgenden Annahmen:

- Das Ziel des Investors ist die Maximierung des Vermögens am Ende des Planungshorizonts auf der Grundlage eines gegebenen Einkommensstroms.
- Jedes Investitions- und Finanzierungsprojekt des Investors kann durch eine individuelle Zahlungsreihe eindeutig beschrieben werden. Die Projekte sind untereinander vollkommen unabhängig. Die durch das i-te Investitionsprojekt verursachte Zahlung zum Zeitpunkt t wird mit z_{ti}^{I} bezeichnet, die Zahlung des j-ten Finanzierungsprojekts zum Zeitpunkt t mit z_{tj}^{F}.
- Der Investor kennt m Investitionsprojekte und n Finanzierungsprojekte mit jeweils unterschiedlicher Dauer und unterschiedlichen Startterminen.
- Alle Investitions- und Finanzierungsobjekte sind beliebig teilbar und können einmal oder mehrmals in das Programm aufgenommen werden. Dieses bedeutet, dass es „halbe" Maschinen und Obligationen gibt!
- Der Investor wünscht, in jedem Zeitpunkt seines Planungszeitraums $(t=0,1,2,3,...,T)$ liquide zu bleiben.
- Der Investor rechnet mit einer Basiszahlungsreihe $M = (M_0, M_1, ..., M_T)$.
- Der Planungszeitraum umfasst eine Periode oder länger $(T \geq 1)$. Danach wird der Betrieb liquidiert.
- Der Investor verfolgt das Ziel, auf der Grundlage eines gegebenen Stroms von Entnahmen f_tY sein Endvermögen C_T zu maximieren.

Sämtliche in dieser simultanen Investitions- und Finanzplanung als Mehrperiodenmodell zu berücksichtigende Zahlungsströme lassen sich in einen vollständigen Finanzplan nach Abbildung 75 einstellen.

Zeitpunkt t	0	1	...	T
	Zahlungen			
Basiszahlungen	M_0	M_1	...	M_T
Investitionsprojekt 1	$z_{01}^I x_1$	$z_{11}^I x_1$	...	$z_{T1}^I x_1$
2	$z_{02}^I x_2$	$z_{12}^I x_2$	...	$z_{T2}^I x_2$
$\vdots$	$\vdots$	$\vdots$	...	$\vdots$
m	$z_{0m}^I x_m$	$z_{1m}^I x_m$	...	$z_{Tm}^I x_m$
Finanzierungsprojekt 1	$z_{01}^F y_1$	$z_{11}^F y_1$	...	$z_{T1}^F y_1$
2	$z_{02}^F y_2$	$z_{12}^F y_2$	...	$z_{T2}^F y_2$
$\vdots$	$\vdots$	$\vdots$	...	$\vdots$
n	$z_{0n}^F y_n$	$z_{1n}^F y_n$	...	$z_{Tn}^F y_n$
Entnahmen	$f_0 Y$	$f_1 Y$	...	$f_T Y$
Endvermögen				C_T

Abb. 75: Formalstruktur eines vollständigen Finanzplans bei
simultaner Investitions- und Finanzplanung (Kruschwitz 2000, S.214)

Die Multiplikatoren der Projektzahlungen, die jeweiligen Projektmengen (x_i, y_j), sind die gesuchten Entscheidungsvariablen der linearen Programmierung. Das Endvermögen C_T soll maximiert werden. Alle anderen Ausprägungen der Variablen M_t, $z_{ti/tj}^{I/F}$, f_t, Y in der obigen Tabelle müssen vorgegeben werden. Das Endvermögen des Investors ergibt sich aus dem Überschuss aller Zahlungen für die ausgewählten Investitionsprojekte in der Endperiode T des Planungszeitraums:

$$C_T = \underbrace{z^I_{T1}x_1 + z^I_{T2}x_2 + ... + z^I_{Tm}x_m}_{\text{Investitionszahlungen}} + \underbrace{z^F_{T1}y_1 + z^F_{T2}y_2 + ... + z^F_{Tn}y_n}_{\text{Finanzierungszahlungen}} + \underbrace{M_T - f_T Y}_{\substack{\text{Basis-} \\ \text{zahlungen minus} \\ \text{Schlussentnahme}}}$$

Um das optimale Investitions- und Finanzierungsprogramm zu ermitteln, muss das Endvermögen unter Beachtung von Nebenbedingungen maximiert werden. Die Nebenbedingungen setzen sich aus Liquiditäts- und Projektmengenbedingungen zusammen. Die Liquiditätsbedingungen besagen, dass die Summe der Zahlungen zu jedem Zeitpunkt t mit der Basiszahlung und Schlussentnahme so korrespondieren muss, dass einerseits keine Illiquidität und andererseits keine unnötige Kassenhaltung besteht:

für alle $0 \le t < T$:

$$\underbrace{\sum_{i=1}^{m} z^I_{ti}x_i}_{\text{Investitionszahlungen}} + \underbrace{\sum_{j=1}^{n} z^F_{tj}y_j}_{\text{Finanzierungszahlungen}} = \underbrace{-M_t}_{\text{Basiszahlungen}} + \underbrace{f_t Y}_{\text{Schlussentnahme}}$$

Es handelt sich bei diesen Liquiditätsbedingungen um eine Gleichung, damit keine unnötigen liquiden Mittel gehalten werden (totes Kapital). Da ein Investor nur dann investiert, wenn er am Schluss des Planungszeitraums ein positives Endvermögen erwartet, gilt für Periode T die folgende Liquiditätsbedingung:

$$\sum_{i=1}^{m} z^I_{Ti}x_i + \sum_{j=1}^{n} z^F_{Tj}y_j \ge -M_T + f_T Y$$

Die Projektmengenbedingungen schränken die Anzahl der jeweiligen Projekte für Investitionen und Finanzierung ein. Die Anzahl der realisierten Investitionsobjekte der Art i wird mit x_i bezeichnet, die Anzahl der realisierten Finanzierungsalternativen der Art j mit y_j. Eine negative Anzahl von Projekten lässt sich nicht realisieren.

$$0 \le x_i \le g_i \quad \text{und} \quad 0 \le y_j \le g_j$$

In dem folgenden Beispiel sind Basiszahlungsreihe und laufende Entnahmen nicht berücksichtigt, lassen sich aber leicht im Modell der linearen Programmierung mit einbeziehen (Kruschwitz 2000, S.207ff). Zunächst ist die Zielfunktion aufzustellen:

$$50x_1 + 40x_2 + 126x_3 + 113x_4 + 104x_7 - 140y_1 = \text{Max!}$$

Diese Zielfunktion bringt zum Ausdruck, dass das Kapital zum Ende der letzten Periode maximiert werden soll. Somit sind die Zahlungsflüsse dieser Periode zu summieren. Weiterhin ist zu berücksichtigen, dass die Liquidität zu jedem Zeitpunkt gewährleistet ist. Daraus ergeben sich die Liquiditätsbedingungen:

$$-100x_1 \qquad -100x_3 \qquad -100x_5 \qquad\qquad +100y_1 \qquad = 0$$

$$70x_1 \;\; -80x_2 \qquad -100x_4 +104x_5 -100x_6 \qquad +100y_2 \quad = 0$$

$$50x_1 \;\; +60x_2 \qquad\qquad\qquad +104x_6 -100x_7 \qquad -109y_2 \quad = 0$$

$$50x_1 \;\; +40x_2 +126x_3 +113x_4 \qquad\qquad +104x_7 -140y_1 \qquad \geq 0$$

Des Weiteren sind die einschränkenden Projektbedingungen zu berücksichtigen: $x_1 \leq 10$; $x_2 \leq 10$; $y_1 \leq 20$; $y_2 \leq 20$.

Damit die Berechnung mit dem Zwei-Phasen-Modell durchgeführt werden kann, gelten die Nichtnegativitätsbedingungen: x_i, $y_j \geq 0$ mit $i = 1,...,7$; $j = 1, 2$. Das Tableau kann nun folgendermaßen aufgestellt werden:

	x_1	x_2	x_3	x_4	x_5	x_6	x_7	y_1	y_2	
(1)	-100		-100		-100			100		= 0
(2)	70	-80		-100	104	-100			100	= 0
(3)	50	60				104	-100		-109	= 0
(4)	50	40	126	113			104	-140		≥ 0
(5)	1									≤ 10
(6)		1								≤ 10
(7)								1		≤ 20
(8)									1	≤ 20
(9)	50	40	126	113			104	-140		

In Zeilen (1) - (3) werden die Liquiditätsgleichungen der ersten drei Perioden berücksichtigt. Zeile (4) garantiert ein positives Endvermögen. Die Zeilen (5) - (8) stellen die Projektmengenbedingungen dar. Die Zielfunktion ist in Zeile (9) ausgewiesen. Auf eine Berechnung wird hier verzichtet.

Investitionsrechnungsfaktoren

Investitionsrechnungsfaktoren für die dynamischen Verfahren der Investitionsrechnung
(Däumler 2000, S.352f)

Zielgröße	Faktor	$1+i = q$	Bezeichnung	Funktion (verbal)	Funktion (grafisch)
Endwert C_n	$(1+i)^n$	q^n	Aufzinsungsfaktor	zinst einen jetzt fälligen Geldbetrag C_0 mit Zins und Zinseszins auf einen nach n Jahren fälligen Geldbetrag C_n auf	
	$\dfrac{(1+i)^n -1}{i}$	$\dfrac{q^n -1}{q-1}$	Rentenendwertfaktor	zinst die Glieder a einer Zahlungsreihe unter Berücksichtigung von Zins und Zinseszins auf und addiert gleichzeitig die Endwerte (verwandelt Zahlungsreihe in "Einmalzahlung nach n Jahren")	
Barwert C_0	$(1+i)^{-n}$	q^{-n}	Abzinsungsfaktor	zinst nach n Jahren fälligen Geldbetrag C_n unter Berücksichtigung von Zins und Zinseszins auf einen jetzt fälligen Geldbetrag C_0 ab	

Zielgröße	Faktor	1+i = q	Bezeichnung	Funktion (verbal)	Funktion (grafisch)
Barwert C_0	$\dfrac{(1+i)^n - 1}{i(1+i)^n}$	$\dfrac{q^n - 1}{q^n(q-1)}$	Rentenbarwert-faktor/ Kapitalisierungs-faktor	zinst die Glieder a einer Annuitätenreihe unter Berücksichtigung von Zins und Zinseszins ab und addiert gleichzeitig die Barwerte (verwandelt die Zahlungsreihe in "Einmalzahlung jetzt")	
Jahreswert Annuität a	$\dfrac{i(1+i)^n}{(1+i)^n - 1}$	$\dfrac{q^n(q-1)}{q^n - 1}$	Kapitalwieder-gewinnungs-faktor/ Annuitäten-faktor	verteilt einen jetzt fälligen Geldbetrag C_0 in gleiche Annuitäten a unter Berücksichtigung von Zins und Zinseszins auf n Jahre (verwandelt "Einmalzahlung jetzt" in Zahlungsreihe	
	$\dfrac{i}{(1+i)^n - 1}$	$\dfrac{q-1}{q^n - 1}$	Rückwärts-verteilungs-faktor	verteilt einen nach n Jahren fälligen Geldbetrag C_n unter Berücksichtigung von Zins und Zinseszins auf die Laufzeit von n Jahren (verwandelt "Einmalzahlung in n Jahren" in Zahlungsreihe)	

6%

Jahre	Aufzinsungsfaktor	Abzinsungsfaktor	Rentenbarwertfaktor	Kapitalwiedergew.-faktor	Rentenendwertfaktor	Rückwärtsvert.-faktor	Jahre
1	1.0600	0.9434	0.9434	0.0600	1.0000	1.0000	1
2	1.1236	0.8900	1.8334	0.5454	2.0600	0.4854	2
3	1.1910	0.8396	2.6730	0.3741	3.1836	0.3141	3
4	1.2625	0.7921	3.4651	0.2886	4.3746	0.2286	4
5	1.3382	0.7473	4.2124	0.2374	5.6371	0.1774	5
6	1.4185	0.7050	4.9173	0.2034	6.9753	0.1434	6
7	1.5036	0.6651	5.5824	0.1791	8.3938	0.1191	7
8	1.5938	0.6274	6.2098	0.1610	9.8975	0.1010	8
9	1.6895	0.5919	6.8017	0.1470	11.4913	0.0870	9
10	1.7908	0.5584	7.3601	0.1359	13.1808	0.0759	10
11	1.8983	0.5268	7.8869	0.1268	14.9716	0.0668	11
12	2.0122	0.4970	8.3838	0.1193	16.8699	0.0593	12
13	2.1329	0.4688	8.8527	0.1130	18.8821	0.0530	13
14	2.2609	0.4423	9.2950	0.1076	21.0151	0.0476	14
15	2.3966	0.4173	9.7122	0.1030	23.2760	0.0430	15
16	2.5404	0.3936	10.1059	0.0990	25.6725	0.0390	16
17	2.6928	0.3714	10.4773	0.0954	28.2129	0.0354	17
18	2.8543	0.3503	10.8276	0.0924	30.9057	0.0324	18
19	3.0256	0.3305	11.1581	0.0896	33.7600	0.0296	19
20	3.2071	0.3118	11.4699	0.0872	36.7856	0.0272	20
21	3.3996	0.2942	11.7641	0.0850	39.9927	0.0250	21
22	3.6035	0.2775	12.0416	0.0830	43.3923	0.0230	22
23	3.8197	0.2618	12.3034	0.0813	46.9958	0.0213	23
24	4.0489	0.2470	12.5504	0.0797	50.8156	0.0197	24
25	4.2919	0.2330	12.7834	0.0782	54.8645	0.0182	25
30	5.7435	0.1741	13.7648	0.0726	79.0582	0.0126	30
40	10.2857	0.0972	15.0463	0.0665	154.7620	0.0065	40
50	18.4202	0.0543	15.7619	0.0634	290.3359	0.0034	50

5%

Jahre	Aufzinsungsfaktor	Abzinsungsfaktor	Rentenbarwertfaktor	Kapitalwiedergew.-faktor	Rentenendwertfaktor	Rückwärtsvert.-faktor
1	1.0500	0.9524	0.9524	1.0500	1.0000	1.0000
2	1.1025	0.9070	1.8594	0.5378	2.0500	0.4878
3	1.1576	0.8638	2.7232	0.3672	3.1525	0.3172
4	1.2155	0.8227	3.5460	0.2820	4.3101	0.2320
5	1.2763	0.7835	4.3295	0.2310	5.5256	0.1810
6	1.3401	0.7462	5.0757	0.1970	6.8019	0.1470
7	1.4071	0.7107	5.7864	0.1728	8.1420	0.1228
8	1.4775	0.6768	6.4632	0.1547	9.5491	0.1047
9	1.5513	0.6446	7.1078	0.1407	11.0266	0.0907
10	1.6289	0.6139	7.7217	0.1295	12.5779	0.0795
11	1.7103	0.5847	8.3064	0.1204	14.2068	0.0704
12	1.7959	0.5568	8.8633	0.1128	15.9171	0.0628
13	1.8856	0.5303	9.3936	0.1065	17.7130	0.0565
14	1.9799	0.5051	9.9886	0.1010	19.5986	0.0510
15	2.0789	0.4810	10.3797	0.0963	21.5786	0.0463
16	2.1829	0.4581	10.8387	0.0923	23.6575	0.0423
17	2.2920	0.4363	11.2741	0.0887	25.8404	0.0387
18	2.4066	0.4155	11.6896	0.0855	28.1324	0.0355
19	2.5270	0.3957	12.0853	0.0827	30.5390	0.0327
20	2.6533	0.3769	12.4622	0.0802	33.0660	0.0302
21	2.7860	0.3589	12.8212	0.0780	35.7193	0.0280
22	2.9253	0.3418	13.1630	0.0760	38.5052	0.0260
23	3.0715	0.3256	13.4886	0.0741	41.4305	0.0241
24	3.2251	0.3101	13.7986	0.0725	44.5020	0.0225
25	3.3864	0.2953	14.0939	0.0710	47.7271	0.0210
30	4.3219	0.2314	15.3725	0.0651	66.4388	0.0151
40	7.0400	0.1420	17.1591	0.0583	120.7998	0.0083
50	11.4674	0.0872	18.2559	0.0548	209.3480	0.0048

8%

Jahre	Aufzinsungsfaktor	Abzinsungsfaktor	Rentenbarwertfaktor	Kapitalwiedergew.-faktor	Rentenendwertfaktor	Rückwärtsvert.-faktor
1	1.0800	0.9259	0.9259	1.0800	1.0000	1.0000
2	1.1664	0.8573	1.7833	0.5608	2.0800	0.4808
3	1.2597	0.7938	2.5771	0.3880	3.2464	0.3080
4	1.3605	0.7350	3.3121	0.3019	4.5061	0.2219
5	1.4693	0.6806	3.9927	0.2505	5.8666	0.1704
6	1.5869	0.6302	4.6229	0.2163	7.3359	0.1363
7	1.7138	0.5835	5.2064	0.1921	8.9228	0.1121
8	1.8509	0.5403	5.7466	0.1740	10.6366	0.0940
9	1.9990	0.5002	6.2469	0.1601	12.4876	0.0801
10	2.1589	0.4632	6.7101	0.1490	14.4866	0.0690
11	2.3316	0.4289	7.1390	0.1401	16.6455	0.0601
12	2.5182	0.3971	7.5361	0.1327	18.9771	0.0527
13	2.7196	0.3677	7.9038	0.1265	21.4953	0.0465
14	2.9372	0.3405	8.2442	0.1213	24.2149	0.0413
15	3.1722	0.3151	8.5595	0.1168	27.1521	0.0368
16	3.4259	0.2919	8.8514	0.1130	30.3243	0.0330
17	3.7000	0.2703	9.1216	0.1096	33.7502	0.0296
18	3.9960	0.2502	9.3719	0.1067	37.4502	0.0267
19	4.3157	0.2317	9.6036	0.1041	41.4463	0.0241
20	4.6610	0.2145	9.8181	0.1019	45.7620	0.0219
21	5.0338	0.1987	10.0168	0.0998	50.4229	0.0198
22	5.4365	0.1839	10.2007	0.0980	55.4568	0.0180
23	5.8715	0.1703	10.3711	0.0964	60.8933	0.0164
24	6.3412	0.1577	10.5288	0.0950	66.7648	0.0150
25	6.8485	0.1460	10.6748	0.0937	73.1059	0.0137
30	10.0627	0.0994	11.2578	0.0888	113.2832	0.0088
40	21.7245	0.0460	11.9246	0.0839	259.0565	0.0039
50	46.9016	0.0213	12.2335	0.0817	573.7702	0.0017

7%

Jahre	Aufzinsungsfaktor	Abzinsungsfaktor	Rentenbarwertfaktor	Kapitalwiedergew.-faktor	Rentenendwertfaktor	Rückwärtsvert.-faktor
1	1.0700	0.9346	0.9346	1.0700	1.0000	1.0000
2	1.1449	0.8734	1.8080	0.5531	2.0700	0.4831
3	1.2250	0.8163	2.6243	0.3811	3.2149	0.3111
4	1.3108	0.7629	3.3872	0.2952	4.4399	0.2252
5	1.4026	0.7130	4.1002	0.2439	5.7507	0.1739
6	1.5007	0.6663	4.7665	0.2098	7.1533	0.1398
7	1.6058	0.6227	5.3893	0.1856	8.6540	0.1156
8	1.7182	0.5820	5.9713	0.1675	10.2598	0.0975
9	1.8385	0.5439	6.5152	0.1535	11.9780	0.0835
10	1.9672	0.5083	7.0236	0.1424	13.8164	0.0724
11	2.1049	0.4751	7.4987	0.1334	15.7836	0.0634
12	2.2522	0.4440	7.9427	0.1259	17.8885	0.0559
13	2.4098	0.4150	8.3577	0.1197	20.1406	0.0497
14	2.5785	0.3878	8.7455	0.1143	22.5505	0.0443
15	2.7590	0.3624	9.1079	0.1098	25.1290	0.0398
16	2.9522	0.3387	9.4466	0.1059	27.8881	0.0359
17	3.1588	0.3166	9.7632	0.1024	30.8402	0.0324
18	3.3799	0.2959	10.0591	0.0994	33.9990	0.0294
19	3.6165	0.2765	10.3356	0.0968	37.3790	0.0268
20	3.8697	0.2584	10.5940	0.0944	40.9955	0.0244
21	4.1406	0.2415	10.8355	0.0923	44.8652	0.0223
22	4.4304	0.2257	11.0612	0.0904	49.0057	0.0204
23	4.7405	0.2109	11.2722	0.0887	53.4361	0.0187
24	5.0724	0.1971	11.4693	0.0872	58.1767	0.0172
25	5.4272	0.1842	11.6536	0.0858	63.2490	0.0158
30	7.6123	0.1314	12.4090	0.0806	94.4608	0.0106
40	14.9745	0.0668	13.3317	0.0750	199.6351	0.0050
50	29.4570	0.0339	13.8007	0.0725	406.5289	0.0025

10%

Jahre	Aufzinsungsfaktor	Abzinsungsfaktor	Rentenbarwertfaktor	Kapitalwiedergewfaktor	Rentenendwertfaktor	Rückwärtsvertfaktor	Jahre
1	1.1000	0.9091	0.9091	1.1000	1.0000	1.0000	1
2	1.2100	0.8264	1.7355	0.5762	2.1000	0.4762	2
3	1.3310	0.7513	2.4869	0.4021	3.3100	0.3021	3
4	1.4641	0.6830	3.1699	0.3155	4.6410	0.2155	4
5	1.6105	0.6209	3.7908	0.2638	6.1051	0.1638	5
6	1.7716	0.5645	4.3553	0.2296	7.7156	0.1296	6
7	1.9487	0.5132	4.8684	0.2054	9.4872	0.1054	7
8	2.1436	0.4665	5.3349	0.1874	11.4359	0.0874	8
9	2.3579	0.4241	5.7590	0.1736	13.5759	0.0736	9
10	2.5937	0.3855	6.1446	0.1627	15.9374	0.0627	10
11	2.8531	0.3505	6.4951	0.1540	18.5321	0.0540	11
12	3.1384	0.3186	6.8137	0.1468	21.3843	0.0468	12
13	3.4523	0.2897	7.1034	0.1408	24.5227	0.0408	13
14	3.7975	0.2633	7.3667	0.1357	27.9750	0.0357	14
15	4.1772	0.2394	7.6061	0.1315	31.7725	0.0315	15
16	4.5950	0.2176	7.8237	0.1278	35.9497	0.0278	16
17	5.0545	0.1978	8.0216	0.1247	40.5447	0.0247	17
18	5.5599	0.1799	8.2014	0.1219	45.5992	0.0219	18
19	6.1159	0.1635	8.3649	0.1195	51.1591	0.0195	19
20	6.7275	0.1486	8.5136	0.1175	57.2750	0.0175	20
21	7.4002	0.1351	8.6487	0.1156	64.0025	0.0156	21
22	8.1403	0.1228	8.7715	0.1140	71.4027	0.0140	22
23	8.9543	0.1117	8.8832	0.1126	79.5430	0.0126	23
24	9.8497	0.1015	8.9847	0.1113	88.4973	0.0113	24
25	10.8347	0.0923	9.0770	0.1102	98.3471	0.0102	25
30	17.4494	0.0573	9.4269	0.1061	164.4940	0.0061	30
40	45.2593	0.0221	9.7791	0.1023	442.5926	0.0023	40
50	117.3909	0.0085	9.9148	0.1009	1163.9085	0.0009	50

9%

Jahre	Aufzinsungsfaktor	Abzinsungsfaktor	Rentenbarwertfaktor	Kapitalwiedergewfaktor	Rentenendwertfaktor	Rückwärtsvertfaktor
1	1.0900	0.9174	0.9147	1.0900	1.0000	1.0000
2	1.1881	0.8417	1.7591	0.5685	2.0900	0.4785
3	1.2950	0.7722	2.5313	0.3951	3.2781	0.3051
4	1.4116	0.7084	3.2397	0.3087	4.5731	0.2187
5	1.5386	0.6499	3.8897	0.2571	5.9847	0.1571
6	1.6771	0.5963	4.4859	0.2229	7.5233	0.1329
7	1.8280	0.5470	5.0330	0.1987	9.2004	0.1087
8	1.9926	0.5019	5.5348	0.1807	11.0285	0.0907
9	2.1719	0.4604	5.9952	0.1668	13.0210	0.0768
10	2.3674	0.4224	6.4177	0.1558	15.1929	0.0658
11	2.5804	0.3875	6.8052	0.1469	17.5603	0.0569
12	2.8127	0.3555	7.1607	0.1397	20.1407	0.0497
13	3.0658	0.3262	7.4869	0.1336	22.9534	0.0436
14	3.3417	0.2992	7.7862	0.1284	26.0192	0.0384
15	3.6425	0.2745	8.0607	0.1241	29.3609	0.0341
16	3.9703	0.2519	8.3126	0.1203	33.0034	0.0303
17	4.3276	0.2311	8.5436	0.1170	36.9737	0.0270
18	4.7171	0.2120	8.7556	0.1142	41.3013	0.0242
19	5.1417	0.1945	8.9501	0.1117	46.0185	0.0217
20	5.6044	0.1784	9.1285	0.1095	51.1601	0.0195
21	6.1088	0.1637	9.2922	0.1076	56.7645	0.0176
22	6.6586	0.1502	9.4424	0.1059	62.8733	0.0159
23	7.2579	0.1378	9.5802	0.1044	69.5319	0.0144
24	7.9111	0.1264	9.7066	0.1030	76.7898	0.0130
25	8.6231	0.1160	9.8226	0.1018	84.7009	0.0118
30	13.2677	0.0754	10.2737	0.0973	136.3075	0.0073
40	31.4094	0.0318	10.7574	0.0930	337.8824	0.0030
50	74.3575	0.0134	10.9617	0.0912	815.0836	0.0012

Literaturhinweise

Grundlagen

Altrogge, G. (1996): Investition, 4. Auflage. Oldenbourg, München Wien

Bitz, M. (1998): Investition. In: Bitz, M; Dellmann, K.; Domsch, M. et al. (Hrsg.): Vahlens Kompendium der Betriebswirtschaftslehre, 4. Auflage. Band 1. Vahlen, München, 107-173

Blohm, H.; Lüder, K. (1995): Investition, 8. Auflage. Vahlen, München

Busse v. Colbe, W.; Laßmann, G. (1990). Betriebswirtschaftstheorie, Band 3: Investitionstheorie, 3. Auflage. Springer, Berlin Heidelberg NewYork u.a.

Däumler, K.-D. (1988): Praxis der Investitions- und Wirtschaftlichkeitsrechnung, 2. Auflage. Neue Wirtschafts-Briefe, Herne Berlin

Däumler, K.-D. (1997): Betriebliche Finanzwirtschaft, 7. Auflage. Neue Wirtschafts-Briefe, Herne Berlin

Däumler, K.-D. (2000): Grundlagen der Investitions- und Wirtschaftlichkeitsrechnung, 10. Auflage. Neue Wirtschafts-Briefe, Herne Berlin

Drukarczyk, J. (1993): Theorie und Politik der Finanzierung, 2. Auflage. Vahlen, München

Eilenberger, G. (1997): Betriebliche Finanzwirtschaft, 6. Auflage. Oldenbourg, München Wien

Hax, H. (1993): Investitionstheorie, 5. Auflage. Physica, Heidelberg Wien

Jacob, H. (1994): Investitionsrechnung, 4. Auflage. Gabler, Wiesbaden

Kern, W. (1974): Investitionsrechnung, Poeschel, Stuttgart

Kruschwitz, L. (2000): Investitionsrechnung, 8. Auflage. Oldenbourg, München Wien

Lücke, W. (Hrsg.) (1991): Investitionslexikon, 2. Auflage. Vahlen, München

Matschke, M. J. (1993): Investitionsplanung und Investitionskontrolle, Neue Wirtschafts-Briefe, Herne Berlin

Perridon, L.; Steiner, M. (2002): Finanzwirtschaft der Unternehmung, 11. Auflage. Vahlen, München

Schmidt, R. H.; Terberger, E. (1999): Grundzüge der Investitions- und Finanzierungstheorie, 4. Auflage. Gabler, Wiesbaden

Schulte, K.-W. (1986): Wirtschaftlichkeitsrechnung, 4. Auflage. Physica, Heidelberg Wien

Süchting, J. (1995): Finanzmanagement, 6. Auflage. Gabler, Wiesbaden

Swoboda, P. (1996): Investition und Finanzierung, 5. Auflage. Vandenhoeck & Ruprecht, Göttingen

Vormbaum, H. (1995): Finanzierung der Betriebe, 9. Auflage. Gabler, Wiesbaden

Walz, H; Gramlich, D. (1993): Investitions- und Finanzplanung, 4. Auflage. Recht und Wirtschaft, Heidelberg

Weber, J. (2002): Einführung in das Controlling, 9. Auflage. Poeschel, Stuttgart

Spezialgebiete

Dean, J. (1978): Capital Budgeting, 9. Auflage. Columbia University Press, New York

Emmert, P. H. (1974): Die Planung und Beurteilung von Investitionsvorhaben in einem Mensch-Maschine-Kommunikationssystem, Diss. Erlangen Nürnberg

Küpper, H.-U. (1994): Industrielles Controlling. In: Schweitzer, M. (Hrsg.): Industriebetriebslehre. 2. Auflage. Vahlen, München

Liebl, F. (1995): Simulation - Problemorientierte Einführung, 2. Auflage. Oldenbourg, München Wien

Lüder, K. (Hrsg.) (1977): Investitionsplanung, Vahlen, München

Schneider, D. (1992): Investition, Finanzierung und Besteuerung, 7. Auflage. Gabler, Wiesbaden

Schneider, E. (1973): Wirtschaftlichkeitsrechnung, 8. Auflage. Mohr, Tübingen

Warnecke, H.-J.; Bullinger, H.-J.; Hichert, R. (1996): Wirtschaftlichkeitsrechnung für Ingenieure, 3. Auflage. Hanser, München Wien

Weingartner, H. M. (1963): Mathematical Programming and the Analysis of Capital Budgeting Problems, Englewood Cliffs, New York

Symbolverzeichnis

Symbol	Bedeutung
a	Annuität
f_t	Element des Einkommensstrukturvektors für den Zeitpunkt t
g_i	Glaubwürdigkeit des Ausprägungswerts i einer unsicheren Inputgröße
i	Kalkulationszinsfuß
i_{FK}	Fremdkapitalzinssatz
$\bar{j}$	Anzahl der Ausprägungsklassen unsicherer Inputgrößen
n	Nutzungsdauer
p	Wahrscheinlichkeitswert zwischen 0 und 1
q	Kalkulationszinsfuß (1+i)
r	interner Zinsfuß
r_{EK}	Eigenkapitalrendite
r_{GK}	Gesamtkapitalrendite
r_{Inv}	Investitionsrendite
t	Zeitindex (t=0,1...)
w_i	Wahrscheinlichkeit des Ausprägungswerts i einer unsicheren Inputgröße
x_i	Anzahl der Investitionsprojekte i
y_i	Anzahl der Finanzierungsprojekte j
z_{ti}^{I}	durch das i-te Investitionsprojekt verursachte Zahlung zum Zeitpunkt t
z_{tj}^{F}	durch das j-te Finanzierungsprojekt verursachte Zahlung zum Zeitpunkt t
A_0	Anschaffungsauszahlung
A_t	Auszahlung in Periode t
C_0	Kapitalwert in Periode 0 (Kapitalbarwert)
C_n	Kapitalwert in Periode n (Kapitalendwert)
C_T	Endvermögen in Periode T
E_t	Einzahlungen in Periode t
EK	Eigenkapital
F	Finanzierungsprojekte
FK	Fremdkapital
G	Gewinn
G_t	(Grenz-) Gewinn in Periode t
I	Investitionsprojekte
K	Kosten

K^l	laufende Kosten
KWF	Kapitalwiedergewinnungsfaktor
L_t	Liquidationserlös (Restwert) der Periode t
M_t	Basiszahlung zum Zeitpunkt t
RBF	Rentenbarwertfaktor
R_{EK}	Rendite des Eigenkapitals als Betrag
T	Planungshorizont
T_{AZ}	Amortisationszeitpunkt
Wk	Wahrscheinlichkeit
Y	Einkommensniveau
μ	Erwartungswert
σ	Streuung
Φ	Risikonutzen/Präferenzwert

Teil 3

Controlling I:
Prozesse, Strukturen und Systeme

Einführung

0.1 Management

Unternehmensabläufe in allen betrieblichen Funktionsbereichen wie Verkauf, Produktion, Einkauf und Finanzen bedürfen der zielorientierten untereinander koordinierten Gestaltung und Steuerung. Diese Aufgabe der Unternehmensführung obliegt dem dispositiven Faktor und ist Kern dessen, was heute als Management bezeichnet wird. Der Begriff des Managements hat dabei eine zweifache Bedeutung (Schierenbeck 1999, S.81). Als Institution bezeichnet Management alle Instanzen, die Entscheidungs- und Anordnungskompetenz haben und damit über Kompetenzen zur Festlegung, Steuerung und Koordination von eigenen Abläufen oder von solchen untergeordneter Stellen verfügen. Als Funktion umfasst Management alle zur Festlegung, Steuerung und Koordination von Abläufen notwendigen Aufgaben, die nicht ausführender Art sind.

Das komplexe Phänomen „Management" ist gemäß Abbildung 76 durch verschiedene Dimensionen (Schierenbeck 1999, S.82f) charakterisiert: Die prozessuale Dimension beschreibt die Managementphasen mit Planung, Entscheidung, Durchsetzung und Kontrolle. Erfolgt dieses jeweils unter Heranziehung sachgerechter Informationen, so lässt sich Management als personengebundener Informationsverarbeitungsprozess mit Willensbildung und -durchsetzung interpretieren. Die strukturelle Dimension kennzeichnet die Festlegungen für fallweise Regelungen (Dispositionen) und für getroffene Regelungen (Organisation) und beschreibt den Grad der Dezentralisation bzw. Zentralisation von Kompetenz und Verantwortung. Die personelle Dimension wird durch den Führungsstil mit den Ausprägungen „autoritär", „kooperativ", „demokratisch" oder „partizipativ" charakterisiert.

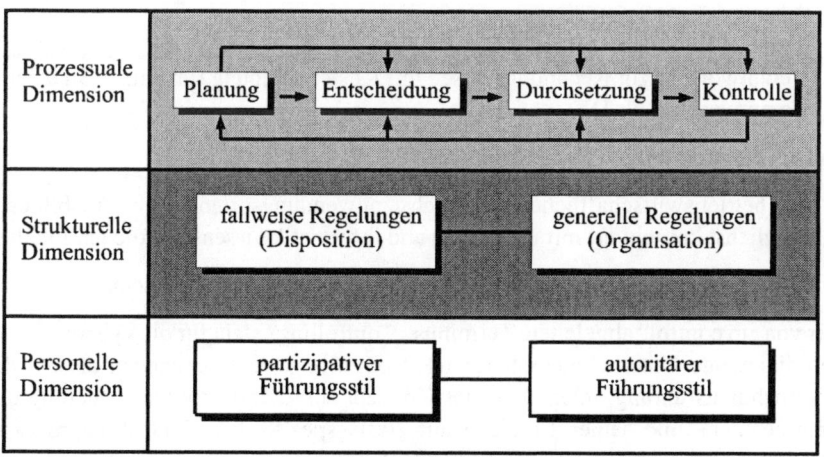

Abb. 76: Managementdimensionen (Schierenbeck 1999, S.82)

0.2 Konzept des Controlling

In der Wirtschaft praktizierte Management-Konzepte haben in den letzten Jahren strukturelle Veränderungen erfahren. War Management lange Zeit alleinige Aufgabe der obersten Leitung, so wurde es zunehmend auf hierachisch tiefer angesiedelte Instanzen ausgeweitet. Dieses geschah aus verschiedenen Gründen: wohl auch bedingt durch das Wachstum, auch aus der Erfahrung heraus, dass in den Fachabteilungen bessere Sachkenntnis vorhanden ist und so Entscheidungen schneller und besser getroffen werden, und nicht zuletzt aber auch aufgrund der Erkenntnis, dass durch Delegation von Managementfunktionen Mitarbeiter zu motivieren sind, die nach produktiver Selbstentfaltung streben. Delegation von Verantwortung und Entscheidung ist nicht nur auf Großunternehmen beschränkt. Auch der Mittelstand - unabhängig davon, wie hier die Größenabgrenzungen gewählt werden - hat diese Delegation und Dezentralisierung in vielen Fällen längst vollzogen.

Dabei wurde dieser Wandel im Management erst durch den Controlling-Gedanken ermöglicht. Controlling-Definitionen sind sehr unterschiedlich und erstrecken sich über ein sehr breites, verschieden gehandhabtes Spektrum: Man versteht darunter ein Instrumentarium, ein Führungskonzept, einen organisatorischen Bereich, ein Aufgabengebiet oder auch ein informationelles System (Weber 2002; Küpper 2001).

Stellenanzeigen zeigen, dass auch die Unternehmenspraxis diese Vielseitigkeit in Aufgaben und Profil betont - und zwar als Aufgabe:

*   Konzipierung, Gestaltung und Entwicklung der Controllinginstrumente und -systeme
*   Durchsetzung des Controllingprinzips
*   Unterstützung und Beratung des Management bei Unternehmenssteuerung und -planung
*   laufende Berichterstattungen und Analysen
*   Verantwortung für Rechnungswesen mit Kostenrechnung (und auch Bilanzen)
*   Verantwortung für DV

und als Anforderung:

*   die betriebswirtschaftliche - möglichst anwendungsorientierte - Ausbildung, möglichst kombiniert mit ingenieur- und informatikwissenschaftlichen Inhalten

Doch wie stimmen diese Erwartungen der Praxis mit Lehre und Forschung überein?

Der von „to control" abgeleitete Terminus „Controlling" steht für die kybernetische, koordinierende Unternehmenssteuerung. Controlling wird verstanden als ein die Unternehmensführung unterstützendes Konzept zur zielorientierten Steuerung des Unternehmens und seiner Bereiche auf Basis spezifischer Controllingprozesse, -strukturen und -systeme (Weber 1990; Huch 1992).

Controlling besteht nicht aus grundsätzlich neuartigen Aufgaben und Funktionen. Controlling als Konzept zur Unternehmenssteuerung steht für die Integration bekannter, systematisch in letzter Zeit immer wieder „aufgefrischter" Methoden und Instrumente wie Planung und Kontrolle, Rechnungswesen, insbesondere Kostenrechnung, aber auch Investitionsrechnung, Bilanzen und Finanzrechnung, sowie Informationswesen. Das Management ist dabei nach wie vor für die Unternehmenssteuerung verantwortlich - aber nach den Grundsätzen des Controlling. Ein Controller hat lediglich dafür zu sorgen, dass die Controllingprozesse, -strukturen und -systeme unternehmensspezifisch entwickelt, implementiert, aber auch nachhaltig gepflegt werden (ähnlich Wagner 1990, S.212f). Nachfolgend werden mit Bezug auf Abbildung 77 die einzelnen Komponenten dieses Controllingkonzepts erläutert.

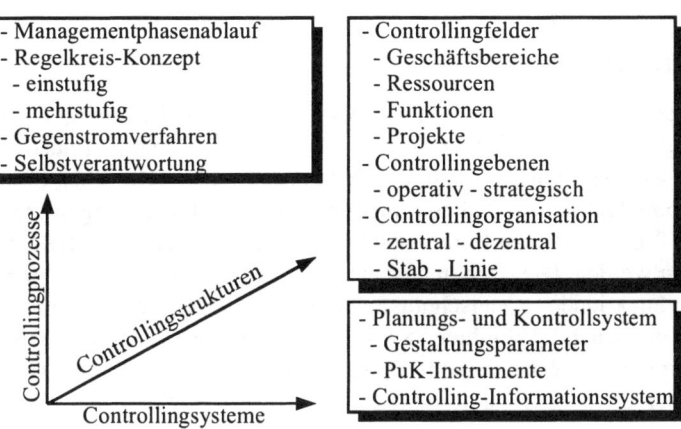

Abb. 77: Komponenten des Controllingkonzepts

0.3 Controllingprozesse

Managementtätigkeit vollzieht sich in den Phasen Zielbildung und Problemanalyse über Alternativensuche und -beurteilung zur Entscheidung mit anschließender Durchsetzung und abschließender Kontrolle. Diese ureigene Managementtätigkeit kann und darf nicht vom Controlling und Controller übernommen, wohl aber mit Berichten, Analysen und Anregungen - also mit Informationen als zweckorientiertem Wissen - unterstützt werden.

Das geforderte delegierte dezentrale Management bei partizipativem Führungsstil erfolgt nach dem Regelkreis-Konzept: Vorgelagerte Instanzen geben einem nachgelagerten Management Führungsgrößen vor, damit dieses als Regler nachfolgende und in dessen Verantwortung stehende Betriebsprozesse als Regelstrecke über Stellgrößen steuern kann. Mit Betriebsdatenerfassung und Rechnungslegung werden Istergebnisse dem Regler gemeldet, damit dieser nach Analysen von Abweichungen und deren Ursachen bei interner Regelung Anpassungsmaßnahmen einleiten kann.

In der Praxis - und nicht nur bei Großbetrieben - gibt es eine Vielzahl miteinander verzahnter mehrstufiger Regelkreise: Aus Stellgrößen des übergeordneten Regelkreises werden Führungsgrößen eines untergeordneten Regelkreises abgeleitet. Die Geschäftsleitung gibt der Spartenleitung eine Zielgröße wie z.b. den Sparten-Deckungsbeitrag vor. Hieraus werden für die einzelnen Verkaufsleiter spezifische Führungsgrößen - z.b. Produkt-Umsatz bzw. -Deckungsbeitrag - abgeleitet. Rückmeldungen verbleiben im untergeordneten Regelkreis, sofern Instrumentarium und Vollmachten hier ausreichen, um Abweichungen zu regulieren. Die Rückmeldung muss nur in Ausnahmefällen nach oben gehen, um ressortübergreifende Handlungen auszulösen. So lassen sich sehr kurz die Inhalte des Management-by-Objectives, -by-Results und -by-Exception beschreiben.

0.4 Controllingstrukturen

Eine Delegation von Entscheidungsbefugnissen ist nur dann möglich, wenn die Aufbauorganisation entsprechende - auch abrechnungstechnisch - selbständige Verantwortungsbereiche ausweist. In der Praxis auch mittelständischer Unternehmen ist meist eine funktionale und/oder produktspezifische Gliederung mit Unterscheidung von Profit- und Cost-Center üblich, die so zu sich selbst steuernden Controllingfeldern werden. Die nach unterschiedlichen Kriterien (Produkte/Sparten; Ressourcen; Funktionen; Querschnittsfunktionen/Projekte) strukturierten Controllingfelder werden mit Abbildung 78 aufgezeigt. Neben dem Zentral-Controlling mit der Zuständigkeit für das gesamte Unternehmen wird dann von dem Geschäftsbereichs- oder Sparten-, Funktions-, Ressourcen- oder Projekt-Controlling gesprochen.

Bei dieser Divisionalisierung des Unternehmens in selbständige Geschäftsbereiche sind wichtige Probleme zu lösen:

*   Festlegung des Autonomiegrades dieser Geschäftsbereiche bei unterschiedlichen Entscheidungen
*   Aufbau eines auf Geschäftsbereiche abgestellten Rechnungswesens mit dezentraler Erfolgszuweisung
*   Definition von Erfolgsmaßstäben für einzelne Geschäftsbereiche, die als Zielgrößen vorgegeben werden können und deren Realisierungsgrad aus dem Rechnungswesen zu erkennen ist.

Je nach Größe des zeitlichen Planungshorizontes wird zwischen strategischem und operativem Controlling unterschieden: Zu oft wird nur operatives Controlling praktiziert - mit Jahresplänen, innerjährlichen Berichten und kurzfristigen Anpassungen, ohne strategisch Grundsätzliches in Frage zu stellen. Bei steigendem Wettbewerbsdruck in zunehmend globalen Märkten mit unstetigen Veränderungen müssen diese frühzeitig erkannt und in Strategien umgesetzt werden, bevor tatsächliche Fehlentwicklungen im Betrieb aufgetreten sind. Nachträgliches Reagieren im operativen Controlling entfällt, wenn strategisches Controlling funktioniert. So betrifft strategisches Controlling die langfristige Steuerung des Unternehmens bei langem Zeithorizont mit grundsätzlichem In-Frage-Stellen von Leistungsgefüge und Struktur in der Verantwortung der obersten Unternehmensleitung. Hier ist insbesondere im Mittelstand eindeutig noch Handlungsbedarf.

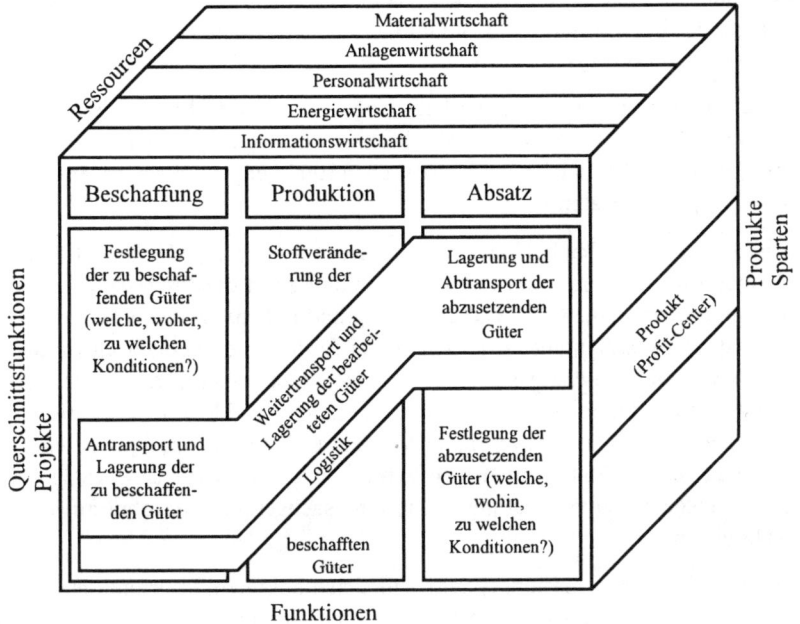

Abb. 78: Controllingfelder (Weber 1987, S.15)

Controlling als Konzept bedarf meist aber auch einer institutionellen Verankerung im Unternehmen. Dabei müssen nicht zwingend neue Abteilungen mit neuen Fixkosten geschaffen werden. Der Controller ist jedoch mehr - oder besser gesagt: anders - als der klassische Betriebsbuchhalter oder Kostenrechner.

0.5 Controllingsysteme

Die dritte Komponente des Controllingkonzeptes ist das Controllingsystem, das aus den Bausteinen Planungs- und Kontrollsystem sowie dem Controlling-Informationssystem (ähnlich Küpper 2001, S.15; Ossadnik 2003, S.21) besteht.

Das Planungs- und Kontrollsystem bildet den betriebswirtschaftlichen Rahmen - gleich dem Kontenrahmen im Rechnungswesen - mit betriebswirtschaftlichen Methoden und Modellen zur Durchführung von Planung und Kontrolle des Unternehmens insgesamt und seiner Felder wie Funktionen, Ressourcen, Sparten, Produkte, Projekte usw. (Haufs 1989). So entstehen unterschiedlich strukturierte Teilpläne mit Schnittstellen und Interdependenzen. Diese werden zwischen den Sachressorts abgestimmt und anschließend über Schnittstellen hinweg zu einer konsolidierten betriebswirtschaftlichen Ergebnis-, Bilanz- und Finanzplanung integriert.

Einen besonderen Stellenwert nehmen die betriebswirtschaftlichen Instrumente ein. Hier kommt dem Rechnungswesen mit Kosten- und Investitionsrechnung, aber auch der Bilanz- und Finanzrechnung für die konsolidierte Bilanz- und Finanzplanung und -kontrolle eine besondere Bedeutung zu. Auf Profit-Center abgestellte Planungs- und Kontrollsysteme sollen nach unterschiedlichen Bezugsgrößen segmentierte Erfolgsanalysen zulassen.

In einer Spartenrechnung sind Artikel-, Abnehmer- und Gebietsanalysen auf Basis der Deckungsbeitrags- oder auch Vollkostenrechnung heute unerlässlich. Wichtig hierfür ist neben den betriebswirtschaftlichen Rechnungswerkzeugen insbesondere eine zweckplurale Datenbasis.

Die Kostenrechnung hat bei klassischer Differenzierung nach Voll- und Teilkostenrechnung jeweils als Ist- und Plankostenrechnung mit der Prozesskostenrechnung neue Impulse erhalten. Auch Target Costing und Lebenszykluskostenrechnung haben für die Kostenplanung insbesondere bei Einführung neuer Produkte und Verfahren bzw. Abläufe neue Ansätze für die Kostenrechnung und das Kosten-Controlling aufgezeigt. Bei einer divisionalisierten Planung und Kontrolle kommt dem divisionalisierten Rechnungswesen, insbesondere der Kostenrechnung, eine große Bedeutung zu. Wichtig werden hier Verrechnungspreise zur Bewertung innerbetrieblich ausgetauschter Leistungen, um eine sachgerechte Ergebniszuweisung zu gewährleisten.

Das Controlling-Informationssystem soll den konkreten Informationsbedarf des Managements - je nach Aufgabenstellung in der Aufbauorganisation und nach Zeithorizont des Problems operativ oder strategisch - sach- und zeitgerecht abdecken. Informationssysteme werden verschieden strukturiert - jedoch meist als Systempyramide, bei der zwischen Administrations- und Dispositionssystemen (mengen- und wertorientiert) und analytischen Informationssystemen unterschieden wird. Letztere werden weiter nach Management-Informationssystemen, Entscheidungsunterstützungssystemen sowie Executive Information Systems unterschieden.

0.6 Entwicklungen im Controlling

Controlling soll einerseits ein „zeitloses Konzept" sein - mit all seinen Bausteinen systematisch zusammengefügt. Doch andererseits muss jedes „zeitlose Konzept" einem steten Wandel unterliegen und neue Dimensionen aufnehmen, um Entwicklungen der Wirtschaft Rechnung tragen zu können. Diese neuen Entwicklungen im Controlling lassen sich mit folgenden Stichworten belegen:

- Dynamisierung der Märkte: Globalisierung des Controlling
- Wertketten- und Prozessorientierung
- Öko-Controlling
- Qualitäts-Controlling
- Lean Controlling
- Durchdringung aller Wirtschaftszweige

- Neuausrichtung des Rechnungswesens
- Aktionsorientierung statt Buchhaltungsorientierung

0.7 Struktur der Aufgaben

Analog dieser Strukturierung von Konzept und System des Controlling wird im Folgenden eingegangen auf:

Konzept des Controlling

Aufgabe 1 Controlling als Konzept	*Aufgabe 2* Controlling als kybernetischer Prozess	*Aufgabe 3* Organisation des Controlling
	Aufgabe 4 Operatives und strategisches Controlling	

Systeme und Instrumente des Controlling

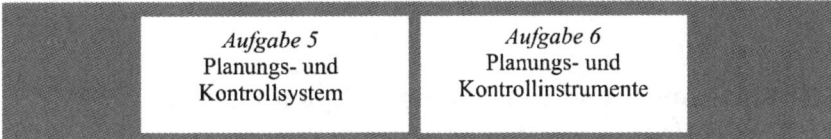

Aufgabe 5 Planungs- und Kontrollsystem	*Aufgabe 6* Planungs- und Kontrollinstrumente

Entwicklungen im Controlling

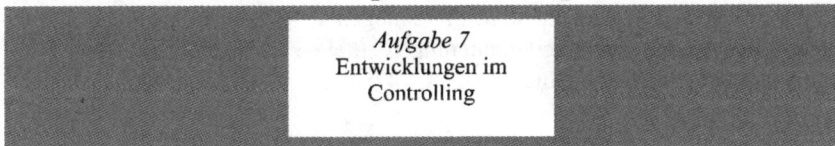

Aufgabe 7 Entwicklungen im Controlling

Abb. 79: Aufgabenstruktur von Controlling I: Konzepte und Systeme

Aufgabe 1:
Controlling als Konzept

1.1 Aufgabenstellung

Erläutern Sie Begriff, Konzept, Funktion und Stellung des Controlling!

1.2 Einleitung

Die Bedeutung des Begriffs Controlling wird sowohl in der wissenschaftlich orientierten Literatur als auch in der Praxis kontrovers diskutiert. Oft wird versucht, den Begriff einfach mit „Kontrolle" zu übersetzen, was zu Missverständnissen führt, denn unter Kontrolle versteht man lediglich die Durchführung eines Vergleichs. Controlling ist wesentlich mehr: Controlling als Konzept bedeutet die zielgerichtete betriebswirtschaftliche Unterstützung des Managements kraft Wahrnehmung übertragender Funktionen unter Zuhilfenahme zweckadäquater Instrumente. Führungs- bzw. Managementunterstützung wird nach herrschender Ansicht zum konstituierenden Explikationsbestandteil des Controlling (Hahn/Hungenberg 2001, S.265; Horváth 2001, S.153; Weber 1990, S.31).

1.3 Management und Controlling im Spannungsfeld von Konzeption, Institution und Funktion

Einer der häufigsten Kritikpunkte an Controlling-Konzeptionen ist derjenige der mangelnden Abgrenzung respektive der mangelnden Abgrenzbarkeit des Controlling gegenüber dem Management. Insofern mögen die folgenden, mehrere Begriffsdimensionen umfassenden Teilerläuterungen zu einer trennschärferen Begriffsbildung beitragen (Beckmann/Huch 2002, S. 147f).

Management kann verstanden werden als:
- Konzept einer intuitiv- und reflexiv-rationalitätsorientierten Unternehmenssteuerung,
- Funktion der Steuerung von sozio-technischen Systemen, beispielsweise von privaten Unternehmen oder öffentliche Institutionen,
- Institution und Instanz verantwortlich für die Übernahme der Management-Funktion,

während Manager als:
- Träger der originären Management-Funktion die Kompetenzvertreter in Sachen Management-Konzept darstellen.

Controlling hingegen kann aufgefasst werden als:
- spezifisches Konzept einer reflexiv-rationalitätsorientierten Unternehmenssteuerung durch das Management,

- Funktion die Unterstützung des Managements bei Ausübung der Management-Funktion nach dem Controlling-Konzept,
- Institution verantwortlich für die Übernahme der Controlling-Funktion,

während Controller als:

- Funktionsträger zur Unterstützung des Managements bei seiner originären Managementfunktion die Kompetenzvertreter in Sachen Controlling-Konzept darstellen.

Für Controller können demzufolge keine verbindlichen, sondern lediglich generell offene Leitbilder beziehungsweise Profile formuliert werden, welche den Managementunterstützungsgedanken unterstreichen (Horváth 2001, S.884f).

1.4 Begriff und Konzept des Controlling

Die etymologische Erklärung des Controlling geht in das Mittelalter zurück (Horváth 2001, S.28ff): Im mittelalterlichen Latein war „contra rolatus" (Gegenrolle) die Bezeichnung für eine zu Kontrollzwecken vorgenommene weitere Aufzeichnung von Geschäftsvorgängen. Diese Gegenaufzeichnungen (französisch: contre role, englisch: counter roll) oblag dem „countre-roullour" bzw. dem „Counterroller". Kern des heutigen Controllingbegriffs ist das Verb „to control", das mit „regeln", „lenken" oder „steuern" übersetzt werden kann. In diesem Sinne wird Controlling zu einer zielorientierten Steuerung des Unternehmens. In Literatur und Unternehmenspraxis wird Controlling zumeist entweder als funktionaler Teilbereich des Managements oder als institutionaler Teilbereich innerhalb der Unternehmensorganisation gesehen (Weber 2002, S.18ff).

Durchführung ist die Realisierung der Planung, Kontrolle ist die Überprüfung der Planrealisierung und unter Reaktion wird das Gegensteuern bei erkannten Fehlentwicklungen verstanden.

Kern eines managementunterstützenden Controlling-Konzepts ist zum einen die Koordination von (a) Planungs- und Kontrollhandlungen oder (b) aller Führungshandlungen und zum anderen die Informationsversorgung. Je nach Betonung dieser Komponenten lassen sich (a) informationsorientierte, (b) planungs- und kontrollorientierte und schließlich (c) führungsorientierte, rationalitätssichernde Controlling-Konzepte unterscheiden (ähnlich Friedl 2003, S.158ff). Die beiden letzteren Konzepte gehören zum koordinationsorientierten Ansatz, wobei das letzte Konzept als Konzept zur reflexiven Sicherstellung von Führungsrationalität sicherlich sehr weit - wohl auch zu weit - gefasst ist.

1.5 Funktionen des Controlling

Obwohl bezüglich der Funktionen des Controlling keine einheitliche Lehrmeinung herrscht, nimmt die Koordinationsfunktion in der wissenschaftlichen Diskussion der Controlling-Funktion eine ausnehmend bedeutende Stellung ein (vgl. im Folgenden Beckmann/Huch 2002, S.151ff). Während Horváth die Koordinationsfunktion bereits in den 1970er Jahren zu einer Grundkonstituenten von Controlling-Konzeptionen erhoben hat, sprach Weber als einer der früheren Protagonisten für die Anerkennung der Koordinationsfunktion als übergeordnete und umfassende Hauptfunktion des Controlling sogar vom Koordinationsparadigma des Controlling (Horváth 1978, S.202; Weber 1990, S.22ff).

Die Koordinationsfunktion des Controlling ist von derjenigen des Managements abzugrenzen. Folgt man dem systemtheoretischen Ansatz der Betriebswirtschaftslehre, welcher als gedanklicher Ordnungsrahmen für die Analyse betriebwirtschaftlicher Problemstellungen dient, so handelt es sich bei den Objekten der Managementbezogenen Koordination um die Elemente des Ausführungssystems, während die Controlling-bezogene Koordination auf die Elemente des Führungssystems ausgerichtet ist. Als für die Koordinationsfunktion des Controlling maßgebende Elemente werden daher in erster Linie die Planung und Kontrolle sowie die Informationsversorgung innerhalb eines spezifischen Führungsgesamtsystems angesehen (Horváth 2001, S.130). Fasst man diese Elemente ebenfalls als Systeme auf, so ist auch die Koordination innerhalb dieser Teilsysteme Gegenstand der Koordinationsfunktion des Controlling.

Hinsichtlich der Art der Koordination können systembildende und systemkoppelnde Koordination unterschieden werden. Die systembildende Koordination beinhaltet die Schaffung einer Gebilde- und Prozessstruktur und wird aufgrund ihres präsituativen Charakters auch als Integration bezeichnet. Unter systemkoppelnder Koordination wird allgemein die gegenseitige Abstimmung der Elemente des Führungssystems verstanden. Hierbei handelt es sich grundsätzlich um Anpassungsvorgänge innerhalb einer bereits bestehenden Systemstruktur. Die Tatsache, dass auch Anpassungsvorgänge auf Basis struktureller Veränderungen existieren, demonstriert allerdings, dass eine generell gültige, trennscharfe Abgrenzung beider Koordinationsformen nicht immer möglich ist (Horváth 2001, S.127ff).

Die Koordination der Elemente beziehungsweise der Teilsysteme eines betrachteten Führungssystems kann als die originäre Funktion des Controlling herausgestellt werden. Gleichwohl wird dem Controlling in der wissenschaftlichen und wissenschaftsnahen Literatur ein Kanon weiterer Funktionen zugesprochen, welcher in erster Linie auf die traditionell wahrgenommenen Funktionen real existierender Controlling-Instanzen innerhalb von Institutionen zurückzuführen ist.

In weitgehender Übereinstimmung werden insbesondere Planung und Kontrolle, Information sowie Service und Beratung als bedeutende Funktionen des Controlling hervorgehoben (Horváth 2001, S.76ff). Im Rahmen von Controlling-Konzeptionen dürfen diese wegen ihrer zahlreichen Überschneidungen und Abhängigkeiten keinesfalls als eindeutig isolierbare Controlling-Funktionen angesehen, sondern sollten immer im Zusammenhang betrachtet werden.

Die Planungs- und Kontrollfunktion des Controlling wird üblicherweise als Metafunktion verstanden (Horváth 1978, S.202; Hentze/Brose/Kammel 1993, S.83f; Horváth 2001, S.199), mit Hilfe derer „sämtliche Vorkehrungen für einen reibungslosen Ablauf der 'eigentlichen' Planung" (Hentze/Brose/Kammel 1993, S.62) und Kontrolle getroffen werden. Basis hierfür ist ein auf das jeweilige Controlling-Objekt zugeschnittener Komplex von Teilplänen. Die Metasicht verdeutlicht die Derivativbeziehung zur übergeordneten Funktion der systembildenden und -koppelnden Koordination.

Die Planung und Kontrolle als Funktion des Controlling setzt auf die Teilplanung der institutionellen Ziele auf (Hahn/Hungenberg 2001, S.96ff). Zur Reduktion der Planungs- und Kontrollkomplexität kann eine strategische und eine operative Ebene unterschieden werden. Während auf der strategischen Ebene diejenigen Handlungsfelder angesiedelt sind, welche sich auf eine verhältnismäßig lange Zeitspanne beziehen und einer entsprechend hohen Unsicherheit unterliegen, bewegen sich die operativen Aktivitäten auf der Ebene mit weitgehend wohlstrukturiertem Inhalt. Klassischerweise erfolgt die operative Sachzielplanung und -kontrolle getrennt nach den drei güterwirtschaftlichen Grundfunktionen Absatz, Beschaffung und Produktion. Dabei gilt es, das weite Feld der Beziehungen zwischen den Elementen des Planungs- und Kontrollsystems effektiv zu ordnen. Hierzu gehört vor allem die frühzeitige Abstimmung der sach- auf die formalzielbezogene Planung. Die Koordinationsfunktion des Controlling beinhaltet dabei die Überführung der sachzielorientierten Qualitativ- und Quantitativplanungen in die formalzielorientierten und schwerpunktmäßig monetär ausgerichteten Ergebnis- und Finanzplanungen.

Die Wahrnehmung der Planungs- und Kontrollfunktion ist zwangsläufig mit Informationsbeschaffungs- und -verarbeitungsvorgängen verbunden, wodurch auch die enge Beziehung zur Informationsfunktion des Controlling zum Ausdruck kommt. Die Vielfalt der für die Wahrnehmung der Planungs- und Kontrollfunktion benötigten Informationen lässt sich komplexitätsreduziert auf generelle Informationen qualitativer und quantitativer Art, GuV- und Bilanzinformationen sowie kosten- und zahlungsbasierte Informationen eingrenzen.

Gemäß der geschilderten Beziehung zwischen der Planungs- und Kontrollfunktion sowie der Informationsfunktion des Controlling kann festgehalten werden, dass die genannten drei Funktionen gegenüber der Koordinationsfunktion des Controlling Instrumentalcharakter aufweisen und damit als Teilfunktion der Koordination aufgefasst werden können. Mit anderen Worten bildet die Koordinationsfunktion des Controlling die Originärfunktion, aus der sich derivative Funktionen wie Planung und Kontrolle sowie Information ableiten.

Unmittelbar führungsunterstützend im Sinne direkter Unterstützung der Management-bezogenen Primärkoordination wirkt die Service- und Beratungsfunktion des Controlling. Wie die Wortgebung bereits impliziert, handelt es sich dabei nicht um eine Metafunktion im zuvor behandelten Zusammenhang, sondern um dasjenige Bündel an Teilaufgaben, welches die Primärkoordination in Form betriebswirtschaftlicher Teilplanungen und -kontrollen sowie komplementär zu entfaltender Informationsbeschaffungs- und -verarbeitungsaktivitäten unterstützt. Während die Servicefunktion grds. unterstützende Routinetätigkeiten umfasst, beinhaltet die Beratungsfunktion hauptsächlich einmalige und besonders anspruchsvolle Aufgaben.

1.6 Stellung des Controllers

Bei der institutionellen Sichtweise des Controlling wird dem Unternehmen eine echte Controllerstelle zugewiesen. Der Controller übernimmt hier eine koordinierende Funktion in der Informations-, Planungs- und Kontrollunterstützung (Hahn/Hungenberg 2001, S.265ff). Es ist seine Aufgabe, das Management mit Controlling-Werkzeugen zu beliefern. Hierunter sind vor allem Informationssysteme i.w.S., insbesondere Planungs- und Kontrollsysteme (im Folgenden PuK-Systeme genannt) mit Daten- und Methodenbanken gemeint. Controlling ist Aufgabe des Managements und der Controller unterstützt das Management bei dieser Aufgabenerfüllung.

Controller-Typen Charak- terisierende Merkmale	Historisch- und buchhaltungs- orientierter Controller	Zukunfts- und aktionsorientierter Controller	Managementsystem- orientierter Controller
Bereitgestellte Informationen	Dokumentations- charakter, Vergan- genheitsbezug, Ord- nungsmäßigkeit, (penible) Genauigkeit	Argumentations- und Entscheidungsunter- stützungscharakter, Zukunftsbezug, Schnelligkeit vor Ge- nauigkeit	zusätzlich zu den vom zukunfts- und aktionsorientierten Controller bereitge- stellten Informatio- nen starke Bedeutung weitergegebenen Ma- nagementwissens
Systemorientierter funktionsübergreifen- der Ansatz	nicht vorhanden	nur ansatzweise vor- handen	Kernpunkt des Selbstverständnisses des Controllers
Verhältnis zu anderen Stellen des Unterneh- mens	kein Servicedenken	Controller als „Spür- hund", Auftreten er- heblicher dysfunktio- naler Konflikte	stark ausgeprägtes Servicedenken, Hil- festellung anstelle von Kontrolle, Kritik und Sanktionen
Traditionelle dem Controller entsprechende Stellen	Leiter des (traditio- nell verstandenen) Rechnungswesens	Leiter des internen Rechnungswesens, dazu Leiter der Be- triebswirtschaft	als Antwort auf die gestiegene Komple- xität und Dynamik der Unternehmens- umwelt und -innen- welt neu geschaffene Stelle

Abb. 80: Unterschiedliche Controller-Typen (Weber 1990, S.21)

Parallel zu der funktionalen und/oder institutionalen Sichtweise haben sich gemäß Abbildung 80 in der Literatur auf die Person des Controllers zugeschnittene Systematisierungsansätze herausgebildet, die sich am Berufsbild orientieren. Grundsätzlich lassen sich drei verschiedene Controller-Typen unterscheiden (Weber 1990, S.20):

- der historisch- und buchhaltungsorientierte Typ
- der zukunfts- und aktionsorientierte Typ
- der managementsystemorientierte Typ

1.7 Controlling aus systemorientierter Sicht

Auf hoher Abstraktionsebene lässt sich ein Unternehmen gemäß Abbildung 81 in ein Führungs- und ein Basissystem zerlegen (Haufs 1989, S.6f). Dem Basissystem werden alle realen Sach- und Dienstleistungsprozesse in den Funktionsbereichen Beschaffung, Produktion und Vertrieb einschließlich Logistik und Verwaltung zur Erstellung der betrieblichen Gesamtleistung zugeordnet. Die Steuerung dieser Leistungsprozesse innerhalb des Basissystems obliegt dem Führungssystem, das sich in ein Führungssystem i.e.S. sowie ein Controllingsystem unterteilt.

Aufgabe des Führungssystems i.e.S. ist die zielorientierte Unternehmenssteuerung, die gemäß dem Managementphasenschema in Willensbildung und -durchsetzung mit den Teilfunktionen Zielbildung (unter Berücksichtigung von Unternehmensphilosophie, -kultur und -politik), Planung, Entscheidung, Durchsetzung mit Realisation und Kontrolle zerlegt wird.

Das Controllingsystem übernimmt dabei eine Unterstützungsfunktion, die üblicherweise in die Teilfunktionen Sicherung der Planung, Informationsversorgung, Koordination sowie Erhöhung der Flexibilität (Welge 1988, S. 32ff) zerlegt wird. Das Planungs- und Kontrollsystem und das Controlling-Informationssystem bilden als Werkzeuge des Controlling Subsysteme des Controllingsystems (ähnlich Küpper 2001, S.15; Ossadnik 2003, S.21).

Anders ausgedrückt wird Controlling zu einem das Management unterstützenden Subsystem, das für die zielorientierte Steuerung ein Planungs- und Kontrollsystem sowie ein Controlling-Informationssystem (als Teil aller betrieblichen Informationssysteme) definiert und organisatorisch durchsetzt sowie für die Durchführung entsprechende Methoden/Instrumente bereitstellt (Haufs 1989, S.6). Das Controllingsystem stellt also mit hinreichendem Genauigkeits- und Verdichtungsgrad dem Führungssystem i.e.S. die für die Wahrnehmung und Optimierung seiner Aufgaben benötigten Informationen zur Verfügung.

Das Planungs- und Kontrollsystem ist betriebswirtschaftlich ausgerichtet und bildet den fachlichen und organisatorischen Rahmen jeder betriebswirtschaftlich relevanten sehr komplexen Planung und Kontrolle. Dabei ist die Konzeption und Bereitstellung von meist betriebswirtschaftlich ausgerichteten Planungs- und Kontrollinstrumenten (wie Kosten- und Investitionsrechnung) von besonderer Bedeutung.

Dem Controlling-Informationssystem obliegt die Aufgabe der Bereitstellung von controllingrelevanten Informationen in Korrespondenz zum Planungs- und Kontrollsystem. Die Notwendigkeit der DV-gestützten Informationserstellung und -bereitstellung erfordert die Konzeption, Implementierung und Pflege eines entsprechenden meist sehr komplexen Informationssystems.

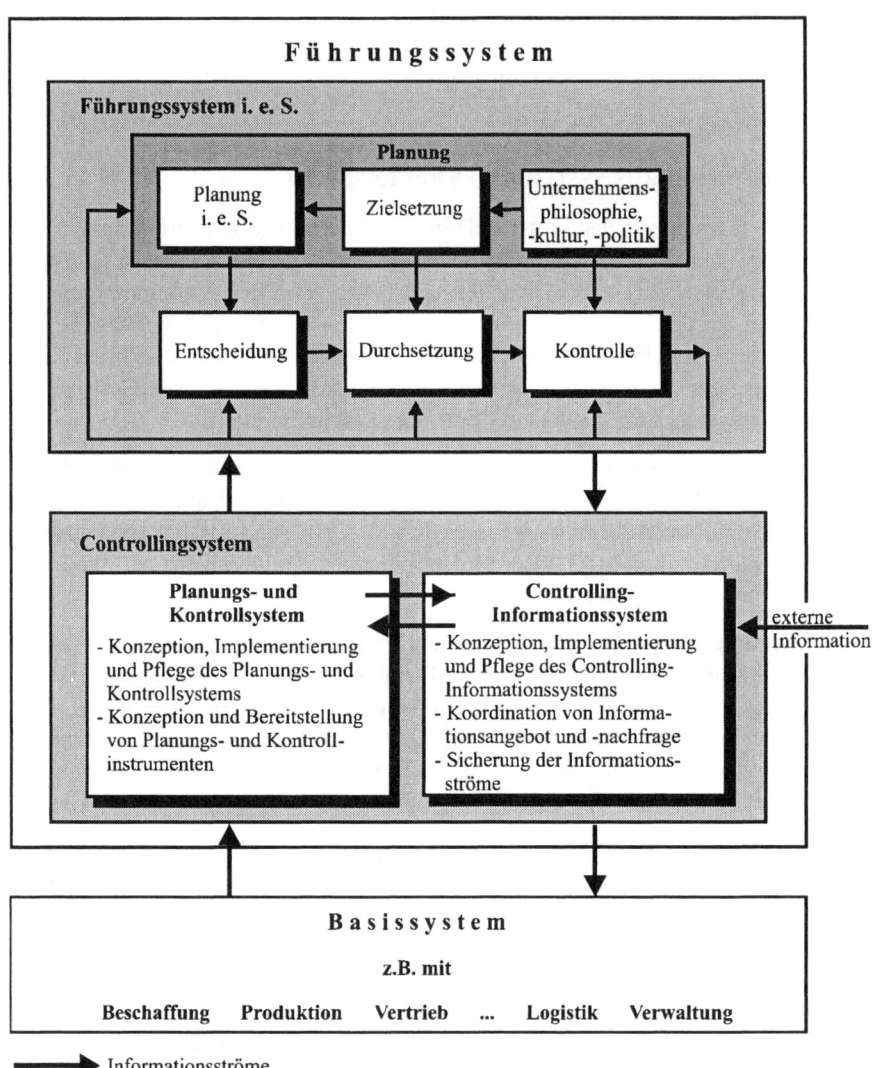

Abb. 81: Controllingsystem im Führungssystem (in Anlehnung an Haufs 1989, S.7)

Aufgabe 2:
Controlling als kybernetischer Prozess

2.1 Aufgabenstellung

Um den betrieblichen Entscheidungsprozess zu regeln, ist die Vorgabe von Führungsgrößen erforderlich. Hierzu sind Entscheidungsträger notwendig, die ständig inner- und außerbetriebliche Informationen benötigen, verarbeiten und kontrollieren. Erläutern Sie dazu das Konzept des Regelkreises im Controlling. Unterscheiden Sie dabei zwischen einfachen und mehrstufigen Regelkreisen!

2.2 Einleitung

Wie jeder lebende Organismus muss auch ein funktionierender Betrieb, unabhängig von der Wirtschaftsordnung des jeweiligen Landes, einen Regelmechanismus besitzen, der den Betrieb steuert. Dafür ist zu einem wesentlichen Anteil das Controlling zuständig. Die Anwendung des Regelkreismodells für diese Steuerungsaufgaben beschränkt sich auf routinemäßig anfallende Entscheidungen. Es handelt sich dabei meistens um Korrekturentscheide, die bei operativen Prozessen in Erscheinung treten (Siegwart/Menzl 1978, S.44f). Die Steuerung von Innovationsprozessen lässt sich nicht mechanisch abwickeln, sie verlangen echte Führungsentscheide.

2.3 Grundlagen des Regelkreiskonzepts

In der Betrachtungsweise der Kybernetik[17] wird das Unternehmen als ein sich selbst steuerndes System dargestellt, das auf Basis von Führungsgrößen mit Hilfe einer Rückkopplung der gemeldeten Ist-Werte und eines Vergleiches mit Soll-Werten die Wirkungen des Systems dadurch zu neutralisieren versucht, dass Maßnahmen zu ihrer Beseitigung ausgelöst werden. Das System strebt so auf ein Gleichgewicht (Homöostase) zu.

Im Rahmen der Schaffung einer Aufbaustruktur für das Unternehmen erfolgt mit der hierarchischen Differenzierung ein erster Schritt zu einer Dezentralisierung der Planung und Kontrolle (Haufs 1989, S.13ff). Dabei wird versucht, die Organisationsstruktur so mit der Planungs- und Kontrollstruktur in Kongruenz zu bringen, dass Pläne und Kontrollen aus verschiedenen Unternehmensebenen in der Hierarchie über- und untergeordnet werden. Die so entstandenen Planungs- und Kontroll-

---

17) Kybernetik wird als eine interdisziplinäre Forschungsrichtung verstanden, deren Untersuchungsgegenstand die Beschreibung und Erklärung von dynamischen Systemen der Technik, der Betriebswirtschaft u.a. ist. Gemeinsames Kennzeichen ist das Prinzip der Steuerung und Regelung durch Aufnahme und Verarbeitung von Informationen (Heinrich/Roithmayr 1998, S.319f).

objekte unterliegen der Selbstplanung, so dass eine Delegation von Führungsverant-
wortung möglich ist (Behme/Schimmelpfeng 1993a, S.289). Dabei wird die Eigenplanung und -kontrolle um eine Fremdplanung und -kontrolle auf übergeordneter
Ebene ergänzt. Die Teilsysteme sind nicht immer in der Lage, auftretende Störungen in den ihnen eingeräumten Handlungsspielräumen zu kompensieren; daher ist
eine Stabilisierung des Gesamtsystems nur durch eine wechselseitige Unterstützung
der einzelnen Teilsysteme möglich. Je nach Anzahl und Umfang der hierarchischen
Ebenen unterscheidet man in der Praxis zwischen einfachen und mehrstufigen Regelkreisen.

2.3.1 Steuerung und Regelung

Steuerung basiert auf dem Prinzip der Vorwärtskopplung (feed forward). Mögliche
Störgrößen, die auf die Steuereinrichtung wirken, werden abgewehrt, noch bevor sie
auf den Realisierungsprozess einwirken (vgl. Abbildung 82). Dieses setzt voraus,
dass alle Störungen bei der Konzeption - also ex ante - berücksichtigt wurden, da
keine Rückkopplungen generiert werden, d.h. die Regelgröße stimmt mit der Füh-
rungsgröße überein (Wittlage 1998, S.262).

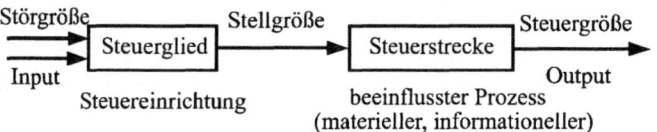

Abb. 82: Steuerung

Der Regelung liegt das Prinzip der Rückwärtskopplung (feed back) zugrunde. Zusätzlich zu den Vorgängen der Steuerung kommt die Rückkopplung hinzu, so dass
durch Störungen bewirkte Abweichungen nachträglich - ex post - beeinflusst und
korrigiert werden können, um so die vorgegebenen Sollgrößen zu erreichen (vgl.
Abbildung 83). Regelung ist also ohne vorherige detaillierte Kenntnis aller potentiellen Störgrößen mit ihren Auswirkungen machbar. Demzufolge ist es auch möglich, Situationen bei Unsicherheit zu bewerkstelligen, da Korrekturmaßnahmen aufgrund systeminterner Wirkungszusammenhänge eingeleitet werden (Siegwart/
Menzl 1978, S.60). Allerdings kann auch das Konzept der Regelung ineffizient sein,
wenn z.B. unrealistische Soll- bzw. Führungsgrößen und zu geringe Toleranzberei-
che vorgegeben werden oder die Regelung zeitlich zu spät erfolgt.

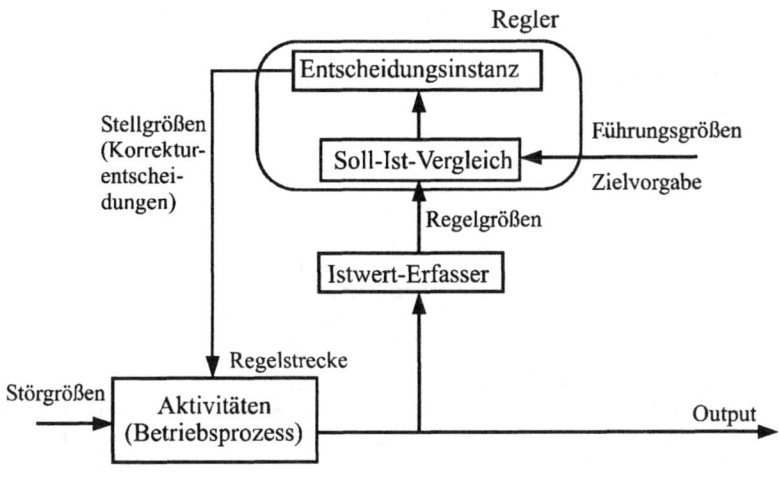

Abb. 83: Regelung

2.3.2 Einfacher Regelkreis

Um einen Betriebsprozess zu regeln, ist die Vorgabe von Führungsgrößen (Zielen) erforderlich. Diese Ziele bedürfen einer inner- und außerbetrieblichen Informationsgrundlage, auf deren Basis Entscheidungen getroffen werden. Die Entscheidungsinstanz (Regler) steuert auf Basis von über Führungsgrößen erhaltenen Ziel- und Sollwerten mit Hilfe von Stellgrößen als Sachentscheidungen den Betriebsprozess. Die tatsächlichen Ergebnisse der Betriebsprozesse werden als Regelgrößen über einen Istwerterfasser der Entscheidungsinstanz gemeldet und führen zu einem Soll-Ist-Vergleich. Je nach Art der Abweichungen erfolgen Regelkreis-interne Korrekturentscheidungen oder Rückmeldungen an das zielsetzende System. In der Abbildung 84 wird diese Tatsache durch Rückmeldung, Regelgröße und Rückkopplung dargestellt. Der Regler leitet den Betrieb und hat keine ausführende Funktion. Die Regelstrecke ist reine Ausführung, also der Betriebsprozess selbst.

Das große Problem bei einfachen Regelkreisen ist die Instabilität, für die es im Wesentlichen drei Ursachen gibt (Ulrich 1970, S.123):

- Der Rückkopplungsvorgang kann so lange dauern, dass die Korrekturmaßnahmen phasenverschoben erfolgen. Dadurch wird dann das Schwingen des Istwerts um den Sollwert verstärkt statt gedämpft.
- Je komplexer ein System ist, desto mannigfaltiger sind die verschiedenen Störungen und Zielabweichungen. Soll aber die Stabilität eines Regelkreises im Falle jeder möglichen Störung gewährleistet sein, muss die Varietät des Regelungsverhaltens der Varietät der Störungen entsprechen. Unter Varietät des Regelungsverhaltens werden die verschiedenen Mess-, Vergleichs- und Korrekturmaßnahmen verstanden, die einem System für die Ausschaltung von Störungen zur Verfügung stehen.

- Ein Regelkreis kann einen Vorgang niederer Ordnung kontrollieren, nicht aber sich selber. Deshalb muss er seinerseits Objekt eines Regelkreises höherer Ordnung sein, es entsteht ein System mehrerer miteinander verzahnter Regelkreise.

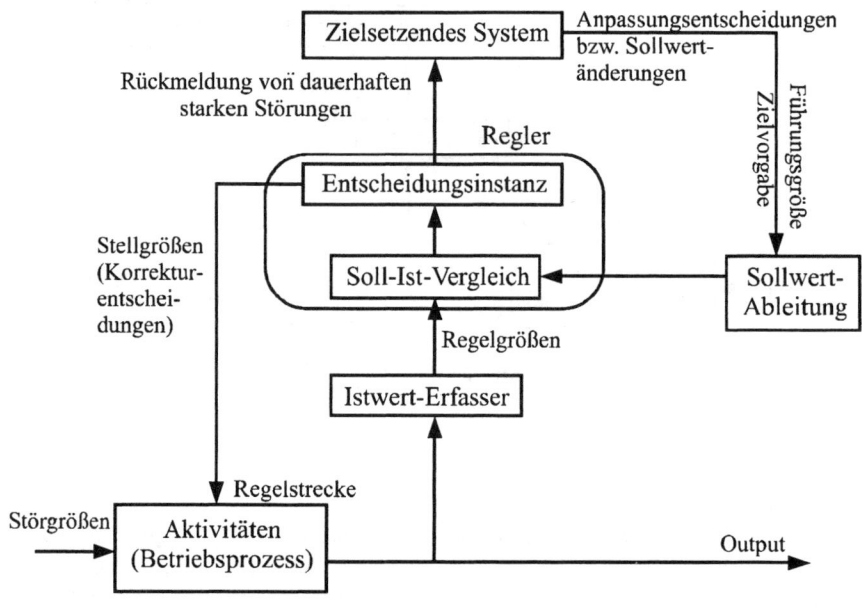

Abb. 84: Einfacher Regelkreis

2.3.3 Miteinander verzahnte Regelkreise

Durch die bereits angesprochene Aufteilung des Unternehmens in einzelne Planungs- und Kontrollobjekte kann der Führungsprozess in eine Vielzahl von Regelkreisen zerlegt werden, die miteinander verzahnt sind (Hahn/Hungenberg 2001, S.50f). Die einzelnen organisatorischen Einheiten sind dabei entweder Regler oder Regelstrecke oder für verschiedene Regelkreise Regler und Regelstrecke. Die oberste Führungsschicht fungiert nur als Regler, während ausschließlich ausführende Einheiten als Regelstrecken dienen. Alle dazwischen liegenden Einheiten, die sowohl Führungs- als auch Ausführungsaufgaben wahrnehmen, sind Regler und Regelstrecke zugleich. Aus den Stellgrößen des übergeordneten Regelkreises werden Führungsgrößen eines untergeordneten Regelkreises gebildet (Behme/Schimmelpfeng 1993a, S.292f).

Die Geschäftsleitung gibt der Spartenleitung eine Zielgröße vor (z.B. Sparten-Deckungsbeitrag); aus dieser werden für die einzelnen Verkaufsleiter spezifische Führungsgrößen (z.B. Umsatz, Deckungsbeitrag) abgeleitet. Dieses entspricht dem Kerngedanken des Management-by-Objectives. Zur Verwirklichung dieser Ziele müssen Störgrößen des Unternehmens und seiner Umgebung berücksichtigt werden (z.B. Nachfrageänderung, Konkurrenz, ungünstiger Standort).

Die Rückmeldungen bleiben im jeweiligen Regelkreis, sofern das Instrumentarium und die Vollmachten innerhalb des untergeordneten Regelkreises ausreichen, um nach dem Konzept des Management-by-Results durch interne Regelungen (Korrekturmaßnahmen) die Abweichungen zwischen Soll- und Ist-Größen auszugleichen. Ansonsten muss die Rückmeldung an übergeordnete Stellen weitergereicht werden und ist dort Auslöser von Entscheidungen und Handlungen. Dieses entspricht dem Kerngedanken des Management-by-Exception (Grochla 1978, S.166).

Die Modellierung der komplexen Strukturen heutiger Unternehmen erfordert den Einsatz vermaschter Regelkreise. Die Vermaschung entsteht durch die Kopplung von horizontalen und vertikalen Regelkreisen, wobei die vertikale Dimension durch mehrstufige Regelkreise ausgedrückt wird. Neben den in verschiedenen Hierarchiestufen untereinanderliegenden Kreisen können auch mehrere Teilkreise auf einer Ebene parallel existieren (horizontale Dimension). In Abbildung 85 sind dieses gerade die Beschaffungs-, Produktions- und Vertriebsregelkreise. Über diesem Geflecht aus verschiedenen Regelkreisen steht das unternehmensweite zielsetzende System, hinter dem sich beispielsweise der Aufsichtsrat oder die Gesellschafterversammlung verbirgt. Hier werden die Gesamtunternehmensziele an den Vorstand als oberste Regelkreisinstanz gegeben. Dieser bildet Teilziele für die einzelnen Unternehmensbereiche und reicht sie in Form von Führungsgrößen an die Leitung des entsprechenden Geschäftsbereichs weiter, wo verschiedene Sollgrößen abgeleitet werden.

Die Theorie des Regelkreises ermöglicht eine klare Sicht der Zielplanungs- und Zielverfolgungsprozesse im Unternehmen. Dabei gilt im Wesentlichen, dass die Zielbildung keine einmalige Aktion ist, sondern ein ständiger Prozess mit Rückkopplung, wobei der Informationsrückfluss eine wesentliche Voraussetzung für das Funktionieren der betrieblichen Regelkreise darstellt.

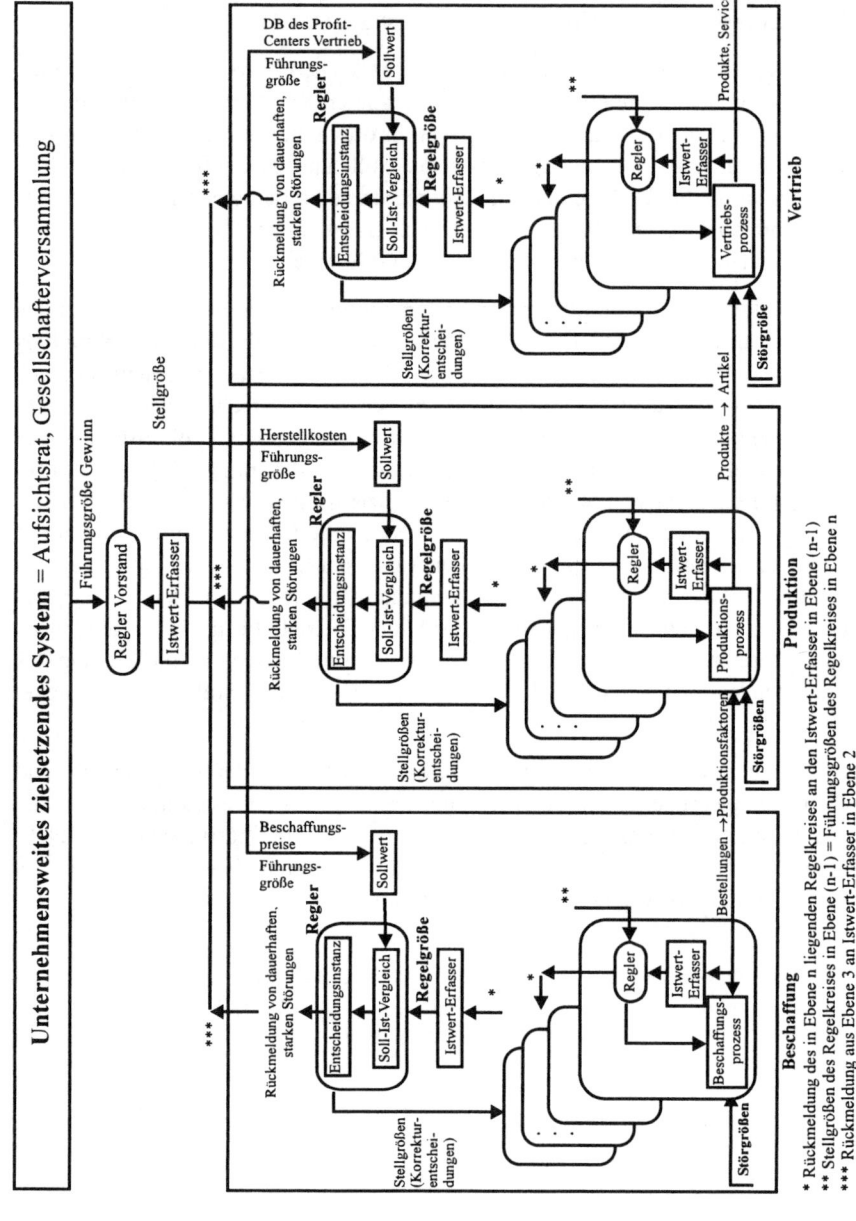

Abb. 85: Vermaschte Regelkreise (Behme/Schimmelpfeng 1993b, S.924)

Aufgabe 3:
Organisation des Controlling

3.1 Aufgabenstellung

Erläutern Sie wesentliche Probleme für die aufbauorganisatorische Gestaltung des Controlling (organisatorischer Charakter der Controllingstelle, hierarchische Einordnung und die Struktur der Weisungsbeziehungen) und zeigen Sie Lösungswege auf!

3.2 Einleitung

Die aufbauorganisatorische Verankerung des Controlling ist vielschichtig und kann völlig unterschiedlich gestaltet werden (so auch bei Friedl 2003, S.95ff). Sie wird jedoch bei allen Unternehmen im Wesentlichen von drei Determinanten beeinflusst (Welge 1988, S.66ff):

- Unternehmensgröße:
  Mit zunehmender Unternehmensgröße steigt die organisatorische Differenzierung: mehr Stellen mit spezifischen Aufgabenstellungen. Dabei werden Integrations-/Koordinationsmechanismen erforderlich. Controlling selbst stellt beispielsweise ein Integrationsinstrument dar, in dem Budgetsysteme zur Koordination und Steuerung der Ressourcenentwicklung eingesetzt werden.
- Organisationsstruktur:
  Unternehmen mit einer Spartenorganisation haben tendenziell einen größeren Bedarf nach Controlling als funktional organisierte Unternehmen.
- Umwelt:
  Die Umwelt stellt einen externen Kontext-Faktor dar. Umweltungewissheit führt zu Planungsschwierigkeiten: Es entsteht die Notwendigkeit für den Einsatz von Mechanismen zur Reduktion von Ungewissheit (z.B. Prognoseinstrumente oder Frühwarnsysteme).

Diese Gegebenheiten zu analysieren und Controlling entsprechend zu organisieren, gehört zu den Grundvoraussetzungen für ein funktionierendes Controllingsystem.

3.3 Charakter der Controllingstelle

Es gibt verschiedene Grundüberlegungen, wie der Charakter einer Controllingstelle aussehen soll (so auch bei Ossadnik 2003, S.66ff). Einerseits ist das Controlling eine typische Stabstätigkeit, da es sich um Aufgaben mit Unterstützungscharakter (Informations- und Serviceaufgaben) handelt. Andererseits sind Planung und Kontrolle typische Leitungsfunktionen. Dieses führt zu der Frage, ob Controlling als Institution eher eine Linien- oder Stabsstelle ist.

Die Bedenken gegen den Stabscharakter können folgendermaßen zusammengefasst werden (Peemöller 2002, S.88f; Welge 1988, S.405):

• Die Unterstützungs- und Beratungstätigkeit macht nur einen Teil des Controlling aus; es fallen auch Entscheidungsaufgaben an.
• Stäbe sind bei ihrer Arbeit auf die Unterstützung vorgesetzter Stellen angewiesen, dieses untergräbt ihre Autorität.
• Zur Durchsetzung von Anpassungen, die im Rahmen des Controlling notwendig werden, ist ein funktionales Weisungsrecht unerlässlich.

Für Controlling als Stabsstelle sprechen u.a. (Peemöller 2002, S.89):

• Die Abteilung wird von direkten Führungsaufgaben entlastet.
• Eine größere Objektivität und Neutralität ist gegeben.
• Der Controller wird zur Erarbeitung mehrheitsfähiger Lösungen gezwungen.

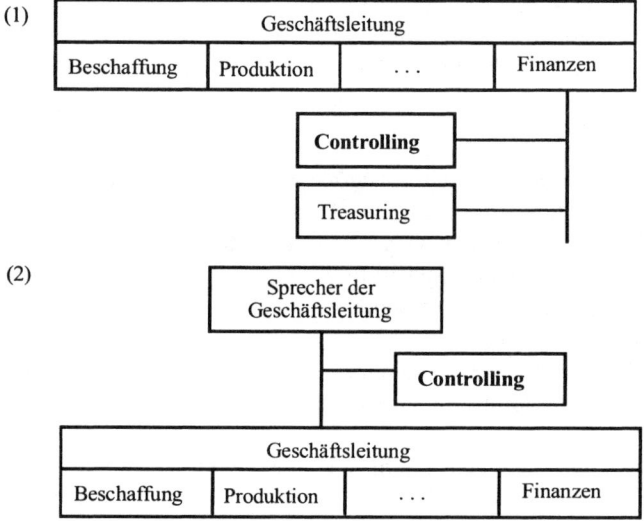

Abb. 86: Controlling als Linien- und Stabsstelle
(BDU 2000, S.32ff; Peemöller 2002, S.85ff; Ziegenbein 2002, S.174ff)

Eine mögliche Anordnung des Controlling - als Linienstelle (1) und als Stabsstelle (2) - zeigt die Abbildung 86. Zur Lösung dieser Stab-Linien-Problematik wird eine Teilung der Weisungsbefugnisse vorgeschlagen. Dabei wird zwischen disziplinarischem und funktionalem Weisungsrecht unterschieden. Das disziplinarische Weisungsrecht besagt, was wann zu geschehen hat. Das funktionale (fachliche und aufgabenbezogene) Weisungsrecht bestimmt, wie etwas durchgeführt werden soll. Der Controller wird also in einem Querschnittsbereich arbeiten (Welge 1988, S.405). Es handelt sich dabei um eine Stelle, die nicht nur Beratungsaufgaben erfüllt, sondern - eingeschränkt auf bestimmte Gebiete - auch Weisungsrecht besitzt. Hier ist besonders an die Entwicklung und Implementierung neuer Planungs- und Kontrollsysteme gedacht.

3.4 Hierarchische Einordnung der Controllingstelle

Die Empfehlung, den Controller grundsätzlich möglichst hoch im Unternehmen an-
zusiedeln, ist falsch. Die hierarchische Einordnung hat sich vielmehr nach den ihm
übertragenen Aufgaben zu richten. Die sinnvolle Lösung des Einordnungsproblems
hängt im Wesentlichen von folgenden Kriterien ab (Welge 1988, S.409):

- Innovationsbedarf des Controllingsystems:
  Je höher der Bedarf an Veränderungen in den Subsystemen des Unternehmens
  ist, desto höher sollte die hierarchische Position des Controllers sein. Damit wird
  er in die Lage versetzt, Veränderungen auch gegen den Widerstand der Fachabteilungen durchzusetzen.
- Entscheidungsbeteiligung des Controllers:
  Je mehr der Controller am betrieblichen Entscheidungsprozess beteiligt werden
  soll, desto höher sollte seine hierarchische Stellung sein, um als gleichberechtig-
  tes Mitglied des Entscheidungsgremiums akzeptiert zu werden.
- Forderung nach Unabhängigkeit und Neutralität:
  Einerseits darf bei der Arbeit des Controllers nicht ein bestimmter Gesichtspunkt
  zu stark betont werden, andererseits muss der Controller als Katalysator zwischen Unternehmensleitung und Linieninstanzen akzeptiert werden. Daher ist
  möglichst eine Zuordnung zu einer ressortlosen Einzelperson (z.B. dem Vorsit-
  zenden des Vorstands) und eine Unterordnung unter das Unternehmensgesamt-
  ziel anzustreben.

3.5 Struktur der Weisungsbeziehungen

Die in diesem Abschnitt angesprochene Struktur bezieht sich nur auf die Entschei-
dungs- und Weisungsbefugnisse innerhalb der Controllinghierarchie. Damit sind
sowohl Regelungen zwischen dem Zentralcontroller und den dezentralen Controllern als auch zwischen dezentralen Controllern und den Fachleitern (Linienmana-
gern) gemeint (Ziegenbein 2002, S.177f). Hinsichtlich der Weisungsbefugnisse
sind vier Möglichkeiten denkbar (Welge 1988, S.411):

- Der dezentrale Controller wird dem Zentralcontroller fachlich und disziplina-
  risch unterstellt.
- Der dezentrale Controller wird dem jeweiligen Fachleiter fachlich und diszipli-
  narisch unterstellt.
- Der dezentrale Controller untersteht dem Zentralcontroller in fachlicher, dem
  Fachleiter dagegen in disziplinarischer Hinsicht.
- Der dezentrale Controller wird dem Zentralcontroller disziplinarisch und dem
  jeweiligen Fachleiter fachlich unterstellt.

Die letzten beiden Formen sind durch eine Zweiteilung der Anordnungsbefugnis
charakterisiert und werden als „Dotted-Line-Prinzip" bezeichnet. Durch dotted li-
nes (gestrichelte Linien) wird in Organigrammen der Sachverhalt dargestellt, dass
ein bestimmter Aufgabenträger funktional (gestrichelte Linie) einer anderen Lei-

tungsinstanz untersteht als disziplinarisch (durchgezogene Linie). Eine Übersicht von Vor- und Nachteilen der einzelnen Prinzipien gibt die Abbildung 87.

3.6 Binnenstruktur des Controlling

Die Binnenstruktur bezieht sich auf die interne Organisation des Controlling, sie hängt in starkem Maße von den wahrzunehmenden Aufgaben ab. Da es sich hierbei um einen Gestaltungsparameter des Controlling handelt, kann es keine allgemeingültigen Richtlinien für eine organisatorische Gestaltung geben. Die folgenden vier Konzepte (dargestellt als Kombinationsmöglichkeiten zweier Unterscheidungskriterien, die jeweils in zwei Ausprägungen auftreten können) können daher nur als Orientierung gelten (Welge 1988, S.420ff):

- Controlling mit gesamtem Rechnungswesen und Nebenfunktionen: Nach diesem amerikanischen Controllingkonzept erfolgt bei der Organisation von Controlling und Finanzwirtschaft primär eine Trennung in ergebnis- und liquiditätsorientierte Aufgaben.
- Controlling mit gesamtem Rechnungswesen ohne Nebenfunktionen: Bei diesem amerikanischen Kern-Controllingkonzept verbleiben im Controlling nur die Aufgaben der ergebnisorientierten Informationen, Planungsaufstellung, Kontrolle und des gesamten Rechnungswesens.
- Controlling mit internem Rechnungswesen und Nebenfunktionen: Nach diesem deutschen Controllingkonzept erfolgt bei der Organisation von Controlling und Finanzwirtschaft primär eine Trennung in unternehmensintern und -extern orientierte Aufgaben.
- Controlling mit internem Rechnungswesen ohne Nebenfunktionen: Nach diesem deutschen Kern-Controllingkonzept verbleiben im Controlling nur die Aufgaben der ergebnisorientierten Informationen, Planaufstellung, Kontrolle und des internen Rechnungswesens.

Unterstellung Fachleiter		Unterstellung Zentralcontroller		„Dotted-Line-Prinzip"	
positiv	negativ	positiv	negativ	positiv	negativ
• gute und vertrauliche Zusammenarbeit mit Linie • hohe Akzeptanz in der Linie • guter Zugang zu formellen und informellen Quellen • Möglichkeit, Linieneinsatz bei Entscheidungen zu unterstützen • starkes Eingehen auf Linienbedürfnisse	• Controllinggesamtkonzept wird vernachlässigt • Verstärkung des Partikularismus • Berichterstattung an Zentralcontroller wird vernachlässigt • mangelnde Distanz und Objektivität zu Linienaktivitäten	• einheitliche Durchführung des Controllingkonzepts • Gegengewicht an Entscheidungen der Linieninstanz • starke Betonung des integrativen Koordinationsaspekts • schnelle Durchsetzung neuer Konzepte • Unabhängigkeit gegenüber Linieninstanz • schnelle Information der Zentrale	• Spezialcontroller = Spion der Zentrale • Informationsblockade der Linie • Spezialcontroller wird isoliert • geringe Akzeptanz • wird nicht zur Entscheidungsunterstützung herangezogen • linienspezifische Besonderheiten werden zu wenig beachtet	• Kompromiss zwischen zwei Extremen • Möglichkeit, Linienerfordernisse mit Controllingnotwendigkeiten zu verbinden • flexible Einflussnahme auf Spezialcontroller	• Doppelunterstellung = Dauerkonflikt • wird weder von der Linie noch vom Zentralcontroller akzeptiert • Objektivität und Neutralität nicht gewährleistet

Abb. 87: Alternative Unterstellungsmöglichkeiten von dezentralen Controllern (Welge 1988, S.413)

Aufgabe 4:
Operatives und strategisches Controlling

4.1 Aufgabenstellung

Beschreiben und diskutieren Sie die unterschiedlichen Inhalte und Aufgaben des operativen und strategischen Controlling!

4.2 Einleitung

Die steigende Notwendigkeit, sich einer schnell verändernden Umwelt - bedingt durch steigenden Wettbewerb, kürzere Produktlebenszyklen, schnellere Technologiefolgen und Internationalisierung der Märkte - rechtzeitig anzupassen, erfordert eine Ergänzung des operativen Controlling durch ein strategisches Controlling.

4.3 Unterscheidungsmerkmale

Die im Folgenden beschriebenen Unterscheidungsmerkmale ermöglichen eine Abgrenzung des strategischen vom operativen Controlling (Preißler 2000, S.18ff; auch Ossadnik 2003, S.49ff):

• Zielsetzung:
  Im Mittelpunkt des strategischen Controlling steht die Zielsetzung der dauerhaften Existenzsicherung des Unternehmens. Ferner kann die Erhaltung der strukturellen Anpassungsfähigkeit des Unternehmens gegenüber der Umwelt als wesentlicher Zielinhalt angesehen werden. Operatives Controlling muss von einem weitgehend festliegenden Ziel- und Handlungsrahmen ausgehen. Die Aufgabe besteht in der Realisation der aufgestellten und abgesteckten kurz- und mittelfristigen Ziele des Unternehmens (z.B. Erreichung vorgegebener Gewinn- bzw. Rentabilitätsgrößen).

• Bezugszeitraum:
  Strategisches Controlling erfolgt langfristig und zukunftsorientiert, wobei der Horizont nicht a priori begrenzt wird. Es hält sich an zukunftsorientierte Zahlen und Ergebnisse. Dabei werden nicht primär Kosten und Leistungen betrachtet, sondern Risiken und Chancen, d.h. es werden Entwicklungen sowohl aus der Innenwelt als auch der Umwelt des Unternehmens herangezogen, lange bevor sie sich in Kosten und Leistungen niederschlagen. Strategisches Controlling heißt, systematisch künftige Chancen und Risiken zu erkennen und zu beachten. Operatives Controlling arbeitet vorzugsweise mit gegenwarts- oder vergangenheitsorientierten Daten. Der Zukunftsaspekt ist durch Definition des Planungshorizontes auf kurz- und mittelfristige Zahlen und Wertungen begrenzt. Abbildung 88 macht den unterschiedlichen Bezugszeitraum graphisch deutlich.

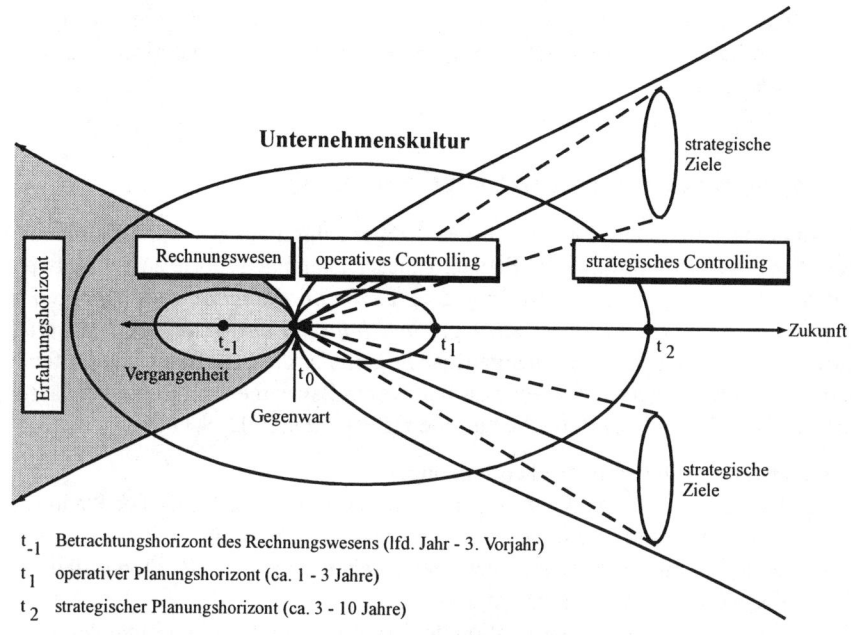

t_{-1} Betrachtungshorizont des Rechnungswesens (lfd. Jahr - 3. Vorjahr)

t_{1} operativer Planungshorizont (ca. 1 - 3 Jahre)

t_{2} strategischer Planungshorizont (ca. 3 - 10 Jahre)

Abb. 88: Zeithorizont des operativen und strategischen
Controlling (Mayer 1990, S.54; Kraus 1993, S.620)

- Orientierung:
  Beim strategischen Controlling berücksichtigt man bewusst externe Entwick-
  lungs- und Einflussfaktoren (technologisches, ökonomisches, sozio-kulturelles,
  politisch-rechtliches, ökologisches Umfeld). Maßgeblich sind hier Denkmetho-
  den des Marketing. Das operative Controlling baut weitgehend auf internen Informationsquellen (Kosten-, Leistungs- und Finanzrechnung) auf.

- Träger:
  Strategisches Controlling erfolgt auf oberster Führungsebene und ist kaum delegierbar, während sich das operative Controlling bei guter Delegierbarkeit in den
  mittleren und unteren Führungsebenen abspielt.

- Struktur:
  Strategisches Controlling zeichnet sich durch geringe Revidierbarkeit aus. Falls
  erforderlich, entstehen große Effizienzverluste. Die Probleme sind wenig definiert und schlecht strukturiert. Das operative Controlling ist durch eine hohe Revidierbarkeit gekennzeichnet, d.h. bei einer Revidierung treten nur sehr geringe
  Effizienzverluste ein. Die Probleme sind meistens wohldefiniert und stark strukturiert.

- Prozess:
  Im strategischen Controlling ist wegen der weitgehend fehlenden Strukturierung
  von Problemen und Prozessen eine DV-Unterstützung nur in wenigen Fällen
  möglich. Das Verhalten kann als innovativ und kreativ, die Denkart als intuitiv
  bezeichnet werden. Dagegen ist im operativen Controlling wegen der genaueren

Strukturierung eine Programmierung der PuK-Prozesse weitgehend möglich.
Das Verhalten ist routinemäßig und repetitiv, die Denkart analytisch und fach-
spezifisch.

4.4 Aufgaben des strategischen Controlling

Die strategische Planung hat sich in den 1960er Jahren aus der Langfristplanung
entwickelt. Die oftmals fehlende Effizienz dieser Planungen führte zu der Notwendigkeit eines strategischen Controlling, dem „... *die Koordination von strategischer
Planung und Kontrolle mit der strategischen Informationsversorgung*" (Horváth
2001, S.255) obliegt. Zu den Hauptaufgaben gehören die Schaffung und laufende
Betreuung von strategischen Planungs- und Kontrollsystemen. Im Einzelnen lassen
sich die Aufgaben in drei Bereiche aufteilen (Peemöller 2002, S.111):

- Unterstützung der strategischen Planung:
    - Auswahl und Entwicklung unternehmensbezogener strategischer Planungs-
      instrumente und -methoden
    - Organisation des Prozesses der strategischen Planung (z.B. Einberufen und
      Vorbereiten von Planungsrunden)
    - Unterstützung und Koordination der Ermittlung und Aufbereitung der erfor-
      derlichen Informationen (z.B. Beobachten der Umweltentwicklungen)
    - Hilfestellung bei der Umsetzung der strategischen Planung in Strategien und
      Maßnahmenpakete
- Umsetzung der strategischen Planung in die operative Planung:
    - Überprüfung der Realisierungsreife von strategischen Projekten (z.B. Prü-
      fung, ob das Projekt ausreichend spezifiziert wurde)
    - Hilfestellung bei der Formulierung von Etappenzielen zur Realisierung der
      strategischen Pläne
    - Ableitung umrisshafter periodenbezogener Pläne aus den monetären Konse-
      quenzen der strategischen Pläne
- Aufbau und Durchführung der strategischen Kontrolle:
    - Mitwirkung bei der Bestimmung von Kontrollgrößen (z.B. Marktanteil,
      durchschnittliches Alter der Produkte)
    - Aufbau eines Frühwarnsystems zur Gewinnung von Kontrollinformationen
    - Ermittlung der Soll-Ist-Abweichungen
    - Erarbeitung von Vorschlägen zur Gegensteuerung oder Berücksichtigung
      von Abweichungen für eine Revision

4.5 Aufgaben des operativen Controlling

Die Aufgaben des operativen Controlling lassen sich wie folgt beschreiben (Pee-möller 2002, S.141f):

- Unterstützung der operativen Planung:
  - Analyse, Wahl und Aufbau operativer Planungsinstrumente und -methoden
  - Ermittlung, Aufbereitung und Bereitstellung der für die operative Planung erforderlichen erfolgszielbezogenen Informationen
  - Betriebswirtschaftliche Unterstützung der Führungsinstanzen bei der Aufstellung periodenbezogener Teilpläne
  - Abstimmung der bereichsbezogenen Einzelpläne zu einem konsistenten Unternehmensgesamtplan im Rahmen der gesetzten Leitlinien
  - Sammlung von Informationen, die zu einer Überprüfung der gesetzten Ziele führen können
- Unterstützung der Budgetierung:
  - Unterstützung der einzelnen betrieblichen Verantwortungsbereiche bei der Aufstellung bereichsbezogener Budgetansätze (bottom-up-approach)
  - Top-down-gerichtete Ableitung von bereichsbezogenen Budgets aus dem von der Unternehmensführung vorgegebenen Unternehmensbudget
  - Gegenüberstellung der bottom-up und top-down ermittelten Budgetansätze
  - Unterbreiten von Vorschlägen zur Behebung von Abweichungen zwischen den jeweils ermittelten Budgetwerten
- Budgetkontrolle:
  - Aufzeichnung der angefallenen Kosten und erzielten Erträge für einzelne betriebliche Verantwortungsbereiche
  - Aufzeichnung und Ausweis sonstiger erfolgszielrelevanter Informationen (z.B. Ausfallzeiten von Anlagen, Ausschussquoten)
  - Ermittlung von Abweichungen zwischen Plan- und Ist-Werten
  - Analyse der Ursachen von Plan-Ist-Abweichungen (z.B. Verbrauchsabweichung, Leistungsabweichung)
  - Erarbeitung von Vorschlägen zur Gegensteuerung
- Informationsversorgung:
  - Feststellung der Informationsbedarfe und Bereitstellung von Informationen für die unterschiedlichen Empfänger
  - Informationskopplung unterschiedlicher Unternehmensbereiche

Strategisches und operatives Controlling lassen sich nicht isoliert voneinander betrachten. Man hat sich den Zusammenhang der verschiedenen Planungs- und Kontrollsysteme vielmehr als ein System verzahnter Regelkreise mit unterschiedlichen Zeithorizonten vorzustellen.

Aufgabe 5:
Planungs- und Kontrollsystem

5.1 Aufgabenstellung

Skizzieren Sie Aufbau- und Ablaufaspekte von Planungs- und Kontrollsystemen (PuK-Systemen) im Controlling! Unterscheiden Sie dabei zwischen differenzierenden und integrierenden Parametern! Gehen Sie anschließend auf die Bestandteile eines PuK-Systems ein!

5.2 Einleitung

Planung und Kontrolle sind Informationsverarbeitungsprozesse von Führungskräften. Diese Prozesse werden unter Verwendung spezifischer Instrumente und Modelle durchgeführt. Der Controller hat dabei die Aufgabe, die Planung und Kontrolle einerseits zu unterstützen, indem er die Instrumente und Modelle entwickelt und einführt, und andererseits zu koordinieren, indem er die Planungs- und Kontrollaktivitäten zu einer integrierenden Einheit verbindet. Er erfüllt diese Aufgabe, indem er ein PuK-System definiert und installiert. Ein solches System kann durch seine Aufbau- und Ablaufaspekte, sowie durch seine Bestandteile und strukturellen und prozessualen Formalisierungen charakterisiert werden (vgl. Abbildung 89) (Hahn/ Hungenberg 2001, S.77; Horváth 2001, S.169ff; Haufs 1989, S.6; ähnlich auch Friedl 2003, S.195ff).

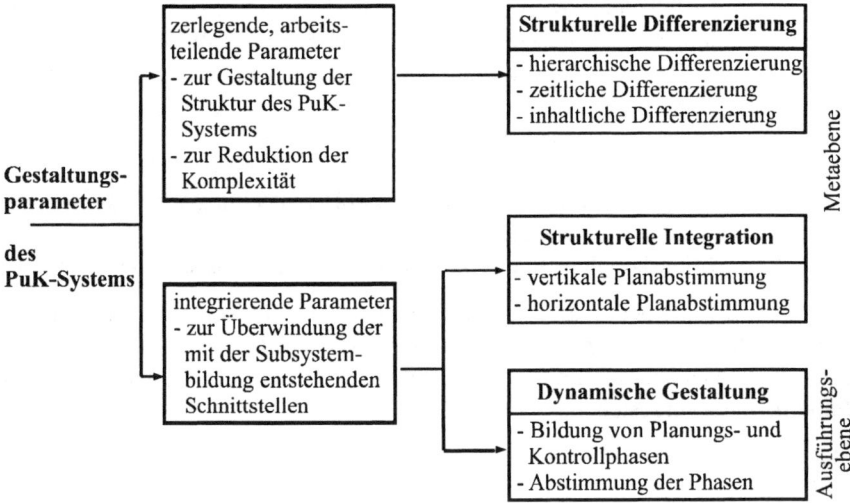

Abb. 89: Aufbau- und Ablaufaspekte von Planungs- und Kontrollsystemen

5.3 Aufbau- und Ablaufaspekte

Die zerlegenden, arbeitsteilenden Parameter werden zur Unterteilung eines PuK-Systems in Subsysteme verwendet, da es aufgrund seiner Gesamtkomplexität nicht mehr als monolithisches System handhabbar ist. Durch eine Delegation und Dezentralisation von Planungs- und Kontrollaufgaben und -kompetenzen entsteht dabei eine Hierarchie von Subsystemen (hierarchische Differenzierung). Diese ist im Allgemeinen an die Aufbauorganisation des Unternehmens angelehnt. Dabei werden Planung und Kontrolle der verschiedenen Ebenen über- und untergeordnet. Es entsteht eine Mittel-Zweck-Beziehung, bei der eine Eigenplanung und -kontrolle um eine Fremdplanung und -kontrolle auf übergeordneter Ebene ergänzt wird.

Die zeitliche und inhaltliche Differenzierung als Unterpunkte der strukturellen Differenzierung ergeben zusätzliche Parameter, um die einzelnen Subsysteme zu charakterisieren. Die wichtigsten Punkte der inhaltlichen Differenzierung sind Detailliertheit, Operationalität, Verbindlichkeit der Pläne und Aktionsspielraum der Planungs- und Kontrollträger. Bei der zeitlichen Differenzierung wird der Aktionszeitraum in lang-, mittel- und kurzfristige Planung unterteilt. Dabei lassen sich verschiedene Kernaussagen ableiten (Haufs 1989, S.16):

- Mit sinkender Hierarchieebene steigen der Plan-Detaillierungsgrad sowie die Planverwirklichung, verkleinert sich der betrachtete Systemausschnitt und werden aus den Grobplänen Feinpläne.
- Je mehr man sich der Planrealisierung nähert, sowohl zeitlich als auch funktionell, desto genauer müssen die Pläne sein, um konkretes Handeln anleiten zu können. In hochentwickelten Planungs- und Kontrollsystemen enthalten die kurzfristigen operativen Teilpläne alle für die Unternehmenssteuerung relevanten und planbaren Unternehmensaktivitäten.
- Mit steigender Hierarchieebene korrelieren die zeitliche Reichweite und die Größe des betrachteten Systemausschnitts positiv, dagegen aber Präzision, Verbindlichkeit und Operationalität der Pläne negativ.

Die Interdependenz der Unternehmensbereiche führt zwangsläufig zu Schnittstellen zwischen den einzelnen, durch Differenzierung entstandenen Segmenten. Um Insellösungen zu vermeiden, wird neben der strukturellen Differenzierung eine strukturelle Integration notwendig, die die entsprechenden Subsysteme auf gleicher Ebene (horizontale Integration) und auf unterschiedlicher Ebene (vertikale Integration) verbindet und aufeinander abstimmt.

In der vertikalen Planabstimmung werden die Ableitungsrichtung der Pläne und der zeitliche Ablauf über die Systemebenen hinweg festgelegt. Dabei werden sie nicht einmal in strenger Abfolge, sondern in der Regel mehrfach durchlaufen, da der Planungs- und Kontrollfluss durch zahlreiche Rückkopplungen und Anpassungen gekennzeichnet ist.

Es lassen sich drei Haupttypen für die vertikale Planabstimmung unterscheiden (Schierenbeck 1999, S.113f; Preißler 2000, S.81f):

- retrograde oder Top-down-Methode:
  In diesem Fall erfolgt die Planung hierarchisch von oben nach unten. Dabei werden die Pläne höherer Ebenen, die zeitlich einen großen Rahmen beinhalten und einen größeren Systemausschnitt umfassen, sukzessiv nach unten heruntergebrochen. Den nachgeordneten Subsystemen obliegt es dann, diese Vorgaben in detaillierte Pläne umzusetzen.
- progressive oder Bottom-up-Methode:
  Die Entwicklung der Pläne erfolgt hier im Gegensatz zur retrograden Planung von unten nach oben. Auf unterer Ebene werden ohne Lenkung seitens einer höheren Ebene detaillierte, kurzfristige Pläne aufgestellt, die an übergeordnete Subsysteme weitergereicht werden, wo diese für das Gesamtunternehmen zusammengefasst und konsolidiert werden.
- Gegenstromverfahren:
  Diese dritte Variante stützt sich auf eine kombinierte Anwendung der beiden erstgenannten Verfahren. Zunächst werden vorläufige Oberziele durch die oberste Führungsebene gesetzt, die wie im Fall der retrograden Planung von oben nach unten zunehmend konkretisiert und detailliert werden. Nachdem dieser Prozess die unterste Planungsebene erreicht hat, setzt in umgekehrter Richtung ein progressiver Rücklauf ein, bei dem auf der Basis top-down-abgeleiteter Ziel- bzw. Planungsvorgaben detaillierte Pläne im Sachressort erarbeitet werden und nach dem Bottom-up-Prinzip nach oben weitergegeben und konsolidiert werden.

5.4 Strukturelle und prozessuale Formalisierung

Die Realisierung der bisher behandelten Aufbau- und Ablaufaspekte erfordert eine strukturelle und prozessuale Formalisierung, d.h. eine Ordnung und Regelung der Strukturen und Prozesse eines PuK-Systems. Die Formalisierung legt also letztlich den Organisationsgrad des PuK-Systems fest.

Die strukturelle Formalisierung beinhaltet die Analyse der Planungs- und Kontrolllaufgaben und die Zuordnung der Planungs- und Kontrollträger (Planer) auf die einzelnen Systemebenen. Hingegen bezieht sich die prozessuale Formalisierung auf die Informationsübertragungs- und -verarbeitungsprozesse und regelt die Kommunikation der einzelnen Planungs- und Kontrollträger. Als Teil der prozessualen Formalisierung wird z.B. die zeitliche Reihenfolge aufgestellt, in der die einzelnen Teilplanungen ablaufen sollen (Töpfer 1976, S.124ff). Ein wichtiges Instrument ist in diesem Zusammenhang ein Planungsrahmen, der - ähnlich einem Kontenrahmen im Rechnungswesen - eine systematische Ordnung und Gliederung der Teilplanungen ermöglicht (Welge 1985, S.111).

Die Unternehmens- und Umweltdynamik wirkt sich direkt auf die Aufbau- und Ablaufaspekte eines PuK-Systems aus. Im Sinne eines kybernetischen Systems müssen sowohl die formalisierten Strukturen und Prozesse als auch die Planinhalte immer wieder an neue Situationen angepasst werden.

5.5 Bestandteile

Im Rahmen der Aufbau- und Ablaufaspekte, der strukturellen und prozessualen Formalisierung und der laufenden Anpassung wurde das „Wie" eines PuK-Systems untersucht. Bei den Bestandteilen soll erläutert werden, was (Planungs- und Kontrollgegenstände), von wem (Planungs- und Kontrollträger), worüber (Planungs- und Kontrollinformationen) und womit (Planungs- und Kontrollmodelle und -instrumente) geplant und kontrolliert wird (Töpfer 1976, S.129). Aus dieser Überlegung ergeben sich die Bestandteile eines PuK-Systems gemäß Abbildung 90.

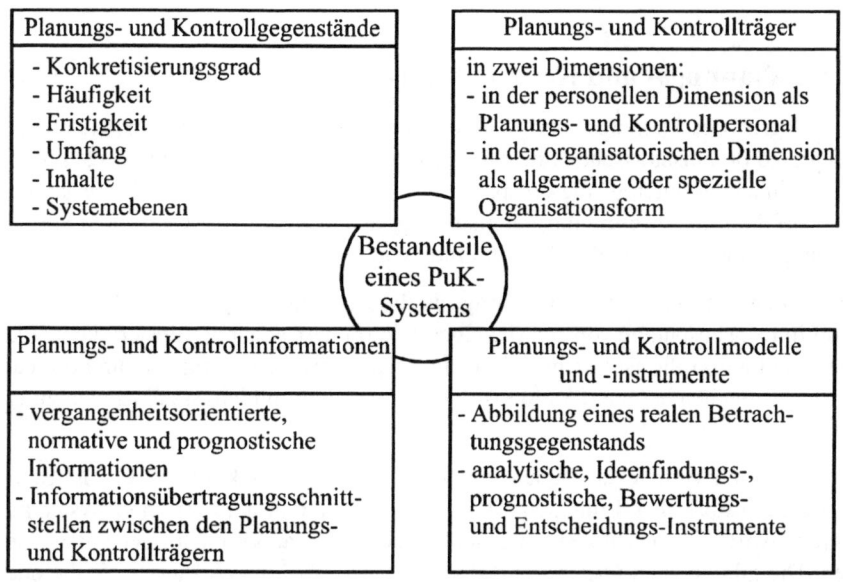

Abb. 90: Bestandteile eines PuK-Systems

5.5.1 Planungs- und Kontrollgegenstände

Die Gesamtheit der Planungs- und Kontrollgegenstände sind Bestandteile eines PuK-Systems. Sie lassen sich als Zusammenfassung jener Sachverhalte auffassen, die in der Literatur neben Planungs- und Kontrollgegenständen auch als Planungs- und Kontrollobjekte, -arten, -aufgaben, -aktivitäten, -inhalte, -phasen oder -bereiche bekannt sind (Horváth 2001, S.199; Töpfer 1976, S.129). Obwohl diese Begriffe inhaltlich nicht identisch sind, orientieren sie sich alle an der Fragestellung, was zu planen und zu kontrollieren ist.

Die Planungs- und Kontrollgegenstände lassen sich nach verschiedenen Kriterien klassifizieren, die sich schwerpunktmäßig an der Planung orientieren. Es wird unterschieden nach (Welge 1985, S.152ff):

- dem Konkretisierungsgrad in Grob- und Feinplanung (und -kontrolle),
- der Häufigkeit in
  - Einzel- und Mehrfachplanung (und -kontrolle),
  - periodische und aperiodische Planung (und Kontrolle) oder
  - einmalige und laufende Planung (und Kontrolle),
- der Fristigkeit in lang-, mittel- und kurzfristige Planung (und Kontrolle),
- dem Umfang in Unternehmensgesamt- und -bereichsplanung (und -kontrolle),
- dem Inhalt in Ziel-, Maßnahmen- und Ressourcenplanung (und -kontrolle) und
- den Systemebenen in strategische und operative Planung (und Kontrolle).

5.5.2 Planungs- und Kontrollträger

Der Begriff des Planungs- und Kontrollträgers besitzt sowohl eine personelle als auch eine organisatorische Dimension. Er lässt sich als Person bzw. organisatorische Einheit definieren, die entsprechende Aufgaben wahrnimmt. Diese können sich auf die reine Informationsbereitstellung bis hin zu einer selbständigen Formulierung von Planzielen oder Durchführung von Kontrollen erstrecken.

Die personelle Dimension ist wichtig, da die Leistungsfähigkeit der Planung und Kontrolle insbesondere von den einzelnen Mitarbeitern abhängt. Eine effiziente Planung und Kontrolle ist nur mit hinreichend qualifiziertem Personal durchführbar. Eine entsprechende Qualifikation ist z.B. durch Weiterbildungsmaßnahmen zu erreichen.

Bei der organisatorischen Dimension werden einzelne Funktionsträger - im Sinne von organisatorischen Einheiten - in den Vordergrund gestellt. Zu ihrer Systematisierung wird zwischen allgemeinen und speziellen Organisationsformen unterschieden. Die allgemeinen Organisationsformen, wie z.B. Linieninstanzen, Stäbe oder die oberste Managementebene, befassen sich hauptsächlich mit inhaltlichen Fachplanungs- und Kontrollaufgaben. Hingegen erfüllen die speziellen Organisationsformen, zu denen u.a. auch Controlling-Instanzen oder Projektgruppen zählen, in erster Linie Service-Funktionen für die Führungsebenen. Hierzu gehört auch die formale PuK-Systemplanung und -kontrolle als Metaplanung und -kontrolle, die ihren Schwerpunkt in der Realisation der bereits dargestellten Aufbau- und Ablaufaspekte besitzt (Welge 1985, S.459ff; Töpfer 1976, S.149ff).

5.5.3 Planungs- und Kontrollinformationen

Planungs- und Kontrollträger erfüllen entsprechende Aufgaben, indem sie bestimmte Eingangsinformationen aufnehmen und diese in einem Verarbeitungsprozess mit bereits vorhandenem Wissen kombinieren. Das Ergebnis dieses Prozesses sind neue Informationen, die im Fall der Planung die Unsicherheit der Zukunft reduzieren sollen. Aus diesem Sachverhalt resultiert ein weiterer Bestandteil des PuK-Systems, die Gesamtheit der Planungs- und Kontrollinformationen und -informationsbeziehungen. Die Integration der einzelnen Subsysteme des PuK-Systems erfolgt über die Schnittstellen. Diese Schnittstellen kennzeichnen einen Kommunikationsbedarf zwischen den einzelnen Planungs- und Kontrollträgern und sind somit Informationsübertragungsschnittstellen. Sie werden als Informationsbeziehungen bezeichnet. Das Ausmaß dieser Informationsbeziehungen ist insbesondere vom Partizipationsgrad des PuK-Systems abhängig.

Besondere Anforderungen sind an die Qualität und Quantität der benötigten Informationen zu stellen. Vorhandene Informationen werden oft nicht aufgabenspezifisch strukturiert und adressatenspezifisch weitergeleitet. Zur Überwindung dieser Probleme werden Informationssysteme konzipiert und eingesetzt, die neben dem Fachwissen meist zusätzlich über Modell- und Instrumentenwissen (Welge 1985, S.43ff; Töpfer 1976, S.163ff) verfügen.

5.5.4 Planungs- und Kontrollmodelle und -instrumente

Planungs- und Kontrollmodelle und -instrumente stellen den vierten Bestandteil eines PuK-Systems dar. Sie sind Hilfsmittel, die zur Unterstützung der Planungs- und Kontrollprozesse herangezogen werden. *„Ein Modell ist die strukturgleiche oder strukturähnliche Abbildung eines Teilzusammenhangs aus einem (realen) Betrachtungsgegenstand"* (Schweitzer 1994, S.52). Ziel eines Modells ist es, Handlungsalternativen zu simulieren und deren Auswirkungen festzustellen. Der Vorteil liegt darin, dass sich das Modell in einer Weise manipulieren lässt, die bei dem realen Betrachtungsgegenstand unmöglich, zu gefährlich oder zu teuer wäre. Unter dem Begriff der Planungs- und Kontrollinstrumente werden Methoden, Verfahren und Techniken zusammengefasst, die in den einzelnen Planungs- und Kontrollprozessen Anwendung finden (Töpfer 1976, S.167).

Aufgabe 6:
Planungs- und Kontrollinstrumente

6.1 Aufgabenstellung

Beschreiben und diskutieren Sie die im Rahmen der Planung und Kontrolle eingesetzten Instrumente!

6.2 Einleitung

Planungs- und Kontrollinstrumente sind die Gesamtheit derjenigen Methoden, Verfahren und Techniken, die der Planung und Kontrolle im Controllingprozess dien-
lich sind. *„Eine Methode gibt den Denkprozess der Erkenntnisgewinnung an, ein
Verfahren bezeichnet ein bestimmtes, im Allgemeinen methodisches Vorgehen und
eine Technik beinhaltet einen programmierten (Verfahrens-)Ablauf für die Pro-
blemlösung.“* (Töpfer 1976, S.167). Eine eindeutige Begriffsabgrenzung ist allerdings schwierig bzw. unmöglich. In allen Fällen lässt sich aber in etwa folgender
Bezugsrahmen feststellen (Horváth 2001, S.213):

- Es existiert ein Transformationsprozess, der durch eine Vielzahl von Einzelschritten charakterisiert ist.
- Diese erfolgen in einer vorgesehenen, zufälligen oder intuitiven Reihenfolge.
- Ein Anfangszustand A wird in einen Endzustand Z transformiert.
- Die Transformation kann durch eine Prozessvorschrift definiert sein. Es ist aber
  auch möglich, dass die Transformation nicht durch Regeln beschrieben werden
  kann, sondern der Intuition überlassen wird.

Durch die Vielzahl von existierenden Ordnungsgesichtspunkten gibt es keine allge-
meingültige Klassifikation. Eine oft verwendete Systematisierung der Instrumente
richtet sich nach der Art der Informationsverarbeitungstätigkeit, also der Art des
kognitiven Prozesses, der durch die Methode unterstützt werden soll. Nach der Art
des Denk- und Informationsprozesses lassen sich

- analytische Instrumente,
- Ideenfindungsinstrumente,
- prognostische Instrumente und
- Bewertungs- und Entscheidungsinstrumente

unterscheiden (Wild 1982, S.146ff; Töpfer 1976, S.168f). Eine Gesamtübersicht
von Planungs- und Kontrollinstrumenten zeigt Abbildung 91.

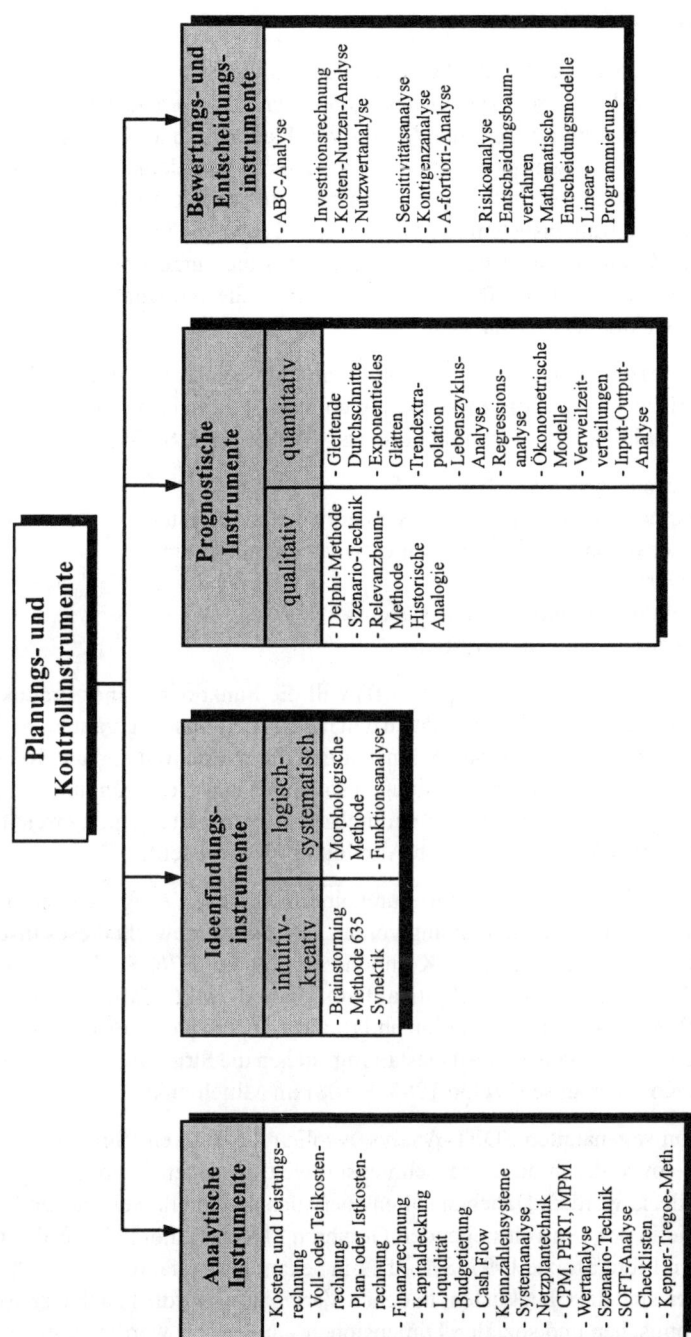

Abb. 91: Planungs- und Kontrollinstrumente

6.3 Analytische Instrumente

Im Controlling liegt die generelle Funktion der analytischen Instrumente in der Strukturierung von Problem- bzw. Systemkomplexen. Es werden dabei einzelne Planungsinhalte bzw. -aktivitäten, der Ablauf von Planungs- und Realisationsprozessen bzw. die Beziehungen zwischen verschiedenen Systemelementen analysiert. Einige der in Abbildung 91 aufgeführten Instrumente wie die Kosten- und Leistungsrechnung, Kennzahlensysteme sowie Szenario-Techniken werden bzw. sind in einem anderen Zusammenhang bereits thematisiert. Eine kurze Beschreibung erfolgt daher an dieser Stelle nur für die Systemanalyse, die Wertanalyse, die Netzplantechnik sowie die SOFT-Analysen.

Bei der Systemanalyse handelt es sich um ein sehr umfassendes Instrument, obwohl heute der Begriff primär auf die Entwicklung computergestützter Informationssysteme bezogen wird. Die Tätigkeitsfolge umfasst (Welge 1985, S.506):

- Aufnahme des Istsystems
- Schaffung eines Sollkonzeptes für das zu entwickelnde System
- Wirtschaftlichkeitsbetrachtung des zu entwickelnden Systems
- Systementwurf
- Programmierung des entworfenen Systems
- Einführung des entwickelten Systems.

Die Wertanalyse[18] (Händel 1989, Sp.2214ff) will die Funktionen eines Produktes bei Einhaltung der gewünschten Qualität zu den niedrigsten Kosten garantieren. Dazu werden einzelne Produktelemente hinsichtlich ihrer Funktionen und Kosten überprüft. Auf der Basis der Zielvorstellungen soll dabei eine Beschränkung auf die wesentlichen Funktionen erfolgen, um dadurch Kosteneinsparungen zu erreichen. Der Arbeitsplan einer Wertanalyse ist in Abbildung 92 dargestellt.

Die Netzplantechnik dient der Strukturierung einer komplexen Aufgabe oder eines Projekts, sie setzt damit eine Zielplanung voraus. Das Schwergewicht dieses Instruments liegt also auf der analytischen Komponente (Töpfer 1976, S.175). Die drei bekanntesten Verfahren sind CPM (Critical Path Method), MPM (Metra-Potential-Method) und PERT (Program Evaluation and Review Technique). Bei allen Methoden, unabhängig von der genauen Ausgestaltung, stehen die Struktur-, Zeit- und Kapazitäts- bzw. Kostenanalyse (Welge 1985, S.508) im Mittelpunkt.

Im Rahmen von sogenannten SOFT-Analysen sollen die Stärken (Strength) eines Unternehmens sowie die in der Unternehmensumwelt liegenden Chancen (Opportunities) aufgedeckt werden. Daneben sollen aber auch potentielle Schwächen (Failures) sowie die in der Umwelt liegenden Gefahren (Threats) möglichst frühzeitig erkannt werden (Pfohl/Stölzle 1997, S.167f). Ein bekanntes Verfahren innerhalb der SOFT-Analysen sind die Checklisten, in denen Variablen - geordnet nach technologischen, ökonomischen und sozialen Dimensionen - aufgeführt werden, von denen

---

18) Im englischen Sprachraum auch unter den Begriffen Value Improvement, Value Assurance, Value Control u.ä. bekannt.

man erwartet, dass sie Stärken/Schwächen bzw. Chancen/Gefahren gut erfassen.

Grundschritt 1 Vorbereitende Maßnahmen	Teilschritt 1 Auswählen eines WA-Objektes und Stellen der Aufgabe
	Teilschritt 2 Festlegen des quantifizierten Zieles
	Teilschritt 3 Bilden der Arbeitsgruppe
	Teilschritt 4 Planen des Ablaufes
Grundschritt 2 Ermitteln des Ist-Zustandes	Teilschritt 1 Informationen beschaffen und Beschreiben des WA-Objektes
	Teilschritt 2 Beschreiben der Funktionen
	Teilschritt 3 Ermitteln der Funktionskosten
Grundschritt 3 Prüfen des Ist-Zustandes	Teilschritt 1 Prüfen der Funktionserfüllung
	Teilschritt 2 Prüfen der Kosten
Grundschritt 4 Ermitteln von Lösungen	Suchen nach allen denkbaren Lösungen
Grundschritt 5 Prüfen der Lösungen	Teilschritt 1 Prüfen der sachlichen Durchführbarkeit
	Teilschritt 2 Prüfen der Wirtschaftlichkeit
Grundschritt 6 Vorschlag und Verwirklichung einer Lösung	Teilschritt 1 Auswählen der Lösung(en)
	Teilschritt 2 Empfehlen einer Lösung
	Teilschritt 3 Verwirklichen der Lösung

Abb. 92: Arbeitsplan der Wertanalyse nach DIN 69910 (Welge 1985, S.508)

Ein analytisches Instrument, das sich auf inhaltliche Planungsaspekte bezieht, ist die Kepner-Tregoe-Methode (Holtgrewe 1972, S.30ff; Kepner/Tregoe 1982), deren Ziel darin besteht, die Denkprozesse zu straffen. Dazu wird mit Hilfe einer mehrstufigen Abfrage, die zur Erfassung der wesentlichen Einzelinformationen dient, eine dominierende Ursache-Wirkungs-Beziehung prognostiziert.

6.4 Ideenfindungsinstrumente

Bei der Alternativensuche ist die Kreativität der beteiligten Personen von hoher Bedeutung. Grundsätzlich lassen sich zwei Gruppen von Kreativitätstechniken unterscheiden: einerseits die intuitiv-kreativen, deren Schwerpunkt bei der Informationssuche liegt, und andererseits die logisch-systematischen, die überwiegend einer Informationssystematisierung dienen sollen (Töpfer 1976, S.181). Einen Überblick über derartige Techniken vermittelt Abbildung 93.

Methodengruppe	Verfahrensmerkmale	Repräsentanten
Brainstorming	Ungehemmte Diskussion, in der keine Kritik geübt werden darf, phantastische Einfälle und spontane Assoziationen sind gefragt.	• Brainstorming • Diskussion 66
Brainwriting	Spontanes Niederschreiben von Ideen auf Formularen oder Zetteln, Umlauf von Formularen.	• Methode 635 • Brainwriting-Pool • Ideen-Delphi
Schöpferische Orientierung	Befolgung bestimmter Prinzipien bei der Lösungssuche.	• Heuristische Prinzipien • Bionik
Schöpferische Konfrontation	Stimulierung der Lösungsfindung durch Auseinandersetzung (Konfrontation) mit Bedeutungsinhalten, die scheinbar nicht mit dem Problem zusammenhängen.	• Synektik • BB-Methode • TILMAG-Methode • Semantische Intuition
Systematische Strukturierung	Aufteilung des Problems in Teilkomplexe; Lösung der Teilprobleme und Zusammenfügen zu einer Gesamtlösung; Systematisierung von Lösungsmöglichkeiten.	• Morphologischer Kasten • Morphologische Matrix • Problemlösungsbaum
Systematische Problemspezifizierung	Aufdeckung der Kernfragen eines Problems oder Problembereichs durch systematisches und hierarchisch-strukturiertes Vorgehen.	• Progressive Abstraktion • Hypothesen-Matrix • Relevanzbaum

Abb. 93: Ideenfindungsinstrumente (Schlicksupp 1999, S.61)

Zusammenfassend lassen sich die gemeinsamen Kennzeichen aller Kreativitätstechniken festhalten (Töpfer 1976, S.178): Ziel ist die Sammlung möglichst vieler Lösungsideen unter Betonung des spontanen Denkens. Hierbei werden die Ideen anderer Gruppenmitglieder aufgenommen und ggf. weiterentwickelt.

6.5 Prognostische Instrumente

Für jeden Entscheidungsprozess ist es wesentlich, die die relevante Situation umgebenden Umstände möglichst gut vorhersagen zu können. Solche Vorhersagen sind Prognosen über einen zukünftigen realen Sachverhalt, die auf der Grundlage von praktischen Erfahrungen und/oder theoretischen Erkenntnissen getroffen werden. Sie sind ein wichtiger Bestandteil des Vorgangs der Entscheidungsfindung. Daher wurden der Bereich der Vorhersage, d.h. der Prognostik, ausführlich erforscht und Methoden dazu entwickelt. Diese werden in quantitative und qualitative Verfahren unterteilt; eine Auswahl zeigen die Abbildungen 94 und 95.

6.6 Bewertungs- und Entscheidungsinstrumente

Die Bewertung der Alternativen und die Auswahl einer Alternative durch den verantwortlichen Entscheidungsträger stellt die abschließende Phase der Planung dar. Die hierfür zur Verfügung stehenden Methoden lassen sich in die vier Gruppen der Prioritätensetzung, der Nutzenzuordnung, der Bewertungsstabilisierung und der Entscheidungsunterstützung aufteilen.

Die wichtigste Methode aus dem Bereich der Prioritätensetzung und Gewichtung ist die ABC-Analyse, die von der Annahme ausgeht, dass nur ein kleiner Prozentsatz der eine bestimmte Wirkung erzeugende Gegenstände den größten Anteil zur Gesamtwirkung beisteuert und dem deshalb die größte Bedeutung zukommt (Pfohl/ Stölzle 1997, S.174f). Ein bekanntes Beispiel aus dem Vertriebswesen besagt, dass etwa 80% des Umsatzes mit etwa 20% der Artikel erzielt werden.

Die Methoden der Investitionsrechnung, die bei Entscheidungssituationen mit einfacher, eindimensionaler Zielsetzung herangezogen werden, gehören zu der Gruppe der Methoden der Nutzenzuordnung. Bei ihnen werden entweder die verursachten Kosten (z.B. Kostenvergleichsrechnungen) verglichen oder es werden die verursachten Auszahlungen den jeweils erzielbaren Einzahlungen gegenübergestellt und die Ergebnisse verglichen (z.B. Kapitalwertmethode). Eine Verfeinerung stellen die Kosten-Nutzen-Analyse und die Nutzwertanalyse dar.

In der Kosten-Nutzen-Analyse versucht man, nicht nur den mit einer Investition erzielbaren Ertrag, sondern den mit ihr erzielbaren Gesamtnutzen monetär zu erfassen (Pfohl/Stölzle 1997, S.175). Anschließend kann den Gesamtkosten der monetäre Gesamtnutzen gegenübergestellt werden. Die Nutzwertanalyse ist eine Methode mit dem Zweck, komplexe Entscheidungsalternativen entsprechend den Präferenzen des Entscheidungsträgers bzgl. eines mehrdimensionalen Zielsystems zu ordnen. Basis ist der Nutzen im Sinne eines subjektiven Wertbegriffs.

Methode	Trendextrapolation	Regression		Ökonometrische Modelle	Lebenszyklus-analyse	Input/Output Analyse
		Einfache Regression	Multiple Regression			
Kurzbeschreibung	Eine Zeitreihe wird zerlegt in ihre Komponenten. Eine mathematische Formel beschreibt den langfristigen Trend. Dieser wird in die Zukunft projiziert.	Die gesuchte Größe wird mit einer kausalen Größe in eine Beziehung gebracht; diese wird mathematisch ausgedrückt. Die kausale Größe wird vorausgeschätzt und durch Anwendung der mathematischen Beziehungsformel die Entwicklung der gesuchten Größe abgeleitet.	Im Prinzip wie Einfachregression. Man stützt sich aber auf mehrere kausale Größen ab.	Systeme von voneinander wechselseitig abhängigen Regressionsgleichungen, die einen bestimmten Sektor der Wirtschaft beschreiben.	Analyse und Prognose des Wachstums neuer Produkte auf Grund der Verfahren mit S-Kurven. Basis bilden die Lebenszyklen von Produkten und die Aufnahme, die das Produkt auf dem Markt durch verschiedene Gruppen findet. (z.B. Neuerer u. Zögerer)	Analyse und Prognose der Transaktionen zwischen Wirtschaftszweigen oder deren Untergruppen unter Input/Output-Betrachung.
Typische Anwendungsbereiche	Prognose von Entwicklungen relativ stabiler Umwelten, z.B. stark aggregierte volkswirtschaftliche oder Marktgrößen. Erste überschlagsmäßige Prognose, die nachher durch fundierte Verfahren ergänzt wird.	Prognose von Märkten auf der Grundlage der Entwicklung einer wichtigen volkswirtschaftlichen Leitgröße (z.B. Bruttosozialprodukt); bei mehreren Ländern als Querschnittsanalyse.	Häufige Verwendung in der Analysephase mit anschließender Prognose auf der Basis der Einfachregression. Prognose von Teilmärkten, deren Entwicklung von mehreren Faktoren abhängig ist.	Vor allem zur zusammenhängenden Prognose wichtiger volkswirtschaftlicher Größen (Sozialprodukt, Konsumausgaben, Investitionen, usw.)	Prognose der Absatzentwicklung neuer Produkte bzw. Produktmärkte.	Prognose der Entwicklung von Branchen bzw. Wirtschaftssektoren. Einsatz bei der Planung der Transaktionen zwischen Konzernunternehmen.

Abb. 94: Ausgewählte quantitative Prognoseverfahren (in Anlehnung an Horváth 2001, S.412f)

Methode	Explorative				Normative	
	Delphi-Methode	Szenarios	Historische Analogie	Morphologie	Relevanzbaum	Systemanalyse
Kurzbeschreibung	Schriftliche Befragung eines Expertenpanels in mehreren Runden, wobei Auswertungen der vorangehenden Runden in die nachfolgende eingehen. Meistens wird auf diese Weise ein „Konsens" erzielt.	Aneinanderreihung einer logischen Folge von Ereignissen in der Weise, dass sich ein zukünftiger Zustand schrittweise ergibt. Berücksichtigung der technischen Durchführbarkeit kann einen umfassenden Entwurf eines Systems liefern.	Voraussage des Systemverhaltens vor allem bei Technologien und Produkten durch Vergleich mit der (früheren) Entwicklung ähnlich strukturierter Systeme.	Systematische Suche nach allen Zukunftsmöglichkeiten auf einem bestimmten Gebiet mit anschließendem Selektionsprozess aufgrund der Durchführbarkeit, der Kosten usw.	Ausgangspunkt bildet ein gewünschter Zustand, aus dem rückwärtsschreitend notwendige Inputs (Entscheidungen, Zustände) auf verschiedenen Ebenen abgeleitet werden. Rangierung der Inputs nach ihrer Wichtigkeit für das Gesamtziel möglich.	Analyse der Elemente und Beziehungen eines Systems. Ermittlung der Wirkungen von Inputänderungen auf den Output zur Analyse und Gestaltung des Systems.
Typische Anwendungsbereiche	Vorhersage der Zeitpunkte, zu denen bestimmte neue (vor allem technologische) Möglichkeiten eintreffen werden. Jedoch auch zur Voraussage des Absatzes neuer Produkte oder anderer unternehmensbezogener Entwicklungen.	Prognose politischer und militärischer Entwicklung und Krisen. Auch von großen Konzernen für die zukünftige wirtschaftliche, politische und soziale Umwelt.	Ähnlich wie beim Szenario. In Unternehmungen auch für Prognosen neuer Produktmärkte oder technologischer Entwicklungen.	Suche und Abschätzung der Wirkungen grundlegender Entwicklungen auf den verschiedensten Gebieten.	Entwicklung von Strategien auf der Grundlage staatlicher Zielsetzungen (z.B. militärische Forschung, Weltraumforschung).	Analyse und Prognose komplexer Umwelten, z.B. des globalen Wachstums.

Abb. 95: Ausgewählte qualitative Prognoseverfahren (in Anlehnung an Horváth 2001, S.410)

Die aufgrund ihrer Bewertung entstehende Rangfolge von Alternativen ist daraufhin zu überprüfen, inwieweit sie gegenüber Veränderungen der Bedingungen stabil bleibt. In Abhängigkeit davon, welche Größen geändert werden und wie ihre Auswirkung auf die Alternativenrangfolge analysiert wird, lassen sich insbesondere drei Methoden nennen:

- Sensitivitätsanalyse
- A-fortiori-Analyse
- Kontingenzanalyse

Bei der Sensitivitätsanalyse wird die Empfindlichkeit der festgelegten Rangfolge gegenüber veränderten Umweltsituationen festgestellt. Ziel dieser Analyse ist es, die „robusteste" Alternative herauszufinden (Pfohl/Stölzle 1997, S.176).

Die A-fortiori-Analyse überprüft ebenfalls die Empfindlichkeit im Hinblick auf die Variation unsicherer Annahmen. Die präferierte Alternative wird mit den pessimistischsten und optimistischsten Annahmen verglichen. Erweist sich die präferierte Alternative auch unter ungünstigen Annahmen als gut, wird die Präferenz für sie wesentlich gesteigert.

In der Kontingenzanalyse wird die Alternativenrangfolge daraufhin untersucht, inwieweit diese stabil bleibt, wenn die Bewertungskriterien verändert werden.

Aufgabe 7:
Entwicklungen im Controlling

7.1 Aufgabenstellung

Beschreiben Sie neuere Entwicklungen im Controlling!

7.2 Einleitung

Controlling soll einerseits ein „zeitloses Konzept" sein - mit all seinen Bausteinen systematisch zusammengefügt. Doch andererseits muss jedes „zeitlose Konzept" einem steten Wandel unterliegen und neue Dimensionen (Steinle/Eggers/Lawa 1998, S.473ff) aufnehmen, um Entwicklungen der Wirtschaft Rechnung tragen zu können. Diese Entwicklungen lassen sich mit folgenden Stichworten belegen:

- Dynamisierung der Märkte: Globalisierung des Controlling
- Wertketten- und prozessorientiertes Controlling
- Öko-Controlling
- Qualitäts-Controlling
- Lean Controlling
- Durchdringung aller Wirtschaftszweige
- Neuausrichtung des Rechnungswesens
- Aktionsorientierung statt Buchhaltungsorientierung

7.3 Dynamisierung der Märkte: Globalisierung des Controlling

In den letzten Jahren ist eine verstärkte Dynamisierung der Märkte zu beobachten, die gekennzeichnet ist durch

- verkürzte Produkt- und Marktzyklen bei gleichzeitiger Verlängerung von Entwicklungszyklen,
- den Wegfall von nationalen Grenzen bei einer Globalisierung wirtschaftlichen Handelns,
- einen verstärkten Wettbewerb durch neue Anbieter im internationalen Markt sowie
- eine verstärkte Mobilität von Know-how, Mitarbeitern, Kapital, Unternehmen und Abnehmern.

In dieser globalen Wirtschaft versuchen international tätige Unternehmen in allen wichtigen Regionen der Weltwirtschaft präsent zu sein, um mögliche Standortvorteile zu nutzen und sich so auch gegen Währungsrisiken oder Protektionismus zu schützen. Diese Entwicklung verlangt eine Öffnung des Controlling mit Weiterentwicklung in neue Dimensionen wie (Hahn 1995, S.328ff; Fischer, M. 1996, S.194; Stoi 2002, S. 255ff; Fischer,T.M. 2002b, S.267ff):

- Zukunft: Betonung des feed-forward-Denkens im - auch operativen - Controlling
- Wettbewerber: Nutzung von Benchmarking-Vergleichen
- Kunde: Einbeziehung der Kundennutzen-Komponente
- Shareholder: Orientierung am Unternehmenswert
- Intangibles: Orientierung auch am immateriellen Unternehmensvermögen
- Fremdkapitalgeber: Risiko-orientiertes Controlling zur Erlangung einer günstigen Fremkapital-Finanzierung.

Traditionelle Controlling-Informationssysteme im - meist operativen - Controlling konzentrieren sich auf die Feststellung und Lokalisierung von Plan-Ist-Abweichungen und deren Ursachenanalysen. Sehr differenzierte Kosten- und Ergebnisabweichungsanalysen sind bei den klassischen Berichtssystemen zur feed-back-Regelung beherrschend. Über die Einführung von - auch operativen - Früherkennungssystemen müssen Störungen (Risiken) vor deren Einwirkung auf die betrieblichen Prozesse ex ante erkannt werden. Dadurch kann erreicht werden, dass keine Kosten- und Ergebnisabweichungen mehr ex post auftreten und analysiert werden müssen.

Benchmarking heißt Orientierung am Besten und ist ein systematischer Prozess zur Bewertung von Produkten, Dienstleistungen und Arbeitsprozessen von Organisationen, die als Vertreter der besten Praktiken für das Ziel der organisatorischen Verbesserung bekannt sind (Sänger 1996). Zielsetzung ist es, sich bei allen Aktivitäten an Weltklassestandards zu orientieren sowie die dazu notwendigen Prozesse und Methoden für das eigene Unternehmen zu übernehmen und überdies möglichst noch zu verbessern.

Für das Controlling bedeutet dies, zum Teil sehr spezifische Kennzahlen für einzelne Unternehmensbereiche in das Berichtswesen einzubeziehen. Angefangen von Qualitätskennzahlen wie Ausschussraten, über Faktoren wie Durchlaufzeit, Liefertreue und Flexibilität bis hin zu Kapazitätsauslastungsgraden und Anlagenverfügbarkeitsgraden sind vom Controlling relevante Vergleichsmaßstäbe der Weltbesten zu erfassen und den Mitarbeitern im eigenen Unternehmen widerzuspiegeln (Fischer, M. 1996, S.194f). Das Controlling muss sich stärker an den Kernprozessen des Unternehmens orientieren und im Dialog nach Möglichkeiten zur Optimierung suchen. Dabei ist immer auch zu beachten, dass die Abgrenzung, Auswahl und Anwendung der Controlling-Inhalte bzw. -Instrumente stärker denn je an der verfolgten Unternehmenskultur auszurichten sind (Fischer, T.M. 2002b, S.268ff). Dieser Aspekt gewinnt vor allem im internationalen Kontext an Bedeutung (Littkemann 2002, S.333ff).

Die Einbeziehung der Kundennutzen-Komponente im Controlling heißt, in Wettbewerbsvergleichen herauszufinden, wo das eigene Unternehmen mit seinen Produkten steht und welcher Handlungsbedarf nötig ist. Dazu gehört auch die Analyse und Auswertung von öffentlichen Quellen, die meist Objekt der Marktforschung sind. Zu dieser Thematik wird das Marketing seine Kompetenz und Zuständigkeit betonen - für das Controlling muss letzten Endes gewährleistet sein, dass die Kundennutzen-Komponente hinreichend beachtet wird. Konsequente Orientierung am

Kundennutzen bedeutet Schaffung zusätzlicher Ergebnispotentiale (Fischer, M. 1996, S.195).

Gewinn oder Deckungsbeitrag als Entscheidungskriterien sind für das operative Controlling zunehmend unzureichend. Nach dem Shareholder Value-Konzept soll das Management seine Handlungen wertorientiert nicht mehr ausschliesslich am bilanzorientierten Periodengewinn, sondern auch am Wert des Unternehmens für die Anteilseigner ausrichten. Intern muss das Management die Zielgrößen verfolgen, die diesen Wert positiv beeinflussen. Um die Unzulänglichkeiten traditioneller, periodenbezogener Kennzahlen wie der Eigenkapitalrendite oder der Gesamtkapitalrendite zu vermeiden, wird das aus der dynamischen Investitionsrechnung entlehnte Discounted-Cash-Flow-Verfahren verwendet. Im Rahmen eines Shareholder Value-Netzwerkes können die einzelnen Einflussgrößen (Cash Flow, Eigen- und Fremdkapitalkostensatz) analysiert werden. Für das Controlling ist es wichtig, diese Wertgeneratoren - auch Value Driver oder Werttreiber genannt - bei der Entscheidungsvorbereitung zu berücksichtigen (Rappaport 1995, S.79ff; Unzeitig/Köthner 1995, S.55ff; Günther, T. 1997, S.203ff).

Die Bedeutung des Shareholder Value-Konzeptes muss allerdings auf Distanz zum Zeitgeist gesehen werden. Es besteht die Gefahr, dass das Kapital zu stark betont und somit a priori für den wichtigsten Produktionsfaktor gehalten wird. Die innere und andauernde Leistungsfähigkeit eines Unternehmens wird aber letzten Endes vor allem durch die Personal-Ressource - das Human-Kapital - bestimmt. Die Einbeziehung dieses „weichen" Erfolgsfaktors in Konzept und Methoden des Controlling wird zwar in der Literatur schon seit langer Zeit gefordert, die Unternehmenspraxis - aber auch das deutsche Handels- und Steuerrecht - haben hingegen immer noch Probleme, beispielsweise Maßnahmen der Personalentwicklung als zu „aktivierende" und gesellschafts- und wirtschaftspolitisch zu fördernde Investitionen anstatt bloßer „Unkosten" zu sehen. Vorhandene Ansätze einer Humanvermögensrechnung sind hier weiterzuentwickeln.

Ebenso muss allgemeiner ein Controlling der „Intangibles" - mit anderen Worten der immateriellen Vermögenswerte (einer Institution) - stattfinden (Günther, T. 2001, S.53ff; Stoi 2002, S.255ff). Hierzu gehören beispielsweise Markennamen, Patente, Kundenbeziehungen und auch die „Tacit Knowledge", deren Werte zukunftsgerichtet ermittelt, intern gesteuert und ggf. nach außen kommuniziert werden müssen.

Spätestens seit Beginn der sogenannten „Basel II"-Diskussion sind die Fremdkapitalgeber wieder in den Fokus betriebswirtschaftlichen Handelns gerückt. Da in Zukunft Kreditvergabekonditionen deutlicher an die individuelle Risikosituation des Kreditnachfragenden gekoppelt sind, gewinnt das Risiko-Controlling zunehmend an Bedeutung. Insbesondere für die vornehmlich Fremkapital-finanzierten Unternehmen Kontinentaleuropas bedeutet dies, den internen Prozess der Risikoidentifikation und -bewertung durch ein umfassendes, extern und intern orientiertes Controlling-Instrumentarium so weit zu gewährleisten, dass ein langfristig angemessenes Risiko-Chance-Verhältnis besteht (Burger/Buchhart 2002).

7.4 Wertketten- und prozessorientiertes Controlling

Die Wertkette - auch Wertschöpfungskette genannt - umfasst und strukturiert alle Aktivitäten eines Unternehmens (Geschäftsprozesse), welche für die Erbringung betrieblicher Leistungen notwendig sind. Es werden primäre Aktivitäten (wie Entwurf, Produktion und Vertrieb) sowie unterstützende Aktivitäten (wie Beschaffung, Personalmanagement, Marktforschung und Rechnungswesen) unterschieden. Bei Entwurf und Gestaltung einer konkreten betrieblichen Wertkette steht die Frage nach Nutzen und Kosten der einzelnen Aktivitäten im Mittelpunkt. Wenn die Notwendigkeit einer Aktivität grundsätzlich bejaht wird, ist die Frage zu klären, ob diese nicht im Zuge einer Verschlankung der Prozesse im Rahmen eines Outsourcing-Konzeptes ausgelagert werden soll. Früher sprach man hier von „make-or-buy"-Entscheidungen. Diese Aktivitäten lassen sich in ein Bündel von Güter-verzehrenden und Kosten-verursachenden, aber auch Wert-erzeugenden Geschäftsprozessen zerlegen, die wiederum in Prozessketten, Prozessstufen und Elementarprozesse zerlegt werden können (Fischer, J. 1996, S.223).

Traditionell stellt Controlling auf betriebliche Funktionen und Organisationseinheiten ab, während funktions-, abteilungs- und unternehmensübergreifende Geschäftsprozesse meist im Hintergrund bleiben. Prozessorientiertes Controlling (Fischer, J. 1996) will diese Prozesse ganzheitlich beurteilen, gestalten und steuern. Controlling ist bisher vorrangig durch die bereits erläuterten vertikalen Regelkreise charakterisiert, indem die Planungs- und Kontrollprozesse zwischen führenden und ausführenden Ebenen koordiniert werden. Beim prozessorientierten Controlling werden verschiedene, jeweils spezifische Phasen eines übergreifenden Geschäftsprozesses über einen horizontalen Regelkreis miteinander verkettet. Im prozessorientierten Controlling dominieren somit statt vertikaler nunmehr horizontale Regelkreise und darauf aufbauende Controllingprozesse mit Informationsprozessen zur Versorgung der Prozessteams für Gestaltung und Steuerung auch unternehmensübergreifender Geschäftsprozesse (Fischer, J. 1996, S.224; Möller 2002b, S.311ff).

7.5 Öko-Controlling

Im gesellschaftlichen Bewusstsein nimmt der Schutz der natürlichen Umwelt inzwischen einen sehr hohen Stellenwert ein. Unternehmen wird zunehmend Verantwortung für negative ökologische Folgen aus Ressourcennutzung, Produktion und Abfallentsorgung zugewiesen. Dies kann sich in möglichen Inanspruchnahmen aus Haftungsregeln, der Gefahr der Anordnung einer Betriebsstilllegung oder auch denkbaren plötzlichen Änderungen des Abnehmerverhaltens äußern. Die Einwirkungen der Unternehmenstätigkeit auf die ökologische Umwelt verlangen daher verstärkte Berücksichtigung in den Entscheidungsprozessen - und somit in einem Öko-Controlling (Rück 1993, S.38ff; Fischer-Winkelmann/Hoffmann 1994; Günther, E. 1994; Bleis 1995; Steinle/Lawa/Jordan 1995). Entscheidend ist hierbei die Bereitstellung ökologisch relevanter Informationen. Dazu sind in der Vergangenheit bereits u.a. eine ökologische Buchhaltung mit ökologischer Kostenrechnung

(Umweltkostenrechnung) sowie eine Öko-Bilanz entwickelt worden (Rück 1993, S.156ff).

Mit der ökologischen Buchhaltung (Günther, E. 1994, S.265ff) soll die Gesamteinwirkung eines Betriebes auf die Umwelt periodenspezifisch erfasst und dargestellt werden. Umweltentnahmen (wie Verbräuche natürlicher Ressourcen und produzierter Einsatzstoffe) werden Umweltabgaben (wie Emission von Schadstoffen und Umweltbelastung von Produkten bei Ge- oder Verbrauch) gegenübergestellt. Die Erfassung erfolgt in physikalischen Maßeinheiten (wie Gewicht, Volumen). Problematisch ist die gleichnamige Verrechnung und Gegenüberstellung auf der Grundlage von Umrechnungen mit Hilfe von Äquivalenzziffern.

Mit der Umweltkostenrechnung (Neumann-Szyszka 1994) sollen betriebswirtschaftliche Folgen umweltschutzorientierten betrieblichen Handelns transparent gemacht werden. Dabei müssen vorhandene Rechengrößen in umweltschutzinduzierte und nicht-umweltschutzinduzierte Größen differenziert werden. Dieses erfordert eine Ergänzung der Kostenarten-, Kostenstellen- und Kostenträgerrechnung mit Betriebsergebnisrechnung. Jedoch bildet das bisherige Rechnungswesen die tatsächliche Inanspruchnahme des Betriebes nicht vollständig ab, da sogenannte externe Effekte bisher fehlen. Deren Erfassung, Bewertung und Integration stellt eine echte umweltschutzbezogene Erweiterung dar. Externe Kosten sind aus Sicht des Betriebes zunächst Kostenpotentiale, können aber zu einem späteren Zeitpunkt zu internen Kosten (wie z.B. durch Preisnachlässe und Steuern) führen.

7.6 Qualitäts-Controlling

Qualität - von Produkten, Prozessen sowie Umfeld- und Umwelt-Beziehungen - findet zunehmendes Interesse. Pragmatisch ist unter Qualität die Erfüllung von geforderten oder vereinbarten Anforderungen zur dauerhaften Kundenzufriedenheit zu verstehen. Qualitäts-Controlling (Kötzle 1995; Schmitz 1996; Männel 2000; Wendehals 2000) heißt meist Steuerung aller die Qualität beeinflussenden Prozesse mit dem Ziel der Erreichung eines optimalen Qualitätsgrades - wahrscheinlich charakterisiert durch minimale Qualitätskosten. Dabei gehen Qualitätskosten über den klassischen Kostenansatz hinaus.

Qualitätskosten sind nach DIN Kosten zur Sicherstellung der geforderten Beschaffenheit, für die die Aktivitäten der Qualitätssicherung benötigt werden. In traditioneller Auffassung lassen sich diese in Fehlerverhütungs-, Prüf- und Fehler- mit Fehlerfolgekosten unterscheiden, wobei diese in einer veränderten Auffassung den Kosten der Übereinstimmung und den Kosten der Abweichung (Wildemann 1995, S.268ff) zugeordnet werden. Nach dieser erweiterten Kostendefinition entstehen Qualitätskosten auch durch Kundenabwanderung infolge unzureichenden Qualitätsgrades. Die Erfassung, Bewertung und Zuordnung dieser Qualitätskosten ist dabei problematisch.

Dem Qualitäts-Controlling steht ein breiter Methodenpool zur Verfügung: zuerst die Qualitätskostenrechnung, darauf aufbauend Kennzahlensysteme, um dem Management Informationen zur Steuerung der die Qualität bestimmenden Prozesse zu geben sowie Benchmarking, Target Costing und andere Instrumente.

7.7 Lean Controlling

Seit den 1980er Jahren wird das Erfolgskonzept der Lean Production verfolgt. Ein solches Konzept muss den gesamten Wertschöpfungsprozess umfassen. Im Hinblick auf ein „Lean Everything" bedeutet ein Lean Controlling die konsequente Realisierung des Self-Controlling mit Betonung von (Günther, T. 1996, S.491; Scherm 1993, S.254ff; Scherm 1994; Kraemer 1992, S.201ff):

- Dezentralisierung von Controllingprozessen und damit
- Delegation von Planung und Kontrolle auf operative Teams zur Förderung von Eigenverantwortung und Selbstkontrolle,
- Redelegation von strategischen Aufgaben an das oberste Management,
- Vereinfachung der Informationssysteme zur Unterstützung, aber nicht Ersetzung der Kommunikation zwischen den operativen Teams,
- Selbstabstimmung von Informationsangebot und -nachfrage durch operative Teams,
- Eigenverantwortlichkeit jedes Teams für die Qualität seiner Informationsversorgung,
- Versorgung dezentraler Teams mit dem erforderlichen Fachwissen durch geeignete Personalauswahl und Personalentwicklung sowie damit ermöglichte
- Reduktion des institutionellen Controlling auf ein unbedingt notwendiges Maß.

Diese Reduktion des institutionellen Controlling erfordert weniger „bloße" Controller, dafür aber wesentlich mehr Führungskräfte - interdisziplinär denkende Ingenieure wie Betriebswirte - in allen Bereichen mit mehr Controlling-Wissen.

Die konsequente Realisierung des Self-Controlling verlangt als Anreiz für das dezentrale Management dessen Beteiligung am Ergebnis des abgegrenzten Verantwortungsbereiches - beispielsweise eines Profit Centers. Die Ausgestaltung solcher Anreizsysteme ist ein vielschichtiges Problem und sicher nicht nur aus der Sicht des Controlling zu beurteilen. Hier spielen die Erkenntnisse der neuen Institutionenökonomik, insbesondere die Principle-Agent-Theorie eine bedeutende Rolle (Möller 2002a, S.95ff).

7.8 Durchdringung aller Wirtschaftszweige

Lange Zeit war Controlling nur etwas für Großunternehmen insbesondere der Industrie. Inzwischen sind wesentliche Teile des Controlling-Konzepts in nahezu allen Wirtschaftszweigen und Betriebsgrößen vertreten. Dienstleistungsbetriebe wie Banken und Versicherungen haben die Notwendigkeit des Controlling ebenso erkannt wie in der letzten Zeit die öffentliche Verwaltung; viele kommunale Verwaltungen haben eine Controlling-Instanz geschaffen, mit der es allein jedoch nicht getan sein kann. Letzten Endes durch steigende Kosten im Gesundheitswesen initiierte notwendige Reformen der Kostenerstattung für Krankenhäuser haben zu sehr brauchbaren Ansätzen eines Krankenhaus-Controlling (Huch 1995; Hentze/Huch/Kehres 2002) geführt.

7.9 Neuausrichtung des Rechnungswesens

Die klassische Form der Unternehmensrechnung - bestehend aus Finanzbuchhaltung mit Jahresabschluss sowie Kosten- und Leistungsrechnung - wird den aus den Entwicklungen des Controlling resultierenden Anforderungen nur noch unzulänglich gerecht.

Die Kosten- und Leistungsrechnung erfasst Kosten und Leistungen mit Zuordnung auf Kostenarten, Kostenstellen und Kostenträger. Die skizzierten neuen Dimensionen des Controlling erfordern einerseits eine zunehmende Komplexität der laufenden Kostenrechnung, andererseits resultiert aus einem zunehmenden Wandel dieser Dimensionen ein zunehmender Änderungsbedarf der laufenden Kostenrechnung. Diese Entwicklung ist in Folgewirkung gekennzeichnet durch:

- Erhöhung der Kosten der traditionellen Kostenrechnung,
- sinkende Nachvollziehbarkeit der Kostenrechnung durch ihre internationalen „Kunden",
- sinkender Nutzen der traditionellen Kostenrechnung durch zurückgehende Bedeutung von Erfahrungssammlung,
- steigende Gefahr von Fehlinformationen durch zeitliche Anpassungsdefizite
- steigende Gefahr von Fehlinformationen durch sachliche Anpassungsdefizite und Handlungsspielräume aufgrund der Distanz zwischen Kostenrechnern und ihren „Kunden".

Die Konsequenz hierbei heißt - wie bereits unter „Lean Controlling" angesprochen - Vereinfachung der laufenden zentralen Kostenrechnung bei Rückführung der periodischen Rechnungslegung und Berichterstattung mit Soll-Ist-Vergleichen auf ein Mindestmaß - auch bei Reduktion des Umfanges der Datenerfassung und Datenhaltung in der angesprochenen Grundrechnung.

Dies kann auch auf die Schaffung eines unternehmensweiten Einkreissystems - bestehend aus interner und externer Rechnungslegung mit gleichen Ansatzgrößen - hinauslaufen, wie es insbesondere im anglo-amerikanischen Raum bereits lange Zeit üblich ist (Männel 1997, S.9ff; Küpper 1998, S.143ff; Küpper 1999, S.5ff; Männel 1999a, S.11ff; Männel 1999b, S.13ff; Littkemann 2002, S.329ff).

Gleichzeitig ergibt sich daraus die Forderung nach dem Aufbau eines dezentralen, fallbezogenen Rechnungssystems mit ad-hoc-Auswertungen und -Analysen bei Fokussierung auf Teilbereiche mit temporären Teilproblemen. Hieraus lassen sich dann auch problembezogen selektive Kennzahlen ermitteln - außerhalb eines zentralen Controlling-Informationssystems. Dieses führt für selektive Rechnungen zu einer Loslösung der Kostenrechnung vom zentralen Rechnungswesen und zu einer Zusammenführung von verschiedenen dezentral erstellten selektiven Kostenrechnungen aus den operativen Teams (Weber 1996, S.201). Neu entwickelte Kostenrechnungssysteme wie Prozesskostenrechnung, Lebenszykluskostenrechnung oder Target Costing werden dann nicht mehr zentral, sondern dezentral von den operativen Teams eingesetzt - als Ergänzung zu der auf ein Minimum reduzierten zentralen Kostenrechnung.

Das zentrale Rechnungswesen bündelt die dann dezentral anfallenden Informationen zum Zweck der (internen) Gesamtunternehmenssteuerung. Zunehmend gewinnt das auch extern orientierte „Performance-Controlling" an Bedeutung, auf dessen Basis ein an die Erfordernisse des Kapitalmarktes angepasstes „Value-based Reporting" entwickelt werden kann (Günther/Beyer 2001, S.1623ff; Fischer, T.M. 2002a, S.211ff; Hebeler/Wurl 2002, S.207ff).

7.10 Aktionsorientierung statt Buchhaltungsorientierung

Der Controller hat eine Sparringspartnerfunktion. Die wohl wichtigste Erfolgsvoraussetzung für die Verbesserungen wird oft vernachlässigt: Eingeleitete Maßnahmen müssen von einer Fortschrittskontrolle begleitet werden. Nur ein Maßnahmen-Controlling kann sicherstellen, dass die oft in mühevoller Kleinarbeit erarbeiteten Ansätze auch implementiert werden, so dass bei längerfristigen Projekten keine Verwässerungseffekte eintreten. Hier muss der Controller in die Rolle eines Externen schlüpfen und die Linienmanager bei der Verwirklichung von Projekten hautnah begleiten. Ein enges analytisches Controlling-Verständnis ist ein Hemmnis für exzellente Unternehmensführung; das breite Controlling-Verständnis dagegen wird dann zum Motor des Erfolges.

Zusammenfassend lässt sich festhalten: Der Controller von morgen muss aktiv in den Kommunikationsprozess im Unternehmen eingreifen. Er muss helfen, den Transformations- und Koordinationsprozess von kaufmännischen Zielen des Top-Managements mit technischen Zielgrößen der Produktionsverantwortlichen zu begleiten. Das heißt: Betriebswirtschaftliche Vorgaben müssen auch den Technikern verständlich gemacht werden, ebenso wie die vom Techniker geschriebenen Investitionsanträge den Betriebswirten verdeutlicht werden müssen.

Literaturhinweise

Grundlagen

BDU - Bundesverband Deutscher Unternehmensberater e.V. (Hrsg.) (2000): Controlling - Ein Instrument zur ergebnisorientierten Unternehmenssteuerung und langfristigen Existenzsicherung, 4. Auflage. Erich Schmidt, Berlin

Friedl, B. (2003): Controlling, Lucius & Lucius, Stuttgart

Hahn, D.; Hungenberg, H. (2001): PuK - Wertorientierte Controllingkonzepte, 6. Auflage. Gabler, Wiesbaden

Heinrich, L.; Roithmayr, F. (1998): Wirtschaftsinformatik-Lexikon, 6. Auflage. Oldenbourg, München Wien

Hentze, J.; Brose, P.; Kammel A. (1993): Unternehmensplanung, 2. Auflage. Haupt, Bern, Stuttgart, Wien

Horváth, P. (1978): Controlling - Entwicklung und Stand einer Konzeption zur Lösung der Adaptions- und Koordinationsprobleme der Führung. In: Zeitschrift für Betriebswirtschaft 1978, 194-208

Horváth, P. (2001): Controlling, 8. Auflage. Vahlen, München

Huch, B. (1992): EDV-gestütztes Controlling - Stand und Entwicklungen. In: Huch, B.; Behme, W.; Schimmelpfeng, K. (Hrsg.): Controlling und EDV. Frankfurter Allgemeine Zeitung, Frankfurt/Main, 15-28

Küpper, H.-U. (2001): Controlling, 3. Auflage. Schäffer-Poeschel, Stuttgart

Ossadnik, W. (2003): Controlling, Oldenbourg, 3. Auflage. München Wien

Peemöller, V. (2002): Controlling, 4. Auflage. Neue Wirtschafts-Briefe, Herne-Berlin

Pfohl, H. C.; Stölzle, W. (1997): Planung und Kontrolle, 2. Auflage. Vahlen, München

Preißler, P. (2000): Controlling, 12. Auflage. Oldenbourg, München Wien

Schierenbeck, H. (1999): Grundzüge der Betriebswirtschaftslehre, 14. Auflage. Oldenbourg, München Wien

Schweitzer, M. (1994): Gegenstand der Industriebetriebslehre. In: Schweitzer, M. (Hrsg.): Industriebetriebslehre, 2. Auflage. Vahlen, München, 3-60

Weber, J. (1990): Ursprünge, Begriff und Ausprägungen des Controlling. In: Mayer, E.; Weber, J. (Hrsg.): Handbuch Controlling. Poeschel, Stuttgart, 3-32

Weber, J. (2002): Einführung in das Controlling, 9. Auflage. Poeschel, Stuttgart

Welge, M. K. (1985): Unternehmungsführung, Bd. 1 : Planung, Poeschel, Stuttgart

Welge, M. K. (1988): Unternehmungsführung, Bd. 3 : Controlling, Poeschel, Stuttgart

Wild, J. (1982): Grundlagen der Unternehmungsplanung, 4. Auflage. Westdeutscher, Opladen

Ziegenbein, K. (2002): Controlling, 7. Auflage. Kiehl, Ludwigshafen

Spezialgebiete

Becker, W. (1988): Funktionen und Aufgaben des Controlling. In: Kostenrechnungspraxis 6, 273-275

Beckmann D.; Huch, B. (2002): Controllingverständnis - dogmatisch oder pragmatisch? Zum paradigmatischen Kern des Controlling. In: Weber, J.; Hirsch, B. (Hrsg.), 145-160

Behme, W.; Schimmelpfeng, K. (1993a): Unternehmensführung als kybernetischer Prozess. In: WISU Das Wirtschaftsstudium 4, 289-294

Behme, W.; Schimmelpfeng, K. (1993b): Modellierung der Unternehmensstruktur mit Hilfe vermaschter Regelkreise. In: WISU Das Wirtschaftsstudium 11, 923-925

Bleis, Chr. (1995): Öko-Controlling, Lang, Frankfurt/M. Berlin New York Paris Wien

Börsig, C.; Coenenberg, A. G. (Hrsg.) (1998): Controlling und Rechnungswesen im internationalen Wettbewerb: Kongress-Dokumentation / 51. Deutscher Betriebswirtschafter-Tag 1997, Schäffer-Poeschel, Stuttgart

Burger, A.; Buchhart, A. (2002): Risiko-Controlling, Oldenbourg, München u.a.

Fischer, J. (1996): Prozessorientiertes Controlling: Ein notwendiger Paradigmawechsel. In: Controlling 4, 222-231

Fischer, M. (1996): Controlling im Wandel der Zeit. In: Kostenrechnungspraxis 4, 193-196

Fischer, T. M. (2002a): ZP-Stichwort: Value Reporting. In: Zeitschrift für Planung 13, 211-216

Fischer, T. M. (2002b): Unternehmenskultur und Controlling. In: Weber, J.; Hirsch, B. (Hrsg.), 267-281

Fischer-Winkelmann, W.; Hoffmann, N. (1994): „Öko"-Controlling - Der Quantensprung im Controlling? In: Seicht, G. (Hrsg.): Jahrbuch für Controlling und Rechnungswesen 1994. Orac, Wien, 363-395

Gleich, R.; Becker R. (Hrsg.) (2002): Controllingfortschritte, Vahlen, München

Grochla, E. (1978): Einführung in die Organisationstheorie, Poeschel, Stuttgart

Günther, E. (1994): Ökologieorientiertes Controlling, Vahlen, Stuttgart

Günther, T. (1996): Lean Controlling. In: Schulte, Chr. (Hrsg.): Lexikon des Controlling. Oldenbourg, München Wien, 488-493

Günther, T. (1997): Unternehmenswertorientiertes Controlling. Vahlen, München

Günther, T. (2001): Steuerung von immateriellen Werten im Rahmen des wertorientierten Controlling. In: Männel, W. (Hrsg.), 53-62

Günther, T.; Beyer, D. (2001): Value Based Reporting - Entwicklungspotenziale der externen Unternehmensberichterstattung. In: Betriebs-Berater 56, 1623-1630

Händel, S. (1989): Wertanalyse. In: Szyperski, N. (Hrsg.): Handwörterbuch der Planung. Poeschel, Stuttgart, 2213-2219

Hahn, D. (1995): Unternehmensziele im Wandel. In: Controlling 6, 328-338

Haufs, P. (1989): DV-Controlling, Physica, Heidelberg

Hebeler, C.; Wurl, H.-J. (2002): „Performance Reporting" als Zuständigkeitsbereich für das Controlling. In: Weber, J.; Hirsch, B. (Hrsg.), 207-219

Hentze, J.; Huch, B.; Kehres, E. (Hrsg.) (2002): Krankenhaus-Controlling, 2. Auflage. Kohlhammer, Stuttgart Berlin Köln

Holtgrewe, K. G. (1972): Methode Kepner Tregoe. In: Tumm, G. W. (Hrsg.): Die neuen Methoden der Entscheidungsfindung. Moderne Industrie, München, 30-51

Huch, B. (1995): Krankenhaus-Controlling. In: Sierke, B.R.A.; Albe, F. (Hrsg.): Branchenübergreifende Erfolgsfaktoren. Gabler, Wiesbaden, 91-107

Kepner, Ch.; Tregoe, B. (1992): Entscheidungen vorbereiten und richtig treffen, 6. Auflage. München 1982

Kötzle, A. (1995): Qualitäts-Controlling. In: Franke, R.; Kötzle, A. (Hrsg.): Controlling der Unternehmensbereiche, Frankfurter Allgemeine Zeitung, Frankfurt/M., 231-275

Kraemer, W. (1992): Lean Controlling - Neue Ansätze zum Gemeinkostenmanagement. In: Scheer, A.-W. (Hrsg.): Rechnungswesen und EDV, 13. Saarbrücker Arbeitstagung 1992, Spannungsfeld zwischen Integration und Dezentralisierung. Physica, Heidelberg, 200-246

Kraus, F. (1993): Controlling in VU (1): Produktionsbestimmung und Zukunftsperspektiven. In: Versicherungswirtschaft 10, 618-624

Küpper, H.-U. (1998): Angleichung des externen und internen Rechnungswesens. In: Börsig, C.; Coenenberg, A. G. (Hrsg.), 143-162

Küpper, H.-U. (1999): Zweckmäßigkeit, Grenzen und Ansatzpunkte einer Integration der Unternehmensrechnung. In: Männel, W. (Hrsg.) (1999c), 5-11

Littkemann, J. (2002): Zur Gestaltungsproblematik von Controllingsystemen in multinationalen Unternehmen. In: Weber, J.; Hirsch, B. (Hrsg.), 329-341

Männel, W. (1997): Reorganisation des führungsorientierten Rechnungswesens durch Integration der Rechenkreise. In: Kostenrechnungspraxis 1, 9-19

Männel, W. (1999a): Integration des Rechnungswesens für ein durchgängiges Ergebniscontrolling. In: Kostenrechnungspraxis 1, 11-21

Männel, W. (1999b): Harmonisierung des Rechnungswesens für ein integriertes Ergebniscontrolling. In: Männel, W. (Hrsg.) (1999c), 13-29

Männel, W. (Hrsg.) (1999c): Integration der Unternehmensrechnung: Harmonisierung - Internationale Rechnungslegung - Shareholder Value - Investitionsrechnung. In: Kostenrechnungspraxis, Sonderheft 3, Gabler, Wiesbaden

Männel, W. (Hrsg.) (2000): Qualitätscontrolling. In: Kostenrechnungspraxis, Sonderheft 1, Gabler, Wiesbaden

Männel, W. (Hrsg.) (2001): Wertorientiertes Controlling. In: Kostenrechnungspraxis, Sonderheft 1, Gabler, Wiesbaden

Mayer, E. (1990): Controlling als Führungskonzept - vom Reagieren zum Agieren. In: Mayer, E.; Weber, J. (Hrsg.): Handbuch Controlling. Poeschel, Stuttgart, 33-89

Möller, K. (2002a): Gestaltungsbeitrag der Neuen Institutionenökonomik für das Controlling. In: Gleich, R.; Becker, R. (Hrsg.), 95-120

Möller, K. (2002b): Wertorientiertes Supply Chain Controlling - Gestaltung von Wertbeiträgen, Wertaufteilung und immateriellen Werten. In: Weber, J.; Hirsch, B. (Hrsg.), 311-327

Neumann-Szyszka, J. (1994): Kostenrechnung und umweltorientiertes Controlling, Deutscher Universitäts-Verlag, Wiesbaden

Rappaport, A. (1995): Shareholder Value, Schäffer-Poeschel, Stuttgart

Rück, Th. (1993): Öko-Controlling als Führungsinstrument, Deutscher Universitäts-Verlag, Wiesbaden

Sänger, E. (1996): Benchmarking. In: Schulte, Chr. (Hrsg.): Lexikon des Controlling. Oldenbourg, München Wien, 62-65

Scherm, E. (1993): Lean Planning & Lean Controlling. In: Zeitschrift für Planung 3, 249-260

Scherm, E. (1994): Konsequenzen eines Lean Management für die Planung und das Controlling in der Unternehmung. In: Die Betriebswirtschaft 5, 645-661

Schlicksupp, H. (1999): Innovation, Kreativität und Ideenfindung. 5. Auflage. Vogel, Würzburg

Schmitz, J. (1996): Qualitätscontrolling und Unternehmensperformance, Vahlen, München

Siegwart, H.; Menzl, I. (1978): Kontrolle als Führungsaufgabe, Haupt, Bern Stuttgart

Steinle, B.; Eggers, B.; Lawa, D. (1998): Zukunftsorientierung des Controlling und Controlling in der Zukunft. In: Steinle, B.; Eggers, B.; Lawa, D. (Hrsg.): Zukunftsgerichtetes Controlling. 3. Auflage. Gabler, Wiesbaden, 409-417

Steinle, B.; Lawa, D.; Jordan, W. (1995): Elemente und Instrumente eines ökologiebezogenen Controlling. In: Betriebswirtschaftliche Forschung und Praxis 1, 99-117

Stoi, E. (2002): Controlling von Intangibles. In: Weber, J.; Hirsch, B. (Hrsg.), 255-266

Stölzle, W. (2002): Supply Chain Controlling - eine Plattform für die Controlling- und die Logistikforschung? In: Weber, J.; Hirsch, B. (Hrsg.), 207-219

Töpfer, A. (1976): Planungs- und Kontrollsysteme industrieller Unternehmungen, Duncker & Humblot, Berlin

Ulrich, H. (1970): Die Unternehmung als produktives soziales System, 2. Auflage. Haupt, Bern Stuttgart

Unzeitig, E.; Köthner, D. (1995): Shareholder Value Analyse, Schäffer-Poeschel, Stuttgart

Wagner, H.-P. (1990): Die Integration von Basissystemen und Führungsinstrumenten als Erfolgsfaktor für das Controlling. In: Scheer, A.-W. (Hrsg.): Rechnungswesen und EDV, 11. Saarbrücker Arbeitstagung 1990: Wandel der Kalkulationsobjekte. Physica, Heidelberg, 211-234

Weber, J. (1987): Logistikkostenrechnung, Springer, Berlin, Heidelberg, New York u.a.

Weber, J. (1996): Selektives Rechnungswesen - Schlankes Controlling durch selektive Führungsinformationen. In: Kostenrechnungspraxis 4, 197-201

Weber, J. (2002): Logistikkostenrechnung, 2. Auflage. Springer, Berlin Heidelberg New York u.a.

Weber, J.; Hirsch, B. (Hrsg.) (2002): Controlling als akademische Disziplin: Eine Bestandsaufnahme. DUV, Wiesbaden

Wendehals, M. (2000). Kostenorientiertes Qualitätscontrolling: Planung - Steuerung - Beurteilung. DUV, Wiesbaden

Wildemann, H. (1995): Qualitätskosten- und Leistungsmanagement. In: Controlling 5, 268-276

Wittlage, H. (1998): Unternehmensorganisation, 6. Auflage. Neue Wirtschafts-Briefe, Herne Berlin

Wittmann, W. (1959): Unternehmung und unvollkommene Information, Westdeutscher, Köln

Teil 4

Controlling II:
Operatives Controlling

Einführung

0.1 Konzept des operativen Controlling

Controlling ist sowohl konzeptionell als Managementkonzept als auch institutionell mit Übernahme spezifischer Aufgaben durch eine spezifische Controlling-Stelle zu betrachten. Bei Betonung dieser konzeptionellen Betrachtung ist in der Unternehmenspraxis eine Differenzierung nach operativem und strategischem Controlling üblich; beides unterscheidet sich hinsichtlich der zeitlichen Reichweite der Unternehmenssteuerung durch Planung und Kontrolle, des zugrundeliegenden Systemausschnitts, der Präzision, der Verbindlichkeit und Operationalität von Planung und Kontrolle sowie der hierarchischen Managementzuständigkeiten in der Aufbauorganisation des Unternehmens.

Bei konzeptioneller Betrachtung ist operatives Controlling in erster Linie ein Managementkonzept zur zielorientierten operativen Steuerung der Unternehmensabläufe - operativ heißt bei zeitlicher Abgrenzung des Planungs- und Steuerungshorizonts meist auf ein Geschäftsjahr. In der Regel ist dieses identisch mit dem Kalenderjahr, wobei die Planungsarbeiten einen Vorlauf benötigen. Daraus resultieren die weiteren Wesensmerkmale des operativen Controlling: Wegen des kurzen Planungshorizonts ist der Handlungsspielraum durch weitgehend gegebene betriebliche Potentiale, Strukturen und Kapazitäten stark eingeengt, so dass das Ziel der operativen Steuerung meist in der optimalen Nutzung gegebener Potentiale liegt. Die Entscheidungssituationen sind gut strukturiert, meist repetitiv; aufgrund des kurzen Zeithorizonts ist der Grad der Unsicherheit relativ gering. Operative Planung und Kontrolle umfasst alle unterschiedlich differenzierten Teilbereiche eines Unternehmens; arbeitsteilig gegliederte Teilsysteme werden über Schnittstellen in das Gesamtsystem integriert. Insgesamt ist operatives Controlling gekennzeichnet durch viele Teilprobleme, deren Repetitivität, feine Informationen über zu betrachtende Größen sowie Kurzfristigkeit und Wohldefiniertheit dieser Größen (Welge 1988, S.172). Das Konzept des operativen Controlling setzt entsprechende Controllingprozesse, -strukturen und -systeme mit entsprechenden -instrumenten voraus.

0.2 Strukturen und Prozesse des operativen Controlling

Die operative Controllingstruktur beschreibt die betriebliche Aufbauorganisation, gekennzeichnet durch weitestgehende Delegation der operativen Managementfunktion auf alle hierarchischen Ebenen der Unternehmensführung, insbesondere auf der mittleren Führungsebene. In der Unternehmenspraxis hat sich hierbei eine meist nach funktionalen Kriterien (Beschaffung, Produktion, Vertrieb, Verwaltung) oder nach divisionalen Kriterien (Produktgruppen, Märkte) differenzierte Aufbauorganisation mit weitgehend selbständigen Geschäftsbereichen (Abteilungen, Kostenstellen) durchgesetzt; eine Kombination beider Kriterien im Sinne einer Matrix-Organisation ist zwar möglich, aber schwer praktizierbar. Diese Geschäftsbereiche werden eigenständig gesteuert, d.h. geplant, abgerechnet und kontrolliert.

Der operative Controllingprozess ist durch eine spezifische Ablauforganisation unter Zugrundelegung des Prinzips meist mehrstufig vermaschter Regelkreise bei Planung und Kontrolle nach dem Gegenstromverfahren gekennzeichnet. Die mehrstufige Struktur dieser vermaschten Regelkreise entspricht der Aufbauorganisation des Unternehmens. Planung und Kontrolle nach dem Gegenstromverfahren vereinigen in sich Top-down- und Bottom-up-Ansätze. Nach dem Top-down-Ansatz werden Zielvorgaben als Führungsgrößen zentral aufgestellt und dezentral nach unten heruntergebrochen; nach dem Bottom-up-Ansatz werden von unten her Planvorschläge erarbeitet und nach oben zur Konsolidierung und Verabschiedung weitergereicht. Endgültige Pläne wiederum werden zentral verabschiedet und als Führungsgrößen dezentral vorgegeben. Die Planrealisierungen, Kontrollen und Anpassungen erfolgen in weitgehend dezentraler Verantwortung nach den Grundsätzen des Management-by-Objectives, Management-by-Results und Management-by-Exception.

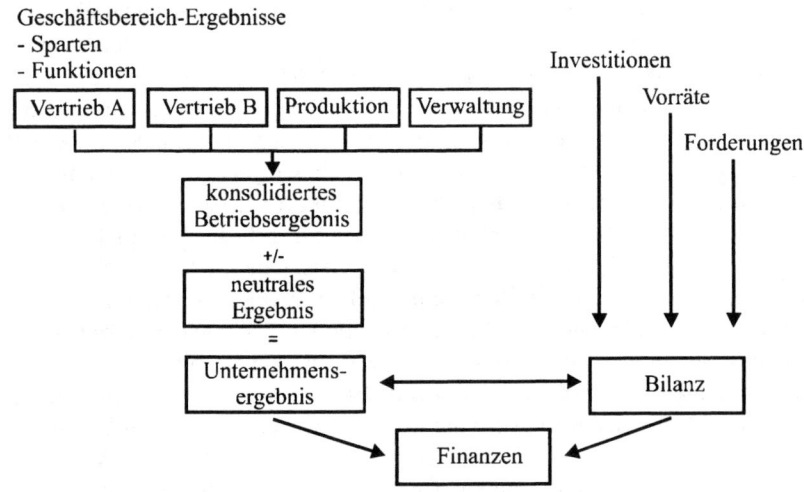

Abb. 96: Struktur der operativen Planungskonsolidierung

Ein integrierter operativer Planungsrahmen strukturiert und beschreibt betriebliche Teilpläne, ihre Inhalte und Schnittstellen im Rahmen der Gesamtplanung entsprechend der zuvor beschriebenen Aufbau- und Ablauforganisation des operativen Controlling. Der Planungsrahmen gemäß Abbildung 96 beinhaltet die Ergebnis-, Bilanz- und Finanzplanung (und -kontrolle). Die mehrstufig aufgebaute, nach dem Bottom-up-Ansatz strukturierte Ergebnisplanung wird auf der Ebene des Gesamtunternehmens um die Bilanzplanung ergänzt und zur Finanzplanung konsolidiert.

0.3 Ausgewählte Instrumente des operativen Controlling

Grundlage aller operativen Entscheidungen sind Informationen, die dem operativen Informationssystem als wichtigem Koordinationsinstrument entstammen, dessen Konzeption und meist DV-gestützte Implementierung im Aufgabenbereich der Controlling-Institution liegt. Dieses Informationssystem - bestehend aus Administrations- und Dispositionssystemen, Berichts- und Abfragesystemen, Entscheidungsunterstützungs- sowie aus Führungsinformationssystemen - ist vorwiegend Rechnungswesen-orientiert, wobei zumeist das interne Rechnungswesen mit einer entscheidungsorientierten Kosten- und Leistungsrechnung - oft der Grenzplankostenrechnung - dominiert.

Zu den hierbei herangezogenen betriebswirtschaftlichen, meist Rechnungswesen-orientierten Instrumenten, die den Informationsprozessen zugrundeliegen, gehören neben den verschiedenen Systemen des Rechnungswesens Controlling-Zielsysteme zur Ableitung von Führungsgrößen bei mehrstufigen Regelkreisen, Kennzahlensysteme, Verrechnungspreise zur Bewertung von innerbetrieblichen Leistungen zwischen selbständigen Verantwortungsbereichen und Methoden der Abweichungsanalysen im Anschluss an die Kontrollprozesse, um Abweichungsursachen festzustellen und um auf dieser Basis sachgerechte Anpassungsprozesse einzuleiten.

0.4 Operative Controllingfelder

Entsprechend der Aufbauorganisation des Unternehmens erfolgt die eigentliche Steuerung mit Planung und Kontrolle dezentral auf der Ebene hierarchisch unterschiedlich abgegrenzter Verantwortungsbereiche in den verschiedenen Controllingfeldern (Welge 1988, S.252ff). Neben einem übergeordneten ganzheitlichen Controlling kann für unterschiedlich strukturierte Teilbereiche nach Geschäftsbereichs- und Sparten- und/oder Funktions-Controlling unterschieden werden. Beispiele hierfür sind das Marketing- und Vertriebs-Controlling, das Forschungs- und Entwicklungs-Controlling sowie das Fertigungs- oder Beschaffungs-Controlling.

Gemäß Abbildung 97 lassen sich die verschiedenen Controllingfelder und -inhalte in ihrer gegenseitigen Zuordnung - ohne Berücksichtigung des Zeithorizonts - strukturieren. Dabei treten zwischen den einzelnen Controlling-Subsystemen teilweise Überschneidungen auf. Die Bewältigung und Überwindung der Schnittstellen gehört zu den wichtigsten Aufgaben bei der Konzeption des Controllingsystems.

Neben diesen nach Sparten und Funktionen gegliederten klassischen Controllingfeldern hat sich in einer zweiten Dimension das Ressourcen-Controlling als Querschnittsfunktion (Welge 1988, S.137ff) zur Steuerung insbesondere der finanziellen, personellen und sachlichen Ressourcen herausgebildet. Dem wird in der Unternehmenspraxis mit dem Finanz-, Personal-, Anlagen- und Informationsverarbeitungs-Controlling inzwischen weitgehend Rechnung getragen. Eine ähnliche Querschnittsfunktion übernimmt das Projekt-Controlling (Welge 1988, S.317ff): Komplexe, meist innovative Aufgaben und Vorhaben werden unter Einbeziehung mehrerer betrieblicher Funktionen und Bereiche unter Zugriff auf verschiedene Ressourcen gesteuert. Die Steuerung von Konzernen und Beteiligungsgesellschaften stellt an das Controlling besondere Anforderungen. Beteiligungs-Controlling hat sich zunehmend als selbständiger Schwerpunkt herausgebildet.

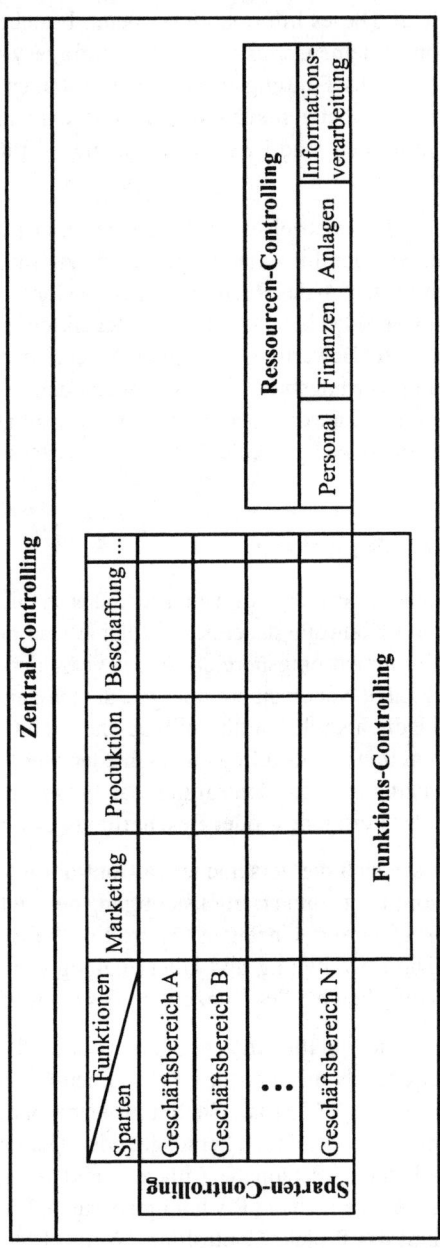

Abb. 97: Operative Controllingfelder

0.5 Struktur der Aufgaben

Analog dieser aufgezeigten Aspekte des operativen Controlling wird im Folgenden eingegangen auf:

Struktur des operativen Controlling

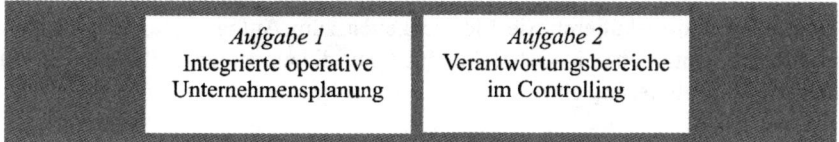

Ausgewählte Instrumente des operativen Controlling

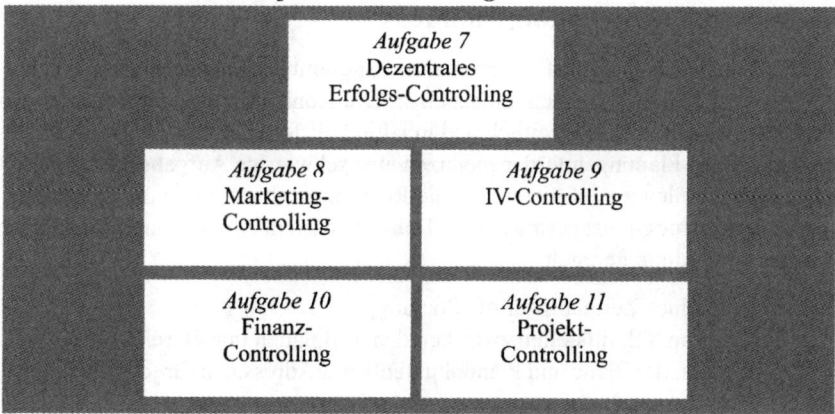

Abb. 98: Aufgabenstruktur von Controlling II: Operatives Controlling

Aufgabe 1:
Integrierte operative Unternehmensplanung

1.1 Aufgabenstellung

Beschreiben und diskutieren Sie Möglichkeiten zum Aufbau eines Planungsrahmens für ein Unternehmen. Gehen Sie dabei auf die einzelnen Teilpläne und ihre mögliche Konsolidierung ein!

1.2 Einleitung

Planung ist die gedankliche Vorwegnahme zukünftigen Handelns und damit für eine erfolgreiche Unternehmensführung von zentraler Bedeutung. Innerhalb des Unternehmens ist sie gedanklich zwischen der Unternehmenspolitik und der Disposition einzuordnen. Während die Unternehmenspolitik die langfristigen Grundsatzentscheidungen umfasst, beinhaltet die Disposition die Anordnungen, die unmittelbar und kurzfristig das operative Handeln bestimmen. In der Praxis sieht es häufig so aus, dass eine Vielzahl von Teilplänen existiert, aber ein einheitlicher Planungsrahmen, der - ähnlich dem Kontenrahmen im Rechnungswesen - die Teilpläne nach einheitlichen Ordnungsmerkmalen zusammenfasst, fehlt.

1.3 Aufbau eines Planungsrahmens

Zur Schaffung einer integrierten Unternehmensgesamtplanung ist es zwingend notwendig, einen Planungsrahmen aufzustellen. Die Konsolidierung (Integration) der verschiedenen hierarchisch, zeitlich und inhaltlich differenzierten Teilpläne ist aufgrund der vielen Planungsinterdependenzen eine schwierige Aufgabe. Der Controller hat Schnittstellen zu definieren, die die Reibungsverluste durch die Planungsinterdependenzen möglichst gering halten. Daher werden in einem Planungshandbuch die folgenden Punkte geregelt:

- Festlegung eines Zeitplans für die Planung;
- Definition von Schnittstellen zwischen den Teilplänen und Bereichen;
- Klassifikation der Pläne und Plandokumente mit Adressaten für jedes Plandokument;
- Festlegung einheitlicher Begriffe für die zu planenden Größen und Tatbestände sowie Festlegung der Kategorien der zusätzlichen in Plandokumenten zu dokumentierenden Planprämissen;
- Wiedergabe der Interdependenzen zwischen den Organisationseinheiten und Bereichen, die bei der Planung erfasst werden;
- Angabe der prinzipiellen Reihenfolge, in der die einzelnen Pläne erstellt werden. Dieses schließt Rückkopplungen im Sinne eines iterativen Prozesses bei wechselseitigen Interdependenzen jedoch nicht aus.

Bei der Aufgabe, die einzelnen Teilpläne zu integrieren, unterscheidet man eine Real- und eine Nominalgüterebene. Die Abbildung 99 veranschaulicht die Zusammenhänge:

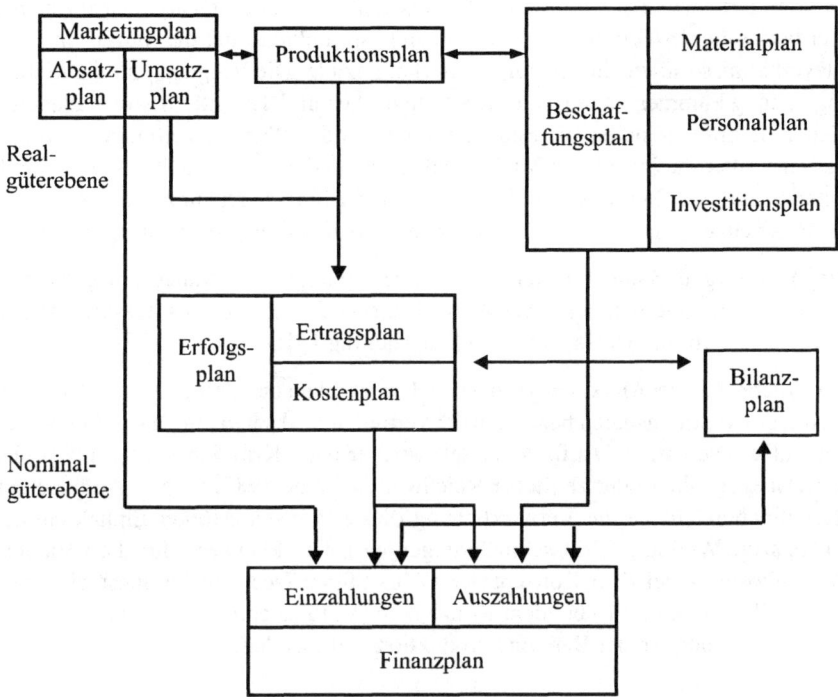

Abb. 99: Interdependenzen bei der dezentralisierten Unternehmensplanung
(Welge 1985, S.457)

Diese Art der Bereichsplanung setzt ein funktionierendes Planungs- und Kontrollsystem voraus. Die Planung der einzelnen Teilpläne erfolgt im Gegenstromverfahren: Von oben werden Planvorgaben als Ziele/Führungsgrößen an die untergeordneten Instanzen weitergegeben. In diesen Sachressorts werden anhand dieser Führungsgrößen die spezifischen Teilpläne erstellt. Dann setzt der Rücklauf von unten nach oben ein; dabei werden die Teilpläne schrittweise koordiniert und konsolidiert.

1.4 Realgüterebene

Auf der Realgüterebene werden - entsprechend der Aufbauorganisation des Unternehmens bei divisionaler (Sparten-) und/oder funktionaler Gliederung - Teilpläne aufgestellt.

1.4.1 Marketingplanung

Aufgrund der Marktorientierung der Unternehmen und der daraus abgeleiteten Dominanz des Absatzplans für das System der betrieblichen Planung wird dieser mengenorientierte bzw. der wertorientierte Umsatzplan in der Regel als Ausgangspunkt aller betrieblichen Teilpläne gewählt. Planungsgrundlage sind die Markt- und Absatzverhältnisse sowie die jeweiligen Marketingziele. Die Vorgaben für die Marketingplanung kommen zumeist aus der strategischen und der mittelfristigen Planung. Weitere Eckpfeiler stellen die Budgetierungen für den Planungszeitraum dar. Informationen über die jeweiligen Markt- und Absatzverhältnisse erhält man u.a. durch Untersuchung der Marktverhältnisse mit Hilfe der Marktforschung, Analyse des eigenen Absatzes, Analyse der Abnehmer sowie Aufstellung von Absatzprognosen.

Die Marketingziele sind in erster Linie aus den strategischen Plänen sowie den Zielen des Gesamtunternehmens abzuleiten. Typische Ziele für dieses Ressort sind u.a. Marktanteil, Absatz, Umsatz und Deckungsbeitrag I-III.

Das Ergebnis dieser Marktanalysen ist ein Umsatzplan, der als wichtigsten Bestandteil die Entwicklungsdaten bezüglich der vermuteten Absatzmengen und möglichen Verkaufserlöse enthält. Aufgeschlüsselt wird er nach Kriterien wie Produkt- und Gebietsbezogenheit oder zeitlicher Reichweite (Welge 1985, S.454). Aufgabe des Marketingbereichs ist die Verwirklichung dieser Planwerte (unter Einhaltung der Budgets für Werbung, Erlösschmälerungen etc). Die Planwerte für die variablen Herstellkosten - bei dem Konzept der mehrstufigen Deckungsbeitragsrechnung - bzw. Vollherstellkosten - bei dem Konzept der Vollkostenrechnung - gehen als Input an die Planungen der Bereiche Produktion und Beschaffung.

1.4.2 Produktionsplanung

Aufgabe der Produktionsplanung ist es, die von der Marketingplanung geforderten Absatzmengen sachgerecht (Art, Menge und Zeitpunkt) und kostengerecht (je nach Verrechnungspreis auf Voll- oder Teilkostenbasis) zur Verfügung zu stellen. Dazu unterscheidet man eine langfristige (strategische), einjährige (operative) und kurzfristige (dispositive) Produktionsplanung.

Die Aufgabe der langfristigen Planung oder auch Kapazitätsbedarfsplanung umfasst die Bereitstellung von Produktionsfaktoren, also z.B. die Beschaffung von Anlagen. Im Rahmen der langfristigen Planung stellen die Produktionskapazitäten keine fixe Größe dar. Ausgehend von dem Jahresabsatzplan beinhaltet die jährliche Planung folgende Größen:

- Faktorbereitstellungsplanung (Sicherung der Roh- und Betriebsstoffversorgung, Anlagenbereitstellung, Personalplanung)
- dispositive Produktionsvorbereitung (Arbeitsvorbereitung, Termingrobplanung)
- Kostenplanung (Kapazitätskosten und fertigungsabhängige Kosten)

Die kurzfristige Produktionsplanung unterliegt einer laufenden Anpassung an die tatsächliche Geschäftsentwicklung. Dispositionsnotwendigkeiten gibt es in folgenden Bereichen:

- Lagerhaltungsplanung
- Produktionsdetailplanung (Maschinenbelegung, Losgröße, Auftragsüberwachung)
- Personaleinsatzplanung
- Materialbereitstellungsplanung

1.4.3 Beschaffungsplanung

Aufgabe der Beschaffungsplanung ist es, die von der Produktionsplanung (in Abhängigkeit von der Marketingplanung) benötigten Materialien sachgerecht (Art, Menge und Zeitpunkt) und kostengerecht (wie bei den Herstellkosten kalkuliert) zur Verfügung zu stellen. Demzufolge ist eine Unterscheidung in Einkaufs- und Vorratsplanung sinnvoll (Welge 1985, S.433). Planungsgrundlagen sind hier vor allem Angaben aus der Produktionsplanung. Graphisch lassen sich die Teilbereiche gemäß Abbildung 100 darstellen.

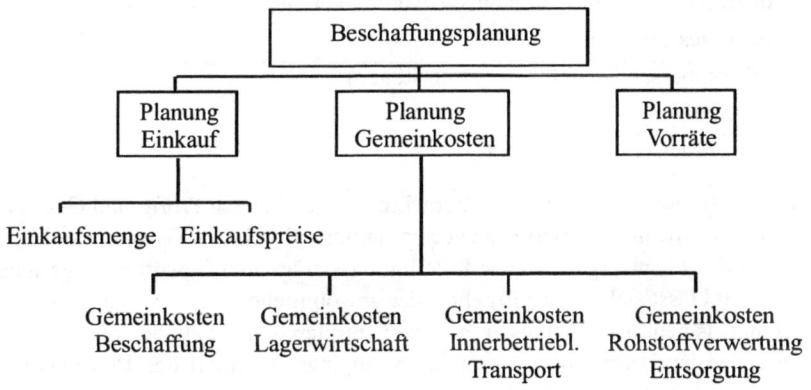

Abb. 100: Teilbereiche der Beschaffungsplanung

Ziele der Beschaffungsplanung sind u.a. (Welge 1985, S.434):

- Sicherung der Deckung des betrieblichen Güterbedarfs
- Reduzierung der Einkaufskosten durch die Wahl der günstigsten Lieferanten
- Rationelle Gestaltung der Bestellabwicklung
- Verbesserung der Lagertechnik
- Reduzierung der Lagerhaltungskosten

1.5 Nominalgüterebene

Nach der Planung der einzelnen Teilbereiche auf der Realgüterebene (Vertrieb, Produktion etc.) ist es notwendig, die operativen Teilpläne zu konsolidieren und einen betriebswirtschaftlichen Gesamtplan für das Unternehmen zu erstellen. Die bisher geplanten Bereiche umfassen die Realgüterebene des Unternehmens. An diese Planung muss sich nun die betriebswirtschaftliche Konsolidierung anschließen. Diese besteht aus der betriebswirtschaftlichen Planung i.e.S. mit den Teilplanungen Erfolgsplanung, Bilanzplanung und Finanzplanung, die ihrerseits miteinander wechselseitig verknüpft sind.

1.5.1 Erfolgsplanung

Ziel der Erfolgsplanung ist die Ermittlung des „handelsrechtlichen Erfolgs" laut Gewinn- und Verlustrechnung. Dieser setzt sich zusammen aus dem operativen und dem neutralen Ergebnis:

	Betriebsergebnis
+	Finanzergebnis
=	operatives Ergebnis (Ergebnis gewöhnlicher Geschäftstätigkeit)
+	neutrales Ergebnis
=	Jahresüberschuss/-fehlbetrag vor Steuern
-	Steuern
=	Jahresüberschuss/-fehlbetrag

Das Betriebsergebnis umfasst das unternehmensinterne, nach Profit- und Cost-Centern differenzierte und am Betriebszweck orientierte Ergebnis. Das operative Ergebnis ist um das Finanzergebnis (wie Beteiligungserträge und Gewerbeertragssteuer) erweitert und lässt sich als das Ergebnis der gewöhnlichen Geschäftstätigkeit interpretieren. Das neutrale Ergebnis enthält die neutralen Aufwendungen und neutralen Erträge, also jene Positionen, die nicht unmittelbar durch auf den Betriebszweck ausgerichtetes Handeln entstanden sind.

1.5.2 Bilanzplanung

Aufgabe der Bilanzplanung ist die Planung der Bilanz zum Ende des Planungszeitraums. Im Rahmen der operativen Planung beschränkt sie sich auf die Festlegung der Kapital- und Vermögensstrukturen und versucht, die Gewinnsituation und die Kreditwürdigkeit des Unternehmens durch eine entsprechende Bilanzdarstellung zu präsentieren. Insbesondere ist es die Aufgabe der Bilanzplanung (und der Finanzplanung), der Planung der Güterebene des Unternehmens (also der Aktiv-Seite der Bilanz) ein Konzept für die notwendige Kapitalbeschaffung (also die Passiv-Seite der Bilanz) gegenüberzustellen. Dabei lassen sich zwei Methoden unterscheiden:

- direkte Bilanzplanung:
  Bei dieser Methode wird jede einzelne Bilanzposition unmittelbar geplant.

- indirekte Bilanzplanung:
  Grundlage dieser Methode ist die Vorjahresbilanz; geplant werden die Veränderungen zum Vorjahreswert (Bewegungsbilanz).

  Bilanzveränderungen haben dabei unterschiedliche Ursachen:

  - inflationsbedingte Veränderungen: Durch eine schwankende Inflationsrate verändert sich der Wert des konstanten Bestands im Umlaufvermögen.

  - absatzmengenbedingte Veränderungen: Bei gleicher Reichweite - gemessen in Umsatztagen - verändern sich die Forderungen und Bestände bei entsprechender Umsatzveränderung in gleicher Weise.

  - erfolgsbedingte Veränderungen: Der erwirtschaftete Gewinn/Verlust ist - unter Berücksichtigung von Steuerzahlungen - eigenkapitalverändernd.

  - dispositionsbedingte Veränderungen:
    - Anlagevermögen: Investitionen in Sach- und Finanzanlagen
    - Umlaufvermögen: Forderungen, Bestände, Veränderung der Reichweiten
    - Verbindlichkeiten: Lieferantenkredite, Darlehen

Die Vermögens- und Kapitalstruktur verändert sich laufend durch die Geschäftsvorfälle. Grundsätzlich werden folgende unterschiedliche Typen bilanzieller Veränderungen gemäß Abbildung 101 unterschieden:

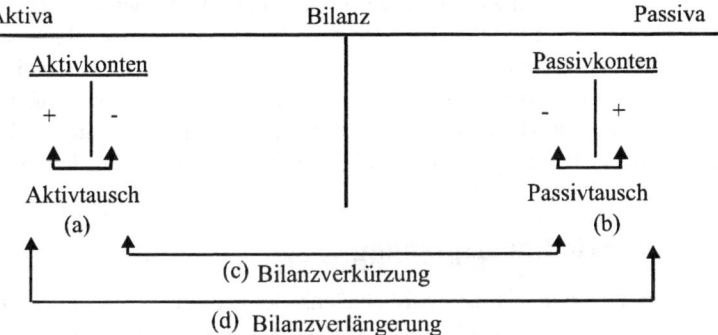

Abb. 101: Bilanzveränderungen

(a) Der Aktivtausch ist eine Vermögensumschichtung bei konstantem Gesamtvermögen und -kapital sowie bei unveränderter Kapitalstruktur, z.B. Barkauf von Rohstoffen.

(b) Der Passivtausch entsteht durch Kapitalumschichtung bei konstantem Gesamtvermögen und -kapital sowie unveränderter Vermögensstruktur, z.B. Austausch von Eigenkapital durch Fremdkapital.

(c) Eine Bilanzverkürzung entsteht durch Abnahme des Gesamtvermögens und -kapitals sowohl durch Rückzahlungen durch von außen zugeführtem Eigen- oder Fremdkapital als auch durch Ausschüttung von Gewinnen oder Bilanzverlusten.

(d) Eine Bilanzverlängerung entsteht durch Zunahme des Gesamtvermögens und -kapitals durch Außen- oder Innenfinanzierung.

Sinnvolle Aussagen über finanzwirtschaftliche Tatbestände eines Unternehmens lassen sich am besten anhand von Kennzahlen vornehmen (Reichmann 2001, S.261ff). Dabei unterscheidet man unterschiedliche Strukturanalysen:

- Für eine Vermögensstrukturanalyse sind beispielsweise die Anlagenintensität, die Intensität des Umlaufvermögens, die Investitionsquote und der Investitionsdeckungsgrad wichtig.
- Die Kapitalstruktur wird beispielsweise durch den Verschuldungsgrad, d.h. den Quotient aus Fremd- und Eigenkapital, charakterisiert. Weitere Kennzahlen sind die Eigenkapital- und Fremdkapitalrentabilität.
- Die horizontale Kapital-Vermögensstrukturanalyse gibt u.a. Auskunft über den Anlagendeckungsgrad, d.h. den Quotienten aus Eigenkapital und Anlagevermögen.

1.5.3 Finanzplanung

Ziel der Finanzplanung ist die Ermittlung des Kapitalbedarfs, der Selbst- und Eigenfinanzierung und der Gesamt- und Neuverschuldung sowohl für Zeitpunkte innerhalb eines Jahres als auch zum Jahresabschluss. Grundlegendes Ziel ist dabei die Aufrechterhaltung der Liquidität zu jedem Zeitpunkt. Die Finanzplanung erfolgt entweder direkt, d.h. jeder Zahlungsvorgang wird einzeln geplant, oder indirekt, d.h. es werden jeweils die Positionen von Kapitalbedarf und Eigen-/Selbstfinanzierung in Abstimmung mit der Bilanz geplant. Ergebnisse der Finanzplanung sind die Gesamt- und Neuverschuldung, letztere als Brutto- oder Nettoneuverschuldung.

1.5.3.1 Indirekte Finanzplanung

Bei der indirekten Finanzplanung wird zunächst der jährliche Kapitalbedarf des Unternehmens ermittelt. Dazu wird eine Bewegungsbilanz aufgestellt, aus der der jährliche Kapitalbedarf für Anlagevermögen, Umlaufvermögen, Verbindlichkeiten etc. ermittelt wird.

> Kapitalbedarf I (Zunahme Vermögen vor Abschreibungen)
> - Zunahme Fremdkapital
>   (aus Rückstellungen und Lieferantenverbindlichkeiten)
> _____
> = Kapitalbedarf II

Im nächsten Schritt wird die Eigenfinanzierung des Unternehmens errechnet. Sie geht aus der Erfolgsrechnung hervor und errechnet sich wie folgt:

Gewinn

+ Abschreibungen

= Brutto-Cash-Flow

- Ertragssteuern

= Netto-Cash-Flow (Selbstfinanzierung)

- Dividenden/Gesellschafter-Entnahmen

+ Gesellschafter-Einlagen

= Eigenfinanzierung

Zum Abschluss muss eine Jahres- und Monatsplanung über die Verschuldung gegenüber den Kreditinstituten erstellt werden. Dieser Plan muss u.a. bestimmen, welche Kredite langfristig und welche kurzfristig finanziert werden sollen und welche Kredite in welcher Form getilgt werden sollen.

Diese Bausteine (Eigenfinanzierung und Kapitalbedarf II) werden nun in das Gesamtschema der indirekten Finanzplanung einbezogen:

Kapitalbedarf II

- Eigenfinanzierung (abgeleitet aus der Erfolgrechnung)

= Nettoneuverschuldung

+ Gesamtverschuldung (Vorperiode)

= Gesamtverschuldung (laufende Periode)

Um die langfristige Bruttoneuverschuldung zu berechnen, geht man von der bereits berechneten Nettoneuverschuldung aus:

Nettoneuverschuldung

- kurzfristige Nettoneuverschuldung

= langfristige Nettoneuverschuldung

+ Tilgung

= langfristige Bruttoneuverschuldung

1.5.3.2 Direkte Finanzplanung

Die direkte Methode der Finanzplanung erfolgt zahlungsstromorientiert. Zukünftige, jeweils zeitpunktbezogene Ein- und Auszahlungen werden aus den vorgeschalteten betrieblichen Teilplänen abgeleitet, und zu jedem Zeitpunkt werden als Saldo Zahlungsüber- oder -unterdeckungen ermittelt. Im ersten Fall werden die überschüssigen Finanzmittel angelegt, im zweiten Fall ist die Aufnahme von Krediten notwendig. Problematisch bei der direkten Methode ist die Ableitung der Zahlungsströme aus den „erfolgsorientierten" Teilplänen. Lösungsmöglichkeiten hierfür bieten eine Reihe unterschiedlicher Verfahren, die sich im Wesentlichen in zwei Gruppen aufteilen lassen (Töpfer 1976, S.196f):

- pragmatische Prognosetechniken als heuristische Verfahren, die auf der Erfahrung und der Intuition der planenden Person basieren und
- statistisch gestützte Verfahren, die sich unterteilen lassen in extrapolierende Prognosetechniken (Schätzung zukünftiger Entwicklung auf der Basis von Zeitreihen) und kausale Techniken (Vorhersage der Entwicklung von Planungsgrößen als Wirkung einer oder mehrerer inhaltlich bestimmter Ursachen).

Bei der Planung der Zahlungen sind Zahlungen unterschiedlicher Sektoren zu unterscheiden (Lachnit 2001, Sp.892):

Sektor A: laufende betriebliche Zahlungen

+ Umsatzeinzahlungen
+ sonstige laufende betriebliche Einzahlungen
- Auszahlungen für Material, Personal etc.
- sonstige laufende betriebliche Auszahlungen

= laufender betrieblicher Zahlungssaldo

Sektor B: laufende betriebsfremde Zahlungen

+ laufende betriebsfremde Einzahlungen
- laufende betriebsfremde Auszahlungen

= laufender betriebsfremder Zahlungssaldo

Sektor C: Zahlungen aus Investitionen

+ Einzahlungen aus Desinvestitionen
- Auszahlungen für Investitionen für Sach- und Finanzanlagen

= Zahlungssaldo aus Investitionen

Sektor D: Zahlungen aus Zinsen, Steuern etc.

- Auszahlungen für Fremdkapitalzinsen
- Steuerauszahlungen
- Ausschüttungen

= Zahlungssaldo aus Zinsen, Steuer etc.

Sektor E: Zahlungen aus langfristiger Finanzierung

+ Einzahlungen aus langfristigen Fremdkapitalaufnahmen
- Auszahlungen für Tilgungen
+ Einzahlungen aus Eigenkapitalzuführungen

= Zahlungssaldo aus langfristiger Finanzierung

Konsolidierung

+ Zahlungssalden der Sektoren A-E

+ Finanzmittelanfangsbestand

- Finanzmittelendbestand

= finanzwirtschaftliche Über-/Unterdeckung

Diese Zahlungsplanungen sind aus den verschiedenen betrieblichen Teilplänen abzuleiten und für die einzelnen Teilperioden anzusetzen. Bei dieser direkten Methode
der Finanzplanung stützen sich diese Planwerte auf Primärinformationen aus den
operativen Bereichen Beschaffung, Lagerung, Produktion und Absatz oder sonstigen, auch finanzwirtschaftlichen Aktivitäten des Unternehmens. Im Gegensatz zu
der Methode der indirekten Finanzplanung, bei der sich weitgehend auf die Erfolgsplanung, Bestandsplanung sowie Investitionsplanung gestützt werden kann, müssen
hier Zahlungsströme aus Sachplänen unter Berücksichtigung von Prozessketten und
deren Verknüpfung (Auftragseingang - Produktion - Lagerung - Lieferung - Rech-
nungsstellung) sowie Verweilzeiten zwischen diesen Prozessen (wie Zahlungsziele
gegenüber Kunden und Lieferanten) abgeleitet werden.

Aufgabe 2:
Verantwortungsbereiche im Controlling

2.1 Aufgabenstellung

Skizzieren Sie mögliche Formen einer Dezentralisierung von Unternehmen in selbständige Verantwortungsbereiche. Gehen Sie dabei sowohl auf die Organisation als auch auf die Steuerung dieser Unternehmenseinheiten ein!

2.2 Einleitung

Diversifikation und Unternehmenswachstum haben bei großen Unternehmen zu einer hohen Komplexität geführt, die der Dynamik heutiger Märkte nicht mehr gewachsen ist. Die Entwicklung ist daher durch eine Abkehr von traditionell strukturierten Unternehmen mit stark hierarchisch und funktional gegliederten Organisationsstrukturen geprägt. Im Rahmen der Neuorientierung müssen interne Hierarchien aufgelöst bzw. abgeflacht werden und zugunsten einer Gruppe von relativ selbständigen, prozess- oder produktorientierten Einheiten, die nur leicht koordiniert werden, weichen. Die mit der Dezentralisierung verbundenen Potentiale lassen sich wie folgt zusammenfassen (Schulte 1992, S.55):

* Erhöhung der Flexibilität und Marktnähe
* Beherrschung der Komplexität
* Förderung der Innovation und Motivation

Bei einer Aufteilung muss explizit festgelegt werden, wie die Aufgaben auf die einzelnen Unternehmenseinheiten verteilt werden und wieviel Selbständigkeit diese behalten. Durch eine Aufsplittung der Unternehmen in kleinere, dezentrale Einheiten steigt jedoch auch der Bedarf an Steuerungsmechanismen, um über den Erfolg der Unternehmensteile zum Gesamterfolg zu kommen.

2.3 Organisation des Unternehmens

Die funktionale Gliederung (vgl. Abbildung 102) ist eine auf der zweiten Hierarchieebene direkt unter der Geschäftsleitung nach Funktionen wie Beschaffung, Produktion und Absatz gegliederte Organisationsform (Bühner 1992, S.110). Mit der Zunahme der Produktvielfalt sowie einer Internationalisierung der Märkte werden die ohne eigenständige Produkt- und Marktverantwortung existierenden Funktionsbereiche jedoch zu schwerfällig.

Bei der Geschäftsbereichsorganisation (Spartenorganisation) (vgl. Abbildung 102) erfolgt die Gliederung in Sparten, die sich nach unterschiedlichen Kriterien vornehmen lässt. Zu nennen sind beispielsweise Technologien, Produkte oder Produktlinien, Kundengruppen oder Regionen; möglich ist auch eine Kombination verschiedener Kriterien. Innerhalb der einzelnen Sparten oder Geschäftsbereiche erfolgt eine traditionelle Gliederung nach funktionalen Aspekten (Beschaffung, Produktion, Absatz):

(a) funktionale Gliederung:

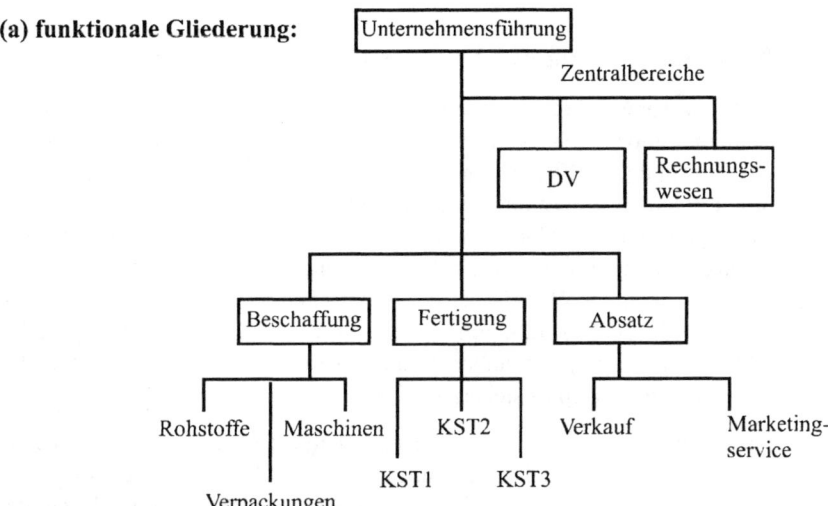

(b) reine Spartengliederung:

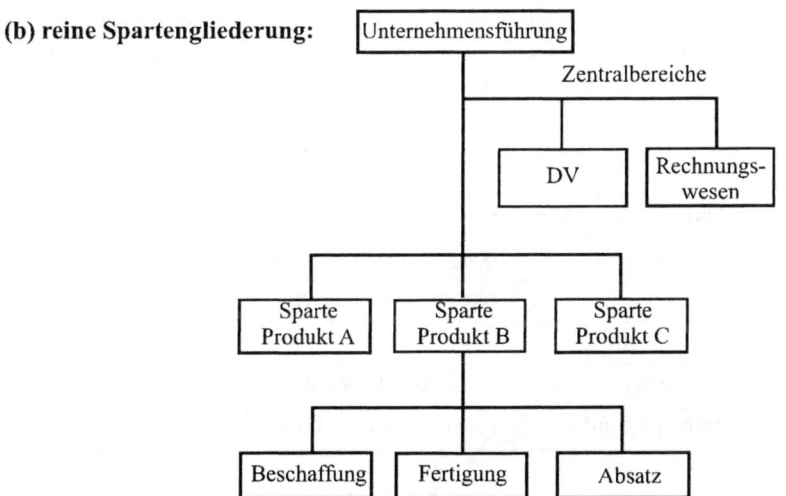

Abb. 102: Aufbauorganisationen eines Unternehmens

Geschäftsbereiche können rechtlich selbständig, d.h. in Form von Tochtergesellschaften, geführt werden oder rechtlich unselbständig sein. Unabhängig davon muss aber ein Geschäftsbereich über alle wesentlichen erfolgsbestimmenden Funktionsbereiche verfügen, um wirtschaftlich weitgehend autonom zu sein - aber niemals völlig autonom, denn ein Geschäftsbereich ist immer nur Teil eines größeren Systems - nämlich Teil des Gesamtunternehmens. Zur Erfüllung übergreifender Unternehmensaufgaben, die zentral besser und billiger getätigt werden können (Rechnungswesen, Cash Management, DV), werden sogenannte Zentralbereiche eingerichtet.

2.4 Charakterisierung der Verantwortungsbereiche

Centerkonzepte haben ihre theoretischen Ursprünge vor über 100 Jahren in Deutschland und sind erstmals von den amerikanischen Großkonzernen DuPont und General Motors in den 1920er Jahren komplett in die Praxis umgesetzt bzw. eingeführt worden. Bei der Centerbildung müssen Entscheidungsbefugnisse unterschiedlicher Ausprägung von der Unternehmensleitung auf die Ebene der für diese Produkte, Produktgruppen, Prozesse oder Dienstleistungen verantwortlichen Bereichsleiter abgegeben werden. Wichtig bei der praktischen Umsetzung ist, dass Handlungsspielraum, Zuständigkeit, übertragene Aufgaben und Verantwortung eindeutig, mit klarer Abgrenzung nach außen definiert werden, um die Funktionsfähigkeit dieses Organisationskonzeptes sicherzustellen (Behme/Roth 1997, S.24).

Der Unternehmenserfolg ergibt sich jeweils aus dem Erfolg der Teileinheiten bereinigt durch den innerbetrieblichen Leistungsaustausch. Zur Erfolgsbeurteilung der vorhandenen Center sind die jeweiligen Zielvereinbarungen zu berücksichtigen. Aufgrund dieser Vereinbarungen entsteht bei der Anwendung des Centerprinzips ein stetiger Zwang zur Optimierung und kostenoptimalen Ausrichtung der Leistungserstellungsprozesse. Je nach Inhalt und Umfang der übertragenen Verantwortung auf diese „Unternehmer im Unternehmen" unterscheidet die Theorie zwischen Expense-, Cost-, Revenue-, Profit- und Investment-Center (Kah 1993, S.72; ähnlich Friedl 2003, S.20).

Center-Ausprägung	Inhalte der Verantwortung
Expense-Center	Ausgabenverantwortung
Cost-Center	Kostenverantwortung
Revenue-Center	Umsatzverantwortung
Profit-Center	Erfolgsverantwortung
Investment-Center	Finanzverantwortung

Center repräsentieren nach bestimmten Kriterien abgegrenzte Organisationseinheiten. Die wichtigsten, die im Folgenden näher betrachtet werden, sind die im Hinblick auf die Aspekte Kosten-, Ergebnis- und Investitionsverantwortung bezeichneten Cost-, Profit- und Investment-Center.

2.4.1 Erfolgsverantwortung

Der Begriff Profit-Center kennzeichnet Organisationseinheiten, die für den Erfolg ihrer wirtschaftlichen Aktivitäten verantwortlich sind. Dieser wird als Differenz von Leistungen und Kosten ermittelt (Erfolgsverantwortung). Als charakteristische Merkmale des Profit-Centers werden insbesondere die Wahrnehmung eigenständiger Marktaufgaben, d.h. der Absatz des Artikelsortiments unmittelbar auf dem Markt, und die Identifizierbarkeit von Wettbewerbern, d.h. die zu unterschiedlichen Centern gehörenden Kunden sind nicht identisch, genannt.

Die Forderung, dass die Produktion der wichtigsten Teile einer Sparte jeweils in eigenen Werken zu erfolgen hat, kann nicht immer erfüllt werden. Hier sind Kompromisse erforderlich. Dieses führt dann zu der in Abbildung 103 angegebenen Struktur:

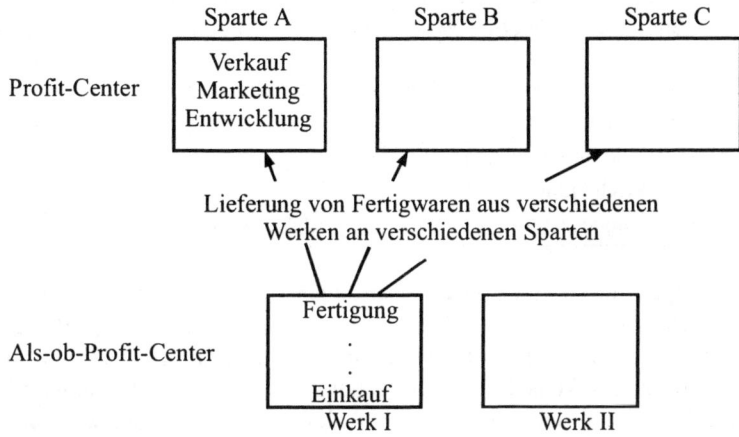

Abb. 103: Kompromiss bei einer Spartenorganisation

In diesem Fall ist der Begriff Profit-Center weiter gefasst. Der selbständige Vertrieb ist eine Sparte im Sinne eines Profit-Centers, wenn das Artikelsortiment unmittelbar auf dem Markt abgesetzt wird, spezifische Vertriebswege für spezifische Abnehmer bestehen und der Erfolg durch Gegenüberstellung echt erzielter Erlöse abzüglich spezifischer Kosten erzielt wird.

Da das Profit-Center Umsätze am Markt tätigt, können sowohl Kosten als auch Erträge geplant und kontrolliert werden (Horváth 2001, S.595). Am Beispiel des Vertriebs lassen sich nach dem Konzept des Umsatzkostenverfahrens folgende kontrollierbare Größen angeben:

Brutto-Umsatz
- abgesetzte Produktmenge zum Produktions-Verrrechnungspreis
- variable Vertriebskosten incl. Erlösschmälerungen
- Fixkosten-Vertrieb

= Gewinn/Verlust bzw. Deckungsbeitrag des Profit-Center Marketing/Vertrieb

2.4.2 Kostenverantwortung

Funktional gegliederte Bereiche außerhalb der Profit-Center (z.B. Forschungsstätten, Zentralabteilungen) werden als Cost-Center oder Als-ob-Profit-Center geführt. Im Gegensatz zu Profit-Centern werden die Leistungen an unternehmensinterne Empfänger abgegeben. Der Erfolg entspricht dem Verrechnungserfolg der abgegebenen Leistung, d.h. er hängt im Wesentlichen von der Art der Verrechnung ab:

produzierte Produktmenge zum Produktions-Verrechnungspreis
- variable Herstellkosten

= Fixkostendeckung Produktion
- Fixkosten-Produktion

= Kostendeckung des Als-ob-Profit-Centers Produktion

Für Abteilungen, die lediglich Service-Leistungen für andere Funktionsbereiche des Unternehmens zur Verfügung stellen (DV, Verwaltung), lassen sich die internen Leistungen nur ungenügend strukturieren und sind damit nicht - oder nur schwer - messbar, d.h. es kann keine Kostenverrechnung stattfinden. Die Verantwortlichkeit bezieht sich in diesem Fall nur auf die Einhaltung der Kostenvorgaben oder -budgets. Das Ziel ist es, die Kosten bei festgelegtem Output möglichst gering zu halten. Damit werden diese Service-Center als bloße Cost-Center geführt. Die Einführung von Cost-Centern führt aber oftmals nicht oder nur unzureichend zu einer Steigerung des Verantwortungsgefühls und damit zu einer Erhöhung der Kostenwirtschaftlichkeit. Daher werden zunehmend traditionell eher als Cost-Center geführte Einheiten marktähnlichen Bedingungen unterworfen und zu Profit-Centern erklärt (Botta 1997, S.225).

2.4.3 Finanzverantwortung

Erstreckt sich die Kompetenz des Funktionsbereichs nicht nur auf Kosten und Erträge, sondern auch auf die (Finanz-) Kapitalebene mit Ein- und Auszahlungen, spricht man von einem Investment-Center. Die Schaffung von Investment-Centern setzt voraus, dass jedem Verantwortungsbereich die von ihm zu verantwortenden Finanzströme zugeordnet werden können und dass hinsichtlich der Steuerung dieser Finanzströme eine operativ weitgehende Selbständigkeit besteht. Während für erfolgsorientierte Dezentralisierungen eine verursachungsgerechte Kosten- und Leistungsrechnung Voraussetzung ist, muss für das Investment-Center-Konzept eine entsprechende Finanzrechnung vorliegen. Mit der Finanzrechnung muss für den Verantwortungsbereich des Investment-Centers festgestellt und nachgewiesen werden, dass im Investment-Center das für das dort gebundene Vermögen (Anlage- und Umlaufvermögen) notwendige Finanzierungskapital zur richtigen Zeit zur Verfügung steht. Als Rechnungsmethode bietet sich die Methode der indirekten Finanzplanung und -kontrolle an.

2.5 Steuerung von Verantwortungsbereichen

Die Steuerung von Center-Organisationen kann anhand einer Principal-Agent-Beziehung verdeutlicht werden (Schneider 1988, S.1182f). Die Unternehmensleitung überträgt als Principal dem Leiter eines Centers, der als Agent der Unternehmensleitung fungiert, die autonome Verantwortung über Produktion und Absatz in diesem Bereich. Der Agent kann sein ganzes Wissen und seine Marktnähe nutzen, um den Verantwortungsbereich eigenständig und verantwortlich zu führen. Der Entscheidungsfindungsprozess wie auch die operative Steuerung wird vereinfacht, da zwischen Principal und Agent nur noch Planvorgaben abzustimmen sind, die eine Fokussierung der Handlungen des Agenten auf die Unternehmensziele sicherstellen. Hier müssen die spezifischen Controlling-Instrumente wie Benchmarking, innerbetriebliche Verrechnungspreise oder Target-Costing ansetzen. Sie müssen als marktorientierte Anreizsysteme auf unterschiedlichen Ebenen konzipiert werden, da der Markterfolg des Centers die zentrale Beurteilungsgröße aus Controllingsicht darstellt.

Häufig ist hier eine Fehlsteuerung durch die Überbetonung der kurzfristigen Steuerungsgrößen zu beobachten. Ein Periodengewinn, der sehr oft als Grundlage für eine Prämienausschüttung für Führungskräfte dient, ist nicht zwingend Maßstab für ein richtiges Verhalten des Agenten im Sinne einer langfristigen Erfolgssicherung des Bereiches. Zukunftsbezogene, mehrperiodige Erfolgsgrößen hingegen, wie der Kapital- oder Ertragswert, stellen eine Fokussierung der Aktivitäten auf langfristige Zielsetzungen (Ertragswertmaximierung) sowie die Verfolgung von übergeordneten Unternehmenszielen und -planvorgaben sicher (Behme/Roth 1997, S.30ff).

Aufgabe 3:
Controlling-Zielsysteme

3.1 Aufgabenstellung

Skizzieren Sie die inhaltliche Ausgestaltung eines komplexen Zielsystems im operativen Controlling unter Berücksichtigung

- absatz-, erfolgs- und finanzwirtschaftlicher Komponenten sowie
- daraus abgeleiteter Teilziele für dezentral geführte selbständige Unternehmensbereiche!

3.2 Einleitung

Allgemein kann ein Ziel als eine normative Aussage eines Entscheidungsträgers definiert werden, die einen gewünschten von ihm oder anderen anzustrebenden, zukünftigen Zustand der Realität beschreibt. Die notwendige Eindeutigkeit eines Ziels wird durch die Festlegung der drei Dimensionen Inhalt, angestrebtes Ausmaß und zeitlicher Bezug gewährleistet (z.B. „Erstrebe maximalen Gewinn pro Jahr"). In der Praxis werden meistens mehrere Ziele parallel verfolgt, wobei die Ziele nicht unabhängig voneinander festgesetzt werden können (Wild 1982, S.53). Eine Koordination der Teilziele kann letztlich nur im Rahmen eines Zielsystems erfolgen.

3.3 Zielkriterien

In der Literatur gibt es eine Vielzahl von Kategorisierungen von Zielen. Hier seien als Beispiel die folgenden Zielkriterien genannt:

- monetäre und nicht-monetäre Ziele
- kurz- und langfristige Ziele
- Haupt- und Nebenziele
- Sach- und Formalziele

Während die ersten drei Punkte keiner weiteren Erklärung bedürfen, soll auf die Einteilung in Sach- und Formalziele näher eingegangen werden. Das Sachziel stellt das konkrete Handlungsprogramm des Unternehmens dar. Es enthält die Art, die Menge und den Zeitpunkt für die zu erstellenden und am Markt abzusetzenden Güter bzw. Dienstleistungen (Grochla 1978, S.17). Damit beschreiben Sachziele sozusagen den notwendigen „unternehmensinternen" Rahmen. Demgegenüber geben Formalziele die Präferenzstruktur an, anhand derer das Unternehmen jene Aktivitäten bewertet und auswählt, die zur Erstellung des Sachziels notwendig sind.

Nach anderen Kriterien wird zwischen Output-, Effizienz-, Struktur- und Inputzielen unterschieden (Bircher 1976, S.104ff):

(1) Outputziele umschreiben Art und Ausmaß des Beitrags, den das Unternehmen bereit ist, an relevante Umweltsegmente zu leisten:

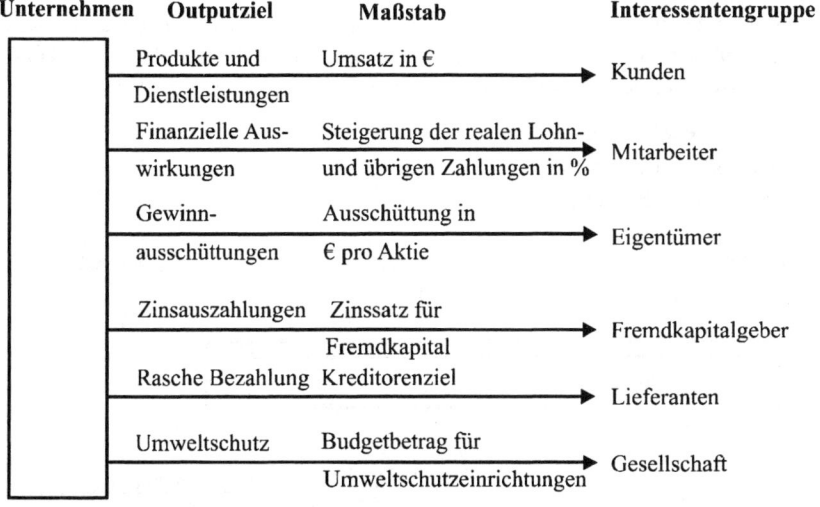

Abb. 104: Outputziele (Bircher 1976, S.106)

(2) Effizienzziele bringen zum Ausdruck, dass die Erstellung einer bestimmten Outputleistung auch dem Kriterium der Wirtschaftlichkeit genügen muss. Input-Output-Relationen stehen hier im Mittelpunkt:

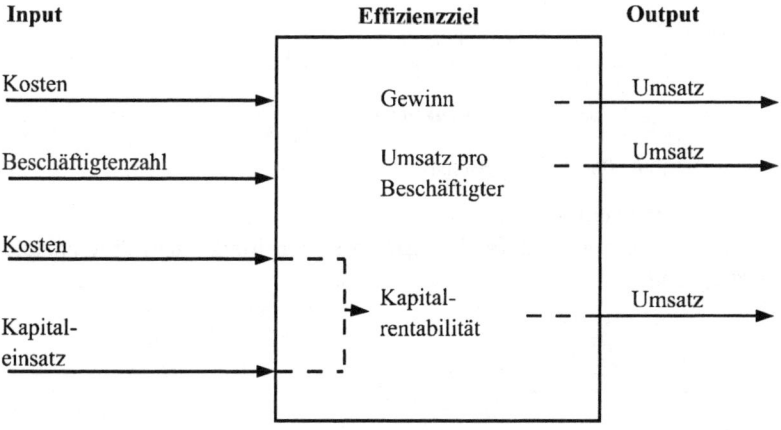

Abb. 105: Effizienzziele (Bircher 1976, S.107)

(3) Strukturziele beziehen sich nicht direkt auf den Output. Sie beschreiben wünschenswerte Zustände von Unternehmensstrukturen bzw. Leistungspotentialen als strukturelle Voraussetzungen für einen effizienten Leistungsprozess.

(4) Inputziele beziehen sich auf die Bereitstellung und Sicherung der für die Out-
puterstellung notwendigen Ressourcen.

In einer zweiten Klassifizierung werden jetzt diese Output-, Effizienz-, Struktur-
und Inputziele mit finanzwirtschaftlichen, leistungswirtschaftlichen und sozialen
Zielen kombiniert (Bircher 1976, S.108ff), so dass dann die o.a. Ziele (1)-(4) kom-
binierbar sind mit den nachfolgend genannten Zielen (a)-(c).

(a) Finanzwirtschaftliche Ziele:
     Aus finanzwirtschaftlicher Sicht ist das primäre Ziel die Erzielung eines geld-
     wertmäßigen Erfolgs.

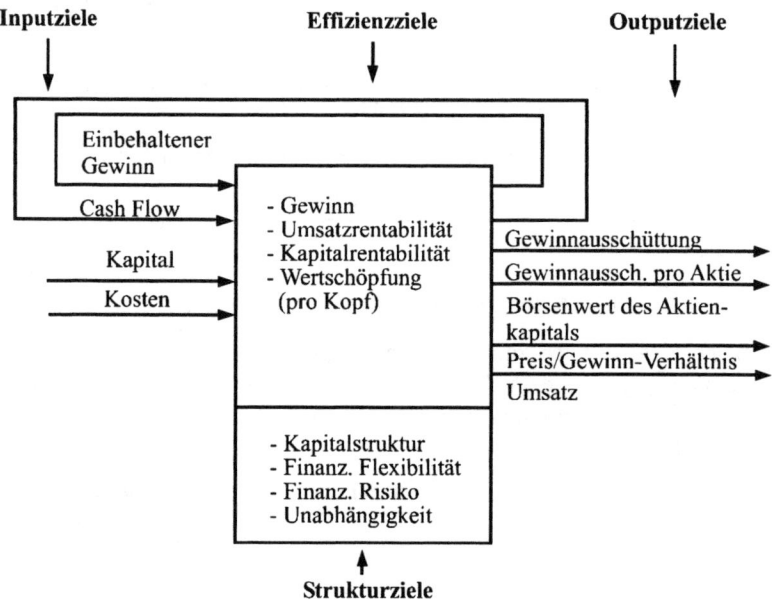

Abb. 106: Finanzwirtschaftliche Ziele (Bircher 1976, S.109)

(b) Leistungswirtschaftliche Ziele:
     Bei den leistungswirtschaftlichen Zielen stehen Markt- und Produktziele im
     Vordergrund.

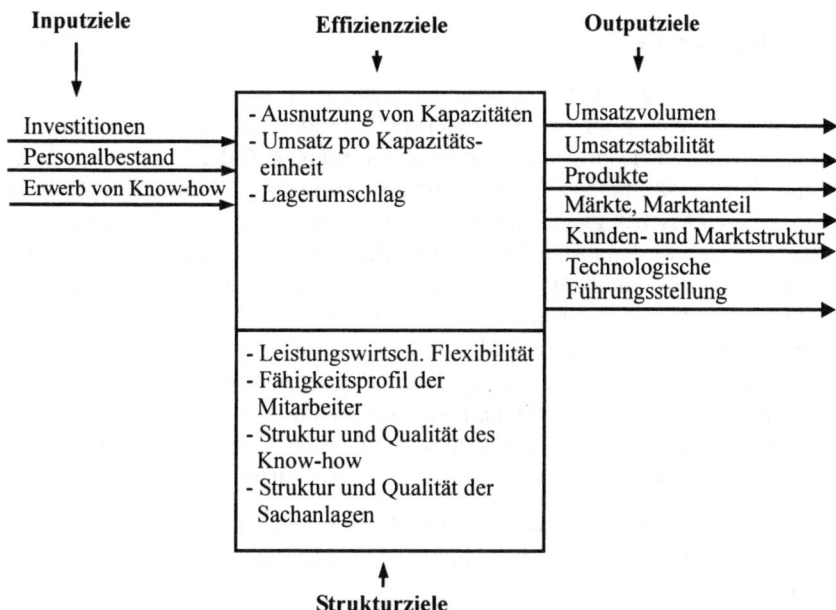

Abb. 107: Leistungswirtschaftliche Ziele (Bircher 1976, S.115)

(c) Soziale Ziele:
Im Hinblick auf die aktuelle gesellschaftliche Entwicklung gewinnen die sozialen Ziele stark an Bedeutung.

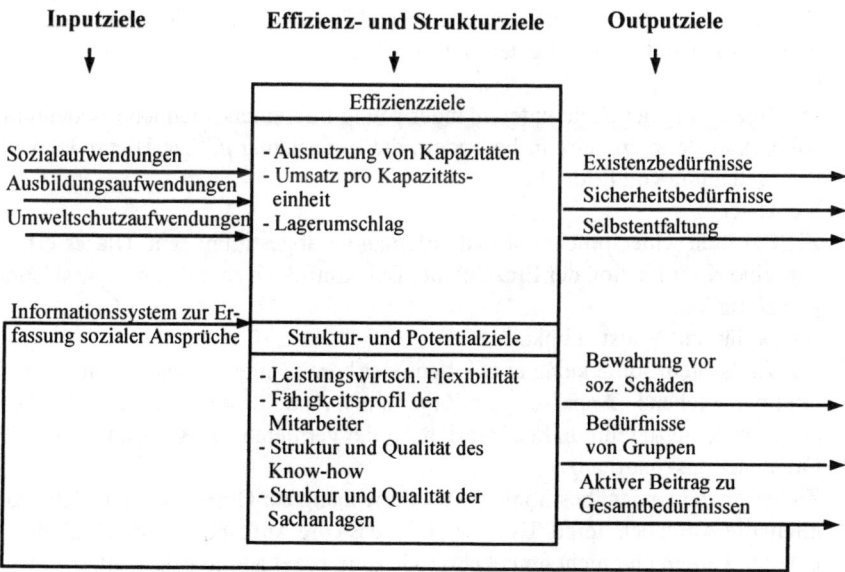

Abb. 108: Soziale Ziele (Bircher 1976, S.118)

3.4 Zielsysteme

Die Interdependenzen zwischen den einzelnen Zielen zwingen die Unternehmensführung dazu, eine prinzipielle Prioritätsordnung der Ziele zu bestimmen. Dabei wird zwischen einer horizontalen und einer vertikalen Zielordnung unterschieden (Hopfenbeck 2000, S.523). Die horizontale Ordnung besteht in der Aufgabe, die Verhältnisse zwischen gleichrangigen Zielen zu klären. Eine Konkurrenz zwischen zwei Teilzielen wird gelöst, indem das eine Ziel zur Nebenbedingung mit bestimmtem Anspruchsniveau erklärt wird, während das andere Ziel unbegrenzt angestrebt wird (z.b. Streben nach hoher Wachstumsrate unter Einhaltung eines branchenüblichen Gewinns). Die vertikale Ordnung unterscheidet nach Ober- und Unterzielen. Eine wesentliche Aufgabe der Unternehmensleitung ist es, aus den Oberzielen operationale Unterziele, d.h. konkrete, möglichst quantifizierbare Unterziele als Führungsgrößen abzuleiten. Erst wenn die Verhältnisse der Ziele untereinander festgelegt sind, kann von einem Zielsystem gesprochen werden.

Unter Zugrundelegung moderner Führungskonzeptionen kommt es darauf an, Zielsysteme zu entwickeln, die bestimmten Anforderungen genügen (Wild 1982, S.55f):

- Realistik:
  Ziele müssen erreichbar (durchsetzbar) sein, d.h. dass ihre Erreichbarkeit im Wege der Planung geprüft und abgesichert wird. Es muss festgestellt werden, ob benötigte Ressourcen (Mittel, Personen) zur Verwirklichung der Ziele zur Verfügung stehen.
- Operationalität:
  Die Ziele sollen hinreichend präzise bestimmt sein, d.h. nach Zielinhalt (was), Zielausmaß (wieviel), Zeitbezug (wann) und Zuständigkeit (von wem) so genau wie möglich und notwendig definiert werden.
- Ordnung:
  Die Beziehung der Ziele untereinander sowie ihre unterschiedliche Bedeutung sollen klar definiert sein, insbesondere die Einordnung in eine Hierarchie und die Festlegung von Prioritäten.
- Konsistenz:
  Ziele sollten widerspruchsfrei und aufeinander abgestimmt sein. Dieses erfordert eine Koordination der Einzelpläne. Bei Konflikten sind Kompromisslösungen zu finden.
- Aktualität und Vollständigkeit:
  Das Zielsystem sollte keine überholten oder bereits aufgegebenen Ziele enthalten (entsprechende Anpassung im Zeitablauf). Außerdem darf es keine Lücken aufweisen, die zu fehlerhaften Prioritäten oder vermeidbaren Konflikten führen.
- Organisationskongruenz:
  Ziele stehen in einem bestimmten Zusammenhang zur Organisation, welche vor allem die Aufgaben liefert. Es ist wichtig, dass die Aufgaben aus den Zielen abgeleitet werden und nicht umgekehrt, wie es in praxi häufig geschieht.

• Transparenz und Überprüfbarkeit:
Das Zielsystem sollte schließlich übersichtlich und verständlich, einheitlich gegliedert und überprüfbar sein.

3.5 Zielsysteme unter Berücksichtigung absatz-, erfolgs- und finanzwirtschaftlicher Komponenten

In der Praxis ist häufig ein Zielsystem aus absatz-, erfolgs- und finanzwirtschaftlichen Zielgrößen anzutreffen. Die Verknüpfungen werden mit Abbildung 109 angegeben:

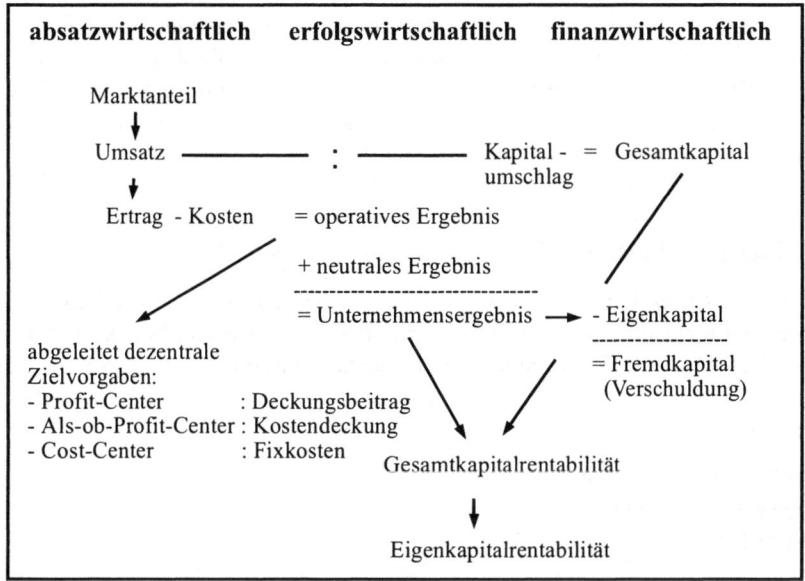

Abb. 109: Praxis-orientiertes Zielsystem

Absatz-, erfolgs- und finanzwirtschaftliche Zielinhalte sind stets miteinander verknüpft. Aus dem Marktanteil lässt sich bei gegebenen Marktvolumen Umsatz und
Ertrag ableiten; unter Abzug von Kosten lässt sich das operative Ergebnis bestimmen, das sich in die dezentralen Zielvorgaben Deckungsbeitrag, Kostendeckung
und Fixkosten für die unterschiedlichen Ressorts aufspalten lässt. Unter Hinzufü-
gung des neutralen Ergebnisses ergibt sich das Unternehmensergebnis. Über den
Kapitalumschlag lässt sich aus dem Umsatz das Gesamtkapital ableiten; nach Abzug des vom Ergebnis beeinflussten Eigenkapitals ergibt sich das Fremdkapital
(Verschuldung). Aus Ergebnis und Kapital lassen sich Rentabilitätsgrößen ableiten.

Aufgabe 4:
Kennzahlen und Kennzahlensysteme

4.1 Aufgabenstellung

Erläutern Sie Kennzahlen und Kennzahlensysteme innerhalb des Controlling! Gehen Sie dabei auch auf die Shareholder Value-Gedanken ein!

4.2 Einleitung

Eines der wesentlichen Probleme bei der Informationsaufbereitung besteht in der sinnvollen, aussagekräftigen und maßnahmenorientierten Verdichtung des vorliegenden Datenmaterials. Ein wichtiges Instrument des Controlling sind in diesem Zusammenhang Kennzahlen bzw. Kennzahlensysteme, welche schnell und prägnant über ein ökonomisches Aufgabenfeld informieren sollen.

4.3 Kennzahlenbegriff

Unter einer Kennzahl versteht man eine Zahl, die betriebliche und außerbetriebliche Informationen in aussagekräftiger, komprimierter Form wiedergibt (Rudolph 1993, S.97). Der durch die Komprimierung entstehende Informationsverlust wird dabei bewusst in Kauf genommen. Die wichtigsten Merkmale einer Kennzahl sind (Reichmann 2001, S.20):

- Informationscharakter
- Quantifizierbarkeit
- spezifische Form der Information

Der Informationscharakter beschreibt die Möglichkeit, dass mit Hilfe von Kennzahlen Urteile über wichtige Sachverhalte und Zusammenhänge gefällt werden können. Die Quantifizierbarkeit ist eine Eigenschaft von Kenngrößen, die genannten Sachverhalte auf einem metrischen Skalenniveau zu messen und somit relativ präzise Aussagen zu ermöglichen. Die spezifische Form ermöglicht es, komplizierte Strukturen auf verhältnismäßig einfache Art darzustellen.

Die Bilanzanalyse und der Betriebsvergleich sind die klassischen Einsatzgebiete von Kennzahlen. Bei der Bilanzanalyse sollen beispielsweise Informationen für Kreditvergabeentscheidungen gewonnen werden. Die Betriebsanalyse versucht, anhand von Vergleichszahlen die ökonomische Situation im Unternehmen darzustellen (Reichmann 2001, S.20). Die Bedeutung von Kennzahlen für innerbetriebliche Zwecke wird deutlich, wenn man bedenkt, dass sie im gesamten Planungs-, Steuerungs- und Kontrollprozess eingesetzt werden können. Folgende Funktionen werden von Kennzahlen übernommen (Weber 2002, S.187f):

- Operationalisierungsfunktion:
  Bildung von Kennzahlen zur Operationalisierung von Zielen und Leistungen
- Anregungsfunktion:
  Laufende Erfassung von Kennzahlen zur Erkennung von Auffälligkeiten und Veränderungen
- Vorgabefunktion:
  Ermittlung kritischer Werte als Zielgrößen für Unternehmensteilbereiche
- Steuerungsfunktion:
  Verwendung von Kennzahlen zur Vereinfachung von Steuerungsprozessen
- Kontrollfunktion:
  Laufende Erfassung von Kennzahlen zur Erkennung von Soll-Ist-Abweichungen

Kennzahlen lassen sich als absolute Kennzahlen wie etwa Cash Flow oder der Deckungsbeitrag oder als Verhältniszahlen darstellen (Horváth 2001, S.569), die sich wie folgt strukturieren lassen:

- Gliederungszahlen (Verhältnis eines Teils zum Ganzen, z.B. Anlagevermögen zu Gesamtvermögen)
- Beziehungszahlen (zwei begrifflich verschiedene Merkmale werden einander zugeordnet, z.B. Gewinn zu Eigenkapital)
- Indexzahlen (Verhältnis zweier gleichartiger Merkmale, wobei eine Größe mit 100 gleichgesetzt wird, z.B. Lohnkostenentwicklung)

An Kennzahlen werden bezüglich der Normierung besondere Anforderungen gestellt, die eine einheitliche Definition, Datengewinnungsmethodik und Interpretation sowie einen gleichen Zeitbezug festlegen (Horváth 2001, S.569).

4.4 Traditionelle Kennzahlensysteme

Einzelne Kennzahlen haben nur eine geringe Aussagekraft. Ein Nebeneinander mehrerer derartiger Kenngrößen in Form eines Kennzahlensystems ist daher unumgänglich. Unter einem Kennzahlensystem wird eine Zusammenstellung von quantitativen Daten verstanden, wobei die einzelnen Kennzahlen in einer sachlich sinnvollen Beziehung zueinander stehen müssen und insgesamt auf ein gemeinsames Ziel ausgerichtet sind (Reichmann 2001, S.19f). In der Praxis treten Kennzahlensysteme hauptsächlich in zwei Erscheinungsformen auf (Horváth 2001, S.570):

- Ordnungssysteme teilen die Kennzahlen bestimmten Sachverhalten zu (z.B. Absatzbereich des Unternehmens).
- Rechensysteme beruhen auf der rechnerischen Zerlegung von Kennzahlen und haben die Struktur einer Pyramide.

Bei der Konstruktion einer Kennzahlenpyramide ist die Frage nach der Spitzenkennzahl von entscheidender Bedeutung. Die Spitzenkennzahl soll die betriebswirtschaftlich wichtigste Aussage in komprimierter Form vermitteln. Weiterhin ist die Bildung von aussagekräftigen Kennzahlengruppen wichtig, die in der Lage sind, über wichtige Bereiche des Unternehmens wie etwa die Kapitalstruktur Auskunft zu geben.

Ursprünglich wurden Kennzahlensysteme nur zur Auswertung vergangenheitsbezogener Daten verwendet. Doch seit der Durchdringung des Controlling-Gedankens in den Unternehmen steht der Einsatz im Rahmen des Planungs- und Kontrollprozesses im Mittelpunkt. So werden Kennzahlensysteme beispielsweise als Instrument der operativen Früherkennung eingesetzt.

In der Praxis werden vor allem folgende vier traditionellen Kennzahlensysteme diskutiert:

• DuPont-Kennzahlensystem
• Pyramid Structure of Ratios
• ZVEI-Kennzahlensystem und
• RL-Kennzahlensystem

Das DuPont-Kennzahlensystem wurde bereits 1919 vom Chemiekonzern DuPont entwickelt (Horváth 2001, S.571ff). Die zentrale Spitzenkennzahl ist hier der Return on Investment, der in Umsatzrentabilität und Kapitalumschlag zerlegt wird. Diese beiden Kennzahlen werden weiter disaggregiert. Diese Aufspaltung der Kennzahlen wird solange weitergeführt, bis die gewünschte Erklärungstiefe erreicht ist. Die einfache Struktur des DuPont-Kennzahlensystems hat zu einer weiten Verbreitung in der Unternehmenspraxis geführt.

Auch das System „Pyramid Structure of Ratios", das 1956 am British Institute of Management entwickelt wurde, hat als Spitzenkennzahl den Return on Investment. Es wurde insbesondere für Betriebsvergleiche konzipiert. Die in Form einer Pyramide verwendeten Kennzahlen stehen alle in einer mathematischen Beziehung zueinander (Bramsemann 1993, S.347f).

Aufbauend auf den Grundgedanken des DuPont-Kennzahlensystems wurde 1969 erstmals das ZVEI-Kennzahlensystem[19] veröffentlicht. Oberstes Ziel dieses Systems ist die Ermittlung der Effizienz eines Unternehmens (Reichmann 2001, S.31). Dazu erfolgt eine Aufteilung in zwei Bereiche: die Wachstums- und die Strukturkomponente (Horváth 2001, S.574ff). Die Wachstumsanalyse soll Veränderungen bestimmter Indexkennzahlen feststellen und somit eine Analyse der Vertriebstätigkeit, des Ergebnisses, der Kapitalbindung, der Wertschöpfung und der Beschäftigung ermöglichen. Während bei Wachstumsanalysen die Kennzahlen weitestgehend isoliert nebeneinanderstehen, sind bei der Strukturanalyse die Kennzahlen mathematisch miteinander verknüpft. Ziel dieser Analyse ist die Strukturierung und Verdichtung von Informationen aus dem betrieblichen Rechnungswesen.

Das RL-Kennzahlensystem[20] (Reichmann 2001, S.32ff) setzt sich aus einem allgemeinen und einem Sonderteil zusammen. Während der allgemeine Teil aufgrund fehlender Branchenspezifika besonders für zwischenbetriebliche Vergleiche geeig-

---

19) Zentralverband der Elektrotechnischen Industrie (ZVEI)
20) Benannt nach ihren Entwicklern Reichmann und Lachnit.

net ist, bezieht sich der Sonderteil auf firmenspezifische Besonderheiten und vertieft die Analyse von Einflussfaktoren auf die Rentabilität und Liquidität.

Zusätzlich ist das RL-Kennzahlensystem in einen Rentabilitäts- und Liquiditätsteil unterteilt (Rudolph 1993, S.99f). Im Rentabilitätsteil steht das ordentliche Ergebnis, das sich aus dem ordentlichen betrieblichen und dem ordentlichen betriebsfremden Ergebnis zusammensetzt, im Mittelpunkt. Das absolute Ergebnis gibt keine ausreichende Auskunft über den Erfolg eines Unternehmens, da der Bezug zum Kapital fehlt. Neben der Kapitalrentabilität werden insbesondere die Kennzahlen Umsatzrentabilität, Kapital- und Materialumschlagshäufigkeit sowie Forderungsumschlagszeit berechnet. Der Liquiditätsteil analysiert die Zahlungsbereitschaft des Unternehmens. Hier werden vor allem die liquiden Mittel, der Cash Flow, das Working Capital und die Anlagendeckung berechnet.

Die traditionellen, jahresabschlussbezogenen Kennzahlen und Kennzahlensysteme weisen diverse Unzulänglichkeiten auf. Dies trifft besonders auf die nachfolgend geschilderten Rentabilitätskennziffern zu, die als Quotient aus einer Ergebnis- und einer entsprechenden Ergebniseinflussgröße gebildet werden (Borchers 1997, S.119ff).

Ein bekanntes Renditemaß bildet die bilanzielle Eigenkapitalrentabilität bzw. der Return on Equity (ROE):

$$ROE = \frac{Jahresüberschuss}{Eigenkapital} \times 100 \, (\%)$$

Der ROE gibt die Verzinsung des von den Eigenkapitalgebern investierten Kapitals an. So lange sich der Zinssatz für gleichzeitig aufgenommenes Fremdkapital unterhalb der Gesamtkapitalrentabilität bewegt, kann der ROE - aufgrund der für diese Kennzahl nicht bestehenden Finanzierungsneutralität - durch die Aufnahme zusätzlichen Fremkapitals gesteigert werden (sog. Leverage-Effekt). Bei Verwendung einer Kennziffer für die Gesamtkapitalrentabilität wird dieser Nachteil in der Aussagekraft verhindert. Eine Gesamtkapitalrendite kann sowohl vor Zinsen als auch nach Zinsabzug berechnet werden. Dem gemäß werden allgemein Return on Assets (ROA) und Return on Investment (ROI) unterschieden:

$$ROA = \frac{Jahresüberschuss + Zinsen}{Gesamtkapital} \times 100 \, (\%)$$

$$ROI = \frac{Jahresüberschuss}{Gesamtkapital} \times 100 \, (\%)$$

Beide Renditemaße besitzen im Nenner das während des betrachteten Zeitraums durchschnittlich gebundene Gesamtkapital, unterscheiden sich jedoch in den Kalkülzählern hinsichtlich der Berücksichtigung der Fremdkapitalzinsen. Aufgrund der nachträglichen Bereinigung des Jahresüberschusses um die Zinsaufwendungen

spiegelt der ROA die finanzierungsneutrale Rendite wider, die das Unternehmen erwirtschaftet hätte, wenn das Kapital vollständig aus Eigenkapital bestanden hätte.
Demgegenüber ist der ROI - wie der ROE - nicht finanzierungsneutral, da sich Ge-
winn- und Bezugsgröße des ROI nicht entsprechen. Im Zähler werden die Zinsen für
Fremdkapital, nicht aber die Kosten für das Eigenkapital in Rechnung gebracht,
während im Nenner das Gesamtkapital steht. Dementsprechend führen unterschiedliche Kapitalstrukturen zu teilweise deutlich voneinander abweichenden Rentabili-
tätsaussagen ceteris paribus berechneter ROEs, ROIs und ROAs (Borchers 1997,
S.120f).

Die jahresabschlussorientierten Kennzahlen sind starker Kritik ausgesetzt (Rappaport 1995, S.20ff; Günther, T. 1997, S. 50ff; Gleich 2001, S.8f; Friedl 2003,
S.416ff). Zu allererst besteht die Möglichkeit, die Eingangsgrößen über bilanzpoli-
tische Handlungen maßgeblich zu beeinflussen. Überdies erfolgt die Berechnung
generell statisch in Bezug zu vergangenheitsbezogenen Buchwerten, so dass nur
eingeschränkt zukunftsweisende Aussagen getroffen werden können. Als besonders
problematisch kann der Ansatz von Netto-Buchwerten angesehen werden: Werden
erfolgte Abschreibungen nicht in voller Höhe reinvestiert, steigt die Kapitalrendite
von Jahr zu Jahr, ohne dass sich ceteris paribus die Ertragslage des Unternehmens verbessert. Da folgegemäß Unternehmenseinheiten mit älteren Anlagebestän-
den systematisch höhere Renditen aufweisen, besteht die Gefahr, dass notwendige
(Ersatz-) Investitionen zu spät umgesetzt werden.

Dessen ungeachtet bleibt bei der rein statischen Kennzahlenberechnung der Zeit-
wert des Geldes unberücksichtigt, da die Erfolgsgrößen nicht diskontiert werden.
Eine Diskontierung würde die aus der Kapitalbindung hervorgehenden Opportunitätskosten realitätsgerechter widerspiegeln und verhindern, dass nominal gleichwer-
tige, aber zu unterschiedlichen Zeitpunkten anfallende Zählergrößen als gleichrangig betrachtet werden.

Trotz dieser Nachteile kommt den traditionellen Kennzahlen noch immer verhältnismäßig hohe Bedeutung zu. Für deren Anwendung spricht die unkomplizierte
Handhabung; dies nicht zuletzt auch, da Unternehmensexterne die aufgezeigten
Kennziffern anhand vielfach öffentlich publizierter Jahresabschlüsse mit nur gerin-
gem Aufwand berechnen können (Borchers 1997, S.120ff).

4.5 Wertorientierte Kennzahlensysteme

Im Zuge der Etablierung des Shareholder Value-Gedankens als oberste Zielsetzung
vieler Unternehmen gewinnen eigenkapitalorientierte Renditemaße an Bedeutung,
bei denen der Versuch unternommen wird, die Unzulänglichkeiten der traditionellen, jahresabschlussbezogenen Kennzahlen und Kennzahlensysteme weitgehend zu
vermeiden. Für die Unternehmenssteuerung finden vor allem (unternehmens-) wertorientierte Maße Verwendung (Coenenberg/Salfeld 2003, S.264ff; Friedl 2003,
S.418ff). In allgemeiner Form kann eine derartige Rendite wie folgt dargestellt werden:

$$\text{Wertorientierte Rentabilität} = \frac{\text{Unternehmenswert}_{t+1} - \text{Unternehmenswert}_t}{\text{Unternehmenswert}_t} \times 100\ (\%)$$

Der Unternehmenswert wird dabei zukunftsgerichtet mit Hilfe der Discounted-Cash-Flow (DCF)-Methode berechnet, das heißt künftig erwartete Zahlungsüberschüsse werden auf den Betrachtungszeitpunkt hin abgezinst, so dass auch die Opportunitätskosten des eingesetzten Kapitals mit berücksichtigt werden. Unter Zugrundelegung der Cash Flows vor Schuldendienst ergibt sich der Entity-Unternehmenswert aus Gesamtkapitalgebersicht, welcher durch Abzug des Fremdkapitalwertes in den Equity-Unternehmenswert (Shareholder Value) überführt werden kann. Alternativ kann der Unternehmenswert aus Eigentümersicht auch direkt als Barwert der Cash Flows nach Schuldendienst errechnet werden (Betsch/Groh/Lohmann 2000, S.213ff).

Ansatzpunkte für eine wertorientierte Unternehmenssteuerung gibt das Rappaport'sche Shareholder Value-Netzwerk (Abbildung 110). Es spiegelt den grundlegenden, entscheidungsorientierten Zusammenhang zwischen Eigentümerrendite-bezogenen Unternehmenszielen, entsprechenden Bewertungskomponenten und maßgebenden Werttreibern wider.

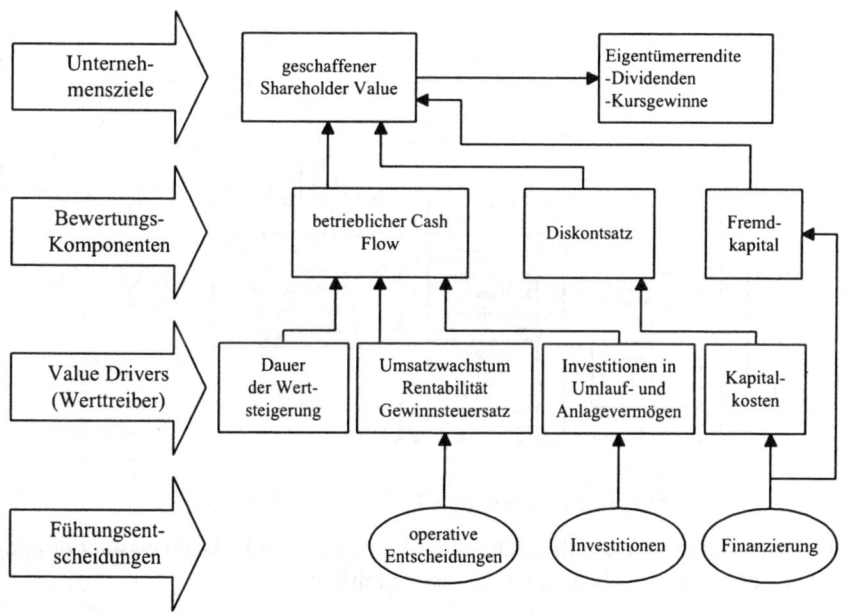

Abb. 110: Shareholder Value-Netzwerk (Rappaport 1995, S.79)

Eine auf die Spezifika einzelner Unternehmen anpassungsfähige Kennzahl stellt der Cash Flow Return on Investment (CFROI) der Boston Consulting Group dar, welcher auf der aus der Investitionsrechnung bekannten Methode des internen Zinsfußes basiert (Lewis 1994). Gemäß des klassischen Überrenditekonzepts gilt ein Unternehmen (-steilbereich) dann als wertschaffend, wenn der CFROI über dem Kostensatz des Gesamtkapitals liegt.

Der CFROI wird wie folgt aus modifizierten Jahresabschlussdaten abgeleitet (Abbildung 111):

- Der Brutto-Cash Flow (BCF) wird um sämtliche außerordentlichen Positionen bereinigt, um einen „typischen" Cash Flow zu erhalten. Diese Größe wird dann als konstanter, jährlicher Cash Flow über die gesamte Nutzungsdauer der Aktiva verwendet.
- Die inflationsbereinigte Bruttoinvestitionsbasis (BIB) entspricht einer Anfangsauszahlung und wird entsprechend der Cash Flow-Ermittlung korrigiert.
- Die Nutzungsdauer des Sachanlagevermögens (SAV) ergibt sich aus dem Quotienten von SAV zu historischen Anschaffungskosten und den jährlichen, linearisierten Abschreibungen.
- Der Restwert wird aus der Summe der nicht abschreibbaren Aktiva (NAA) zu Ende der Nutzungsdauer gebildet.

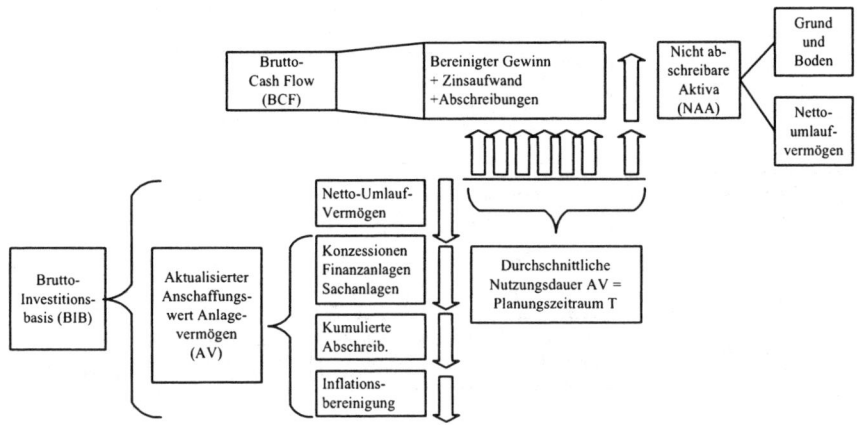

Abb. 111: Elemente des CFROI (Lewis 1994, S.45)

Aus diesen Daten wird abschließend die Rendite der Geschäftseinheit oder des gesamten Unternehmens als interner Zinssatz ermittelt:

$$0 = -BIB + \sum_{t=1}^{T} \frac{BCF}{(1+CFROI)^t} + \frac{NAA}{(1+CFROI)^T} \Rightarrow CFROI = ... \times 100\,(\%)$$

Unter Einbeziehung der sogenannten ökonomischen Abschreibung (ÖA), das heißt desjenigen Betrags, der jährlich unter Berücksichtigung einer Verzinsung zurückgelegt werden muss, um nach der Nutzungsdauer erforderliche Ersatzinvestitionen tätigen zu können, kann der CFROI auch periodenbezogen ermittelt werden (Coenenberg/Salfeld 2003, S.268):

$$CFROI = \frac{BCF - \ddot{O}A}{BIB} \times 100 \ (\%)$$

Wird die Differenz zwischen CFROI berechnet und gewichtetem Kapitalkostenansatz (WACC - Weighted Average Cost of Capital) gebildet und mit der Bruttoinvestitionsbasis multipliziert, erhält man den periodenbezogenen Wertzuwachs Cash Value Added (CVA):

$$CVA = (CFROI - WACC) \times BIB$$

Die Kenngröße CFROI berechnet sich finanzierungsneutral. Außerdem werden Inflationseinflüsse und buchhalterische Verzerrungen weitgehend korrigiert. Als nachteilig ist der langfristig konstante Ansatz des BCF anzusehen, so dass das CFROI-Konzept keine genügend konsequente, dynamische Ausrichtung erfährt.

Ebenfalls eine einperiodige Übergewinngröße bildet der als Warenzeichen geschützte Economic Value Added (EVA). Als sogenannter Residualgewinn ergibt sich der EVA aus dem unternehmensindividuell angepassten Betriebsergebnis nach Steuern und vor Zinsen (Net Operating Profit After Taxes - NOPAT) abzüglich Kapitalkosten (Stewart 1991, S.136ff). Die Kapitalkosten errechnen sich zum Produkt aus dem Kapitalkostensatz und dem ebenfalls unternehmensspezifisch definierten betriebsnotwendigen Vermögen (Net Operating Assets - NOA) (Coenenberg/Salfeld 2003, S.265).

$$EVA = NOPAT - WACC \times NOA$$

Der Market Value Added (MVA) bzw. Lost (MVL) gibt als Perfomancemaß den zusätzlich geschaffenen bzw. vernichteten Wert einer Unternehmung wieder. MVA und MVL können einerseits direkt als Differenz zwischen aktuellem Unternehmenswert und gebundenem Kapital (NOA) und andererseits indirekt als diskontierte EVA-Ströme dargestellt werden:

$$MVA \ bzw. \ MVL = Entity\text{-}Unternehmenswert - NOA = \sum_{t=1}^{T=\infty} \frac{EVA_t}{(1 + WAAC_t)^t}$$

Die Vielzahl der erforderlichen Ausgangsdaten und die Komplexität der Analyse stellen bei den Shareholder Value-orientierten Erfolgsgrößen hohe Anforderungen sowohl an den Umfang als auch an die Qualität der Unternehmensplanung. Aus theoretischer Sicht stellen der Lewis'sche CFROI und der Stewart/Stern'sche EVA keine - gegenüber den rein buchhalterischen Steuerungskennzahlen - wirklich fundierteren Konzepte dar, da ebenfalls (modifizierte) Jahresabschlussdaten Eingang finden. Der CFROI ist nicht als klassischer interner Zinssatz einer dynamisch schwankenden Zahlungsreihe, sondern allenfalls als interne Verzinsung einer unendlichen Rente zu verstehen. Dessen ungeachtet ist es möglich, über eine geeignete Anpassung der Eingangsgrößen von CFROI und EVA dem Management Anreize zu

Shareholder Value-steigernden Handlungsentscheidungen zu geben - dies z.B., indem bei der Berechnung des EVA Aufwendungen, von denen in den Folgejahren Rückflüsse erwartet werden (z.B. F&E-, Marketing- und Human-Resource-Aktivitäten), als strategische Investitionen (intern) aktiviert und über eine zu definierende Laufzeit abgeschrieben werden, so dass die damit einhergehende Entlastung des NOPAT im „Investitionsjahr" langfristig werterhöhende Handlungsmaßnahmen fördert. Entsprechend der konstatierten Wahlmöglichkeiten sind Unternehmensvergleiche anhand der vorgestellten Kennzahlen oft nur mit Hilfe umfangreicher Adjustierungen möglich.

4.6 Grenzen von Kennzahlensystemen

Trotz des potentiell hohen Nutzens von Kennzahlensystemen gibt es eine Reihe von Gefahren, die sich aus der definitionsgemäßen Komprimierung ergeben (Weber 2002, S.212ff). Durch die Betonung einer Spitzenkennzahl können andere unternehmenspolitische Ziele (z.B. der Umweltschutz oder die Gemeinwirtschaftlichkeit) ausgeschlossen werden. Die Verwendung von Kennzahlen in Betriebsvergleichen beinhaltet eine weitere Gefahr. Durch das Streben nach Branchenwerten werden eigene, unternehmensspezifische Einflussfaktoren (z.B. Nachfrageverhalten von Kunden) zum Teil vernachlässigt und können so zu einem Effizienzverlust im Unternehmen führen. Insgesamt führt eine ausschließliche Ausrichtung auf Kennzahlen zu einer Überbetonung von quantitativen Aspekten, qualitative Interdependenzen bleiben weitgehend unberücksichtigt.

Aufgabe 5:
Verrechnungspreise

5.1 Aufgabenstellung

Ermitteln Sie die Teilergebnisse der selbständigen Verantwortungsbereiche Vertrieb und Produktion sowie das Gesamtergebnis im Plan und im Ist!

Zeigen Sie vier Möglichkeiten der Abrechnung über verschiedene Verrechnungsmodalitäten anhand des nachfolgend aufgeführten Beispiels!

	Plan-Kalkulation €/Stück			Plan €/Periode			Ist €/Periode		
	Σ	var.	fix	Σ	var.	fix	Σ	var.	fix
Absatz-, Produktionsmenge	1			100			90		
Vertrieb:									
Preis/Umsatz	10,00	10,00		1 000	1 000		900	900	
Rabatte	1,00	1,00		100	100		90	90	
Werbung/Vertrieb	3,00	0,50	2,50	300	50	250	305	45	260
Produktion:									
Material	2,00	1,50	0,50	200	150	50	194	144	50
Fertigung	3,00	1,50	1,50	300	150	150	295	135	160
konsolidiert:									
Deckungsbeitrag		5,50			550			486	
Fixkosten			4,50			450			470
Vollkostenergebnis	1,00			100			16		

Diskutieren Sie dabei Vor- und Nachteile dieser verschiedenen Modalitäten!

5.2 Einleitung

Verrechnungspreise sind von dem Unternehmen selbst festgelegte Werte, die bei einer Leistungsverrechnung zur Koordination herangezogen werden (Küpper 1994, S.930). Damit stellen sie ein wichtiges Instrument des Controlling dar. Bei einer Unterteilung des Unternehmens in selbständige Verantwortungsbereiche, die sich gegenseitig erbrachte Leistungen durch eine innerbetriebliche Leistungsverrechnung

berechnen, spielt die Wahl des Verrechnungspreises für die abgegebenen bzw. emp-
fangenen Leistungen eine wichtige Rolle. Die unterschiedlichen Verrechnungspreise sowie ihre spezifischen Probleme sollen im Folgenden kurz vorgestellt und anhand des in der Aufgabenstellung gegebenen Beispiels erläutert werden (Behme/
Schimmelpfeng 1993, S.663ff).

Verrechnungspreise dienen verschiedenen Zwecken (Coenenberg 1973, S.374;
Friedl 2003, S.438ff):

- Lenkung dezentraler Entscheidungen über die Produktionsprogramme von Teil-
  bereichen eines Unternehmens
- Erfolgsermittlung einzelner Kontrolleinheiten zur Gewinnung von Kontrollin-
  formationen
- Bestandsbewertung für Zwecke der handels- und steuerrechtlichen Bilanzierung
- Preiskalkulation für neu auf den Markt kommende Erzeugnisse

Die Mehrfachzielsetzung von Verrechnungspreisen ist ein wesentliches Problem.
Zur Lösung des Zielkonflikts müssen entweder getrennte Abrechnungen aufgestellt
oder eine der Zielgruppen als dominant erklärt werden (Drumm 1989, Sp.2169).

5.3 Formen von Verrechnungspreisen

Bei der Festlegung von Verrechnungspreisen ist sicherzustellen, dass die Entscheidungen aller Abteilungen insgesamt zu einem Optimum führen. Sind Leistungsempfänger und -geber rechtlich selbständige Gesellschaften, unterliegt die Festset-
zung der Verrechnungspreise steuerlichen Vorschriften, d.h. die Preise werden wie
mit Dritten oder ersatzweise zu Vollkosten zuzüglich eines Gewinnaufschlags ermittelt. Erfolgt der Leistungsaustausch zwischen den Abteilungen einer Gesellschaft, so bestehen keine externen Vorschriften, sondern nur betriebswirtschaftliche
Überlegungen.

Die Festlegung kann markt-, nutzen- oder kostenorientiert (vgl. Abbildung 112) erfolgen (Küpper 1994, S.932f; ähnlich Friedl 2003, S.632ff). Sofern die zu beschaf-
fenden oder zu liefernden Güter auch auf externen Märkten gehandelt werden, lässt
sich der Verrechnungspreis aus deren Preis ableiten. Wegen der Übertragung des
Marktmechanismus auf die Geschäftsbereiche sind diese für die Erfolgsermittlung
gut geeignet.

Nutzenorientierte Verrechnungspreise berücksichtigen nicht nur Erlös- oder Kos-
tenkomponenten, sondern bringen anderen Nutzen (Opportunitätskosten) des zu be-
wertenden Gutes zum Ausdruck. Entsprechend den Systemen der Kostenrechnung
lassen sich unterschiedliche kostenorientierte Verrechnungspreise bestimmen. Für
Koordinationsaufgaben kommen nur Plankosten auf Voll- oder Teilkostenbasis in
Frage. Liegt der Schwerpunkt jedoch auf der reinen Abrechnung der Geschäftseinheiten untereinander, werden Istkosten verrechnet und es kommen die klassischen
Methoden der innerbetrieblichen Leistungsverrechnung (sukzessive und simultane
Verfahren) zur Anwendung.

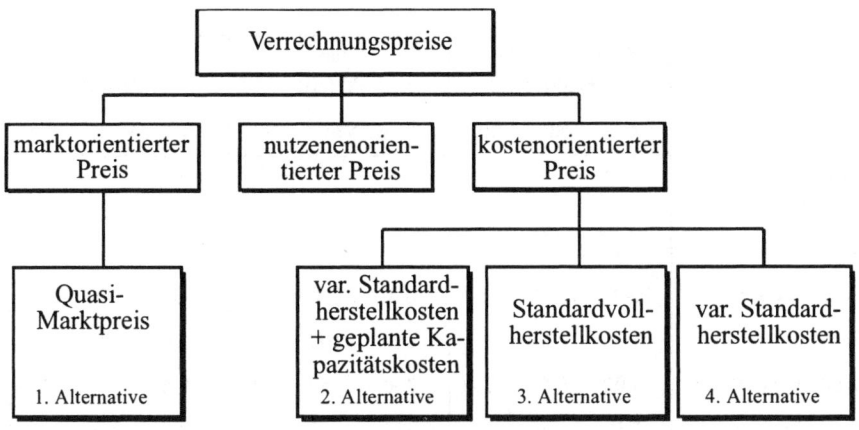

Abb. 112: Verrechnungspreise

5.4 Beispiele für die Festlegung von Verrechnungspreisen

Nach Abbildung 112 haben sich folgende markt- und kostenorientierte Ansätze zur Bildung von Verrechnungspreisen für Produktleistungen vom Als-ob-Profit-Center „Produktion" an das Profit-Center „Vertrieb" durchgesetzt.

1. Alternative: Quasi-Marktpreis

Der effektive Marktpreis ist oft nicht eindeutig bestimmbar, da für alle Leistungsarten, die auch unternehmensextern bezogen werden können, oftmals mehrere Bezugspreise existieren. Daher wird in der Praxis meist ein Quasi-Marktpreis zwischen den Abteilungen ausgehandelt (im Beispiel 5,50 €/Stück). Dieser entsteht durch Mittelwertbildung der Bezugspreise sowie durch Korrekturen um entfallende Vertriebs- oder Beschaffungsnebenkosten.

Da die Konsolidierung der Ergebnisse von Produktion und Vertrieb zum Gesamtergebnis in allen Fällen identisch ist, wird auf die Angabe in den weiteren Beispielen verzichtet.

Schwierigkeiten der Marktpreisfestlegung sind insbesondere darin begründet, dass reale Märkte den Bedingungen des vollkommenen Marktes meist nicht entsprechen (Coenenberg 1973, S.377). Der Verrechnungspreis kann oft nicht eindeutig bestimmt werden, weil

- unterschiedliche Güter als Substitute für das transferierte Gut in Betracht kommen.
- Rabatte und Skonti je nach Kunde, Fristigkeit und Abnahmemenge in unterschiedlicher Höhe anfallen.
- der Marktpreis abhängig von den Dispositionen der betrachteten Liefer- bzw. Abnehmerdivision sein kann.

	Plan-Kalkulation €/Stück			Plan €/Periode			Ist €/Periode		
	Σ	var.	fix	Σ	var.	fix	Σ	var.	fix
Absatz-, Produktionsmenge	1			100			90		
Vertrieb:									
Preis/Umsatz	10,00	10,00		1 000	1 000		900	900	
Rabatte	1,00	1,00		100	100		90	90	
Werbung/Vertrieb	3,00	0,50	2,50	300	50	250	305	45	260
Verrechnungskos-ten	5,50	5,50		550	550		495	495	
Deckung		3,00			300			270	
Gewinn	0,50			50			10		
Produktion:									
Verrechnungsertrag	5,50	5,50		550	550		495	495	
Material	2,00	1,50	0,50	200	150	50	194	144	50
Fertigung	3,00	1,50	1,50	300	150	150	295	135	160
Deckung		2,50			250			216	
Gewinn	0,50			50			6		
konsolidiert:									
Ertrag	10,00	10,00		1 000	1 000		900	900	
Kosten	9,00	4,50	4,50	900	450	450	884	414	470
Deckungsbeitrag		5,50			550			486	
Gewinn	1,00			100			16		

2. Alternative: Variable Standardherstellkosten mit anteiligen Plan-Kapazitätskosten

Das Profit-Center wird zunächst mit den variablen Standardherstellkosten (3,00 €/ Stück) belastet. Dazu kommen die aufgrund der Planung ermittelten anteiligen Kapazitätskosten (Fixkosten) der Produktion (200,00 € pro Periode). Damit ist die Produktion vollkostendeckend abgerechnet. Das Risiko (Verantwortung) ungedeckter Fixkosten wird auf den Vertrieb verlagert. Der Vertrieb ist in der Lage, einen echten Deckungsbeitrag und ein Vollkostenergebnis auszuweisen.

	Plan-Kalkulation €/Stück			Plan €/Periode			Ist €/Periode		
	Σ	var.	fix	Σ	var.	fix	Σ	var.	fix
Absatz-, Produktionsmenge	1			100			90		
Vertrieb:									
Preis/Umsatz	10,00	10,00		1 000	1 000		900	900	
Rabatte	1,00	1,00		100	100		90	90	
Werbung/Vertrieb	3,00	0,50	2,50	300	50	250	305	45	260
Verrechnungskosten	5,00	3,00	2,00	500	300	200	470	270	200
Deckung		5,50			550			495	
Gewinn	1,00			100			35		
Produktion:									
Verrechnungsertrag	5,00	3,00	2,00	500	300	200	470	270	200
Material	2,00	1,50	0,50	200	150	50	194	144	50
Fertigung	3,00	1,50	1,50	300	150	150	295	135	160
Deckung		0,00			0	0		-9	-10
Gewinn	0,00			0			-19		

3. Alternative: Standardvollherstellkosten

Werden die Standardvollherstellkosten (5,00 €/Stück) als Verrechnungspreis genommen, so kommen die Nachteile der traditionellen Vollkostenrechnung zum Tragen. Die Fixkosten der Produktion werden nicht en bloc dem Vertrieb angelastet,
sondern mit Hilfe geeigneter Schlüssel auf die Produktionseinheiten umgelegt. Die
Fixkostenbelastung des Vertriebs steigt proportional zur Absatzmenge. In diesem
Fall kann der Vertrieb keinen echten Deckungsbeitrag ausweisen - sondern bloß eine Vertriebsdeckung; der Gewinn berechnet sich wie in der Vollkostenrechnung.

	Plan-Kalkulation €/Stück			Plan €/Periode			Ist €/Periode		
	Σ	var.	fix	Σ	var.	fix	Σ	var.	fix
Absatz-, Produktionsmenge	1			100			90		
Vertrieb:									
Preis/Umsatz	10,00	10,00		1 000	1 000		900	900	
Rabatte	1,00	1,00		100	100		90	90	
Werbung/Vertrieb	3,00	0,50	2,50	300	50	250	305	45	260
Verrechnungskos-ten	5,00	5,00		500	500		450	450	
Deckung		3,50			350			315	
Gewinn	1,00			100			55		
Produktion:									
Verrechnungsertrag	5,00	5,00		500	500		450	450	
Material	2,00	1,50	0,50	200	150	50	194	144	50
Fertigung	3,00	1,50	1,50	300	150	150	295	135	160
Deckung		2,00			200			171	
Gewinn	0,00			0			-39		

4. Alternative: Variable Standardherstellkosten

Als Verrechnungspreise dienen die variablen Standardherstellkosten (3,00 €/Stück). Hier schlägt sich die Grenzplankostenrechnung nieder (strenge verursachungsgerechte Kostenzurechnung auf das Produkt). Der Vertrieb weist in der Regel einen positiven echten Deckungsbeitrag aus. Weil keine fixen Kosten von der Produktion an den Vertrieb verrechnet werden, fällt das Produktionsergebnis in Höhe nicht weiter verrechneter Produktionsfixkosten stets negativ aus. Sieht man das Unternehmen als Ganzes, so liefern Produktion und Vertrieb per Saldo das Gesamtergebnis.

	Plan-Kalkulation €/Stück			Plan €/Periode			Ist €/Periode		
	Σ	var.	fix	Σ	var.	fix	Σ	var.	fix
Absatz-, Produktionsmenge	1			100			90		
Vertrieb:									
Preis/Umsatz	10,00	10,00		1 000	1 000		900	900	
Rabatte	1,00	1,00		100	100		90	90	
Werbung/Vertrieb	3,00	0,50	2,50	300	50	250	305	45	260
Verrechnungskosten	3,00	3,00		300	300		270	270	
Deckung		5,50			550			495	
Gewinn	3,00			300			235		
Produktion:									
Verrechnungsertrag	3,00	3,00		300	300		270	270	
Material	2,00	1,50	0,50	200	150	50	194	144	50
Fertigung	3,00	1,50	1,50	300	150	150	295	135	160
Deckung		0,00			0			-9	
Gewinn	-2,00			-200			-219		

Aufgabe 6:
Abweichungsanalysen

6.1 Aufgabenstellung

Erfolgsabweichungen im operativen Controlling: Skizzieren Sie unterschiedliche Möglichkeiten eines konzeptionellen Aufbaus von Abweichungsanalysen hinsichtlich

- der Zweckmäßigkeit unterschiedlicher Aufbauelemente und
- unterschiedlicher Methoden einer Erfolgsrechnung!

Beurteilen Sie die unterschiedlichen Methoden anhand ausgewählter relevanter Kriterien!

6.2 Einleitung

Aufgabe der Abweichungsanalyse ist es, aufgetretene Plan-Ist-Differenzen auf ihre Ursachen hin zu untersuchen. Für den konzeptionellen Aufbau einer Abweichungsanalyse sind folgende Fragestellungen wichtig (Kloock 1988, S.423):

- Welche Methode ist für die Abweichungsanalyse einer (Erfolgs-) Kontrolle am besten geeignet?
- Welche Aufbauelemente einer Abweichungsanalyse sind für eine (Erfolgs-) Kontrolle am zweckmäßigsten?

Hierzu wird ein Vergleich von vier möglichen Abweichungsanalysen (alternativ, kumulativ, symmetrisch und differenziert-kumulativ) durchgeführt. Es folgt eine Untersuchung der verschiedenen Aufbauelemente und Verfahren zur Abweichungsanalyse bezüglich ihrer Zweckmäßigkeit (Kloock 1988, S.423ff).

6.3 Aufbauelemente der Abweichungsanalyse und Abweichungen höherer Ordnung

Für die Grundkonzeption der Abweichungsanalyse bestehen vier Alternativen:

(1) Plan-Ist-Vergleich auf Isteinflussgrößenbasis
(2) Plan-Ist-Vergleich auf Planeinflussgrößenbasis
(3) Ist-Plan-Vergleich auf Isteinflussgrößenbasis
(4) Ist-Plan-Vergleich auf Planeinflussgrößenbasis

In Abhängigkeit von unterschiedlichen Thesen über die Abweichungen höherer Ordnung hinsichtlich ihrer Kontrollrelevanz und ihrer Ausweisung können für jede der genannten Alternativen verschiedene Methoden der Abweichungsanalyse unterschieden werden.

Für eine Deckungsbeitragsabweichung ΔDB für eine Produktart mit der Absatzmenge x und dem Stückdeckungsbeitrag d ergeben sich für die Analysen nach dem Plan-Ist-Vergleich auf Isteinflussgrößenbasis folgende Möglichkeiten (Kloock 1988, S.423ff):

Es gilt für den Plan-Ist-Vergleich:

$$\Delta DB = DB^P - DB^I$$
$$= d^P x^P - d^I x^I$$

Die Gesamtabweichung ΔDB soll in die Plan-Ist-Abweichungen wie folgt aufgespalten werden:

$$\Delta d = d^P - d^I$$

$$\Delta x = x^P - x^I$$

Nachfolgend soll auf die beiden Fälle (1) und (2), zuerst auf (1) eingegangen werden:

$$\text{wenn}: \Delta d = d^P - d^I \quad \text{bzw.} \quad d^P = \Delta d + d^I$$

$$\Delta x = x^P - x^I \quad \text{bzw.} \quad x^P = \Delta x + x^I$$

$$\text{dann:} \quad \Delta DB = (\Delta d + d^I)(\Delta x + x^I) - d^I x^I$$

$$= (\Delta d \Delta x + d^I \Delta x + \Delta d x^I + d^I x^I) - d^I x^I$$

$$= \Delta d x^I + d^I \Delta x + \Delta d \Delta x$$

Hier handelt es sich um einen Plan-Ist-Vergleich auf Ist-Einflussgrößenbasis gemäß Abbildung 113 mit:

• zwei Teilabweichungen erster Ordnung Δd bzw. Δx, die mit Ist-Einflussgrößen d^I bzw. x^I verknüpft sind,

• und einer Teilabweichung höherer (hier zweiter) Ordnung $\Delta d \Delta x$, die durch zwei Einflussgrößenabweichungen gemeinsam hervorgerufen wird.

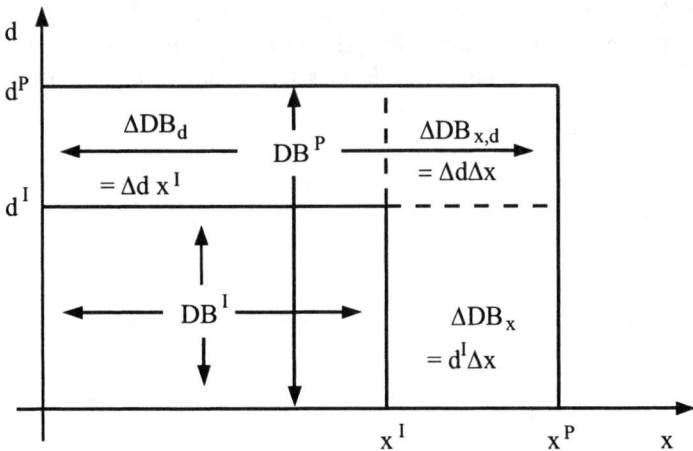

Abb. 113: Teilabweichungen erster und zweiter Ordnung

In Abhängigkeit von unterschiedlichen Thesen über die Abweichungen höherer Ordnung hinsichtlich ihrer Kontrollrelevanz und ihres Ausweises können verschiedene Methoden der Abweichungsanalyse unterschieden werden (Kloock 1988, S.424):

(a) alternative Abweichungsanalyse:
    Die Abweichungen höherer Ordnung sind nicht kontrollrelevant und bleiben daher unberücksichtigt. Die weitere Analyse knüpft nur an die Abweichungen erster Ordnung an:

$$\Delta DB = \Delta d x^I + d^I \Delta x$$

(b) kumulative Abweichungsanalyse:
    Die Abweichungen höherer Ordnung sind kontrollrelevant und werden mit der zuerst ausgewiesenen Teilabweichung erster Ordnung zusammengefasst.

$$\Delta DB = [\Delta d x^I + \Delta d \Delta x] + d^I \Delta x$$
$$= \Delta d (x^I + (x^P - x^I)) + d^I \Delta x = \Delta d x^P + d^I \Delta x$$

(c) symmetrische Abweichungsanalyse:
    Die Abweichungen höherer Ordnung sind kontrollrelevant und werden anteilig den Teilabweichungen erster Ordnung zugerechnet - so z.B. je zur Hälfte:

$$\Delta DB = [\Delta d x^I + 0,5 \Delta d \Delta x] + [d^I \Delta x + 0,5 \Delta d \Delta x]$$
$$= [\Delta d (x^I + 0,5(x^P - x^I))] + [\Delta d (d^I + 0,5(d^P - d^I))]$$
$$= \Delta d \frac{x^P + x^I}{2} + \Delta x \frac{d^P + d^I}{2}$$

(d) differenziert-kumulative Abweichungsanalyse:
Die Abweichungen höherer Ordnung sind zwar kontrollrelevant, jedoch ist ihre Relevanz nur schwer beurteilbar und basiert auf untrennbaren Ursachen; sie werden daher gesondert ausgewiesen:

$$\Delta DB = \Delta dx^I + d^I \Delta x + \Delta d \Delta x$$

Analog zum Plan-Ist-Vergleich auf Istbasis ist auch der Plan-Ist-Vergleich auf Planbasis (Fall (2)) möglich:

$$\text{wenn}: \ d^I = d^P - \Delta d \ \ \text{bzw.} \ \ \Delta d = d^P - d^I$$

$$x^I = x^P - \Delta x \ \ \text{bzw.} \ \ \Delta x = x^P - x^I$$

$$\text{dann}: \quad \Delta DB = d^P x^P - (d^P - \Delta d)(x^P - \Delta x)$$

$$= d^P x^P - (d^P x^P - \Delta d x^P - d^P \Delta x + \Delta d \Delta x)$$

$$= \Delta d x^P + d^P \Delta x - \Delta d \Delta x$$

Entsprechend den Unterfällen (a)-(d) des Plan-Ist-Vergleichs auf Istbasis kann auch hier in die verschiedenen Abweichungsanalyse-Methoden unterschieden werden.

Neben dem bisherigen Plan-Ist-Vergleich ist nunmehr auch ein Ist-Plan-Vergleich ($\overline{\Delta DB} = DB^I - DB^P$) möglich. Hierbei sind die nachfolgenden Fälle (3) und (4) zu unterscheiden:

(3) Ist-Plan-Vergleich auf Istbasis:

$$\overline{\Delta DB} = DB^I - DB^P = d^I x^I - d^P x^P$$

$$\text{wenn}: \ \Delta \bar{d} = d^I - d^P \ \ \text{bzw.} \ \ d^P = d^I - \Delta \bar{d}$$

$$\Delta \bar{x} = x^I - x^P \ \ \text{bzw.} \ \ x^P = x^I - \Delta \bar{x}$$

$$\text{dann}: \quad \overline{\Delta DB} = d^I x^I - (d^I - \Delta \bar{d})(x^I - \Delta \bar{x})$$

$$= d^I x^I - (d^I x^I - \Delta \bar{d} x^I - d^I \Delta \bar{x} + \Delta \bar{d} \Delta \bar{x})$$

$$= \Delta \bar{d} x^I + d^I \Delta \bar{x} - \Delta \bar{d} \Delta \bar{x}$$

(4) Ist-Plan-Vergleich auf Planbasis:

$$\overline{\Delta DB} = DB^I - DB^P = d^I x^I - d^P x^P$$

$$\text{wenn}: \ \Delta \bar{d} = d^I - d^P \ \ \text{bzw.} \ \ d^I = \Delta \bar{d} + d^P$$

$$\Delta\bar{x} = x^I - x^P \quad \text{bzw.} \quad x^I = \Delta\bar{x} + x^P$$

dann:
$$\Delta\overline{DB} = (d^P + \Delta\bar{d})(x^P + \Delta\bar{x}) - d^P x^P$$
$$= (d^P x^P + \Delta\bar{d}x^P + d^P\Delta\bar{x} + \Delta\bar{d}\Delta\bar{x}) - d^P x^P$$
$$= \Delta\bar{d}x^P + d^P\Delta\bar{x} - \Delta\bar{d}\Delta\bar{x}$$

Insgesamt lassen sich bei (1)-(4) Grundkonzeptionen und (a)-(d) Methoden insgesamt 16 unterschiedliche Ansätze konzipieren (Kloock 1988, S.426):

Berücksichtigung der Abweichungen	Plan-Ist-Vergleich auf Isteinflussgrößenbasis	Plan-Ist-Vergleich auf Planeinflussgrößenbasis	Ist-Plan-Vergleich auf Isteinflussgrößenbasis	Ist-Plan-Vergleich auf Planeinflussgrößenbasis
gemäß dem alternativen Ansatz	$\Delta DB = \Delta dx^I + d^I\Delta x$	$\Delta DB = \Delta dx^P + d^P\Delta x$	$\Delta\overline{DB} = \Delta\bar{d}x^I + d^I\Delta\bar{x}$	$\Delta\overline{DB} = \Delta\bar{d}x^P + d^P\Delta\bar{x}$
gemäß dem kumulativen Ansatz	$\Delta DB = \Delta dx^P + d^I\Delta x$	$\Delta DB = \Delta dx^I + d^P\Delta x$	$\Delta\overline{DB} = \Delta\bar{d}x^P + d^I\Delta\bar{x}$	$\Delta\overline{DB} = \Delta\bar{d}x^I + d^P\Delta\bar{x}$
gemäß dem symmetrischen Ansatz	$\Delta DB = \Delta d\dfrac{x^P + x^I}{2} + \dfrac{d^P + d^I}{2}\Delta x$	$\Delta DB = \Delta d\dfrac{x^P + x^I}{2} + \dfrac{d^P + d^I}{2}\Delta x$	$\Delta\overline{DB} = \Delta\bar{d}\dfrac{x^P + x^I}{2} + \dfrac{d^P + d^I}{2}\Delta\bar{x}$	$\Delta\overline{DB} = \Delta\bar{d}\dfrac{x^P + x^I}{2} + \dfrac{d^P + d^I}{2}\Delta\bar{x}$
gemäß dem differenziert-kumulativen Ansatz	$\Delta DB = \Delta dx^I + d^I\Delta x + \Delta d\Delta x$	$\Delta DB = \Delta dx^P + d^P\Delta x - \Delta d\Delta x$	$\Delta\overline{DB} = \Delta\bar{d}x^I + d^I\Delta\bar{x} - \Delta\bar{d}\Delta\bar{x}$	$\Delta\overline{DB} = \Delta\bar{d}x^P + d^P\Delta\bar{x} + \Delta\bar{d}\Delta\bar{x}$

6.4 Beurteilungskriterien der Methoden

Die eigentliche Beurteilung dieser Methoden soll anhand einiger ausgewählter Kriterien erfolgen (Kloock 1988, S.427ff):

- Kriterium der Relevanz:
  Die Teilabweichungen einer Methode sollen kontrollrelevante Informationen bereitstellen:
  - Bereitstellung von Korrekturinformationen, um über Ursachen von negativen Erfolgsabweichungen Vorschläge zur künftigen Behebung zu initiieren.

- Bereitstellung von Lenkungsinformationen, um über die Vorgabe von Soll-erfolgsgrößen und die aus ihnen resultierenden Erfolgsabweichungen alle Mitarbeiter zu motivieren.

Aus dem zweiten Punkt folgt:

- Das Nicht-Erreichen von Planerfolgen muss negative Teilabweichungsbeträ-ge erwirken bzw. umgekehrt, d.h.: Ist-Plan-Vergleich ist dem Plan-Ist-Ver-gleich vorzuziehen.

- Ein Ausweis von Abweichungen muss auf der Basis von Planeinflussgrößen erfolgen, denn Abweichungen, deren Höhe von realisierten Einflussgrößen anderer Verantwortlicher abhängt, würden im Regelfall von dem Kontrol-lierten nicht akzeptiert werden.

Daraus folgt, dass nur ein Ist-Plan-Vergleich auf der Basis von Planeinflussgrö-ßen sinnvoll ist.

- Vollständigkeitskriterium:
Es sind alle Teilabweichungen einer Gesamtabweichung zu erfassen. Damit ent-fällt der alternative Ansatz.

- Invarianzkriterium:
Die Höhe der Teilabweichungsbeträge muss invariant sein gegenüber der Rei-henfolge der zu ermittelnden Teilabweichungen. Dies ist beim kumulativen An-satz problematisch.

- Kriterium der Willkürfreiheit:
Die Höhe der einem Verantwortlichen zuzurechnenden Teilabweichungen darf nicht willkürlich durch Abweichungen anderer, nicht seinem Einfluss unterlie-genden Einflussgrößen, variierbar sein. Immer dann, wenn Abweichungen hö-herer Ordnung mit denen erster Ordnung aggregiert werden, ist das Kriterium der Willkürfreiheit gefährdet. Dieses spricht gegen den kumulativen, aber auch gegen den symmetrischen Ansatz.

Bei strengem Anlegen dieser Beurteilungskriterien würde im Rahmen des Ist-Plan-Vergleichs auf Planeinflussgrößenbasis nur der differenziert-kumulative Ansatz üb-rig bleiben. Dabei würden die Abweichungen höherer Ordnung gesondert ausge-wiesen und nicht zugeordnet werden. Dieses ist in der Unternehmenspraxis wenig praktikabel, so dass hier oftmals auf die kumulative Methode zurückgegriffen wird.

Problematisch dabei sind folgende Aspekte:

- Kriterium der Relevanz:
Teilweise erfolgt der Vergleich auf Basis von Isteinflussgrößen.

- Invarianzkriterium:
Reihenfolge der Teilabweichungen bestimmt den Betrag der Teilabweichungen.

- Kriterium der Willkürfreiheit:
Verteilung der Abweichungen höherer Ordnung ist nicht verursachungsgerecht.

Aufgabe 7:
Dezentrales Erfolgs-Controlling

7.1 Aufgabenstellung

Skizzieren Sie die Dezentralisierung eines Unternehmens in selbstverantwortliche Erfolgsbereiche! Erläutern Sie anschließend anhand eines Beispiels deren Abrechnungsstruktur, d.h. die Ermittlung der Bereichserfolge und des Unternehmensgesamterfolgs, als Ist- bzw. Plankostenrechnung bei Voll- bzw. Teilkostenrechnung! Stellen Sie die einzelnen Abweichungen tabellarisch dar!

7.2 Einleitung

Die Aufbauorganisation eines Unternehmens stellt eine Form der Arbeitsteilung dar. Den einzelnen Organisationseinheiten werden Teilaufgaben verschiedener Art zugeordnet, die ganz oder teilweise selbstverantwortlich erfüllt werden. Idealtypisch unterscheidet man zwischen einer funktionalen und einer divisionalen Organisationsstruktur. Bei einer funktionalen Gliederung werden die Hauptorganisati-onseinheiten nach dem Verrichtungsprinzip gebildet. Beispielsweise ist eine Aufteilung in die Bereiche Marketing, Produktion, Beschaffung, Verwaltung möglich. Bei einer divisionalen Organisationsstruktur oder Spartenorganisation kann die primäre Gliederung des Unternehmens z.B. nach Produkten, Regionen, Abnehmern oder einer Kombination der einzelnen Kriterien erfolgen (Objektprinzip). Einige Aufgaben, die man zentral besser und kostengünstiger erfüllen kann (Rechnungswesen oder EDV), werden nicht auf die einzelnen Sparten verteilt, sondern an sogenannte Zentralstellen vergeben.

7.3 Erfolgsverantwortung

Bei funktionalen und divisionalen Organisationsformen unterscheidet man hinsichtlich der Erfolgsverantwortung zwischen Profit-Center und Als-ob-Profit-Center. Aufgrund der direkten Umsätze am Markt lässt sich ein Profit-Center-Ergebnis bzw. -Deckungsbeitrag als Erfolgsmaßstab ermitteln. Profit-Center sind Bereiche, die ihre Leistungen an den Markt abgeben; diesen Erträgen aus Umsätzen werden Kosten gegenübergestellt. Als-ob-Profit-Center und Cost-Center sind funktional gegliederte Abteilungen außerhalb der Profit-Center. Die Leistungen der Als-ob-Profit-Center werden, im Gegensatz zu den Profit-Centern, lediglich an innerbetriebliche Leistungsempfänger weitergegeben. Sie können aber mit Hilfe von Verrechnungspreisen bewertet werden, so dass eine Gegenüberstellung von Kosten und Leistungen für ein Als-ob-Profit-Center möglich ist. Klassisches Als-ob-Profit-Center ist die Produktion, die ihre erstellten Produkte an das Marketing (den Vertrieb) abgibt. Dabei findet eine entsprechende Leistungsverrechnung statt, bei der das Produktions-Ergebnis in Höhe der Kostendeckung (verrechnete Leistungen - entstandene Kosten) ermittelt wird (ähnlich Friedl 2003, S.20).

7.4 Abrechnungsstruktur

Bei der Wahl des nachfolgenden Beispiels werden alle drei dargestellten Formen der Erfolgsverantwortung berücksichtigt: ein Marketingbereich (Profit-Center), ein Produktionsbereich (Als-ob-Profit-Center) und ein Verwaltungsbereich (Cost-Center). Die sich daraus ergebende Abrechnungsstruktur zeigt Abbildung 114.

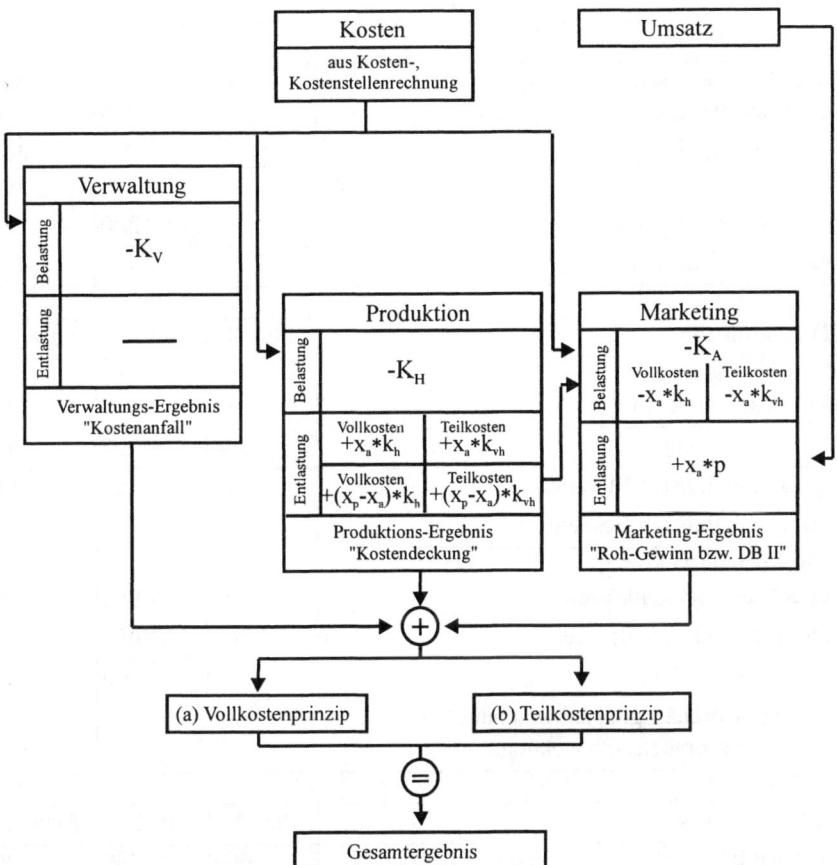

Abb. 114: Dezentrale Abrechnungsstruktur

7.4.1 Vollkostenprinzip

Die innerbetriebliche Leistungsverrechnung zwischen Produktion und Marketing kann nach dem Vollkostenprinzip beispielsweise zu Vollstandardherstellkosten erfolgen. Gemäß der traditionellen Vollkostenrechnung werden dabei die Produktionsfixkosten auf die einzelnen Produktionseinheiten verteilt und nicht en bloc verrechnet. Deshalb lässt sich kein Deckungsbeitrag für den Marketing-Bereich ermitteln. Beispielsweise ergibt sich folgende Abrechnungsstruktur (in T€):

(1) Marketing	Plan		Ist		Abw.
	pro ME	Σ	pro ME	Σ	Σ
abgesetzte Menge		100		80	-20
Netto-Preis/-Umsatz	40	4 000	39	3 120	-880
var. Marketingkosten	-3	-300	-4	-320	-20
Voll-Standard-HK	-20	-2 000	-20	-1 600	+400
Rohgewinn	17	1 700	15	1 200	-500
fixe Marketingkosten		-350		-300	+50
Marketing-Ergebnis		1 350		900	-450

(2) Produktion	Plan Σ	Ist Σ	Abw. Σ
abgesetzte Menge	100	80	-20
Bestandsveränderung[21]	+10	+15	+5
produzierte Menge	100	95	-15
verr. Herstellkosten Marketing	2 000	1 600	-400
verr. Herstellkosten Bestände[21]	200	300	+100
über produzierte Menge verrechnete Herstellkosten	2 200	1 900	-300
entstandende Herstellkosten	-2 200	-2 090	+110
Über-/Unterdeckung	--	-190	-190
davon: Beschäftigungsabweichung[22] :			-75
Verbrauchsabweichung:			-115

(3) Verwaltung	Plan Σ	Ist Σ	Abw. Σ
Kostenanfall	-600	-580	+20

---

21) Die Bestandsbewertung erfolgt zu vollen Standardherstellkosten.
22) Die geplanten Fixkosten betragen 550 T€.

(4) Konsolidierung	Plan Σ	Ist Σ	Abw. Σ
Marketing-Ergebnis	1 350	900	-450
Über-/Unterdeckung Produktion	--	-190	-190
Kostenanfall Verwaltung	-600	-580	+20
Gesamtergebnis	750	130	-620

Marketing und Produktion weisen bei der Erfolgsbeurteilung negative Ist-Plan-Abweichungen aus und haben die geplanten Ergebnisse nicht erreicht. Hingegen hat die Verwaltung den geplanten Kostenanfall unterschritten und somit das vorgegebene Kostenbudget eingehalten. Insgesamt ist das Gesamtergebnis trotz einer Abweichung von -620 T€ noch positiv.

7.4.2 Teilkostenprinzip

Setzt man als Verrechnungspreis die variablen Standardherstellkosten fest, so wird die Marketing-Abteilung nur mit den variablen Herstellkosten der bezogenen Produktionseinheiten belastet. Sie weist deshalb in der Regel einen positiven Deckungsbeitrag aus. Das Produktionsergebnis ist in jedem Fall negativ, da die fixen Produktionskosten nicht verrechnet werden. Für das vorangehende Beispiel ergibt sich auf Teilkostenbasis folgende Struktur:

(1) Marketing	Plan		Ist		Abw. Σ
	pro ME	Σ	pro ME	Σ	Σ
abgesetzte Menge		100		80	-20
Netto-Preis/-Umsatz	40	4 000	39	3 120	-880
var. Marketingkosten	-3	-300	-4	-320	-20
var. Standard-HK	-15	-1 500	-15	-1 200	+300
Deckungsbeitrag I	22	2 200	20	1 600	-600
fixe Marketingkosten		-350		-300	+50
DB II Marketing		1 850		1 300	-550

(2) Produktion	Plan Σ	Ist Σ	Abw. Σ
abgesetzte Menge	100	80	-20
Bestandsveränderung[23]	+10	+15	+5
produzierte Menge	110	95	-15
verr. Herstellkosten Marketing	1 500	1 200	-300
verr. Herstellkosten Bestände[23]	150	225	+75
über produzierte Menge verr. Herstellkosten	1 650	1 425	-225
entstandene variable Herstellkosten	-1 650	-1 520	+130
Abweichung var. Kosten = var. Verbrauchsabweichung	--	-95	-95
fixe Kosten	-550	-570	-20
Über-/Unterdeckung	-550	-665	-115

(3) Verwaltung	Plan Σ	Ist Σ	Abw. Σ
Kostenanfall	-600	-580	+20

(4) Konsolidierung	Plan Σ	Ist Σ	Abw. Σ
Marketing-Ergebnis	1 850	1 300	-550
Über-/Unterdeckung Produktion	-550	-665	-115
Kostenanfall Verwaltung	-600	-580	+20
Gesamtergebnis	700	55	-645

Die Beurteilung der Ist-Plan-Abweichungen führen zu ähnlichen Ergebnissen wie bei der Vollkostenrechnung. Das Marketing und die Produktion weichen negativ von den Vorgaben ab, die Verwaltung positiv.

Die nach dem Voll- und Teilkostenprinzip ermittelten Gesamtergebnisse sind nicht identisch. Die Differenz resultiert aus der unterschiedlichen Bestandsbewertung der Voll- und Teilkostenrechnung. Falls sich abgesetzte und produzierte Menge entsprechen, so ist das Gesamtergebnis der beiden Verfahren identisch.

---

23) Die Bestände werden zu variablen Standardherstellkosten bewertet.

Aufgabe 8:
Marketing-Controlling

8.1 Aufgabenstellung

Operatives Controlling im Marketing-Bereich: Beschreiben und diskutieren Sie Systematik und Inhalte von Planung, Kontrolle, Abweichungsanalyse und Steuerung nach der Struktur einer Deckungsbeitragsrechnung!

Gehen Sie von dem im Folgenden genannten Beispiel aus und legen Sie Ihren Ausführungen mathematisch formulierte analytische Darstellungen zugrunde!

Produkt	1		2		3		Summe	
in T€	Plan	Ist	Plan	Ist	Plan	Ist	Plan	Ist
Angaben pro Mengeneinheit:								
Bruttopreis	9,0	10,0	8,0	7,0	15,0	16,0		
Erlösschmälerungen	0,5	0,4	0,2	0,1	0,5	1,0		
var. Absatzkosten	0,5	0,6	0,5	0,6	0,5	0,6		
var. Herstellkosten	6,0	6,0	3,3	3,3	8,0	8,0		
Stück-Deckungsbeitrag	2,0	3,0	4,0	3,0	6,0	6,4		
Angaben pro Periode:								
Absatzmenge	20	18	10	12	15	14		
Bruttoumsatz	180,0	180,0	80,0	84,0	225,0	224,0	485,0	488,0
Erlösschmälerungen	10,0	7,2	2,0	1,2	7,5	14,0	19,5	22,4
var. Absatzkosten	10,0	10,8	5,0	7,2	7,5	8,4	22,5	26,4
var. Herstellkosten	120,0	108,0	33,0	39,6	120,0	112,0	273,0	259,6
Deckungsbeitrag I	40,0	54,0	40,0	36,0	90,0	89,6	170,0	179,6
Fixkosten - Marketing							44,0	46,6
Marketing-Ergebnis							126,0	133,0

8.2 Einleitung

Die starke Ausprägung der meisten Märkte als Käufermärkte erfordert eine Führung des Unternehmens vom Markt her. Während das Rechnungswesen traditionell als Informationsspeicher von quantitativen Daten gesehen wird, hat sich das Marketing eher auf verhaltenswissenschaftliche Erfahrungsansätze konzentriert. Dem Marketing-Controlling kommt daher die Rolle zu, die vorhandenen Daten (sowohl interner als auch externer Herkunft) für eine Entscheidungsunterstützung im Marketing-Bereich zu erfassen und aufzubereiten. Das Marketing-Controlling beschränkt sich deshalb nicht a priori auf Organisationseinheiten des Vertriebs- bzw. Absatzbereichs, sondern kennzeichnet eine bestimmte Art des Denkens jeglicher Führungsinstanzen im Unternehmen.

Die Zielsetzungen, die das Marketing-Controlling innerhalb des kurzfristigen zeitlichen Rahmens zu erfüllen hat, sind vorrangig auf die Gewährleistung der Wirtschaftlichkeit des Unternehmens gerichtet. Im Marketingbereich muss versucht werden, die Differenz zwischen Erträgen aus Umsatz und Kosten für Herstellung und Marketing-Mix zu maximieren.

8.3 Planung

Im Rahmen der operativen Marketingplanung treten folgende Dispositionsbereiche stark in den Vordergrund:

- Planung der Absatzmengen der Produkte (Absatzprogrammplanung)
- Festlegung von Preisen und Konditionen (Erlösschmälerungen)
- Auswahl der zu beliefernden Kundengruppen und Kunden
- Festlegung der zu beliefernden Märkte und Teilmärkte
- Bestimmung der Vertriebswege
- Festlegung der sonstigen Marketingaktivitäten (Werbung)

Aufgabe des Informationssystems des Marketing-Controlling ist neben der Bereitstellung von Instrumenten zur Informationsbeschaffung über die Unternehmensumwelt (z.B. die Marktstruktur) auch die Beschaffung von Informationen aus der Unternehmensinnenwelt (z.B. dem Produktions- oder dem Beschaffungsbereich). Ein erheblicher Teil der bereitzustellenden Daten ist dabei nicht-monetärer Art, wie etwa der Bekanntheitsgrad. Dieses führt zu spezifischen Datenerfassungs- und Quantifizierungsproblemen. Außerdem ist es gerade für Informationen über die Unternehmensumwelt schwierig, das Verhältnis zwischen dem Nutzengehalt der Information und den Kosten der Informationsbeschaffung zu quantifizieren.

8.4 Deckungsbeitragsrechnung als Instrument zur Kontrolle

Bedingt durch die nicht verursachungsgerechte Kostenzuordnung bei der Vollkostenrechnung, führt diese bei stark produktbezogenen Rechnungen zu falschen Ergebnissen (Reichmann 2001, S.447). Vor allem bei wachsenden Gemein- und Fixkostenanteilen gibt eine Gemeinkostenrechnung mit Hilfe von Zuschlagssätzen nicht mehr die reale Kostensituation wider. Durch den Einsatz einer deckungsbeitragsbezogenen Analyse können solche Fehler vermieden werden. Als Instrument zur Kontrolle und Abweichungsanalyse im operativen Marketing-Controlling bietet sich daher die mehrstufige Deckungsbeitragsrechnung an (Reichmann 2001, S.452ff). Meist findet sich diese Rechnung in tabellarischer Form (Fixkosten beziehen sich dabei ausschließlich auf den Marketingbereich):

		insgesamt		Spezifikation nach Produkten i, Abnehmern j, Gebieten k
		Mio	%	
Brutto-Umsatz	U_b	240,0	100,0	i, j, k, d.h. x: i, j, k; p: i
- Erlösschmälerungen	e	24,0	10,0	i, j
= Netto-Umsatz	U_n	216,0	90,0	i, j, k
- var. Vertriebskosten	k_{va}	9,0	3,8	i, j, k
- var. Herstellkosten	k_{vh}	124,3	51,8	i
= Deckungsbeitrag I	DB I	82,7	34,5	i, j, k
- artikelspezifische Werbung	K_{fw}	16,5	6,9	i
= Deckungsbeitrag II	DB II	66,2	27,6	i
- Fixkosten Vertriebsweg	K_{fA}	12,5	5,2	k
- Fixkosten Verk./Werbg.	K_{fW}	4,1	1,7	
- Fixkosten Verkehr/Distrib.	K_{fD}	5,3	2,2	
= Deckungsbeitrag III	DB III	44,3	18,5	
= Marketing-Ergebnis				

Abb. 115: Mehrdimensionale Ergebnisrechnung im Marketing
nach der mehrstufigen Deckungsbeitragsrechnung

Mit der mehrdimensionalen Deckungsbeitragsrechnung sollen Hinweise darüber gewonnen werden, wo produkt- und preispolitische Maßnahmen anzusetzen sind, um eine Verbesserung des jeweiligen wirtschaftlichen Erfolgs zu erzielen. Die Deckungsbeitragsrechnung ist auf Kontrollobjekte ausgerichtet. In der Literatur werden dabei genannt:

• Artikel(-gruppen)
• Regionen
• Aufträge
• Kunden(-gruppen)

Kontrollziel ist es, die jeweiligen Objekte zu lokalisieren, die die vorgegebenen Mindestgrößen nicht erreichen. Eine spezifische Deckungsbeitragsanalyse soll zeigen, wo die „Verlustbringer" lokalisiert werden.

Die entsprechende Analyse ist Voraussetzung dafür, dass adäquate Maßnahmen ergriffen werden können, die dann zur Eliminierung der „Verlustbringer" führen oder gegebenenfalls eine Forcierung durch geänderte Gestaltung des Marketing-Mix (Produkt, Preis, Kommunikation, Distribution) nach sich ziehen, um eine verbesserte wirtschaftliche Lage sowohl der Kontrollobjekte als auch des Gesamtunternehmens zu erzielen. Die Daten zur Kontrolle werden weitgehend aus dem betrieblichen Rechnungswesen gewonnen. Eine wichtige Aufgabe des Marketing-Controlling ist es, als Mittler zwischen Rechnungswesen und Marketing zu fungieren.

8.5 Abweichungsanalyse im Marketing-Controlling

Die Analyse wird in diesem Beispiel nach der kumulativen Abweichungsanalyse als Ist-Plan-Vergleich auf Planeinflussgrößenbasis durchgeführt (Kloock 1988, S.423ff). Danach gilt in vereinfachter Schreibweise:

$$\Delta DB\ I = DB\ I^I - DB\ I^P$$

$$= [\Delta d\,x^P + \Delta d \Delta x] + \Delta x\,d^P$$

$$\text{mit } \Delta d = d^I - d^P$$

$$\Delta x = x^I - x^P$$

$$= [x^I(d^I - d^P)] + d^P(x^I - x^P)$$

$$\text{mit } d^P = p^P - e^P - k_{va}^P - k_{vh}^P$$

$$d^I = p^I - e^I - k_{va}^I - k_{vh}^I$$

$\Delta DB\ III =$ Einfluss von:

$$\sum x^I(p^I - p^P) \qquad \to \Delta p \qquad \text{Preisen}$$

$$+ \sum x^I(e^P - e^I)\,* \qquad \to \Delta e \qquad \text{Erlösschmälerungen}$$

$$+ \sum x^I(k_{va}^P - k_{va}^I)\,* \qquad \to \Delta k_{va} \qquad \text{var. Absatzkosten}$$

$$+ \sum x^I(k_{vh}^P - k_{vh}^I)\,* \qquad \to \Delta k_{vh} \qquad \text{var. Herstellkosten}$$

$$+ \sum d^P(x^I - x^P) \qquad \to \Delta x \qquad \text{Absatzmengen}$$

$$+ (K_{fV}^P - K_{fV}^I)\,* \qquad \to \Delta K_{fV} \qquad \text{Fixkosten Vertrieb allg.}$$

$$+ (K_{fW}^P - K_{fW}^I)\,* \qquad \to \Delta K_{fW} \qquad \text{Fixkosten Werbung}$$

$$+ (K_{fD}^P - K_{fD}^I)\,* \qquad \to \Delta K_{fD} \qquad \text{Fixkosten Distribution}$$

(* Umstellung Plan/Ist wegen Vorzeichen)

Die Abweichung Δk_{vh} nimmt für das Marketingressort den Wert Null an, da diese beim Produktions-Controlling festgestellt wird und der Marketing-Bereich stets mit den variablen Planherstellkosten als Verrechnungspreis belastet wird. Für das Beispiel ergeben sich damit folgende Werte[24]:

---

24) Da die Fixkosten in diesem Beispiel pauschal verrechnet werden, weicht die Struktur etwas von der oben gezeigten Form ab.

in T€	Produkt 1	Produkt 2	Produkt 3	Σ
Δ p	18(10,0-9,0)=+18,0	12(7,0-8,0)=-12,0	14(16,0-15,0)=+14,0	+20,0
Δ e	18(0,5-0,4)=+1,80	12(0,2-0,1)=+1,20	14(0,5-1,0)=-7,0	-4,0
Δ k_{va}	18(0,5-0,6)=-1,80	12(0,5-0,6)=-1,20	14(0,5-0,6)=-1,40	-4,4
Δ k_{vh}	18(6,0-6,0)=0,0	12(3,3-3,3)=0,0	14(8-8)=0,0	0,0
Δ x	2,0(18-20)=-4,0	4,0(12-10)=+8,0	6,0(14-15)=-6,0	-2,0
Δ DB I	+14,0	-4,0	-0,4	+9,6
Δ Fixkosten				-2,6
Δ Marketing-Ergebnis				+7,0

Die positive Abweichung im Marketing-Ergebnis von +7,0 lässt sich zuordnen auf eine positive Abweichung im DB I von +9,6 sowie einer negativen Abweichung bei den Fixkosten von -2,6. Wegen der spezifischen Zuordnung der Erfolgsbestandteile des DB I auf die jeweiligen Produktmengeneinheiten ist eine produktspezifische Analyse im Hinblick auf verschiedene Teileinflüsse möglich.

8.6 Ursachenanalyse von Marketing-Abweichungen

Die Ursachen für das Auftreten einer Abweichung im Marketing-Controlling lassen sich analog zur Gliederung der Deckungsbeitragsanalyse gliedern in Abweichungen

- des Produkts:
  - Umsatz:
    - Preis: Preise durchgesetzt?
    - Menge: Mengenrückgang durch Nachfrageverschiebung?
  - Erlösschmälerungen: erhöhte Rabatte bei verstärkten Sonderaktionen ohne Mengenerfolg?
  - variable Vertriebskosten: erhöhte Verkaufsprämien für den Außendienst?
  - Deckungsbeitrag - absolut und prozentual - als Folge der Einzelpositionen
- des Kunden:
  - Umsatz
  - Erlösschmälerungen: erhöhte Sonderkonditionen?
  - variable Vertriebskosten: Veränderung des Anteils der variablen Vertriebskosten in Prozent vom Umsatz?
  - Deckungsbeitrag - absolut und prozentual - als Folge der Einzelpositionen
- des (Verkaufs-)Bezirks:
  - Umsatz: als Folge des Produkt- und Kundenmixes und deren Veränderungen
  - Deckungsbeitrag: als Folge des Produkt- und Kundenmixes und deren Veränderungen
  - Fixkosten Vertriebsweg: Kostenveränderung durch Budgetüberschreitung - Einstellung weiterer Reisender?

- sonstiger Kostenstellen:
  - Fixkosten:
    - Verkauf/Werbung: Kostenveränderung durch Budgetüberschreitung?
    - Verkehr/Distribution: Kostenveränderung durch Budgetüberschreitung?

Gegensteuerungsmaßnahmen zur Verbesserung des Marketing-Ergebnisses lassen sich gemäß Abbildung 116 wie folgt darstellen:

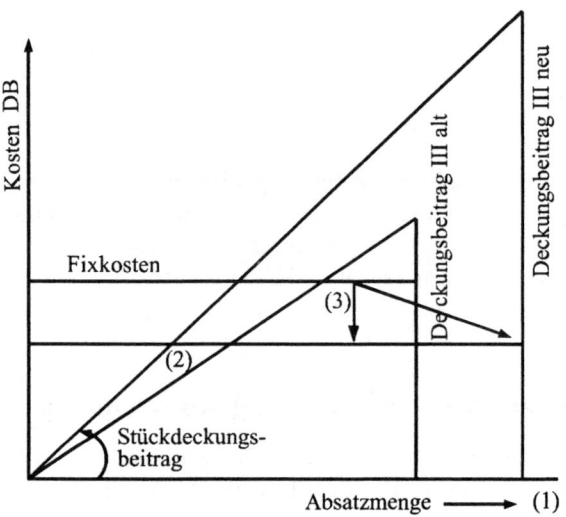

Abb. 116: Veränderungen im Marketingergebnis

(1) Erhöhung der Absatzmenge - Mengenwachstum - und dadurch zusätzlich gewonnener Deckungsbeitrag
(2) Erhöhung des durchschnittlichen Stückdeckungsbeitrags durch
    - Erhöhung der Verkaufspreise
    - Senkung der variablen Stückkosten
    - Verbesserung des Sortiment-Mixes durch Forcierung deckungsbeitragsstarker Produkte
(3) Senkung der Fixkosten

Aufgabe 9:
IV-Controlling

9.1 Aufgabenstellung

Beschreiben und diskutieren Sie Inhalte und Werkzeuge eines Controlling für die Informationsverarbeitung!

9.2 Einleitung

Obwohl sich Controlling in der Unternehmenspraxis weitgehend durchgesetzt hat, besteht in bestimmten Bereichen ein Nachholbedarf. Hierzu gehört insbesondere die Informationsverarbeitung (IV), die in den letzten Jahren eine explosionsartige Entwicklung durchlaufen hat. Erst sehr spät kam die Einsicht, dass auch im IV-Bereich Controlling aus vielfältigen Gründen notwendig ist. Zum einen liegt es an der wachsenden strategischen Bedeutung der Informations- und Kommunikationssysteme, zum anderen an den ständig steigenden Investitionsausgaben und den damit zusammenhängenden Folgekosten.

Die Anwendung des Controlling-Ansatzes auf die IV versucht die Informationswirtschaft innerhalb des Unternehmens so transparent zu machen, dass zielgerichtete Entscheidungen über den Technologieeinsatz möglich sind. Hierzu erfolgt eine konsequente Strukturierung der IV-Prozesse in planungs- und kontrollbasierte Regelkreise, die es erlauben, eine Steuerung über Abweichungsanalysen durchzuführen (Heib/Scheer 1994, S.113).

9.3 Begriff und Inhalte des IV-Controlling

In Theorie und Praxis werden eine Vielzahl von Begriffen zum Informationsverarbeitungs-Controlling synonym verwendet:

*   Datenverarbeitungs-(DV-)Controlling (Kargl 1996)
*   Informationsverarbeitungs-(IV-)Controlling (Krcmar 1992)
*   Informationsmanagement-(IM-)Controlling (Sokolovsky 1993)
*   Informationssystem-(IS-)Controlling (Horváth 2001)

Im weiteren Verlauf dieser Aufgabe wird nur noch der Begriff IV-Controlling verwendet, da dieser in der Praxis am häufigsten anzutreffen ist.

Die Inhalte des IV-Controlling sind eng mit der Entwicklung der betrieblichen Informationsverarbeitung verbunden. Ging es bei den ersten IV-Controlling-Konzepten primär um die Budgetierung und Verrechnung von zentralen DV-Kosten, so stehen heute ebenso Fragen der strategischen Unterstützung der Unternehmensziele durch die Informationstechnologie zur Diskussion. Soft- und Hardware werden als

Investition angesehen, so dass Fragen über die Wartungskosten und die Entscheidung über Ersatzinvestitionen in die Wirtschaftlichkeitsberechnungen eingehen. Die verschiedenen Elemente eines zeitgemäßen IV-Controlling zeigt Abbildung 117.

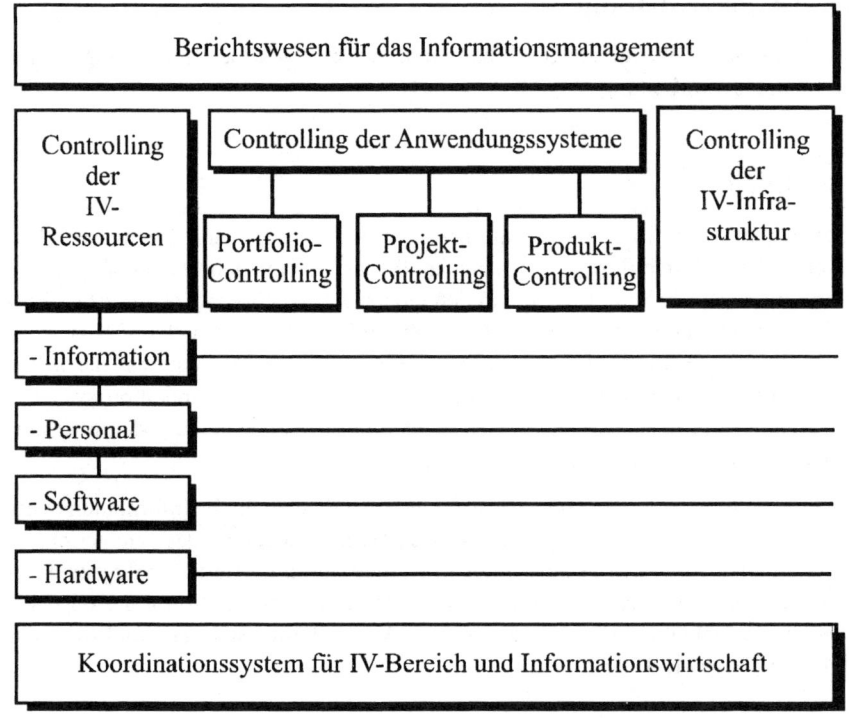

Abb. 117: Elemente des IV-Controlling (Krcmar 1991, S.7)

Die Koordination des IV-Bereichs und der Informationswirtschaft gehören zu den elementaren Aufgaben und bilden damit die Basis für ein funktionierendes IV-Controlling. Dabei geht es darum, unternehmensweit alle informationswirtschaftlichen Prozesse mit Hilfe von Controllingfunktionen zu unterstützen. Darüber hinaus muss zur Steuerung des IV-Bereichs ein Berichtswesen entwickelt werden, das anhand von Kennzahlen die IV-Leistungen im engeren Sinne bewertet. Koordination und Berichtswesen befassen sich primär mit den drei Objekten Ressourcen, Anwendungssysteme sowie IV-Infrastruktur (Krcmar 1991, S.8f).

• Ressourcen:
  Dieser Bereich bezieht sich auf die Ressourcen Information, Personal, Software und Hardware.
• Anwendungssysteme:
  Gemäß Abbildung 117 wird der Bereich Anwendungssysteme wie folgt unterteilt:

- Portfolio-Controlling: Das Portfolio-Controlling verfolgt das Ziel, die verschiedenen im Unternehmen vorhandenen Ideen und Projekte, die eine IV-Unterstützung benötigen, einem Priorisierungsverfahren zu unterziehen, um bei knappen IV-Ressourcen die wichtigsten Vorhaben realisieren zu können.
- Projekt-Controlling: Innerhalb des Projekt-Controlling werden organisatorische Vorkehrungen getroffen, um die anstehenden IV-Projekte erfolgreich durchführen zu können. Überwacht werden dabei vor allem die Wirtschaftlichkeit, die Qualität, die Funktionalität und die Termintreue.
- Produkt-Controlling: Da die Software-Produkte für ein Unternehmen einen hohen Wert darstellen, sind sie für den aktuellen Wertschöpfungsprozess unerlässlich. Aus diesem Grund müssen die einzelnen Produkte einer langfristigen systematischen Steuerung mit einem Produkt-Controlling unterzogen werden. Das Controlling muss an dieser Stelle sicherstellen, dass die Folgekosten einer Neuentwicklung begrenzt bleiben und nicht ein Vielfaches ihrer Entwicklungskosten erreichen (Sokolovsky 1993, S.553).
- IV-Infrastruktur:
  Dieser Bereich - das Controlling der IV-Infrastruktur - ist auf die durch langfristige Planungsmaßnahmen sicherzustellende Informationsversorgung und -verarbeitung des Unternehmens focussiert.

Die Funktion des IV-Controlling muss in die bestehende Aufbaustruktur des Unternehmens eingepasst werden. In kleinen bis mittleren Unternehmen wird es keinen speziellen IV-Controller geben. Hier nimmt der allgemeine Controller auch die IV-Controllingaufgaben wahr, lediglich bei Detailfragen erfolgt eine Zusammenarbeit mit dem DV-Leiter. In Großunternehmen hat sich das Dotted-Line-Prinzip bewährt. Der IV-Controller ist fachlich dem Zentral-Controller unterstellt; disziplinarisch ist er dem Leiter der Informationsverarbeitung zugeordnet. Im Falle der Institutionalisierung des IV-Controlling sind das Controlling einerseits und das Informationsmanagement andererseits beteiligt.

9.4 Werkzeuge des IV-Controlling

Die Strukturen des „klassischen Controlling" sind denen des IV-Controlling ähnlich, so dass teilweise die gleichen Werkzeuge anwendbar sind. Problematisch erweist sich in vielen Fällen die Übertragung der Controllingtechniken auf die Ressource Information. Während die Bestimmung des Aufwands einfach zu handhaben ist, kann der Nutzen von IV-Verfahren nicht eindeutig bestimmt werden. Eine Auswahl möglicher Werkzeuge für das IV-Controlling zeigt die folgende Aufzählung (Kremar 1992, S.9):

- Analysetechniken und Entscheidungshilfen der strategischen IV-Planung:
  - Stärken/Schwächen - Möglichkeiten/Gefahren
  - Potential-Analysen
  - Gap-Analysen
  - Portfolio-Analysen

- Methoden der Alternativensuche:
  - intuitiv-kreative Methoden
  - qualitative Methoden
  - Szenario-Techniken
- Methoden zur Bewertung und Entscheidung:
  - ABC-Analyse
  - Investitionsrechnungsverfahren
  - Nutzwertanalyse
  - Kosten-Nutzen-Analyse
  - Kosten- und Leistungsrechnung
- Spezielle Methoden der Projektplanung und -kontrolle:
  - Projektmanagementsysteme
  - Methoden der Aufgabenplanung
  - Methoden der Qualitätsplanung
  - Methoden der Zeit- und Aufwandsabschätzung
  - Methoden der Terminplanung
  - Software-Qualitätsplanungs- und -kontrollmethoden
  - Methoden zur Überprüfung auf Ordnungsmäßigkeit
  - Methoden zur Überprüfung auf Übereinstimmung mit gesetzlichen Vorschriften
- Methoden der Koordination:
  - Budgetierungstechniken
  - Kennzahlen und Kennzahlensysteme
  - Verrechnungspreise
  - Verfahren zur Leistungsver- oder -abrechnung
- Methoden zur Leistungsmessung und Optimierung der IV-Infrastruktur:
  - Accounting-Verfahren im engeren Sinne
  - Betriebssystemroutinen zur Erfassung/zum Logging der Betriebsmittel-Inanspruchnahmen
  - Software-Monitore
  - Benchmarking-Verfahren
  - Simulationsverfahren
  - Verfahren der analytischen Modellierung
- Methoden zur Informationsübermittlung:
  - Berichtswesen
  - Dokumentation und Dokumentationssysteme

9.5 Kennzahlen

Die Messung der Effizienz der Informationsverarbeitung im Rahmen des IV-Controlling gestaltet sich schwierig. Eine Möglichkeit bilden Kennzahlensysteme, die quantitative Informationen mit qualitativen Größen kombinieren. Ein beispielhaftes IV-Kennzahlensystem zeigt Abbildung 118.

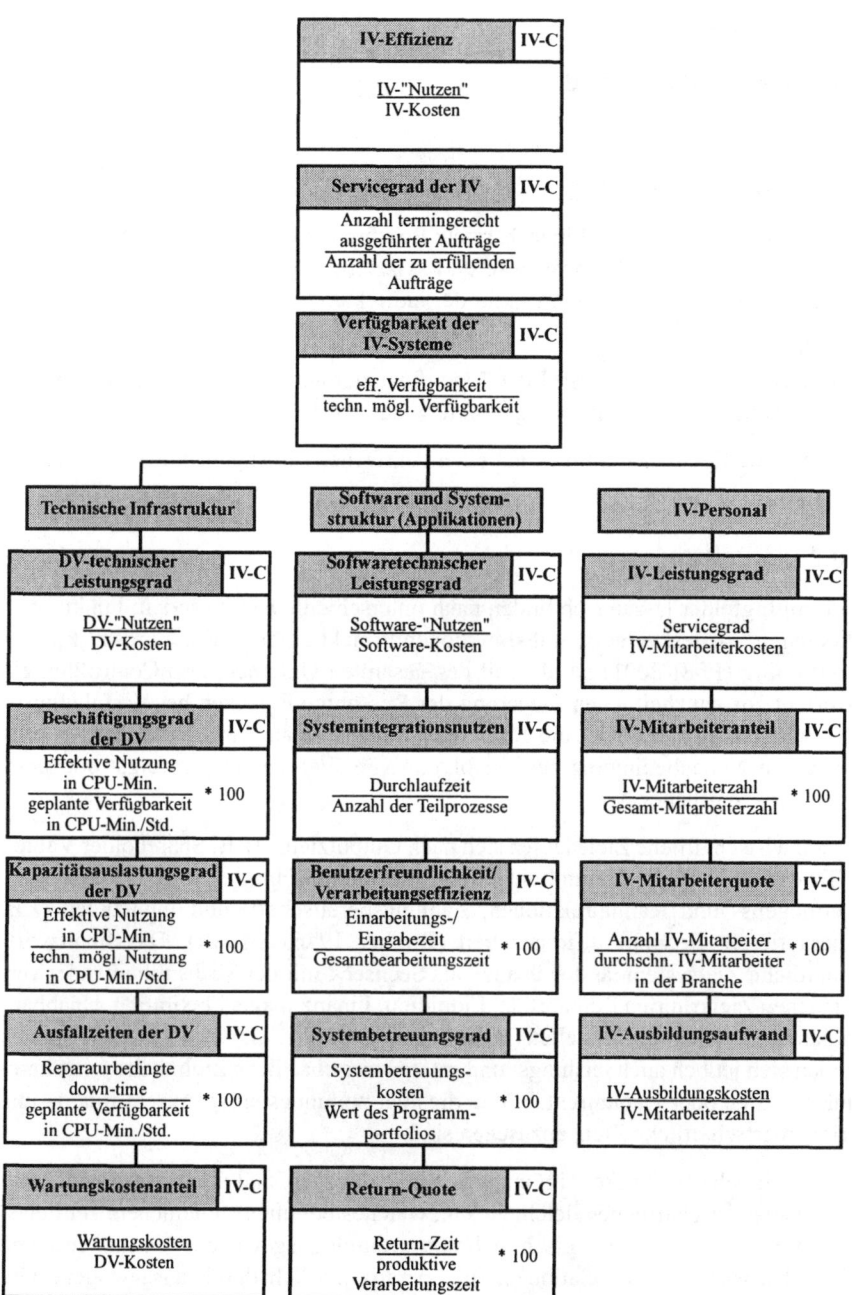

Abb. 118: IV-Kennzahlensystem (Baumöl/Reichmann 1996, S.207)

Aufgabe 10:
Finanz-Controlling

10.1 Aufgabenstellung

Operatives Controlling im Finanzbereich: Beschreiben und diskutieren Sie Planung, Kontrolle und Abweichungsanalyse und skizzieren Sie anschließend die Struktur des Berichtswesens nach der Struktur der indirekten Finanzplanung:

(1) Plan-Ist-Abweichung
(2) Kapitalbedarf I/II - Cash Flow/Eigenfinanzierung - Nettoneuverschuldung jeweils mit den für Controllingaspekte wichtigsten Bestimmungsfaktoren!

Belegen Sie Ihre Erläuterungen mit einem einfachen selbst gewählten Beispiel!

10.2 Einleitung

Controllingfelder lassen sich bilden nach unterschiedlichen Kriterien: Funktionen, Produkten/Sparten, Querschnittsfunktionen/Projekten oder Ressourcen. Finanz-Controlling (Pfaff 2001) ist als Teil des gesamten Unternehmens-Controlling ein Konzept zur ganzheitlichen Steuerung der Ressource Finanzen bei Verfolgung finanzwirtschaftlicher Ziele; die Erreichung solcher finanzwirtschaftlicher Ziele ist wiederum Nebenbedingung bei Verfolgung von Zielsetzungen erfolgs- oder leistungswirtschaftlicher Art.

Finanzwirtschaftliche Ziele lassen sich nach Outputzielen (z.B. Shareholder Value), Effizienzzielen (z.B. Kapitalrentabilität, Kapitalumschlag), Strukturzielen (z.B. Vermögens- und Kapitalrelationen, Zahlungsbereitschaft) und Inputzielen (z.B. Thesaurierter Gewinn) differenzieren (Bircher 1976, S.108ff). Das finanzwirtschaftliche Zielsystem lässt sich auch als Sechseck mit den sechs miteinander verbundenen Zielkriterien Rentabilität, Liquidität, Finanzimage, Flexibilität, Unabhängigkeit und Sicherheit darstellen (Hintermann 1996, S.138ff). Bei diesen Beispielen finden sich jedoch auch leistungs- und erfolgswirtschaftliche Zielinhalte wie Shareholder Value oder Kapitalrentabilität, die aber zumindest als gemischt finanz- und erfolgswirtschaftliche Ziele anzusehen sind.

Finanzwirtschaftliche Ziele im engeren Sinne dagegen sind allein ausgerichtet auf das finanzwirtschaftliche Gleichgewicht, welches bei unterschiedlichem zeitlichen Planungshorizont (a) strategisch-mehrjährig durch ausgewogene Vermögens- und Kapitalstrukturen und -relationen, (b) operativ-jährlich durch ausgewogene Gesamt- oder Nettoneuverschuldung auf Basis der laufenden, vor allem erfolgswirtschaftlich abgeleiteten Mittelherkunft und - auch investiven - Mittelverwendung und (c) dispositiv-innerjährlich durch tägliche Zahlungsbereitschaft (Liquidität) unter Beachtung anstehender Zahlungsströme zum Ausdruck kommt. Teilweise findet sich auch eine andere Abgrenzung der verschiedenen Planungshorizonte - so beispielsweise: strategisch = langfristig, operativ = mittelfristig für mehrere Geschäftsjahre, taktisch = kurzfristig für ein Geschäftsjahr (Perridon/Steiner 2002, S.615).

10.3 Strategisches, operatives und dispositives Finanz-Controlling

Analog der Differenzierung des Controlling nach Größe des zeitlichen Planungshorizonts bei jeweils unterschiedlichen Handlungsfreiräumen als strategisches und operatives Controlling wird auch im finanzwirtschaftlichen Bereich zwischen strategischem, operativem und dispositivem Finanz-Controlling bei Verfolgung der entsprechenden zuvor skizzierten finanzwirtschaftlichen Ziele unterschieden.

Strategisches Finanz-Controlling ist auf die Sicherstellung einer strukturellen Liquidität (Perridon/Steiner 2002, S.541) ausgerichtet; es gilt, alle Unternehmensaktivitäten mit dem Ziel der Erreichung normativer bestandsorientierter und stromgrößenorientierter Kennzahlengrade zu erreichen. Strategisches Finanz-Controlling lässt sich auch als Kapitalstruktur-Controlling (Hintermann 1996, S.9) bezeichnen mit der Verfolgung von Kapitalstrukturzielen (Hintermann 1996, S.158ff).

Während strategisches Finanz-Controlling auf die nachhaltige Sicherstellung dieser normativen Finanz- oder Kapitalstrukturkennzahlen im gesamten strategischen Planungszeitraum von zumeist bis zu 10 Jahren oder länger ausgerichtet ist, erstreckt sich operatives Finanz-Controlling auf deren Sicherstellung im operativen Planungszeitraum, der in der Regel einem Geschäftsjahr entspricht. Entscheidend ist hier vor allem, die mit der Verabschiedung der Jahresplanung budgetierte Nettoneuverschuldung und damit Gesamtverschuldung gegenüber Banken und sonstigen Kreditinstituten sicherzustellen, keineswegs zu überschreiten, möglichst aber zu unterschreiten.

Dispositives Finanz-Controlling ist auf die Sicherstellung der innerjährlichen täglichen Zahlungsbereitschaft (Liquidität) ausgerichtet. Hier setzen tägliche Finanzdispositionen mit direkter Zuständigkeit des Treasurers an.

10.4 Indirekte und direkte Methode der Finanzplanung und -kontrolle

Zu den wichtigen Komponenten des Controlling gehören neben spezifischen Prozessen und Strukturen insbesondere spezifische Systeme, welche aus dem finanzwirtschaftlichen Planungs- und Kontrollsystem (Finanzplanung und -kontrolle) sowie Informationssystem (Finanzberichtswesen mit Kennzahlen) als wichtigsten Systembausteinen bestehen. Diese Bausteine begleiten die Abläufe im Finanzmanagement nach den Grundsätzen des Finanz-Controlling in den Phasen Zielbildung-Planung-Realisierung-Kontrolle (Hahn/Hungenberg 2001, S.45ff), die sich als Abläufe im Regelkreis als Endloskette wiederholen. Die Finanzplanung ist zentrales Element der Prozessphasen finanzieller Führung (Dellmann 1993, Sp.637).

Literatur und Praxis unterscheiden verschiedene Formen und Arten der Finanzplanung und -kontrolle (Perridon/Steiner 2002 S.621ff); meist sind die indirekte oder die direkte Methode anzutreffen (Hahn/Hungenberg 2001, S.649). Die indirekte Finanzplanung wird auch als Finanzierungsplanung oder als Bilanzstrukturplanung auf Basis von Plan-Bilanz und Plan-Erfolgsrechnung, die direkte Finanzplanung als Finanzplanung im engeren Sinne oder als Liquiditätsplanung bezeichnet (Swoboda/ Hartlieb 1989, Sp.498).

Die indirekte Methode - Zielgröße von Planung und Kontrolle ist hier die Nettoneuverschuldung für den Planungszeitraum gegenüber Banken und sonstigen Kreditinstituten - ist erfolgs- und bilanzorientiert und baut auf der Kapitalflussrechnung unter Einbeziehung der Erfolgsrechnung auf (Perridon/Steiner 2002, S.594ff). Die für die Finanzplanung relevanten Daten werden aus der vorgeschalteten Erfolgs- und Bilanzplanung abgeleitet (Dellmann 1993, Sp.642). Diese derivative indirekte Finanzplanung differenziert nach Mittelherkunft (Kapitalherkunft) aus Cash Flow und sonstiger Eigenfinanzierung und nach Mittelverwendung (Kapitalbedarf) für Investitionen in Anlage- und Umlaufvermögen unter Berücksichtigung sonstiger Kapitalveränderungen beispielweise bei Rückstellungen und Verbindlichkeiten.

Die direkte Methode - Finanzplanung im engeren Sinne - ist zahlungsorientiert (Perridon/Steiner 2002, S.613ff), die Zahlungsströme werden originär geplant (Dellmann 1993, Sp.642). Zielgröße von Planung und Kontrolle ist hier die finanzwirtschaftliche Über- oder Unterdeckung, die ermittelt wird aus dem Saldo verschieden differenzierter Ein- und Auszahlungen innerhalb der Planungsperiode.

Die indirekte und die direkte Methode lassen sich in jeweils gleicher Struktur als Planrechnung oder auch als Ist- und somit als Kontrollrechnung durchführen. In einem solchen integrierten Planungs- und Kontrollsystem sind für die einzelnen Rechnungsgrößen Abweichungen zu ermitteln, die dann stufenweise nach verschiedenen Teilabweichungen und deren Ursachen zu analysieren sind.

Das Informationssystem (Finanzberichtswesen mit Kennzahlen) als weitere Systemkomponente übernimmt die Funktion der Informationsversorgung für das Finanzmanagement mit finanzwirtschaftlich relevanten Informationen aus dem Planungs- und Kontrollsystem.

10.5 Operative Finanzplanung nach der indirekten Methode

Operatives Finanz-Controlling ist ausgerichtet auf die Steuerung der die Gesamtverschuldung zum Ende eines Geschäftsjahres bzw. die Nettoneuverschuldung innerhalb eines Geschäftsjahres bestimmenden Determinanten von Mittelherkunft und Mittelverwendung auf Basis der indirekten Finanzplanung und -kontrolle. Kernaufgabe der operativen Finanzplanung ist für das der Planung zugrundeliegende Geschäftsjahr die Sicherstellung der mit der strategischen Finanzplanung angesteuerten normativen Strukturkennzahlen als bilanzielle Normen zur Kreditwürdigkeit; diese Werte werden der strategischen Finanzplanung entnommen. Bei der meist sehr konkreten Aufgabenstellung rücken dabei in den Vordergrund:

- geplante (Netto-) Neuverschuldung NNV_t^P gegenüber Banken und Kreditinstituten innerhalb der Planungsperiode t sowie
- geplante Gesamtverschuldung GV_T^P zum Ende der Planungsperiode t zum Zeitpunkt T

Diese Ziele operativer Finanzplanung werden nach der indirekten Finanzplanung auf der Basis von Cash Flow und Kapitalflussrechnung wie folgt ermittelt (Lachnit 1993; Lachnit 2001, Sp.892f):

$$
\begin{array}{l}
\text{Plan-Mittelverwendung: Plan-Kapitalbedarf KB } II_t^P \\[4pt]
\underline{- \text{ Plan-Mittelherkunft: Plan-Eigenfinanzierung } EF_t^P} \\[4pt]
= \text{Plan-Nettoneuverschuldung } NNV_t^P \\[4pt]
\underline{+ \text{ Ist-Gesamtverschuldung } GV_{T-1}^I} \\[4pt]
= \text{Plan-Gesamtverschuldung } GV_T^P
\end{array}
$$

mit:

$\quad$ Plan-Gesamtverschuldung GV_T^P

$\qquad = $ Plan-Gesamtverschuldung, kurzfristig $GV_{kz\ T}^P$

$\qquad + $ Plan-Gesamtverschuldung, langfristig $GV_{lg\ T}^P$

$\quad$ Plan-Nettoneuverschuldung NNV_t^P

$\qquad = $ Plan-Nettoneuverschuldung, kurzfristig $NNV_{kz\ t}^P$

$\qquad + $ Plan-Nettoneuverschuldung, langfristig $NNV_{lg\ t}^P$

$\quad$ Plan-Nettoneuverschuldung, langfristig $NNV_{lg\ t}^P$

$\qquad = $ Plan-Bruttoneuverschuldung, langfristig $BNV_{lg\ t}^P$

$\qquad - $ Plan-Tilgung langfristiger Kredite etc. $Tilg_{lg\ t}^P$

Für die Ableitung der Plan-Gesamt- oder Nettoneuverschuldung gilt im Einzelnen:

$$\begin{aligned}
&\text{Inv}_t^P\\
&-\text{AV}_{\text{Abg }t}^P\\
&+(\text{Vorr}_T^P-\text{Vorr}_{T-1}^I)\\
&+(\text{Ford}_T^P-\text{Ford}_{T-1}^I)\\
&+(\text{Guth}_T^P-\text{Guth}_{T-1}^I)\\
&\overline{=\text{KB I}_t^P\ (\text{vor Fremdfinanzierung})}\\
&-(\text{Rst}_T^P-\text{Rst}_{T-1}^I)\\
&-(\text{LV}_T^P-\text{LV}_{T-1}^I)\\
&\overline{=\text{KB II}_t^P}
\end{aligned}
\qquad\qquad
\begin{aligned}
&\text{BE}_t^P\\
&+\text{NE}_t^P\\
&\overline{=\text{UE}_t^P}\\
&+\text{Abschr}_t^P\\
&\overline{=\text{CF}_t^P}\\
&-\text{ST}_t^P\\
&\overline{=\text{SF}_t^P}\\
&-\text{Div}_t^P\\
&+\text{EK}_{\text{Zuf }t}^P\\
&\overline{=\text{EF}_t^P}
\end{aligned}$$

$$\overline{\text{KB II}_t^P-\text{EF}_t^P=\text{NNV}_t^P}$$

Legende:

Abschr	Abschreibungen	KB I	Kapitalbedarf I
AV_{Abg}	Anlagevermögensabgänge	KB II	Kapitalbedarf II
BE	Betriebsergebnis	LV	Lieferantenverbindlichkeiten
CF	Cash Flow	NNV	Nettoneuverschuldung
Div	Dividende	NE	Neutrales Ergebnis
EF	Eigenfinanzierung	Rst	Rückstellungen
EK_{Zuf}	Eigenkapitalzuführung	SF	Selbstfinanzierung
Ford	Forderungen	ST	Steuern
Guth	Guthaben	UE	Unternehmensergebnis
Inv	Investitionen	Vorr	Vorräte

Die hochgestellten Indizes P oder I kennzeichnen den Wert als Plan- oder Ist-Wert; tiefgestellte Indizes kennzeichnen die Periode t oder den Zeitpunkt T am Ende der Periode t.

Während die Bruttoneuverschuldung bzw. Nettoneuverschuldung eine perioden- bzw. zeitraumbezogene Bewegungs- bzw. Veränderungsgröße in der Periode t ist, stellt die Gesamtverschuldung eine zeitpunktbezogene Zustandsgröße zum Zeitpunkt T am Ende der Periode t dar.

Diese indirekte Finanzplanung, die in prinzipiell gleicher Struktur auch für die Mehrjahresplanung im strategischen Bereich zur Anwendung gelangt, ist für eine betriebswirtschaftlich integrierte Gesamtplanung (und -kontrolle) von besonderer Relevanz, da hier die Finanzplanung in der Struktur einer Kapitalflussrechnung unmittelbar an der Erfolgsplanung (insbesondere nach dem Umsatzkostenverfahren, differenziert nach Geschäftsbereichen bzw. Erfolgsbereichen wie Profit-Center und Cost-Center oder auch differenziert nach Produkten etc.) sowie an andere Teilpläne wie Investitionsplanung und Produktionsplanung anknüpft.

Im Rahmen der internationalen USA-geprägten Kapitalmarkt-orientierten Rechnungslegung nach US-GAAP und IAS knüpft hier die Finanzplanung an den Operating Profit und an die Veränderung des Capital Employed an (Kauffmann 1997, S.40). Dieses ist sowohl auf Konzernebene als auch in Einzelgesellschaften möglich. Die verstärkt zu erwartende Orientierung des Controlling-Rechnungswesens an der externen, auch internationalen Rechnungslegung steht hiermit im Einklang.

Die operative Planung ist grundsätzlich eine Jahresplanung. Zum Zwecke innerjährlicher Steuerung mit Anpassungen bei Abweichungen sind Jahreswerte auf innerjährliche, meist Monatswerte herunterzubrechen, die ihrerseits Objekte innerjährlicher Kontrollen sind. Die Struktur der operativen innerjährlichen Finanzplanung entspricht der Jahresplanung mit monatlicher Kapitalflussrechnung.

10.6 Operative Finanzkontrolle nach der indirekten Methode

Zentrale Bedeutung im operativen Controlling haben somit innerjährliche Kontrollen mit Abweichungsanalysen. Finanzkontrollrechnungen sind immer gleich der Finanzplanungsrechnung strukturiert. Abweichungen der Zielgröße wie Gesamt- oder Neuverschuldung sind auf Abweichungen der entsprechenden Determinanten zurückzuführen, wobei sich die Abweichungen dieser Determinanten im jeweils mehrstufigen Verfahren auf Abweichungen von diesen vorgelagerten Determinanten im Sinne eines Einflussgrößenbaumes zurückführen lassen.

Die Abweichung bei der Gesamtverschuldung in Periode t (ΔGV_T) zum Zeitpunkt T am Ende der Periode t ergibt sich aus der Differenz von Ist- und Plan-Gesamtverschuldung:

$$\Delta GV_t = GV_T^I - GV_T^P$$

$$= (GV_{T-1}^I + KB\ II_t^I - EF_t^I) - (GV_{T-1}^I + KB\ II_t^P - EF_t^P)$$

$$= (KB\ II_t^I - KB\ II_t^P) - (EF_t^I - EF_t^P)$$

$$\text{mit} \qquad GV_T^{P/I} = GV_{T-1}^I + NNV_t^{P/I}$$

$$\text{wobei} \qquad NNV_t^{P/I} = KB\ II_t^{P/I} - EF_t^{P/I}$$

Die Kontrolle und Abweichungsanalyse erfolgen spezifiziert nach Kapitalbedarf ΔKB II$_t$ und Kapitaldeckung ΔKD$_t$, letzte bestehend aus Eigenfinanzierung ΔEF$_t$ und Nettoneuverschuldung ΔNNV$_t$:

$$\Delta\text{Kapitalbedarf} \quad = \Delta\text{Kapitaldeckung}$$

$$(\text{KB II}_t^I - \text{KB II}_t^P) = (\text{EF}_t^I - \text{EF}_t^P) + (\text{NNV}_t^I - \text{NNV}_t^P)$$

Die Abweichung des Kapitalbedarfs ΔKB II$_t$ in Periode t ergibt sich aus:

$$\text{KB II}_t^I - \text{KB II}_t^P$$

$$= (\text{Inv}_t^I - \text{Inv}_t^P) \qquad \rightarrow \qquad \text{Investitionskontrolle}$$

$$- (\text{AV}_{\text{Abg } t}^I - \text{AV}_{\text{Abg } t}^P)$$

$$+ (\text{Vorr}_T^I - \text{Vorr}_T^P) \qquad \rightarrow \qquad \text{Vorratskontrolle}$$

$$+ (\text{Ford}_T^I - \text{Ford}_T^P) \qquad \rightarrow \qquad \text{Forderungskontrolle}$$

$$+ (\text{Guth}_T^I - \text{Guth}_T^P) \qquad \rightarrow \qquad \text{Guthabenkontrolle}$$

$$= \Delta\text{KB I}_t$$

$$- (\text{Rst}_T^I - \text{Rst}_T^P)$$

$$- (\text{LV}_T^I - \text{LV}_T^P)$$

$$= \Delta\text{KB II}_t$$

Die dabei auftretenden Abweichungen sind zurückzuführen auf:

* umsatzabhängige Größen:
  - Vorräte:

$$\frac{\text{Reichweite}}{\text{(in Arbeitstagen)}} = \frac{\text{Bestand zu Listenpreis}}{\text{Umsatz des Folgemonats}} * 21[\text{Arbeitstage}]$$

  - Forderungen aus Warenlieferungen:

$$\frac{\text{Reichweite}}{\text{(in Arbeitstagen)}} = \frac{\text{Forderungen}}{\text{Umsatz des abgel. Monats}} * 21[\text{Arbeitstage}]$$

  - Verbindlichkeiten aus Warenlieferungen:

$$\frac{\text{Reichweite}}{\text{(in Arbeitstagen)}} = \frac{\text{Verbindlichkeiten}}{\text{fakt. Einkaufsvolumen}} * 21[\text{Arbeitstage}]$$

* umsatzunabhängige Größen: Investitionen, Anzahlungen, Rückstellungen

Für die Abweichung der Kapitaldeckung ΔKD_t mit Abweichung von Eigenfinanzierung ΔEF_t und Nettoneuverschuldung ΔNNV_t gilt:

$$\Delta KD_t = (EF_t^I - EF_t^P) + (NNV_t^I - NNV_t^P)$$

zur Analyse von ΔEF_t:

$$
\begin{array}{lcl}
(BE_t^I - BE_t^P) & = & \Delta BE_t \\
+ (NE_t^I - NE_t^P) & = & \Delta NE_t \\
\hline
& = & \Delta UE_t \quad \rightarrow \quad \text{Erfolgskontrolle} \\
+ (Abschr_t^I - Abschr_t^P) & = & \Delta Abschr_t \\
\hline
& = & \Delta CF_t \\
+ (St_t^P - St_t^I) & = & \Delta St_t \\
\hline
& = & \Delta SF_t \\
+ (Div_t^P - Div_t^I) & = & \Delta Div_t \\
+ \left(EK_{Zuf_t}^I - EK_{Zuf_t}^P \right) & = & \Delta EK_{Zuf_t} \\
\hline
& = & \Delta EF_t
\end{array}
$$

Hinsichtlich der Verschuldung sind Analysen notwendig differenziert nach Bruttoneuverschuldung BNV_t und Nettoneuverschuldung NNV_t jeweils in der Periode t, welche sich um die Tilgung $Tilg_t$ in der Periode t unterscheiden. Bei allen Positionen ist zwischen kurzfristig kz und langfristig lg zu differenzieren:

zur Analyse von ΔNNV_t:

$$
\begin{array}{lcl}
\left(BNV_{lg_t}^I - BNV_{lg_t}^P \right) & = & \Delta BNV_{lg_t} \\
+ (Tilg_t^P - Tilg_t^I) & = & \Delta Tilg_t \\
\hline
& = & \Delta NNV_{lg_t} \\
+ \left(GV_{kz_T}^I - GV_{kz_T}^P \right) & = & \Delta NNV_{kz_t} \\
\hline
& = & \Delta NNV_t
\end{array}
$$

Diese Abweichungsanalysen sind gleich denen in der Erfolgsrechnung strukturiert. Die Gesamtabweichung wird auf verschiedene Teilabweichungen heruntergebrochen, die jeweils auf unterschiedliche Ursachen zurückzuführen sind.

10.7 Beispiel

Das folgende Beispiel zeigt die Interdependenzen auf, die sich während der indirekten Finanzplanung im Rahmen des Finanz-Controlling ergeben. Dabei wird deutlich, dass ausgehend von der Ergebnisrechnung, in der das geplante Betriebsergebnis festgelegt wird, und den Eckdaten der Bilanzplanung ein Finanzplan aufgestellt wird, dessen Auswirkungen hinsichtlich der Verschuldung sich auf der Passiv-Seite der Bilanz niederschlagen. Die Felder mit vorgegebenen Werten sind grau schattiert, die restlichen Felder lassen sich berechnen.

1. Eigenfinanzierung T€	Plan	Ist	Abw.
Betriebsergebnis	7	2	-5
+ Neutrales Ergebnis	2	1	-1
= Unternehmensergebnis	9	3	-6
+ Abschreibungen	11	10	-1
= Cash Flow	20	13	-7
- Steuern	5	2	+3
= Selbstfinanzierung	15	11	-4
- Dividende	2	1	+1
+ Eigenkapitalzuführungen	0	0	0
= Eigenfinanzierung	13	10	-3

2. Kapitalbedarf T€	Plan	Ist	Abw.
Investitionen	15	18	+3
- Anlagevermögensabgänge	0	0	0
+ (Vorräte$_T$ - Vorräte$_{T-1}$)	5	10	+5
+ (Ford.$_T$ - Ford.$_{T-1}$)	3	2	-1
+ (Guth.$_T$ - Guth.$_{T-1}$)	0	0	0
= KB I (vor Fremdfinanzierung)	23	30	+7
- (Rückst.$_T$ - Rückst.$_{T-1}$)	1	-1	-2
- (Lieferantenverb.$_T$ - Lieferantenverb.$_{T-1}$)	1	7	+6
= Kapitalbedarf II	21	24	+3

3. Nettoneuverschuldung T€	Plan	Ist	Abw.
Kapitalbedarf II	21	24	+3
- Eigenfinanzierung	13	10	-3
= Nettoneuverschuldung	8	14	+6

4. Bilanz T€	Vorjahr	Plan	Ist	Abw.
Aktiva				
Anlagevermögen	88	92	96	+4
Vorräte	60	65	70	+5
Forderungen	50	53	52	-1
Guthaben	2	2	2	0
Summa Aktiva	200	212	220	+8
Passiva				
Eigenkapital	70	72	70	-2
Rückstellungen	5	6	4	-2
Lieferantenverbindlichkeiten	40	41	47	+6
Gesamtverschuldung				
- langfristig	77	83	87	+4
- kurzfristig	8	10	12	+2
Summe Passiva	200	212	220	+8

5. Verschuldung T€	Vorjahr	Plan	Ist	Abw.
Gesamtverschuldung	77+8=85	83+10=93	87+12=99	+6
- kurzfristige Gesamtverschuldung	8	10	12	+2
= langfristige Gesamtverschuldung	77	83	87	+4
langfr. Nettoneuverschuldung		6	10	+4
+ Tilgungen		12	16	+4
= langfristige Bruttoneuverschuldung		18	26	+8

Aufgabe 11:
Projekt-Controlling

11.1 Aufgabenstellung

Beschreiben und diskutieren Sie Begriff, Aufgaben und Inhalte eines Controlling von Projekten!

11.2 Einleitung

Viele Unternehmen sehen sich heute einem wachsenden Kostendruck gegenüber. Der dadurch ausgelöste Zwang zur Rationalisierung betrifft neben produktionstechnischen Gegebenheiten oft auch organisatorische Aspekte. Gleichzeitig weisen empirische Untersuchungen darauf hin, dass die Wirksamkeit der klassischen Organisationsstrukturen bei zunehmender Komplexität (im Sinne von Vielschichtigkeit, Verwobenheit, gegenseitiger Abhängigkeit in technischer, finanzieller und informationeller Hinsicht) sinkt, wobei zusätzlich die Komplexität noch überproportional mit der Unternehmensgröße wächst (Blazek 1994, S.40). Deshalb ist zu fragen, ob neue Organisationsformen mit dynamischen, flexiblen Merkmalen - wie z.b. „Lean Management" - besser geeignet sind, die veränderten Anforderungen an die betriebliche Aufbau- und Ablauforganisation moderner Unternehmen zu erfüllen. Ob Projekte als Sonderregelungen dann noch den Ausnahmecharakter besitzen, der ihnen bisher zukam, oder ob veränderte Organisationsformen diese integrieren können, wird sich zeigen. Dennoch wird man auch in Zukunft nicht auf die klassische Projektform verzichten können.

11.3 Projekte und Projektorganisation

Es gibt Problemarten, die sich innerhalb der üblichen arbeitsteiligen Aufbauorganisation (Linienorganisation) nicht sachgerecht lösen lassen. Die klassische Organisation, die sich in der Regel an Routineaufgaben orientiert, ist nicht für Problemstrukturen mit fließenden Ressortgrenzen und verschiedenen hierarchischen Ebenen konzipiert (Blazek 1994, S.39). Daher bietet sich für die Zeitdauer dieser Vorhaben eine eigenständige Organisationsform an.

Ein Projekt ist eine sachlich und zeitlich begrenzte Aufgabe, die durch das Zusammenwirken unterschiedlicher Funktionsbereiche gelöst werden soll. Projekte zeichnen sich dadurch aus, dass sie

- fest vorgegebene Ziele besitzen,
- außerhalb der üblichen Geschäftstätigkeit liegen,
- einmalig oder zumindest neuartig sind und
- das Projektteam sich aus einer hierarchieübergreifenden, heterogenen Mitarbei-

terstruktur verschiedener Funktionsbereiche zusammensetzt (Schmitz/Windhausen 1986, S.2; Helm 1993, S.46; Raps/Reinhardt 1993, S.223).

Ob die klassische Aufbauorganisation eines Unternehmens ausreicht oder Projekte mit einer eigenen Organisation gebildet werden sollen, ist in jedem Einzelfall von der Unternehmensführung zu entscheiden. Die obigen Projektmerkmale können dabei nur Orientierungshilfe sein. Typische Projekte, die im Folgenden durch ihr jeweiliges Projektziel beschrieben werden, sind z.B.

*   die Entwicklung und Einführung neuer Produkte,
*   der Auf- bzw. Ausbau des betrieblichen Informationswesens,
*   die Optimierung von Unternehmensstrukturen und -prozessen,
*   Entwurf, Implementierung und Installation von Softwareprodukten sowie
*   die Abwicklung komplexer Kundenaufträge.

Für die organisatorische Gestaltung von Projekten können - entsprechend der Kompetenzausstattung der Projektleitung - drei Grundformen unterschieden werden (Blazek 1994, S.155f; Dreger 1975, S.35ff):

*   Projektkoordination:
    Die eigentlichen Teilaufgaben des Projekts werden nicht von der Projektleitung durchgeführt, sondern obliegen den einzelnen Fachabteilungen, die eine Verbindungsperson benennen, über die alle Kontakte zum Projekt laufen. Der Projektleiter bzw. der Projektkoordinator beschränkt sich auf die Planungsformalismen, den Informationsaustausch, den Soll-Ist-Vergleich sowie eine projektbezogene Berichterstattung. Die bestehende Aufbau- und Ablauforganisation bleibt dabei im Wesentlichen unangetastet.
*   Matrix-Projektorganisation:
    Der jeweilige Projektleiter koordiniert die Projektaufgaben über alle betroffenen Fachabteilungen, während der Fachabteilungsleiter alle ihn betreffenden Projekte innerhalb seiner Abteilung koordiniert. Bei dieser Projektform sind Konfliktsituationen „vorprogrammiert".
*   Reine Projektorganisation:
    Hierbei wird eine Institutionalisierung vorgenommen, d.h. es wird eine zeitlich befristete, eigenständige organisatorische Einheit mit dem Projektverantwortlichen als Leiter gebildet. Die am Projekt beteiligten Mitarbeiter der Fachabteilungen werden für die Projektdauer ganz oder teilweise freigestellt und unterstehen fachlich dem Projektleiter.

11.4 Begriff und Träger des Projekt-Controlling

Projekt-Controlling ist die Einbeziehung von Controllingaspekten in Projekte unterschiedlichster Art. Entsprechend den allgemeinen Controllingaufgaben können unabhängig von konkreten Projekten die spezifischen Projekt-Controllingaufgaben abgeleitet werden. Hierzu gehören die Planung, Steuerung und Kontrolle von wirtschaftlichen Leistungserstellungen, die in bestimmten Zeitabschnitten erbracht werden sollen und sich in „Perioden" zwischen vordefinierten Meilensteinen messen lassen. Im Gegensatz dazu spricht man vom periodenorientierten Controlling, welches die Controllingdaten an festen Zeitintervallen (z.B. Monat, Jahr) ausrichtet (Bürgel 1989, S.5; Spremann 1992, S.363ff; Zur 1992, S.420ff). Die Hauptaufgabe des Projekt-Controlling besteht in der Versorgung der Projektleitung mit aktuellen zweckorientierten Informationen, um so ein ergebnisorientiertes Management von Projekten zu ermöglichen.

In organisatorischer Hinsicht wird das Projekt-Controlling oftmals dem Projektleiter zugesprochen, der die Controllinginhalte und -aufgaben innerhalb seiner Projekte in Personalunion mit übernimmt. Demgegenüber ist eine strenge personelle Trennung durchaus vorteilhaft, wobei der Controller der zentralen Controllingabteilung angehört oder als dezentraler Projektcontroller fungiert (Aeberhard 1992, S.388). Der Projektleiter ist dann für die Projektziele, die -aufgaben und die -planung und damit für das Ergebnis verantwortlich, der Projektcontroller hingegen für die Projektkontrolle des Projektablaufs und somit für die Ergebnistransparenz. Eine einheitliche Aufgabenabgrenzung zwischen Projektleitung und Projekt-Controlling ist in der Literatur jedoch nicht gegeben. Während einige Autoren (z.B. Schmitz/Windhausen 1986) in Projektplanung und -Controlling unterscheiden, beziehen andere (z.B. Balzek 1983; Riedl 1990) sogar die Planung explizit in das Aufgabenfeld des Projekt-Controlling ein.

11.5 Aufgaben und Inhalte des Projekt-Controlling

11.5.1 Projektplanung

Abgeleitet aus der Zielsetzung der jeweiligen Projekte werden die Zielgrößen für einzelne Projektparameter geplant. Diese sind maßgebliche Bestimmungsgrößen und somit Voraussetzung für die erfolgreiche Durchführung von Projekten. Die Projektplanung besteht aus vier verschiedenen Teilplänen unterschiedlicher Planungsinhalte:

(1) Projektstrukturplanung:
    Um die meist hohe Komplexität der Projekte besser in den Griff zu bekommen, wird im Projektstrukturplan das Gesamtprojekt in Teilprojekte mit Teilzielen, Aufgabenpaketen und Aktivitäten untergliedert und verfeinert (Bürgel 1989, S.6; Schmitz/Windhausen 1986, S.52ff). Er gilt einerseits als Abwicklungsvorgabe für die Durchführung der Teilprojekte, andererseits als Bezugsgröße für das Projekt-Controlling und dient somit als Maßstab zur Beurteilung des Projektstatus.

(2) Ablauf-, Zeit- und Terminplanung:
    Zur zeitlichen Segmentierung des Projektablaufs werden sukzessiv aufeinander aufbauende oder in sich verwobene Projektphasen definiert. Am Ende einer jeden Phase wird ein vordefiniertes Arbeitsergebnis erwartet. Diese zeitliche Auffächerung der Projektleistungen geschieht mit Hilfe von sogenannten Mei-

lensteinen (Riedl 1990, S.52). Da neben reinen Controllingaspekten auch Projektinhalte eine Rolle spielen, sind die Ablauf-, Zeit- und Terminplanung nur begleitend vom Controller wahrzunehmen. Der Einsatz standardisierter methodischer Techniken, wie z.B. Meilenstein-, Netzplan- und Balkenplantechnik sowie Aktivitätenplan, und rechnergestützter Werkzeuge bietet sich an (Schmitz/ Windhausen 1986, S.57ff).

(3) Ressourcen- und Kapazitätsplanung:
Die Ressourcen- und Kapazitätspläne hängen sehr stark von Art und Umfang der Projekte ab. In der Regel werden dabei sehr verschiedenartige Ressourcen innerhalb der einzelnen Projektphasen benötigt. Dabei tritt besonders die Planung der Personalkapazitäten hervor, die bedarfsgerecht die Qualifikationsstruktur der Mitarbeiter, evtl. auch in Abstimmung mit weiteren Projekten, den Projektphasen zuordnen muss (Bürgel 1989, S.7; Schmitz/Windhausen 1986, S.78ff).

(4) Kosten- und Budgetplanung:
Der letzte Planungsschritt ist die Aufstellung des Kostenplans durch die kostenmäßige Bewertung der geplanten Projektaktivitäten im Zeitverlauf (Schmitz/ Windhausen 1986, S.80ff). Dabei kann entsprechend dem hierarchischen Aufbau des Projektstrukturplans, der Ressourcen- bzw. Kapazitätspläne sowie der Ablauf-, Zeit- und Terminpläne, welche ein zeitbezogenes Mengengerüst darstellen, die Kostenplanung vorgenommen werden (Bürgel 1989, S.7). Der typische Verlauf der Gesamtkostenkurve lässt sich in die Grobphasen Definitions-, Realisations- und Modifikationsphase unterteilen.
Da viele Projekte einen erheblichen zeit- und wertmäßigen Umfang aufweisen, ist ein projektspezifischer Budgetplan notwendig. Das Budget-Controlling beinhaltet die Festlegung der für das Projekt verfügbaren Finanzmittel, die regelmäßige Überwachung der Ausgaben und Gegensteuerungsmaßnahmen bei deutlichen Abweichungen. Dabei können jedoch keine Erkenntnisse über die erreichten Sachfortschritte und zur Beurteilung der Produktivität gewonnen werden (Riedl 1990, S.11ff).

11.5.2 Projektkontrolle

Voraussetzung für eine sachgerechte Steuerung und Kontrolle von Projekten ist die parallele Betrachtung der wichtigsten Projektparameter (Bürgel 1989, S.5). Im Folgenden werden einige Aufgaben und Inhalte der Projektsteuerung und -kontrolle mit der Kosten- und Leistungsanalyse, der Meilenstein-Trendanalyse und den Forecast-Betrachtungen vorgestellt:

Die Kosten- und Leistungsanalyse hat die Aufgabe, die Istkosten zu ermitteln und mit den vorgegebenen Sollkosten zu vergleichen, um so die Kostenentwicklung für eine effektive Steuerung der Projekte transparent zu machen (Schmitz/Windhausen 1986, S.124ff). Die Abtragung der Kosten kann dabei als Kosten pro fester Zeiteinheit oder - wie im Folgenden geschehen - durch eine kumulierte Kostenbetrachtung erfolgen.

	Istkosten IK	Sollkosten SK	Budgetkosten BK
Wertniveau	effektiv	geplant	
Projektstatus	realisiert		geplant

Abb. 119: Ist-, Soll- und Plankosten von Projekten (Coenenberg 1999, S.436)

Ähnlich wie bei der flexiblen Plankostenrechnung muss es auch Ziel einer Abweichungsanalyse im Rahmen des Projekt-Controlling sein, durch Einführung von Sollkosten die Gesamtabweichung in eine Mengen- und eine Wertkomponente aufzuteilen. Dabei sind die Istkosten IK als effektiv angefallene Kosten in Bezug auf den realisierten Projektstand, die Budgetkosten BK (Plankosten) als die Kosten bezogen auf den geplanten Projektstand und die Sollkosten SK als die geplanten Kosten in Bezug auf den aktuellen Projektstand zu sehen (vgl. Abbildung 119) (Coenenberg 1999, S.436). Die Gesamtabweichung GA lässt sich demnach wie folgt aufspalten in eine Wert- und eine Mengenkomponente (Coenenberg 1999, S.436ff):

$$GA = IK - BK$$
$$= \underbrace{(IK - SK)}_{\substack{\text{Wert-} \\ \text{komponente}}} + \underbrace{(SK - BK)}_{\substack{\text{Mengen-} \\ \text{komponente}}}$$

Mit der Wertkomponente (Kostenvarianz) werden die Realisationsfehler aufgezeigt, d.h. es wird die Differenz zwischen den tatsächlich angefallenen Kosten und den entsprechend dem realisierten Projektstatus geplanten Kosten gebildet. Die Wertkomponente in der Gesamtabweichung zeigt somit die Wirtschaftlichkeit der Projektdurchführung an.

Demgegenüber zeigt die Mengenkomponente (Leistungsvarianz) den Teil der Gesamtabweichung an, der auf die Differenz zwischen Soll- und Budgetkosten zurückzuführen ist. Diese dient somit als Maßstab für die Effektivität der Projektdurchführung. Da die Sollkosten am Ende eines Projekts den Budgetkosten entsprechen, ist die Mengenkomponente der Gesamtabweichung am Projektende regelmäßig Null. In Abbildung 120 werden die Kostenverläufe mit der Gesamt- und den Teilabweichungen exemplarisch dargestellt.

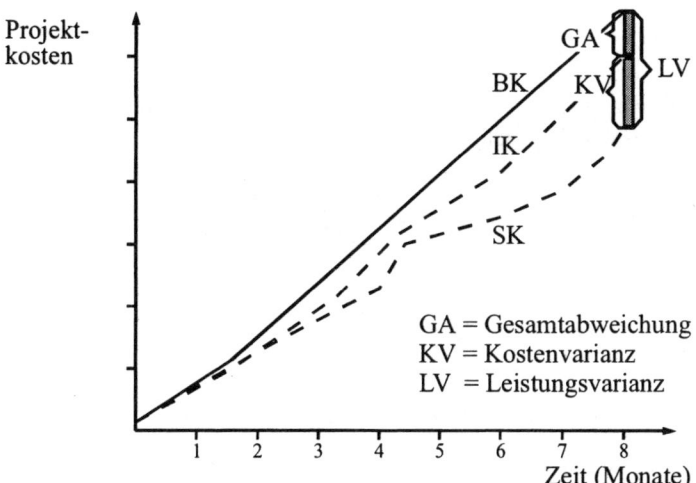

Abb. 120: Integrierte Kosten- und Leistungsanalyse von Projekten (Coenenberg 1999, S.441)

Entscheidend für die Kosten- und Leistungsanalyse ist die Bestimmung der Sollkosten. Hierzu wird ein Maßstab benötigt, der den Fortschritt der Leistungserstellung im Rahmen eines Projekts transparent macht. Für ein Projekt als Ganzes ist dieses nur schwer möglich. Daher bietet es sich an, die zur Erreichung des Projektziels notwendigen Teilprojekte (Einzelschritte), wie sie im Projektstrukturplan definiert wurden, zugrunde zu legen. Die Sollkosten eines Projekts zu einem bestimmten Zeitpunkt lassen sich also durch Aggregation der Sollkosten der Teilprojekte i ermitteln. Diese wiederum ergeben sich durch die Multiplikation des Realisationsgrades RG_i mit den Budgetkosten des Teilprojekts BK_i (Coenenberg 1999, S.437):

$$SK = \sum_{i=1}^{n} (RG_i \times BK_i), \text{ mit } 0 \le RG_i \le 1$$

Für die Ermittlung des Realisationsgrades der einzelnen Teilprojekte kann aus Vereinfachungsgründen von einer proportionalen Abhängigkeit zwischen Leistungserstellung und Zeitverbrauch für das Teilprojekt ausgegangen werden. Der Realisationsgrad RG ergibt sich demnach als Quotient aus Istdauer ID und budgetierter Dauer BD:

$$RG = \frac{ID}{BD}$$

Es ist jedoch zu beachten, dass in der betrieblichen Praxis oftmals eine Zeitüberschreitung vorkommt, die zu einer Verzerrung der Sollkosten führt: RG kann größer 1 werden. Wird hingegen die geschätzte Restdauer RD zur Berechnung des Realisationsgrades herangezogen, so lässt sich dieser Nachteil umgehen:

$$RG = \frac{BD - RD}{BD}$$

Setzt man diesen Ansatz in die Formel zur Berechnung der Sollkosten für das Gesamtprojekt ein, so ergibt sich:

$$SK = \sum_{i=1}^{n} (RG_i \times BK_i) = \sum_{i=1}^{n} \left(\frac{BK_i - RK_i}{BK_i}\right) \times BK_i$$

$$= \sum_{i=1}^{n} (BK_i - RK_i) = \sum_{i=1}^{n} BK_i - \sum_{i=1}^{n} RK_i$$

$$= BK - RK = \text{Gesamtbudget - Restkosten}$$

Mit der Meilenstein-Trendanalyse werden die in der Ablaufplanung festgelegten Meilensteine in meist graphischer Form regelmäßig mit den aktuellen Projektdaten verglichen, um etwaige Verzögerungen frühzeitig aufzudecken. Gleichzeitig werden die Gründe, die zu den evtl. Abweichungen geführt haben, angegeben und Maßnahmen aufgezeigt, wie die festgesetzten Endtermine eingehalten werden können (Riedl 1990, S.160; Schmitz/Windhausen 1986, S.119ff).

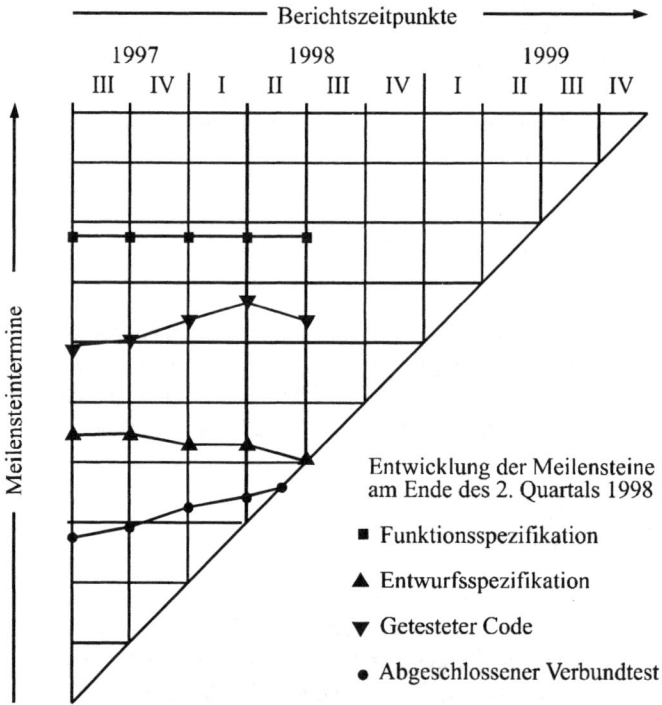

Abb. 121: Meilensteintrendanalyse (Riedl 1990, S.161)

Mit Abbildung 121 wird die Meilensteintrendanalyse graphisch vorgestellt. Steigt die Verbindungslinie an, so wird nach neuer Hochrechnung erwartet, dass der entsprechende Meilenstein später als geplant fertiggestellt wird. Bei einer sinkenden Verbindungslinie wird mit einer vorgezogenen Fertigstellung des Meilensteins gerechnet.

Die Forecast-Betrachtung geht nicht nur von vergangenheitsorientierten Projekt-Ist-Daten bis zum Berichtszeitpunkt aus, sondern bezieht die bis zum Projektende voraussichtlichen (neuen) Werte (geschätzter Restaufwand) explizit mit in die Betrachtungsweise ein (Vorausschau) (Bürgel 1989, S.8). Somit kann Projekt-Controlling auch als ein Instrument zur Frühaufklärung von Chancen und Bedrohungen verstanden werden (Krystek/Zur 1991, S.304ff).

Die beim Projekt-Controlling notwendige integrierte Betrachtung der Projektparameter (Zeit, Ressourcen, Kosten und Leistungen) kommt mit Abbildung 121 zum Ausdruck. Die Hauptaufgabe der Projektsteuerung ist es, eine Ausgewogenheit zwischen diesen natürlicherweise gegenläufigen Projektparametern zu erzielen. Die Sollwerte der in Abbildung 121 abgebildeten Parameter für einen beliebigen Projektstatus, d.h. der geplanten Projektparameterkombinationen im Projektverlauf, ergeben miteinander verbunden jeweils ein Quadrat[25], das bis zum Soll-Projektstatus bei Projektende stetig wächst. Wird der Ist-Projektstatus eingegeben, so werden die Soll-Ist-Abweichungen der Projektparameter sichtbar (in Abbildung 122 mit dem Projektparameter Zeit als Bezugspunkt).

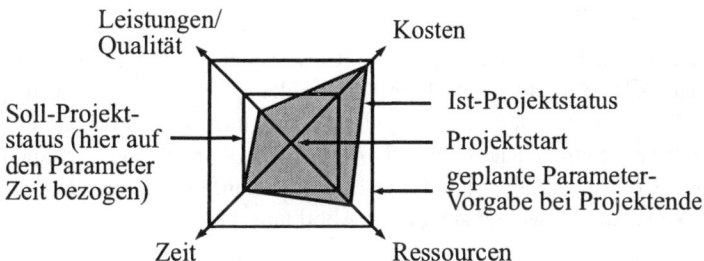

Abb. 122: Soll-Ist-Vergleich bei parallelen Parameterbetrachtungen

Die Aussagefähigkeit der Soll-Ist-Vergleiche für die Projektsteuerung kann durch eine hierarchische Ordnung entspechend dem Aufbau des Projektstrukturplans verbessert werden.

---

25) Mit Ausnahme der absoluten Zeit ist die Abtragung der Istwerte eines Projektparameters zu einem bestimmten Zeitpunkt nicht zwangsweise proportional zu seiner Entfernung zum Mittelpunkt.

11.5.3 Projektberichte und -dokumentation

Zur zielorientierten Steuerung und Kontrolle von Projekten ist neben den bereits genannten Inhalten auch ein institutionalisiertes Berichtswesen erforderlich (Aeberhard 1992, S.393f). Ziel ist es, die benötigten Informationen regelmäßig zu erfassen, inhaltsbezogen zu kennzeichnen, aufgabenbezogen zu verteilen und (logisch) zentral zu verwalten (Schmitz/Windhausen 1986, S.144ff und S.152ff). Diese Informationen dienen nicht nur der aktuellen Projektbegleitung, sondern können in sogenannten Erfahrungsdatenbanken auch von späteren Projekten, z.B. zur Ermittlung von Durchschnittswerten für Vorkalkulationen zukünftiger vergleichbarer Projektabschnitte, genutzt werden (Riedl 1990, S.169f). Projektberichte lassen sich nach ihrem formalen Charakter unterscheiden in (Schmitz/Windhausen 1986, S.152):

- Projektstatusberichte, die sowohl quantitativ als auch qualitativ Auskünfte über die Projektentwicklung (Fortschrittskontrolle) turnusgemäß (z.B. monatlich) einem vorbestimmten Empfängerkreis zugänglich machen. Hierzu gehört sowohl die Beschreibung der Ist-Zustände als auch die Angabe der geschätzten Restaufwände.
- Projektproblemberichte, die bei Bedarf unverzüglich über erkennbare, relevante Planabweichungen unterrichten.
- Projekt-Informationsdokumente, die ausführliche Projektinformationen zu Verfügung stellen, wie z.B. die Beschreibung des Datenmodells und Benutzeranforderungen.
- Abschlussberichte, die die gesammelten Erfahrungen dokumentieren und Empfehlungen für zukünftige Projektgestaltung geben.

Neben den bereits erwähnten gibt es eine Reihe weiterer Projekt-Controllinginstrumente wie z.B. Projekt-Controlling-Kennzahlensysteme, Kapazitätsdiagramme (Schmitz/Windhausen 1986, S.121ff) oder die Einbindung der Projekte in ein Qualitätssicherungssystem[26] (Riedl 1990, S.141ff). Eine Übersicht der einzelnen Phasen des Projekt-Controlling, die nicht rein sukzessiv ablaufen, sondern eher zyklisch in den Projektprozess verwoben sind, zeigt Abbildung 123.

11.6 Beurteilung der Wirtschaftlichkeit

Zur Grobabschätzung der Controllingkosten kann die Höhe des Gesamtprojektbudgets herangezogen werden. In der Unternehmenspraxis sind Kostenanteile von ca. 0,5% - 3% der gesamten Projektkosten für das Projekt-Controlling üblich, wobei sich die relativen Kostenanteile degressiv zur Gesamthöhe des Projektbudgets entwickeln und sich der zeitliche Anfall der Kosten sehr ungleichmäßig auf den Projektzeitraum verteilen kann (Schmitz/Windhausen 1986, S.164ff). Diesen zusätzlichen Kosten stehen eine Reihe von Nutzeneffekten gegenüber:

---

26) Mit der ISO 9000ff-Norm sind weltweit gültige Normen für die Anforderungen an ein Qualitätssicherungssystem eingeführt worden, die bei einer entsprechenden Zertifizierung Wettbewerbsvorteile erwarten lassen.

- komplexe Projekte sind sonst kaum wirtschaftlich abzuwickeln;
- die Gefahr von Konventionalstrafen (bei externen Auftragsprojekten) wird vermindert (messbarer monetärer Nutzen);
- Straffung von Projekten in finanzieller und terminlicher Hinsicht;
- frühzeitiges Erkennen von Fehlentwicklungen und höhere Transparenz des Projektverlaufs führt zu einem größeren Handlungsspielraum der Projektleitung;
- die Grundgedanken des Controlling allen Projektbeteiligten einzuimpfen (z.B. Kostenbewusstsein der Mitarbeiter);
- Kostenerfassung für kalkulatorische Zwecke (externe Projekte);
- Wettbewerbsvorteile durch Qualitätssicherung (Zertifizierung nach dem ISO 9000ff);
- durch den dokumentierenden Charakter des Projekt-Controlling werden Erfahrungen vergangener Projekte für neue Projekte wieder nutzbar.

Insgesamt kann davon ausgegangen werden, dass der Nutzen des Projekt-Controlling im Allgemeinen die Controllingkosten übersteigt, so dass aus dem Blickwinkel der Wirtschaftlichkeitsbetrachtung ein „Controlling von Projekten" sinnvoll erscheint.

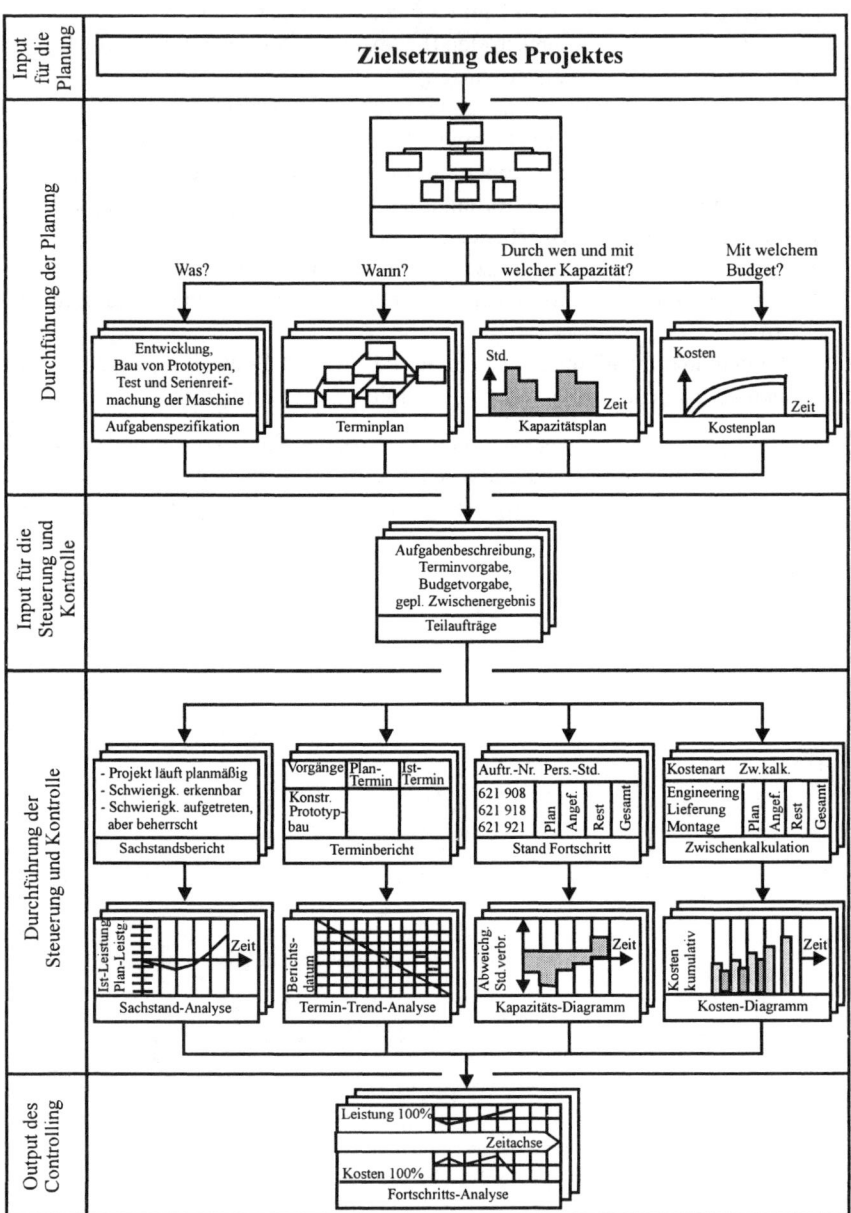

Abb. 123: Inhalte und Phasen des Projekt-Controlling (Schmitz/Windhausen 1986, S.24f)

Literaturhinweise

Grundlagen

Bramsemann, R. (1993): Handbuch Controlling, 3. Auflage. Hanser, München Wien

Coenenberg, A. G. (1973) Verrechnungspreise zur Steuerung divisionalisierter Unternehmen. In: WiSt Wirtschaftswissenschaftliches Studium 8-9, 373-382

Coenenberg, A. G. (1999): Kostenrechnung und -analyse, 4. Auflage. Moderne Industrie, Landsberg am Lech

Friedl, B. (2003): Controlling, Lucis & Lucius, Stuttgart

Grochla, E. (1978): Einführung in die Organisationstheorie, Poeschel, Stuttgart

Hahn, D.; Hungenberg, H. (2001): PuK - Wertorientierte Controllingkonzepte, 6. Auflage. Gabler, Wiesbaden

Hopfenbeck, W. (2000): Allgemeine Betriebswirtschaftslehre und Managementlehre, 13. Auflage. Moderne Industrie, Landsberg am Lech

Horváth, P. (2001): Controlling, 8. Auflage. Vahlen, München

Küpper, H.-U. (1994): Industrielles Controlling. In: Schweitzer, M. (Hrsg.): Industriebetriebslehre. 2. Auflage, Vahlen, München

Reichmann, Th. (2001): Controlling mit Kennzahlen und Managementberichten, 6. Auflage. Vahlen, München

Rudolph, F. (1993): Kennzahlensysteme. In: Zeitschrift für Planung 1, 97-100

Weber, J. (2002): Einführung in das Controlling, 9. Auflage. Poeschel, Stuttgart

Welge, M. K. (1985): Unternehmungsführung, Bd.1: Planung, Poeschel, Stuttgart

Welge, M. K. (1988): Unternehmungsführung, Bd. 3: Controlling, Poeschel, Stuttgart

Wild, J. (1982): Grundlagen der Unternehmungsplanung, 4. Auflage. Westdeutscher, Opladen

Spezialgebiete

Aeberhard, K. (1992): Controlling von Projekten bei Banken. In: Spremann, K.; Zur, E. (Hrsg.): Controlling. Gabler, Wiesbaden, 381-394

Baumöl, U.; Reichmann, T. (1996): Kennzahlengestütztes IV-Controlling. In: Controlling 4, 204-211

Behme, W.; Roth, A. (1997): Organisation und Steuerung von dezentralen Einheiten, in: Roth, A.; Behme, W. (Hrsg.): Organisation und Steuerung von dezentralen Unternehmenseinheiten, Gabler, Wiesbaden, 221-238

Behme, W.; Schimmelpfeng, K. (1993): Verrechnungspreise als Mechanismus zur Lenkung selbständiger Geschäftseinheiten. In: WISU Das Wirtschaftsstudium 8, 662-666

Betsch, O.; Groh, A. P.; Lohmann, L. G. E. (2000): Corporate Finance: Unternehmensbewertung, M & A und innovative Kapitalmarktfinanzierung, 2. Auflage. Vahlen, München

Bircher, B. (1976): Langfristige Unternehmensplanung, Haupt, Bern Stuttgart

Blazek, A. (1994): Projekt-Controlling, 4. Auflage. Management Service, Gauting/ München

Borchers, S. (1997): ZP-Stichwort: Renditekennzahlen. In: Zeitschrift für Planung 1, 119-126

Botta, V. (1997): Vom Cost-Center zum Profit-Center. In: Roth, A.; Behme, W. (Hrsg.): Organisation und Steuerung von dezentralen Unternehmenseinheiten. Gabler, Wiesbaden

Bühner, R. (1992): Betriebswirtschaftliche Organisationslehre, 6. Auflage, Oldenbourg, München Wien

Bürgel, H.D. (1989): Projektcontrolling - Planung, Steuerung und Kontrolle von Projekten. In: Controlling 1, 4-9

Chmielewicz, K. (2001): Finanz- und Erfolgsplanung, integrierte. In: Gerke, W.; Steiner, M. (Hrsg.): Handwörterbuch des Bank- und Finanzwesens. 3. Auflage, Poeschel, Stuttgart, 798-810

Coenenberg, A.G.; Salfeld, R. (2003): Wertorientierte Unternehmensführung, Schäffer-Poeschel, Stuttgart

Dellmann, K. (1993): Finanzplanung. In: Chmielewicz, K.; Schweitzer, M. (Hrsg.): Handwörterbuch des Rechnungswesens. 3. Auflage, Poeschel, Stuttgart, 636-646

Dreger, W. (1975): Projekt-Management - Planung und Abwicklung von Projekten, Bauverlag, Wiesbaden Berlin

Drumm, H. J. (1989): Verrechnungspreise. In: Szyperski, N. (Hrsg.): Handwörterbuch der Planung. Poeschel, Stuttgart, 2168-2177

Gleich, R. (2001): Das System des Performance Measurement, Vahlen, München

Günther, T. (1997): Unternehmenswertorientiertes Controlling, Vahlen, München

Heib, R.; Scheer, A.-W. (1994): Informationssystem-Controlling. In: Management & Computer 2, 109-118

Helm, K.F. (1993): Ergebniscontrolling für Projekte. In: Kostenrechnungspraxis, Sonderheft 1, 46-54

Hintermann, Chr. (1996): Kapitalstrukturcontrolling im Konzern, Haupt, Bern Stuttgart Wien

Horváth, P. (1993): Vorlesungsscript IS-Controlling, Sommer-Semester, Stuttgart

Kah, A. (1993): Profitcenter-Steuerung: ein Beitrag zur theoretischen Fundierung des Controlling anhand des Principal-Agent-Ansatzes, Schäffer-Poeschel, Stuttgart

Kargl, H. (1996): Controlling im DV-Bereich, 3. Auflage. Oldenbourg, München

Kauffmann, H. (1997): Die Neuausrichtung des Controlling bei der Daimler-Benz AG. In: Horváth, P. (Hrsg.): Das neue Steuerungssystem des Controllers, Poeschel, Stuttgart, 35-60

Kloock, J. (1988): Erfolgskontrolle mit der differenziert-kumulativen Abweichungsanalyse. In: Zeitschrift für Betriebswirtschaft 3, 423-434

Krcmar, H. (1991): Informationsverarbeitungs-Controlling. In: Office Management 1-2, 6-11

Krcmar, H. (1992): Informationsverarbeitungs-Controlling in der Praxis. In: Information Management 2, 6-18

Krystek, U.; Zur, E. (1991): Projektcontrolling - Frühaufklärung von projektbezogenen Chancen und Bedrohungen. In: Controlling 6, 304-311

Lachnit, L. (1993): Bewegungsbilanzen. In: Chmielewicz, K.; Schweitzer, M. (Hrsg.): Handwörterbuch des Rechnungswesens. 3. Auflage, Poeschel, Stuttgart 183-191

Lachnit, L. (2001): Finanzplanung. In: Gerke, W.; Steiner, M. (Hrsg.): Handwörterbuch des Bank- und Finanzwesens. 3. Auflage, Poeschel, Stuttgart, 887-900

Lewis, T. G. (1994): Steigerung des Unternehmenswertes - Total Value Management. Moderne Industrie, Landsberg a. L.

Link, J. (1987): Schwachpunkte der kumulativen Abweichungsanalyse in der Erfolgskontrolle. In: Zeitschrift für Betriebswirtschaft 8, 780-792

Perridon, L.; Steiner, M. (2002): Finanzwirtschaft der Unternehmung. 11. Auflage, Vahlen, München

Pfaff, D. (2001): Finanzcontrolling. In: Gerke, W.; Steiner, M. (Hrsg.): Handwörterbuch des Bank- und Finanzwesens. 3. Auflage, Poeschel, Stuttgart, 729-742

Rappaport, A. (1995): Shareholder Value, Schäffer-Poeschel, Stuttgart

Raps, A.; Reinhardt, D. (1993): Projekt-Controlling im System der Grenzplankostenrechnung. In: Kostenrechnungspraxis 4, 223-232

Riedl, J.E. (1990): Projekt-Controlling in Forschung und Entwicklung, Springer, Berlin Heidelberg New York

Schmitz, H.; Windhausen, M.P. (1986): Projektplanung und Projektcontrolling, 3. Auflage. VDI, Düsseldorf

Schneider, D. (1988): Grundsätze anreizverträglicher innerbetrieblicher Erfolgsrechnung zur Steuerung und Kontrolle von Fertigungs- und Vertriebsentscheidungen. In: Zeitschrift für Betriebswirtschaft 11, 1181-1192

Schulte, Ch. (1992): Die Holding als Instrument zur strategischen und strukturellen Neuausrichtung von Konzernen. In: Schulte, Ch. (Hrsg.): Holding-Strategien. Gabler, Wiesbaden, 17-58

Sokolovsky, Z. (1993): Controlling als Steuerungsinstrument des betrieblichen Informationsmanagements. In: Scheer, A.-W. (Hrsg.): Handbuch Informationsmanagement. Gabler, Wiesbaden, 529-566

Spremann, K. (1992): Projekt-Denken versus Perioden-Denken. In: Spremann, K.; Zur, E. (Hrsg.): Controlling. Gabler, Wiesbaden, 363-380

Stewart, G. B. (1991): The Quest for Value: the EVA Management Guide. Harper Collins, New York

Swoboda, P.; Hartlieb, J. (1989): Finanzierungsplanung. In: Szyperski, N. (Hrsg.): Handwörterbuch der Planung. Poeschel, Stuttgart 497-506

Töpfer, A. (1976): Planungs- und Kontrollsysteme industrieller Unternehmungen, Duncker & Humblot, Berlin

Zur, E. (1992): Projekt-Controlling. In: Spremann, K.; Zur, E. (Hrsg.): Controlling. Gabler, Wiesbaden, 413-432

Teil 5

Controlling III:
Strategisches Controlling

Einführung

0.1 Konzept des strategischen Controlling

Bei konzeptioneller Betrachtung ist strategisches Controlling in erster Linie ein Managementkonzept zur zielorientierten strategischen Steuerung der Unternehmensabläufe - strategisch heißt bei zeitlicher Ausdehnung des Planungs- und Steuerungshorizonts auf einen langfristigen Zeitraum ohne irgendeine a-priori-Begrenzung.

Daraus resultieren die weiteren Wesensmerkmale des strategischen Controlling (Horvàth 2001, S.256): Hinsichtlich der verfolgten zentralen Zielgröße geht es um die Sicherung der langfristigen Erhaltung des Unternehmens. Dieses ist eine grundsätzliche Zielorientierung, die weitgehend losgelöst von einer Quantifizierung in den Kategorien des Rechnungswesens ist. Wegen des langen Planungshorizontes ist der Handlungsspielraum sehr groß und nicht durch unternehmensinterne Potentiale, Strukturen und Kapazitäten eingeengt; diese selbst sind Planungs- und Gestaltungsobjekte und somit Gegenstand der strategischen Planung. Während die operative Steuerung stark unternehmensintern ausgerichtet ist, ist die vorherrschende Orientierung der strategischen Steuerung primär auf die Unternehmensumwelt mit den Absatz- und Beschaffungsmärkten ausgerichtet. Dabei sind die Entscheidungssituationen oft schlecht strukturiert, wenig repetitiv und dadurch schlecht formalisierbar. Aufgrund des langen Planungshorizonts ist bei vorwiegend auf die Unternehmens-umwelt ausgerichteten Informationen der Grad der Unsicherheit sehr hoch.

0.2 Strukturen und Prozesse des strategischen Controlling

Strategisches Controlling als strategische Führung ist wegen seiner Bedeutung für die Existenzsicherung des Unternehmens grundsätzlich Aufgabe der obersten Unternehmensführung und daher nicht auf hierarchisch tiefer liegende Instanzen delegierbar.

Die strategische Planung als Teil des strategischen Controlling mit Planung und Kontrolle erstreckt sich über folgende Phasen (Aurich/Schröder 1977, S.37):

- Umweltanalyse,
- Unternehmensanalyse,
- Zielbildungsprozess,
- Stärken- und Schwächenanalyse,
- Strategieentwicklung,
- Strategieauswahl und
- Operativplanung.

Planung erfordert Kontrolle und so wird der Planungsprozess durch möglichst frühzeitige und permanente Kontrollen ergänzt, um Fehlentwicklungen rechtzeitig berücksichtigen zu können. Der Kontrollprozess im strategischen Controlling besteht aus drei Teilschritten (Reichmann 2001, S.549):

- die Prämissenkontrollen, die ein Teil der Strategieformulierung sind,
- die Durchführungskontrollen, die ein Teil der Strategieimplementierung sind, und
- die allgemeine strategische Überwachung, die übergreifende Funktionen im Bereich der strategischen Kontrolle erfüllt.

Stehen im operativen Controlling Produkte, Abnehmer, Kostenstellen, Produktionsfaktoren oder andere betriebliche Bezugsobjekte als Steuerungsobjekte im Mittelpunkt der Steuerung mit dem Ziel der kurzfristigen Erfolgsoptimierung, so sind im strategischen Controlling die Markt-Leistungs-Aktivitäten des Unternehmens die Steuerungsobjekte: Welche Unternehmensleistungen (Sachgüter, Dienstleistungen) sind für den zukünftigen Markt (Nachfrager, Wettbewerb) erfolgreich anzubieten?

Im strategischen Controlling hat sich das Denken in „Strategischen Geschäftseinheiten" durchgesetzt. Hierbei handelt es sich um abgegrenzte, weitgehend selbständige und voneinander unabhängige Marktsegmente für bestimmte Abnehmer zur Deckung spezifischer Bedürfnisse, die wettbewerbsorientiert gesteuert werden müssen, um die Sicherung des Unternehmens zu gewährleisten.

0.3 Instrumente des strategischen Controlling

Im strategischen Controlling eingesetzte Instrumente dienen in erster Linie zur Beurteilung der strategischen Position des Unternehmens im Markt und der Ableitung strategischen Verhaltens (Weber 2002, S.265ff).

Im Mittelpunkt steht die Portfolio-Technik auf der Basis des Konzepts strategischer Erfolgsfaktoren, des Erfahrungskurven-Konzepts und des Produktlebenszyklus-Konzepts, die für das strategische Controlling besonders relevante konzeptionelle Grundlagen der empirischen Planung bilden. Mit dem Portfolio-Konzept sollen die strategischen Geschäftseinheiten hinsichtlich ihrer Wettbewerbsfähigkeit analysiert und hieraus gleichzeitig Strategien für zukünftiges erfolgreiches Verhalten abgeleitet werden. Es ist aus der Unternehmenspraxis heraus entwickelt und von Wissenschaft und Praxis weiter verfeinert worden. Inzwischen sind eine Vielzahl unterschiedlicher Varianten in der Anwendung, die jedoch alle auf einem gemeinsamen Grundkonzept basieren.

Szenario-Techniken und Früherkennungssysteme dienen der Erkenntnis zukünftiger Entwicklungen vorwiegend in der Unternehmensumwelt, um diese möglichst frühzeitig bei der strategischen Planung berücksichtigen zu können. Wegen der Langfristigkeit des Planungshorizonts und der hohen Unsicherheit der der Planung zugrundeliegenden Daten haben diese beiden Instrumente eine besondere Bedeutung.

Strategisches Controlling ist vor allem wettbewerbsorientiert, wie es mit dem Portfolio-Konzept bereits zum Ausdruck kommt. Ein direkter Wettbewerbsvergleich und eine an stärkeren Konkurrenten ausgerichtete Zielfindung für die strategische Ausrichtung von betrieblichen Strukturen, Kosten, Technologien und Leistungskennzahlen in allen Funktionsbereichen soll mit dem Benchmarking ermöglicht werden. Ausgerichtet am stärksten Wettbewerber werden Zielsetzungen und strategische Erfolgsfaktoren definiert, Stärken und Schwächen sowie deren Ursachen analysiert, Unternehmenspositionen gefunden und Strategien zur Leistungsverbesserung abgeleitet.

Im Zusammenhang mit der langfristigen Existenzsicherung kommt der Kostenplanung neuer Produkte eine wesentliche Rolle zu. Hierfür wird zunehmend das Target Costing eingesetzt, um bereits bei der Planung die Kosten festzulegen, zu denen das Produkt am Markt absetzbar ist. Darüber hinaus gilt es aber auch, produktspezifische Kosten über den gesamten Produktlebenszyklus (incl. aller Vor- und Nachlaufzeiten) zu steuern; Voraussetzung hierfür ist die Kostenplanung und -kontrolle mit Hilfe einer periodenübergreifenden Lebenszykluskostenrechnung.

Qualität als Erfüllung von Kundenforderungen ist einerseits Ziel betrieblichen Handels, andererseits selbst auch Kostenfaktor. Die Steuerung der Qualität lässt sich mit einer entscheidungsorientierten Qualitätskostenrechnung unterstützen.

Selbstverständlich bleibt das strategische Controlling nicht ausschließlich dem grundsätzlichen Denken verhaftet. Strategische Pläne müssen betriebswirtschaftlich in den Kategorien des internen und externen Rechnungswesens durchdacht und konsolidiert werden. Strategische Planung und Kontrolle basiert auf betriebswirtschaftlichen Inhalten; Erfolgs-, Finanz- und Bilanzrechnung sind auch Instrumente einer strategischen Planung. Die Investitionsrechnung liefert Entscheidungskalküle für die Bewertung und Auswahl alternativer Strategien. Strategische Pläne müssen operativ umgesetzt werden. Insoweit werden mit dem strategischen Controlling Rahmendaten für das operative Controlling gesetzt.

0.4 Struktur der Aufgaben

Analog dieser Strukurierung von Konzept und System des strategischen Controlling wird im Folgenden eingegangen auf:

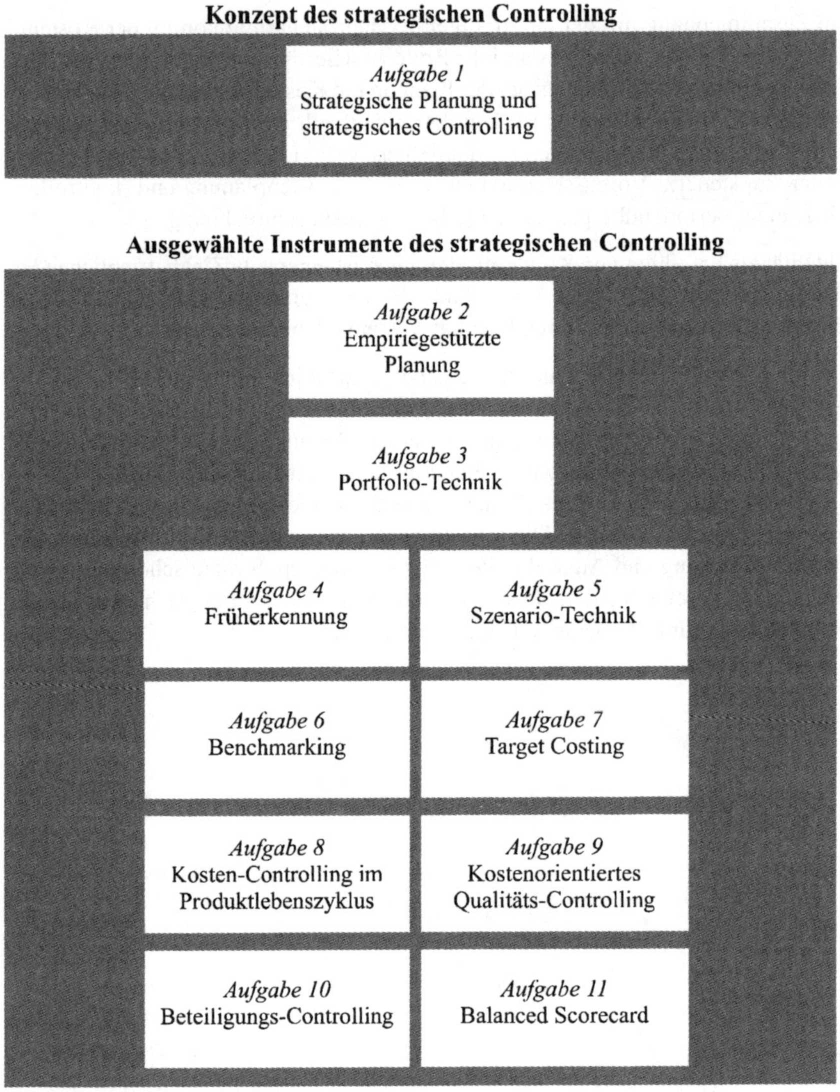

Konzept des strategischen Controlling

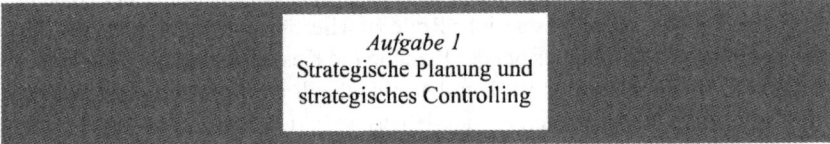

Aufgabe 1
Strategische Planung und
strategisches Controlling

Ausgewählte Instrumente des strategischen Controlling

Aufgabe 2
Empiriegestützte
Planung

Aufgabe 3
Portfolio-Technik

Aufgabe 4 Früherkennung	*Aufgabe 5* Szenario-Technik
Aufgabe 6 Benchmarking	*Aufgabe 7* Target Costing
Aufgabe 8 Kosten-Controlling im Produktlebenszyklus	*Aufgabe 9* Kostenorientiertes Qualitäts-Controlling
Aufgabe 10 Beteiligungs-Controlling	*Aufgabe 11* Balanced Scorecard

Abb. 124: Aufgabenstruktur von Controlling III: Strategisches Controlling

Aufgabe 1:
Strategische Planung und strategisches Controlling

1.1 Aufgabenstellung

Beschreiben und diskutieren Sie Systematik, Inhalte und Ablauf der Phasen strategischer Planung im Controlling-Konzept!

1.2 Einleitung

Der Begriff „strategisches Controlling" wird in der Literatur mit unterschiedlichen Begriffsinhalten verwendet (Pfohl/Zettelmeyer 1987, S.164; Langguth 1994, S.27ff). Die Grundstruktur des strategischen Controlling - so sind sich die meisten Autoren einig - ist formal identisch mit der des operativen Controlling. Sie besteht ebenfalls aus den Bausteinen Planung (Zielvorgabe), Analysen (Kontrollen) und Gegensteuerungsmaßnahmen.

Die Zielgröße liegt jedoch nicht mehr primär im monetären Bereich, vielmehr gilt es eine langfristige Existenzsicherung durch Erschließung von Erfolgsfaktoren zu erreichen (Weber 2002, S.265ff). Die strategische Unternehmensplanung ist der Prozess, in dem eine rationale Analyse der gegenwärtigen Situation und der zukünftigen Möglichkeiten zur Formulierung von Absichten, Zielen, Strategien (strategischer Gesichtspunkt) und Maßnahmen (operativer Gesichtspunkt) führt (Kreikebaum 1997, S.21). Die Untersuchung der gegenwärtigen Situation umfasst sowohl die Entwicklung der letzten fünf als auch die zukünftige Entwicklung der kommenden fünf Jahre (Peemöller 2002, S.125). Die strategische Planung selbst ist dann aber wesentlich langfristiger ausgerichtet. Die in den Planungsprozess integrierten strategischen Analysen stellen das Fundament des gesamten Planungsprozesses dar.

1.3 Phasen der strategischen Planung

Die strategische Planung ist durch einen Phasenablauf mit sieben Teilschritten gekennzeichnet (Aurich/Schröder 1977, S.37; ähnlich Kreikebaum 1997, S.37ff; Langguth 1994, S.103ff; ferner auch Götze/Rudolph 1994, S.5):

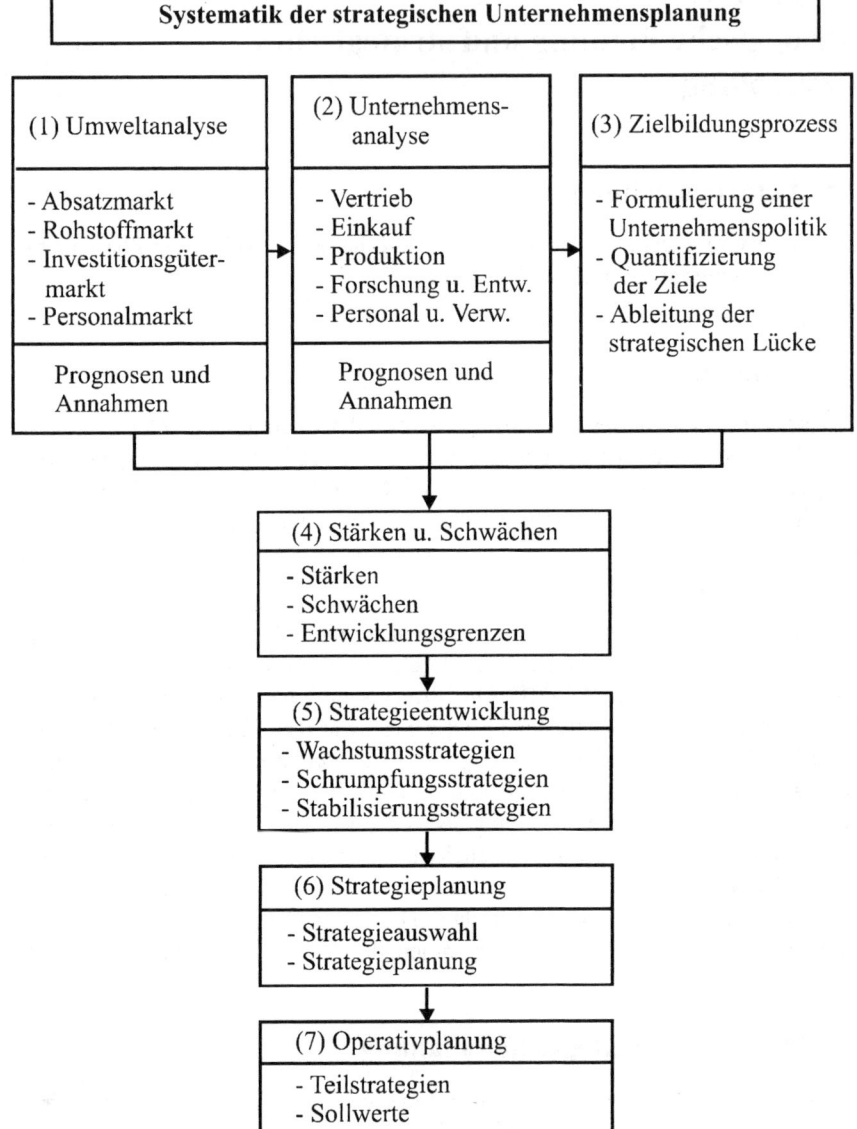

Abb. 125: Phasenablauf der strategischen Planung (Aurich/Schröder 1977, S.37)

1.3.1 Umweltanalyse

Alle Daten, denen sich das Unternehmen nach außen hin gegenübersieht, werden als Umweltbedingungen bezeichnet (Kreikebaum 1997, S.40). Informationen über die relevanten Umweltbedingungen und über deren zu erwartende Veränderungen bilden die Grundlagen für die strategischen Entscheidungen.

Die Umweltanalyse erfolgt in den Schritten:

- Analyse der gegenwärtigen Umwelt
- Prognose relevanter Tendenzen mit ihren Auswirkungen

Als mathematisch orientierte Instrumente können u.a. genannt werden:

- Gleitende Durchschnitte
- Trendextrapolation
- Ökonometrische Modelle
- Verweilzeitverteilungen

Die Umweltbedingungen können wie folgt klassifiziert werden:

Abb. 126: Klassifikation von Umweltbedingungen (Kreikebaum 1997, S.41)

Auf die ökonomischen Umweltbedingungen soll im Folgenden näher eingegangen werden (Aurich/Schröder 1977, S.44ff). Die gesamtwirtschaftliche Entwicklung findet ihren Niederschlag z.B. in:

- der Bevölkerung (z.B. Struktur, Anzahl, Wachstum)
- dem Einkommen (z.B. Pro-Kopf-Einkommen, Einkommensentwicklung)
- dem privaten und öffentlichen Verbrauch (z.B. Ausgaben nach Bevölkerungsgruppen)
- dem Außenhandel (z.B. Außenhandelsstruktur nach Aufgliederung in Warengruppen)
- der Produktion (z.B Wachstum, Produktivitätsentwicklung)
- der Entwicklung des Bruttosozialprodukts

Unter der Branchenentwicklung sind alle Umweltfaktoren zu verstehen, welche die geschäftliche Situation des speziellen Wirtschaftszweigs beeinflussen. Diese Angaben dienen in erster Linie dem Vergleich der eigenen Unternehmensentwicklung mit der des Branchendurchschnitts. Inhalte können z.B. sein:

- Branchenstruktur
- Kundenstruktur
- Beschäftigungslage
- Wettbewerbsinstrumente
- Distributionsstruktur

Bei der Analyse der Marktbedingungen ist zwischen den Absatz- und Beschaffungsmärkten zu unterscheiden. Die Analyse der Absatzmärkte umfasst die Analyse der Nachfrage- und der Konkurrenzsituation. Indikatoren für die Nachfragesituation sind (Kreikebaum 1997, S.44):

- Marktvolumen
- Marktwachstum
- Marktanteil
- Preis- und Ertragsbedingungen

Indikatoren für die Konkurrenzsituation sind:

- Umsätze im In- und Ausland
- Beschäftigtenzahl
- Kapazität
- Marktanteil
- Programmbreite
- Standortvorteile

Die Analyse der Beschaffungsmärkte befasst sich mit den Lieferungen und Leistungen, die ein Unternehmen von außen bezieht. Wichtige Beschaffungsmärkte sind:

- Rohstoffmärkte
- Arbeitsmarkt
- Märkte für Hilfsstoffe, Fertigungsmaterial und Halbfabrikate
- Investitionsgütermarkt
- Kapitalmarkt
- Energiebezugsquellen

1.3.2 Unternehmensanalyse

Ergänzend zur Analyse der externen Umweltbedingungen muss sich das Unternehmen einen Überblick über die eigene Unternehmenssituation verschaffen. Die Unternehmensanalyse umfasst neben einer Situationsanalyse auch Prognosen der Unternehmensstrukturen im Planungszeitraum. Während im deutschsprachigen Raum eine funktionsbereichsbezogene Betrachtung dominiert (Kreikebaum 1993, S.45), wird ausgehend von der angloamerikanischen Literatur verstärkt eine wertorientierte Analyse diskutiert (Hill/Jones 1989, S.93ff).

Mittelpunkt der funktionsbereichsbezogenen Betrachtung sind die betrieblichen Funktionsbereiche (z.B. Produktion oder Marketing). Mögliche Objekte einer Analyse sind u.a.:

Produktbereich	• Produkteigenschaften • Produktqualität • Altersaufbau der Produkte • Produktgestaltung
Produktionsbereich	• Anlagenstruktur • Fertigungstechnische Ausstattung • Grad der Modernisierung • Qualität der Fertigungsplanung
Forschungs- und Entwicklungsbereich	• Intensität und Wirksamkeit der F+E-Aktivitäten • Know-how
Absatzbereich	• Schlagkraft der Vertriebsorganisation • Werbungskonzeption • Kundendienst
Personalbereich	• Altersstruktur der Belegschaft • Vorhandene Fähigkeiten • Ausbildungsstand
Finanzbereich	• Eigenkapitalausstattung • Finanzieller Überschuss • Möglichkeiten der Fremdfinanzierung

Abb. 127: Objekte der funktionsbezogenen Unternehmensanalyse (Kreikebaum 1993, S.45)

1.3.3 Zielbildungsprozess

Der Prozess der Zielbildung wird durch die Formulierung der Unternehmenspolitik (Leitbild) eingeleitet. Diese kennzeichnet die langfristige Ausrichtung des Unternehmens. Liegt die generelle Unternehmenspolitik fest, so kann die Definition eines strategischen Zielsystems unter Berücksichtigung absatz-, erfolgs- und finanzwirtschaftlicher Komponenten erfolgen:

* absatzwirtschaftlich: Marktanteil, Absatzmenge, Umsatz
* erfolgswirtschaftlich: Gewinn, Rentabilität
* finanzwirtschaftlich: Eigenkapitalquote, Gesamtverschuldung

Die notwendige Eindeutigkeit eines Ziels wird durch die Festlegung der drei Dimensionen Inhalt, angestrebtes Ausmaß und zeitlicher Bezug gewährleistet.

Die strategische Lücke bezeichnet die Differenz zwischen der aufgrund der strategisch festgelegten Ziele angestrebten und der durch Entscheidungen im operativen Controlling realisierten Entwicklung. Für die weiteren Schritte in der Unternehmensplanung bedeutet die strategische Lücke eine Sollvorgabe für die zu entwickelnden Strategien (Aurich/Schröder 1977, S.218f; Kreikebaum 1997, S.133f).

Während die strategische Lücke Inhalt des strategischen Controlling ist, muss die operative Lücke durch Entscheidungen im operativen Controlling geschlossen werden.

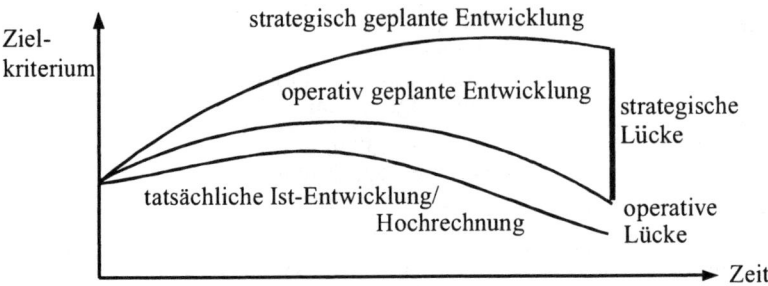

Abb. 128: Strategische Lücke

Für das Unternehmen sind nur solche Strategien interessant, die im Zeitablauf zur Schließung dieser strategischen Lücke führen. Grundsätzlich kann es für jedes vom Unternehmen gesetzte Ziel eine derartige Lücke geben. Zu nennen sind hier vor allem Ertrags-, Umsatz-, Absatz- und Finanzierungslücken (Aurich/Schröder 1977, S.219).

1.3.4 Stärken und Schwächen

Basierend auf den Ergebnissen der Umwelt- und Unternehmensanalyse sowie des Zielbildungsprozesses müssen die Stärken und Schwächen des Unternehmens herausgearbeitet werden (Aurich/Schröder 1977, S.225). Dazu verwendet man üblicherweise ein Stärken-/Schwächen-Profil, dem ein Punktwert-Modell zugrundeliegt. Die Ausprägungen einzelner Indikatoren werden in Punktwerte transformiert und durch Addition zu einem Gesamtwert zusammengefügt (vgl. Abbildung 129). Das sich hieraus ergebende Stärken/Schwächen-Profil liefert dem Unternehmen Informationen über (Welge/Al-Laham 1992, S.128):

* Strategische Stärken:
  Diese Faktoren begründen einen Wettbewerbsvorteil des Unternehmens und stellen die Schlüsselkompetenzen dar, auf denen anschließend eine Strategieformulierung aufsetzt.
* Strategische Schwächen:
  In diesen Bereichen fehlen dem Unternehmen die notwendigen Ressourcen und Fähigkeiten oder das notwendige Know-how. Hier gilt es, die Schwächen mit Hilfe geeigneter Strategien zu beseitigen.
* Basisanforderungen:
  Ressourcen und Potentiale, die sich weder durch hohe noch durch niedrige Ausprägungen auszeichnen, erfüllen Basisanforderungen des Geschäfts.

Ressourcen (Leistungspotentiale)	Entwicklung der letzten 5 Jahre			Vergleich zur Konkurrenz			Vergleich zur Marktentwicklung		Vergleich mit Krit. Erfolgsfaktor		Σ
	besser +10	gleich 0	schlechter -10	besser +10	gleich 0	schlechter -10	gut +10	schlecht -10	gut +10	schlecht -10	
Marketing		+1			+5			-3		+7	+10
Forschung und Entwicklung		+3			-5			+1		+6	+5
Produktion		+8			0			0		-2	+6
Versorgung mit Rohstoffen und Energie		+4			+3			-8		0	-1
Standort		+2			+2			-10		+1	-5
Finanzsituation		+6			-3			-5		-6	-8
Kostensituation		+1			+2			-2		-1	0
Technisches Potential		+10			-3			+8		-8	+7
Qualität der Führungskräfte		+3			-5			+10		-2	+6
Personelles Potential		+4			+7			-8		-3	0
Führungssystem		-5			-8			+8		+1	-4

Ressourcen (Leistungspotentiale)	Beurteilung			Bemerkungen
	Schwächen -10 -9 -8 -7 -6 -5 -4	Basisanforderungen -3 -2 -1 0 1 2 3	Stärken 4 5 6 7 8 9 10	
Marketing				
Forschung und Entwicklung				
Produktion				
Versorgung mit Rohstoffen und Energie				
Standort				
Finanzsituation				
Kostensituation				
Technisches Potential				
Qualität der Führungskräfte				
Personelles Potential				
Führungssystem				

Abb. 129: Beispielhafte Erstellung eines Stärken/Schwächen-Profils (Welge/Al-Laham 1992, S.129)

Unter einem Stärken-/Schwächen-Profil kann also eine Analyse und Bewertung der Ressourcen des Unternehmens verstanden werden, d.h. es werden die relevanten Erfolgsfaktoren ermittelt und in ihrer Ausprägung mit denen der Konkurrenz verglichen. Chancen bzw. Gefahren für das Unternehmen resultieren aus den Stärken bzw. Schwächen, die aus diesem Vergleich hervorgehen. Wichtig bei einer derartigen Analyse ist die nüchterne Beurteilung der Fakten; es darf nicht aus Rücksichtnahme auf das Prestige einzelner Mitarbeiter eine verfärbte Darstellung geben.

1.3.5 Strategieentwicklung

Nachdem die Stärken-/Schwächenanalyse abgeschlossen ist, müssen konkrete Strategien zur Schließung der strategischen Lücke entwickelt werden. Diese Strategien müssen erkennen lassen, wie das Unternehmen seine bestehenden und seine potentiellen Stärken dazu nutzt, Umweltbedingungen und deren Veränderungen gemäß den unternehmerischen Absichten zu begegnen.

Grundsätzlich lassen sich Strategien nach unterschiedlichen Kriterien klassifizieren (Kreikebaum 1997, S.58):

- Organisatorischer Geltungsbereich:
  - Unternehmensgesamtstrategien
  - Geschäftsbereichsstrategien
  - Funktionsbereichsstrategien
- Funktion:
  - Absatzstrategien
  - Produktionsstrategien
  - F+E - Strategien
  - Investitionsstrategien
  - Finanzierungsstrategien
  - Personalstrategien
- Entwicklungsrichtung/Mitteleinsatz:
  - Wachstumsstrategien (Investieren)
  - Stabilisierungsstrategien (Halten)
  - Schrumpfungsstrategien (Desinvestieren)
- Marktverhalten:
  - Angriffsstrategien (z.B. Promotionsstrategien)
  - Verteidigungsstrategien (z.B. Imitationsstrategien)
- Produkte/Märkte:
  - Marktdurchdringungsstrategien
  - Marktentwicklungsstrategien
  - Produktentwicklungsstrategien
  - Diversifikationsstrategien

1.3.6 Strategieplanung

Aus der Vielzahl der Strategien, die während der Entwicklungsstufe ausformuliert wurden, muss nun in einem nächsten Schritt die „beste Strategie" ausgewählt werden. Um den Umfang des Auswahlprozesses möglichst gering zu halten, bedient man sich eines mehrstufigen (hier vierstufigen) Selektionsverfahrens (Aurich/ Schröder 1977, S.254ff). In jedem Schritt des Verfahrens werden einige Strategien ausgesondert, so dass am Ende die „optimale Strategie" übrigbleibt. Die einzelnen Schritte sehen in der angegebenen Reihenfolge wie folgt aus:

(1) Zulässigkeitsprüfung der Strategie hinsichtlich des Unternehmenszwecks,
(2) Nutzwertanalyse, wobei das Zielkriterium das Schließen der strategischen Lücke ist,
(3) betriebswirtschaftliche Bewertung der Strategie, z.B. mittels Investitions- und Finanzrechnungen oder Simulationen sowie
(4) Risikoanalyse (Ermittlung und Betrachtung kritischer Werte).

Kann mit der auf diese Weise gefundenen Strategie die strategische Lücke geschlossen werden, schließt sich eine Operativplanung an.

1.3.7 Operativplanung

Im letzten Schritt der Unternehmensplanung müssen die ausgewählten Strategien in konkrete Maßnahmen und Aktionen umgesetzt werden, d.h. es erfolgt eine Umsetzung der strategischen in die operative Planung. Dieses stellt einen sehr wichtigen Planungsschritt dar, denn ohne Umsetzung bleiben die vorangegangenen Überlegungen lediglich Makulatur (Aurich/Schröder 1977, S.315).

Die Operativplanung ist weiter nach folgenden Gesichtspunkten zu differenzieren (Aurich/Schröder 1977, S.316ff):

• Die „strategische Operativplanung" beinhaltet die Zusammenstellung möglicher Maßnahmen, die Zuordnung zu den Verantwortungsbereichen einschließlich der Fixierung der Termine, die Ausarbeitung von Kostenbudgets sowie deren Genehmigung und Verabschiedung.
• Die „Normal-Operativplanung" oder das Jahres-Budget hat die Aufgabe, das bisher nur grob vorliegende Kostenbudget zu verfeinern.

Dieser letzte Schritt innerhalb der strategischen Planung stellt also die Verknüpfung zum operativen Controlling her.

Aufgabe 2:
Empiriegestützte Planung

2.1 Aufgabenstellung

Beschreiben Sie folgende im Rahmen der strategischen Planung eingesetzten konzeptionellen, empirisch abgesicherten Grundlagen:

- PIMS-Konzept
- Erfahrungskurvenmodell
- Produktlebenszyklusmodell

2.2 Einleitung

Die Bestimmung und Beurteilung der strategischen Position eines Unternehmens bzw. einzelner Geschäftsbereiche gehört zum betriebswirtschaftlichen Basiswissen eines Controllers. Darüber hinaus gehört die Kenntnis der zentralen Erfolgsfaktoren für einen Markt dazu, denn sie sind eine wichtige Voraussetzung für die Formulierung einer Strategie. Die strategische Planung kennt dazu im Wesentlichen drei Erfolgstheorien, die der empirischen Planungsforschung zugerechnet werden. Dieses sind:

- PIMS-Konzept
- Erfahrungskurvenmodell
- Produktlebenszyklusmodell

Die folgenden Ausführungen haben zum Ziel, die einzelnen Konzepte in ihren Grundzügen zu beschreiben sowie ihre Grenzen aufzuzeigen.

2.3 PIMS-Konzept

Das PIMS-Konzept (Profit Impact of Market Strategies) basiert auf einer empirischen, branchenübergreifenden Studie, in der die Höhe des Einflusses bestimmter Faktoren auf den Erfolg von strategischen Geschäftseinheiten SGE ermittelt wird. Das konkrete Ziel ist die Offenlegung der Faktoren, die den Return on Investment ROI bzw. Cash Flow erklären. Dazu sind in der sogenannten PIMS-Datenbank mittlerweile mehr als 2600 SGE unterschiedlicher Unternehmen gespeichert. Für jede Geschäftseinheit enthält die Datenbank über 200 quantifizierte Angaben. Diese beziehen sich im Wesentlichen auf (Homburg 2000, S.58f):

- Wettbewerbsposition der SGE (z.B. Marktanteil, relativer Marktanteil (in Relation zu den drei stärksten Konkurrenten), relative Produktqualität)
- spezifische Merkmale des geschäftlichen Umfelds (z.B. lang-, kurzfristiges Marktwachstum)

- Effizienz des Investitionsprozesses (z.B. Investitionsintensität, Kapazitätsauslastung)
- spezielle Kosten (z.B. Marketing- oder Forschungs- und Entwicklungskosten)
- SGE-spezifizierte Charakteristika des Unternehmens (z.B. Größe, Diversifikation)
- Veränderungen der Wettbewerbsposition (z.b. Marktanteilsverschiebungen)
- Erfolg (Return on Investment ROI, Return on Sales ROS, Cash Flow, Wachstumskennzahlen)

Für die Analyse der gespeicherten Daten wird die Rentabilitätskennzahl ROI[27] als abhängige Variable in ein Regressionsmodell (Regressionsgleichung mit 37 unabhängigen Variablen) eingebunden. Wesentliches Ergebnis der Analyse ist die Feststellung, dass von den ca. 200 Variablen bereits 37 die Varianz des ROI zu 70-80% erklären. Die drei zentralen Schlüsselvariablen (Welge/Al-Laham 1992, S.59) sind dabei:

- Investitionsintensität (15%)
- relativer Marktanteil (12%)
- Produktqualität (10%)

Die Ursachen für die positive Korrelation zwischen Marktanteil und ROI hat u.a. folgende Ursachen (Buzell/Gale 1989, S.67; Homburg 2000, S.63):

- Economies of Scale (absolute Kostenvorteile großer Unternehmen in sämtlichen Kostenpositionen)
- Marktmacht (z.B. höhere Verkaufspreise bzw. Kostenvorteile im Einkauf)
- Präferenzen der Abnehmer
- andere Ursachen, z.B. Qualität des Managements

Zur Begründung des Zusammenhangs zwischen der Qualität und dem ROI kann angeführt werden, dass SGE mit einer überragenden Qualität eine Reihe von Vorteilen aufweisen (Welge/Al-Laham 1992, S.60ff; Homburg 2000, S.64ff):

- stärkere Kundentreue, häufige Wiederholungskäufe
- geringere Gefährdung bei Preiskämpfen: Möglichkeit, höhere Preise ohne Marktanteilsverlust durchzusetzen
- Marktanteilssteigerungen

Die PIMS-Studie zeigt eindeutig, dass zwischen Investitionsintensität und dem ROI eine negative Korrelation besteht. Die Hauptursache für den Zusammenhang liegt in dem durch den Zwang zur Kapazitätsauslastung ausgelösten Preiswettbewerb: Kapitalintensive Unternehmen müssen auch unter den Vollkosten liegende Aufträge annehmen, um den hohen Fixkostenblock des Anlagevermögens abzudecken.

---

27) Der ROI ist definiert als das Verhältnis des Gewinns vor Steuern zum durchschnittlichen Investment.

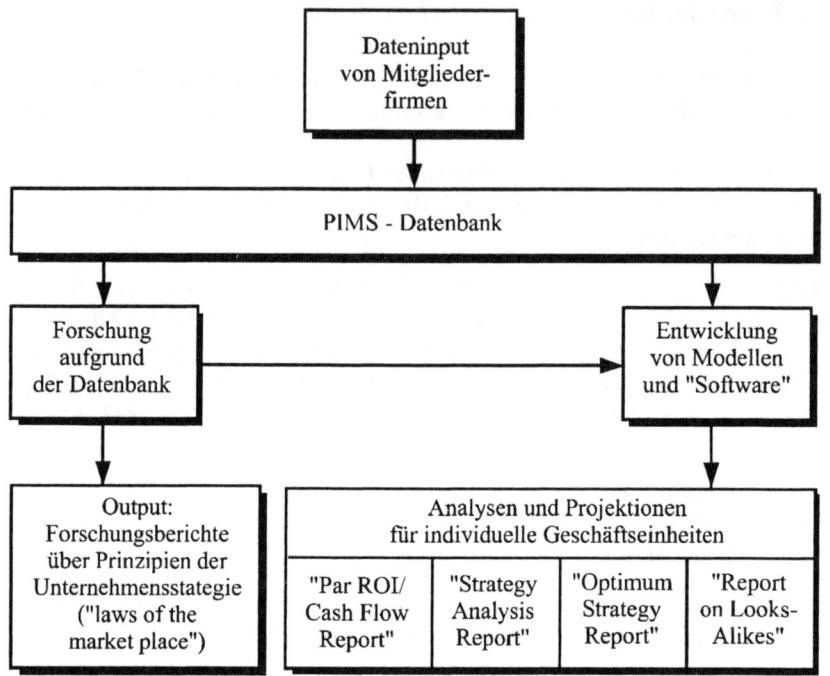

Abb. 130: Struktur des PIMS-Programms

Die Struktur des PIMS-Programms verdeutlicht Abbildung 130 (Welge/Al-Laham 1992, S.68). Als Dienstleistung werden den Unternehmen im Wesentlichen drei Servicekomplexe angeboten (Welge/Al-Laham 1992, S.67f):

• Allgemeine Erfahrungsberichte über Grundfragen der strategischen Planung und Unternehmensstrategie, die im Rahmen von Arbeitspapieren und Seminaren vorgestellt werden.

• Direkter Zugang zu den Computermodellen des Forschungsprogramms: Beratung bei der Konzeption und Durchführung spezieller Planungs- und Simulationsaufgaben.

• Kernstück des PIMS-Programms sind vier computergestützte Auswertungen, anhand derer die Unternehmen das Erfolgspotential ihrer Geschäftsfelder bestimmen können. Im Einzelnen sind dieses:

    - der „Par-Report", der angibt, welchen ROI ein Geschäftsfeld aufgrund seines strategischen Profils eigentlich erreichen sollte. Im Mittelpunkt steht dabei eine Regressionsgleichung mit ca. 48 unabhängigen Variablen. Die SGE-spezifischen Werte jeder dieser Variablen werden in die Gleichung eingesetzt und der Par-ROI errechnet.

    - der „Strategy Analysis Report", der die Auswirkungen simuliert, die bei Anwendung verschiedener Strategien bei den Geschäftsfeldern auftreten. Grundlage sind Erfahrungen, die sich bei ähnlichen Unternehmen und Situationen ergeben haben.

- der „Optimum Strategy Report", der die Wirkung eines Strategiebündels auf das gesamte Unternehmen untersucht. Grundlage der Untersuchungen sind hier ebenfalls Erfahrungen ähnlicher Unternehmen.
- der „Report on Look-Alikes", der zur Auffindung operativer Einzelmaßnahmen dient, die sich möglichst günstig auf eine für das Geschäftsfeld entwickelte Zielsetzung auswirkt.

Das PIMS-Projekt bietet jedoch auch Anlass zur Kritik. Im Folgenden sind dazu die in der Literatur häufig genannten Kritikpunkte zusammengefasst (Homburg 2000, S.70ff; Welge/Al-Laham 1992, S.71f; Neubauer 1997, S.459ff; Weber 2002, S.266f):

- Die Vollständigkeit der untersuchten Erfolgsfaktoren ist nicht gewährleistet. Die Auswahl der unabhängigen Variablen erfolgt oftmals ohne theoretische Fundierung.
- Die Einbeziehung unterschiedlichster Branchen kann Verzerrungen bei den Wirkungszusammenhängen zur Folge haben.
- Interdependenzen zwischen den Erfolgsfaktoren werden nicht berücksichtigt.
- Die Erfolgsfaktoren können sich im Zeitablauf ändern.
- PIMS beruht auf multiplen Regressionsrechnungen. Die dafür notwendige Unabhängigkeit zwischen den erklärenden Variablen ist nicht immer gegeben.
- Eine Korrelation ist nicht immer mit Kausalität gleichzusetzen.

Diese - sicher nicht vollständige Liste - zeigt die Grenzen der PIMS-Studie auf und verdeutlicht, dass die Aussagen keine gesicherten Erkenntnisse liefern können, sondern für den konkreten Anwendungsfall lediglich Anhaltspunkte aufzeigen.

2.4 Erfahrungskurvenmodell

Das Erfahrungskurvenmodell besagt, dass die erforderliche Arbeitszeit für bestimmte Arbeitsprozesse mit zunehmender Wiederholung der Verrichtung sinkt (Weber 2002, S.275ff; Baum/Coenenberg/Günther 1999, S.92f). Empirische Analysen ergaben den funktionalen Zusammenhang, dass mit jeder Verdopplung der im Zeitablauf kumulierten Produktionsmenge die realen Stückkosten im Mittel um 20-30% fallen (Bramsemann 1993, S.252f; Welge/Al-Laham 1992, S.73).

Die Gültigkeit des Erfahrungskurveneffekts beruht im Wesentlichen auf den folgenden Faktoren (Baum/Coenenberg/Günther 1999, S.95):

- Größendegression:
  Die Größendegression besagt, dass die Stückkosten mit zunehmender Kapazität abnehmen. Neben diesen stückzahlenabhängigen Mengeneffekten können auch absolute Kostenvorteile großer Unternehmen im Bereich Beschaffung, Produktion und Absatz zur Größendegression führen (Economies of Scale).
- Lernkurveneffekt:
  Nach diesem Effekt nehmen die Fertigungszeiten mit zunehmender Stückzahl ab. Die wichtigsten Gründe hierfür sind:

- individuelle Lernerfolge durch Übung
- organisatorische Verbesserungen
- effiziente Gestaltung der Betriebsmittel
- Technischer Fortschritt:
  Der technische Fortschritt bezieht sich sowohl auf verbesserte Fertigungstechnologien (z.B. leistungsfähigere Maschinen, Vollautomatisierung der Fertigung) als auch auf verbesserte Produkte, z.B. durch Verwendung kostengünstigerer Grundmaterialien.
- Rationalisierung:
  Rationalierungsmaßnahmen führen zu Kostensenkungen, die teilweise bereits in den oben genannten Faktoren berücksichtigt sind. Kostensenkungen entstehen durch vereinfachte Führungsabläufe und/oder durch Mechanisierung der Fertigungsprozesse, verbunden mit Rationalisierungsinvestitionen.

Der erfolgreiche Einsatz des Erfahrungskurvenkonzepts setzt das „richtige" strategische Handeln voraus:

- Kosten- und Preispolitik:
  In der Einführungsphase wird eine Niedrigpreispolitik zur schnelleren Marktdurchdringung empfohlen. In der Wachstumsphase ist eine kostenorientierte Preispolitik anzustreben.
- Wachstums- und Marktanteilspolitik:
  Die Wachstumsrate hat einen wesentlichen Einfluss auf das Ausmaß der Stückkostensenkung je Periode.

Insgesamt lassen sich folgende Kritikpunkte zum Erfahrungskurvenmodell anführen (Weber 2002, S.275f; Baum/Coenenberg/Günther 1999, S.105ff):

- Das unterstellte statische Produktkonzept ist in der Praxis kaum anzutreffen. Die Produkte werden zumeist an geänderte Kundenwünsche angepasst.
- Nutzen alle Unternehmen die erfahrungsbedingte Kostendegression aus, so bleibt der relative Kostenvorteil gleich und der Effekt verliert an strategischer Bedeutung.
- Die Annahme homogener Güter mit dem Preis als einzigem Wettbewerbsfaktor ist in der Realität nicht gegeben.
- Eine konsequente Anwendung des Konzepts führt zu einer zu großen Kapazität und einer Monostruktur.

2.5 Produktlebenszyklus

Die Idee des Produktlebenszyklusses beruht auf der Hypothese, dass sich der Absatz eines Produktes über die gesamte Zeit seiner Marktpräsenz nach einer gewissen Gesetzmäßigkeit entwickelt (Homburg 2000, S.82ff). Das klassische Lebenszykluskonzept ist durch eine Abfolge von vier Phasen (Einführung, Wachstum, Reife, Sättigung) gekennzeichnet, die mit Bezug auf Abbildung 131 wie folgt beschrieben werden können:

(1) Die Einführungsphase zeichnet sich durch eine latente Nachfrage der Verbraucher aus, die durch einen optimalen Werbemitteleinsatz aktiviert werden muss. Aufgrund der geringen Umsätze ist der Deckungsbeitrag gering und der Vertriebsaufwand sehr groß.

(2) Die Wachstumsphase wird durch eine stark ansteigende Nachfrage geprägt. Dies löst bei den Konkurrenten Alarm aus, sie versuchen ebenfalls ein ähnliches Produkt auf den Markt zu bringen. Der Wettbewerb wird über Preise und Konditionen ausgetragen.

(3) In der Reifephase wird man versuchen, das Produkt, das sich inzwischen auf dem Markt etabliert hat, mit Hilfe von produktgestalterischen Maßnahmen an die Wünsche der Verbraucher anzupassen.

(4) Bei nachlassender Nachfrage aufgrund einer Markterschöpfung tritt das Produkt in die Sättigungsphase ein.

Der idealtypische Verlauf in Abbildung 131 unterstellt zunächst einen konvexen und dann einen konkaven Verlauf.

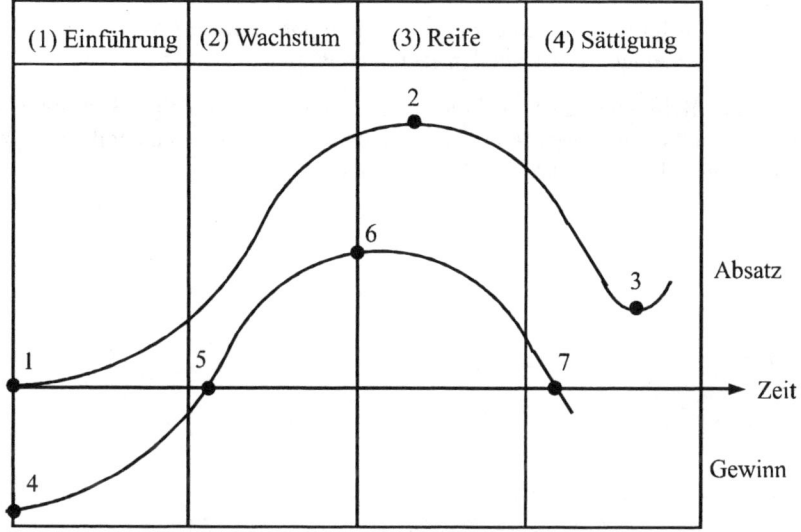

1 Zeitpunkt der Einführung   4 Verlust bei Einführung (Entwicklungskosten)
2 Absatzmaximum   5 Gewinnschwelle
3 Wiederanstieg z.B. durch   6 Gewinnmaximum
   Verbesserung des Produkts   7 Wiedereintritt in die Verlustzone

Abb. 131: Absatz und Gewinn im Lebenszyklus (Homburg 2000, S.83)

Der klassische Bezugspunkt im Lebenszyklusmodell ist das Produkt bzw. eine bestimmte Produktform. Daneben wird jedoch auch häufig eine derartige Gesetzmäßigkeit für ganze Märkte bzw. Branchen unterstellt, man spricht in diesem Zusammenhang vom Markt- bzw. Branchenzyklus. Insgesamt lassen sich folgende Implikationen aus dem Produktlebenszyklus ableiten:

- Alle Produkte besitzen nur eine begrenzte Lebensdauer.
- Die Produkt/Markt-Kombinationen müssen dynamisch neu gestaltet werden.
- Ziel ist eine Produktpalette, die aus einer ausgewogenen Mischung besteht.

Der empirische Nachweis von Produktlebenszyklen gestaltet sich äußerst schwierig. Unstrittig ist lediglich die prinzipielle Existenz von Lebenszyklen. Von den drei in dieser Aufgabe beschriebenen Instrumenten ist dieses mit Abstand das am umstrittenste. Dabei ergeben sich u.a. folgende Kritikpunkte (Weber 2002, S.274; Homburg 2000, S.90ff):

- Der monokausale Ansatz mit der Zeit als einzige erklärende Variable und dem Absatz stellt eine sehr starke Vereinfachung dar.
- Beim angenommenen Normverhalten eines Produkts in einer bestimmten Phase des Lebenszyklusses wird unter anderem die Wirkung konjunktureller und struktureller Einbrüche vernachlässigt. Damit ist aber die Prognoseeignung des Konzepts stark eingeschränkt.
- Die Grenzlinien zwischen einer Produktvariation und einem neuen Produkt sind nicht eindeutig zu ziehen.
- Weitere Differenzierungen der Phasen wären potentiell sinnvoll.
- Die Abgrenzungen zwischen den einzelnen Phasen sind eher fließend.

Trotz dieser Kritikpunkte ist das Lebenszyklusmodell ein wichtiges Instrument der strategischen Planung. Das Modell vermittelt die Notwendigkeit einer dynamischen Neugestaltung der Produkt/Markt-Kombinationen.

Aufgabe 3:
Portfolio-Technik

3.1 Aufgabenstellung

Die Portfolio-Technik als Instrument des strategischen Controlling:
Skizzieren Sie theoretische Grundlagen, unterschiedliche Konzepte und darauf aufbauende betriebswirtschaftliche Rechnungen!

3.2 Einleitung

Die Portfolio-Technik ist in den letzten Jahren in Theorie und Praxis zunehmend in den Mittelpunkt der strategischen Planung gerückt. Die Portfolio-Technik ist ein Instrument zur Formulierung von Strategien bzw. Handlungsanweisungen.

Die Grundidee der Portfolio-Technik stammt aus dem finanzwirtschaftlichen Bereich (Reichmann 2001, S.556; Kreikebaum 1993, S.87); sie dient dort unter dem Begriff „Portfolio-Selection" dem Ziel, eine in Hinblick auf Risiko und Chance optimal zusammengestellte Mischung von Investitionsmöglichkeiten sicherzustellen. Dieses Streben nach Ausgewogenheit (Ausgewogenheitspostulat) wird im Rahmen des Produktportfolios auf die strategische Planung übertragen. Dazu wird das Unternehmen in sogen. strategische Geschäftseinheiten (SGE) aufgeteilt. *„Eine strategische Geschäftseinheit ist die organisatorische Zusammenfassung einer homogenen Produktpalette für einen spezifischen Markt mit einheitlicher Wettbewerbssituation, d.h. Bündelung eindeutig abgrenzbarer Produkte, die von einer relativ homogenen Kundengruppe nachgefragt werden."* (Lessing/Groeger 1982, S.23) Zur Aufteilung der Unternehmensaktivitäten in SGE sind folgende Kriterien zu beachten (Reichmann 2001, S.556):

- Erreichbarkeit relativer Wettbewerbsvorteile
- relative Unabhängigkeit der SGE untereinander
- Eigenständigkeit und Gesellschaftsrelevanz der Marktaufgabe
- Vorhandensein von eindeutig identifizierbaren Konkurrenten
- eigenständiges Management durch entsprechende Führungspersonen

Diese SGE werden als Investitions- bzw. Desinvestitionsobjekte aufgefasst und damit zum Gegenstand von Strategien. SGE lassen sich wie Finanzanlagen als Renditebringer mit den damit jeweils verbundenen Risiken betrachten. Das Ausgewogenheitspostulat kommt dabei in zweifacher Weise zum Ausdruck: bei der Entwicklungsperspektive und beim Finanzstatus (Baum/Coenenberg/Günther 1999, S.181). Insgesamt sollen die Portfolio-Methoden zur Lösung der folgenden Probleme beitragen:

- Welche Erfolgsobjekte (Produkt-Markt-Kombinationen)
  - verlangen erhöhte Mittelverwendung?
  - können Mittel freisetzen?
- Besteht insgesamt über alle Produkt-Markt-Kombinationen aggregiert eine finanzielle Ausgewogenheit?
- Müssen
  - neue Erfolgsobjekte erworben bzw. initiiert werden?
  - bisherige Erfolgsobjekte abgestoßen werden?

Grundlage der Portfolio-Analyse ist eine Systematisierung der SGE, wobei die abzubildenden komplexen Zusammenhänge stark reduziert werden. Die Umweltanalyse weist auf die gegenwärtigen und zukünftigen Chancen und Risiken hin, die Unternehmensanalyse führt zu einer Bewertung der Stärken und Schwächen des Unternehmens. Die sich daraus ergebende Liste der Einflussfaktoren wird auf jeweils einen - möglichst repräsentativen - Faktor verdichtet. Somit enthält die Systematisierung innerhalb eines Koordinatensystems (Weber 2002, S.277)

- eine (einzige) vom Unternehmen beeinflussbare Größe (z.B. Marktanteil) und
- einen (einzigen) exogen vorgegebenen, vom Markt bestimmten, nicht oder nicht wesentlich steuerbaren Faktor (z.B. Marktwachstum).

Ein Faktor repräsentiert die Umwelt- und ein anderer die Unternehmensdimension. Die Grundstruktur eines Portfolios ergibt sich nach Abbildung 132:

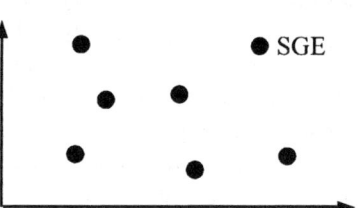

Erfolgspotential-
relevante Umwelt-
dimension
(z.B. Marktwachstum)

● SGE

Erfolgspotential-relevante
Unternehmensdimension
(z.B. Marktanteil)

Abb. 132: Grundstruktur der Portfolio-Methode (Welge 1985, S.339)

Anhand der Positionierung der SGE innerhalb eines Ist- und eines Ziel-Portfolios lassen sich nun die Unternehmensstrategien erarbeiten.

Als Quellen zur Ermittlung von Ausprägungen von Einflussfaktoren unterscheidet man:

- analytisch-deskriptive Modelle (z.B. Erfahrungskurven- und Produktlebenszykluskonzept)
- empirische Untersuchungen (z.B. PIMS-Projekt)
- Erfahrungswissen (z.B. ein durch Umfrageergebnisse erhärteter Faktorkatalog)
- strategische Grundsätze (z.B. Bildung von Kausalketten und Analogien zur allgemeinen Strategielehre)

3.3 Absatzmarkt-orientierte Portfolio-Techniken

Grundsätzlich bieten sich unterschiedliche Konzepte und Kriterien zur Positionierung der SGE im am Absatzmarkt orientierten Portfolio an. Die wichtigsten, auf die hier näher eingegangen werden soll, sind:

- das Marktanteils-Marktwachstums-Portfolio
- das Marktattraktivitäts-Wettbewerbsvorteils-Portfolio
- das Marktstadien-Wettbewerbspositions-Portfolio

3.3.1 Marktanteils-Marktwachstums-Portfolio

Die Positionierungsmatrix dieser Portfolio-Technik[28] umfasst vier Felder (Weber 2002, S.278f; Kreikebaum 1993, S.88; Reichmann 2001, S.557f). Der Schlüsselfaktor für die Umweltdimension ist das Marktwachstum, für die Unternehmensdimension ist es der relative Marktanteil. Dabei wird für beide Dimensionen zwischen den Ausprägungen „hoch" und „niedrig" unterschieden. Das Ergebnis in Form einer vierfeldrigen Matrix symbolisiert vier verschiedene Grundtypen von SGE, die als Stars, Question Marks, Cash Cows und Poor Dogs bezeichnet werden. Ein Beispiel zeigt Abbildung 133, wobei die verschiedenen großen Kreise unterschiedliche Umsatzvolumen symbolisieren:

Die Question Marks bezeichnen SGE, die in der Anfangsphase ihres Lebenszyklus stehen und ein starkes Wachstum versprechen. Durch Einsetzung von Offensivstrategien wird man versuchen, eine Marktanteilsausweitung zu erreichen, um von den Auswirkungen des Erfahrungskurvenkonzepts profitieren zu können. Da diese SGE mehr finanzielle Mittel benötigen, als sie derzeit erwirtschaften, muss jeweils geprüft werden, inwieweit die Offensivstrategien aufgrund der verfügbaren Ressourcen und Erfolgsaussichten wirtschaftlich vertretbar sind.

Die Stars sind SGE, die bereits Gewinn abwerfen. Ihr derzeitiger Cash Flow liegt allerdings meist unter dem notwendigen Mittelbedarf, der zur Sicherung bzw. zum weiteren Ausbau ihrer Marktposition reinvestiert werden muss. Bei einem verlangsamten Wachstum oder bei Stagnation werden Stars zu Cash Cows.

Cash Cows sind durch einen hohen Marktanteil bei Stagnation oder gar Schrumpfung des Markts charakterisiert und bieten daher große Kostenvorteile. Mit den von ihnen erwirtschafteten Überschüssen kann die Forcierung anderer SGE finanziert werden.

---

28) Dieser Urtyp wurde von der Boston Consulting Group in der zweiten Hälfte der 1960er Jahre entwickelt.

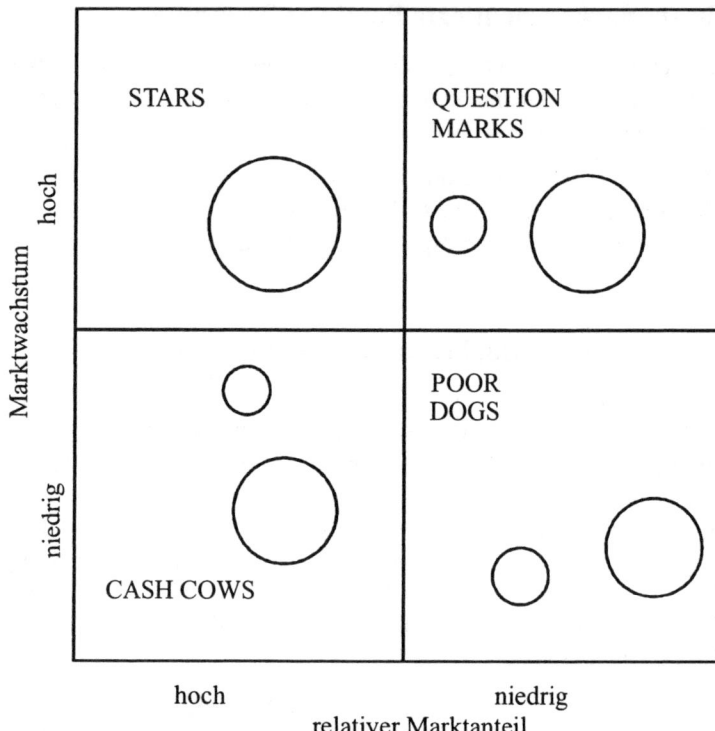

Abb. 133: Marktanteils-Marktwachstums-Portfolio

Poor Dogs sind durch einen niedrigen Marktanteil bei niedrigem Marktwachstum ohne jegliches strategisches Potential gekennzeichnet. Soweit solche SGE noch Gewinne abwerfen, dienen sie zumindest noch der Selbsterhaltung. Langfristig empfiehlt es sich aber, Maßnahmen zur Produktbereinigung vorzunehmen.

Für die Aufstellung eines Portfolios wird folgende Vorgehensweise in der angegebenen Reihenfolge empfohlen (Schröder 2000, S.268f):

(1) Aufteilung des Absatzprogramms in die wesentlichen Produktgruppen/Sortimentsbestandteile nach Markt-, Wettbewerbs- und Produktionskriterien
(2) Festlegung der Umsätze der einzelnen Produktgruppen nach dem Ist- und dem Planansatz
(3) Ermittlung der Deckungsbeiträge sowohl absolut als auch in Relation zum Bruttoumsatz; dabei ist es zweckmäßig, nach der Struktur der mehrstufigen Deckungsbeitragsrechnung vorzugehen.
(4) Bestimmung des relativen Marktanteils, indem der eigene Marktanteil durch den Marktanteil des nächst größeren Wettbewerbers dividiert wird.
(5) Bestimmung des relativen Marktwachstums

3.3.2 Marktattraktivitäts-Wettbewerbsvorteils-Portfolio

Das Marktattraktivitäts-Wettbewerbsvorteils-Portfolio[29] (Reichmann 2001, S.557) versucht, die Aussagen des Marktanteils-Marktwachstums-Portfolios durch eine differenzierte Beurteilung der Einfluss- und Erfolgsfaktoren der im Unternehmen verwendeten Strategien zu verbessern. Inhaltlich werden die Faktoren Marktwachstum und Marktanteil durch Marktattraktivität und Wettbewerbsvorteil ersetzt. Für jeden der Faktoren wird zwischen den Ausprägungen „niedrig", „mittel" und „hoch" unterschieden, so dass sich mit Abbildung 134 eine neunelementige Typologie ergibt, die im Grundmodell zu drei unterscheidbaren Bereichen führt (Hahn 1999, S.412; Hinterhuber 1996, S.148; Welge 1985, S.356f):

* Zone der Mittelbindung
* Zone der Mittelfreisetzung
* Zone der Selektion

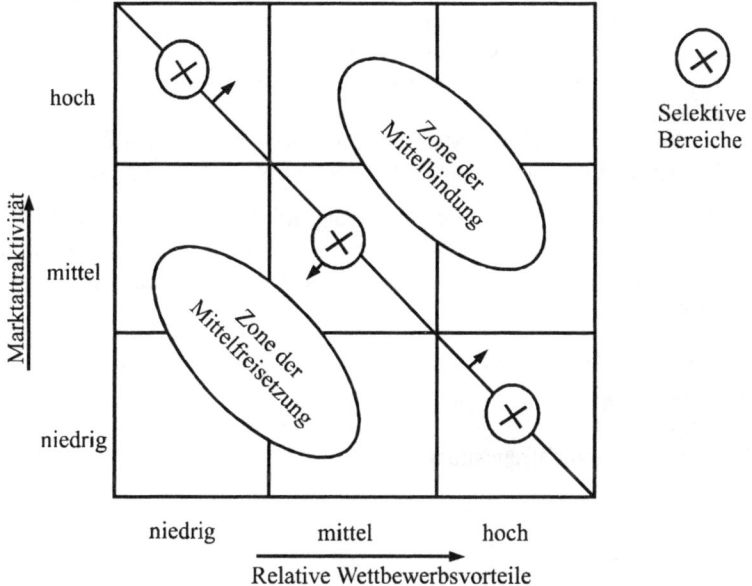

Abb. 134: Marktattraktivitäts-Wettbewerbs-Portfolio (Hinterhuber 1996, S. 149)

Aus diesem Grundschema lassen sich drei Hauptklassen der strategischen Orientierung bzw. drei Normstrategien gemäß Abbildung 135 ableiten:

---

29) Dieses Portfolio wurde von dem Beratungsunternehmen McKinsey & Company entwickelt.

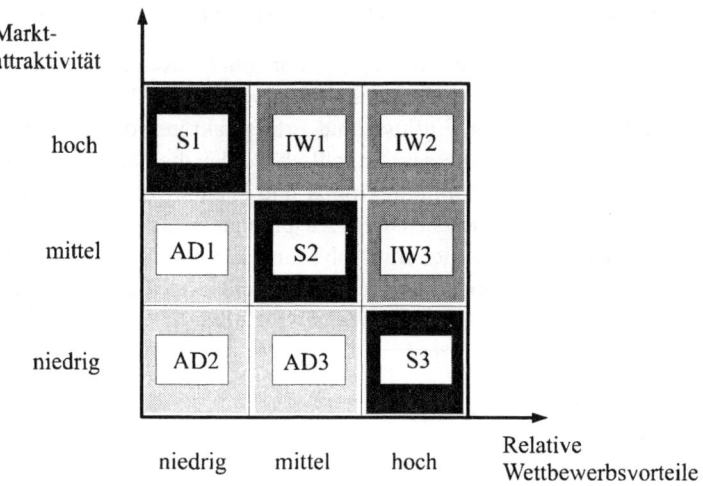

AD 1..3 = Abschöpfungs- und Desinvestitionsstrategien
S 1..3   = Selektionsstrategien
IW 1..3 = Investitions- und Wachstumsstrategien

Abb. 135: Strategien im Marktattraktivitäts-Wettbewerbs-Portfolio
(Baum/Coenenberg/Günther 1999, S.196; Welge 1985, S.358)

Die Quantifizierung der beiden Faktoren erfolgt mit Hilfe von Scoring-Modellen. Dazu werden die Faktoren in eine Vielzahl von Kriterien zerlegt. Zur Beurteilung der Marktattraktivität werden u.a. die folgenden Kriterien herangezogen (Welge 1985, S.359ff):

• Marktwachstum/Marktgröße
• Marktrisiko
• Markteintrittskosten
• Konkurrenz- und Nachfragesituation
• Bestellhäufigkeit
• Rohstoffattraktivität
• Innovationspotential

Die Beurteilung der relativen Wettbewerbsvorteile erfolgt u.a. anhand der folgenden Kriterien (Welge 1985, S.362):

• Relativer Marktanteil
• Produktqualität
• Arbeitsorganisation
• Marketing-Mix
• Finanzielles Ergebnis

3.3.3 Marktstadien-Wettbewerbspositions-Portfolio

Oft reicht es für die Beurteilung der Marktattraktivität nicht aus, sich nur auf Wachstumsraten zu stützen. Vielmehr sollte man neben der Beurteilung der jeweiligen Wettbewerbsvorteile der SGE ihre Stellung im Lebenszyklus berücksichtigen, um so auch optisch sichtbar zu machen, dass ausreichend Nachwuchsprodukte zur Sicherung der langfristigen Unternehmensentwicklung bereitstehen. Dieses Portfolio wurde von Arthur D. Little als Kritik an dem mechanischen Marktattraktivitäts-Wettbewerbsvorteils-Portfolio entwickelt. Es sei darauf hingewiesen, dass die Größen „Produktlebenszyklus" und „Wettbewerbsposition" teilweise voneinander abhängig sind. Es ergibt sich folgende Matrix mit den entsprechenden Basisstrategien gemäß Abbildung 136:

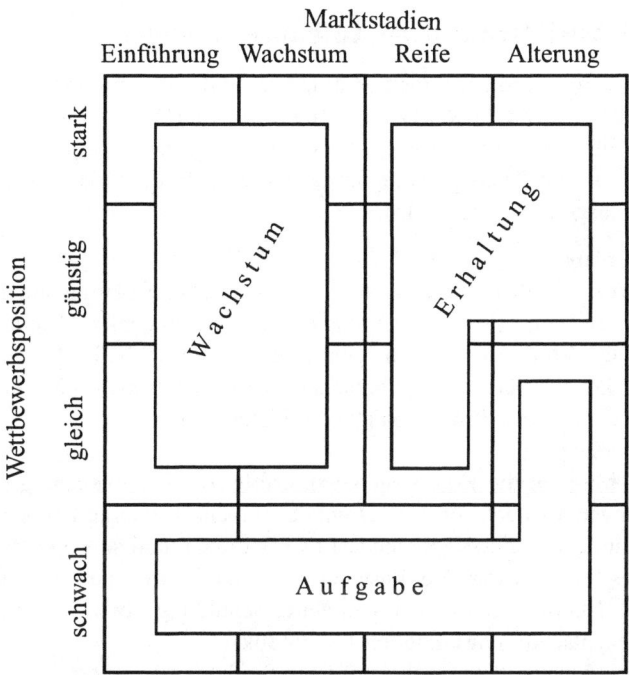

Abb. 136: Strategien im Marktstadien-Wettbewerbspositions-Portfolio
(Welge 1985, S.368)

3.3.4 Kritik

Die vorliegenden Varianten der Portfolio-Analyse sind vielfältig in der Literatur diskutiert worden. Dabei wurden insbesondere die folgenden Kritikpunkte angesprochen (Bramsemann 1993, S.274ff; Weber 2002, S.282):

- Die Abgrenzbarkeit der einzelnen Märkte ist meistens nicht möglich.
- Das Marktanteils-Marktwachstums-Portfolio eignet sich infolge seiner starken Vergröberung häufig nicht für die Darstellung verfeinerter Zusammenhänge. Außerdem werden nur zwei - wenn auch wichtige - Faktoren zur Beurteilung der Geschäftseinheiten herangezogen.
- Das Lebenszyklus-Konzept unterstellt eine hinreichend genaue Schätzung der Produktlebensdauer, die naturgemäß mit Unsicherheiten behaftet ist.
- Sämtliche Portfolio-Techniken betrachten isoliert ausschließlich Produkt-Markt-Beziehungen. Zusammenhänge, insbesondere zur langfristigen Ergebnis- und Finanzplanung, aber auch zur Technologie-Entwicklung, werden nicht hergestellt.

3.4 Betriebswirtschaftliche Aufbaurechnungen

Anhand der vorgenommenen Positionierung der SGE in einer Portfolio-Matrix können die weiteren Produkt-Markt-Strategien (z.B. Marktdurchdringung) abgeleitet werden. Ist die grundsätzliche Vorgehensweise festgelegt, so kann sich eine detaillierte Ergebnis- und Finanzplanung für das einzelne Produkt bzw. die SGE des Unternehmens insgesamt anschließen:

- Ergebnisplanung:
  Hier werden Größen wie Kapazität, Umsatz, Deckungsbeitrag und daraus abgeleitet das Teil- und Vollkostenergebnis im Zeitablauf geplant. Das sich ergebende geplante Vollkostenergebnis geht in die sich anschließende Finanzplanung ein. Die konsolidierende Ergebnisplanung betrachtet nicht einzelne Produkte, sondern die gesamte Produktpalette des Unternehmens.
- Finanzplanung:
  Im Anschluss an die Ergebnisplanung erfolgt die Finanzplanung sowohl produktbezogen als auch für das gesamte Sortiment. Geplante Größen bei der Finanzplanung sind der Kapitalbedarf (Investitionen und sonstige Bilanzaktiva), die Selbstfinanzierung (Vollkostenergebnis und verrechnete Abschreibungen) und der Nettofinanzbedarf (Nettoneuverschuldung) oder -finanzüberschuss (Nettoneuentschuldung) möglichst je Produkt.
  Liegen die Finanzpläne für die einzelnen Produkte vor, so erfolgt eine Konsolidierung der Einzelpläne. Hieraus können Erkenntnisse gewonnen werden, inwieweit etwaige Nettoneuverschuldungen einzelner Produkte durch andere Produkte aufgewogen werden. Mit anderen Worten: Ist eine Finanzierung eines Question Mark durch eine Cash Cow möglich?

Um die Einteilung in verschiedene Produktspezifikationen und deren finanzielle Aspekte zu verdeutlichen, sollen die Auswirkungen auf die Selbstfinanzierung und den Kapitalbedarf anhand eines Zahlenbeispiels verdeutlicht werden. Die Produkte werden dabei nach dem Muster des Marktanteils-Marktwachstums-Portfolio unterschieden.

Angaben in T€	Portfolioklassifikation					
	Stars	Cash Cows	Question Marks	Poor Dogs	Neuheit	sonst.	Summe
Umsatz	30 500	36 200	7 800	5 300	1 200	-	81 000
Die Angaben, die zum Deckungsbeitrag I führen, sind aus Platzgründen weggelassen.							
Deckungsbeitrag I	10 400	12 800	1 400	1 400	100	-	26 100
- spez. op. Fixkosten	5 200	5 700	1 000	1 200	2 000	-	15 100
= Deckungsbeitrag II	5 200	7 100	400	200	-1 900	-	11 000
- spez. a.o. Fixkosten	4 600	-	2 000	-	1 500	-	8 100
= Deckungsbeitrag III	600	7 100	-1 600	200	-3 400	-	2 900
- sonstige Fixkosten	452	536	115	79	18	-	1 200
= operatives Ergebnis	148	6 564	-1 715	121	-3 418		1 700
+ neutrales Ergebnis	113	134	29	20	4	-	300
= Unternehmensergebnis	261	6 698	-1 686	141	-3 414	-	2 000
- Ertragssteuern	131	3 349	+843	70	+1 707	-	1 000
+ verr. Abschreibungen	1 600	1 400	400	200	600	-	4 200
= Selbstfinanzierung	1 730	4 749	-443	271	-1 107	-	5 200
Investitionen	3 000	500	2 000	200	2 500	800	9 000
+ sonstige Aktiva	1 000	-	500	-	-	-	1 500
- sonstige Passiva	-	-	-	-	-	400	400
= Kapitalbedarf	4 000	500	2 500	200	2 500	400	10 100
Nettofinanzbedarf (Nettoneuverschuldung)	2 270	-	2 943	-	3 607	400	4 900
Nettofinanzüberschuss (Nettoneuentschuldung)	-	4 249	-	71	-	-	-

3.5 Beschaffungsmarkt-orientiertes Portfolio

Die Probleme der Ressourcenverfügbarkeit und die steigenden Rohstoffpreise üben einen ständig zunehmenden Einfluss auf den Unternehmenserfolg aus. Diese Tendenz hat zu der Entwicklung der Portfolio-Technik für das Beschaffungswesen geführt (Welge 1985, S.370ff). Dabei wird die Umweltdimension durch die Stärke des Lieferantenmarkts und die Unternehmensdimension durch die relative Unternehmensstärke ausgedrückt. Zur Quantifizierung der beiden Faktoren werden wiederum Teildimensionen herangezogen. Zur Beurteilung der Lieferantenstärke sind u.a. relevant:

- Marktgröße/-kapazität
- Marktwachstum
- Rentabilität des Lieferanten
- Preis-/Kostenstruktur des Lieferanten
- logistische Stabilität

Für die relative Unternehmensstärke sind u.a.

- Einkaufsvolumen
- Bedarfsentwicklung
- relativer Marktanteil

ausschlaggebend. Diese Gegenüberstellung führt zu einer neun-elementigen Typologie, aus der drei Grund- oder Normstrategien ableitbar sind:

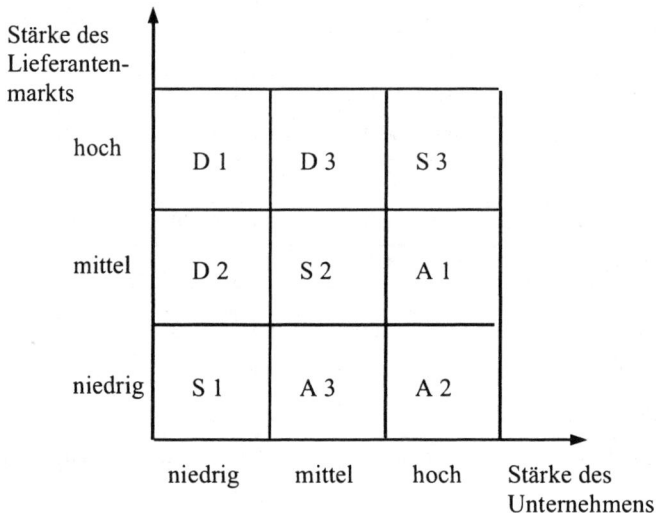

Abb. 137: Portfolio-Technik für den Beschaffungsmarkt (Welge 1985, S.372)

Es werden drei Strategien unterschieden (Welge 1985, S.372):
    A   aktive, vorsichtige Ausschöpfung:
        Das Unternehmen spielt im Markt eine entscheidende Rolle. Es kann die relative Schwäche des Lieferantenmarktes gezielt ausschöpfen und wird daher verstärkt Fremdbezug in Anspruch nehmen.
    D   Diversifikation:
        Die Marktstellung des Unternehmens ist schwach, der Lieferant nimmt eine dominierende Position ein. Es muss nach Substitutionsprodukten und -verfahren sowie nach neuen Lieferanten gesucht werden.
    S   selektives Vorgehen:
        Es gibt weder eine dominierende Stellung des Unternehmens noch des Lieferanten. Es muss im Einzelfall selektiv vorgegangen werden.

3.6 Technologie-orientiertes Portfolio

Das Technologie-Portfolio stellt ein Konzept dar, um die Produkt- und Produktionstechnik gleichrangig als zentrale Hebel in die strategische Unternehmensplanung aufzunehmen, ohne den nützlichen Grundgedanken der Portfolio-Technik - nämlich die Verdichtung der Faktenvielfalt auf wenige Führungsgrößen - aufgeben zu müssen. Im Gegensatz zu den Markt-Portfolios setzt die Technologie-Portfolio-Methode nicht am Produkt selbst, sondern an deren eingegliederten Technologien an. Sie greift außerdem gemäß Abbildung 138 über den Marktzyklus hinaus, ihr Zeithorizont ist wesentlich langfristiger angelegt:

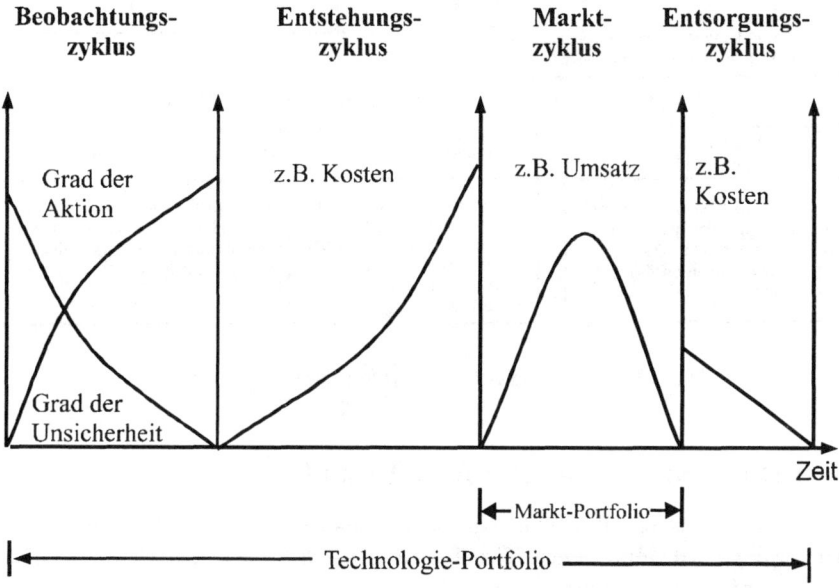

Abb. 138: Zeithorizont bei Technologie-orientierten Techniken (Pfeiffer/Dögl 1999, S.444)

Das Technologie-Portfolio besteht gemäß Abbildung 139 aus den Dimensionen Technologieattraktivität und Ressourcenstärke (Pfeiffer/Dögl 1999, S.445). Unter Technologieattraktivität versteht man die Summe aller technisch-wirtschaftlichen Vorteile, die durch das Ausschöpfen der in einem Technologiegebiet steckenden strategischen Weiterentwicklungsmöglichkeiten noch gewonnen werden können. Sie setzt sich aus den Indikatoren Weiterentwicklungspotential, Anwendungsbreite und Kompatibilität zusammen. Die Ressourcenstärke ist das Maß für die technische und wirtschaftliche Stärke oder Schwäche des eigenen Unternehmens bzgl. einer Technologie - insbesondere im Verhältnis zur wichtigsten Konkurrenz. Sie wird durch die Indikatoren technisch-qualitativer Beherrschungsgrad, Potentiale und (Re-)Aktionsgeschwindigkeit bestimmt.

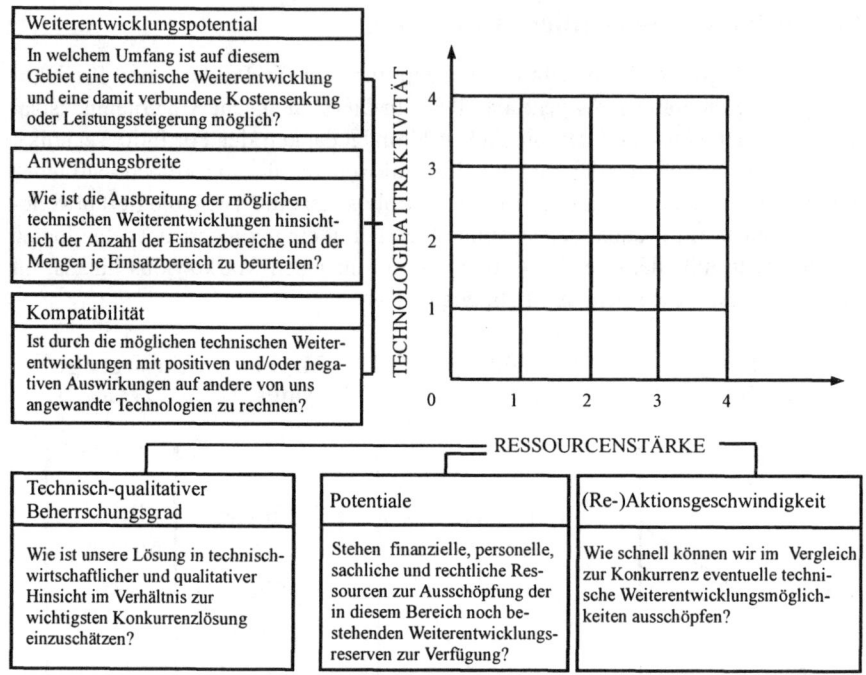

Abb. 139: Technologie-Portfolio (Pfeiffer/Dögl 1999, S.445)

3.7 Erkenntniswert der Portfolio-Techniken

Der Portfolio-Ansatz selbst stellt keine neue Methode im Rahmen der strategischen Planung dar, er ist vielmehr eine Visualisierung bereits bestehender Techniken. Diese hochverdichtete zweidimensionale Darstellung kann aber nicht ausreichen, um daraus eine vollständige Strategieformulierung abzuleiten. Das Flussdiagramm gemäß Abbildung 140 verdeutlicht, wie der Portfolio-Ansatz zur Strategieentwicklung beitragen kann. Aus der Unternehmens- und Umweltanalyse lässt sich für einzelne strategische Geschäftseinheiten ein Ist-Portfolio erstellen. Hieraus werden unter Hinzunahme der Zielplanung konkrete Stoßrichtungen für die Unternehmensleitung ermittelt. Es geht im Wesentlichen darum, strategische Alternativen zu entwickeln, zu beurteilen und schließlich festzulegen. Das Ergebnis zeigt sich im Ziel- oder Soll-Portfolio, das insofern einen Portfoliozustand zeigt, der zukünftig realisiert werden soll.

Der an der strategischen Planung vielfach geübten Kritik der mangelnden Operationalität und Darstellbarkeit begegnet die Portfolio-Technik durch eine klare hochverdichtete zweidimensionale Darstellung komplexer wirtschaftlicher Sachverhalte bei ganzheitlicher Betrachtung (Baum/Conenberg/Günther 1999, S.209). Dies führt zu einem gewissen Grad zu einer Komplexitäts- und damit zu einer Unsicherheitsreduktion.

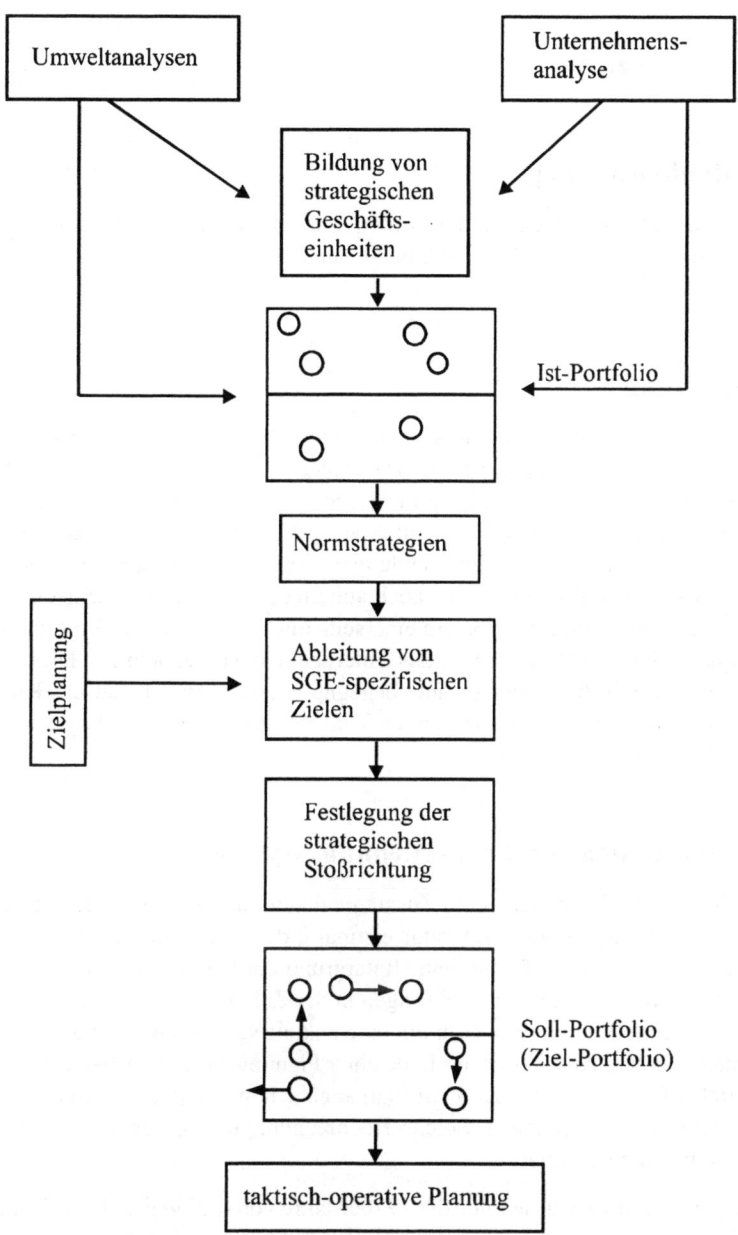

Abb. 140: Portfolio-Ansatz im Rahmen der Strategieentwicklung (Welge 1985, S.387)

Aufgabe 4:
Früherkennung

4.1 Aufgabenstellung

Beschreiben und diskutieren Sie den Aufbau und Einsatz von Früherkennungssystemen als Instrument der Problemerkennung auch im operativen, insbesondere aber im strategischen Controlling!

4.2 Einleitung

Die Fähigkeit einer genauen Vorhersage, um damit die Ungewissheit über die eigene Entwicklung zu reduzieren, ist ein ureigenster Wunsch der Menschheit. Dieses ist besonders wichtig bei strategischen Entscheidungen, die mit langfristiger Relevanz auf eine sich stets verändernde auch vom Wettbewerb beeinflusste Umwelt ausgerichtet sind. Strategische Entscheidungen haben sich möglichst frühzeitig auf Veränderungen sowohl innerhalb als auch außerhalb des Unternehmens einzustellen. Derartige Veränderungen können einerseits mit Risiken verbunden sein, andererseits gilt es aber auch Chancen für das Unternehmen wahrzunehmen. Diesen Problemen kann grundsätzlich nur ex-ante begegnet werden. Hier bietet das Konzept der Früherkennung einen hervorragenden konzeptionellen Ansatz (Krystek 1990; Krystek/Müller-Stevens 1999).

4.3 Generationen von Früherkennungssystemen

Anfang der 1970er Jahre tauchte im Zusammenhang mit Ausnahme-Berichtssystemen in der deutschsprachigen Literatur erstmalig der Begriff der Frühwarn- bzw. Früherkennungssysteme auf. Vor dem Hintergrund der bereits eingangs erwähnten vom Wettbewerb geprägten Veränderungen in der Zukunft wollte man das vergangenheitsorientierte Rechnungswesen um eine zukunftsgerichtete, erfolgsorientierte Steuerung ergänzen. Anstatt erst am Ende einer Planungsperiode Abweichungsanalysen durchzuführen, wollte man dem Plan auch schon vor Periodenende ein voraussichtliches „Ist" vorschalten. Solche Hochrechnungen werden auch als Erwartungsrechnungen bezeichnet.

Diese erste Generation wurde Ende der 1970er Jahre von der zweiten Generation abgelöst, deren zentrales Element die sogenannten Indikatoren sind. Diese sind ausgewählte Variablen innerhalb eng begrenzter Beobachtungsbereiche. Die systematische Suche und Beobachtung dieser Indikatoren - sowohl innerhalb als auch außerhalb des Unternehmens - im Sinne einer gerichteten Überwachung verschafft dem Unternehmen den zeitlichen Vorlauf, um Gegenmaßnahmen einzuleiten.

Zeitgleich mit der Entwicklung indikatororientierter Früherkennungssysteme gab es erste Ansätze zur strategischen Frühaufklärung. Man hatte erkannt, dass bei Strukturbrüchen in der Unternehmensumwelt die starren Kausalketten versagen mussten. Doch selbst derartige Struktur- oder Trendeinbrüche treten niemals abrupt auf, sie sind vielmehr das Ergebnis eines Prozesses, der sich über einen längeren Zeitraum ankündigt. Basierend auf diesen Annahmen war es vor allem die „Theorie der schwachen Signale" (Ansoff 1990) und die „Diffusionstheorie" (Krampe/Müller 1981), die die theoretischen Grundlagen für die Systeme der dritten Generation legten.

Schwache Signale sind schlecht definierte und unscharf strukturierte Informationen, die auf strategische Diskontinuitäten hindeuten. Der Empfang und die richtige Deutung solcher Signale erlaubt der Führung, bereits in einem frühen Stadium strategische Handlungsalternativen vorzubereiten und nicht abwarten zu müssen, bis die Bedrohung von selbst klarere Konturen annimmt und konkrete Handlungen erzwingt.

Der Diffusionstheorie liegt die Hypothese zugrunde, dass von einem Träger neuer Erkenntnisse Ansteckungswirkungen ausgehen mit der Folge, dass diese Erkenntnisse auf eine beständig größer werdende Zahl von Personen übergreifen. Diffusionen können durch sogenannte Diffusionsfunktionen abgebildet und mit Hilfe von Trendlinien verdeutlicht werden.

4.4 Aufbau- und Ablauforganisation der Früherkennung

Die Zielsetzung von Früherkennungssystemen liegt in der Erkennung von zukünftigen Zielabweichungen. Unabhängig von der Ausrichtung auf operative oder strategische Belange gehen Früherkennungssysteme von einer Ist-Situation aus und versuchen, aus verfügbaren Informationen zukünftige Situationen abzuleiten, um in einem weiteren Schritt den Grad der möglichen Zielabweichung abschätzen zu können. Die dabei zu beobachtenden Ziele sind im operativen Bereich eher quantitativ, da sie sich auf monetäre Größen wie Umsatz oder Gewinn beziehen. Im strategischen Bereich sind die Ziele dagegen eher qualitativ zu beschreiben, da sie sich auf Größen wie Produktpositionierung im Portfolio oder Mitarbeiterqualifikation beziehen und diese Größen oft nicht exakt gemessen werden können.

Beim Aufbau eines Früherkennungssystems muss zunächst die Orientierung in operativ und/oder strategisch vorgenommen werden. Dazu können nach Abbildung 141 fünf Ansätze unterschieden werden. Während Kennzahlen, Hochrechnungen und Indikatoren im Rahmen der operativen Früherkennung Anwendung finden, stehen kausale Netzwerke und das strategische Radar im Mittelpunkt strategischer Frühaufklärung. Die verschiedenen Ansätze können einzeln, aber auch in Kombination umgesetzt werden. Die dazu notwendigen aufbau- und ablauforganisatorischen Maßnahmen können als Phasenschema beschrieben werden, das je nach gewähltem Ansatz durchzuführen ist.

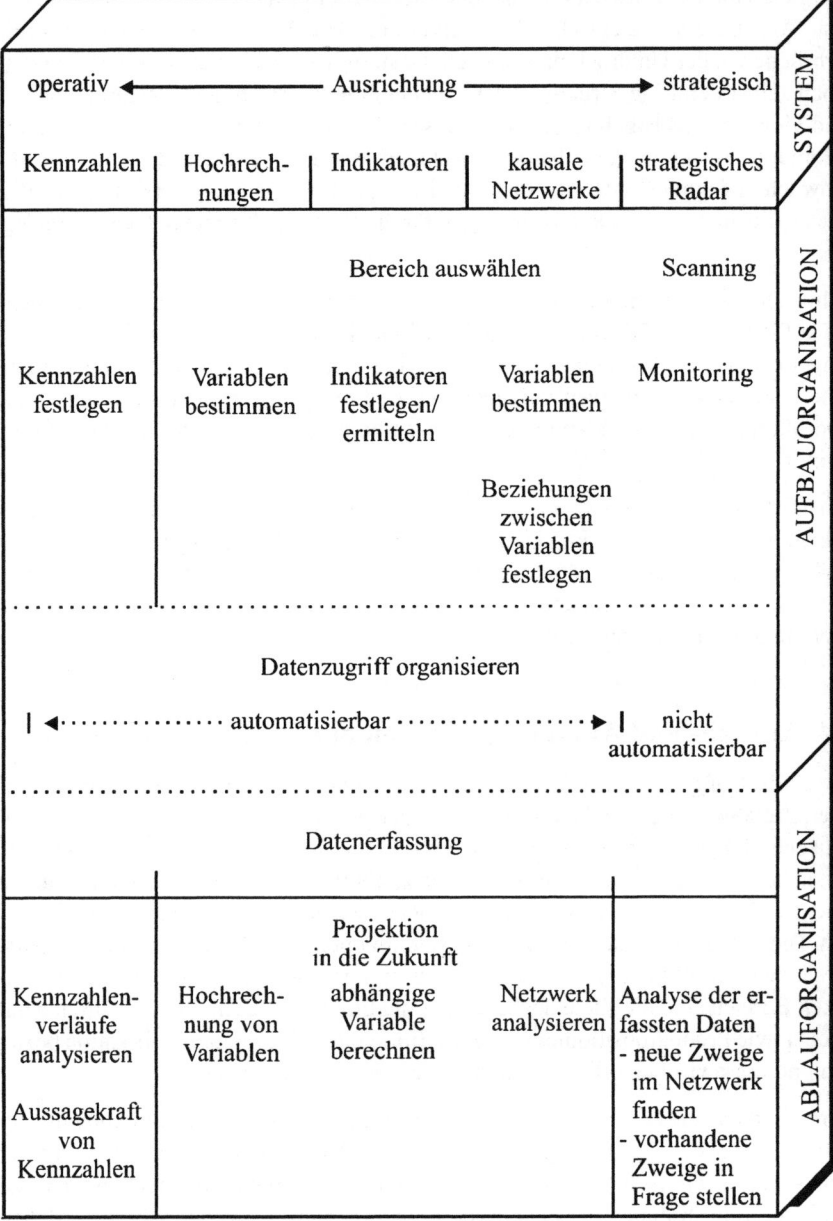

Abb. 141: Aufbau- und Ablauforganisation der Früherkennung

4.4.1 Kennzahlen

Kennzahlen werden der ersten Generation von Früherkennungssystemen zugeordnet. Sie erfassen quantitative Sachverhalte in konzentrierter Form als Absolutzahl (z.B. Umsatz) oder als Relativzahl (z.B. ROI). Kennzahlen stellen zweckorientiertes Wissen für konkrete Entscheidungssituationen bereit, sind jedoch in ihrer Aussagekraft beschränkt, insbesondere durch die Möglichkeit vieldeutiger Interpretationen. Die Anwendung DV-gestützter Verfahren zur Erfassung und Berechnung von Kennzahlen gestaltet sich problemlos.

4.4.2 Hochrechnungen

Hochrechnungen von Vergangenheitswerten gehören zu den am meisten angewendeten Verfahren der Früherkennung. Charakterisiert werden können die Verfahren danach, ob in die Analyse eine oder mehrere Zeitreihen eingehen. Univariate Verfahren beruhen auf der Verwendung einer einzelnen Zeitreihe. Sie basieren ausschließlich auf Vergangenheitsdaten und deren Extrapolation. Zum Einsatz kommen hier im Wesentlichen quantitative Prognoseverfahren, wie z.B. gleitende Durchschnitte, exponentielle Glättung oder die Methode der kleinsten Quadrate.

Die Anwendung von univariaten Verfahren zur Früherkennung ist trotz deren eingeschränkter Betrachtungsweise zu befürworten, denn nur durch prognostische Informationen besteht die Möglichkeit verbesserter Früherkennung. Dabei kann z.B. das Anzeigen einer Veränderung in der Zeitreihenkomponente „Trend" das Signal für notwendigen Handlungsbedarf sein. Voraussetzung ist, dass die beeinflussenden Faktoren in ihrer Wirkung konstant sind bzw. sich in der Wirkung kompensieren.

Multivariate (kausale) Verfahren unterscheiden sich von einfachen Zeitreihenverfahren dadurch, dass mehr als eine Zeitreihe für das Verfahren benötigt wird. Voraussetzung für die Anwendung ist, dass

- die zentralen Einflüsse auf den Prognosegegenstand ermittelt und in Funktionsform erfasst werden können und
- die für die Vergangenheit erkannte Funktion des Zusammenhangs auch für den Prognosezeitraum gilt.

Das Ziel dieser Verfahren besteht im Erkennen eines Zusammenhangs zwischen den Ausprägungen der einzelnen Merkmale. Die Art des Zusammenhangs wird mit Hilfe der Regressionsanalyse und der Grad des Zusammenhangs mit Hilfe der Korrelationsanalyse untersucht. Ein Beispiel dafür ist ein Verfahren, bei dem die umsatzbestimmenden Einflussfaktoren erkannt und die zeitlichen Zusammenhänge zwischen Umsatz und Einflussfaktoren aufgezeigt werden.

Die große Gefahr bei der Anwendung von kausalen Verfahren besteht darin, dass sachlich nicht unbedingt zusammenhängende Merkmale miteinander in Verbindung gebracht werden (Scheinkorrelation). Der Zusammenhang zwischen den Merkmalen kann aufgrund des gegebenen Datenmaterials ein statistischer sein. Ob jedoch

damit auch ein kausaler Zusammenhang besteht und somit die Ergebnisse in der Zukunft auch gelten, ist keineswegs sichergestellt. Deshalb sind kausale Verfahren mit
gebotener Vorsicht anzuwenden.

4.4.3 Indikatoren

Das sogenannte Indikatoren-Konzept wurde am Institut für Unternehmensplanung
IUP der Universiät Gießen entwickelt (Hahn/Krystek 1979) und ist sowohl für operative als auch für strategische Belange einsetzbar. Die Grundlage des Ansatzes bildet die Ermittlung von bereichsspezifischen Früherkennungsindikatoren, die in der
Lage sein sollen, Gefährdungen oder Chancen zu erkennen, die im Verborgenen bereits vorhanden sind und sich vielfach in Form von „leading indicators" ankündigen.

Früherkennungsindikatoren sind hierbei „Anzeiger", die Informationen von Ereig-
nissen aufnehmen und in Signale umsetzen sollen. Der wesentliche Unterschied zu
Kennzahlensystemen besteht in der systematischen Beobachtung von relevanten Er-
scheinungen innerhalb und außerhalb des Unternehmens und nicht im „Festhalten"
an Kennzahlensystemen, wobei diese als ein Spezialfall der indikatororientierten
Früherkennungsysteme angesehen werden können. Das Indikator-Konzept durchläuft fünf Stufen (Hahn/Krystek 1979):

(1) Ermittlung von Beobachtungsbereichen
(2) Bestimmung von Indikatoren je Beobachtungsbereich
(3) Festlegung von Sollgrößen und Toleranzgrenzen
(4) Festlegung der Aufgaben der Informationsverarbeitungsstellen
(5) Ausgestaltung der Informationskanäle

Die DV-Unterstützung für den Indikatoransatz kann an zwei Punkten ansetzen. Erstens kann mit Hilfe mathematischer Methoden berechnet werden, in welcher Weise
eine Variable eine andere beeinflusst. Zweitens kann so der „time lag" einer Beeinflussung bestimmt werden. Falls eine Variable als Indikator erkannt wurde, kann im
weiteren die Erfassung der Daten automatisiert werden. Die Überprüfung der festgelegten Toleranzgrenzen ist ebenfalls DV-gestützt durchführbar.

4.4.4 Kausale Netze

Aus den Schwächen der bestehenden Ansätze zur Früherkennung von Unterneh-
mensentwicklungen entstand ein Modell, das in der Lage ist, der bisher vernachläs-
sigten Unternehmensdynamik Rechnung zu tragen. Indikatorenkataloge und kenn-
zahlenorientierte Früherkennungsysteme sind nur in der Lage, die Ausprägungen
der einzelnen Variablen zu erfassen, und können nicht die Wechselwirkung zwischen den einzelnen Variablen berücksichtigen. Einzig die Korrelationsanalyse ist
eine Möglichkeit, Abhängigkeiten zwischen Variablen ex post zu erfassen. Jedoch
besteht eine Vielzahl von Beziehungen zwischen den Variablen der Unternehmens-
innen- und -umwelt, von denen viele qualitativer Natur sind.

Die hier vorgeschlagene Methodik stützt sich auf die sogenannten feed-back-Diagramme (Gomez 1983), einer Sichtweise, die der Wirtschaftskybernetik entsprungen ist (vgl. Abbildung 142).

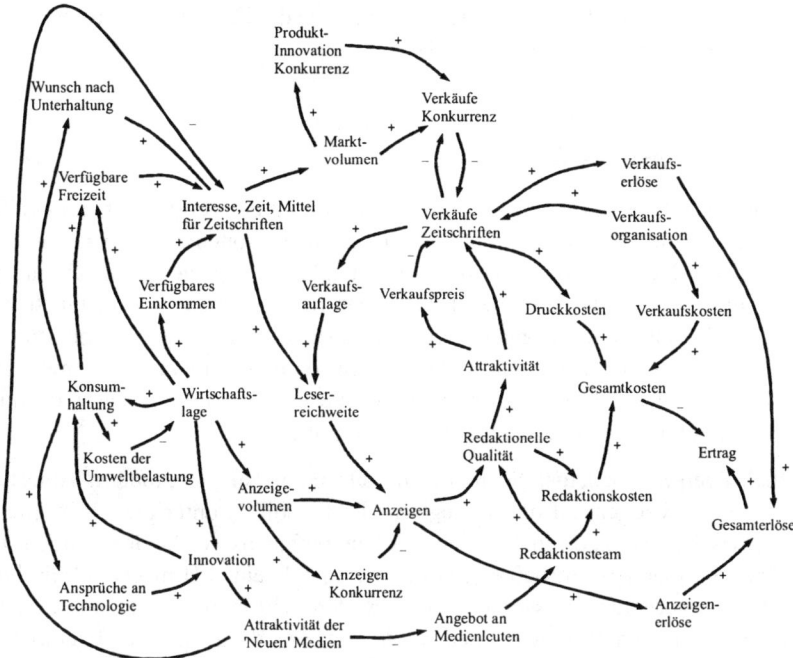

Abb. 142: Feed-back-Diagramm am Beispiel einer Publikumszeitschrift (Gomez 1983, S.32)

Dabei werden die Einflussgrößen des Beobachtungsbereichs in ihrem Verhalten zueinander betrachtet, z.B. Werbung beeinflusst die Absatzmenge mit einer bestimmten Zeitverzögerung und einem bestimmten Grad. Folgende Schritte werden dabei durchlaufen:

(1) Entwicklung eines Modells des Früherkennungsbereichs mit feed-back-Diagrammen
(2) Festlegung von Indikatoren
(3) Identifikation von dominierenden Kreisläufen im feed-back-Diagramm
(4) Festlegung von zeitlichen Verzögerungswirkungen zwischen Variablen des Früherkennungsbereichs
(5) Entwicklung eines Lenkungsmodells

Wenn das kausale Netzwerk konzipiert ist, müssen die betrachteten Variablen im Zeitablauf erfasst und überprüft werden. Insofern stellt dieser Ansatz keine wesentliche Erweiterung dar. Diese kommt jedoch beim „Ausschlagen" einer Variablen zum Tragen. Durch das definierte Netzwerk wird jetzt dieser Ausschlag „durchgereicht", so dass an allen kausal abhängigen Variablen der Einfluss sichtbar wird. Die Erfassung der quantitativen Basisdaten ist wieder problemlos.

Weitaus schwieriger ist die Erfassung und Interpretation von qualitativen Daten, z.B. von Trendmeldungen, da hier immer subjektive Empfindungen des Erfassenden diese beeinflussen. Die anschließende Simulation von Entwicklungen, die qualitative und quantitative Daten miteinander vereinigt, kann mit Hilfe von DV-gestützten Systemen durchgeführt werden, wobei sich der Einsatz von Expertensystemen bewährt hat (Knappe 1991, S.78ff).

4.4.5 Strategisches Radar

Die Möglichkeit des Erkennens eines kritischen Ereignisses ergibt sich aus der Tatsache, dass sie im Allgemeinen nicht abrupt auftreten, sondern das Ergebnis eines längeren Prozesses sind, der mit typischen Signalen (schwachen Signalen) auf die bevorstehende Krise hinweist. Bei der heutigen Informationsflut ist es nur schwer möglich, alle schwachen Signale herauszufiltern. Ziel des sogenannten strategischen Radars muss es daher sein, mit einem vertretbaren Aufwand eine möglichst hohe Informationseffektivität zu erzielen. In diesem Zusammenhang sind primär zwei Verfahren interessant: Scanning und Monitoring.

Wörtlich übersetzt bedeutet Scanning in Verbindung mit Computern Abtastung oder Rastern. Bezogen auf das strategische Radar soll darunter die „360°-Suche" nach schwachen Signalen im Umfeld des Unternehmens verstanden werden. Hat man über die Identifikation eines schwachen Signals einen Hinweis auf ein kritisches Ereignis erhalten, müssen in einem zweiten Schritt zusätzliche und tiefergehende Informationen dazu gewonnen werden. Diesen Vorgang bezeichnet man als Monitoring. Der Übergang zwischen Scanning und Monitoring ist dabei eher fließend.

Aufgabe 5:
Szenario-Technik

5.1 Aufgabenstellung

Beschreiben und diskutieren Sie die Szenario-Technik als Instrument der Problemerkennung im strategischen Controlling!

5.2 Einleitung

Im Mittelpunkt des strategischen Controlling steht die Zielsetzung der dauerhaften Existenzsicherung des Unternehmens. Dabei ist es offensichtlich, dass die Unternehmensentwicklung nicht nur von internen Entwicklungen abhängt, sondern insbesondere externen Einflüssen ausgesetzt ist. Die Einbeziehung externer Informationen ist wichtig, erscheint aber auf den ersten Blick recht schwierig, da man nur sehr vage Voraussagen über die Entwicklung des Abnehmerverhaltens, der Gesetzgebung oder der Märkte vornehmen kann.

Eine Lösung dieses Problems bietet die Szenario-Technik an. Basierend auf den internen Unternehmensanalysen werden in einem zweiten Schritt die externen Einflussbereiche sowie ihre Vernetzungen in das Modell integriert. Ergebnis ist die Darstellung der Unternehmensentwicklung in Form von Szenarien. Diese sind von unrelevanten Informationen bereinigte Zukunftsprojektionen (Zukunftsbilder), aus denen Unternehmensstrategien abgeleitet werden können.

5.3 Szenario-Denkmodell

Die Erfahrungen der letzten Jahrzehnte haben gezeigt, dass es unrealistisch ist, langfristig exakt planen zu wollen. Sinnvoller ist es, eine große Bandbreite alternativer Entwicklungen als Grundlage der Planungen zu verwenden. Hier setzt die Szenario-Technik an. Ausgehend von der gegebenen Situation eines Unternehmens lassen sich eine Reihe von Einflussfaktoren bestimmen (z.B. Märkte, Gesetze, wirtschaftliche Situation) und relativ genau in die nähere (1-2 Jahre) Zukunft projizieren (Reibnitz 1987, S.29f). Versucht man jedoch, die Art der Änderung dieser Faktoren und deren Einfluss auf das Unternehmen in der fernen Zukunft zu bestimmen, stößt man auf große Unsicherheit. Je weiter man im Voraus plant, desto größer wird die Anzahl der Alternativen und Kombinationsmöglichkeiten. Die Darstellung als Trichter, der sich zur Zukunft hin öffnet, macht diese Situation mit Abbildung 143 deutlich.

Zieht man an einem beliebigen Zeitpunkt einen Schnitt durch den Trichter, so liegen auf der Schnittfläche alle theoretisch möglichen Zukunftssituationen. Die Frage, wieviel Szenarien dem Management vorgelegt werden sollten, wird kontrovers diskutiert. In der Praxis hat es sich jedoch gezeigt, dass die Generierung von zwei Szenarien für die Unternehmensplanung ausreicht. Diese sollten möglichst eine große Unterschiedlichkeit aufweisen (Extremszenarien).

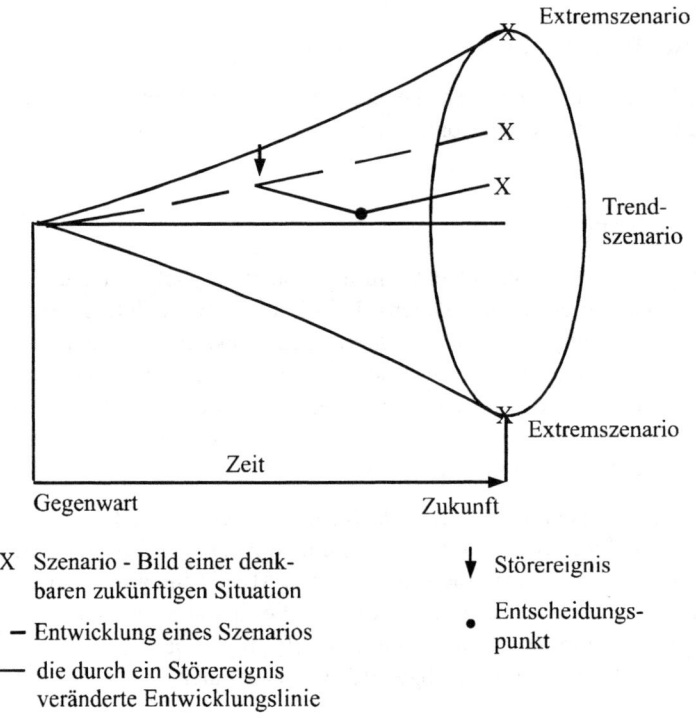

X   Szenario - Bild einer denk-   ↓ Störereignis
    baren zukünftigen Situation
                                              • Entscheidungs-
– – Entwicklung eines Szenarios   punkt

—— die durch ein Störereignis
    veränderte Entwicklungslinie

Abb. 143: Denkmodell zur Darstellung von Szenarien
(Reibnitz 1987, S.30; Geschka 1999, S.522)

Die Verwendung von Szenarien weist eine Reihe von Vorzügen auf (Götze 1991, S.357), die

• zu einer vernetzten, multidimensionalen Betrachtungsweise der wichtigsten Umweltkomponenten führt,
• eine Auseinandersetzung der Entscheidungsträger mit den durch die Szenarien aufgezeigten strategischen Risiken bzw. Chancen anregt,
• zu einer Auswertung des Zielsystems und Auswahl der für die einzelnen Strategien realisierbaren Zielkombination führt.

5.4 Phasenablauf eines Szenarios

Zur Erarbeitung eines Szenarios gibt es unterschiedliche Verfahren. Die verschiedenen Ansätze weisen aber auch eine Reihe von Gemeinsamkeiten auf. Für die Mehrzahl gilt, dass sie (Götze 1991, S.355f; Geschka 1999, S.523f)

- systematisch und nachvollziehbar vorgehen,
- Analyse-, Prognose- und Syntheseelemente beinhalten,
- qualitative und quantitative Daten bearbeiten,
- sich gründlich mit der gegenwärtigen Situation, die zu einem Verständnis der Wirkungszusammenhänge führt, und auch mit der Vergangenheit auseinandersetzen,
- plausible Annahmen für Einflussfaktoren mit unsicherer Zukunftserwartung treffen und
- einen ausformulierten Text als Ergebnis haben, in dem mehrere mögliche, in sich stimmige Zukunftsbilder und ihre Entwicklungspfade beschrieben werden.

Insgesamt wird die Szenario-Technik zu den intuitiven Prognoseverfahren gerechnet. Beispielhaft soll nachfolgend ein achtstufiges Verfahren gemäß Abbildung 144 (Geschka 1999, S.526ff) etwas näher vorgestellt werden:

(1) Strukturierung und Definition des Untersuchungsfeldes:
    Zunächst erfolgt eine exakte Formulierung der Aufgabenstellung. Sollen das Unternehmen als Ganzes oder einzelne strategische Geschäftseinheiten in ihrer gegenwärtigen Situation analysiert werden? Homogene Unternehmen stellen das Gesamtunternehmen in den Mittelpunkt; Unternehmen, deren Produkte sehr heterogen sind, bevorzugen Sparten-Szenarios. Abschließend wird überprüft, ob die formulierte Aufgabenstellung zu dem analysierten Ist-Zustand passt.

(2) Identifizierung und Strukturierung externer Einflussfaktoren:
    Zunächst werden alle externen Einflussfaktoren, die auf das Untersuchungsfeld einwirken können, gesammelt. Die Wirkungsbeziehungen der Einflussfaktoren untereinander und zum Untersuchungsfeld werden in Richtung und Stärke ermittelt und in Strukturbildern niedergelegt.

(3) Ermittlung von kritischen Deskriptoren:
    Für jeden Einflussfaktor werden Deskriptoren ermittelt, die diesen wesentlich kennzeichnen. Bei der Prüfung der Deskriptoren auf Vollständigkeit ist der Rückgriff auf die in Schritt 2 ermittelten Einflussfaktoren hilfreich. Wenn alle für ein Umfeld relevanten Deskriptoren feststehen, wird der Ist-Zustand der Deskriptoren ermittelt. Aufbauend auf diesem Zustand wird die künftige Entwicklung prognostiziert.

(4) Bildung und Auswahl alternativer konsistenter Annahmenbündel:
    Es wird abgeschätzt, welche Ausprägungen der kritischen Deskriptoren sich gegenseitig verstärken, welche neutral zueinander sind und welche sich gegenseitig ausschließen. Die Konsistenzeinschätzungen ermöglichen mit Hilfe eines Algorithmus die Bildung mehrerer konsistenter Annahmenbündel.

(5) Interpretation der ausgewählten Umfeldszenarien:
    Zu den ausgewählten Annahmenbündeln müssen nun die in Schritt 3 erarbeiteten Prognosen der unkritischen Deskriptoren jeweils hinzugefügt werden. Wichtig ist, dass die Szenarien aus der Gegenwart heraus entfaltet werden, d.h. die Szenarioannahmen sollten in Ansätzen bereits heute erkennbar sein.

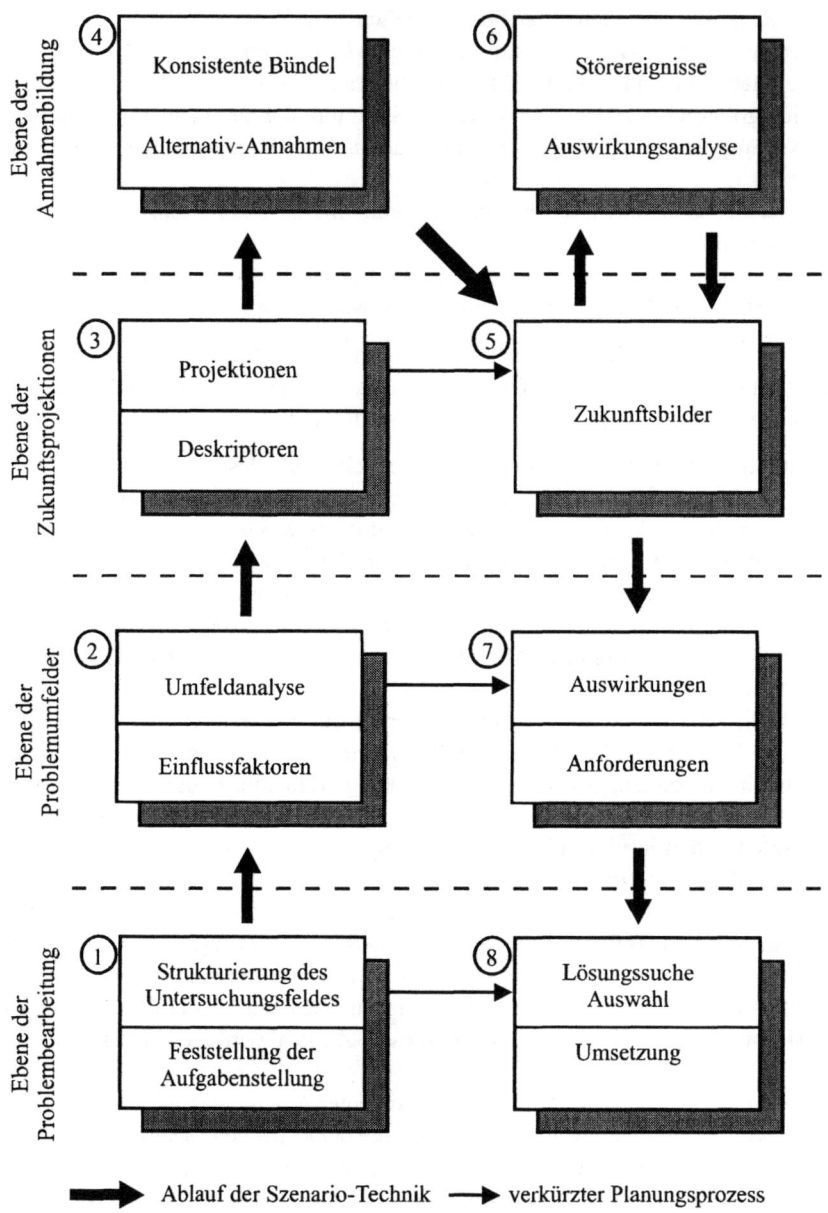

Abb. 144: Schritte der Szenario-Technik (Geschka 1999, S.525)

(6) Einführung und Auswirkungsanalyse signifikanter Störereignisse:
     Ein Störereignis ist ein plötzlich auftretendes Ereignis, das vorher trendmäßig
     nicht erkennbar war und eine Entwicklung in eine andere Richtung lenkt. Zur
     Ermittlung von Störfällen eignen sich Kreativitätstechniken (z.B. Brainstor-

ming oder Brainwriting). In einer anschließenden Bewertung wird ermittelt, welche dieser Störereignisse die Szenarien am stärksten beeinflussen und gleichzeitig eine hohe Eintrittswahrscheinlichkeit aufweisen. Die so ausgewählten signifikanten Störereignisse werden zunächst isoliert interpretiert und dann in die Szenarien eingeführt und auf ihre Auswirkungen hin analysiert. Durch Störereignisse lässt sich auch überprüfen, wie stabil bestimmte Trends gegenüber externen Veränderungen sind.

(7) Ableiten von Konsequenzen für das Untersuchungsfeld:

Für diesen Schritt gibt es zwei Vorgehensweisen: Wenn die Aufgabenstellung bereits sehr konkret formuliert ist, genügt es in der Regel, direkt aus den Umfeldszenarien Konsequenzen abzuleiten, die sich in Gestaltungsideen umsetzen lassen. Bei Aufgaben mit Orientierungscharakter ist es dagegen zweckmäßig, auch Szenarien für das Untersuchungsfeld abzuleiten.

(8) Konzipieren von Maßnahmen:

Hierbei ist es das Ziel, aus den im sechsten Schritt erarbeiteten Aktivitäten Chancen und Risiken zu formulieren und daraus eine Leitstrategie abzuleiten, Alternativstrategien festzulegen und Umweltbeobachtungssysteme aufzubauen.

Voraussetzung für einen erfolgreichen Einsatz der Szenario-Technik ist die Akzeptanz der Szenarien durch die Entscheidungsträger. Der Nutzen hängt in entscheidendem Maße von der sorgfältigen Auswertung und deren Berücksichtigung im Planungsprozess ab.

5.5 Rechnergestützte Methoden der Szenario-Technik

Die systematische Erstellung von Szenarien erfolgt heutzutage computergestützt, um die komplexen und rechenintensiven Schritte (Projektionen, Konsistenzprüfungen, Zukunftsbilder, Störereignis- und Konsequenzanalyse) durchführen zu können (Bradl 2001, S.458f).

Im Markt werden Softwarepakete angeboten, die die Planung mit Hilfe der Szenario-Technik unterstützen. Insbesondere sind neben Konsistenzprüfung von mehreren Alternativdeskriptoren auch Stabilitätsberechnungen von Szenarien sowie Sensitivitätsanalysen für Deskriptoren und Szenarien möglich. Im Mittelpunkt stehen Simulationsmodelle, um verschiedene Annahmen durchzuspielen. Die Auslese aus der Informationsflut erfolgt mit methodischer Unterstützung durch die Cross-impact-Analyse, die versucht, die Auswirkungen, die von bestimmten Entwicklungen auf die Wahrscheinlichkeit der Realisierung anderer Entwicklungen ausgeht, numerisch zu erfassen. Hierbei werden für das Unternehmen wichtige Ereignisse und Trends zu Matrizen zusammengefasst. Die Einträge in den Matrizen drücken den gegenseitigen Einfluss der einzelnen Ereignisse bzw. Trends untereinander aus. Diese Daten bilden die Grundlage zur Generierung alternativer Szenarien, die durch die eintretenden Ereignisse beschrieben werden können.

Problematischer ist hingegen der computerunterstützte Szenario-Trichter, d.h. die Entwicklung und Überprüfung ausgewählter Strategien als optimale (Leit-) Strategie, angepasst an alle Szenarien. Wissensbasierte Systeme könnten bei der Erarbeitung von Strategievorschlägen helfen; Simulationsmodelle ermöglichen die Strategieprüfung mit Sensitivitätsanalysen.

Aufgabe 6:
Benchmarking

6.1 Aufgabenstellung

Erläutern Sie das Konzept des Benchmarking als ein Instrument des strategischen Controlling!

6.2 Einleitung

Der stetig steigende Wettbewerbsdruck zwingt viele Unternehmen dazu, neue Verbesserungspotentiale zu erschließen. Der Schlüssel zum Erfolg liegt darin, aus diesen Potentialen einen Wettbewerbsvorteil zu erzielen und diesen zu halten.

Während beispielsweise im Sport eine Anzeigentafel ständig Informationen über die aktuelle Spielsituation (Erfolg/Misserfolg) zeigt, gibt es für das Unternehmen keine vergleichbare Tafel, die die betriebswirtschaftliche Situation charakterisiert. Vielmehr kommt es auf die Erfahrung und Intuition der Geschäftsführung an. Um diese eher ungenauen Verfahren durch eine exaktere Analysetechnik zu ersetzen, ist das sogenannte Benchmarking als ein Baustein eines strategischen Managements hilfreich. Benchmarking erweist sich in vielen Unternehmen als geeignetes Mittel zum Sammeln der Informationen, die gebraucht werden, um ständig besser zu werden.

Benchmarking heißt, die Vergangenheit abzuschütteln und sich der Zukunft zuzuwenden. Nicht der Vergleich mit der eigenen Vergangenheit, sondern der Blick in andere Bereiche soll zu einer Verbesserung der eigenen Wettbewerbsposition führen. Dabei vergleicht man sich mit dem „Klassenbesten" und versucht, die strategische Leistungslücke sowie deren Ursachen zu ermitteln und Maßnahmen zur Schließung dieser Lücke abzuleiten.

6.3 Ursprünge und Wesen des Benchmarking

Die Ursprünge des Benchmarking liegen im produktorientierten Reverse Engineering und in der Konkurrenzanalyse (Watson 1993, S.24). Das Reverse Engineering, dem ein technischer Ansatz des Produktvergleichs zugrunde liegt, vergleicht Produkteigenschaften, -funktionalität und -leistungsfähigkeit mit gleichartigen Produkten von Wettbewerbern. Zur besseren Bewertung dieser Gestaltungsmerkmale werden die Produkte in ihre Einzelteile zerlegt (Hoffjan 1995, S.157). Die Idee des komponentenbezogenen Produktvergleichs wird im Rahmen des Benchmarking von der reinen Produktebene auf die Prozessebene ausgedehnt. Nicht allein die Produkte, sondern vor allem die Geschäftsprozesse der Konkurrenz werden in ihre Teilaktivitäten zerlegt und mit den eigenen Aktivitäten verglichen.

Außerdem knüpft das Benchmarking an die Konkurrenzanalyse an. Während diese lediglich für eine Momentaufnahme der strukturellen Geschäftsvorgänge und den reinen Produktvergleich herangezogen wird, besteht das Benchmarking aus einem kontinuierlichen und systematischen Vergleich der eigenen Effizienz in Produktivität, Qualität und Prozessabläufen mit den Unternehmen, die Spitzenleistungen repräsentieren.

Benchmarking ist ein Prozess, in dem verschiedene Objekte - und zwar Produkte als betriebliche (Sach- oder Dienst-) Leistungen, betriebliche Funktionen anhand von (Geschäfts-) Prozessen sowie bei diesen Prozessen eingesetzte Methoden und Instrumente - im Hinblick auf den Zielerreichungsgrad - und zwar Kosten, Qualität, Kundenzufriedenheit und Zeit - mit Vergleichspartnern - und zwar andere Bereiche oder Abteilungen des gleichen Betriebes, insbesondere aber andere Betriebe wie unmittelbare Wettbewerber oder Betriebe gleicher oder ganz anderer Branche - verglichen werden (vgl. die Parameter des Benchmarkings bei Horváth/Herter 1992, S.7), um aus diesem Vergleich heraus Ansätze zur kontinuierlichen Messung, Beurteilung und Verbesserung von Produkten, Funktionen und Methoden/Instrumenten zu gewinnen (Horváth/Herter 1992, S.5). Wichtig ist dabei, sich möglichst mit dem „Klassenbesten" zu vergleichen, um selbst zum „Besten der Besten" zu werden, denn *„Benchmarking ist die Suche nach den besten Industriepraktiken, die zu Spitzenleistungen führen"* (Camp 1994, S.16).

Insgesamt zeichnet sich das Benchmarking vor allem durch folgende Merkmale aus (Hoffjan 1995, S.158f):

• Prozessorientierung:
  Benchmarking beginnt damit, die eigene Organisation mit ihren Arbeitsabläufen (Prozessen) zu verstehen, um den Mehrwert, den jede Phase eines Ablaufes schafft, zu identifizieren. Dieser Schritt ist notwendig, da ein Vergleich mit den Besten nur sinnvoll ist, wenn die eigenen Abläufe hinreichend genau bekannt sind. Der Zweck des Benchmarking ist, eine Verbesserung einzuleiten, die den Wert des Unternehmens steigert. Es sollen die Abläufe eliminiert werden, die das Unternehmen einengen oder bei ineffizienter Wertschöpfung zu viele Ressourcen verbrauchen.
• Kontinuität:
  Das Benchmarking versteht sich als kontinuierlicher Prozess der Selbsterneuerung und -verbesserung. Es ist ein Prozess, in dem laufend die gegenwärtige Leistung bewertet wird und Bereiche für eine Verbesserung erkannt werden. Erst die wiederholte Anwendung führt zu einem optimalen Ergebnis (Karlöf/ Östblom 1994, S.192). Der Blick in die Praxis zeigt jedoch, dass ein kontinuierliches Benchmarking, wie es die Theorie fordert, eher selten ist, da die Kosten, die mit der Analyse der eigenen und fremden Geschäftsabläufe entstehen, nicht laufend aufgebracht werden können.
• Partnerschaft:
  Unternehmen, die eine gegenseitige Benchmarking-Studie der grundlegenden Geschäftsprozesse durchführen, verändern ihr Verhalten zu Wettbewerbern (Watson 1993, S.33f). Zur Stärkung gemeinsamer Interessen kommt es zu einer

neuen Sichtweise: aus Wettbewerbern werden Partner, die im Rahmen ihrer Zusammenarbeit Informationen über Ablaufverbesserungen austauschen. Dabei
gilt der Grundsatz, dass ein Unternehmen nie detailliertere Informationen fordern darf, als es selbst bereit ist, dem Benchmarking-Partner preiszugeben.

• Maßgrößen:
Durch die Einführung des Benchmarking werden Geschäftsabläufe häufig erstmals quantifiziert, womit die Vergleichbarkeit mit ähnlichen Abläufen möglich
wird.

• Ganzheitlichkeit:
Das Benchmarking beschränkt sich nicht auf wenige Spezialabläufe, sondern
kann für die gesamte Wertschöpfungskette des Unternehmens eingesetzt werden. Aktivitäten der Bereiche Eingangslogistik, Produktion, Ausgangslogistik
sowie Kundendienst eignen sich ebenso wie die Aktivitäten im Rahmen der Per-
sonalwirtschaft oder der Technologieentwicklung (Karlöf/Östblom 1994,
S.103).

6.4 Grundtypen des Benchmarking

Je nach Objekt und Partner lassen sich unterschiedliche Typen des Benchmarking
unterscheiden, die sich auf die drei Grundtypen internes, Funktions- und Wettbewerbs-Benchmarking zurückführen lassen (Watson 1993, S.106ff; Camp 1994,
S.77; Lamla 1995, S.26). Das Wettbewerbs- und Funktions-Benchmarking wird in
Abgrenzung zum internen Benchmarking auch als externes Benchmarking bezeichnet.

6.4.1 Internes Benchmarking

Benchmarking innerhalb eines Unternehmens wird als internes Benchmarking bezeichnet. Oft gibt es in Unternehmen eine Reihe von Sparten oder Tochtergesellschaften, die einige gleichartige Abläufe besitzen, und somit leicht miteinander verglichen werden können. Beispielsweise kann eine international tätige Vertriebsge-
sellschaft die verschiedenen nationalen Geschäftsstellen untereinander vergleichen.
Trotzdem darf das Problem der Vergleichbarkeit nicht unterschätzt werden. In der
Theorie sehr ähnliche Organisationseinheiten können in der Realität bezüglich ihrer
Geschäftsabläufe sehr unterschiedlich sein. Internes Benchmarking bietet die Chance, Abläufe zu identifizieren, die verbessert werden können, ohne nach außen zu gehen. Es kann somit als erster Schritt zu einem Komplett-Benchmarking angesehen
werden.

6.4.2 Wettbewerbsorientiertes Benchmarking

Auf den Wettbewerb gerichtetes strategisches Management bedeutet, sich im Vergleich den Wettbewerbern stellen zu müssen. Nur im Vergleich mit den „Klassenbesten" bietet sich die Chance, Stärken und Schwächen und damit auch Verbesserungspotentiale des eigenen Unternehmens aufzudecken, um strategisch die Lücke zum „Klassenbesten" zu schließen. Je nach Partner und Ausrichtung lässt sich auf den Wettbewerb ausgerichtetes Benchmarking untergliedern in:

• Konkurrenten-Benchmarking als Vergleich mit solchen Unternehmen (Konkurrenten), die die gleichen Produkte im gleichen Markt anbieten.

• Branchen-Benchmarking als Vergleich mit Unternehmen, die dem gleichen Wettbewerbsumfeld ausgesetzt sind, ähnliche Technologien einsetzen, jedoch nicht als direkte Hauptwettbewerber anzusehen sind.

Der Schwerpunkt des Konkurrenten-Benchmarking liegt im Bereich der Produktionsanalyse, während das Branchen-Benchmarking die allgemeinen Trends der Branche betrachtet (Leibfried/McNair 1996, S.143). Beide Methoden profitieren von der leichten Vergleich- und Übertragbarkeit von Prozessabläufen und Leistungen. Branchenverbände liefern oft erste Bezugspunkte, indem diese bei ihren Mitgliedern Daten erheben und diese - teilweise in verdichteter Form - anonymisiert ihren Mitgliedern insgesamt zur Verfügung stellen. Branchenvergleiche ermöglichen den Mitgliedern erste Ansätze zur Positionierung des eigenen Unternehmens in der Branche und geben objektive Aussagen über die eigene Wettbewerbsposition.

Diesen Vorteilen steht vor allem beim Konkurrenten-Benchmarking die Schwierigkeit gegenüber, die Wettbewerber - insbesondere den Marktführer (als „Klassenbesten") - zu einer Zusammenarbeit zu bewegen. Das Identifizieren von Vergleichspartnern bei für den Unternehmenserfolg kritischen Abläufen ist generell nicht unproblematisch (Oelsnitz 1994, S.673). Einerseits ist die Bereitschaft zum Informationsaustausch über das Kerngeschäft oftmals gering, andererseits muss der „Klassenbeste" nicht zwingend in dem für das Benchmarking ausgewählten Bereich die besten Leistungen bringen (Karlöf/Östblom 1994, S.123). Neben diesen Schwierigkeiten setzen sich die beteiligten Unternehmen dem Risiko einer kartellrechtlichen Untersuchung als Konsequenz einer Benchmarkingpartnerschaft zwischen Wettbewerbern aus.

6.4.3 Funktions-Benchmarking

Bei dem Wettbewerbs-Benchmarking besteht die Gefahr, lediglich brancheninterne Erfahrungen zu kopieren. Jedoch liefert erst ein Benchmarking mit branchenfremden Unternehmen Impulse für innovative Methoden und Techniken, die in der eigenen Branche noch nicht bekannt sind. Erst beim Funktions-Benchmarking - auch als generisches Benchmarking bekannt (Lamla 1995, S.26) - entfaltet Benchmarking seine volle Wirkungskraft (Karlöf/Östblom 1994, S.67). Durch die konsequente Orientierung an absoluten Spitzenleistungen bei bestimmten Prozessen, die in anderen Branchen zu deren Kernfunktionen gehören, und so oft wesentlich besser entwickelt sind, ist das größte Potential für Verbesserungen und Leistungssteigerungen gegeben.

Voraussetzung und zugleich problematisch ist das Erkennen dieser Funktionen bei den „Klassenbesten" auf diesen jeweiligen Gebieten in anderen Branchen. Anders als bei Wettbewerbern in der eigenen Branche gibt es daher selten Probleme, die gewünschte Information zu erhalten (Karlöf/Östblom 1994, S.125). Allerdings führt die Adaption branchenfremder Lösungen wegen der Andersartigkeit der Branche bei den Mitarbeitern oft zu Akzeptanzproblemen.

6.5 Phasenkonzept

Der Benchmarking-Prozess durchläuft verschiedene Phasen, die in der Literatur und Unternehmenspraxis unterschiedlich definiert und abgegrenzt werden (Horváth/ Herter 1992, S.8; Camp 1994, S.21; Lamla 1995, S.24). Nachfolgend soll gemäß Abbildung 145 dieser Benchmarking-Prozess in fünf Phasen strukturiert werden:

Abb. 145: Phasen des Benchmarking (Karlöf/Östblom 1994, S. 86)

(1) Bestimmung des Benchmarking-Objekts:
Das Ziel der ersten Phase ist das Auswählen der Bereiche des Unternehmens, die mit Hilfe des Benchmarking untersucht werden sollen. Benchmarking kann entweder aus der internen Sicht der Produktivität oder aus dem externen Blickwinkel der Kundenwahrnehmung durchgeführt werden. Sowohl Produkte, Fertigungslinien und Arbeitsroutinen als auch der Kundendienst können Objekte des Benchmarking sein (Karlöf/Östblom 1994, S.92). Nach Auswahl des Objekts müssen die Faktoren, die für eine Erreichung von Spitzenleistungen in der untersuchten Funktion ausschlaggebend sind, bestimmt werden.

(2) Identifizieren des Benchmarking-Partners:
Aufgabe der zweiten Phase ist die Suche nach Unternehmen, die zu den „Klassenbesten" auf dem ausgewählten Gebiet gehören. Darüber hinaus muss der Kontakt mit dem Benchmarking-Partner hergestellt werden. Die Wahl des Begriffs Partner betont, dass die Beziehung durch einen offenen Informationsaustausch gekennzeichnet sein muss. Weiterhin muss entschieden werden, welchen Grundtyp (wettbewerbsorientiert oder funktional) des Benchmarking der Vorrang gegeben wird. Das Aufspüren geeigneter Benchmarking-Partner setzt eine systematische Suche in den unterschiedlichen Informationsquellen voraus. Diese reichen von Berichten und persönlichen Erfahrungen bis hin zu Zeitschriften oder anderen Veröffentlichungen. Oft werden Unternehmensberater oder auf Informationsverwendung spezialisierte Unternehmen herangezogen.

(3) Sammeln der Informationen:

Die dritte Phase besteht aus zwei Einzelschritten. Zunächst müssen mit Hilfe öffentlich zugänglicher Informationen (z.B. Wirtschaftsdienste oder Statistiken) die Situation und falls möglich bereits einige Geschäftsabläufe erkundet werden. Es entsteht ein Bild des Benchmarking-Partners ähnlich dem einer Karte mit weißen und grauen Teilstücken.

Erst jetzt sollte man mit den persönlichen oder schriftlichen Befragungen des Benchmarking-Partners beginnen (zweiter Einzelschritt), um somit die „weißen Bereiche" auf der symbolischen Karte mit Wissen zu füllen. Aufgrund der geleisteten Vorarbeit können die Antworten in das bereits vorhandene Bild eingefügt werden.

(4) Informationsanalyse:

Die in der dritten Phase gesammelten Informationen müssen jetzt systematisiert und geordnet werden, um Einblick darüber zu erhalten, wie das Unternehmen mit den besten Methoden seine Spitzenleistung erbringen konnte. Um eine Vergleichbarkeit zwischen den Unternehmen zu erreichen, müssen einige Bezugsgrößen normalisiert werden. Dazu soll im Folgenden beispielhaft eine Vorgehensweise skizziert werden, die die Kostenlücke[30] zwischen dem eigenen Unternehmen und dem Benchmarking-Partner herleitet.

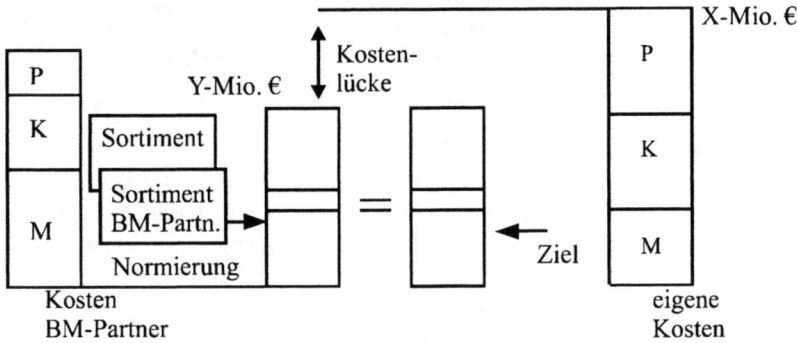

Abb. 146: Herleitung der Kostenlücke

Zunächst müssen die Primärkosten für Personal P, Kapital K und Material M sowohl im eigenen als auch beim Benchmarking-Partner dargestellt werden. Nach einer Normierung des Produktangebots bzgl. Struktur und Menge ergibt sich beim Benchmarking-Partner ein Kostenblock in Höhe von Y-Mio.€, der den Kosten in Höhe von X-Mio.€ gegenübergestellt wird.

(5) Umsetzen in Resultate:

Wie bereits eingangs erwähnt, beschränkt sich die Benchmarking-Studie nicht auf das Identifizieren von Kosten- und Qualitätslücken. Das erkannte Verbesserungspotential muss in der fünften Phase vielmehr durch konkrete Maßnah-

---

30) Dieser Ansatz beschränkt sich auf die Analyse der Kosten. Einflussfaktoren des Qualitätsmanagements werden nicht berücksichtigt.

men in Resultate umgesetzt werden. An dieser Umsetzung müssen sämtliche Hierarchieebenen integriert werden. Nur der Einsatz aller Beteiligten führt zu der gewünschten Leistungssteigerung.

6.6 Benchmarking und strategisches Controlling

Benchmarking ist ein wesentliches Instrument, welches im Rahmen strategischer Planung bei der Unternehmensanalyse, bei der Entwicklung des Stärken- und Schwächen-Profils sowie bei der Aufstellung des strategischen Zielsystems eingesetzt werden kann. Hierdurch soll gewährleistet werden, dass der Forderung nach Marktorientierung in wesentlichen Phasen der strategischen Planung Rechnung getragen wird. Die bereits eingesetzte Wettbewerbsanalyse wird durch Benchmarking wesentlich erweitert, indem nicht nur Produkt-Markt-Beziehungen betrachtet werden, sondern auch die Branchengrenzen überschritten werden und die gesamte betriebliche Wertkette (Wertschöpfung) einbezogen wird (Lamla 1995, S.29f). Hinsichtlich des Zielsystems wird durch Benchmarking ermöglicht, zwar anspruchsvolle, aber zugleich realistische, vom Wettbewerber bereits realisierte Zielvorgaben zu ermitteln (Horváth/Herter 1992, S.7). Als Controllinginstrument muss es vom strategisch ausgerichteten Controller dem Management zur Anwendung zur Verfügung gestellt werden.

Aufgabe 7:
Target Costing

7.1 Aufgabenstellung

Erläutern Sie Konzept, Aufbau und Ablauf des Target Costing (Zielkostenmanagement) - insbesondere bei Planung und Einführung neuer Produkte und Leistungen!

7.2 Konzept des Target Costing

Im Zusammenhang mit der Kostenplanung bei neuen Produkten und Leistungen hat das Target Costing (Zielkostenmanagement) zunehmend an Bedeutung gewonnen, das durch eine konsequente Marktorientierung gekennzeichnet ist. Die nach der Produkteinführung zu realisierenden Zielkosten richten sich nach der Frage „Was darf das Produkt kosten?" - und nicht „Was wird das Produkt kosten?" (Seidenschwarz 1991, S.199; Ewert/Wagenhofer 2003, S.315). „*Ziel des Target Costing ist es, über eine vom Markt ausgehende, kostenorientierte Steuerung aller Unternehmensaktivitäten, insbesondere aber der Entwicklung und Einführung neuer Produkte, die Wettbewerbsfähigkeit zu erhöhen. Dazu werden zunächst die subjektiven Kundenwünsche analysiert, um festzustellen, wieviel ein Produkt in Zukunft kosten darf. Dann sind unter Berücksichtigung der verfügbaren Ressourcen Zielkosten für die Produkte des Unternehmens, die diesen zugeordneten Funktionen sowie die Produktkomponenten und -teile zu bestimmen*" (Götze 1993, S.381). „*Die Zielkosten sind jene Kosten, die das Produkt kosten darf. Sie richten sich alleine an marktbezogenen Gegebenheiten und den Unternehmenszielen aus, die technische Machbarkeit steht zunächst im Hintergrund. Das eigentliche Kostenmanagement beginnt nach der Festlegung der Zielkosten, es geht darum, die Zielkosten auch tatsächlich zu erreichen*" (Ewert/Wagenhofer 2003, S.315).

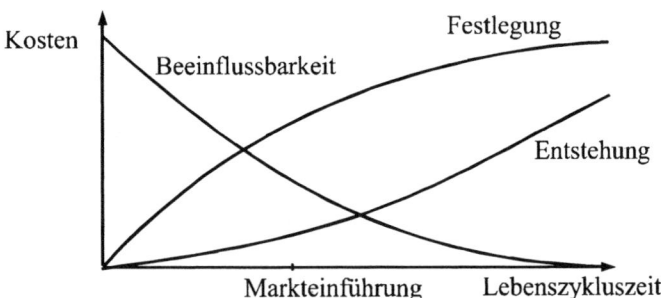

Abb. 147: Kostenbeeinflussbarkeit, -festlegung und -entstehung (Wübbenhorst 1992, S.252)

Dieses Kostenmanagement setzt bereits mit der Kostenfestlegung bei Produktplanung, -entwicklung und -konstruktion - und nicht erst bei Produktion und Vertrieb

- ein, wenn nämlich bereits der Großteil der Kosten gemäß Abbildung 147 (Wübbenhorst 1992, S.252; Coenenberg/Fischer/Schmitz 1994, S.2; Ewert/Wagenhofer 2003, S.316) zur Disposition ansteht.

Die Hauptzwecke und -merkmale des Target Costing lassen sich wie folgt charakterisieren (Götze 1993, S.381f; Hahn 1993, S.110f):

- Übertragung der Marktorientierung (Wettbewerbs-, Kunden- und Lieferantenorientierung) aus der Geschäftsfeldstrategie- bzw. Geschäftsfeldplanung auf die Produktplanung und -entwicklung,
- Ausrichtung aller Produktkosten (Produktentwicklung, -erstellung, -vermarktung und -entsorgung) auf die wettbewerbsorientiert retrograd abgeleiteten „allowable costs",
- Konfrontation dieser „allowable costs" und daraus abgeleiteter Zielkosten mit den betrieblichen Möglichkeiten und dort gegebenen Standardkosten bzw. „drifting costs",
- ganzheitliche Steuerung aller Unternehmensbereiche und aller Prozesse der gesamten Wertschöpfungskette mit Hilfe der Steuergröße Zielkosten und
- damit stetiger Zwang
  - zur kunden- und konkurrenzorientierten kostensenkenden Konstruktionsverbesserung,
  - zur Analyse der Wertschöpfungskette in Produktentwicklung, -erstellung, -vermarktung und -entsorgung Prüfung des „make-or-buy",
  - zum „simultaneous engineering" in Verbindung mit Kapazitätsauslastungs- und Kapazitätsplanungen.

Die grundlegenden Merkmale des Target Costing liegen in der konsequenten Markt- und Kundenorientierung, in der Beeinflussung der Kosten in der Entwicklungs- und Konstruktionsphase sowie in der ganzheitlichen Betrachtung eines Produkttyps während des gesamten Lebenszyklusses (Coenenberg/Fischer/Schmitz 1994, S.3).

7.3 Aufbau und Ablauf des Target Costing

Aufbau und Ablauf des Target Costing lassen sich in vier Phasen gliedern (Götze 1993, S.382 und die dort angegebene Literatur; ferner vor allem Horváth/Niemand/ Wolbold 1993, S.10ff):

(1) Produktentwurf mit den Bereichen Produktentwicklung und -planung
(2) Zielkostenbestimmung für das ausgewählte Produkt
(3) Zielkostenspaltung mit Zielkostenableitung für Produktkomponenten und produktbezogene Prozesse innerhalb der betrieblichen Wertschöpfungskette
(4) Kostenmanagement mit Zielkostenerreichung und -verbesserung im Produktlebenszyklus

Auf die wichtigsten Phasen (2) und (3) soll nachfolgend eingegangen werden.

Der Startpunkt des Zielkostenmanagements ist die Bestimmung der Zielkosten für ein (neues) Produkt; je marktnäher dieses erfolgt, umso größer sind die Chancen für den Produkterfolg (Seidenschwarz 1993, S.144). Für die Bestimmung der Zielkosten sind grundsätzlich folgende fünf verschiedene Möglichkeiten gegeben (Seidenschwarz 1991, S.199f):

(a) Market into Company: Ableitung der Zielkosten (als Vollkosten) nach einer wettbewerbsorientierten retrograden Kalkulation als Differenz von Verkaufspreis (gemäß Wettbewerbs- und Produktanalysen unter Berücksichtigung von Produktnutzen und Marketingaktivitäten) abzüglich Zielgewinn (Subtraktionsmethode), wobei dann die Zielkosten unter Abwägung der vom Markt erlaubten Kosten (allowable costs) und der durch progressive Kalkulation ermittelten eigenen Standardkosten (drifting costs) (Hahn 1993, S.110) bestimmt werden.

(b) Out of Company: Ableitung der Zielkosten nach der progressiven Additionsmethode aus den konstruktions- und fertigungstechnischen betriebsindividuellen Eigenschaften und Erfahrungswerten.

(c) Into and out of Company: Kombination der Methoden (a) und (b).

(d) Out of Competitor: Ableitung der Zielkosten nach der progressiven Additionsmethode aus den geschätzten Kosten der Wettbewerber.

(e) Out of Standard Costs: Ableitung der Zielkosten nach der progressiven Additionsmethode aus den derzeitigen betriebsindividuellen Standardkosten unter Abzug eines Abschlages als Vorgabe für Kosteneinsparungen durch Rationalisierung etc.

Das klassische Verfahren für den Normalfall des Zielkostenmanagements ist das Market into Company, wobei - im Gegensatz zu den anderen Ansätzen - einerseits die Marktorientierung sichergestellt ist und andererseits gleichzeitig der Einsatz sowohl für innovative Neuprodukte als auch für gängige Marktstandardprodukte empfehlenswert ist (Horváth/Seidenschwarz 1992, S.144). Bei der konkreten Anwendung können sich allerdings Probleme bei der Bestimmung des marktgerechten Verkaufspreises über den gesamten Lebenszyklus hinweg mit Hilfe der Marktforschung und bei der Bestimmung des Zielgewinnes bei Vollkostenrechnung unter Heranziehung von verschiedenen Rentabilitätsüberlegungen ergeben (Ewert/Wagenhofer 2003, S.316f).

Nach der Zielkostenbestimmung des Produktes gilt es, im Rahmen einer Zielkostenspaltung nach einer möglichst praktikablen Dekompositionsmethodik - also Herunterbrechen der Gesamtzielkosten - nunmehr funktions-, komponenten- und teilespezifische Detailvorgaben für einzelne Produktfunktionen, -komponenten und -teile im Rahmen der Produkterstellung zu erhalten (Horváth/Seidenschwarz 1992, S.145; Götze 1993, S.384; Coenenberg/Fischer/Schmitz 1994, S.8f). Diese Zielkostenspaltung erfolgt in folgenden Schritten (Horváth/Seidenschwarz 1992, S.144f; Götze 1993, S.384; Coenenberg/Fischer/Schmitz 1994, S.9ff):

(1) Bestimmung der Funktionsstruktur des (neuen) Produkts mit (harten) Grundfunktionen (-nutzen) (z.B. technische Leistung eines Produktes) und (weichen) Zusatzfunktionen (-nutzen) (z.B. Benutzerfreundlichkeit eines Produkts).

(2) Gewichtung dieser Produktfunktionen, um später auf dieser Basis und in Relation zu diesen Funktionen die Zielkosten herunterbrechen zu können.

(3) Entwicklung eines Grobentwurfes für das (neue) Produkt mit Definition der Produktkomponenten, die diese Grund- und Zusatzfunktionen des Produkts sicherstellen sollen.

(4) Schätzung der Kostenanteile KA_i der verschiedenen Produktkomponenten i, abgeleitet aus den drifting costs.

(5) Gewichtung der Produktkomponenten hinsichtlich der Erfüllung der verschiedenen Produktfunktionen. Dabei ist es möglich, dass nicht alle Funktionen von den Produktkomponenten voll erfüllt werden.

(6) Bestimmung der Nutzen- und damit Zielkostenanteile NA_i pro Produktkomponente im Verhältnis der Teilgewichte der Funktionen, wobei das Verhältnis der Teilgewichte der einzelnen Komponenten zu den entsprechenden Kostenanteilen signalisiert, ob diese Forderung erfüllt wird.

(7) Berechnung des Zielkostenindex.

(8) Optimierung des Zielkostenindex mit Hilfe des Zielkostendiagramms durch Modifikation der entsprechenden Produktkomponenten.

(9) Vornahme von Kostensenkungen oder Produktverbesserungen.

Der Zielkostenindex ZI_i einer Produktkomponente i ergibt sich aus dem Verhältnis zwischen dem Nutzenanteil NA_i (%) - also dem Beitrag den die Produktkomponente zur Sicherstellung der gesamten Funktionsstruktur des Produktes liefert - und dem Kostenanteil KA_i (%), den die Produktkomponente verursachen würde.

$$ZI_i = \frac{NA_i\ (\%)}{KA_i\ (\%)}$$

Im Optimalfall besitzt der Zielkostenindex für alle Produktkomponenten den Wert 1; bei $ZI_i < 1$ ($ZI_i > 1$) ist diese Funktion bzw. Komponente zu aufwendig (einfach). Eine Bandbreite akzeptabler Zielkostenindizes (Zielkostenzone) wird in Abbildung 148 durch zwei Kurven definiert, wobei die Bandbreite erlaubter Abweichungen mit zunehmend hoher Gewichtung (Bedeutung) abnimmt (Horváth/Seidenschwarz 1992, S.147f; Coenenberg/Fischer/Schmitz 1994, S.15; Seidenschwarz 1994, S.80).

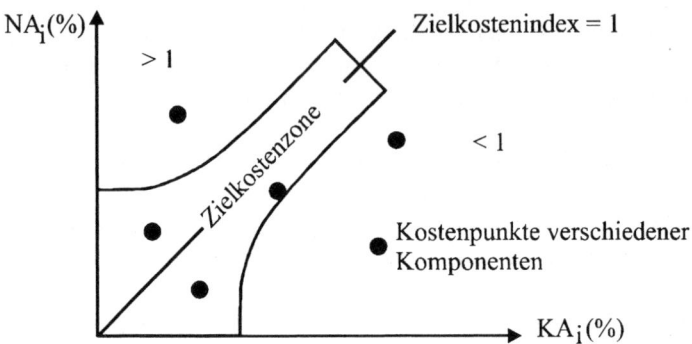

Abb. 148: Zielkostenkontrolldiagramm (Götze 1993, S.385)

Diese Zielkostendiagramme nach Abbildung 149 bieten *Unterstützung zur*
- *Sicherung der vom Markt geforderten Produktwertrelationen hinsichtlich der Produktausgestaltung,*
- *Zusammenführung der vom Markt gesetzten Produktanforderungen und technischen Realisierungsmöglichkeiten,*
- *graphischen Darstellung des Zielkostenerreichungsgrades und*
- *Einflussmöglichkeit der Unternehmensführung auf das Produktteam hinsichtlich der Begrenzung und Integrität des Kosteneinsatzes"* (Seidenschwarz 1994, S.80).

7.4 Zielkostenspaltung und Zielkostenableitung am Beispiel

Die einzelnen Phasen der Zielkostenspaltung und -ableitung sollen am folgenden Beispiel exemplarisch durchgeführt werden: Ein Vertreiber von Hard- und Software plant, ein ausgewogenes PC-Basispaket anzubieten, für dessen Komponenten in der Herstellung nicht mehr als 1000,- € Kosten anfallen dürfen. Um die Ausgewogenheit des Kundennutzens zu der Kostenstruktur aufzuzeigen und zu optimieren, bedient man sich der Methode des Target Costing.

(1) Im ersten Schritt ermittelt man die harten Grundfunktionen F_{h_i} und die weichen Zusatzfunktionen F_{w_j} des Produkts. Als harte Grundfunktionen erachtet man:

- die Gesamtsystemgeschwindigkeit F_{h_1}
- die Kompatibilität zu anderen Herstellern F_{h_2}
- die Erweiterbarkeit des Systems F_{h_3}

Die Zusatzfunktionen bilden:
- die einfache Bedienung bzw. Installation F_{w_1}
- das ansprechende Benutzerdesign F_{w_2}

(2) Diese Produktfunktionen werden aus Kundensicht gewichtet, wobei die Summe der gewichteten relativen Funktionsnutzen FN über die $\bar{i}$ harten und $\bar{j}$ weichen Produktfunktionen gleich 1 ist, d.h.

$$\sum_{i=1}^{\bar{i}} FN_{h_i} + \sum_{j=1}^{\bar{j}} FN_{w_j} = 1$$

Dabei ergibt eine Meinungsumfrage folgende Bewertung der einzelnen Funktionen:

Funktion	Produktfunktion $F_{h/w_{i/j}}$	Relativer Nutzen $FN_{h/w_{i/j}}$
F_{h_1}	Systemgeschwindigkeit	0,3
F_{h_2}	Kompatibilität	0,2
F_{h_3}	Erweiterbarkeit	0,2
F_{w_1}	Bedienung	0,2
F_{w_2}	Benutzerdesign	0,1

(3) In diesem Schritt werden die einzelnen Produktkomponenten ermittelt, die die Grund- und Zusatzfunktionen des Produkts sicherstellen. Das PC-Basissystem besteht hierbei aus den folgenden $\bar{k}$ Komponenten:
- K_1 : Gehäuse mit eingebautem Diskettenlaufwerk und Netzteil
- K_2 : Mainboard mit Arbeitsspeicher
- K_3 : Prozessor
- K_4 : Festplatte
- K_5 : Grafikkarte
- K_6 : Tastatur

(4) Die einzelnen Kostenanteile lassen sich wie folgt aus den voraussichtlichen Einkaufspreisen C_k der Produktkomponenten k abschätzen. Für die Summe der Kostenanteile KA_k muss dabei natürlicherweise gelten:

$$\sum_{k=1}^{\bar{k}} KA_k = 1 \quad \text{mit} \quad KA_k = \frac{C_k}{\sum\limits_{k=1}^{\bar{k}} C_k}$$

Die Kostenanteile verteilen sich für dieses Beispiel wie folgt:

Produktkomponente	K_1	K_2	K_3	K_4	K_5	K_6	Gesamt
Voraussichtlicher Einkaufspreis C_k in €	120	260	220	230	150	20	1 000
Kostenanteil KA_k	0,12	0,26	0,22	0,23	0,15	0,02	1

(5) Es folgt eine Beurteilung, inwieweit die einzelnen Produktkomponenten die verschiedenen Produktfunktionen erfüllen. Mit $X_{h_{i,k}}$ wird der Anteil der Komponente k an der Erfüllung der harten Funktion i zum Ausdruck gebracht. Es besteht die Gewichtung gemäß Abbildung 149. Bei der Aufstellung der relativen Anteile, den die Produktkomponenten zur Erfüllung der Funktionen beitragen, ist zu beachten: Die Summe der relativen Anteile über sämtliche Produktkomponenten muss jeweils für die einzelnen harten und weichen Funktionen 1 sein. Formal bedeutet dies:

$$\sum_{k=1}^{\bar{k}} X_{h_{i,k}} = 1 \quad \text{und} \quad \sum_{k=1}^{\bar{k}} X_{w_{j,k}} = 1 \quad \text{mit } i = 1,...,\bar{i} \text{ und } j = 1, ...,\bar{j}$$

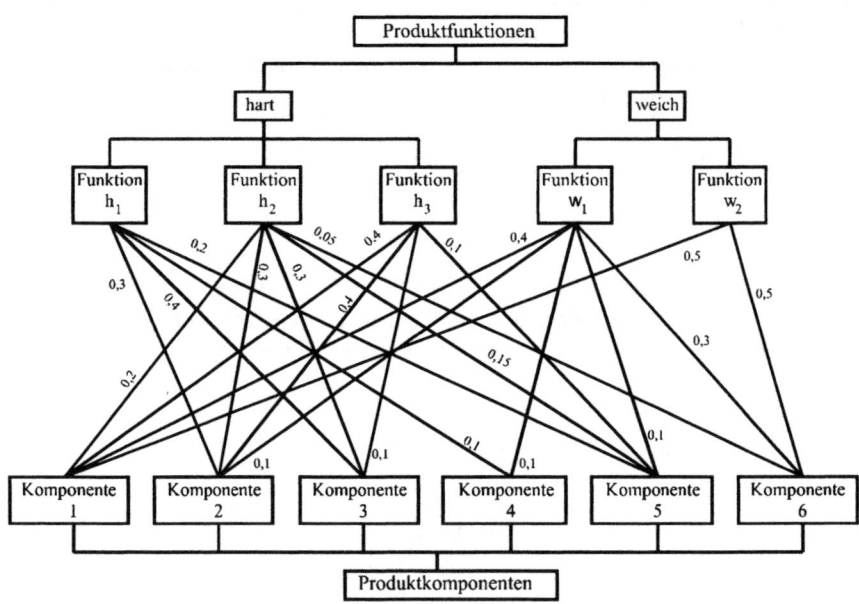

Abb. 149: Erfüllungsgrade der Produktkomponenten an den Produktfunktionen

(6) Nun können die Zielkosten je Produktkomponente im Verhältnis der Teilgewichte der Funktionen sowie die Nutzenanteile bestimmt werden.

Art	Berechnung	K_1	K_2	K_3	K_4	K_5	K_6
Nutzenanteil NA_k	$\sum_{i=1}^{\bar{i}} FN_{h_i} \times X_{h_{i,k}} +$ $\sum_{j=1}^{\bar{j}} FN_{w_j} \times X_{w_{j,k}}$	0,25	0,25	0,2	0,05	0,13	0,12
Kostenanteil KA_k		0,12	0,26	0,22	0,23	0,15	0,02
Zielkosten-index ZI_k	$\dfrac{NA_k}{KA_k}$	2,083	0,962	0,909	0,217	0,867	6
Zielkosten pro Produkt-komponente bei $ZI_k = 1$	$NA_k \times$ Zielkosten	250	250	200	50	130	120

(7) Mit Hilfe der Kostenanteile und der Nutzenanteile kann schließlich der Zielkostenindex für die einzelnen Produktkomponenten bestimmt werden. Die obige Tabelle erläutert das Berechnungsschema.

(8) Die zuvor ermittelten Nutzenanteile werden den Kostenanteilen im Zielkostenkontrolldiagramm gegenübergestellt (vgl. Abbildung 150). Diejenigen Produktkomponenten, deren Zielkostenindizes außerhalb der Zielkostenzone liegen, müssen einer Optimierung unterliegen. In diesem Fall muss der Kostenanteil der Festplattenkomponente so gesenkt werden, dass der Zielkostenindex dieser Komponente in der Zielkostenzone liegt. Im Gegenzug muss der Kostenanteil der Gehäusekomponente erhöht werden, damit sich auch dieser Zielkostenindex innerhalb der Zielkostenzone befindet. Generell besteht auch die Möglichkeit der Veränderung der Nutzenanteile.

(9) Es müssen konkrete Maßnahmen zur Kostensenkung vorgenommen werden. Einerseits gilt für das untersuchte PC-Basissystem, dass die Festplattenkomponente im Verhältnis zum Kostenanteil einen zu geringen Nutzen erfüllt. Es müssen Kosteneinsparungen für diese Komponente vorgenommen werden. Dies kann dadurch erfolgen, dass Fabrikate anderer Lieferanten zu niedrigeren Preisen und mit weniger Speicherplatz eingesetzt werden. Andererseits erfüllt das Gehäuse einen sehr großen Nutzen im Verhältnis zu seinem geringen Kostenanteil. Hier muss gegebenenfalls überlegt werden, ob ein qualitativ besseres Gehäuse zu höheren Preisen eingesetzt werden sollte, um die Kundenzufriedenheit zu steigern.

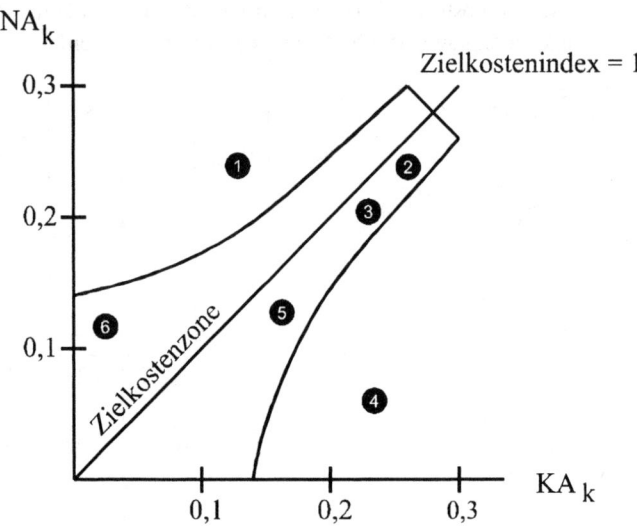

Abb. 150: Zielkostenkontrolldiagramm für die Komponenten eines PC-Basissystems

7.5 Zusammenfassung

Das Target Costing hat sich inzwischen in der Unternehmenspraxis zunehmend als Konzept marktorientierten Kostenmanagements für Kostenplanung und -kontrolle sowohl für neue als auch für bestehende Produkte durch den gesamten Verlauf des Lebenszyklus hindurch durchgesetzt. Abbildung 151 veranschaulicht zusammenfassend den Ablauf des Target Costing (Horváth/Seidenschwarz 1992, S.149):

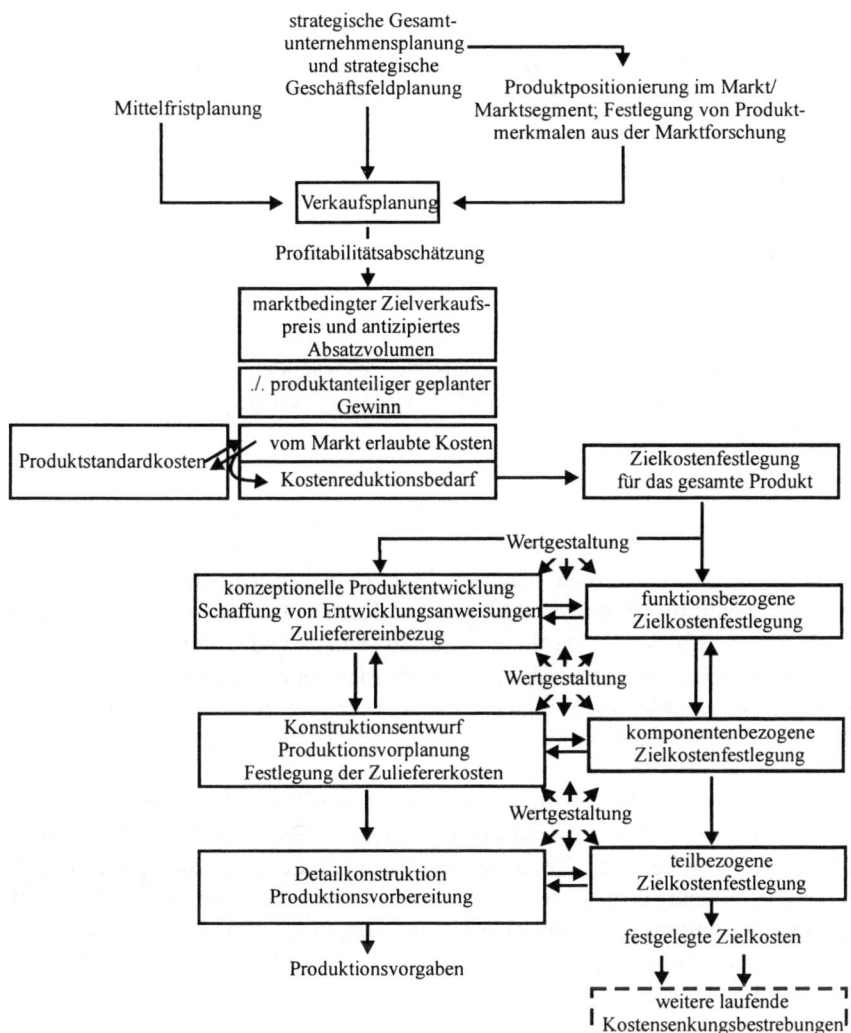

Abb. 151: Ablauf des Target Costing bei Produktplanung und -entwicklung
(Götze 1993, S.386)

Aufgabe 8:
Kosten-Controlling im Produktlebenszyklus

8.1 Aufgabenstellung

Die Kosten und Erträge während der Lebenszeit eines Produkts oder einer Produktgruppe fallen sehr unterschiedlich verteilt an. Eine starre periodische Ergebnisrechnung kann in diesem Fall zu falschen Erkenntnissen führen. Der Einsatz einer Lebenszykluskostenrechnung soll die Gefahr der Fehleinschätzung vermeiden.

Diskutieren Sie die Möglichkeit und Grenzen insbesondere des Kosten-Controlling im gesamten Produktlebenszyklus auf der Grundlage einer periodenübergreifenden Lebenszykluskostenrechnung!

8.2 Einleitung

Produktlebenszeiten werden zunehmend kürzer, dabei aber sogenannte Vor- und Nachlaufzeiten für Produktentwicklung und Kapazitätsaufbau sowie für Produktauslauf und -nachsorge absolut und relativ länger und kostenintensiver. Strategische - aber auch operative - Produktentscheidungen erfordern daher Planung und Kontrolle von Kosten und Erträgen während des gesamten Produktlebenszyklusses. Mit der Lebenszykluskostenrechnung soll versucht werden, dem Produkt für den gesamten integrierten Lebenszyklus periodenübergreifend die Kosten inklusive etwaiger Vor- und Nachlaufkosten zuzuordnen (Ewert/Wagenhofer 2003, S.326) und dieses mit dem Ziel einer verursachungsgerechten Produktkalkulation sowie der Möglichkeit strategischer Kostenentscheidungen im Lebenszyklusverlauf. Die Planung der Produktgesamtkosten im gesamten Lebenszyklus ist zudem notwendig, um in Gegenüberstellung der geplanten Produktgesamterträge den geplanten Produktgesamterfolg als Grundlage strategischer Entscheidungen über die Einführung neuer Produkte zu ermitteln.

8.3 Produktzyklen mit spezifischen Kosten und Erträgen

Der dem Marketing entnommene Marktzyklus für eine Produktart mit Einführungs-, Wachstums-, Reife-, Sättigungs- und Degenerationsphase (Zehbold 1996, S.26) wird gemäß Abbildung 152 erweitert um einen Produktionszyklus und einen Konsumentenzyklus, die sich teilweise überlappen (ähnlich z. B. Riezler 1996, S.48f). Teile des Produktionszyklus (nämlich Produktion und Vertrieb) sowie der gesamte Konsumentenzyklus beziehen sich daher auf jedes einzelne Stück einer Produktart:

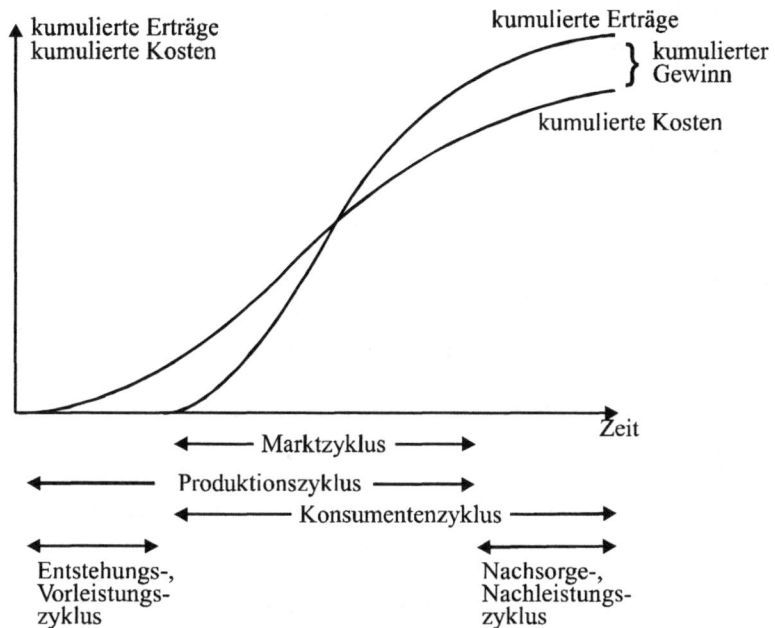

Abb. 152: Kumulierte Erträge und Kosten im integrierten Produktlebenszyklus
(Ewert/Wagenhofer 2003, S.329)

Die einzelnen Phasen werden teilweise unterschiedlich abgegrenzt (Ewert/Wagen-
hofer 2003, S.327; modifiziert bei Reichmann/Fröhling 1994, S.289): Der Produktionszyklus beinhaltet für die Produktart den vor dem Marktzyklus liegenden Ent-
stehungs- oder Vorleistungszyklus mit Ideengenerierung, Forschung und Entwicklung sowie Kapazitätsaufbau und für jedes einzelne Stück der Produktart dessen
Produktion und Vertrieb. Der sich auf jedes Stück der Produktart beziehende Konsumentenzyklus beginnt mit dem Kauf eines Produkts und erstreckt sich über dessen
gesamte Nutzungszeit, in der nachträglich Folgeleistungen aus Garantie und Gewährleistung, aber auch Wartungs- und Reparaturleistungen nachgefragt werden.
Der Nachsorge- und Nachleistungszyklus umfasst also für die Produktart den Kapazitätsabbau mit Entsorgung und für jedes einzelne Stück der Produktart die Garan-
tie-, Wartungs- und Reparaturleistungen.

Elemente in diesem Zyklenverlauf gelten teilweise für die Produktart, teilweise aber
auch in der Sequenz für jedes einzelne Stück dieser Produktart: Vorleistungszyklus
(Produktionszyklus vor Produktion), Marktzyklus (Einführungs- bis zur Degenerationsphase) und Nachsorge- oder Nachleistungszyklus (Kapazitätsabbau und Entsorgung) gelten für die Produktart; Produktionszyklus (mit Produktion und Vertrieb) und Konsumentenzyklus (mit produktstückbezogenen Folgeleistungen aus
Garantie oder für Reparaturen) gelten für jedes einzelne Stück einer Produktart.

Jede Phase in diesem gesamten Produktzyklus weist spezifische Erträge und Kosten
auf, wobei in der klassischen Kostenrechnung periodenspezifisch nur die laufenden

Erträge und Kosten der jeweiligen Abrechnungsperiode erfasst und verrechnet werden. Kosten und Erträge in den produktartbezogenen Phasen sind dabei meist ausschließlich Gemeinkosten und analog „Gemeinerträge", während die Kosten und Erträge der eines jeden Stücks einer Produktart zuzurechnenden Phasen zum großen Teil auch Einzelkosten oder „Einzelerträge" darstellen.

Unter Berücksichtigung der verschiedenen Phasen lassen sich generell Vorlauf-, begleitende und Folgekosten und -erträge unterscheiden (Back-Hock 1992, S.707; Reichmann/Fröhling 1994, S.288; Zehbold 1996, S.159ff): Zu den Vorlaufkosten der Produktart gehören beispielsweise Kosten für produktbezogene Forschung und Entwicklung incl. Markterkundung sowie Kosten für Kapazitätsbereitstellung. Folgekosten entstehen für jedes einzelne Stück einer Produktart durch Wartungs- und Reparaturleistungen, die teilweise noch als Garantie- und Gewährleistungen erbracht werden; zu den Folgekosten einer Produktart gehören die Kosten des Kapazitätsabbaus und der Entsorgung. Begleitende bzw. Betriebs- und Leistungsprozesskosten umfassen die laufenden Kosten des Leistungsprozesses bei Leistungserstellung und -verwertung. Diesen Kosten stehen teilweise Erträge gegenüber. Den begleitenden Kosten stehen begleitende Erträge aus Leistungserstellung und -verwertung gegenüber, wie dieses in der laufenden Betriebsergebnisrechnung (insbesondere nach dem Umsatzkostenverfahren) auch zum Ausdruck kommt. Aber auch den Vorlaufkosten stehen Vorlauferträge gegenüber, wenn beispielsweise die Forschungs- und Entwicklungstätigkeit subventioniert wird. Folgekosten führen zu Folgeerträgen, wenn beispielsweise Reparatur- und Wartungsleistungen vom Kunden eingekauft und bezahlt werden. Vorlauf- und Folgekosten, denen keine oder unzureichende Erträge unmittelbar gegenüberstehen, müssen über die Produktkalkulation verrechnet und über die begleitenden Erträge zumindest teilweise und anteilig gedeckt werden.

8.4 Lebenszykluskostenrechnung

Aufgabe und Inhalt einer Lebenszykluskostenrechnung ist die periodengerechte und verursachungsgerechte (sowie im Falle einer Vollkostenrechnung auch anteilige) Erfassung von Erträgen und Kosten sowie - auch periodenübergreifende - Verrechnung auf die Produkte. Vorlaufkosten im Entstehungszyklus (im Produktionszyklus vor dem Marktzyklus), überhöhte Kosten zu Beginn von Produktions- und Marktzyklus (vor Ausschöpfung von Kostendegression durch Größen- und Erfahrungskurveneffekte) sowie Nachlaufkosten im Nachsorgezyklus werden in klassischen Kostenrechnungssystemen nicht auf die verursachenden Produkte verrechnet; dabei werden diese Kosten dann in der Periode ihres Entstehens voll erfolgsmindernd wirksam (Ewert/Wagenhofer 2003, S.327f). Lediglich im Rahmen von Investitionsrechnungen werden zum Zeitpunkt der Investitionsentscheidung künftige Erträge und Kosten - möglichst bis zum Ende des Konsumentenzyklus - antizipiert und in das Kalkül der Investitionsrechnung einbezogen.

Vorlaufkosten sowie überhöhte Kosten einer beginnenden Produktions- und Markt-
phase sind zu „aktivieren", um sie den diese verursachenden Produkten in späteren
Perioden zuzurechnen; Nachlaufkosten sind zu antizipieren und zu „passivieren",
um auch sie schon den diese verursachenden Produkten in früheren Perioden zu-
rechnen zu können (Ewert/Wagenhofer 2003, S.328). Gleiches gilt analog für vor-
und nachgelagerte Erträge beispielsweise aus der Verschrottung von Anlagen oder
aus dem Verkauf von Nachsorgeleistungen.

In der laufenden Kostenrechnung müssen die periodenspezifischen Kosten (und
analog die entsprechenden Erträge) den jeweiligen Produkten im Sinne von Projekten kumulativ zugerechnet werden. Dazu bedarf es einer üblichen Kostenarten-,
Kostenstellen- und Kostenträgerrechnung. Produkteinzelkosten sind dabei problemlos verursachungsgerecht zuzuordnen, Produktgemeinkosten sind mit Hilfe der
üblichen Verteilungsmethoden (Zuschlagssätze, aber auch Prozesskostensätze in
der Prozesskostenrechnung) anteilig zu verrechnen. Über den gesamten integrierten
Lebenszyklus hinweg werden die Kosten - quasi auf einem „Speicherkonto" - pro-
duktspezifisch kumuliert; erfolgsrechnerisch über die Kalkulation und Betriebser-
gebnis-rechnung (meist nach dem Umsatzkostenverfahren) weiterverrechnete Kosten werden dann dagegen verrechnet. Als Saldo ergeben sich dann auf diesem
„Speicherkonto" die „aktivierten", noch nicht über die Kalkulation und Betriebsergebnisrechnung erfolgswirksam verrechneten Produktkosten; in gleicher Weise
sind künftige Kosten planerisch zu antizipieren, dem „Speicherkonto" hinzuzufügen und zu „passivieren". Am Ende des Lebenszyklus soll dieses „Speicherkonto"
keine Restwerte aufweisen; mögliche Restwerte stellen Unterdeckungen durch über
den gesamten Lebenszyklus zu wenig verrechnete Kosten dar, Überdeckungen sind
analog möglich.

Eine solche Lebenszykluskostenrechnung ist grundsätzlich als Sonderrechnung außerhalb einer integrierten Unternehmensrechnung (mit externer Rechnungslegung:
handelsrechtlicher Gewinn- und Verlustrechnung und Bilanz) durchzuführen, da
das hier angesprochene „Speicherkonto" handels-, aber auch steuerrechtlich nicht
zugelassen ist.

8.5 Kostenmanagement im Produktlebenszyklus

Zum Kostenmanagement im Produktlebenszyklus gehört zwar zum einen die peri-
odenspezifische Planung und Kontrolle von phasenspezifischen Kosten, zum anderen aber auch die Möglichkeit der „Verschiebung" von Kosten zwischen den einzelnen Phasen im Lebenszyklus (Wübbenhorst 1992, S.253ff; Ewert/Wagenhofer
2003, S.331ff). So lassen sich durch intensivere Produkt- oder Verfahrensentwick-
lung Vorlaufkosten bei vielleicht gleichzeitiger Reduzierung von laufenden Produktionskosten im Produktlebenszyklus erhöhen, wobei gegebenenfalls der Produktnutzen im Sinne einer besseren Positionierung im Markt noch erhöht werden kann.
Ähnliche Kostenverschiebungen sind vom Konsumentenzyklus in den Produktionszyklus möglich, wenn beispielsweise durch höhere Produktionskosten bei gleich-

zeitiger Erhöhung des Verkaufspreises die vom Abnehmer bei der Nutzung des Produktes gesondert zu tragenden Unterhaltungs- und Reparaturkosten usw. reduziert werden können. All diese Bemühungen erfolgen mit dem Ziel, die Gesamtkosten im integrierten Gesamtzyklus zu minimieren (Back-Hock 1988, S.7).

8.6 Kritische Würdigung

Mit der Lebenszykluskostenrechnung wird ein Instrument geschaffen, um periodenübergreifend die Kosten- und Ertragssituation eines Produktes insgesamt planerisch und nachträglich betrachten zu können. Damit liefert diese Lebenszykluskostenrechnung ein wesentliches Instrument zur Steuerung von Kosten und Erträgen im ganzheitlichen Produkt-Controlling. Wegen einer Vielzahl der über viele Perioden hinweg zu sammelnden Daten sind hier an die DV-Unterstützung mit Daten- und Methodenbanken besondere Anforderungen zu stellen (Back-Hock 1988; Back-Hock 1992). Dabei darf nicht übersehen werden, dass die periodenübergreifende Verrechnung von Kosten etliche Probleme mit sich bringt (Ewert/Wagenhofer 2003, S.330):

- Vor- und Nachlaufkosten sind meist Gemeinkosten.
- „Aktivierung" und „Passivierung" von Lebenszykluskosten sind handels- und steuerrechtlich nicht erlaubt, so dass eine separate Rechnungslegung erforderlich wird.
- Für die Verteilung der Vor- und Nachlaufkosten ist die Bezugsbasis schwer abschätzbar.
- Die Erfolgsquote der Vorlaufkosten ist schwer abschätzbar. Vorlaufkosten von nicht erfolgreichen Produkten sind über einen allgemeinen Zuschlagssatz anderen Produktarten anzulasten.

Dennoch hat die Lebenszykluskostenrechnung als Instrument des strategischen - aber auch des operativen - Produkt-Controlling inzwischen einen wichtigen Platz im Controlling eingenommen.

Aufgabe 9:
Kostenorientiertes Qualitäts-Controlling

9.1 Aufgabenstellung

Qualität als Erfüllung von Kundenanforderungen ist einerseits Ziel betrieblichen Handelns, andererseits selbst auch Kostenfaktor. Wie lässt sich die Steuerung der Qualität im Qualitätsmanagement durch Qualitäts-Controlling mit Abbildung der Qualitätskosten in einer entscheidungsorientierten Qualitätskostenrechnung unterstützen?

9.2 Einleitung

Die Qualität betrieblicher Leistungserstellung und -verwertung wird zunehmend zum strategisch wichtigen Erfolgsfaktor. Nach DIN/ISO 8402 wird Qualität von Leistungsprozessen und Produkten (Sachgüter, aber auch Dienstleistungen) dadurch bestimmt, wieweit diese die von den Kunden dieser Produkte festgelegten und vorausgesetzten Anforderungen erfüllen (Tomys 1995, S.16). Entscheidend für die Qualität von Produkten (und damit von für diese notwendigen Leistungsprozessen) ist somit die Übereinstimmung ihrer Beschaffenheit mit den Anforderungen der Abnehmer (Feigenbaum 1991, S.100f). Die Qualitätsanforderungen an die Produkte werden vom Kunden vorgegeben, der schließlich durch Kauf des Produkts die Erfüllung der von ihm gewünschten Eigenschaften bestätigt (Frehr 1994, S.2). Dabei wird es notwendig, diese Erfordernisse für ein Produkt permanent zu überwachen sowie in Prüfkriterien umzusetzen (Brökelmann 1995, S.21f).

9.3 Qualitätsmanagement und -Controlling

Inhalt eines Qualitätsmanagement (Pfeifer 2001) ist die Gestaltung und Steuerung aller betrieblichen Strukturen und Abläufe mit dem Ziel einer optimalen Qualitätserfüllung (DIN/ISO 8402; Tomys 1995, S.17). Qualitäts-Controlling ist der Teil des Controllingsystems (mit Planungs- und Kontroll- sowie Controlling-Informationssystem), der die Aktivitäten des Qualitätsmanagement in Planung, Entscheidung und Kontrolle unterstützt (Managementunterstützungsfunktion des Controlling) (Tomys 1995, S.89ff). Zu den Aufgaben des Qualitäts-Controlling gehört die Konzeption einer Qualitätskostenrechnung sowie die Versorgung des Qualitätsmanagement mit hier gewonnenen Informationen zur Steuerung Qualitäts-bestimmender Prozesse.

9.4 Qualitätskosten

Qualitäts-Controlling erfordert die Ermittlung, Aufbereitung und entscheidungsrelevante Darstellung aller Qualitäts-bestimmenden Kosten. Qualitätskosten entstehen vorwiegend durch die Qualitätsanforderungen wie Fehlerverhütung, Qualitätsprüfungen und festgestellte Fehler (Tomys 1995, S.41). *„Die Definition lässt irreführend auf einen Zusammenhang zwischen Qualität und Kosten schließen, da nicht Qualität etwas kostet, sondern die Nichterhaltung der Qualität in den Prozessen. Liefen alle Prozesse fehlerfrei ab, so wären die 'Qualitätskosten' nicht vorhanden. Qualität ist somit nicht ein Kostenproblem, sondern die Lösung eines Problems. Günstiger wäre es daher, diejenigen Kosten zu betrachten, die für Fehler oder Fehlleistungen aufgebracht werden müssen."* (Tomys 1995, S.41). Dementsprechend müsste statt von Qualitätskosten konsequenter Weise von Fehlleistungskosten gesprochen werden; dennoch soll an dem Begriff 'Qualitätskosten' festgehalten werden.

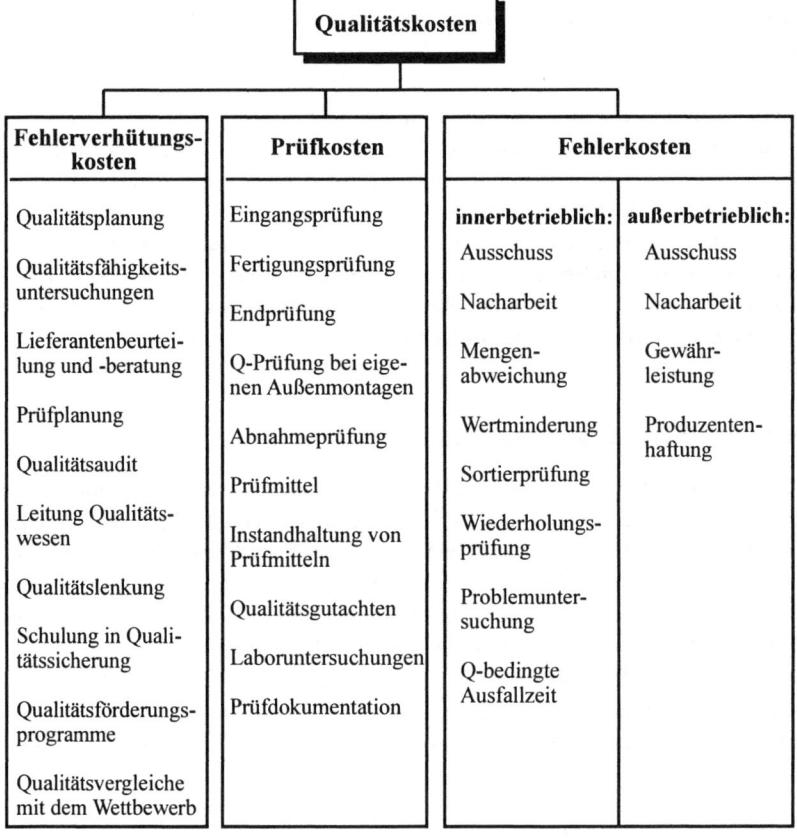

Abb. 153: Traditionelle Dreiteilung der Qualitätskosten (Wilken 1993, S.161)

Die klassische Dreiteilung von Qualitätskosten sieht eine Differenzierung nach Fehlerverhütungskosten, Prüfkosten und Fehlerkosten vor (Deutsche Gesellschaft für Qualität 1985). Fehlerverhütungskosten werden durch vorbeugende Maßnahmen zur Verhinderung der Entstehung von Fehlern verursacht; diese sind im Wesentlichen die Kosten der Qualitätssicherung. Prüfkosten entstehen durch Maßnahmen zur Identifizierung fehlerhafter Produkte - wie beispielsweise Kosten der Zwischen- und Endkontrollen. Schließlich treten Fehlerkosten auf, um aufgetretene Fehler zu beseitigen (Wilken 1993, S.159f). Die Zurechnung der verschiedenen Arten von konkreten Kosten zu diesen Kostenkategorien wird in Literatur und Praxis unterschiedlich gehandhabt. Die Deutsche Gesellschaft für Qualität hat sich mit der in der Abbildung 153 wiedergegebenen Systematisierung um eine Vereinheitlichung bemüht.

Diese Dreiteilung von Qualitätskosten wurde mit dem Ziel einer optimalen, d.h. Qualitätskosten-minimalen Qualitätssicherung vorgenommen (Tomys 1995, S.43), wobei mit zunehmender Qualitätssicherung Fehlerverhütungs- und Prüfkosten (wahrscheinlich progressiv) steigen, während Fehlerkosten (wohl degressiv) fallen. Das Optimum befindet sich in der Regel unterhalb einer maximalen Qualitätssicherung (Tomys 1995, S.36). Aufgabe des Qualitäts-Controlling wäre es, das Qualitätsmanagement bei der Findung einer solchen optimalen Qualitätssicherung zu unterstützen.

Inzwischen wird diese Dreiteilung jedoch verschiedentlich in Frage gestellt (u.a. Frei/Wetzel/Benz 1996, S.140): In diesen drei Kategorien werden Kosten zusammengefasst, die an sich nicht zusammengehören. So haben die Fehlerkosten wertvernichtenden Charakter, die Prüfkosten teilweise wertvernichtenden, aber auch werterhaltenden Charakter, die Fehlerverhütungskosten aber nur werterhaltenden Charakter.

Ein neuer Ansatz zum Qualitätskostenbegriff geht gemäß Abbildung 154 von einer Zweiteilung der Qualitätskosten in Kosten der Übereinstimmung (mit insgesamt werterhaltendem Charakter: Beitrag zum Unternehmenserfolg) und in Kosten der Abweichung (mit insgesamt wertvernichtendem Charakter: Verschwendungen von Ressourcen) aus (Tomys 1995, S.48ff; Wildemann 1995, S.38f).

Kosten der Übereinstimmung setzen sich aus den Fehlerverhütungskosten und dem werterhaltenden Teil der Prüfkosten zusammen und lassen sich interpretieren als die Kosten, die zur Sicherung der Qualität - verstanden als Erreichung der Kundenanforderungen - in Kauf genommen werden müssen; hierzu gehören u.a. Audits, Qualitätsplanung, Prozessüberwachung und Prüfplanung. Kosten der Abweichung mit dem wertvernichtenden Teil der Prüfkosten und den Fehlerkosten sind neben der Leistungserstellung zusätzlich notwendige Kosten, um von den Kundenanforderungen abweichende Ergebnisse auszugleichen. Der hierfür zugrundeliegende zusätzliche Faktorverbrauch entsteht vor (für interne Abweichungskosten) oder nach (für externe Abweichungskosten) der Leistungsübergabe an den Kunden.

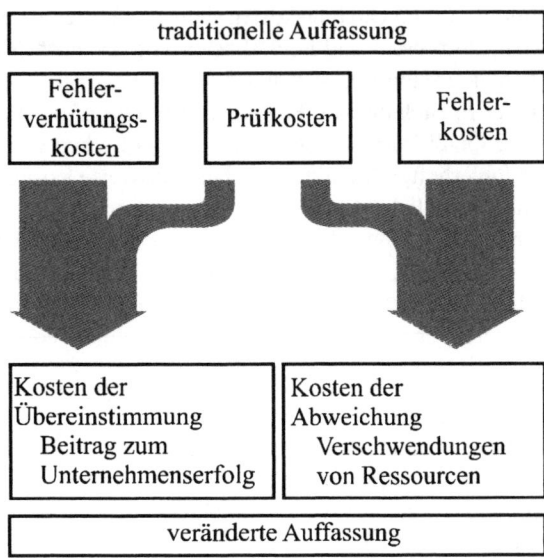

Abb. 154: Neuer Ansatz zur Klassifizierung der Qualitätskosten (Wildemann 1995, S.39)

Abweichungskosten sind stärker zu differenzieren (Wildemann 1995, S.42ff): Interne Abweichungen bei innerbetrieblich festgestellten Fehlleistungen entstehen beispielsweise durch Ausschuss, Nacharbeit, Sortier- und Wiederholungsprüfungen sowie durch Nacharbeit und Preisabschläge. Externe Abweichungskosten entstehen durch Gewähr- und Kulanzleistungen (bei Wandlung des Kaufes, Minderung des Kaufpreises oder bei Nachbesserungen mit jeweils unterschiedlichen Belastungen), aber auch als Opportunitätskosten durch zukünftig entgehende Umsätze mit entgehenden Deckungsbeiträgen infolge abwandernder Kunden. Die Ermittlung entgangener Deckungsbeiträge aus Kundenverlusten infolge von Qualitätsproblemen als wesentlichsten Anteil der externen Abweichungskosten stellt ein besonderes Problem dar und erfordert Prognosen und Analysen des Käuferverhaltens (Wildemann 1995, S.77ff).

9.5 Qualitätskostenrechnung

Qualitäts-Controlling erfordert eine transparente und möglichst verursachungsgerechte Erfassung, Verrechnung und Darstellung der Qualitätskosten in der laufenden Kosten- und Leistungsrechnung - meist in den klassischen Phasen der Kostenarten-, -stellen- und -trägerrechnung (Kalkulation) - und dieses jeweils als Ist- oder Plankostenrechnung sowie als Voll- oder Teilkostenrechnung. In den traditionellen Kostenrechnungssystemen gehen Qualitätskosten meist unter: Selten lassen sich Qualitätskosten im Rahmen der Kostenartenrechnung segmentieren, teilweise sind für die Erfassung von Qualitätskosten in der traditionellen Dreiteilung spezifische Kostenstellen eingerichtet: Fehlerverhütungskosten und Prüfkosten in Kostenstellen wie Fertigungsprüfung, Labor, Schulung etc., Fehlerkosten (als interne Fehlerkosten) allerdings meist als Ausschuss und Nacharbeit untergegangen in Fertigungskostenstellen oder (als externe Fehlerkosten) als Garantieleistungen oder Haftungskosten im Vertrieb (Hahner 1981; Steinbach 1985). Die meist als Gemeinkosten erfassten Qualitätskosten werden in den klassischen Systemen über Zuschlagssätze (Zuschlagskalkulation) den Produkten zugeschlagen.

Ziel einer entscheidungsorientierten Qualitätskostenrechnug muss es sein, Qualitätskosten in der neueren Systematik zwar wegen einer personellen funktionalen Verantwortung über möglichst spezifische Kostenstellen zu verrechnen, dabei aber möglichst als Produkteinzelkosten zu erfassen und den Produkten zuzuordnen. Das System der relativen Einzelkostenrechnung mag in Verbindung mit der Prozesskostenrechnung ein Ansatz zur Verwirklichung einer entscheidungsorientierten verursachungsgerechten Qualitätskostenrechnung als Vollkostenrechnung sein (Wilken 1993, S.191ff; Wildemann 1995, S.64ff).

9.6 Qualitätskostenkennzahlensystem

Qualitätskosten-Controlling ist nicht denkbar ohne ein spezifisches Kennzahlensystem. In logischer Konsequenz zu der neueren Systematik der Qualitätskosten mit dem Ziel, diese insgesamt zu minimieren, ist gemäß Abbildung 155 ein als „Baum" konzipiertes Kennzahlensystem entwickelt worden. Da Kennzahlen grundsätzlich bezugsgrößenbezogen zu formulieren sind, bieten sich hier Umsatz - oder auch Deckungsbeitrag - als Bezugsgröße an.

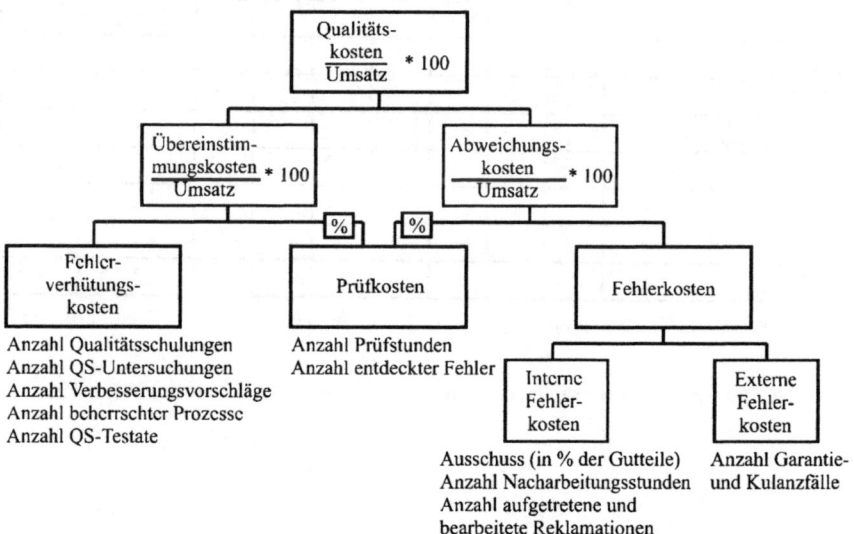

Abb. 155: Kennzahlensystem zu Qualitätskosten (ähnlich Wildemann 1995, S.56ff)

In der Unternehmenspraxis sind unterschiedliche Systeme mit leistungs-, kosten- und fähigkeitsorientierten Kennzahlen gemäß Abbildung 156 vorhanden.

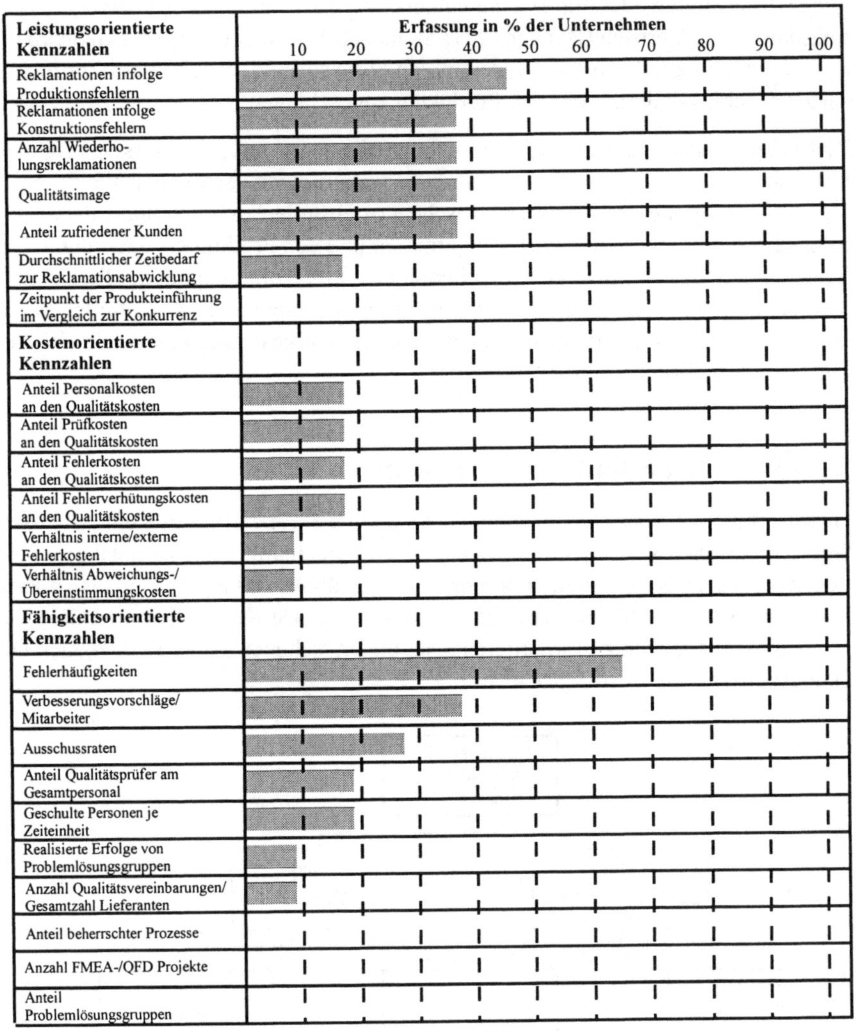

Leistungsorientierte Kennzahlen	Erfassung in % der Unternehmen
	10 20 30 40 50 60 70 80 90 100
Reklamationen infolge Produktionsfehlern	
Reklamationen infolge Konstruktionsfehlern	
Anzahl Wiederholungsreklamationen	
Qualitätsimage	
Anteil zufriedener Kunden	
Durchschnittlicher Zeitbedarf zur Reklamationsabwicklung	
Zeitpunkt der Produkteinführung im Vergleich zur Konkurrenz	
Kostenorientierte Kennzahlen	
Anteil Personalkosten an den Qualitätskosten	
Anteil Prüfkosten an den Qualitätskosten	
Anteil Fehlerkosten an den Qualitätskosten	
Anteil Fehlerverhütungskosten an den Qualitätskosten	
Verhältnis interne/externe Fehlerkosten	
Verhältnis Abweichungs-/Übereinstimmungskosten	
Fähigkeitsorientierte Kennzahlen	
Fehlerhäufigkeiten	
Verbesserungsvorschläge/Mitarbeiter	
Ausschussraten	
Anteil Qualitätsprüfer am Gesamtpersonal	
Geschulte Personen je Zeiteinheit	
Realisierte Erfolge von Problemlösungsgruppen	
Anzahl Qualitätsvereinbarungen/Gesamtzahl Lieferanten	
Anteil beherrschter Prozesse	
Anzahl FMEA-/QFD Projekte	
Anteil Problemlösungsgruppen	

FMEA = Failure Model and Effects Analysis

Abb. 156: Qualitätskennzahlen der Unternehmenspraxis (Wildemann 1995, S.122)

Aufgabe 10:
Beteiligungs-Controlling

10.1 Aufgabenstellung

Erläutern Sie den Begriff des Beteiligungs-Controlling und grenzen Sie ihn gegenüber dem Konzern-Controlling ab. Begründen Sie die Notwendigkeit eines Beteiligungs-Controlling und zeigen Sie besondere Spezifika auf. Beschreiben Sie anschließend Inhalte und Aufgaben des Beteiligungs-Controlling. Unterscheiden Sie dabei in investitionsorientierte Aufgaben und Aufgaben zur Steuerung vorhandener Beteiligungen!

10.2 Einleitung

Seit Ende der 1980er Jahre ist eine verstärkte Zusammenarbeit rechtlich selbständiger Unternehmen zu beobachten. Die Gründe dafür sind unterschiedlich. Durch die Globalisierung der Märkte sehen sich zahlreiche Unternehmen gezwungen neue Märkte, z. B. durch Direktinvestitionen im Ausland, zu erschließen. Zudem kann eine anvisierte Expansion neben internem Wachstum, durch externes Wachstum mit Hilfe von Unternehmenszukäufen um ein Vielfaches schneller realisiert werden. Des Weiteren ist ein Trend zur Diversifikation zu beobachten, mit dem das eigene Know-how auch auf benachbarte, vom eigenen Unternehmen bislang nicht bediente Märkte, übertragen werden kann. Eine Übersicht über die verschiedenen Möglichkeiten des Unternehmenswachstums verdeutlicht Abbildung 157. Nicht zuletzt hat die rechtliche Verselbständigung von Geschäftsbereichen im Sinne von Outsourcing dazu geführt, dass die Mehrheit der Großunternehmen über Beteiligungen verfügt.

	Expansion in angestammten Märkten bzw. mit angestammten Produkten	Diversifikation auf neuen Märkten bzw. mit neuen Produkten
Internes Wachstum	• Marktdurchdringung	• Marktentwicklung • Produktentwicklung • Produktdifferenzierung • Produktvariation
Externes Wachstum	• Franchising • Joint Ventures • strategische Allianzen • **(klassische) Beteiligung**	• Lizenzen • Joint Ventures • strategische Allianzen • **(klassische) Beteiligung**

Abb. 157: Alternativen des Unternehmenswachstums (Borchers 2000, S.52)

10.3 Holding-Typen

Die Hauptaufgabe einer Holding ist eine dauerhafte Beteiligung an rechtlich selbständigen Unternehmen, wobei der Umfang der Einflussnahme stark variieren kann (Schulte 1992, S.30). Je nach Funktion der Holding lassen sich der Stammhauskonzern (im Sinne einer operativen Holding), die Management-Holding und die Finanz-Holding unterscheiden. In einem Stammhauskonzern greift die Holding-Gesellschaft auch in das operative Geschäft ein. Häufig werden dabei Funktionen wie Einkauf, F&E, Produktion etc. zentral übernommen. Die gegenteilige Organisationsform ist die Finanz-Holding, bei der sich die Einflussnahme auf die Planung, Steuerung und Kontrolle der Finanzströme beschränkt.

Zwischen diesen beiden Extremen liegt die Management-Holding, die ähnlich wie die klassische Geschäftsbereichsorganisation aus einer Holding-Leitung, Geschäftsbereichen und wenigen Zentralbereichen besteht (Bühner 1992, S.33). Der Holding-Obergesellschaft unterstehen entweder die operativ tätigen Unternehmen oder - im Fall eines mehrstufigen Konzerns - Tochtergesellschaften, die als Zwischenholdings fungieren und ihrerseits wiederum an Tochtergesellschaften beteiligt sind. Der Management-Holding wird am ehesten der schmale Grad zwischen synergiefördernder Zentralisierung (Kostenreduktion durch Reduktion von Doppelarbeit und Betriebsgrößeneffekt) und innovationsfördernder Dezentralisierung (kurze Entscheidungswege, hohe Motivation der Führungskräfte) zugesprochen (Vogel 1998, S. 100; Borchers 2000, S. 37ff).

Zur Ausgestaltung einer wirksamen Holdingorganisation gehört der Aufbau einer organisatorischen Einheit für zentrale Aufgaben des Controlling, das sogenannte Corporate-Center (Vogel 1998, S. 97ff). Das Rollenverständnis des Corporate-Center bildet den Rahmen für die Entscheidungsunterstützungsaufgaben des Beteiligungs-Controlling und kann, je nach Art und Umfang, den Grad der Einflussnahme auf die Führung einer Beteiligungsgesellschaft bestimmen. Die unterschiedliche Rolle des Corporate-Center in Bezug auf die Art der Einflussnahme auf die Beteiligungen wird in Abbildung 158 dargestellt.

Rolle des Corporate-Center / Art der Einflussnahme	Finanz-Holding	Mangagement-Holding	Integrierter Konzern
Gestaltung des Beteiligungsportfolios	x	x	x
Finanzwirtschaftliche Ziele	x	x	x
Ressourcenverteilung	x	x	x
Geschäftsauftrag, Schwerpunktsetzung		x	x
Strategieformulierung		(x)	x
Operative Maßnahmen			x

Abb. 158: Rolle des Corporate-Center bei unterschiedlichen Holdingkonstruktionen
(in Anlehnung an Ringlstetter/Obring 1992, S.1306)

10.4 Gegenstand des Beteiligungs-Controlling

Beteiligungs-Controlling ist ein funktionsübergreifendes, integriertes Teilsystem des koordinationsorientierten Controlling mit konsequenter Ausrichtung der Führungsebenen auf die entscheidungsrelevanten Parameter zur Planung und Kontrolle sämtlicher Beteiligungen unter Berücksichtigung alternativer Kooperationsformen (Borchers 2000, S. 51).

Konzern-Controlling beinhaltet alle Controllingfunktionen und -aufgaben, die in einem Konzern (Theisen 1991) zentral angesiedelt sind. Hingegen sind die Controllingfunktionen und -aufgaben der dezentralen Einheiten, also der Beteiligungen, nicht dem Konzern-Controlling zugehörig (Borchers 2000, S. 54). Insofern handelt es sich bei dem Konzern-Controlling um einen Spezialfall des Beteiligungs-Controlling. Alternativ kann das Beteiligungs-Controlling als Vorstufe eines Konzern-Controlling betrachtet werden. Während das Beteiligungs-Controlling unabhängig von der Existenz eines Konzernes ist, setzt das Konzern-Controlling die einheitliche Leitung der Beteiligungen voraus (Botta 1994, S. 30). Zur Sicherstellung einer konzernweiten Vereinbarkeit der Ziele der Einzelgesellschaften mit den Zielen des Gesamtkonzerns resultieren somit höhere Anforderungen im Vergleich zu einem reinen Beteiligungs-Controlling ohne Konzern.

Anders als bei Fragen der Konzernrechnungslegung ist die handelsrechtliche Definition (§271 HGB) einer Beteiligung für das Beteiligungs-Controlling zu eng gefasst. Für die Führung und Steuerung ist es ohne Belang, ob das aktive Engagement auf einem Kapitalanteil, auf Verträgen oder auf anderen Formen der Einflussmöglichkeit basiert. Wichtig sind jedoch insbesondere zwei Herausforderungen, die sich aus der Heterogenität der Einzelgesellschaften ergeben (Weber 1997, S.72). Einerseits ist die Frage nach der Integration versus Eigenständigkeit für Beteiligungen von herausgehobener Bedeutung. Andererseits muss sich das Beteiligungs-Controlling detailliert mit der Gestaltung des Integrations- und Desintegrationsprozesses von Beteiligungen auseinandersetzen.

Darüber hinaus müssen die Spezifika der rechtlichen Selbständigkeit der Objekte des Beteiligungs-Controlling berücksichtigt werden. Die gesetzlichen Regelungen zum Nachteilsausgleich (§ 311 AktG) und die Eigenverantwortlichkeit der Unternehmensleitung der Beteiligung (§ 76 AktG) beschränken z. B. die Steuerungsmöglichkeiten gegenüber einem Einheitsunternehmen (Borchers 2000, S.3ff). In Abbildung 159 werden die juristischen und betriebswirtschaftlichen Spezifika eines Controlling von rechtlich selbständigen Einheiten aufgeführt.

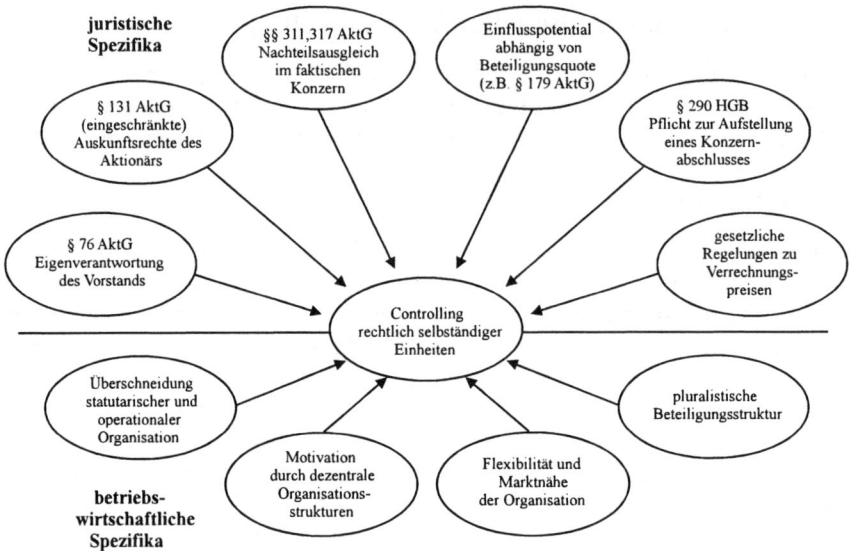

Abb. 159: Spezifika des Controlling rechtlich selbständiger Einheiten (Borchers 2000, S.5)

Aus diesen Herausforderungen lassen sich folgende Teilaufgaben für das Beteiligungs-Controlling ableiten (Schulte 1994, S.5):

- Beurteilung geplanter Beteiligungserwerbe
- Integration der verschiedenen Führungssysteme
- Ziel- und Strategieabstimmung zwischen dem Gesamtkonzern und den Beteiligungen
- Überwachung der Zielerfüllung bei den Beteiligungen
- Sicherstellung eines konzerneinheitlichen Entscheidungsverhaltens
- inhaltliche Vorbereitung von Gremiensitzungen
- Ermittlung des Wertbeitrags vorhandener Beteiligungen

In der Praxis lässt sich zudem ein deutlicher Trend zur Beratungsfunktion des Beteiligungs-Controlling beobachten (Borchers/Trebes 1999, S.24).

Um den unterschiedlichen Charakteristika der Aufgabenstellungen des Beteiligungs-Controlling gerecht zu werden, wird im Folgenden eine Unterscheidung in ein einzelfallbezogenes, ein investitionsorientiertes und ein periodenbezogenes, auf die Steuerung von Beteiligungen ausgerichtetes Beteiligungs-Controlling vorgenommen.

10.5 Investitions-orientiertes Beteiligungs-Controlling

Bei der Hilfestellung, die das Beteiligungs-Controlling für eine Obergesellschaft bei der Vorbereitung von Akquisitions- bzw. Desinvestitionsentscheidungen von Beteiligungen liefert - von einigen Autoren auch als Akquisitions-Controlling bezeichnet

(Baetge 1997, S. 448ff) - stehen finanzielle und strategische Gesamtüberlegungen im Vordergrund. Dabei ist der Erwerb einer Beteiligung als eine Investitionsentscheidung anzusehen, die einem Unternehmen über den Beteiligungserwerb finanzielle Mittel langfristig zur Verfügung stellt. Diese Handlung basiert auf der Annahme, dass dadurch eine höhere Rendite als über eine alternative Anlage am Kapitalmarkt zu erzielen ist.

Die Beteiligungsunternehmen durchlaufen genauso wie Unternehmen und Produkte gemäß Abbildung 160 verschiedene Entwicklungsphasen: Entstehungs- bzw. Akquisitionsphase, Beteiligungs- sowie Desinvestitionsphase (Dieckhaus 1993, S.147ff). Aufgabe des Beteiligungs-Controlling in diesen einzelnen Phasen ist es nun, die Einzelgesellschaften dahingehend zu steuern, dass der Kapitalwert langfristig gesteigert wird. Gezielte Akquisitionen und eine sinnvolle Ausgestaltung des Unternehmensportfolios sollen maßgeblich dazu beitragen, dass der Wert des Gesamtunternehmens höher ist als die Summe seiner Teile (Schulte 1994, S.5).

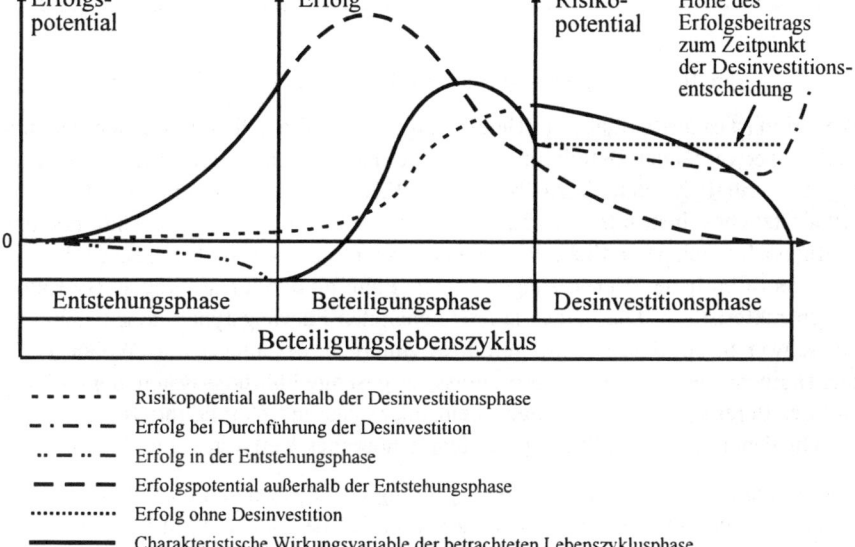

Abb. 160: Beteiligungslebenszyklus (Dieckhaus 1993, S.148)

In der Akquisitionsphase ist es Aufgabe des Beteiligungs-Controlling, die Bewertung des potentiellen Übernahmeobjekts durch Analysen der Markt- und Wettbewerbssituation sowie der Ist-Situation des zu erwerbenden Unternehmens vorzunehmen. Durch die Wahl eines geeigneten Instrumentariums (z. B. Ertragswertmethode, Discounted-Cash-Flow-Methode oder die Börsenbewertung für den Fall des Aktienverkaufs) muss das Beteiligungs-Controlling sicherstellen, dass die zugrundeliegenden Wertannahmen richtig sind. Nur wenn der Kaufpreis unter dem errechneten Wert liegt, ist die Akquisition als wirtschaftlich sinnvoll zu betrachten (vgl. Abbildung 161).

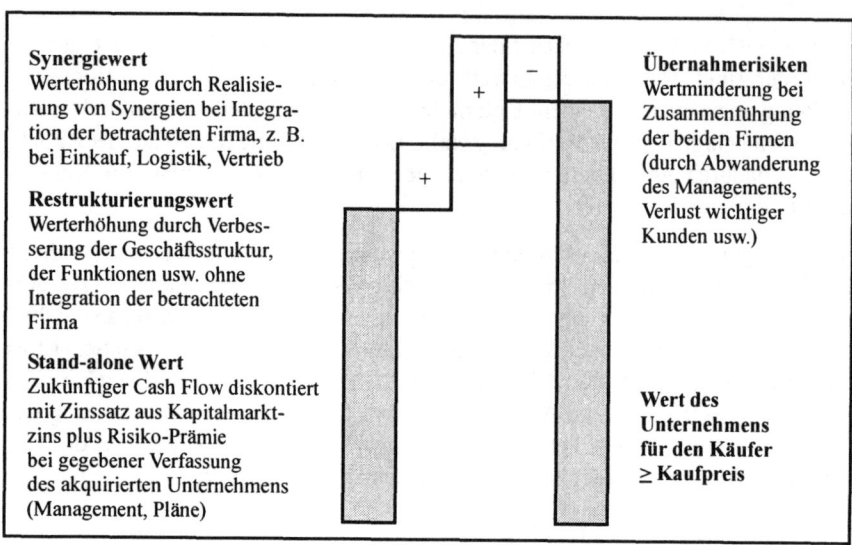

Abb. 161: Strategische Unternehmensbewertung (Urban 1990, S.32)

Weiterhin ist es die Aufgabe des Beteiligungs-Controlling, die Führungsphilosophi-en der zu erwerbenden Beteiligung mit der des Konzerns auf Verträglichkeit und In-tegrationsmöglichkeiten hin zu überprüfen. Während in Großunternehmen Pläne als grundsätzliches Instrument vorherrschen, werden mittelständische Unternehmen häufig noch durch persönliche Weisungen des Unternehmensleiters geführt. Im Be-reich der öffentlichen Verwaltungen ist eine Führung durch feste Regeln (Bürokra-tie) charakteristisch. Die beiden zuletzt genannten Führungstypen lassen sich aber nur schwer in ein durch Pläne geführtes Unternehmen integrieren (Weber 1997, S.75f). Ebenso wie der Führungsstil muss das gesamte Führungssystem der Holding und der Beteiligungsunternehmen zueinander „passen". Abbildung 162 zeigt die verschiedenen, zu einem Führungssystem gehörenden Teilsysteme im Überblick.

Vom Ergebnis dieser „Verträglichkeitsprüfungen" ist es letztendlich abhängig, mit wieviel Kosten eine Vereinheitlichung verbunden ist. Dabei ist zu beachten, dass mit den Kosten auch das Risiko für ein Misslingen der Integration steigt.

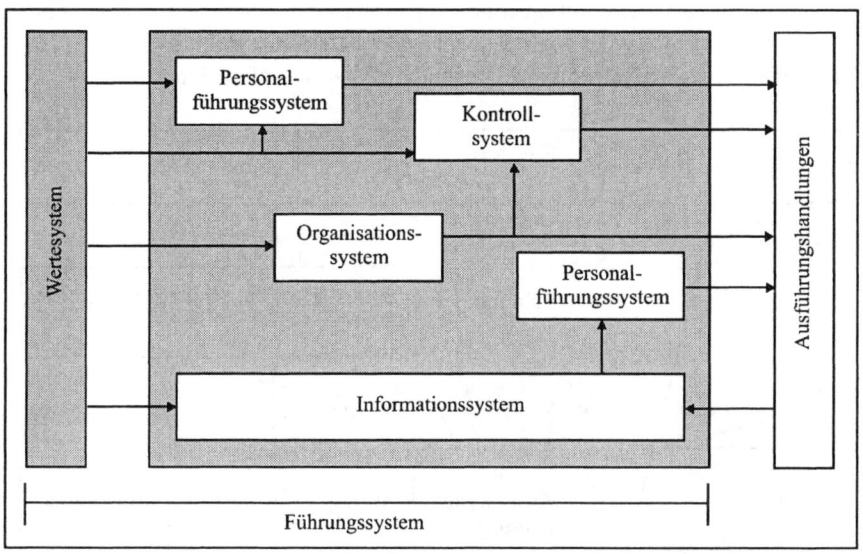

Abb. 162: Funktionale Struktur der Unternehmensführung (Weber 1997, S.77)

10.6 Aufgaben bei der Steuerung von Beteiligungen

Die Aufgaben des Beteiligungs-Controlling, die nach einem vollzogenen Beteiligungserwerb anfallen, also das Controlling von bereits vorhandenen und integrierten Beteiligungen, besitzt eine strategische und eine operative Komponente.

Schwerpunkt des strategischen Controlling ist die intensive Abstimmung der Unternehmensstrategien zwischen Mutter- und Tochtergesellschaften. Für die Konzernmutter steht dabei die Frage nach einem optimalen Geschäftsportfolio im Vordergrund, d. h. es muss ein Vergleich von Soll- und Ist-Portfolio der Beteiligungen stattfinden. Im Rahmen der Integration sind die neu erworbenen Unternehmen in die konzerneigene Geschäftsfeldplanung einzubeziehen. Ein strategisches Geschäftsfeld ist in diesem Zusammenhang als eine Produkt-/Markt-Kombination definiert, die gegenüber anderen Geschäftsfeldern unabhängig ist. Weicht die Struktur der Geschäftsfelder von der rechtlichen Struktur ab, liegt eine duale Organisation vor. Hieraus ergibt sich ein besonderer Koordinationsaufwand für das Beteiligungs-Controlling (Borchers 1999, S.283).

Beim operativen Beteiligungs-Controlling liegt der Schwerpunkt u. a. in der Integration der Beteiligung in den periodischen Planungs- und Kontrollprozess des Gesamtkonzerns (Abbildung 163). Im Rahmen der Abstimmung eines gemeinsamen Planungssystems sind u. a. Fragen nach den Planungsinstrumenten, dem Planungsumfang und -horizont sowie dem Detaillierungsgrad zu klären (Weber 1997, S.77f). Die Vereinheitlichung des betrieblichen Rechnungswesens bezieht sich im Wesentlichen auf das Informationssystem. Nur die Verwendung dieses abgestimmten Re-

gelwerkes mit einheitlichen Begriffen in allen Systemen über alle Beteiligungen im
In- und Ausland hinweg ermöglichen eine rasche Betriebsergebnisermittlung sowie
Vergleichs- und Analysemöglichkeiten nach Ablauf des aktuellen Monats.

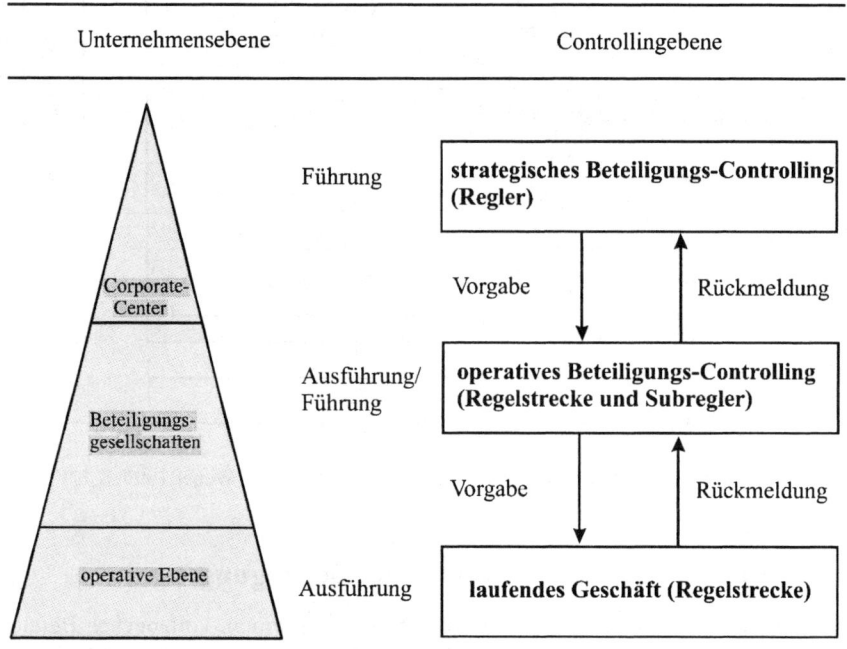

Abb. 163: Integration der Regelkreise im Beteiligungs-Controlling (Vogel 1998, S.97)

Dieses Regelwerk sollte einerseits den Anforderungen der Obergesellschaft (Zentrale) entsprechen und andererseits so flexibel gestaltet sein, dass es von den oftmals
sehr heterogenen Beteiligungen akzeptiert und eingesetzt werden kann (Schulte
1994, S. 20f). Die Standardisierung der unterschiedlichen Organisationssysteme
hängt stark von dem Konzerntyp ab. Während in einem Stammhauskonzern die
Strukturen in der Regel recht homogen sind, ist eine Harmonisierung der Organisationsstrukturen bei Management- oder Finanz-Holdings eher selten anzutreffen.
Ähnlich verhält es sich bei Personalführungssystemen.

Das Beteiligungs-Controlling hat weiterhin die Entwicklung einer gesamtsystembe-
zogenen Bilanzrechnung zu unterstützen (Kleinschnittger 1993, S.68). Neue Impulse dafür kommen aus dem Bereich der internationalen Rechnungslegung (IAS, US-
GAAP). Weitere Aspekte sind die Koordination der Finanzrechnung sowie vor allem die Etablierung einer Konzernkostenrechnung (Wullenkord 1995). Darüber hinaus besteht die Aufgabe, eine Systemüberprüfung hinsichtlich Effektivität und ggf.
notwendiger Anpassungen aufgrund von Veränderungen in der Umwelt durchzuführen. Im Falle eines Stammhauskonzerns sind in der Regel keine Unterschiede
zum „normalen" Aufgabenspektrum eines Controllers zu beobachten; für eine Ma-
nagement- und eine Finanz-Holding beschränken sich die Aufgaben jeweils auf die

Bereitstellung von beteiligungsbezogenen Informationen für die Holdingleitung (Weber 1997, S.87). Insbesondere in schlanken Holdingstrukturen stellt die Holdingleitung den Hauptträger des Beteiligungs-Controlling auf zentraler Ebene dar. Als weitere Abteilungen auf Holding-Ebene, die mit Beteiligungs-Controlling betraut werden können, sind z.b. die Abteilungen „Unternehmensentwicklung", „Akquisitionen" oder „Konzernplanung" zu nennen. In größeren Konzernen empfiehlt sich darüber hinaus die Institutionalisierung einer Abteilung „Beteiligungs-Controlling", die vorzugsweise als Stabsabteilung einzuordnen ist (Borchers 1999, S. 284f). Obwohl davon ausgegangen werden kann, dass mit der zunehmenden Globalisierung der Märkte die Bedeutung des Beteiligungs-Controlling sogar noch wächst, ist darauf zu achten, dass ein institutionalisiertes Beteiligungs-Controlling nicht zu einem „Wasserkopf" in der Konzernzentrale verkommt, das dem eigentlichen Bedarf nicht angemessen erscheint (Volk 1994, S. 156).

Auf der Grundlage der Beziehungen zwischen der Obergesellschaft und ihren Beteiligungen kann, je nach Intensität und Ausgestaltung des Beteiligungs-Controlling, in die drei Typen Financial Control, Strategic Control und Operational Control unterschieden werden (Gigouline 2001, S.12ff). Ein Vergleich der drei Typen wird anhand wesentlicher Erscheinungsmerkmale in Abbildung 164 dargestellt.

Merkmale der Controlling-Organisation	Controlling-Typ		
	"Financial Control"	"Strategic Control"	"Operational Control"
Art der Beteiligung	Kapitalbeteiligung	Kapital- und Kooperationsbeteiligung	Kooperationsbeteiligung
Rolle der Zentrale	Finanzier/Revisor	Moderator/Katalysator	Architekt/Navigator
Führungsstil	"Fordern"	"Koordinieren/Unterstützen"	"Gestalten/Lenken"
Intensität des Controlling	Mindest-Controlling	Mindest-Controlling oder turnusmäßiges Controlling	Turnusmäßiges Controlling oder Intensiv-Controlling
Aufgabenverteilung (zentral / dezentral)	Strategie · Operation (dezentral)	Strategie (zentral) · Operation (dezentral)	Strategie · Operation (zentral)
Schnittstelle zur Beteiligungsgesellschaft	Finanzmanagement	Strategisches Management	Operatives Management
Controlling-Mechanismen — vertikal	Vorgabe finanzwirtschaftlicher Kennzahlen · Finanzwirtschaftliche Ergebniskontrolle	Vorgabe von strategischen Richtlinien, strategischen Meilensteinen und operativen Kennzahlen · Ergebnis- und Verhaltenskontrolle	Detaillierte Budgetvorhaben · Budget-Ist-Vergleich
Controlling-Mechanismen — horizontal	Nicht erforderlich (Markt)	Dezentrale Aushandlung der Verrechnungspreise	Zentrale Vorgabe der Verrechnungspreise
Controlling-Mechanismen — unterstützend	Nicht erforderlich	Strategischer Planrahmen, übergreifende Projekte, Rahmenkonzept	Operativer Planrahmen, zentrale Projekte, Leitbild

Abb. 164: Typen des Beteiligungs-Controlling (Gigouline 2001, S.14)

Aufgabe 11:
Balanced Scorecard

11.1 Aufgabenstellung

Beschreiben Sie das Konzept der Balanced Scorecard als Instrument des strategischen Controlling. Motivieren Sie die Balanced Scorecard und grenzen Sie sie von klassischen Kennzahlensystemen ab. Erläutern Sie anschließend Inhalte, Merkmale und Anwendungsfelder der Balanced Scorecard. Gehen Sie dabei exemplarisch auf die Betrachtungsfelder ein, und zeigen Sie die Phasen einer typischen Implementierung!

11.2 Einleitung

Das Top-Management vieler Unternehmen wird durch zunehmend komplexen und dynamischen Wettbewerb herausgefordert. Die „Halbwertzeit" von Strategien ist geringer geworden, eine schnelle, wirkungsvolle Strategieumsetzung ist somit entscheidend. Die klassischen, oft auf Finanzkennzahlen basierenden Kennzahlensysteme des operativen Controlling reichen für diese Aufgabe nicht aus. Die Ableitung der operativen Planung aus strategischen Überlegungen ist oftmals wenig transparent, zumal in größeren Unternehmen häufig eine organisatorische Trennung in Strategie- und Controllingstäbe zu beobachten ist. Verändert sich die Strategie, so hat dieses in der Regel keine Auswirkungen auf die klassische Berichterstattung, die sich weiterhin mit Kennzahlen wie Erlöse, Kosten und Deckungsbeiträge beschäftigt. Für das Managen des Prozesses der Strategieumsetzung sind also Indikatoren heranzuziehen, um Transparenz in die Abhängigkeiten zwischen Unternehmenszielen und strategischen Handlungen im Rahmen einer vorgegebenen Strategie zu bekommen. Erste Ansätze, Zusammenhänge zwischen Indikatoren und betriebswirtschaftlichen Kennzahlen nach dem Ursache-Wirkungs-Prinzip darzustellen, werden seit Anfang der 1980er Jahre mit Hilfe sogenannter Feedback-Diagramme beschrieben, wie beispielsweise beim Konzept der Kausalen Netze als Instrument der strategischen Früherkennung (Gomez/Probst 1997, S.13ff).

Die Balanced Scorecard, also ein „ausbalanciertes Kennzahlensystem", ist Anfang der 1990er Jahre in den USA unter Federführung von Robert S. Kaplan und David N. Norton entwickelt worden (Kaplan/Norton 1992). Ziel ist die Operationalisierung der Unternehmensstrategie und deren Umsetzung, die durch regelmässiges Messen ausgewählter Indikatoren erreicht wird. Sie enthält die finanziellen Kennzahlen vergangener Leistungen und führt gleichzeitig zukünftige Leistungstreiber ein.

11.3 Aufbau

Charakteristisch für die Balanced Scorecard ist der ganzheitlich langfristig angelegte Ansatz im Sinne eines Führungssystems. Ein besonderes Merkmal der Balanced Scorecard ist die Ausgewogenheit, die in dreierlei Hinsicht zum Tragen kommt (Friedag/Schmidt 2001, S. 21):

*   in der Darstellung des Unternehmens und der Strategieumsetzung anhand weniger ausgesuchter Kennzahlen: Kaplan und Norton konnten feststellen, dass bei einer ausgewogenen Auswahl von Messgrössen die Konzentration auf wenige Messgrössen ausreicht, um eine gute Gesamtdarstellung zu erhalten (Kaplan/ Norton 1992, S.71ff);
*   in der Einbeziehung aller wesentlichen Organisationseinheiten und
*   in der Kommunikation mit allen Mitarbeitern.

Im Folgenden wird der Aufbau der Balanced Scorecard durch die Auswahl von Betrachtungsfeldern, deren Verknüpfung und die Differenzierung nach Unternehmensebenen und -bereichen dargestellt.

Von einer umfassenden Unternehmensstrategie kann nur gesprochen werden, wenn alle wesentlichen strategischen Handlungsfelder einbezogen sind. Nach dem Konzept von Kaplan und Norton umfasst eine Balanced Scorecard daher vier Betrachtungsweisen, sogenannte Perspektiven, die jeweils Ziele, Messgrößen und strategische Aktionen in Bezug auf ein Unternehmen zusammenfassen (vgl. Abbildung 165).

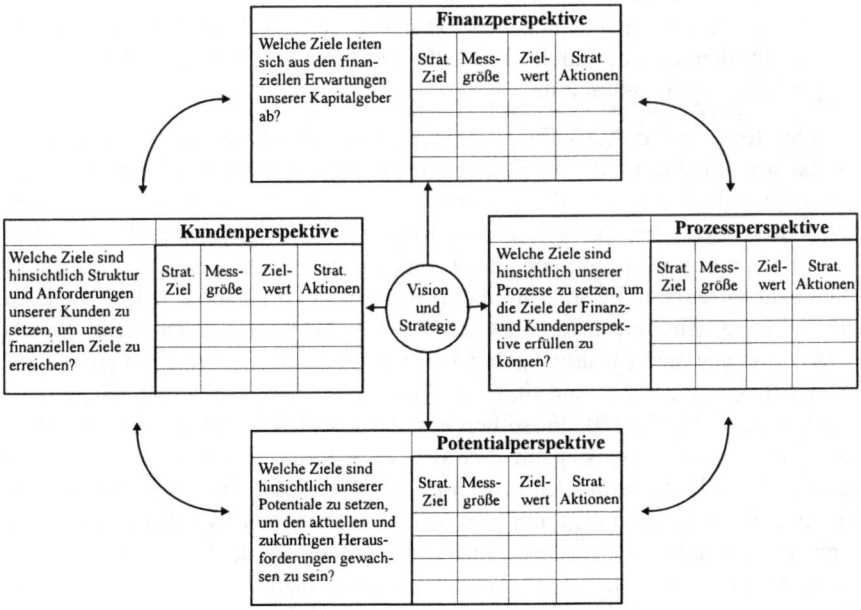

Abb. 165: Perspektiven der Balanced Scorecard (Kaplan/Norton 1996, S.76)

Es wird unterschieden in die Finanzperspektive, die Kundenperspektive, die interne Prozessperspektive und die Potentialperspektive (Kaplan/Norton 1997, S.42ff):

- Die finanzwirtschaflichen Ziele bilden den Fokus für die Ziele und Kennzahlen der anderen Perspektiven. Sie zeigen an, in welchem Maße die Umsetzung einer Strategie überhaupt eine Ergebnisverbesserung bewirkt. Letztlich ist die Steigerung des Unternehmenswertes, der durch Retabilitätskennzahlen zum Ausdruck kommt, entscheidend. Die Finanzperspektive richtet sich letztlich an den finanziellen Erwartungen der Kapitalgeber aus. Beispiele sind die Eigenkapital- und Umsatzrentabilität, Gewinn oder Umsatzwachstum.

- Die Kundenperspektive reflektiert die langfristigen Ziele des Unternehmens in Bezug auf Markt- und Kundensegmente. Für die Einordnung des Unternehmens am Markt und die Wahrnehmung und Bewertung von Dienstleistungen und Produkten durch die Kunden werden Kennzahlen, Ziele und Maßnahmen dargestellt. Beispiele von Indikatoren sind der Marktanteil, die Kundentreue, die Kundenzufriedenheit, der Preis oder das Firmenimage.

- Mit der internen Prozessperspektive wird zunächst die Wertschöpfungskette der internen Prozesse definiert. Angefangen von der Identifikation zukünftiger Kundenwünsche, der Innovation von Produkten und Dienstleistungen, über die betrieblichen Ausführungsprozesse bis hin zu den Serviceleistungen am Kunden. Mögliche Indikatoren sind Fehlerquoten, Fertigungszeiten, Produktivität oder Servicebereitschaft.

- Die Potentialperspektive dient der Entwicklung einer strategisch benötigten Infrastruktur, also Potentialen in Technologien, Kompetenzen und Fähigkeiten, die die Voraussetzung für die Anpassungsfähigkeit eines Unternehmens an zukünftige Anforderungen bedeutet. Beispiele für Indikatoren sind die Mitarbeiterzufriedenheit, das Durchschnittsalter der Produkte oder der Anteil der Neuprodukte am Gesamtumsatz.

Eine Strategie ist eine Aufstellung von Hypothesen über Ursache und Wirkung. Eine Balanced Scorecard, die die Strategie in ein Kennzahlensystem übersetzt, sollte daher durch die logische Verknüpfung von Zielen und Kennzahlen die Zusammenhänge nach dem Ursache-Wirkungs-Prinzip verdeutlichen (Kaplan/Norton 1997, S.142ff). Dazu wird neben den vier Perspektiven zwischen Ergebniskennzahlen (Spätindikatoren) und Leistungstreiber (Frühindikatoren) unterschieden. Die Ursache-Wirkungs-Zusammenhänge zwischen den Indikatoren werden durch logische Verknüpfungen zum Ausdruck gebracht. In der Regel gehen diese mit einer zeitlichen Verzögerung einher und sind von den Früh- zu den Spätindikatoren gerichtet (Müller, A. 2000, S.51ff). Es sollten alle Ziele und Kennzahlen einer Balanced Scorecard mit mindestens einem Ziel bzw. einer Kennzahl der Finanzperspektive direkt oder indirekt verbunden sein. So wird vermieden, dass Verbesserungsprogramme für einzelne Indikatoren zum Selbstzweck verkommen. Durch die ausgewogene Mischung aus Ergebniskennzahlen und Leistungstreibern sowie die stringente Ausrichtung nach dem Ursache-Wirkungs-Prinzip kann eine Steuerung der Strategieumsetzung ermöglicht werden (vgl. Abbildung 166). Ein exemplarischer Aufbau einer Balanced Scorecard in tabellarischer Form wird in Abbildung 167 aufgezeigt.

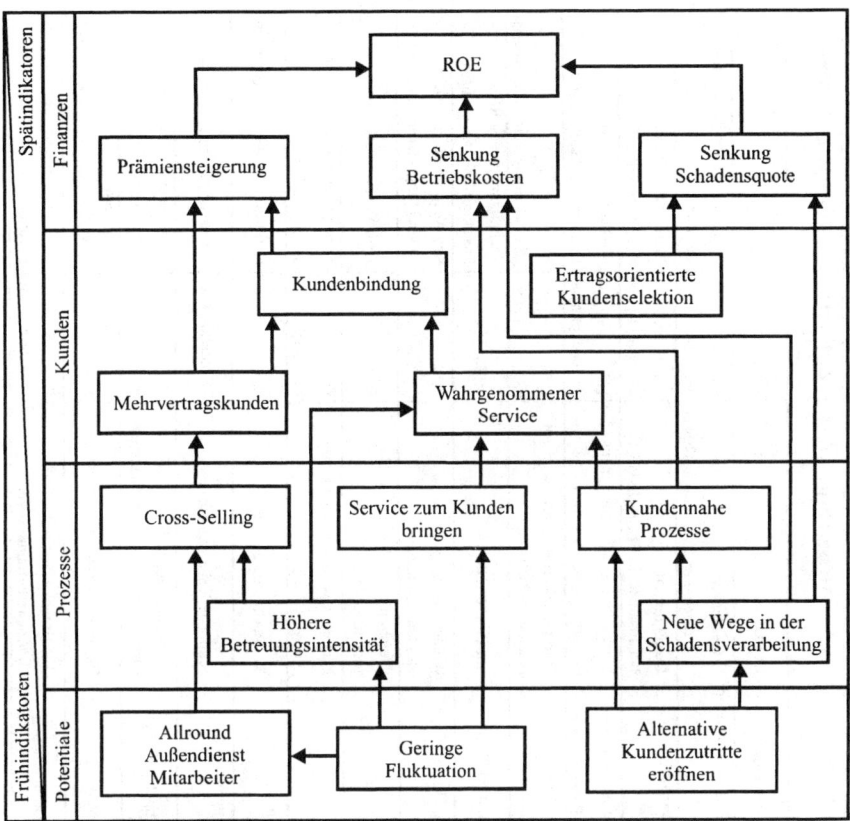

Abb. 166: Beispiel einer Ursache-Wirkungs-Kette zwischen Früh- und Spätindikatoren einer Balanced Scorecard (in Anlehnung an Horváth et al. 2000, S.17)

Zum Zwecke einer verbindlicheren Operationalisierung der Strategieumsetzung kann die Balanced Scorecard zu einem durchgängigen Führungsinstrument erweitert werden. Hierzu wird die für das Gesamtunternehmen erstellte Balanced Scorecard top down in spezifische Balanced Scorecards differenziert. Dieser mehrstufig, hierarchische Ansatz passt sich den Leitungsebenen bzw. den Unternehmensbereichen des Unternehmens an und kann bis auf die Ebene von Kostenstellen heruntergebrochen werden (Kaplan/Norton 1997, S. 34). Bei dieser, ähnlich einer Zielsystemhierarchie, kaskadenartig aufgebauten Balanced Scorecard kommt es darauf an, das Gesamtsystem konsistent zu halten. So entstehen viele Teilsichten auf die Balanced Scorecard, die es ermöglichen, Verantwortungsbereiche klar abzugrenzen. Damit die Balanced Scorecard im Unternehmensalltag praktische Bedeutung erlangt, kann in einem weiteren Schritt mit Hilfe persönlicher Zielvereinbarungen ein Anreiz- und Vergütungssystem geschaffen werden, das mit der Strategieumsetzung gemäß der Balanced Scorecard des Unternehmens konform geht und nicht einseitig an kurzfristigen Erfolgsgrößen ausgerichtet ist (Horváth et al. 2000, S.8).

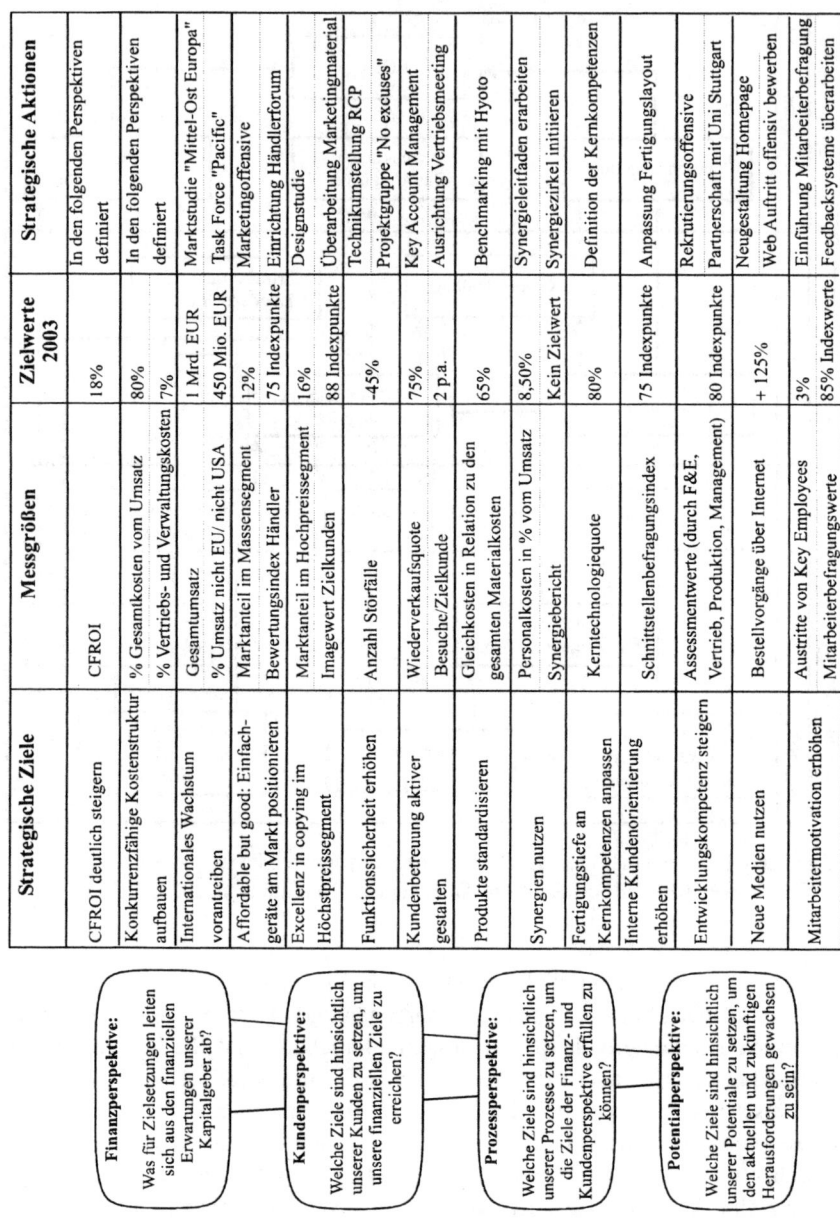

Perspektive	Strategische Ziele	Messgrößen	Zielwerte 2003	Strategische Aktionen
Finanzperspektive: Was für Zielsetzungen leiten sich aus den finanziellen Erwartungen unserer Kapitalgeber ab?	CFROI deutlich steigern	CFROI	18%	In den folgenden Perspektiven definiert
	Konkurrenzfähige Kostenstruktur aufbauen	% Gesamtkosten vom Umsatz	80%	In den folgenden Perspektiven definiert
		% Vertriebs- und Verwaltungskosten	7%	
Kundenperspektive: Welche Ziele sind hinsichtlich unserer Kunden zu setzen, um unsere finanziellen Ziele zu erreichen?	Internationales Wachstum vorantreiben	Gesamtumsatz	1 Mrd. EUR	Marktstudie "Mittel-Ost Europa"
		% Umsatz nicht EU/ nicht USA	450 Mio. EUR	Task Force "Pacific"
	Affordable but good: Einfach-geräte am Markt positionieren	Marktanteil im Massensegment	12%	Marketingoffensive
		Bewertungsindex Händler	75 Indexpunkte	Einrichtung Händlerforum
	Excellence in copying im Höchstpreissegment	Marktanteil im Hochpreissegment	16%	Designstudie
		Imagewert Zielkunden	88 Indexpunkte	Überarbeitung Marketingmaterial
Prozessperspektive: Welche Ziele sind hinsichtlich unserer Prozesse zu setzen, um die Ziele der Finanz- und Kundenperspektive erfüllen zu können?	Funktionssicherheit erhöhen	Anzahl Störfälle	-45%	Technikumstellung RCP / Projektgruppe "No excuses"
	Kundenbetreuung aktiver gestalten	Wiederverkaufsquote	75%	Key Account Management
		Besuche/Zielkunde	2 p.a.	Ausrichtung Vertriebsmeeting
	Produkte standardisieren	Gleichkosten in Relation zu den gesamten Materialkosten	65%	Benchmarking mit Hyoto
	Synergien nutzen	Personalkosten in % vom Umsatz	8,50%	Synergieleitfaden erarbeiten
		Synergiebericht	Kein Zielwert	Synergiezirkel initiieren
	Fertigungstiefe an Kernkompetenzen anpassen	Kerntechnologiequote	80%	Definition der Kernkompetenzen
Potentialperspektive: Welche Ziele sind hinsichtlich unserer Potentiale zu setzen, um den aktuellen und zukünftigen Herausforderungen gewachsen zu sein?	Interne Kundenorientierung erhöhen	Schnittstellenbefragungsindex	75 Indexpunkte	Anpassung Fertigungslayout
	Entwicklungskompetenz steigern	Assessmentwerte (durch F&E, Vertrieb, Produktion, Management)	80 Indexpunkte	Rekrutierungsoffensive / Partnerschaft mit Uni Stuttgart
	Neue Medien nutzen	Bestellvorgänge über Internet	+ 125%	Neugestaltung Homepage / Web Auftritt offensiv bewerben
	Mitarbeitermotivation erhöhen	Austritte von Key Employees	3%	Einführung Mitarbeiterbefragung
		Mitarbeiterbefragungswerte	85% Indexwerte	Feedbacksysteme überarbeiten

Abb. 167: Exemplarischer Aufbau einer Balanced Scorecard (Horváth et al. 2000, S.12)

11.4 Implementierung

Jedes Unternehmen ist einzigartig. Ebenso wenig wie es die Strategie gibt, gibt es die Balanced Scorecard. Vielmehr sind Inhalt und Ausgestaltung von unternehmensspezifischen Gegebenheiten abhängig. Dennoch kann die Darstellung einer typischen Umsetzung Hinweise für eine systematische Implementierung geben (vgl. Abbildung 168).

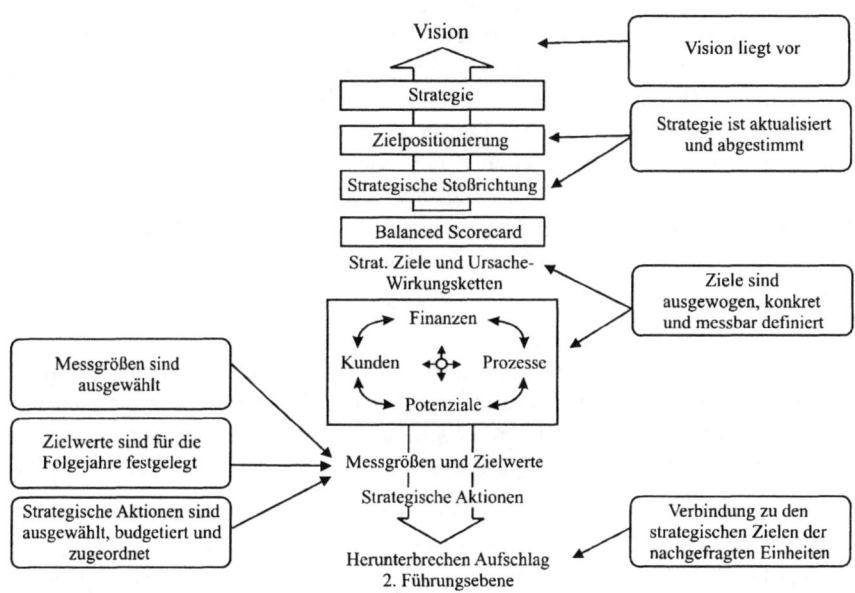

Abb. 168: Implementierung der Balanced Scorecard (Horváth et al. 2000, S.10)

Es können fünf Implementierungsphasen einer Balanced Scorecard in einem Unternehmen unterschieden werden (Horváth et al. 2000, S.55 ff; Weber/Schäffer 2000, S.21ff):

1. Phase: Strategische Grundlagen klären:
Voraussetzung für die Implementierung der Balanced Scorecard ist das Vorliegen einer strategischen Stoßrichtung auf Basis einer strategischen Analyse. Sollte diese nicht ausreichend gegeben sein, sind „Restarbeiten" hierzu erst abzuschließen.

2. Phase: Organisatorischen Rahmen schaffen:
Zum einen gilt es, die Architektur der Balanced Scorecard festzulegen. Hierzu gehören die Ausgestaltung der Perspektiven und die Entscheidung, für welche Organisationseinheiten und Ebenen die Balanced Scorecard entwickelt werden soll. Zum anderen wird in der zweiten Phase eine Projektierung mit Projektorganisation und -ablauf, Kommunikations- und Informationskonzepten, Methodenstandards und der Bestimmung kritischer Erfolgsfaktoren vorgenommen.

3. Phase: Entwicklung der Balanced Scorecard:
Kern der Implementierung ist die konkrete Entwicklung einer Balanced Scorecard
für eine abgegrenzte Organisationseinheit, die sich gemäß dem Aufbau einer Balanced Scorecard in die folgenden Schritte unterteilen läßt (Horváth et al. 2000, S.131
ff). In einem ersten Schritt wird das Zielsystem beschrieben, aus dem durch eine
ausgewogene Selektion von vier bis fünf Zielen jede Perspektive angesprochen
wird. Anschließend werden die strategischen Ziele durch Ursache-Wirkungs-Ketten
miteinander verknüpft. Um den Zielerreichungsgrad zu bestimmen, werden ein bis
drei Indikatoren mit Messgrößen den jeweiligen Zielen zugeordnet. Nach der Messung der aktuellen Ist-Werte werden die Ziel-Werte, meist unter Berücksichtigung
einer zeitlichen Dimension, je Ziel festgelegt. Durch den somit möglichen Ist-Ziel-
Vergleich werden die strategischen Lücken sichtbar, die die Grundlage für die Bestimmung von strategischen Aktionen darstellen. Strategische Aktionen können
Projekte, Aktivitäten oder sonstige Tätigkeiten außerhalb des Tagesgeschäftes sein,
die wesentliche Ressourcen des Unternehmens binden. Mit der Budgetierung und
Priorisierung von strategischen Aktivitäten kann nun unmittelbar mit der Strategieumsetzung begonnen werden.

4. Phase: Den Roll-out managen:
Wesentlich in dieser Phase ist die Kommunikation der Balanced Scorecard in die
Organisation hinein. Hierzu gehört insbesondere das Herunterbrechen der Ziele und
Kennzahlen auf nachgelagerte Ebenen (vertikale Integration) sowie auf organisatorisch nebeneinander stehende Organisationseinheiten (horizontale Integration).

5. Phase: Kontinuierlichen Einsatz der Balanced Scorecard sicherstellen:
Zur dauerhaften Steuerung der Strategieumsetzung ist die Einbindung der Balanced
Scorecard in das Management- und Steuerungssystem des Unternehmens erforderlich (vgl. Abbildung 169). Hierzu gehört der Aufbau eines Controlling der strategischen Aktionen, die Integration in die strategische und operative Planung, die Einbindung in das Berichtswesen und die Integration der Balanced Scorecard in das
System der Mitarbeiterführung, z. B. durch persönliche Zielvereinbarungen.

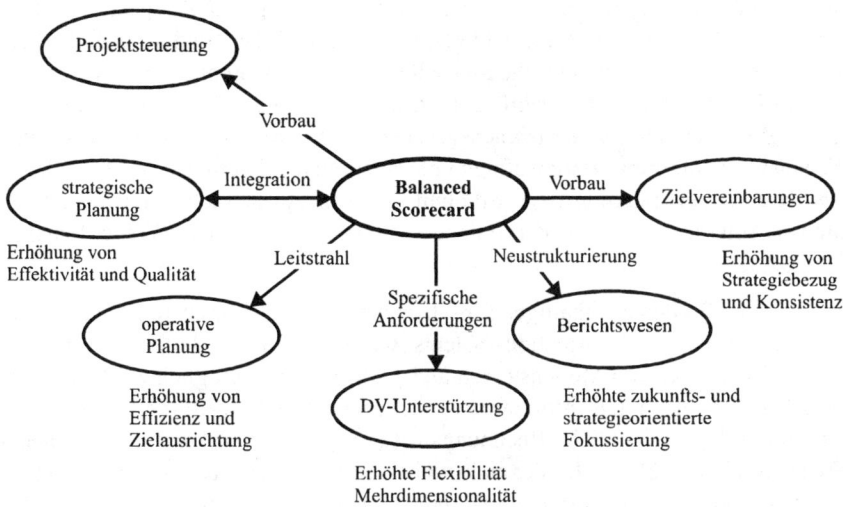

Abb. 169: Einbindung der Balanced Scorecard in die Management- und Steuerungssysteme eines Unternehmens (in Anlehnung an Horváth et al. 2000, S.257)

11.5 Bewertung

Insgesamt stellt eine Balanced Scorecard den Versuch dar, eine Vielzahl bereits bekannter Erkenntnisse über die Strategieformulierung, Verbindung von Strategie und operativer Umsetzung sowie der Kennzahlenbildung zu einem ganzheitlichen Konzept zu verbinden. Dabei soll durch die Balanced Scorecard dem Top-Management ein systematisches Instrument zur stringenten Entwicklung, Umsetzung, fortlaufenden Überwachung und Erneuerung der Strategie an die Hand gegeben werden. Sie hilft die finanziellen, materiellen und personellen Ressourcen eines Unternehmens mit der gewählten Strategie in Einklang zu bringen. Ein entscheidender Vorteil des Konzepts der Balanced Scorecard ist, dass der Betrachter gezwungen wird, sich in sachlicher und zeitlicher Hinsicht verschiedenen Betrachtungsweisen und ihren Wechselwirkungen zu öffnen.

Im besten Fall kann im „eingeschwungenen" Zustand ein Anreizsystem abgeleitet werden, das in Form von Zielvereinbarungen im Sinne des Management-by-Objectives in die Mitarbeiterführung integriert wird, um die gewünschte Strategieumsetzung für alle Mitarbeiterebenen zu motivieren (Küpper 2001, S.374). Bleibt die Integration in die Managementprozesse hingegen aus, so handelt es sich womöglich nur um ein weiteres Kennzahlen- und Messsystem. Erst wenn die Balanced Scorecard zu einem Managementsystem wird, kann sie ihre ganze Kraft entwickeln. Dennoch sollte man nicht der Illusion verfallen, allein anhand quantifizierbarer Kenngrößen ein Unternehmen strategisch führen zu können, ohne die personelle Dimension langfristig ausgerichteter Ziele und Verhaltensweisen zu beachten.

Die Beschränkung der Balanced Scorecard auf vier wesentliche Perspektiven ist ein Vorzug im Hinblick auf Durchsichtigkeit, Verständlichkeit und Anwendbarkeit. Mit dieser Reduktion, die eher heuristisch durch das erworbene Praxiswissen der Autoren Kaplan und Norton begründet ist, wird aber zwangsläufig auch eine Verengung des relevanten Unternehmensgeschehens in Kauf genommen. So werden beispielsweise die Finanzierungsfragen nur unzureichend berücksichtigt. Andererseits ist eine Verringerung bzw. Erhöhung der Anzahl betrachteter Perspektiven durchaus mit dem Konzept der Balanced Scorecard vereinbar (Weber/Schäffer 2000, S.13).

Entscheidend für den nachhaltigen Einsatz einer Balanced Scorecard ist der Aufbau eines entsprechenden Informationssystems, welches die Daten liefern soll, mit denen ein Controlling von Meilensteinen und Zielwerten erst möglich wird. Die Verfügbarkeit der relevanten Informationen stellt jedoch hohe Anforderungen an das Controlling. Das betriebliche Rechnungswesen mit seinen herkömmlichen finanzwirtschaftlichen Größen hilft hier nicht weiter. Insbesondere die Erfassung von Prozessgrößen oder weichen Frühindikatoren ist nur schwer messbar und kann mit hohem Aufwand verbunden sein (Müller, A. 2000, S.118). Diesen Herausforderungen stehen neue Möglichkeiten moderner Informationstechnologien, wie z. B. das Data Warehouse-Konzept, gegenüber.

Ansatzpunkte für die Notwendigkeit zukünftiger Implementierungen einer Balanced Scorecard als Erweiterung bestehender Früherkennungs- und Risikomanagementsysteme können auch durch Anforderungen unternehmensexterner Betrachter ausgelöst werden. Hierzu gehören beispielsweise Anforderungen aus KonTraG (Gesetz zur Kontrolle und Transparenz von Unternehmen) oder die Verknüpfung der Balanced Scorcard mit dem Shareholder Value-Ansatz (Horváth et al. 2000, S.2ff u. S.302 ff; Weber/Schäffer 2000 S.21). Laut einer empirischen Untersuchung über die Nutzung der Balanced Scorecard haben bereits ca. ein Viertel der Dax-100-Unternehmen eine Balanced Scorecard im Einsatz. Oftmals steht die Verankerung der Balanced Scorecard als ganzheitlicher Controllingansatz im Managementsystem jedoch noch aus (Speckbacher/Bischof 2000, S.797ff).

Literaturhinweise

Grundlagen

Aurich, W.; Schröder, H.-U. (1977): Unternehmensplanung im Konjunkturverlauf, 2. Auflage. Moderne Industrie, München

Baum, H.-G.; Coenenberg, A. G.; Günther, T. (1999): Strategisches Controlling, 2. Auflage. Schäffer-Poeschel, Stuttgart

Borchers, S. (2000): Beteiligungscontrolling in der Management-Holding: ein integratives Konzept, DUV, Wiesbaden

Bramsemann, R. (1993): Handbuch Controlling, 3. Auflage. Hanser, München Wien

Friedag, H.; Schmidt, W. (2001): Balanced Scorecard - Mehr als ein Kennzahlensystem, Haufe, Freiburg i. Br. Berlin München

Götze, U.; Rudolph, F. (1994): Instrumente der strategischen Planung: In: Bloech, J. u. a. (Hrsg.): Strategische Planung. Physica, Heidelberg, 1-56

Hahn, D. (1999): Zweck und Entwicklung der Portfolio-Konzepte in der strategischen Unternehmensplanung. In: Hahn, D.; Taylor, B. (Hrsg.): Strategische Unternehmungsplanung - strategische Unternehmungsführung. 8. Auflage. Physica, Heidelberg, 403-439

Hinterhuber, H. H. (1996): Strategische Unternehmensführung. Band I: Strategisches Denken, 6. Auflage. de Gruyter, Berlin New York

Homburg, Ch. (2000): Quantitative Betriebswirtschaftslehre, 3. Auflage. Gabler, Wiesbaden

Horváth, P. (2001): Controlling, 8. Auflage. Vahlen, München

Kaplan, R. S.; Norton, D. P. (1992): The Balanced Scorecard - Measures that drive Performance, in: Harvard Business Review, Vo. 70, Nr. 1, 71-79

Kaplan, R. S.; Norton, D. P. (1996): The Balanced Scorecard: Translating Strategy into Action, Boston

Kaplan, R. S.; Norton, D. P. (1997): Balanced Scorecard: Strategien erfolgreich umsetzen, Schäffer-Poeschel, Stuttgart

Kreikebaum, H. (1993): Strategische Unternehmensplanung, 5. Auflage. Kohlhammer, Stuttgart Berlin

Kreikebaum, H. (1997): Strategische Unternehmensplanung, 6. Auflage. Kohlhammer, Stuttgart Berlin

Küpper, H.-U. (2001): Controlling - Konzeption, Aufgaben und Instrumente, Schäffer-Poeschel, Stuttgart

Langguth, H. (1994): Strategisches Controlling, Wissenschaft und Praxis, Ludwigsburg Berlin

Peemöller, V. (2002): Controlling, 4. Auflage. Neue Wirtschafts-Briefe, Herne Berlin

Probst, H.-J. (2001): Balanced Scorecard leicht gemacht: Warum Sie mit weichen Faktoren hart rechnen sollten, Wirtschaftsverlag Ueberreuter, Wien Frankfurt a. M.

Reichmann, Th. (2001): Controlling mit Kennzahlen und Managementberichten, 6. Auflage. Vahlen, München

Weber, J. (2002): Einführung in das Controlling, 9. Auflage. Schäffer-Poeschel, Stuttgart

Weber, J.; Schäffer, U. (1999): Balanced Scorecard & Controlling, Gabler, Wiesbaden

Welge, M. K. (1985): Unternehmungsführung, Bd. 1: Planung, Schäffer-Poeschel, Stuttgart

Welge, M. K.; Al-Laham, A. (1992): Planung, Gabler, Wiesbaden

Spezialgebiete

Ansoff, H. I. (1990): Implanting Strategic Management, 2. Auflage. Prentice Hall, Englewood Cliffs, N. J.

Back-Hock, A. (1988): Lebenszyklusorientiertes Produktcontrolling, Springer, Berlin Heidelberg NewYork u.a.

Back-Hock, A. (1992): Produktlebenszyklusorientierte Ergebnisrechnung. In: Männel, W. (Hrsg.): Handbuch Kostenrechnung, Gabler, Wiesbaden, 703-714

Baetge, J. (1997): Akquisitionscontrolling. In: Claussen, C.P.; Hahn, O.; Kraus, W. (Hrsg.): Umbruch und Wandel, Oldenbourg, München Wien, 448-468

Bauer, T. (2000): IT-Implementierung der Balanced Scorecard - Anforderungen und Tools; in: Kostenrechnungspraxis, Sonderheft 2/2000, 71-76

Borchers, S. (1999): Beteiligungscontrolling. In: Die Betriebswirtschaft 2, 282-285

Borchers, S.; Trebes, D. (1999): Konzerncontroller in der Praxis. In: Controlling 1, 23-28

Botta, V. (1994): Ausgewählte Probleme des Beteiligungscontrollings. In: Schulte, C. (Hrsg.): Beteiligungscontrolling, Gabler, Wiesbaden, 25-40

Bradl, P. (2001): Szenariotechnik, computergestützte. In: Mertens, P. (Hrsg.): Lexikon der Wirtschaftsinformatik. 4. Auflage. Springer, Berlin Heidelberg New York u.a., 458-459

Brökelmann, J. (1995): Entscheidungsorientiertes Qualitätscontrolling, Gabler, Wiesbaden

Bühner, R. (1992): Management-Holding, 2. Auflage. Moderne Industrie, Landsberg am Lech

Buzell, R. D.; Gale, B. T. (1989): Das PIMS-Programm, Gabler, Wiesbaden

Camp, R. C. (1994): Benchmarking, Hanser, München Wien

Coenenberg, A. G.; Fischer, Th.; Schmitz, J. (1994): Target Costing und Product Life Cycle Costing als Instrumente des Kostenmanagements. In: Zeitschrift für Planung 1, 1-38

Deutsche Gesellschaft für Qualität (Hrsg.) (1985): DGQ-Schrift 14-17, Qualitätskosten, Beuth, Berlin

Dieckhaus, O.-T. (1993): Management und Controlling im Beteiligungslebenszyklus, Eul, Bergisch Gladbach

Dunst, K. H. (1983): Portfolio Management, 2. Auflage. de Gruyter, Berlin New York

Ewert, R.; Wagenhofer, A. (2003): Interne Unternehmensrechnung, 5. Auflage. Springer, Berlin Heidelberg NewYork u.a.

Feigenbaum, A. V. (1991): Total Quality Control, 3. Auflage. McGraw Hill, New York

Franz, K.-P. (1993): Target Costing. Konzept und kritische Bereiche. In: Controlling 3, 124-130

Frehr, H.-U. (1994): Total Quality Management, 2. Auflage. Hanser, München

Frei, H.; Wetzel, G.; Benz, C. (1996): „Kosten der Nicht-Qualität" - (Non-Quality Costs) - die Praxis des ergebnisorientierten Qualitätscontrolling. In: Controller Magazin 3, 140-147

Funke, T.; Rosemann, S. (2000): Ein Referenzmodell für die IT-Implementierung einer Balanced Scorecard; in: Kostenrechnungspraxis, Sonderheft 2/2000, 87-97

Geschka, H. (1999): Die Szenario-Technik in der strategischen Unternehmensplanung. In: Hahn, D.; Taylor, B. (Hrsg.): Strategische Unternehmungsplanung - strategische Unternehmungsführung. 8. Auflage. Physica, Heidelberg, 518-545

Gigouline, J. (2001): Ansatzpunkte zur Gestaltung des Beteiligungscontrollings westlicher Konzerne in osteuropäischen Ländern, VVF, München

Götze, U. (1991): Szenario-Technik. In: Zeitschrift für Planung 4, 355-358

Götze, U. (1993): Target Costing. In: Zeitschrift für Planung 4, 381-389

Gomez, P. (1983): Frühwarnung in der Unternehmung, Haupt, Bern

Gomez, P.; Probst, G. (1997): Die Praxis des ganzheitlichen Problemlösens, 2. Auflage. Haupt, Bern

Hahn, D. (1993): Target Costing - ein überlebenswichtiges Konzept. In: Controlling 2, 110-111

Hahn, D.; Krystek, U. (1979): Betriebliche und überbetriebliche Frühwarnsysteme für die Industrie. In: Zeitschrift für betriebswirtschaftliche Forschung 2, 76-88

Hahner, A. (1981): Qualitätskostenrechnung als Informationssystem zur Qualitätslenkung, Hanser, München

Hill, C. W. L.; Jones, G. R. (1989): Strategic Management, Boston

Hoffjan, A. (1995): Cost Benchmarking als Instrument des strategischen Kostenmanagement. In: Zeitschrift für Planung 2, 155-166

Horváth, P.; Herter, R. N. (1992): Benchmarking - Vergleich mit den Besten der Besten. In: Controlling 1, 4-11

Horváth, P.; Niemand, S.; Wolbold, M. (1993): Target Costing - State of the Art. In: Horváth, P. (Hrsg.): Target Costing. Schäffer-Poeschel, Stuttgart, 1-27

Horváth, P.; Seidenschwarz, W. (1992): Zielkostenmanagement. In: Controlling 3, 142-150

Horváth et al. (Hrsg.) (2000): Balanced Scorecard umsetzen, Schäffer-Poeschel, Stuttgart

Karlöf, B.; Östblom, S. (1994): Das Benchmarking-Konzept, Vahlen, München

Kleinschnittger, U. (1993): Beteiligungscontrolling, Vahlen, München

Knappe, T. (1991): DV-Konzepte operativer Früherkennungssysteme, Physica, Heidelberg

Krampe, G.; Müller, G. (1981): Diffusionsfunktionen als theoretisches und praktisches Konzept zur strategischen Frühaufklärung. In: Zeitschrift für betriebswirtschaftliche Forschung 5, 384-401

Krystek, U. (1990): Früherkennungssysteme als Instrument des Controlling. In: Mayer, E.; Weber, J. (Hrsg.): Handbuch Controlling. Poeschel, Stuttgart, 419-442

Krystek, U.; Müller-Stevens, G. (1999): Strategische Frühaufklärung als Element strategischer Führung. In: Hahn, D.; Taylor, B. (Hrsg.): Strategische Unternehmungsplanung - strategische Unternehmungsführung. 8. Auflage. Physica, Heidelberg, 497-517

Lamla, J. (1995): Prozessbenchmarking, Vahlen, München

Leibfried, K.; McNair, C. (1996): Benchmarking, 2. Auflage. Haufe, Freiburg i.Br.

Lessing, R.; Groeger, H. (1982): Führen mit strategischen Geschäftseinheiten, Handelsblatt, Düsseldorf Frankfurt

Link, J. (1986): Organisation der Strategischen Planung, Physica, Heidelberg Wien

Müller, A. (2000): Strategisches Management mit der Balanced Scorecard, Kohlhammer, Stuttgart Berlin Köln

Müller, G. (1987): Strategische Suchfeldanalyse, Gabler, Wiesbaden

Neubauer, F. F.(1997): Das PIMS-Programm und Portfolio-Management. In: Hahn, D.; Taylor, B. (Hrsg.): Strategische Unternehmungsplanung - strategische Unternehmungsführung. 7. Auflage. Physica, Heidelberg, 436-463

Oelsnitz, D. von der (1994): Benchmarking. In: WISU Das Wirtschaftsstudium 8-9, 673

Pfeifer, T. (2001): Qualitätsmanagement, 3. Auflage. Hanser, München Wien

Pfeiffer, W.; Dögl, R. (1999): Das Technologie-Portfolio-Konzept zur Beherrschung der Schnittstelle Technik und Unternehmensstrategien. In: Hahn, D.; Taylor, B. (Hrsg.): Strategische Unternehmungsplanung - strategische Unternehmungsführung. 8. Auflage. Physica, Heidelberg, 440-468

Pfohl, H.-C.; Zettelmeyer, B. (1987): Strategisches Controlling? In: Zeitschrift für Betriebswirtschaft 1, 125-132

Plattfaut, E. (1988): DV-Unterstützung strategischer Unternehmensplanung, Springer, Berlin Heidelberg New York u.a.

Reibnitz, U. von (1987): Szenarien - Optionen für die Zukunft, McGraw Hill, Hamburg

Reichmann, Th.; Fröhling, O. (1994): Produktlebenszyklusorientierte Planungs- und Kontrollrechnungen als Bausteine eines dynamischen Kosten- und Erfolgs-Controlling. In: Dellmann, K.; Franz, K. P. (Hrsg.): Neuere Entwicklungen im Kostenmanagement. Haupt, Stuttgart Wien, 281-333

Riezler, S. (1996): Lebenszykluskostenrechnung, Gabler, Wiesbaden

Ringlstetter, M.; Obring, K. (1992): Strategisches Beteiligungscontrolling im Konzern. In: Zeitschrift für Betriebswirtschaft 12, 1303-1323

Schober, F. (1988): Modellgestützte strategische Planung für multinationale Unternehmungen, Springer, Berlin Heidelberg New York u.a.

Schreyögg, G. (1993): Unternehmensstrategie, de Gruyter, Berlin

Schröder, E. F. (2000): Modernes Unternehmens-Controlling, 7. Auflage. Kiehl, Ludwigshafen

Schulte, Ch. (1992): Die Holding als Instrument zur strategischen und strukturellen Neuausrichtung von Konzernen. In: Schulte, Ch. (Hrsg.): Holding-Strategien. Gabler, Wiesbaden, 17-58

Schulte, Ch. (1994): Beteiligungscontrolling. In: Schulte, Ch. (Hrsg.): Beteiligungscontrolling. Gabler, Wiesbaden, 5-24

Seidenschwarz, W. (1991): Target Costing - ein japanischer Ansatz für das Kostenmanagement. In: Controlling 4, 198-203

Seidenschwarz, W. (1993): Target Costing. Marktorientiertes Zielkostenmanagement, Vahlen, München

Seidenschwarz, W. (1994): Target Costing - Verbindliche Umsetzung marktorientierter Strategien. In: Kostenrechnungspraxis 1, 74-83

Speckbacher, G.; Bischof, J. (2000): Die Balanced Scorecard als innovatives Managementsystem, in: Die Betriebswirtschaft, 795-810

Steinbach, W. (1985): Erfassen und Beurteilen von Qualitätskosten, VDI, Düsseldorf

Theisen, M.R. (1991): Der Konzern, Poeschel, Stuttgart

Tomys, A.-K. (1995): Kostenorientiertes Qualitätsmanagement, Hanser, München Wien

Urban, C. (1990): Ein Unternehmen im Aufbruch: Strategie, Organisation und Controlling bei Siemens. In: Horváth, P. (Hrsg.): Strategieunterstützung durch das Controlling: Revolution im Rechnungswesen? Poeschel, Stuttgart, 7-38

Vogel, J. (1998): Marktwertorientiertes Beteiligungscontrolling: Shareholder Value als Maß der Konzernsteuerung, Gabler, Wiesbaden

Volk, G. (1994): Das Anforderungsprofil an den Beteiligungscontroller. In: Schulte, C. (Hrsg.): Beteiligungscontrolling, Gabler, Wiesbaden, 139-158

Watson, G. H. (1993): Benchmarking, Moderne Industrie, Landsberg am Lech

Weber, J. (1997): Beteiligungscontrolling: Ein zentrales Element erfolgreicher Konzernführung. In: Roth, A.; Behme, W. (Hrsg.): Organisation und Steuerung dezentraler Unternehmenseinheiten. Gabler, Wiesbaden, 67-93

Wildemann, H. (1995): Kosten-und Leistungsrechnung für präventive Qualitätssicherungssysteme, TCW, München

Wildemann, H. (1997): Produktionscontrolling, 3. Auflage. TCW, München

Wilken, C. (1993): Strategische Qualitätsplanung und Qualitätskostenanalysen im Rahmen eines Total Quality Management, Physica, Heidelberg

Wittek, B. F. (1980): Strategische Unternehmensführung bei Diversifikation, de Gruyter, Berlin New York

Wübbenhorst, K. L. (1992): Lebenszykluskosten. In: Schulte, C. (Hrsg.): Effektives Kostenmanagement. Poeschel, Stuttgart, 245-272

Wullenkord, A. (1995): Kosten- und Erfolgscontrolling im Konzern, Vahlen, München

Zahn, E. (1979): Strategische Planung zur Steuerung der langfristigen Unternehmensentwicklung, Duncker & Humblot, Berlin

Zehbold, C. (1996): Lebenszykluskostenrechnung, Gabler, Wiesbaden

Teil 6

DV-gestütztes Controlling

Einführung

0.1 Informationen und Controlling

Unabhängig von der Interpretation des Controllingbegriffs beinhalten alle Beschreibungen eine Gemeinsamkeit: Controlling basiert auf der Sammlung und Verarbeitung von Informationen und beinhaltet deren benutzergerechte Aufbereitung und Analyse.

Insbesondere Entscheidungsprozesse zur Steuerung von Realisationshandlungen laufen auf der Grundlage vorhandener Informationen ab. Die Ergebnisse solcher Handlungen führen wiederum zu (Ist-)Informationen im Sinne einer Rückmeldung an den Entscheidungsträger, wodurch nach dem Regelkreiskonzept ein System von Informationsvorkopplung, -verarbeitung und -rückkopplung entsteht (Wolfram 1990, S.39).

Daher ist der Begriff der Information und damit eng verbunden der Begriff des Informationssystems im Controlling von zentraler Bedeutung. Der Controller muss die Brücke zwischen einer Masse bedeutungsloser Zahlen und ihrer Umsetzung in Informationen, d.h. in entscheidungsorientiertes Handeln, schlagen.

Der Begriff Information wird oft mit der Bedeutung „Auskunft, Nachricht, Bericht" beschrieben. Diese sehr allgemeine Definition erfordert eine genauere Spezifizierung. Im Allgemeinen erfolgt die Begriffsabgrenzung mit Hilfe der Semiotik (Sprachtheorie), die im Wesentlichen drei Teilbereiche unterscheidet (Hoffmann 1996, S.3; Wolfram 1990, S.37f):

- Auf syntaktischer Ebene werden lediglich die Zeichen sowie ihre mathematisch-statistischen Beziehungen untereinander untersucht, ohne dabei auf die Bedeutung der Zeichen einzugehen.
- Auf der semantischen Ebene werden die Beziehungen von Zeichen untersucht zu dem, was sie inhaltlich bedeuten (dem Untersuchungsgegenstand), ohne dabei jedoch konkrete Benutzer zu berücksichtigen.
- Auf der Ebene der Pragmatik steht der direkte Benutzer im Mittelpunkt der Untersuchungen, d.h. hier spielt die Wirkung von inhaltlich gedeuteten syntaktischen Zeichen auf die sie verarbeitenden Benutzer eine wichtige Rolle.

In der Betriebswirtschaftslehre ist in erster Linie der pragmatische Aspekt von Bedeutung; insofern ist es verständlich, dass sich gerade die von Wittmann (Wittmann 1959, S.14) geprägte Definition von Information als „zweckorientiertem Wissen" durchgesetzt hat. Der Informationswert des Wissens wird also durch den Zweck bestimmt und nicht durch die Informationsmenge. Informationsarten lassen sich unterschiedlich strukturieren (Welge 1988, S.34ff; Huch 1993, S.24):

- Nach der Verwendung in den einzelnen Phasen des Managementprozesses wird in Anregungs-, Alternativen-, Beschränkungs-, Prognose-, Entscheidungs-, Vorgabe- und Kontrollinformationen unterschieden.
- In sachlicher Differenzierung lassen sich Informationen hinsichtlich ihrer Rele-

vanz für betriebliche Ressorts (z.B. Beschaffung, Produktion, Vertrieb) oder Projekte bzw. Aufträge unterscheiden.

- Bei zeitlicher Differenzierung lassen sich Informationen für die kurzfristige bzw. operative oder langfristige bzw. strategische Steuerung unterscheiden.
- Je nach Aufgabenumfang wird zwischen Protokoll-, Diagnose-, Empfehlungs- und Prognoseinformationen unterschieden.

0.2 Determinanten des Informationsstandes

Der objektive Informationsbedarf leitet sich aus der Art der Aufgabenstellung ab und ist somit unabhängig von der Person des Aufgabenträgers. Das subjektive Informationsbedürfnis ist davon abhängig, was von der Person des Aufgabenträgers als notwendig erachtet wird. Ungeachtet dessen kann der Aufgabenträger nur einen Teil der von ihm als notwendig erachteten Informationen auch tatsächlich nachfragen. Dieser Informationsnachfrage ist das tatsächlich realisierbare Informationsangebot gegenüber zu stellen. Insgesamt ergibt sich hierdurch die subjektiv nachgefragte und tatsächlich vorhandene Informationsversorgung, die als Informationsstand bezeichnet wird (Oppelt 1995, S.205). Abbildung 170 verdeutlicht diese Zusammenhänge durch eine mengenorientierte Darstellungsweise.

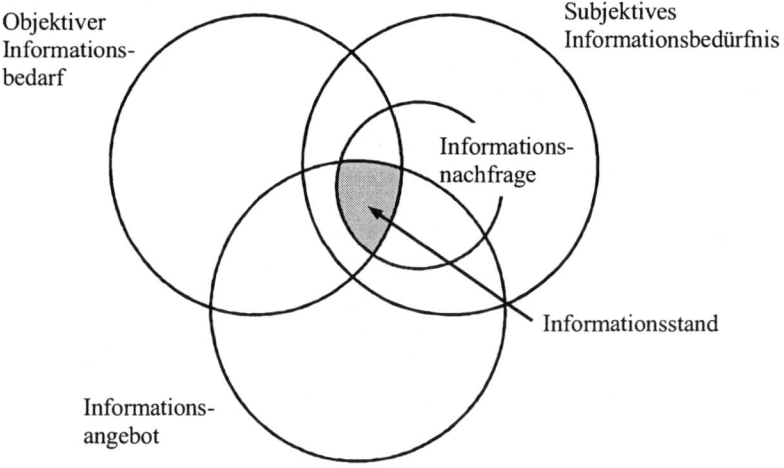

Abb. 170: Informationsmangel im Datenüberfluss
(Szyperski 1980, Sp.906; Oppelt 1995, S.204)

Der Controller hat die Aufgabe, die dargestellten Flächen möglichst abzugleichen, um somit eine bestmögliche Grundlage für Entscheidungen zu liefern. Hierzu gehört die Gestaltung eines eigenen Controlling-Informationssystems, das ohne moderne Rechnerunterstützung kaum realisierbar wäre. Aber auch die informationstechnischen Entwicklungen selbst haben wiederum Folgen für die Organisation des Controlling und können Anstöße zu neuen Lösungen geben.

0.3 Konzept einer integrierten Informationsversorgung

Bereits in den 1960er Jahren entstand der Wunsch, den Entscheidungsträgern der unterschiedlichen Funktionsbereiche und Hierarchieebenen als Grundlage für ihre Entscheidungsfindung die notwendigen Informationen zur Verfügung zu stellen. Die hierfür benötigten Informations- und Kommunikationssysteme werden im Folgenden zusammenfassend als Managementunterstützungssysteme (MUS) bezeichnet. Diese Begriffswahl basiert auf den Ausführungen von Scott Morton aus dem Jahre 1983 (Scott Morton 1983).

Die historisch für diesen Bereich gewachsenen Lösungen basierten in der Regel auf einer systemspezifischen Datenhaltung (vgl. Abbildung 171). Bis hinein in die 1990er Jahre war es in der Praxis durchaus üblich, dass Managementunterstützungssysteme ausschließlich auf eigene, meist herstellerspezifische Datenhaltungskomponenten zugreifen mussten. Um die verschiedenen Komponenten mit Daten zu versorgen, wurden jeweils eigene Kopien bzw. Extrakte aus den operativen Systemen geladen.

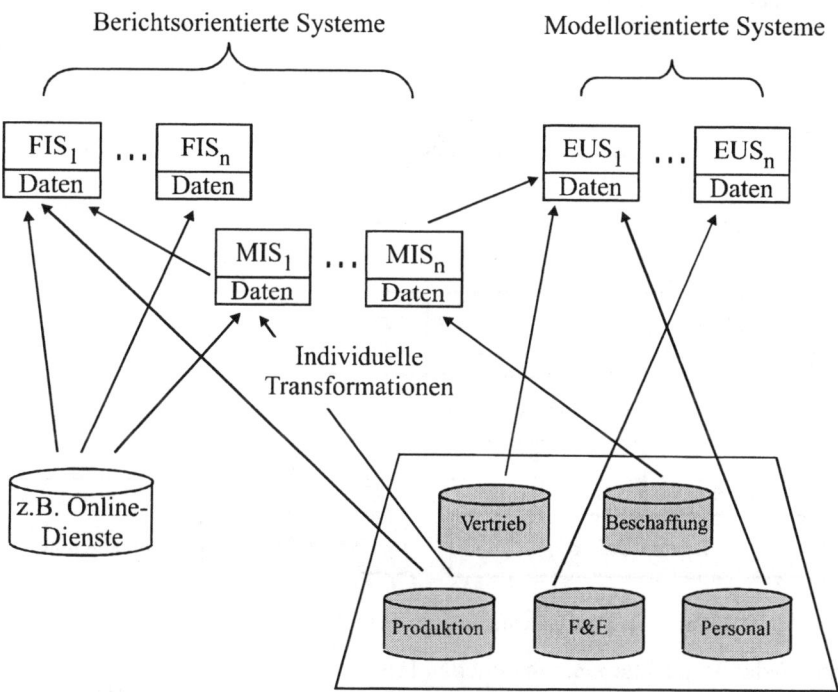

Abb. 171: Informationsversorgung ohne integriertes Konzept

Die Nachteile einer solchen Lösung sind offensichtlich (Kemper 1998, S.170; Herden 2001, S.4):

- Es erfolgt in der Regel eine Beschränkung auf interne Systeme. Gerade für strategische Entscheidungen sind aber auch externe Daten wichtig.

- In den operativen Systemen werden die Daten nur für einen relativ kurzen Zeitraum vorgehalten, so dass Langzeitbetrachtungen zur Entscheidungsunterstützung nur schwer oder gar nicht möglich sind.

- Da die Kopier- und Extraktionsvorgänge für die unterschiedlichen Datenhaltungssysteme zu verschiedenen Zeitpunkten und oftmals auch doppelt erfolgen, kann in den Managementunterstützungssystemen keine ausreichende Konsistenz und Qualität sichergestellt werden.

- Durch die fehlende Harmonisierung der verwendeten Begriffe sind Auswertungen, die abteilungsübergreifend durchgeführt werden, nicht vergleichbar bzw. führen zu einem erheblichen Mehraufwand, da die Anpassung der Auswertung für jedes Quellsystem vorgenommen werden muss.

Eines der Hauptprobleme in diesem Zusammenhang sind die über das gesamte Unternehmen verstreuten Dateninseln. Daher muss eine Architektur angestrebt werden, die dieser Fragmentierung entgegenwirkt und die individuelle Systeme in eine aus Unternehmenssicht einheitliche dispositive Unternehmenssicht überführt (Kemper 1998, S.147).

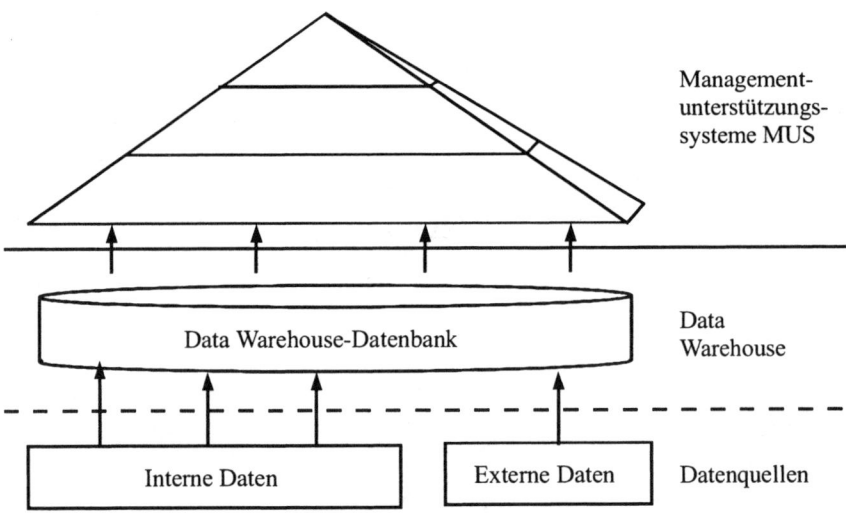

Abb. 172: Konzept einer integrierten Informationsversorgung

Eine solche Architektur einer integrierten Informationsversorgung kann grundsätzlich in drei Ebenen aufgeteilt werden (vgl. Abbildung 172). Die untere Ebene kann dabei als Quelle für interne und externe Daten betrachtet werden. Als interne Datenquellen dienen die Administrations- und Dispositionssysteme, die die originären Abläufe des Unternehmens abbilden. Darüber hinaus werden insbesondere für strategische Entscheidungen auch externe Daten benötigt.

Die mittlere Ebene dient als eigenständiges, unternehmensweites und zweckneutrales „Sammelbecken" für Daten der Planungs- und Entscheidungsebene. Hauptbestandteil ist hierbei die zentrale Data Warehouse-Datenbank, auf der weitere dezentrale, funktional oder regional ausgerichtete Data Marts existieren können.

Die Schnittstelle zu den Benutzern bilden in der oberen Ebene Managementunterstützungssysteme, die in Abhängigkeit der zu leistenden Unterstützungsaufgaben (z.B. Berichts- oder Modellorientierung) unterschieden werden. Der Zugriff auf die einzelnen Komponenten des MUS erfolgt in der Regel über einen zentralen Einstiegspunkt, dem Portal („single point of access"). Über einen sogenannten Single-Sign-On-Mechanismus im Portal ist gewährleistet, dass die Benutzer ohne erneute Anmeldung an das MUS den Zugriff auf alle für sie autorisierten Komponenten erhalten.

0.4 Struktur der Aufgaben

Die nachfolgenden Aufgaben werden in die Konzepte der Datenhaltung und in aufsetzende Instrumente sowie Verfahren unterschieden:

Datenhaltung für das Controlling

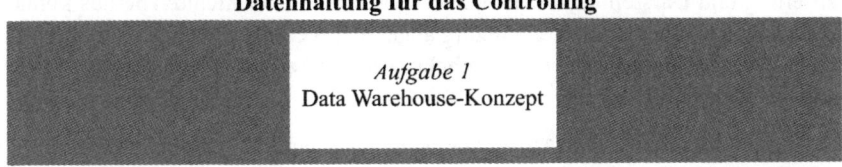

Rechnergestützte Instrumente und Verfahren für das Controlling

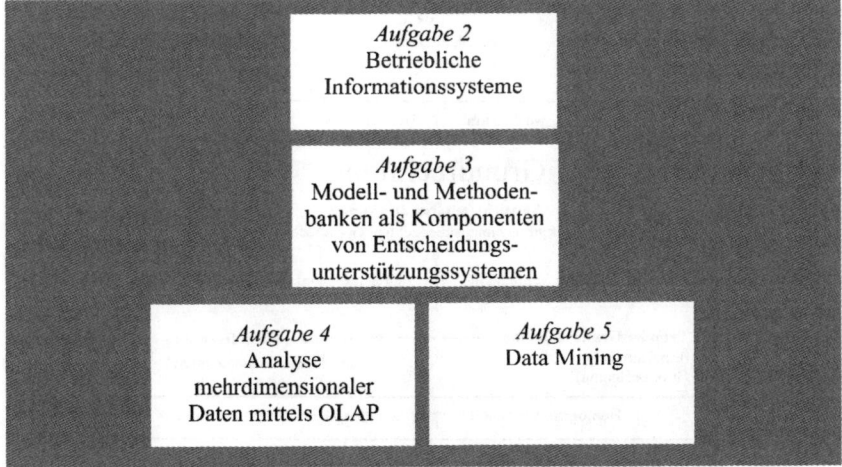

Abb. 173: Aufgabenstruktur von DV-gestütztes Controlling

Aufgabe 1:
Data Warehouse-Konzept

1.1 Aufgabenstellung

Eine integrierte Informationsversorgung der managementunterstützenden Systeme spielt für das Controlling eine wichtige Rolle. Beschreiben Sie dazu Merkmale und Architektur des Data Warehouse-Konzepts!

1.2 Einleitung

Zur Vermeidung von Inkonsistenzen und als einheitliche Datengrundlage, insbesondere für betriebliche Analysesysteme, ist ein unternehmensweiter, strukturierter und zweckneutraler Datenpool wünschenswert.

Zurückführen lässt sich dieser Gedanke auf die Arbeiten von Schmalenbach und Riebel bezüglich einer zweckneutralen Grundrechnung (Schmalenbach 1948; Riebel 1979a; Riebel 1979b). Der Begriff Grundrechnung ist irreführend, denn es handelt sich nicht um eine Rechnung, sondern um die Bereitstellung, die laufende Registrierung und Darstellung betrieblich relevanter Datenelemente. Hieraus können die Hauptmerkmale der Grundrechnung abgeleitet werden, zu denen Zweckneutralität, hohe Abbildungstreue und einfache Auswertbarkeit gehören (Haun 1987, S.14).

Der Aufbau der Grund- und Auswertungsrechnung besteht gemäß Abbildung 174 aus mehreren Ebenen.

Abb. 174: Grund- und Auswertungsrechnung (Totok 2000, S.80)

Ohne die Realisierung durch rechnergestützte Anwendungssysteme explizit in die Überlegungen mit einzubeziehen, besitzen die Grund- und Auswertungsrechnung dennoch einige Aspekte, die als Anforderungen an ein unternehmensweites Informationsversorgungskonzept zu stellen sind: Neben einem zweckneutralen Datenpool sind Regeln zu definieren, die die periodischen Datenflüsse aus der heterogenen Welt der operativen Systeme aufeinander abstimmen und für einen schnellen, nicht standardisierten Zugriff - zum Teil in verdichteter Form - zur Verfügung stellen.

1.3 Merkmale des Data Warehouse-Konzepts

Der zu diesem Informationsversorgungskonzept gehörende Begriff Data Warehouse wurde vor allem durch den amerikanischen Berater Inmon geprägt (Inmon 2002) und lässt sich durch folgende Merkmale charakterisieren:

- Themenorientierung:
  Die konsequente Themenausrichtung an Sachverhalten des Unternehmens (z.B. nach Produktkriterien) setzt eine Neuorientierung der operativen Daten voraus, die weitgehend funktions- oder prozessorientiert gespeichert werden.
- Vereinheitlichung:
  Vor der Übernahme der Daten in das Data Warehouse ist ein Abgleich der verschiedenen internen und externen Daten notwendig. Außerdem sind Vereinbarungen über die im Data Warehouse abgelegten Attribute zu treffen, da in unterschiedlichen Vorsystemen oftmals gleiche Datenobjekte verschieden benannt sind.
- Zeitorientierung:
  Während bei operativen Systemen eine zeitpunktgenaue Betrachtung der Daten im Mittelpunkt steht, liegt das Interesse bei der Auswertung von entscheidungsrelevanten Informationen eher in einer Zeitraumbetrachtung (z.B. einer Trendanalyse).
- Dauerhaftigkeit:
  Die in einem Data Warehouse gespeicherten Daten werden nach der fehlerfreien Übernahme und ggf. vorgenommenen Korrekturen in der Regel nicht mehr verändert. Daher dürfen die späteren Zugriffe im Rahmen einer Analyse nur lesend erfolgen. Die Daten im Data Warehouse werden im Zeitverlauf nicht gelöscht, sondern ihrer Priorität entsprechend auf unterschiedlichen Medien (z.B. Platten, Bänder) ausgelagert.

1.4 Architektur

Die Architektur des Data Warehouse-Konzepts lässt sich - wie in Abbildung 175 dargestellt - als ein System auffassen, dessen Komponenten untereinander in Abhängigkeit stehen (Mucksch/Behme 2000, S.14ff).

Als Kernkomponente des Data Warehouse-Konzepts ist eine von den operativen Systemen isolierte unternehmensweite Datenbasis zu verstehen, die heute in der Regel durch eine relationale Datenbank gebildet wird. Insbesondere beim interaktiven Zugriff ergibt sich für diese Datenbank jedoch oft eine zu geringe Performance. Daher werden häufig funktions- oder regionalspezifische Ausschnitte redundant ausgelagert und als Data Marts separat gespeichert. Man kann durch eine gezielte Analyse der Geschäftsprozesse Data Marts generieren, die mit 20% der Daten ca. 80% der Anfragen eines spezifischen Funktionsbereichs abdecken.

Eine Reihe von Anwendungen, insbesondere aus dem Bereich des Controlling, benötigen eine multidimensionale Sicht der Daten. Diese aus der allgemeinen Data Warehouse-Datenbank zu erzeugen, wäre ebenfalls aufgrund der mangelnden Performance nicht tragbar. Daher kommen hierfür sogenannte OLAP-Server (On-Line Analytical Processing) zum Einsatz, die speziell für solche Analysen ausgelegt sind.

Eine weitere Komponente bilden die zur Übernahme unternehmensinterner und -externer Daten eingesetzten Transformations- und Extraktionsprozesse, die im Idealfall die einzige Schnittstelle des Data Warehouses zu den Basissystemen sind. Bei den Transformationsprozessen handelt es sich beispielsweise um Währungsumrechnungen, Konzernkonsolidierungen oder Abgleiche zwischen existierenden Homonymen und Synonymen.

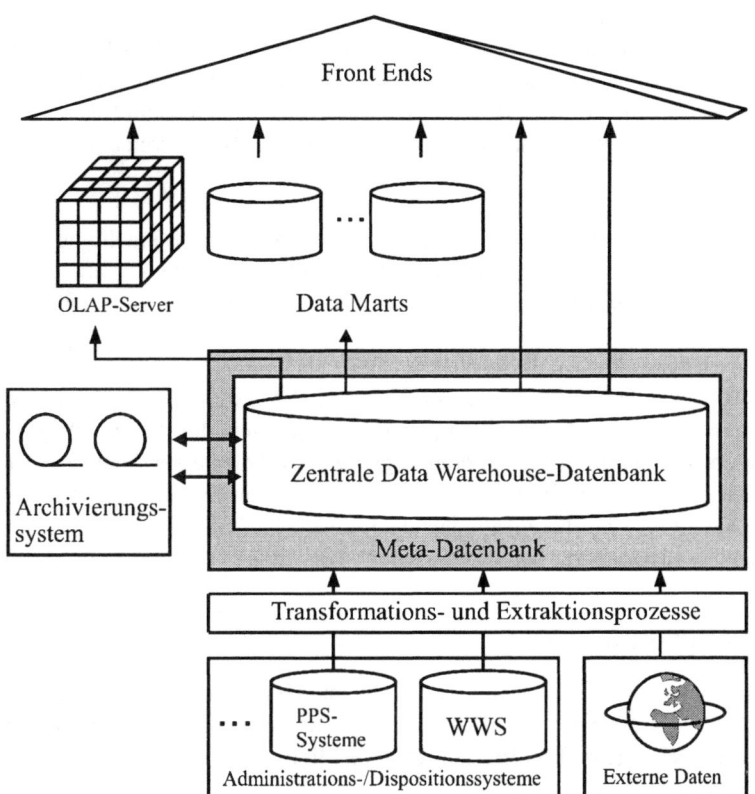

Abb. 175: Konzept des Data Warehouse (Mucksch/Behme 2000, S.14)

Die durch diese Transformations- und Extraktionsprozesse resultierenden Regeln, Zuordnungen und Definitionen sind die Grundlage für die Meta-Datenbank. Meta-Daten, die in den klassischen Data Dictionaries existieren, haben in den operativen Systemen eher Dokumentationscharakter. Anders beim Data Warehouse: Hier stellen sie dem Endanwender das notwendige Wissen zur Verfügung, um herauszufinden, welche Daten vorhanden sind, wie diese genau definiert sind und wie er auf diese zugreifen kann. Es müssen alle Verdichtungsstufen (z.B. Monats-, Quartals- oder Jahresdaten) einschließlich eines Zeitplanes (Zeitpunkte der Verdichtungen) beschrieben sein, um wiederholte Konsolidierungen zu vermeiden.

Für das Data Warehouse-Management stellt das Meta-Datenbanksystem alle notwendigen Informationen zur Steuerung der Transformations- sowie der Distributionsprozesse bereit. Die Meta-Daten definieren sämtliche Datenflüsse von den Quell- zu den Zieldatenbanken. Aufgrund der Vielzahl der Quelldatenbanken, die jeweils eigene Standards für ihre Meta-Daten verwenden, ist die Homogenisierung dieser unterschiedlichen Meta-Daten von großer Bedeutung. Aus der Vielzahl von Standardisierungsversuchen hat sich inzwischen die Spezifikation der Management Group (OMG) 'Common Warehouse Metadata' durchgesetzt.

Neben der Datenbasis beinhaltet das Data Warehouse-Konzept auch Systeme, die die Bereiche Datensicherung und Archivierung abdecken. Die Datensicherung wird zur Wiederherstellung der Data Warehouse-Datenbank im Fall eines Progamm- oder Systemfehlers durchgeführt. Hierbei müssen mindestens die Daten der untersten Verdichtungsstufe gesichert werden. Da der Zeithorizont eines Data Warehouse typischerweise mehrere Jahre beträgt, kann das Datenvolumen schnell auf mehrere Terabyte anwachsen. Daher ist die Auslagerung (Archivierung) auf kostengünstigere Speichermedien (z.B. Magnetbänder) sinnvoll.

Entsprechend dem Data Warehouse-Grundgedanken greifen die managementunterstützenden Systeme nicht direkt auf die Basissysteme zu, so dass die Analysen den reibungslosen Ablauf der operativen Geschäfte nicht beeinträchtigen.

1.5 Auswirkungen auf die Informationsversorgung

Die Einführung eines Data Warehouses verbessert die Informationsbereitstellung für die Entscheidungsträger aller Ebenen in Bezug auf qualitative, quantitative und zeitliche Gesichtspunkte wie beispielsweise die Erhöhung der Informationssicherheit zu einem bestimmten Zeitpunkt. Quantitative Verbesserungen der Informationsbereitstellung werden durch die Einbeziehung aller Unternehmensbereiche und unternehmensexterner Datenquellen gemäß Abbildung 176 erzielt.

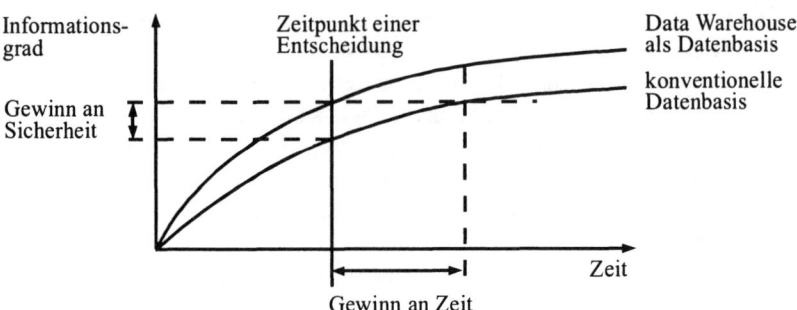

Abb. 176: Effizientere Informationsbereitstellung (Mucksch/Behme 2000, S.68)

Aufgabe 2:
Betriebliche Informationssysteme

2.1 Aufgabenstellung

Informationssysteme für das Controlling basieren auf einer Vielzahl betriebswirtschaftlicher und statistischer Modelle: Systematisieren Sie unterschiedliche Arten von Systemen und beschreiben Sie deren Charakteristika!

2.2 Einleitung

Allgemein gesprochen besteht ein betriebliches Informationssystem - wie jedes System - aus einer abgegrenzten, geordneten Menge von Elementen, zwischen denen Beziehungen existieren, wobei es sich bei diesen Beziehungen charakteristischerweise um den Austausch von Informationen handelt. Es dient zur Abbildung der Leistungsprozesse und Austauschbeziehungen im Betrieb sowie zwischen diesem und seiner Umwelt (Hansen 1992, S.68). Grundsätzlich lässt sich ein betriebliches Informationssystem unterteilen in Systeme zur Führungsunterstützung im weiteren Sinne und den Basissystemen (Administrations- und Dispositionssysteme).

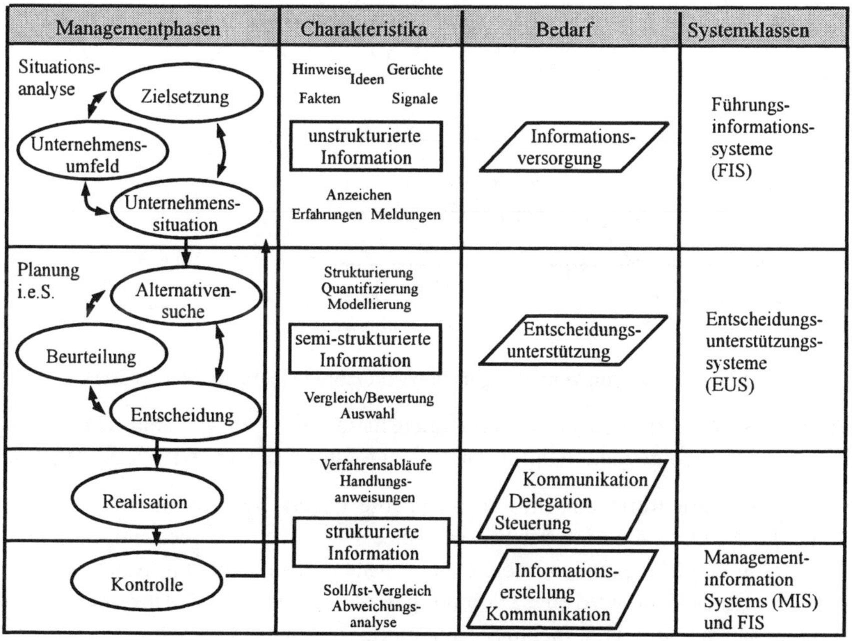

Managementphasen	Charakteristika	Bedarf	Systemklassen
Situations-analyse → Zielsetzung; Unternehmens-umfeld ↔ Unternehmens-situation	Hinweise Ideen Gerüchte, Fakten Signale / **unstrukturierte Information** / Anzeichen Erfahrungen Meldungen	Informations-versorgung	Führungs-informations-systeme (FIS)
Planung i.e.S. → Alternativen-suche; Beurteilung ↔ Entscheidung	Strukturierung Quantifizierung Modellierung / **semi-strukturierte Information** / Vergleich/Bewertung Auswahl	Entscheidungs-unterstützung	Entscheidungs-unterstützungs-systeme (EUS)
Realisation	Verfahrensabläufe Handlungs-anweisungen / **strukturierte Information**	Kommunikation Delegation Steuerung	
Kontrolle	Soll/Ist-Vergleich Abweichungs-analyse	Informations-erstellung Kommunikation	Management-information Systems (MIS) und FIS

Abb. 177: Phaseninduzierte Entscheidungsunterstützung
(Gluchowski/Gabriel/Chamoni 1997, S.75)

Bevor die einzelnen Systeme genauer dargestellt werden, ist es notwendig, kurz auf die Tätigkeiten im Rahmen des betrieblichen Entscheidungsprozesses einzugehen. Dieser kann als ein in Teilphasen zerlegbarer Vorgang zur Willensbildung und -durchsetzung charakterisiert werden, bei dem jede Teilphase durch spezifische Informationsanforderungen und Entscheidungsregeln gekennzeichnet ist (Behme 1992, S.179). Nur wenn jede Teilphase genügend spezifiziert werden kann, spricht man von strukturierten Entscheidungen. Lassen sich einige Phasen nicht strukturieren, liegen semi- oder halbstrukturierte Entscheidungssituationen vor. Aus den Charakteristika der einzelnen Managementphasen lassen sich Unterstützungsbedarfe ableiten, denen die jeweiligen Managementunterstützungssysteme Rechnung tragen müssen. Entsprechend den Managementphasen lassen sich Klassen betrieblicher Informationssysteme zuordnen (vgl. Abbildung 177).

Die Architektur kann mit Hilfe einer Systempyramide gemäß Abbildung 178 dargestellt werden.

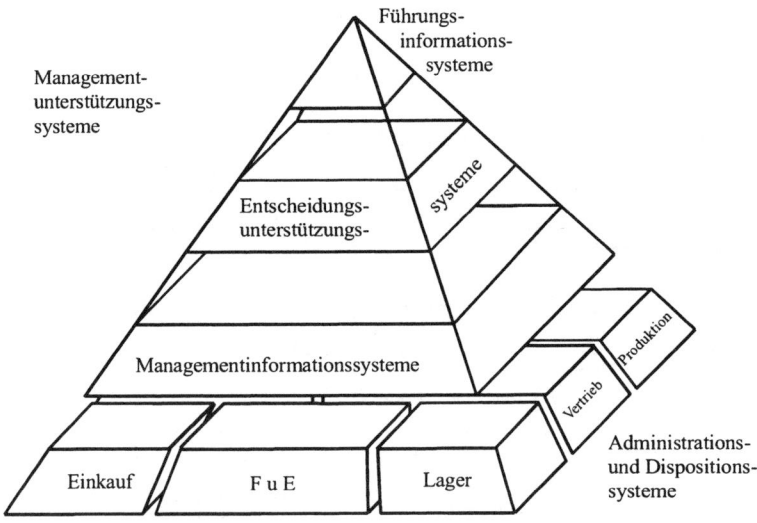

Abb. 178: Systempyramide (Gluchowski/Gabriel/Chamoni 1997, S.202)

Diese - in Anlehnung an die Unternehmenshierarchie - oft gewählte Darstellung kann jedoch zu folgenden Fehlinterpretationen führen (Kemper 1998, S.216):

- Die Pyramidenform täuscht eine stringente Unterscheidung in getrennte Systemklassen vor, die es in der Praxis in dieser Schärfe nicht gibt und für die Gestaltung von Managementunterstützungssystemen auch nicht hilfreich ist.
- In der Darstellung wird eine Zuordnung der Systemklassen zu einzelnen Hierarchieebenen in den Unternehmen suggeriert.
- Die hierarchische Abhängigkeit der einzelnen Systemklassen (Führungsinformationssysteme können nur aufgebaut werden, wenn entsprechende EUS oder MIS existieren) ist durch eine systemübergreifende Datenversorgung mittels eines Data Warehouses ebenfalls nicht mehr zwingend.

2.3 Administrations- und Dispositionssysteme

Auf der unteren Stufe bilden die wert- und mengenorientierten Administrations-
und Dispositionssysteme die Basisabläufe des operativen Unternehmensgeschehens
ab. Neben rein betriebswirtschaftlich ausgerichteten Informationen sind auch technisch orientierte Informationen, die keinen engeren betriebswirtschaftlichen Inhalt
aufweisen, Gegenstand dieser Systeme. So gehören beispielsweise Systeme für die
Produktionsplanung und -steuerung, die Materialwirtschaft, den Komplex der Logistik und für die Warenwirtschaft dazu (Stahlknecht 2002, S.338ff; Mertens 2001).

Administrationssysteme dienen hauptsächlich der Rationalisierung der Massenda-
tenverarbeitung. Im Vordergrund stehen dabei sehr einfache Tätigkeiten: Sie reichen vom Adressenschreiben oder Tabellendrucken über die Auftragsabwicklung
bis zur Verwaltung von Lagerbeständen.

Dispositionssysteme unterstützen die Lösung von einfachen, gut strukturierten Entscheidungsproblemen vorwiegend auf der unteren und mittleren Führungsebene.
Typische Anwendungsbereiche sind die Bestelldisposition im Handel, die Losgrö-
ßenbestimmung und die Tourenplanung im Vertrieb. Administrations- und Dispositionssysteme bilden somit die Grundlage der Managementunterstützungssysteme.

2.4 Managementunterstützungssysteme

Bereits seit Ende der 1950er Jahre versucht man, die Durchführung der Manage-
mentaufgaben durch computergestützte Informationssysteme zu verbessern. Die diversen Ansätze und Systeme, die im Laufe vergangener Jahre entwickelt wurden,
drücken sich in der verwirrenden Vielfalt unterschiedlicher Akronyme, wie CIS
(ChefInformationsSystem), EUS (EntscheidungsUnterstützungsSystem), EIS (Executive Information System) bzw. FIS (FührungsInformationsSystem) aus (Behme/
Schimmelpfeng 1993, S.3ff). Die begriffliche Einordnung der genannten Systeme
ist aufgrund ihrer vielfältigen Einsatzgebiete, die sich je nach Größe und Branche
eines Unternehmens unterscheiden, sowie den unscharfen Grenzen ihrer Funktionalität zu anderen Systemen in der Literatur keineswegs einheitlich. Im Folgenden
wird der Begriff der Managementunterstützungssysteme für alle Systeme verwendet, bei denen die Analyse im Vordergrund steht. Mertens und Griese verwenden
hierfür den Begriff der Planungs- und Kontrollsysteme (Mertens/Griese 2002).

Diese Systeme benutzen die auf der unteren Ebene erfassten Daten und verdichten
sie zum Zwecke der Entscheidungsunterstützung. Im Hinblick auf die Unterstützungsbedarfe lassen sich Managementunterstützungssysteme gemäß Abbildung
178 folgendermaßen klassifizieren:

- Managementinformationssysteme (Management Information Systems)
- Entscheidungsunterstützungssysteme (Decision Support Systems)
- Führungsinformationssysteme (Executive Information Systems)

2.4.1 Managementinformationssysteme

Historisch gesehen stellen die Managementinformationssysteme MIS die ersten Bemühungen einer DV-Unterstützung des Managements dar. Den hochgestellten Erwartungen an die Qualität derartiger Systeme - getragen durch die allgemeine Technikeuphorie in den 1960er Jahren sowie der Illusion, die Steuerung eines Unternehmens primär mit exakten Methoden ermöglichen zu können - folgten jedoch zunehmend Phasen der Ernüchterung, ja sogar der Resignation. Beispielhaft sei an dieser Stelle auf die Versuche verwiesen, mit Hilfe von MIS als automatische Entscheidungsgeneratoren das Management zu entlasten. Die damaligen Realisierungsversuche, die auf den verschiedenen Unternehmensebenen und -bereichen anfallenden Daten für ein Real-Time-Management zu verdichten und in einem MIS bereitzustellen, scheiterten an fehlenden Vorsystemen. Hinzu kamen technische Unzulänglichkeiten und der konzeptionelle Denkfehler, mit einem Informationssystem alle Informationsbedürfnisse der Entscheidungsträger abdecken zu wollen. Somit sind die MIS-Ansätze der 1960er Jahre als gescheitert anzusehen und der Begriff des MIS war lange Zeit negativ besetzt.

Die MIS heutiger Prägung sind der generische Begriff für rein informations- bzw. berichtsorientierte Systeme, die es Entscheidungsträgern verschiedener Hierachieebenen erlauben, detaillierte sowie verdichtete Informationen zur Selektion und Analyse aus den operativen Systemen abzurufen (Gluchowski/Gabriel/Chamoni 1997, S.152). Eine Beschränkung der Zielgruppe (Hierarchieebene) sollte es beim Aufbau des MIS heute nicht mehr geben. Das Informationsangebot muss allen Entscheidungsträgern in dem für sie relevanten bzw. zulässigen Abschnitt gleichermaßen zur Verfügung stehen.

Der Einsatz dieser Systeme ist somit in den frühen Phasen des Entscheidungsprozesses, in denen der Entscheidungsträger explorativen Data Support benötigt, sowie in der den Managementprozess abschließenden Kontrollphase angesiedelt (Jahnke 1993, S.30). Hier dient das MIS hauptsächlich der Überprüfung der Auswirkungen angeordneter Maßnahmen. Die Präsentation des Datenmaterials erfolgt dabei zur besseren Visualisierung in Form von Grafiken und Diagrammen. Es sollten jedoch nicht nur Standardtypen wie z.B. Balken-, Säulen- oder Kreisdiagramme vorgegeben werden, vielmehr muss die Möglichkeit der Integration von Operationen wie Normierung, Indizierung oder Kumulation möglich sein. Dabei dürfen die Graphiken nicht als 'Dekoration' angesehen werden, sondern sollen vielmehr dazu dienen, bestimmte visuell gestaltete Bildschirminhalte schnell zu erfassen, ohne dabei Details lesen zu müssen.

Eine weitere Komponente von Managementinformationssystemen ist ein modernes Berichtssystem. Darunter wird ein standardisiertes, automatisiertes oder ereignisgesteuertes Berichtswesen verstanden, das sich sowohl bei den Inhalten und den Empfängern als auch bei der Entscheidungsweise an schlanken betriebswirtschaftlichen Konzepten ausrichtet.

Man unterscheidet Standardberichte, die langfristig die gleiche Struktur aufweisen (z.B. externes Konzernberichtswesen), und „temporäre" Standardberichte, die über eine kurz- und mittelfristige Zeitspanne (z.B. innerhalb eines Projektes) in Aufbau und Erscheinungsweise konstant bleiben. Gerade für die zweite Klasse müssen moderne Berichtsgeneratoren leicht erlernbar und flexibel sein, damit der Fachbereich selbst die Berichtserstellung und -änderung übernehmen kann. Der Anstoß zur Generierung beider Berichtsarten erfolgt nach Ablauf fest definierter Zeitintervalle.

Darüber hinaus kann sich der Benutzer von einem Ausnahmeberichtswesen (Exception Reporting), bei dem für jede betriebswirtschaftliche Größe individuelle Toleranzgrenzen festgelegt werden können, auf aktuelle Problembereiche hinweisen lassen.

Moderne Berichtssysteme erzeugen dabei in gleicher Berichtsstruktur Papierberichte und bildschirmorientierte Online-Darstellungen. Außerdem lassen sich mit Hilfe des Berichtsgenerators Dateien erzeugen, die problemlos in ein FIS eingestellt werden können.

Die Forderung nach Ad hoc-Analysen mit ständig wechselnden Datensichten führte dazu, den Datenbestand in eine mehrdimensionale Struktur (Datenwürfel) zu transferieren. Die freie Navigation innerhalb eines solchen Datenwürfels ist in einem MIS/FIS durch Unterstützung des On-Line Analytical Processing (OLAP) möglich. Die Systeme erweisen sich dadurch als äußerst flexibel bezüglich der Darstellung der verfügbaren Daten als auch in der Anpassung sich ändernder Unternehmensstrukturen.

2.4.2 Entscheidungsunterstützungssysteme

Im Mittelpunkt von Entscheidungsunterstützungssystemen EUS steht die effiziente Unterstützung der Führungskraft im Planungs- und Entscheidungsprozess. Dabei soll der Entscheidungsträger interaktiv bei der Lösung eher schwach strukturierter Entscheidungssituationen unterstützt werden. Die Betonung liegt hierbei auf unterstützen, denn die meisten Entscheidungsprozesse sind nicht vollständig algorithmisierbar, so dass lediglich einzelne Phasen sinnvoll programmiert und damit dem Rechner übertragen werden können. Eine allgemeine Definition eines EUS sieht wie folgt aus (Gluchowski/Gabriel/Chamoni 1997, S.168):

„EUS sind interaktive EDV-gestützte Systeme, die Manager (Entscheidungsträger) mit Modellen, Methoden und problembezogenen Daten in ihrem Entscheidungsprozess bei der Lösung in eher schlecht-strukturierten Entscheidungssituationen unterstützen."

Kennzeichnend für EUS ist demzufolge die Modell- und Methodenorientierung, durch die eine situationsspezifische Unterstützung gewährleistet wird. EUS sind dazu geeignet, mit Daten und Modellen Probleme zu lösen. Sie kombinieren die Modellentwicklung und die analytischen Problemlösungstechniken mit traditionellen Datenzugriffs- und Retrieval-Methoden. EUS konzentrieren sich dabei auf bestimmte konkrete Entscheidungen oder eine Klasse von Entscheidungen. Darunter sind sowohl Ad hoc- als auch institutionalisierte, d.h. ablauforganisatorisch geregelte Entscheidungen zu verstehen (Krallmann/Rieger 2001, S.186f).

2.4.3 Führungsinformationssysteme

Im Mittelpunkt des FIS-Gedankens steht die managementgerechte Präsentation von wenigen kritischen Erfolgsfaktoren in Form von Kennzahlen. Eine derartige Beschränkung auf wenige Größen - unterstützt durch eine farbliche Markierung auftretender Abweichungen - ermöglicht dem Entscheidungträger, auf einen Blick die wirtschaftliche Lage in einem Geschäftsfeld oder einem geographischen Raum zu erfassen (Monitoring). Dabei erfolgt die farbliche Darstellung in der Regel in Ampelfarben (grün: positiv, gelb: neutral und rot: kritisch). Weiterhin zeichnen sich derartige Systeme durch eine leicht erlernbare Oberfläche aus, die auch bei sporadischer Benutzung ohne ständiges Erlernen einfach zu bedienen ist.

Neben der Präsentation von internen, meist in strukturierter Form vorliegenden Daten muss ein FIS auch externe Daten verarbeiten können. Dazu gehören sowohl periodisch eingescannte oder manuell erfasste Pressemeldungen als auch von diversen Instituten erstellte Markt- oder Branchenübersichten.

Darüber hinaus spielen bei FIS vor allem Kommunikationskomponenten eine wesentliche Rolle. Per Knopfdruck müssen sich Dokumente, mit Kommentaren versehene Daten oder Arbeitsanweisungen unternehmensintern - an die Mitarbeiter - oder unternehmensextern versenden lassen.

Wie bei den MIS hat sich auch bei den FIS die Erkenntnis durchgesetzt, dass alle mit Führungsaufgaben betrauten Bereiche auf allen Unternehmensebenen als Zielgruppe in Frage kommen.

Aufgabe 3:
Modell- und Methodenbanken als Komponenten von Entscheidungsunterstützungssystemen

3.1 Aufgabenstellung

Im Rahmen des Entscheidungsprozesses ist die Phase der Planung durch den Einsatz von quantitativen Methoden geprägt, die hauptsächlich in Entscheidungsunterstützungssystemen EUS zum Einsatz kommen. Beschreiben Sie daher die Architektur von EUS unter besonderer Berücksichtigung von Modell- und Methodenbanken!

3.2 Einleitung

Unter einem Entscheidungsunterstützungssystem versteht man interaktive, rechnergestützte Systeme, die den Entscheidungsträgern bei semi- oder unstrukturierten Entscheidungen unterstützen (Keen/Scott Morton 1978). Die Betonung liegt auf Unterstützung, da man erkannt hat, dass es sinnvoll ist, die spezifischen Vorzüge des menschlichen Entscheidungsträgers und des Computers in einem interaktiven System miteinander zu verbinden. Menschliche Benutzer und Entscheidungsunterstützungssysteme werden insgesamt als Entscheidungssystem betrachtet (Vetschera 1995, S.105). Die Verteilung der Aufgaben auf die beiden Komponenten dieses Entscheidungssystems wird dynamisch während des Problemlösungsprozesses festgelegt.

3.3 Architektur eines Entscheidungsunterstützungssystems

Unter dem Oberbegriff Entscheidungsunterstützungssystem werden eine Vielzahl von Einzelsystemen mit voneinander abweichenden Schwerpunkten, Ausrichtungen und Leistungsfähigkeiten zusammengefasst. Als gemeinsames Charakteristikum ist vor allem die ausgeprägte Modell- und Methodenvielfalt zu nennen, die sich sowohl im großen Angebot implementierter Standardmethoden als auch in den Möglichkeiten zur flexiblen Generierung und Organisation zusätzlicher Methoden und Modelle dokumentiert.

Für die Systeme hat sich im Laufe der Zeit eine einheitliche Architektur herausgebildet, die aus den vier Speicherkomponenten Daten-, Methoden-, Modell- und Reportbank sowie einem Dialogsystem besteht. Gesteuert werden die Komponenten über ein zentrales Verwaltungssystem (Sprague/Carlson 1982, S.195ff).

Durch die Fokussierung der EUS auf abgegrenzte Aufgaben benötigen EUS nicht den vollen Umfang unternehmensweit vorhandener Daten. Vielmehr kann man sich die Datenbank im Sinne des Data Warehouse-Konzepts als spezialisierten Data Mart vorstellen.

Zur Aufbereitung der Ergebnisse der Berechnungen dient die Reportbank, die vordefinierte Reports in Text- oder Grafikform enthält.

Über die Dialogkomponente steuert einerseits der Benutzer das System, andererseits dient es der Aufbereitung der vom System an den Benutzer zu übermittelnden Informationen.

Aufgrund der besonderen Bedeutung wird im Folgenden auf die Bestandteile Modell- und Methodenbank gesondert und detailliert eingegangen.

3.4 Modell- und Methodenbanken

Allgemein umfasst der Begriff des Modells die Abbildung eines Systems, das durch Elemente und die zwischen diesen bestehenden Beziehungen charakterisiert wird. Die Abbildung erfolgt durch Abstraktion, d.h. es werden nicht alle, sondern nur eine Auswahl von relevanten Merkmalen des abzubildenden Systems erfasst. In der Vereinfachung der realen Welt liegt demzufolge der Wert der Modellunterstützung (Mag 1995, S.21ff).

Je nach dem Zweck der Modelle lassen sich Beschreibungs-, Erklärungs- und Entscheidungsmodelle unterscheiden. Beschreibungsmodelle stellen deskriptive Aussagesysteme dar, in denen in erster Linie Ist-Zustände dokumentiert werden. Als Beispiel hierfür ist das vergangenheitsorientierte Rechnungswesen zu nennen. Erklärungs- und Prognosemodelle sind empirisch-kognitive Aussagesysteme, die der Ableitung von Hypothesen dienen. Ausgehend von Beobachtungen aus der Vergangenheit werden Entwicklungen in der Zukunft prognostiziert. Entscheidungsmodelle dienen der Ableitung von Handlungsempfehlungen, indem in die Erklärungs- und Prognosemodelle persönliche Zielsetzungen einfließen. Als Beispiele sind Bewertungs- und Scoring-Modelle sowie Warteschlangen- oder Simulationsmodelle zu nennen (Mag 1995, S.23).

Beispielsweise kann für die Produktionsplanung eines Monats ein lineares Optimierungsmodell formuliert werden, bei dem die verschiedenen Ressourcen in Form von Symbolen beschrieben sind. Bei der konkreten Planung müssen dann für die zunächst allgemein spezifizierten Größen numerische Werte eingesetzt werden. Die daraus resultierende Problembeschreibung wird als Modellinstanz, der Vorgang als Instantiierung des Modells bezeichnet (Vetschera 1995, S.130ff). Ein Verfahren, das auf einer Modellinstanz Berechnungen ausführt, wird Methode genannt (vgl. Abbildung 179).

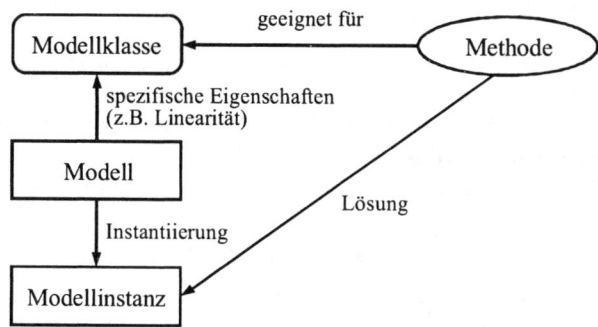

Abb. 179: Zusammenhang zwischen Methode, Modellklasse, Modell und Modellinstanz (Vetschera 1995, S.132)

Der Begriff „Methode" wird dabei unterschiedlich weit gefasst:

- Algorithmus
  - vier Grundrechenarten
  - Prognose- und Regressionsverfahren
  - Simplex-Algorithmus
- abgrenzbare Teilschritte des Problemlösungsprozesses
  - repräsentiert auf dem Rechner durch Programmschritte, die neben dem Algorithmus noch einen kurzen Dialog mit dem Benutzer umfassen
- ganze Problemlösungsverfahren
  - bestehend aus mehreren Teilschritten
  - impliziter Bezug auf bestimmte Daten der Grundrechnung
  - automatisierte Datenselektion
  - Verbindung von Algorithmus und automatischer Datenbereitstellung

Methoden sind in der Regel nicht auf beliebige Modellinstanzen anwendbar, sondern setzen spezifische Eigenschaften, wie z.B. Linearität, voraus. Diese Eigenschaften können bereits bei der Definition des Modells erkannt werden, so dass man Modelle zu bestimmten Modellklassen zusammenfasst. So kann beispielsweise das Modell der Produktionsplanung je nach Formulierung der Nebenbedingungen in die linearen oder nichtlinearen Optimierungsmodelle eingeordnet werden. Eine Methode kann zumeist für mehrere Modellklassen eingesetzt werden.

Eine Methodenbank ist mehr als eine bloße Sammlung von Methoden. Neben den in Form von Einzelprogrammen oder Programmbausteinen vorliegenden Methoden umfasst sie eine Reihe von Komponenten zur Verwaltung und Manipulation dieser Methodenbasis. Wird zusätzlich eine Komponente zum Anschluss beliebiger Datenbanksysteme integriert, spricht man von einem Methodenbanksystem.

Betrachtet man den Aufbau eines Methodenbanksystems, so lassen sich zwei Bestandteile unterscheiden: das anwendungsneutrale Methodenbankverwaltungssystem und ein auf den Benutzer zugeschnittenes Methodenbankanwendungssystem.

Die Aufgaben des Verwaltungssystems sind (Bodendorf 2001, S.301f):

- die Elemente der Methodenbasis technisch zu organisieren und die Zugriffe darauf zu regeln,
- bei Anpassung der Methodenbank Möglichkeiten zu bieten, alte Methoden zu entfernen bzw. neue einzufügen,
- Schnittstellen zur Anbindung neuer Datenbanksysteme zur Verfügung zu stellen und
- die Methodendurchrechnung zu steuern und zu überwachen.

Die Aufgaben des Anwendungssystems sind (Bodendorf 2001, S.301f):

- Informationen über die einzelnen Methoden in Form von Dokumentationen dem Benutzer zur Verfügung zu stellen,
- dem Benutzer durch eine Führung bei der Methodenauswahl (automatische Vorauswahl) und der Parameterversorgung zu unterstützen,
- eine allgemein verständliche Ergebnispräsentation und ggf. die Erklärung von Fachbegriffen (Interpretationshilfen) sicherzustellen und
- für einen methodenbezogenen Datenschutz zu sorgen.

Im Gegensatz zu statistischen Methodenbanken, bei denen die Auswahl einer zu den vorhandenen Daten passenden Methode im Vordergrund steht, liegt der Schwerpunkt bei betriebswirtschaftlichen Methodenbanken darin, aus einer begrenzten Anzahl von Basismethoden (z.B. Break-Even-Analyse oder Soll-Ist-Vergleich von Kosten) ein situationsbezogenes Entscheidungsmodell aufzubauen.

Aufgabe 4:
Analyse mehrdimensionaler Daten mittels OLAP

4.1 Aufgabenstellung

Beschreiben Sie Struktur und Funktionalitäten von mehrdimensionalen Analysen zur Unterstützung von Controllingaufgaben!

4.2 Einleitung

Typische Analysen im Controlling befassen sich beispielsweise mit Fragestellungen nach dem realisierten Umsatz des Produktes „Kopiergeräte" in der Region „Niedersachsen" im Jahr 2002. Damit beinhaltet diese Frage die Dimensionen (Perspektiven) Produkt, Absatzgebiet und Zeit sowie die Kennzahl Umsatz. Visualisiert werden solche Probleme in Form einer Würfelgrafik (vgl. Abbildung 180), bei der die Kennzahl nach ihren Dimensionen aufgespannt wird. Die jeweilige Kantenlänge ergibt sich aus der Anzahl der Dimensionselemente (z.B. „Niedersachsen", „Bayern", ... und „Übrige EU-Länder" für die Dimension Absatzgebiet). Durch Auswahl eines Elementes aus jeder Dimension kann nun eine atomare Zelle (Würfelfeld) identifiziert und quantifiziert werden.

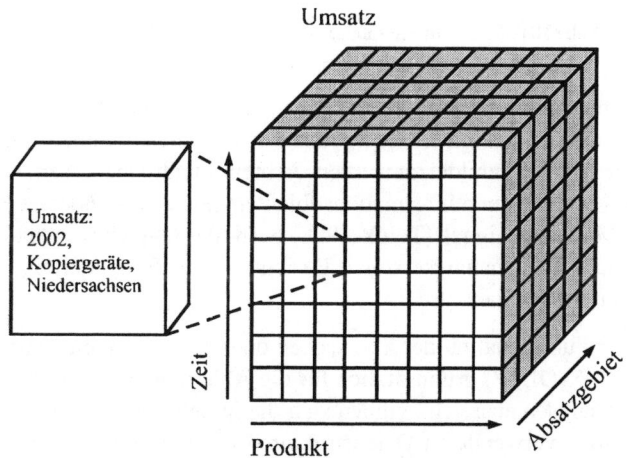

Abb. 180: Multidimensionaler Datenwürfel

Die Dimensionselemente können gleichzeitig die Blätter eines Baumes abbilden, der als Klassifikationshierarchie bezeichnet wird. Diese Hierarchie beschreibt damit mögliche Verdichtungsstufen innerhalb einer Dimension. In der Dimension Produkt werden z.B. einzelne Artikel zu Gruppen zusammengefasst, die dann zu Produktfamilien und schließlich zu Produktkategorien aggregiert werden (vgl. Abbildung 181).

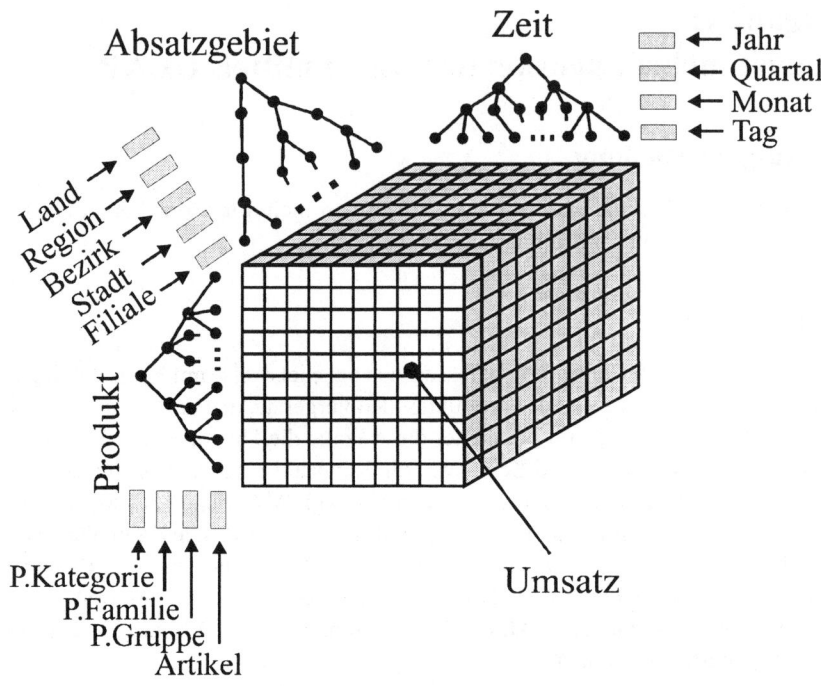

Abb. 181: Multidimensionaler Datenwürfel mit Hierarchien
(in Anlehnung an Bauer/Günzel 2001, S.103)

Diese multidimensionale Sichtweise ist besonders zur Unterstützung von Planungs-
und Kontrollaufgaben geeignet. Nicht jeder Themenbereich eignet sich allerdings
dazu, in dieser Form abgebildet zu werden. Je mehr inhaltliche Zusammenhänge es
zwischen den verschiedenen Informationsobjekten gibt, desto besser ist ein multidi-
mensionales Modell geeignet (Totok 1998, S.161ff). Gut verwendbare Bereiche
sind Finanz- und Kostenanalyse sowie Berichtswesen, Budgetierung, Produkter-
folgs- oder Vertriebsweganalyse.

Auch wenn die Funktionalität der klassischen operativen Systeme On-Line Trans-
action Processing (OLTP) grundsätzlich für die Ableitung entsprechender multidimensionaler Analysen ausreicht, eignen sich die in den Administrations- und Dispositionssystemen verwendeten Datenstrukturen nicht für eine mehrdimensionale
Sichtweise betrieblicher Sachverhalte von Controllern. Um diesen erweiterten Anforderungen in einer adäquaten rechnergestützten Weise gerecht zu werden, werden
diese um sogenannte OLAP-Komponenten erweitert.

4.3 OLAP: Begriff und Funktionalität

Der OLAP-Begriff ist in bewusster Abgrenzung zum bekannten Begriff OLTP 1993 von Codd eingeführt worden. Die hinter OLAP (On-Line Analytical Processing) stehende Funktionalität verspricht dem Anwender intuitive, interaktive, multidimensionale Datenanalyse. Zur Evaluierung stellte Codd 12 Regeln auf (Codd/Codd/Salley 1993), auf die an dieser Stelle jedoch nicht vertiefend eingegangen werden soll. Eine verkürzte, auf wesentliche Punkte reduzierte und vor allem produktunabhängige Definition wurde 1995 von Pendse und Creeth entwickelt, die OLAP auf die fünf Schlüsselkriterien Geschwindigkeit, Analysemöglichkeit, Sicherheit, Multidimensionalität und Kapazität unter dem Ankronym FASMI (engl. Fast Analyis of Shared Multidimensional Information) zusammenfasst. Diese Kriterien wurden seitdem nicht mehr verändert (Pendse/Creeth 1995; Pendse/Creeth 2000):

- Geschwindigkeit:
  Die durchschnittliche Wartezeit sollte nicht länger als 5 Sekunden betragen, wobei einfache Abfragen innerhalb von 1 Sekunde und komplexe Abfragen möglichst innerhalb von 20 Sekunden abgearbeitet sein sollten. Als zeitkritisch wird dabei nicht die reine Abfrage, sondern vielmehr die hierarchische Verdichtung angesehen.
- Analysemöglichkeit:
  Ein OLAP-System sollte für den Endbenutzer relevante Geschäftslogiken und statistische Analysen auf einfache, benutzerfreundliche Weise unterstützen, ohne dass hierfür Kenntnisse von Programmiersprachen der 4. Generation notwendig sind. Hierzu gehören beispielsweise Zeitreihenvergleiche, Ausnahmeberichtswesen (Ampelfunktionen) sowie Optimierungs- und Simulationsverfahren.
- Sicherheit:
  Ein OLAP-System sollte mehrbenutzerfähig sein, wobei die Möglichkeit einer benutzerabhängigen Zugriffsverwaltung auf Zellenebene gegeben sein muss. Für den Schreibzugriff müssen Sperrverfahren sowie Sicherungs- und Wiederherstellungsverfahren vorhanden sein.
- Multidimensionalität:
  Die wichtigste Anforderung an ein OLAP-System ist die Mehrdimensionalität, die unterschiedliche Sichten auf Daten ermöglichen soll, wobei innerhalb einer Dimension wiederum die Abbildung von Hierarchien darstellbar ist. Die zugrundeliegende Datenbanktechnik spielt dabei für die konzeptionelle Betrachtung aus der Sicht des Anwenders keine Rolle.
- Kapazität:
  Alle potentiell vom Endbenutzer benötigten Basisdaten sollen dabei, unabhängig von Datenherkunft und -menge, auch tatsächlich von einem OLAP-System bereitgestellt werden. Dabei wird in erster Linie eine Skalierbarkeit gefordert, die auch bei steigender Datenmenge stabile Anwortzeiten garantiert.

Die Analyse mit einem OLAP-Werkzeug ist ein Prozess, bei dem der Controller mit multidimensionalen Operatoren durch den entsprechenden Datenwürfel navigiert:

- Rotation / Pivotierung:
  Mit der Rotation werden verschiedene Sichten eines Würfels durch Vertauschen der Dimensionen um seine Achsen darstellbar.
- Slicing und Dicing:
  Slicing beschreibt die Auswahl einer Schicht/Ebene aus dem Datenwürfel. Mit Hilfe des Dicing (Ranging) können gewünschte Positionen entlang einer Würfeldimension ausgewählt und somit relevante Teilmengen des Würfels (Teilwürfel) dargestellt werden.
- Roll-up, Drill-down, Drill-across:
  Betriebswirtschaftliche Sachverhalte sind oftmals durch hierarchische Beziehungen gekennzeichnet. Ein Land kann sich aus mehreren Regionen zusammensetzen, denen wiederum unterschiedliche Bezirke und Städte zugeordnet werden können. Das OLAP-System sollte die Darstellung entsprechend der Bildung und Verwaltung von Hierarchien in mehreren Ebenen unterstützen. Bewegungen innerhalb eines Datenwürfels auf den unterschiedlichen Hierarchieebenen können dann je nach Richtung als Roll-up bzw. Drill-down bezeichnet werden. Beim Drill-across wird zu einem anderen Datenwürfel gewechselt.
- Multidimensionale Berechnungen:
  Hierzu gehören Möglichkeiten zur direkten und schnellen Berechnung einfacher Operationen wie das Summieren innerhalb einer Würfeldimension (Produktgruppenumsätze zu Produktkategorienumsätze) sowie auch komplexe mathematische Formeln.

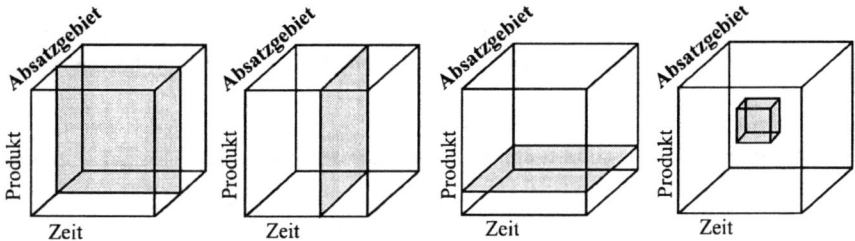

Abb. 182: Slicing und Dicing

4.4 Architektur

Bei der Architektur von Systemen, die auf die besonderen OLAP-Anforderungen ausgerichtet sind, kommen unterschiedliche Gestaltungsalternativen in Betracht (Behme 1997, S.546):

- Virtuelle multidimensionale Datenbanken[31]:
  In diesem Fall liegen dem OLAP-System konventionelle relationale Datenbanken zugrunde, die um Transformationswerkzeuge ergänzt sind. Für die effiziente Nutzung ist hierbei besonderer Wert auf das Datenbankdesign zu legen. Es erfolgt eine Unterscheidung in Fakt- und Dimensionsdaten. Während die meist quantitativen Faktdaten die eigentlichen Informationen beinhalten, handelt es sich bei den Dimensionsdaten um die Attribute dieser Faktdaten (Behme/ Holthuis/Mucksch 2000, S.224ff).
- Physikalische multidimensionale Datenbanken[32]:
  Diese proprietären Datenbanken sind speziell für den Einsatz im OLAP-System entwickelt worden. Der auf konzeptioneller Ebene vorgestellte Datenwürfel wird hierbei unmittelbar in physikalische Datenbank- und Speicherstrukturen umgesetzt. Im Gegensatz zu relationalen Datenbanken mit der weit verbreiteten Abfragesprache SQL existiert jedoch kein Schnittstellenstandard, welches zu Problemen beim Datenzugriff der aufsetzenden Analysesysteme führen kann.

Neue Trends im Bereich der Datenbanken weisen jedoch darauf hin, dass sich die relationalen Datenbanken immer weiter in Richtung OLAP-Anforderungen öffnen und Funktionalitäten anbieten, die weit über das klassische relationale Modell hinausgehen. In diesem Zusammenhang sind vor allem die sogenannten „analytischen Funktionen", die vielfältige statistische Berechnungen erlauben, sowie Summentabellen (materialisierte Sichten), die bestimmte voraggregierte Daten für die späteren Analysen bereithalten, zu nennen.

---

31) Da virtuelle multidimensionale Datenbanken mit Hilfe von einfachen relationalen Datenbanken realisiert werden, bezeichnet man diese auch als ROLAP (Relational On-Line Analytical Processing).

32) Physikalische multidimensionale Datenbanken werden auch als MOLAP (Multidimensional On-Line Analytical Processing) bezeichnet.

Aufgabe 5:
Data Mining

5.1 Aufgabenstellung

Beschreiben Sie den Begriff „Data Mining" und nennen Sie Einsatzbereiche im Controlling!

5.2 Einleitung

Durch die immer schneller wachsende Menge an quantitativen und qualitativen Daten, die hinsichtlich ihrer Relevanz aufbereitet werden müssen, stößt man bei der klassischen Analyse im Controlling schnell an Grenzen. Während einerseits zwar die Verwaltung riesiger Datenmengen optimal unterstützt wird, verhält sich andererseits der Rechner bei deren Auswertung eher passiv, d.h. der Anstoß für eine Analyse geht in der Regel vom Controller aus. Daraus resultiert die Gefahr, dass die Qualität der Analyseergebnisse stark von den analytischen Fähigkeiten und den zur Verfügung stehenden Ressourcen abhängt. Diesem - eher passiven Paradigma - stehen heutzutage Möglichkeiten in Form von Data Mining-Konzepten gegenüber, die den Controller aktiv bei der Analysetätigkeit unterstützen.

5.3 Begriff

Unter dem Begriff Data Mining, auch Datenmustererkennung genannt, werden Verfahren verstanden, die aus großen Datenbeständen rechnergestützt Auffälligkeiten („information nuggets") herausfiltern, also aus vorhandenen Daten neue, bisher unentdeckte Erkenntnisse extrahieren. Hierzu sollen allgemein anwendbare und effiziente Methoden aus einer (großen) Rohdatenmenge besondere Muster erkennen und einem Benutzer als interessantes Wissen präsentieren. Ein Muster wird dabei als Aussage über eine Teilmenge des Gesamtdatenbestandes (z.B. eines Data Warehouses) verstanden, wobei die Aussage komplexer sein muss als die reine Aufzählung der Einzelelemente dieser Teilmenge. Aufgabe der Datenmustererkennung ist es, solche Muster aufzuzeigen, Unterschiede zwischen Gruppen von Datensätzen zu erkennen, ihre typischen Eigenschaften zu bestimmen, die repräsentativen Beispiele zu finden oder Gleichungen für numerische Variablen zu bestimmen und in einer verständlichen Form zu präsentieren (Bissantz/Hagedorn/Mertens 1997, S.181).

Aus einer ganzheitlichen prozessorientierten Sicht ist das Data Mining ein wichtiger Schritt in dem Gesamtprozess zur Gewinnung neuen Wissens aus Datenbanken, dem sogenannten Knowledge Discovery in Databases (KDD). In der Literatur gibt es verschiedene Darstellungen des KDD-Prozesses. Die Darstellungen unterscheiden sich dabei in der Anzahl der Phasen, aus denen der Prozess besteht. Inhaltlich unterscheiden sich die Darstellungen kaum. Die Unterschiede entstehen dadurch, dass verschiedene Schritte zusammengefasst oder Teilschritte als eigene Phasen dargestellt werden (vgl. Abbildung 183).

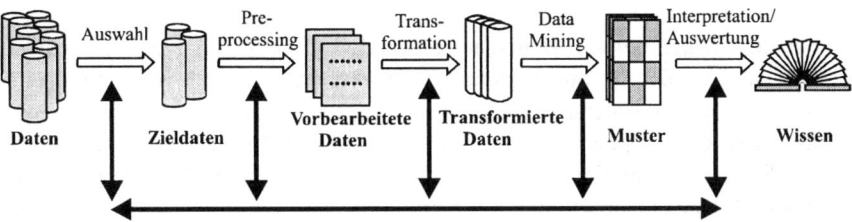

Abb. 183: Schritte des KDD-Prozesses

Der KDD-Prozess ist iterativ, d.h. die einzelnen Prozessschritte können wiederholt durchlaufen oder einzelne Schritte übersprungen werden. In der ersten Phase des Prozesses findet die Auswahl und Analyse des Anwendungsfeldes statt. Es werden die relevanten Datensätze ausgewählt und extrahiert, in denen die Suche stattfinden soll. In der Preprocessing-Phase wird zunächst die Datenqualität untersucht und ggf. bereinigt (z.B. durch Korrektur von Ausreißern). Es schließt sich eine Phase der Transformation an, in der die Daten in ein geeignetes Datenformat konvertiert werden. In der folgenden Phase erfolgt die eigentliche Methodenauswahl sowie deren Anwendung auf den Datenbestand. Anschließend werden die gefundenen Muster bewertet und interpretiert (Interpretation und Auswertung). Das somit neu entstandene Wissen kann vom Controller genutzt und beispielsweise durch OLAP-Analysen genauer untersucht werden.

In der anwendungsorientierten Foschung gibt es ein breites Spektrum unterschiedlicher Ansätze des Data Mining, die sich in Bezug auf die relevante Datengrundlage unterscheiden. Während sich das Data Mining i.e.S. auf strukturierte Datenbestände bezieht, nutzt das Web Mining ausschließlich das WWW als Datenquelle zur Mustererkennung. Das Text Mining dient der Datenmustererkennung in semistrukturierten textuellen Datenbeständen, die typischerweise in Form von elektronisch gespeicherten Dokumenten vorliegen. Im Weiteren wird ausschließlich auf Data Mining i.e.S. und Text Mining eingegangen.

Die enge Verwandtschaft von Data Mining und Text Mining zeigt sich vor allem im nahezu identischen Methodenumfang (Multhaupt 2000, S.60f.; Bensberg 2002, S.70f.):

• Im Rahmen der Assoziationsanalyse lassen sich Abhängigkeiten zwischen Teilmengen eines Datenbestandes identifizieren. Beispielsweise können hiermit Verbundbeziehungen beim Einkauf herausgefunden werden.
• Mit Hilfe der Klassifikation (Clusteranalysen) wird eine Zuordnung von Datensätzen zu bereits vorhandenen oder vorgegebenen Gruppen getroffen. Mit Hilfe solcher Klassifikationen können z.B. Konsumenten mit gleichen oder ähnlichen Eigenschaften zu Gruppen zusammengefasst werden.

- Bei der Analyse von Zeitreihen (Sequenzanalysen) erfolgt eine Untersuchung der Datensätze hinsichtlich Ähnlichkeiten oder Entwicklungstendenzen über den Zeitverlauf hinweg. Auf diese Weise können z.B. Folgekäufe erkannt werden.
- Bei der Segmentierung werden aus einer Menge von Daten automatisch Gruppen gebildet. Die Gruppenbildung erfolgt über den Abgleich von individuellen Merkmalen. Die Daten innerhalb einer Gruppe weisen eine minimale Heterogenität auf, die Gruppen untereinander eine möglichst maximale Heterogenität. Die Segmentierung findet im Rahmen des analytischen CRM (Customer Relationship Management) oftmals zur Aufteilung eines Gesamtmarktes in heterogene Teilmärkte statt.

5.4 Controlling als Anwendungsgebiet

Im Rahmen des operativen Controlling kann das Data Mining vor allem als Navigations- und Analysehilfsmittel bei Auswertungen genutzt werden. Den Ausgangspunkt für die Analysen bilden häufig die im Rahmen von OLAP-Analysen erstellten Datenwürfel, in dem Auffälligkeiten gefunden werden sollen. Schwierig wird diese Aufgabe vor allem durch die große Anzahl möglicher Verdichtungen, was folgendes Beispiel zeigt (Bissantz 1999, S. 379f.): Ein Unternehmen mit 1.280 Artikeln, die zu 8 Artikelgruppen und 4 Sparten zusammengefasst werden, und das insgesamt 1.000 Kunden in 5 Kundengruppen beliefert, entstehen mehr als 350.000 alternative Verdichtungen, durch die mehrere Millionen Navigationswege führen. Der Controller muss also bereits relativ konkrete Vorstellungen vom Analyseergebnis besitzen, um nicht unverhältnismäßig viel Zeit für eine Ursachenforschung zu investieren. Sinnvoller wäre es, wenn ein Data Mining-System automatisch einen günstigen Weg durch die Daten vorschlägt. Abbildung 184 zeigt diese Möglichkeit anhand einer besonders auffälligen Abweichung eines Deckungsbeitrags (Sparte 1).

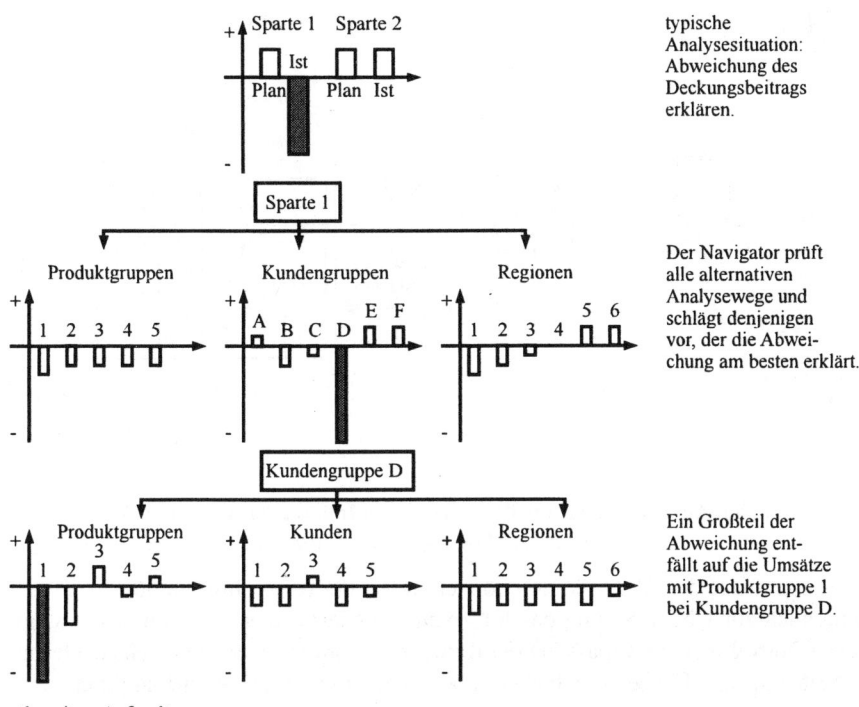

Abb. 184: Data Mining als Navigationsmittel im Controlling (Bissantz 1996)

Im Rahmen des strategischen Controlling kann beispielsweise der Teilbereich „Informationsversorgung" durch das Text Mining unterstützt werden (Behme/Multhaupt 1999, S.103 ff.). Bei der strategischen Informationsversorgung ist der Ausgangspunkt eine Analyse des strategischen Informationsbedarfs innerhalb aller relevanten Unternehmens- und Umweltbereiche, der durch geeignete Kategorien bzw. Schlüsselbegriffe zu systematisieren ist. Die festgelegten Kategorien dienen anschließend als Sortierkriterium für das Text Mining, das mit Hilfe der Klassifikationsfunktion eine automatische Zuordnung von externen Informationen zum Informationsbedarf der einzelnen Funktionsbereiche bzw. der bereichsübergreifenden Funktionen durchführt (vgl. Abbildung 185). Informationen, die auf Grund ihrer Eigenschaften keiner Informationsbasis sinnvoll zugeordnet werden können oder bereits vorhanden sind, werden ausgesondert (Gerstl/Hertweck/Kuhn 2001, S.43f.). Um die Speicherung der Seiten auf relevante Inhalte zu begrenzen, bietet sich der Einsatz eines Web Washers an. Durch das Ausblenden von Werbeinformationen lässt sich einerseits der Speicherbedarf minimieren und andererseits verhindern, dass Werbeinhalte erfasst und klassifiziert werden.

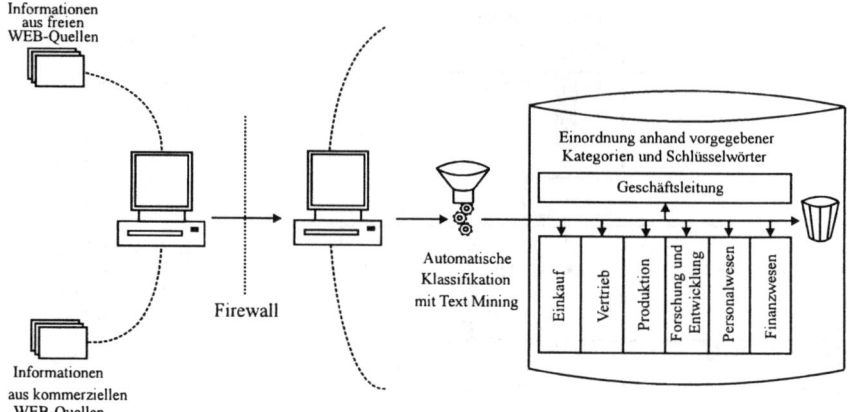

Abb. 185: Automatische Klassifikation externer Informationen mit Text Mining
(Behme/Multhaupt 1999, S.108)

Die Ergebnisse der Klassifikation können neben der reinen Informationsbereitstellung auch zur Überarbeitung des Informationsbedarfes dienen, wenn das strategische Controlling eine Anpassung der Kategorien vornimmt, um einerseits irrelevan-
te Seiten auszuschließen und bisher unberücksichtigte Aspekte hinzuzufügen.

Um die Informationsbasis aktuell zu halten, bieten sich zwei Möglichkeiten an. Zum
einen können die als strategisch relevant eingeordneten Informationen kommerziel-
ler Web-Quellen abonniert werden, d.h. Änderungen bzw. neue Informationen werden ohne Anfrage direkt an das Unternehmen weitergeleitet und können dort entsprechend weiterverarbeitet werden. Zum anderen kann das Internet mit Hilfe eige-
ner Programme, die z.B. systematisch den HTML-Links freier Web-Seiten folgen,
durchsucht werden.

Literaturhinweise

Grundlagen

Bauer, A.; Günzel, H. (2001): Data Warehouse Systeme, dpunkt, Stuttgart

Hansen, H.R. (1992): Wirtschaftsinformatik I - Eine Einführung in die betriebliche Datenverarbeitung, UTB, Stuttgart-Jena

Hoffmann, F. (1996): Computergestützte Informationssysteme, 2. Auflage. Oldenbourg, München Wien

Huch, B. (1993): Integrierte Informationssysteme im Controlling. In: Bloech, J.; Götze, U.; Sierke, B. (Hrsg.): Managementorientiertes Rechnungswesen. Gabler, Wiesbaden, 22-37

Inmon, W. H. (2002): Building the Data Warehouse, 3. Auflage. John Wiley & Sons Inc., New York Chichester Brisbane

Mag, W. (1995): Unternehmungsplanung, Vahlen, München

Mertens, P. (2001): Integrierte Informationsverarbeitung 1: Operative Systeme in der Industrie, 13. Auflage. Gabler, Wiesbaden

Mertens, P.; Griese, J. (2002): Integrierte Informationsverarbeitung 2: Planungs- und Kontrollsysteme in der Industrie, 9. Auflage. Gabler, Wiesbaden

Mucksch, H.; Behme, W. (2000): Das Data Warehouse-Konzept als Basis einer unternehmensweiten Informationslogistik. In: Mucksch, H.; Behme, W. (Hrsg.): Das Data Warehouse-Konzept. 4. Auflage. Gabler, Wiesbaden, 3-80

Stahlknecht, P. (2002): Einführung in die Wirtschaftsinformatik, 10. Auflage. Springer, Berlin Heidelberg New York u.a.

Vetschera, R. (1995): Informationssysteme der Unternehmensführung, Springer, Berlin Heidelberg New York u.a.

Welge, M. K. (1988): Unternehmungsführung, Bd.3 : Controlling, Poeschel, Stuttgart

Spezialgebiete

Behme, W. (1992): Entscheidungsunterstützungssysteme. In: Zeitschrift für Planung 2, 179-184

Behme, W. (1997): OLAP: Ein neuer Standard für Managementunterstützungssysteme. In: WISU Das Wirtschaftsstudium 6, 544-546

Behme, W; Holthuis, J.; Mucksch, H. (2000): Umsetzung multidimensionaler Strukturen. In: Mucksch, H.; Behme, W. (Hrsg.): Das Data-Warehouse Konzept, 4. Auflage. Gabler, Wiesbaden, 215-241

Behme, W.; Multhaupt, M. (1999): Text Mining im strategischen Controlling. In: HMD Praxis der Wirtschaftsinformatik 207, 103-114

Behme, W.; Schimmelpfeng, K. (1993): Führungsinformationssysteme: Geschichtliche Entwicklung, Aufgaben und Leistungsmerkmale. In: Behme, W.; Schimmelpfeng, K. (Hrsg.): Neue Entwicklungstendenzen im EDV-gestützten Berichtswesen. Gabler, Wiesbaden, 3-16

Bensberg, F. (2002): Data Mining im Rahmen des analytischen CRM - Methoden und Werkzeuge. In: Kemper, H.-G.; Mayer, R. (Hrsg.): Business Intelligence in der Praxis: Erfolgreiche Lösungen für Controlling, Vertrieb und Marketing, Lemmens, Bonn, 63-87

Bissantz, N. (1996): Data Mining als Komponente eines Data Warehouse, Vortragsfolien, 1. Symposium der Wirtschaftsinformatik, Oestrich-Winkel 24./25.Juni 1996

Bissantz, N. (1999): Aktive Managementinformation und Data Mining: Neuere Methoden und Ansätze. In: Chamoni, P.; Gluchowski, P. (Hrsg.): Analytische Informationssysteme, 2. Auflage. Springer, Berlin Heidelberg New York , 376-392

Bissantz, N.; Hagedorn, J.; Mertens, P. (1997): Data Mining im Controlling. Überblick und erste Erfahrungen. In: Zeitschrift für Betriebswirtschaft 2, 179-201

Bodendorf, F. (2001): Methodenbanksystem. In: Mertens, P. (Hrsg.): Lexikon der Wirtschaftsinformatik, 4. Auflage. Springer, Berlin Heidelberg New York u.a., 301-303

Codd, E. F.; Codd, S. B.; Salley, C. T. (1993): Providing OLAP (Online Analytical Processing) to User-Analysts: An IT Mandate, Codd&Date Inc.1993

Fayyad, U. M.; Piatetsky-Shapiro, G.; Smyth, P.; Uthurusamy, R. (1996): Advances in Knowledge Discovery and Data Mining, MIT Press, Menlo Park

Gerstl, P.; Hertweck, M.; Kuhn, B. (2001): Text Mining: Grundlagen, Verfahren und Anwendungen. HMD Praxis der Wirtschaftsinformatik 222, 38-48

Gluchowski, P.; Gabriel, R.; Chamoni, P. (1997): Management Support Systeme: Computergestützte Informationssysteme für Führungskräfte und Entscheidungsträger, Springer, Berlin Heidelberg New York u.a.

Haun, P. (1987): Entscheidungsorientiertes Rechnungswesen mit Daten- und Methodenbanken, Springer, Berlin Heidelberg New York u.a.

Herden, O. (2001): Eine Entwurfsmethodik für Data Warehouses, Dissertation Universität Oldenburg

Holthuis, J. (2000): Grundüberlegungen für die Modellierung einer Data Warehouse-Datenbasis. In: Mucksch, H.; Behme, W. (Hrsg.): Das Data-Warehouse-Konzept. 4. Auflage. Gabler, Wiesbaden, 149-188

Jahnke, B. (1993): Einsatzkriterien, kritische Erfolgsfaktoren und Einführungsstrategien für Führungsinformationssysteme. In: Behme, W.; Schimmelpfeng, K. (Hrsg.): Führungsinformationssysteme: Neue Entwicklungstendenzen im EDV-gestützten Berichtswesen. Gabler, Wiesbaden, 29-43

Keen, P.G.W.; Scott Morton, M. (1978): Decision Support Systems. An Organizational Perspective, Addison Wesley, Reading

Kemper, H.-G. (1998): Architektur und Gestaltung von Management-Unterstützungs-Systemen, Habilitation Universität zu Köln

Krallmann, H.; Rieger, B. (2001): Entscheidungsunterstützende Systeme (EUS). In: Mertens, P. (Hrsg.): Lexikon der Wirtschaftsinformatik. 4. Auflage. Springer, Berlin Heidelberg New York u.a., 186-187

Multhaupt, M. (2000): Data Mining und Text Mining im strategischen Controlling, Shaker, Aachen

Oppelt, R.U.G. (1995): Computerunterstützung für das Management: neue Möglichkeiten der computerbasierten Informationsunterstützung oberster Führungskräfte auf dem Weg von MIS zu EIS?, Oldenbourg, Wien

Pendse, N.; Creeth, R. (1995): The OLAP-Report: Succeeding with On-Line Analytical Processing, Vol.1, Business Intelligence

Pendse, N.; Creeth, R. (2000): The OLAP-Report, Business Intelligence, London 2000, http://www.olapreport.com

Riebel, P. (1979a): Zum Konzept einer zweckneutralen Grundrechnung. In: Zeitschrift für betriebswirtschaftliche Forschung 11, 785-798

Riebel, P. (1979b): Zum Konzept einer zweckneutralen Grundrechnung. In: Zeitschrift für betriebswirtschaftliche Forschung 12, 863-892

Schmalenbach, E. (1948): Pretiale Wirtschaftslenkung, Band 2, Pretiale Lenkung des Betriebs, Bremen 1948

Scott Morton, M. (1983): State of the Art of Research in Management Support Systems, Paper presented at the Colloqium on Information Systems, MIT 10.06.1983

Sprague, R.; Carlson, E. (1982): Building Effective Decision Support Systems, Englewood Cliffs New York

Szyperski, N. (1980): Informationsbedarf. In: Grochla, E. (Hrsg.): Handwörterbuch der Organisation. 2. Auflage. Poeschel, Stuttgart, 904-913

Totok, A. (1998): Controllinganwendungen in OLAP. In: Zeitschrift für Planung 2, 161-180

Totok, A. (2000): Multidimensionale Modellierung von OLAP- und Data-Warehouse-Systemen, DUV, Wiesbaden

Wittmann, W. (1959): Unternehmung und unvollkommene Information, Westdeutscher, Köln

Wolfram, G. (1990): Organisatorische Gestaltung des Informations-Managements, Konzeption und aufbauorganisatorische Aspekte, Eul, Bergisch Gladbach Köln

Abbildungsverzeichnis

Stichwortverzeichnis

Druck: betz-druck GmbH, D-64291 Darmstadt
Verarbeitung: Buchbinderei Schäffer, D-67269 Grünstadt